本書爲國家古籍整理出版專項經費資助項目
浙江省哲學社會科學規劃「之江青年課題」成果

中國佛教典籍選刊

開元釋教録

一

〔唐〕智昇 撰
富世平 點校

中華書局

圖書在版編目(CIP)數據

開元釋教録/(唐)智昇撰;富世平點校. —北京:中華書局,2018.1(2019.11 重印)
(中國佛教典籍選刊)
ISBN 978-7-101-12583-2

Ⅰ.開… Ⅱ.①智…②富… Ⅲ.佛經-專題目録-中國-唐代 Ⅳ.Z88:B94

中國版本圖書館 CIP 數據核字(2017)第 110571 號

責任編輯：朱立峰

中國佛教典籍選刊
開元釋教録
(全四册)
〔唐〕智 昇 撰
富世平 點校
*
中 華 書 局 出 版 發 行
(北京市豐臺區太平橋西里 38 號 100073)
http://www.zhbc.com.cn
E-mail:zhbc@zhbc.com.cn
北京瑞古冠中印刷廠印刷
*
850×1168 毫米 1/32 · 57½印張 · 8 插頁 · 1046 千字
2018 年 1 月北京第 1 版 2019 年 11 月北京第 2 次印刷
印數:3001-3900 册 定價:198.00 元

ISBN 978-7-101-12583-2

中國佛教典籍選刊編輯緣起

佛教是世界三大宗教之一，約自東漢明帝時開始傳入中國，但在當時並没有産生多大影響。到魏晉南北朝時期，佛教和玄學結合起來，有了廣泛而深入的傳播。隋唐時期，中國佛教走上了獨立發展的道路，形成了衆多的宗派，在社會、政治、文化等許多方面特别是哲學思想領域産生了深刻的影響。這時佛教已經中國化，完全具備了中國自己的特點。而且，隨着印度佛教的衰落，中國成了當時世界佛教的中心。宋以後，隨着理學的興起，佛教被宣布爲異端而逐漸走向衰微。但是，佛教的部分理論同時也被理學所吸收，構成了理學思想體系中的有機組成部分。直到近代，佛教的思想影響還在某些著名思想家的身上時有表現。總之，研究中國歷史和哲學史，特别是魏晉南北朝隋唐時期的哲學史，佛教是一項重要内容。佛學作爲一種宗教哲學，在人類的理論思維的歷史上留下了豐富的經驗教訓。因此，應當重視佛學的研究。

佛教典籍有其獨特的術語概念以及細密繁瑣的思辨邏輯，研讀時要克服一些特殊的困難，不少人視爲畏途。解放以後，由於國家出版社基本上没有開展佛教典籍的整理出版工作，因此，對於系統地開展佛學研究來説，急需解決基本資料缺乏的問題。目前對佛學有較深研究的專家、學者，不少人年事已高，如果不抓緊組織他們整理和注釋佛教典籍，將來再開展這項工作就會遇到更多困難，也不利於中青年研究工作者的成長。爲此，我們在廣泛徵求各方面意見的基礎上，初步擬訂了中國佛教典籍選刊的整理出版計劃。其中，有重要的佛教史籍，有中國佛教幾個主要宗派（天台宗、三論宗、唯識宗、華嚴宗、禪宗）的代表性著作，也有少數與中國佛學淵源關係較深的佛教譯籍。所有項目都要選擇較好的版本作爲底本，經過校勘和標點，整理出一個便於研讀的定本。對於其中的佛教哲學著作，還要在此基礎上，充分吸取現有研究成果，寫出深入淺出、簡明扼要的注釋來。

由於整理注釋中國佛教典籍困難較多，我們又缺乏經驗，因此，懇切希望能够得到各方面的大力支持和協助，使這項工作得以順利完成。

中華書局編輯部

一九八二年六月

目録

前言

開元釋教録，簡稱開元録、智昇録等，是唐代釋智昇撰著的一部佛教目録學名著。

一

智昇的生平，見之於文獻中的記載非常有限。宋高僧傳卷五唐京兆西崇福寺釋智昇傳云：「釋智昇，未詳何許人也。」不長的傳文，主要是對其佛學成就尤其是佛教文獻學領域的成就的評價〔一〕，可知，宋初贊寧見到的有關智昇的資料就不多，對智昇的生平經歷已經不很瞭解。而對其在佛教領域中的貢獻之所以能做出評價，應該主要基於其所編撰的幾部著作。其中有云，其「義理懸通，二乘俱學，然於毗尼，尤善其宗」，可見他是一位律宗高僧。「此外文性愈高，博達今古」，可見他是一位學識淵博的高僧。又宋高僧傳卷七「論」中說「智昇自名流而出」，

〔一〕參見本書附録一。

「則似乎是説他出身名門望族」〔一〕。開元釋教録總録部分，在著録相關經目之後，都會有其譯者或撰者的傳記。在卷九，智昇在著録了自己的撰著之後，按照慣例對自己做了一個簡略的介紹：「昇早預釋流，志弘大教，但才微力寡，無遂本懷。俛仰之間，亟經寒暑，曾未能宣傳正法，荷擔菩提。而近閲藏經，仍探衆録，覩其差謬，或所未安。狂簡斐然，考成斯記。雖文詞靡叙，而事有所憑。但鄙見未弘，固多疏闕耳。」〔二〕「由此看來，他是自幼出家，秉皈釋門的。」〔三〕方廣錩先生還根據房山雲居寺「金仙公主塔」背面山頂石浮圖後記中有關智昇送經的記載，認爲「或許他與某些皇室成員還有某種聯繫，故曾爲金仙長公主的宗教活動效力。但在高僧大德燦若群星的玄宗朝，他仍不過是個很不起眼的角色。以致身世泯滅，無可查考。他雖然參加過金仙長公主發起的送經活動，但在參與其事的三個僧人中，他的名位最低」〔四〕。

智昇的著作，除了開元釋教録二十卷，還有續大唐内典録一卷，續古今譯經圖紀一卷，續集

〔一〕方廣錩中國寫本大藏經研究，第三九頁，上海古籍出版社，二〇〇六年。
〔二〕見本書卷九。
〔三〕方廣錩中國寫本大藏經研究，第三九頁。
〔四〕方廣錩中國寫本大藏經研究，第三九—四〇頁。

古今佛道論衡一卷，集諸經禮懺儀二卷等，根據開元釋教録卷九的著録，都完成於開元十八年〔一〕。續大唐内典録一卷，是續補道宣大唐内典録之作。道宣的大唐内典録，「序歷代所譯經，次分大小乘，次入藏，次數譯從一，次別出攝歸本部，次闕本，次注解，次流化，次疑僞，次録目，終次應感」。〔二〕但「從麟德元年甲子至開元十八年庚午，前録未載，今故續之」〔三〕。故續大唐内典録即「續麟德至開元所譯」〔四〕諸經之作。續古今譯經圖紀一卷，是續補靖邁古今譯經圖紀之作。古今譯經圖紀「序次逐代譯人事迹，并所譯經律論目」〔五〕，但「從奘法師後至輸波迦羅，前紀未載，今故續之」〔六〕。「慈恩寺翻經院圖畫古人傳譯緇素，三藏邁公撰題。後有藻繪而無題記，今續之，并序譯人事迹，并所譯經目。」〔七〕末尾的題記云：「前紀所載，依舊録編。中間乖舛，未曾删補。若欲題壁，請依開元釋教録。除此方撰集外，餘爲實録矣。」據此可知，此書的最終撰成，或在

〔一〕開元十八年，或當是智昇完成諸作之後進獻朝廷的時間。
〔二〕見大藏聖教法寶標目卷九。
〔三〕見本書卷一〇。
〔四〕見大藏聖教法寶標目卷九。
〔五〕見大藏聖教法寶標目卷九。
〔六〕見本書卷一〇。
〔七〕見大藏聖教法寶標目卷九。

開元釋教録之後。續集古今佛道論衡一卷，是續補道宣集古今佛道論衡之作。古今佛道論衡，主要「叙歷代僧與道士對辯勝負」。續集古今佛道論衡，則是「叙佛法初來道士比較勝負事」〔一〕。集諸經禮懺儀二卷，「集諸經禮佛讚偈，懺罪儀法，願生浄土。上卷末云：故信行禪師依經自行此法，以世無正文，故集此書。下卷録比丘善導等所集願生浄土讚偈等」〔二〕。這五部書，歷代藏經均有收録。唯現在可見之續大唐内典録，因爲其「前半序目全抄宣録卷一，後半略異，且没有譯人。仔細比較，知此本決非續録，或爲道宣初稿之殘本」。「而現存之本，亦非昇之舊也」〔三〕。方廣錩先生也説：「現大藏中的續大唐内典録與智昇自注全不相符，可以肯定並非智昇的原作。」〔四〕

續大唐内典録、續古今譯經圖記和續集古今佛道論衡都屬續補前人之作，集諸經禮懺儀也是集録他人著作而成，且規模都較小，影響都不很大，但這種續補諸書的經歷，對其撰著開元釋教録，顯然有着重要的意義。

前引續古今譯經圖記末尾題記中有云：「若欲題壁，請依開元釋教録。」可見，他自己最爲

〔一〕見大藏聖教法寶標目卷九。
〔二〕見大藏聖教法寶標目卷九。
〔三〕姚名達中國目録學史，第二八四頁，上海書店影印本，一九八四年。
〔四〕方廣錩中國寫本大藏經研究，第四一頁。

滿意的著作，還是開元釋教録。

另外，在大寶積經卷一二〇的末尾，有智昇的一段題記：「比因披讀，覩斯文闕，三藏泥洹，詢疑無所，遂檢舊藏經内，獲得毗耶娑經，與此梵本是同，先後譯異，兩文對勘，二理無殊，故以舊文續斯新闕。後尋覽者，幸無惑焉。開元戊辰歲西京崇福寺沙門智昇述記。」開元戊辰歲是開元十六年，即智昇開元釋教録等著作完成之前的兩年。這一題記所反映的内容，是智昇對佛教典籍「久事披尋」，進行佛經整理、考辨工作的一個具體表現。可以想見，正是有諸如此類的對佛教經典的大量披讀與蒐檢，他才在已有數十種佛教經目的基礎上，編撰出開元釋教録這一具有集大成性質的佛教目録學名著。

二

隨着佛經的大量翻譯，編撰目録在佛教文獻領域也表現得特别積極。在開元釋教録之前，已經有數十種佛教目録方面的著作先後問世〔一〕。這些著作，儘管其中部分並不是真的出現得

〔一〕根據開元釋教録的著録，不計智昇本人的三部目録學著作，有三十八種。具體書目情況，詳參本書卷一〇。智昇之前佛教目録編撰成就，參見梁啓超佛家經録在中國目録學之位置、姚名達中國目録學史宗教目録篇、方廣錩中國寫本大藏經研究、陳士强大藏經總目提要文史藏一等書中的論述。

那么早[一]，好多也在編撰開元釋教録時期早已失傳，但都爲開元釋教録的編撰奠定了堅實的基礎。正是有這些著作，尤其是有道安的綜理衆經目録、僧祐的出三藏記集、費長房的歷代三寶紀和道宣的大唐内典録等導夫先路，才有了智昇「考證詳悉，分類明審」[二]的開元釋教録。

智昇編撰開元釋教録的目的，非常明確：

夫目録之興也，蓋所以别真僞，明是非，記人代之古今，標卷部之多少，摭拾遺漏，删夷駢贅，欲使正教綸理，金言有緒，提綱舉要，歷然可觀也。但以法門幽邃，化網恢弘，前後翻傳，年移代謝，屢經散滅，卷軸參差。復有異人時增僞妄，致令混雜，難究蹤由。是以先德儒賢，製斯條録。今其存者，殆六七家。然猶未極根源，尚多疏闕。昇以庸淺，久事披尋，參練異同，指陳臧否，成兹部帙，庶免乖違。

智昇對目録的功用，對佛教文獻和已有目録所存在的問題，都有清楚的認識。目録要「别真僞，明是非，記人代之古今，標卷部之多少」，「使正教綸理，金言有緒，提綱舉要，歷然可觀」。但當時所存目録，「未極根源，尚多疏闕」，這就是他編撰開元釋教録的緣由。

[一] 如古録、舊録、漢時佛經目録、朱士行漢録等所謂秦漢時期的佛教目録，學術界都認爲當是晉宋時期的佚名之作。
[二] 陳士强大藏經總目提要文史藏一，第七二頁，上海古籍出版社，二〇〇八年。

開元釋教録二十卷〔一〕，前十卷爲「總括群經録」（總録），後十卷爲「别分乘藏録」（别録）。總録叙「從漢至唐所有翻述，具帝王年代并譯人本事、所出教等，以人代先後爲倫，不依三藏之次，兼叙目録新舊同異」。「别録之中，曲分爲七：一、有譯有本，二、有譯無本，三、支派别行，四、删略繁重，五、拾遺補闕，六、疑惑再詳，七、僞邪亂正。就七門中，二乘區别，三藏殊科，具悉委由，兼明部屬。」〔二〕各卷的具體内容，在卷一有較爲簡略的説明，卷一〇則很詳盡地做了叙録。爲避繁瑣，這裏不再重複〔三〕。

開元釋教録的體例、内容，儘管從不同的角度去看時會有這樣那樣的問題〔四〕，但瑕不掩瑜，較之此前的佛教目録學著作，此書「提綱舉要，歷然可觀」，確實「可稱後來居上」〔五〕。而後來的佛教目録學著作，也没有能出其右者〔六〕。總之，該書「是歷代佛經目録中編得最好的一部

〔一〕嘉興藏、永樂北藏、清藏本等分爲三十卷，是把部分卷分爲上下兩卷而成。
〔二〕見本書卷一。
〔三〕本書附録中所收姚名達中國目録學史、陳垣中國佛教史籍概論著録之開元釋教録，都有此項内容。陳士强大藏經總目提要、方廣錩中國寫本大藏經研究，也都對開元釋教録的内容有較全面的介紹。
〔四〕參見陳士强大藏經總目提要、方廣錩中國寫本大藏經研究相關評述。
〔五〕陳垣中國佛教史籍概論。參見本書附録。
〔六〕湯用彤先生謂此書在隋唐佛教目録中，爲「最精審者」。又云，「其叙述詳審，條例明晰，古今真無出其右者」。見隋唐佛教史稿，第八三頁，北京大學出版社，二〇一〇年。

典籍」〔一〕。

開元釋教録在佛教經典的傳承中發揮了重要的作用。其中的入藏録，即卷一九和卷二〇，「本身就是開元録有譯有本録的一個略出本。它是作爲隨架目録使用的」〔二〕。但和其他各卷合在一起，並不便於使用，這就有了真正的「略出」本——開元釋教録略出。開元釋教録略出，可以說，就是開元釋教録入藏録的一個單行本〔三〕，並成了「後世抄寫或雕刻佛經的司南」，北宋

〔一〕見陳士强大藏經總目提要文史藏，第八頁。這種説法，代表了學術界普遍的看法。如姚名達稱其「至高無上」，見中國目録學史。

〔二〕見方廣錩中國寫本大藏經研究，第四〇九頁。

〔三〕開元釋教録略出，各大藏經所收皆曰智昇撰，學術界也一直視其爲智昇的著作。方廣錩先生則通過與開元釋教録入藏録帙、部、卷、紙數的比較，認爲「完全可以肯定，略出並非智昇所撰」（見中國寫本大藏經研究，第四一五頁）。方先生還分略出爲「正統的略出」和「廣義的略出」兩種：「智昇的開元録入藏録原是作爲開元録的附録，與開元録一起流通的，故標著得比較簡單，尤其是不繫譯人譯時，故此必須參照有譯有本録使用，這就不太方便。因而，當時有人將有譯有本録與開元録入藏録兩者結合起來，斟酌損益，删略繁重，附上千字文帙號，題爲略出，成爲一部簡明扼要、切合實用的隨架目録。略出出現之初，與開元録入藏録的部、卷、帙想必完全一致。我把這種與開元録入藏録的部、卷、帙完全一致的略出稱爲『正統的略出』。」（第四一七頁）「略出既因藏經的統一而廣泛流傳於各地，就比如，會因各地情況的不同而有所變通。」「我們知道，開元録入藏録上的紙數是智昇所在西崇福寺藏經的紙數，後代的藏經，當然不可能與它完全一致。」「作爲上述諸藏經隨架目録的略出自然與

以後的大藏經大多是以它爲目録，按圖索驥，進行雕造的」〔一〕。

開元録入藏録及由此衍出的正統的略出略有不同。我把上述在各地出現的，由正統的略出衍出，又與正統的略出在部、卷、帙方面略有差異的略出稱爲『廣義的略出』。」（第四一七頁）「由於當時大藏經已經按照開元録入藏録組織，所以，所有的略出都以開元録入藏録爲基礎。也由於各地的寫本藏經多多少少總有一些差異，所以，作爲隨架目録的略出自然也就各具特點，與正統的開元録入藏録及由此衍出的正統的略出有所不同。當時，許多寺院都有藏經，有一部藏經就應該有一部隨架目録。所以，當時存在着許多各種各樣、大同小異的開元録略出。」（第四一七—四一八頁）今按磧砂藏本等的開元釋教録入藏録和金藏、高麗藏本的開元釋教録入藏録已有不同（參見本書卷一九、卷二〇及附卷一九、卷二〇），説明入藏録的具體内容，並不會一成不變，而是會根據入藏經典的實際情況（卷帙、用紙等），做符合其實際的修訂，但不能據此就否定智昇的著作權。書籍在傳抄的過程中傳抄者根據實際情況做一定的改動，這也是寫本時代較爲普遍的現象。開元釋教録中的入藏録部分抄出單行，成所謂開元釋教録略出，抄出者當然不是智昇，在流傳過程中自然也會隨着實際情況發生變動，但其本來的著作權仍然應該歸於智昇。因爲是後人從開元釋教録「略出」，是入藏録的單行本，所以其編撰者雖是智昇，但一般並没有把其當做智昇的獨立著作。當然，其中所附的「千字文帙號不是智昇創造的」（見中國寫本大藏經研究，第四一五頁）。其創造者，應該是入藏録單行本的抄出者或是其流傳過程中的某一位改編者。「千字文帙號」因其「排架號」和「索書號」（見王重民中國目録學史論叢，第一三〇頁，中華書局，一九八四年）的重要功用，自從它出現之後就成爲開元釋教録略出各抄本不可或缺的部分。

〔一〕見陳士强大藏經總目提要文史藏一，第八〇頁。

三

開元釋教録在各主要大藏經中，都有收録。四庫全書收録佛典不多，但開元釋教録也是其中之一種。此外，單行本也不少。衆多的開元釋教録版本，差異並不很大。細究起來，可以分爲兩個系統。一九三六年山西趙城廣勝寺發現的金代大藏經收開元釋教録（簡稱金藏本）和高麗再雕版大藏經收開元釋教録（簡稱高麗藏本）等基本一致，屬一個系統。而宋代安吉州思溪法寶資福禪寺刊本（簡稱資福藏本）、平江府磧砂延聖院刊本（簡稱磧砂藏本），元代杭州路餘杭縣白雲山大普寧寺刊本（簡稱普寧藏本）、明代永樂南藏本、永樂北藏本、嘉興藏本、清代乾隆大藏經本（簡稱清藏本）和四庫全書本（簡稱四庫本）等基本相同，差異不大，屬一個系統。

本次整理，以磧砂藏本爲底本，校之以金藏本（據中華大藏經本，其中卷一、卷五、卷九、卷一〇、卷一二、卷一四闕本，卷二、卷四、卷六、卷七、卷一三、卷一七等或有殘損，或有漫漶不清之處）、高麗藏本、資福藏本、永樂南藏本、永樂北藏本、嘉興藏本、清藏本和四庫本，並吸收了中華大藏經、大正藏本中有關普寧藏本的校記。其中，入藏録部分，因爲兩個系統差異較大〔一〕，

〔一〕差異主要表現在兩個方面：一是磧砂藏本系統比金藏和高麗藏本系統多了著譯者，二是部分經所用的紙數不

所以把此兩卷之高麗藏本(校之以金藏本)以「高麗藏本開元釋教録入藏録」的名義收作附録。

日本法隆寺藏大治二年本(簡稱法隆寺本)整理者雖僅見第十五卷一卷,但有其校勘價值。如對增壹阿含經五十卷的著録,底本子注中云「房云四十二卷」,金藏、高麗藏本作「房云四十卷」,餘諸校本作「房云四十一卷」。查歷代三寶紀,則云「或四十一卷,或三十三卷,無定」。且不説各本具體卷數的差異,「房云」云者,也明顯不够準確。法隆寺本則作「序云四十一卷」,查道安撰增一阿含經序,果云「四十一卷」,可資校正。但也有明顯的錯誤,如把「東晉西域三藏祇多蜜」誤作「西晉西域三藏祇多蜜」,把「道德舍利日經」誤作「道德舍利四經」等。所以,在整理過程中,可資校勘者,亦酌情採録,但他本不見的明顯訛誤之處,爲避免繁瑣,不再一一注明。

此外,日本還藏有興聖寺本、七寺本、石山寺本等,但條件所限,不能一一參校,給整理工作留下

同。謹按各本中,卷一九「大乘入藏録」、卷二〇「小乘入藏録」都有智昇自注「此直列經名及標紙數,餘如廣録」,可知没有著譯者才是智昇所著之原貌。磧砂藏本等中之著譯者,當爲後人所加。「所謂開元録入藏録,實際上是經智昇審定真僞,重作編排之後的西崇福寺藏大藏經的目録。智昇編目的態度是嚴謹的,他所謂的開元録入藏録,都是經他親自審定過的現有經本,因此,開元録入藏録的帙、部、卷、紙數必然與西崇福寺的那部大藏經完全吻合。」(方廣錩中國寫本大藏經研究,第四五一頁)磧砂藏本系統部分經紙數的不同,也當是後人根據其所見藏經的實際情況改動。

了很大的遺憾，希望將來能够有機會彌補。

底本中常見的異體字、俗别字，改爲通行之正體。避諱字如「丙寅」之「丙」作「景」（避唐諱也。唐高祖父名昞，故「丙」改作「景」）等，亦改迴其本字。但因避諱而在某一特定時期改寫的地名，如「長安」改作「常安」等，一仍其舊。底本及諸校本中，據基本之體例可知，偶有大字作小字者，亦有小字作大字者。在整理中，根據底本的基本體例，參酌校本，做了統一處理，不一一出校。底本每卷後的音釋文字（卷九、卷一七和卷二〇之後無），原亦爲小字，今皆改爲大字，並在每卷的音釋文字之前加上「音釋」兩字，以和正文及校勘記相區别；需要説明的是，音釋中某些字在正文中已被校改，但在音釋中一仍其舊，不作改動。

在整理過程中，凡校改或增删底本文字者，均在校勘記中做出説明；凡諸校本與底本有不同者，亦在校勘記中説明之。但爲避繁瑣，無關宏旨的差異，不一一出校，如「慧」和「惠」兩字，多有通用，底本或有與諸校本不同者；個别句子的次序，諸校本或有與底本不同，如「或三卷，見吴録」，有作「見吴録，或三卷」者；個别經目的著録，諸校本中或偶有與底本先後次序不同者；句尾之語助詞如「也」、「云」等，諸校本中或有或無者。

本書各卷首題、尾題和作者署名，各版本不完全一致。同一版本各卷之間體例亦不完全相同。如底本中，作者署名或題爲「唐庚午歲西崇福寺沙門智昇撰」，或少一「唐」字而作「庚午歲西崇福寺沙門智昇撰」；尾題或作「開元釋教録卷第一」等，或作「開元釋教録卷第四總録之四」。今首題皆劃一爲「開元釋教録卷第一」、「開元釋教録卷第二」等，尾題皆劃一爲「開元釋教録卷第一總録之一」、「開元釋教録卷第十一別録之一」等，作者署名皆劃一爲「唐庚午歲西崇福寺沙門智昇撰」。爲避繁瑣，不再一一出校説明。

因爲開元釋教録略出在「略出」單行之後，「實際是晚唐、五代、宋初全國各地流行的各種大藏經的隨架目録」〔一〕，發揮着重要的作用。所以，整理本將之作爲附録，附在書後。底本亦爲磧砂藏本，校之以高麗藏、資福藏、嘉興藏和清藏本。其中，千字文序號，爲了和正文文字相區別，外加【】。其首題和作者署名，亦不完全相同，今首題皆劃一爲「開元釋教録略出卷第一」等，作者署名皆劃一爲「唐西崇福寺沙門智昇撰」。其尾題，皆删而不存。需要説明的是卷四尾題，底本作「開元釋教録卷第二十」，資福藏本在「開元釋教録卷第二十」後有子注「四」字，高麗藏、嘉興藏、清藏本等則作「開元釋教録卷第二十略出別録卷四」，這是「略出」，是開元釋教録入藏録「單行本」的直接證據，而且「單行」得還很不徹底，留下了「開元釋教録卷第二十」這個尾巴。

〔一〕見中國寫本大藏經研究，第四一七頁。

爲了便於讀者了解智昇和開元釋教録的主要情況及其在目録學史上的重要意義，我們還把宋高僧傳中智昇的傳記以及歷代有關開元釋教録的重要著録、介紹等文字作爲附録，置於書後。

由於水平有限，整理中還一定存在着這樣那樣的問題，敬請各位方家不吝指正。

富世平

開元釋教録卷第一 並序〔一〕

唐庚午歲西崇福寺沙門智昇撰

夫目録之興也，蓋所以別真僞，明是非，記人代之古今，標卷部之多少，摭拾遺漏，删夷駢〔二〕贅，欲使正教綸理，金言有緒，提綱舉要，歷然可觀也。但以法門幽邃，化綱恢弘，前後翻傳，年移代謝，屢經散滅，卷軸參差。復有異人時增僞妄，致令混雜，難究蹤由。是以先德儒賢，製斯條録。今其存者，殆六七家。然猶未極根源，尚多疏闕。昇以庸淺，久事披尋，參練異同，指陳臧否，成茲部袠，庶免乖違。幸諸哲人，俯共詳覽。

稽首善逝牟尼尊，無上丈夫調御士。
亦禮三乘浄妙法，并及八輩應真僧。
我撰經録護法城，三寶垂慈幸冥祐。
惟願法燈長夜照，迷徒因此得慧明。
正法遐久住世間，依學速登無上地。

自後漢孝明皇帝永平十年歲次丁卯，至大唐神武皇帝開元十八年庚午之歲，凡六百六十四載，中間傳譯緇素總一百七十六人，所出大、小二乘三藏聖教及聖賢集傳并及失譯，總二千二百七十八部，都合七千四十六卷，其見行闕本，並該前數。新録合二十卷，開爲總、别。總録括聚群經，别録分其乘藏。二録各成十卷，就别更有七門。今先叙科條，餘次編載。

總括群經録上。

右從漢至唐所有翻述，具帝王年代并譯人本事、所出教等，以人代先後爲倫，不依三藏之次，兼叙目録新舊同異。

别分乘藏録下。

右别録之中，曲分爲七：一、有譯有本；二、有譯無本；三、支派别行；四、删略繁重；五、拾遺補闕；六、疑惑再詳；七、僞邪亂正。就七門中，二乘區别，三藏殊科，具悉委由，兼明部屬〔三〕。

總録分爲十卷。起第一，盡第十。此粗顯綱條，若一一具明，在第十卷内。

第一卷；漢、魏二代緇素譯人所出經、戒、羯磨等及新舊失譯，并附出〔四〕譯人列傳。

第二卷；吴、晉二代緇素譯人所出經、戒〔五〕等并新舊失譯諸經，同前附出〔六〕譯人列傳。

第三卷：東晉、符秦二代緇素譯人所出經、律、論等并新舊失譯，列傳同前。

第四卷：姚秦、西秦、前涼、北涼四代緇素譯人所出經、律、論并新舊集〔七〕失譯經等。

第五卷：宋朝一代緇素譯人所出經、律、論等并新集失譯經等。

第六卷：齊、梁、元魏、高齊四代緇素譯人所出經、律、論等并新集失譯經、律、集〔八〕等。

第七卷：周、陳、隋三代緇素譯人所出經、律、論及傳、録等。

第八卷；

第九卷：八、九二卷，皇朝緇素譯人所出經、律、論及傳、録等。

第十卷。叙古舊諸家目録部袠多少及詳顯同異。

別録分爲十卷，起第十一，盡第二十。此粗顯綱條，具述在第十卷〔九〕。

第十一卷；

第十二卷：十一、十二兩卷，有譯有本菩薩藏經、律、論目録，兼述譯人時代。

第十三卷：有譯有本聲聞藏經、律、論及賢聖集傳目録，亦述譯人時代。

第十四卷：有譯無本大乘經、律、論闕本目録。

第十五卷：有譯無本小乘經、律、論及賢聖集傳闕本目録。

第十六卷：支派別行大小乘經、律、論及賢聖集傳別生目録。

第十七卷；删略繁重、别生、同本異名經等删除目録；補闕拾遺舊譯大〔一〇〕小乘經、律、論，大周入藏録中遺漏不上目録，及新譯大小乘經、律、論、集、傳等新編入藏目録。

第十八卷；疑惑再詳目録，僞妄亂真、新編僞經及群録中僞經、并諸家集鈔等目録。

第十九卷；大乘經、律、論入藏目録。

第二十卷。小乘經、律、論，賢聖集傳入藏目録。

校勘記

〔一〕并序：原作大字「序」，高麗藏本無，據永樂北藏、嘉興藏、清藏本補。

〔二〕駢：原作「腁」，不詞，據高麗藏、資福藏、永樂北藏本改。

〔三〕屬：高麗藏本作「偶」。

〔四〕出：永樂南藏、嘉興藏、清藏、四庫本無。

〔五〕戒：嘉興藏、清藏、四庫本無。

〔六〕前附出：嘉興藏、清藏、四庫本作「並附」，永樂北藏本作「附出」。

〔七〕集：嘉興藏、清藏、四庫本無。

〔八〕集：永樂北藏、嘉興藏、清藏、四庫本無。

〔九〕第十卷：高麗藏本作「第十卷內」。

〔一〇〕大：高麗藏本作「太」。

總括群經録上之一

後漢，劉氏，都洛陽。

從明帝永平十年丁卯至獻帝延康元年庚子，凡一十二帝，一百五十四年，緇素一十二人，所出經、律并新舊集失譯諸經，總二百九十二部，三百九十五卷，於中九十七部一百三十一卷見在，一百九十五部二百六十四卷闕本。以爲後漢經録云。於中直云帝者爲真，兼斥名者是僞。年代甲子，依唐司隸甄鸞、成均博士王道珪二〔一〕家年曆參定。

後漢沙門迦葉摩騰，一部一卷經。

沙門竺法蘭，四部一十五卷經。

沙門支婁迦讖，二十三〔二〕部六十七卷經、集。

沙門安世高，九十五部一百一十五卷經、律、集。

沙門竺佛朔，二部三卷經。

優婆塞安玄，二部三〔三〕卷經、集。

沙門支曜，一十部一十一卷經、集。

沙門康巨，一部一卷經。

沙門嚴佛調，五部八卷經。
沙門康孟詳，六部九卷經、律。
沙門竺大力，一部二卷經。
沙門曇果，一部二卷經。
新舊諸失譯經，一百四十一部一百五十八〔四〕卷。五十九部七十六卷舊集，八十二部八十二卷新附。

校勘記
〔一〕二：四庫本誤作「三」。
〔二〕二十三：高麗藏本誤作「二十二」。
〔三〕三：清藏、四庫本誤作「一」。
〔四〕一百五十八：高麗藏本誤作「一百五十一八」。

四十二章經一卷。永平十年丁卯，於白馬寺與法蘭共譯，初出。舊録云：「孝明皇帝四十二章。」
右一部，一卷，其本見在。
沙門迦葉摩騰，或云竺葉摩騰，亦云攝摩騰，群録互存，未詳孰是。先來不譯，所以備彰。中印度人，婆羅門種。幼而聰敏，博學多聞，思力精拔，特明經律。嘗遊西印度，有一小國請騰講金光明經。俄而鄰國興師而來，既將踐境，輒有事礙，兵不能進。彼國兵衆疑有異術，密遣使覘，但見群臣安然共聽其所講大乘經明地神王護國之法，於是彼國請和求法。

明帝以永平七年甲子夢見金人身長丈六，項佩日輪，光明赫弈，飛在殿前。明旦〔一〕，博問群臣：「此何神異？」通人傅毅進奉對曰：「臣聞西域有得道者，號之曰『佛』。陛下所夢，將必是乎？」帝以爲然，詔遣郎中蔡愔、郎將秦景、博士弟子王遵等一十八人，往適天竺，尋訪佛法。於大月支國與摩騰相遇，時蔡愔等固請於騰，遂與同來。至于洛邑，明帝甚加賞接。所將佛經及獲畫像，馱以白馬，同到洛陽，因起伽藍，名白馬寺。諸州競立，報白馬恩。騰於白馬寺出四十二章經，初緘蘭臺石室第十四間内。自爾釋教相繼雲興，沙門信士接踵傳譯，依録而編，即是漢地經法之祖也。舊録云：「此經本是外國經抄，元出大部。撮〔二〕要引俗，似孝經十八章。」出舊録及朱士行漢録、僧祐出三藏記等，道安録中不載。

騰以大化初傳，人未深信，蘊其妙解，不即多翻，且撮經要以導時俗。騰後終於洛陽。載其由委，備如朱士行漢録及高僧傳等。

昇尋録之源始，意述譯經，譯經之來，須有由致，故傍採衆説，以廣異聞，雖於文爲繁，而僧事備矣。

校勘記

〔一〕旦：高麗藏本作「日」。

〔二〕撮：四庫本作「提」。

十地斷結經八卷。或四卷，亦云十住，初出，與竺佛念十住斷結經同本，永平十三年出。見朱士行漢録及高僧傳、長房録等。

法海藏經一卷。一本無「藏」字，初出，與法海經等同本。見高僧傳及長房録等。

佛本行經五卷。永平十一年出。見高僧傳及長房録等。

佛本生經一卷。見高僧傳及長房録等。

右四部，一十五卷，其本並闕。

沙門竺法蘭，亦中印度人。自言誦經論數萬章，爲天竺學者之師。時蔡愔既至彼國，蘭與摩騰共契遊化，遂相隨而來。會彼學徒留礙，蘭乃間行而至。既達洛陽，與騰同止。少時，便善漢言。初，共騰譯四十二章經。騰卒，蘭自譯十地斷結經等四部。昔前漢武帝穿昆明池底，得黑灰，問東方朔，朔云：「非臣所知，可問西域胡人。」法蘭既至，追以問之。

蘭云：「此是劫燒時灰。」朔言有徵，信者甚衆。又秦景使還於月支國，得釋迦倚〔一〕像，是優填王栴檀像師第四作也。來至洛陽，帝即敕令圖寫，置清涼臺及顯節陵上供養。自爾丹素流演迄今。蘭後終於洛陽，時年六十餘矣。

又長房等録，云「蘭譯二百六十戒合異二卷」者，不然。細詳名目，非蘭所翻，委求同異，如下別録闕本中述。

校勘記

〔一〕倚：高麗藏本作「佛」，資福藏本作「奇」。

道行般若波羅蜜經十卷。題云摩訶般若波羅蜜道行經，亦云般若道行品經。或八卷，初出，與明度、小品及大般若第四會等〔一〕同本。光和二年七月八日出，見敏、祐二録。

無量清淨平等覺經二卷。亦直云無量清淨經，第二出，與大阿彌陀及寶積無量壽會等並同本，見吴録。

阿閦佛國經二卷。建和元年譯，或一卷，初出，與寶積不動如來會等同本。見朱士行漢録及僧祐録。亦云阿閦佛刹諸菩薩學成品經。或無「國」字。

佛遺日摩尼寶經一卷。安公云出方等部，初出，與寶積普門菩薩會等同本，一名古品遺日說般若經〔二〕，一名大寶積經，一名摩訶衍寶嚴經。見僧祐、長房二録。

兜沙經一卷。見僧祐録及吴録，是華嚴經〔三〕名號品異譯。

般舟三昧經三卷。一名十方現在佛悉在前立定經，舊録云大般舟三昧經，或一〔四〕卷，光和二年譯，初出，與大集賢護經等同本。見聶道真録及吴録。

伅真陀羅所問經二卷。初云伅真陀羅所問寶如來三昧經，舊録云伅真陀羅尼王經，或三卷，初出，與大樹緊那羅經同本，安録無。見朱士行漢録及僧祐録。

阿闍世王經二卷。初出，與普超三昧經等同本。見僧祐録。安公云出長阿含者，非也。

内藏百寶經一卷。亦云内藏百品，初出，與世高譯者小異。安公云出方等部。見僧祐録。

文殊師利問菩薩署經一卷。亦直云問署經。見僧祐録及吴録。安公云出方等部〔五〕。

雜譬喻經一卷。凡十一事。祐云失譯，房云見别録。

已上見在，已下闕。

大方等大集經二十七卷。初出，與曇無讖等出者同本。見李廓録。

般舟三昧經一卷。是後十品重翻。祐有此一卷，無三卷者。見静泰録。或加「大」字。第三出。祐録云：「光和二年十月八日出。」

梵般泥洹經二卷。或一卷，初出，與大般〔六〕涅槃經等同本。見朱士行漢録及僧祐録。舊云「胡般」，新改爲「梵」。

象腋經一卷。初出。見法上録。

諸法勇王經一卷。初出。見法上録。

光明三昧經一卷。初出。祐云：「出別録。」安録無。房云：「亦見吴録。」

字〔七〕本經二卷。初出。見僧祐録。

首楞嚴經二卷。中平三〔八〕年二月八日出，第一譯，又云三卷。見朱士〔九〕行漢録及僧祐録、吴録。

大方便報恩經一卷。見吴録。

阿闍世王問五逆經一卷。亦云阿闍世王經，初出。見長房録。

禪經一卷。初出。房云：「見別録。」

阿育王太子壞目因縁經一卷。佛涅槃後一百餘年，育王方出，故非佛説。或無「經」字。初出。見長房録。

右二十三部，六十七卷。雜譬喻上一十一部二十六卷見在，大集經下一十二部四十一卷闕本。

沙門支婁迦讖，亦直云支讖，月支國人。操行純深，性度開敏，禀持法戒，以精勤著名。諷誦群經，志在宣法。桓、靈之代，遊于洛陽。從桓帝建和元年丁亥至靈帝中平三年丙寅，於洛陽譯道行等經二十三部，審得本旨，曾不加飾，可謂善宣法要，弘道之士也。河南清信士孟福、張蓮筆受。

而舊譯云胡般泥洹者，竊所未委。上代翻經已來，賢德筆受，每至度語，無不稱云譯胡爲漢。梵乃五天邊俗，類此之有氐羌，今乃稱胡，豈關印度？深爲楚越，可不詳焉！但佛所説經，皆合稱爲「梵本」。「梵」者，此言清浄。昔劫初時，梵世光音天來下彼土〔一〇〕，有食地肥者，身重不得復去，因遂爲人，即五天之本祖也，仍其天號而立稱焉。若彼稱胡，理將何出？但彼稱梵語，如此土所謂漢言，蓋有所憑，非爲謬耳。如舊日僧悉稱俗姓，起符秦世，有沙門道安，獨拔當時，居然超悟，云：「既剃落，紹繼釋迦，子而異父，豈曰承襲？今去出家，宜悉稱『釋』。」及翻四含，其文果云「四姓出家，同一釋種」，衆咸歎伏。四姓者，一、刹帝利，二、婆羅門，三、吠舍，四、戍達羅。而安正當晉、秦之世，刊定目録，删注群經，自號「彌天」，楷模季葉，猶言譯胡爲秦有五失三不易，此蓋通人一蔽，未盡美歟。上代已來，有「胡」言處，今並改爲「梵」字，庶無紕謬，使談者得其正焉。

又長房等録，支讖譯中復有大寶積經一卷。今以與佛遺日摩尼寶經既是同本，不合再出。又尋文句，非讖所翻。別録之中，皆爲失譯，今依別録爲正〔一一〕，故讖録除之。

校勘記

〔一〕等：原無，據高麗藏本補。

〔二〕經：原無，據高麗藏本補。

〔三〕經：原無，據高麗藏本補。

〔四〕一：高麗藏本作「二」。

〔五〕部：原作「經」，據高麗藏本改，四庫本作「録」。

〔六〕般：原無，據高麗藏本補。

〔七〕孛：原誤作「字」，據諸校本改。

〔八〕三：四庫本作「二」。

〔九〕士：原誤作「十」，據諸校本改。

〔一〇〕土：原誤作「上」，據諸校本改。

〔一一〕正：原誤作「王」，據諸校本改。

大乘方等要慧經一卷。初出，與寶積彌勒問八法會同本。見長房録。

太子慕魄〔一〕經一卷。初出。出六度集中，異譯。見長房録。

長者子制經一卷。一名制經，初出，與逝童子經〔二〕同本。見長房録。

寶積三昧文殊問法身經一卷。一名遺日寶積三昧文殊師利菩薩問法身經，初出，與入法界體性經同本。見長房録。

自誓三昧經一卷。題下注云：「獨證品第四，出比丘浄行中。」初出，與法護出者大同小異。見長房録。

温室洗浴衆僧經一卷。亦直云温室經，初出。見長房録。

明度五十校計經二卷。或直云明度校計，亦直云五十校計，元嘉元年出。見朱士行漢録及僧祐録。

佛印三昧經一卷。見長房録。

八大人覺經一卷。見寶唱録。

舍利弗悔過經一卷。亦直云悔過經，初出。見長房録。

人本欲生經一卷。永嘉二年出，長阿含第十卷異譯，道安注解。見朱士行漢録及僧祐録。

尸迦羅越六向拜經一卷。或云尸迦羅越六方禮經，出長阿含第十一卷，異譯。見長房録。

長阿含十報法經二卷。一名多增道章經，或直云十報經，出長阿含第九卷，異譯。舊録亦云出長阿含。見僧祐録。

一切流攝守因經一卷。出中阿含第二卷，異譯。舊録云一切流攝經，吴録云流攝守因經，亦云受因，亦直云流攝，亦云一切流攝守。見朱士行及僧祐二録。

四諦經一卷。出中阿含第七卷，異譯。見僧祐録。安公云出長阿含者，或誤也。

本相倚致經一卷。出中阿含第十卷，異譯。吴録云本〔三〕相倚致，與緣本致經同本。或作「猗」字。見朱士行漢録及僧祐録。

是法非法經一卷。出中阿含第二十一卷，異譯。見士行、僧祐二録。

漏分布經一卷。出中阿含第二十七卷，異譯。見朱士行漢録及僧祐録。安公云出長阿含者，或誤也。

婆羅門子命終愛念不離經一卷。出中阿含第六十卷，異譯。見長房録。

十支居士八城人經一卷。出中阿含經〔四〕第六十卷，異譯。見長房録。

普法義經一卷。亦名普義經，一名具法行經。普法義作「舍利曰」，具法行作〔五〕「舍利弗」，餘並同云。出中阿含。元嘉二年出，與廣義法門經同本。見士行、僧祐二録。

婆羅門避死經一卷。出增一阿含第二十三〔六〕卷，異譯。見長房録。

阿那邠邸化七子經一卷。出增一阿含第四十九卷，異譯。見長房録。

阿難同學經一卷。題云出增一阿含，檢無。見長房録。

七處三觀經一卷。出雜阿含中。首末總三十經，從初標名故也。或二卷。元嘉元年出。見朱士行漢録及僧祐録。

五陰譬喻經一卷。或無「譬」字，一名水沫所漂經，出雜阿含第十卷，異譯。見朱士行漢録及僧祐録。

轉法輪經一卷。或云法輪轉經，出雜阿含第十五卷，異譯。與其本經後同前異。見僧祐録。

八正道經一卷。出雜阿含第二十八卷，異譯。見士行、僧祐二録。

摩鄧女經一卷。或云「摩鄒女」，一名阿難爲蠱道女惑經。見長房録。初出，與摩鄧伽經等同本。

鬼問目連經一卷。初出，與餓鬼報應經等同本。見長房録。

阿難問事佛吉凶經一卷。或云〔七〕阿難問事經，亦云事佛吉凶經。見長房録。初出，與阿難〔八〕分別經等同本。

柰女祇域因緣經一卷。初出，或無「因緣」字，亦直云柰女經。見長房録。

罪業應報教化地獄經一卷。初出〔九〕，或云地獄報應經。見長房録。

堅意經一卷。初出，一名堅心正意經，亦名堅心經。見長房録。

大安般守意經二卷。或一卷，或無「守意」字，或直云安般經〔一〇〕。安公云：「小安般，兼注解。」祐録別載大安般一卷。房録更載安般一卷，並重也。見士行、僧祐、李廓三録。

陰持入經二卷。或一卷。祐云「除持入」，誤也。亦云住〔一一〕陰持入。安公注解。房録陰持入外，別存除持入者，誤也。見士行、僧祐二録。

處處經一卷。見長房録。

罵意經一卷。見長房録。

分別善惡所起經一卷。見長房録。

出家緣經一卷。一名出家因緣經。見長房録。

阿鋡〔一二〕正行經一卷。一名正意經。見長房録。

十八泥犁經一卷。或云十八地獄經。見長房録。

法受塵經一卷。見僧祐録。

禪行法想經一卷。見僧祐、寶唱二〔一三〕録。

長者子懊惱三處經一卷。一名長者忲〔一四〕惱三處經，亦直云三處惱經。見長房録。

犍陀國王經一卷。或無「國」字。見長房録。

父母恩難報經一卷。亦云難〔一五〕報。見長房録。房云出中阿含，檢無。

九横經一卷。房云出雜阿含，檢無。見長房録。

禪行三十七經一卷。或加「品」字。見寶唱録。

犯戒報應輕重經一卷。出目連問毗尼經，亦云犯戒罪報輕重，或云目連問經。見長房録。

大比丘三千威儀經二卷。或四卷，亦云大僧威儀經。房云：見別録。按僧祐失譯録中分爲二部，部各二卷，別録中合。今只有二卷，餘二〔一六〕莫存。

道地經一卷。初出，或加「大」字，是修行經抄，元外國略本，道安注解。見僧祐録。群録並云二卷，准〔一七〕安公序云：凡有七章。此之一卷，文亦備矣。

迦葉結經一卷。初出。見長房録。

阿毗曇五法行經一卷。或無「行」字。亦云阿毗曇苦慧經。見僧祐録。

已上見存，已下闕本。

無量壽經二卷。初出，與寶積無量壽會等同本。房云見別録。
如幻三昧經二卷。或一卷，初出，與寶積善住意會等同本。見長房録。
月燈三昧經一卷。出大月燈經第七，異譯。見長房録。
十二因縁經一卷。初出，亦云聞城十二因縁經。見僧祐録。
内藏經一卷。第二出。一名内藏百品，或云「百寶」。元嘉二年十月〔一八〕出。見朱士行漢録。
四不可得經一卷。初出，或無「可」字。見長房録。
藥王藥上菩薩觀經一卷。初出。見長房録。
空浄天感應三昧經一卷。舊録云空浄三昧經，初出。見長房録。
卒逢賊結衣帶呪經一卷。見長房録。
呪賊經一卷。一名辟除賊害呪。見長房録。僧祐失譯録中雙載二本，同名呪賊，此且〔一九〕存一。
十四意經一卷。舊録云菩薩十四意經。見僧祐録。
法律三昧經一卷。初出。見法上録。
道意發行經二卷。或一卷。見道安及僧祐録。房云出長阿含。
大十二門經二卷。或一卷，出長阿含，安公注解。見寶唱及僧祐録。
小十二門經一卷。出長阿含，安公注解。見寶唱〔二〇〕及僧祐録。

七法經一卷。舊録云阿毗曇七法行經，或直云七法行經。見僧祐録。房云出長阿含。

多增道章經一卷。舊録無「道」字，云異出十報法〔二一〕。見長房録，云出長阿含。

義決律經一卷。或無「經」字，亦云義決律法行經，安公云出長阿含。見僧祐録。

雜四十四篇經二卷。或云雜經四十四篇，既不顯名，未知何經，安公云出增一阿含。見僧祐録。

百六十品經一卷。舊録云：出〔二二〕增一阿含百六十章經。見僧祐録。

舍頭諫經一卷。見舊録。第二出，亦云舍頭諫太子明二十八宿經，亦云太子明星二十八宿經，亦云虎耳經。

瑠璃王經一卷。或云流離。房云出增一，檢無。見長房録〔二三〕。

太子夢經一卷。初出。見長房録。

禪經二卷。第二出。房云見別録。

恒水經一卷。初出，亦云恒水不説戒經。見法上録。寶唱録云恒水誡經。

悔過法經一卷。見長房録。

五法經一卷。見僧祐録。

五行經一卷。見長房録。

小般泥洹經一卷。房云見別録。祐録〔二四〕云：或名泥洹後諸比丘經，或云泥洹後變記經，或云泥洹後比丘世變經，或云佛般泥洹後比丘世變經。

正齋經一卷。見長房録。
分明罪福經一卷。見長房録。
難提迦羅越經一卷。見僧祐録。
禪定方便次第法經一卷。見長房録。
禪法經一卷。見長房録。
當來變滅經一卷。見長房録。
修行道地經七卷。或六卷，初出，或云順道行經。漢永康元年譯，支敏度製序。見寶唱録及别録。
五門禪要用法經一卷。初出。見長房録。
思惟要略經一卷。或直云思惟經，初出。見僧祐録。
法句經四卷。初出。見長房録。
請賓頭盧法一卷。初出。見内典録。
阿毗曇九十八結經一卷。見僧祐録。
右九十五部，一百一十五卷。阿毗曇五法上〔二五〕五十四部五十九卷見存，無量壽經下四十一部五十六卷闕本。
沙門安清，字世高，安息國王正后之太子也。幼懷淳孝，敬養竭誠，惻隱之仁，爰及蠢類。其動言立行，若踐規矩焉。加以志業聰敏，剋意好學，外國典籍，莫不該貫。七曜五行之象，風角雲物之占，推步盈縮，悉窮其要〔二六〕。兼洞曉醫術，妙善鍼脉，覩色知病，投藥必濟。乃至鳥獸鳴呼，聞聲知心。嘗行見群鷰，忽謂伴曰：「鷰云應有送食者。」頃之，果有致焉。衆咸奇之。於是，儁異之名被於西域，遠近鄰國咸敬而偉之。高雖在居家，而奉戒精峻，講集法施，與時相續。後王薨，將嗣國位，乃深惟苦空，厭離名器。行服既畢，遂讓國與叔，出家修道。博綜經藏，尤精阿毗曇學。諷持禪經，略盡其妙。既而遊方弘化，遍歷諸國。以漢桓之初，始到東夏。高才悟機敏，一聞能達，至止未久，大通華言。慨正法幽〔二七〕微，廣事宣譯。

高窮理盡性，自識宿緣，多有神迹，世莫能量。初，高自稱先身已經爲安息王子，與其國中長者子俱共出家，分衛之時，值施主不稱，每輒懟恨。高屢加訶諫，終不悛改。如此二十餘年，乃與同學辭訣云：「我當往廣州，畢宿世之對。卿明經精勤，不在吾後，而性多恚怒，命過，當受惡形。我若得道，必當相度。」既而遂適廣州。值寇賊大亂，行路逢一年少，唾手拔刀曰：「真得汝矣。」高笑曰：「我宿命負卿，故遠相償。卿之忿怒，故是前世時意也。」遂伸頸受刃，容無懼色。賊遂殺之。觀者填路，莫不駭其奇異。而此神識還爲安息王太子，即今時世高身是。

高遊化中國，宣經事畢，值靈帝之末，關洛擾亂，乃震錫江南，云：「我當過廬山，度昔同學。」行達邯亭湖廟。此廟舊有靈威，商旅祈禱，乃分風上下，各無留滯。嘗有乞神竹者，未許輒取，舫即覆没，竹還本處。自是舟人敬憚，莫不攝〔二八〕影。高同旅三十餘船，奉牲請福，神乃降祝曰：「舫有沙門，可更〔二九〕呼上。」客咸驚愕，請高入廟。神告高曰：「吾昔外國與子俱出家學道，好行布施而性多瞋怒。今爲邯亭廟神，周迴千里，並吾所治，以布施故，珍玩甚豐；以瞋恚故，墮此神報。今見同學，悲欣可言！壽盡旦夕，而醜形長大，若於此捨命，穢污江湖，當度山西澤中。此身滅後，恐墮地獄。吾有絹千疋，并雜寶物，可爲立法營塔，使生善處也。」高曰：「故來相度，何不出形？」神曰：「形甚醜異，衆人必懼。」高曰：「但出，衆不怪也。」神從牀後出頭，乃是大蟒，不知尾之長短。至高膝邊，高向之梵語數番，讚唄數契，蟒悲淚如雨，須臾還隱。高即取絹物，辭别而去。舟侶颺帆，蟒復出身，登山而望，衆人舉手，然後乃滅。倏忽之頃，便達豫章，即以廟物造東寺。高去後，神即命過。暮有一少年上船，長跪高前，受其呪願，忽然不見。高謂船人曰：「向之少年，即邯亭廟神，得離惡形矣。」於是廟神歇滅，無復靈驗。後人於山西澤中，見一死蟒，頭尾數里。今潯陽郡蛇村是也。

高後復到廣州，尋其前世害己少年。尚在，高徑投其家，説昔日償對之事，并叙宿緣，歡喜相向，云：「吾猶有餘報，今當往會稽畢對。」廣州客悟高非凡，豁然意解，追恨前愆，厚相資供，隨高東遊，遂達會稽。至便入市，正值市中有亂，相打者誤著高頭，應時殞命。廣州客頻驗二報，遂精勤佛法，具說事緣。遠近聞知，莫不悲歎，明三世之有徵也。

高以桓帝建和二年戊子至靈帝建寧三年庚戌二十餘載，譯大乘要慧等經九十五部，並義理明析，文字允正。辯而不華，質而不野。凡在讀者，皆亹亹然而不倦焉。世高本既王種，名高外國，所以西方賓旅，猶呼安侯，至今爲號焉。天竺自稱書爲天書，語爲天語，音訓詭謇〔三〇〕，與漢殊異。先後傳譯，多致謬濫。唯高所出，爲群譯之首。安公以爲「若及面稟，不異見聖」。列代明德，咸讚而思焉。其釋道安録、僧祐出三藏記、慧皎高僧傳等，止云高譯三十九部。費長房録便載一百七十六部。今以房録所載多是別生，從大部出，未可以爲翻譯正數。今隨次刪之，如後所述。

校勘記

〔一〕魂：高麗藏本作「魄」。

〔二〕逝童子經：高麗藏本作「逝童子經等」。

〔三〕本：原作「大」，據高麗藏本改。

〔四〕經：高麗藏本無。

〔五〕作：高麗藏本無。
〔六〕二十三：高麗藏本作「二十一」，四庫本作「二十二」。
〔七〕云：高麗藏本作「名」。
〔八〕難：嘉興藏本無。
〔九〕初出：嘉興藏、清藏、四庫本無。
〔一〇〕經：高麗藏本無。
〔一一〕住：高麗藏本無。
〔一二〕鋡：嘉興藏、清藏本作「鋡」。
〔一三〕二：高麗藏本誤作「一」。
〔一四〕忲：高麗藏本作「忕」，嘉興藏、清藏、四庫本作「懊」。
〔一五〕難：高麗藏、資福藏、永樂北藏、四庫本作「勤」。
〔一六〕二：高麗藏本誤作「三」。
〔一七〕准：清藏、四庫本作「唯」。
〔一八〕十月：高麗藏本作「十二月」。
〔一九〕且：高麗藏本作「但」。
〔二〇〕寶唱：高麗藏本作「寶唱録」。
〔二一〕舊録無道字云異出十報法：出三藏記集卷四曰：「舊録云多增道經，一名異出十報法。」則舊録非無

「道」字，無「章」字也。

〔二二〕出：高麗藏本無。按：出三藏記集卷二無「出」字，歷代三寶紀卷四、大唐内典録卷一引，亦無。

〔二三〕長房録：此後高麗藏本有「五門禪要用法經一卷」及子注「初出，見長房録」，當爲重出。

〔二四〕祐録：原無，據高麗藏本補。按出三藏記集卷四：「泥洹後諸比丘經一卷，或云小般泥洹經，或云泥洹後變記經，或云泥洹後比丘世變經，或云佛般泥洹後比丘世變經。」

〔二五〕阿毗曇五法上：高麗藏本作「方等要慧下」。

〔二六〕要：高麗藏本作「變」。

〔二七〕幽：高麗藏本無。

〔二八〕攝：高麗藏本作「懾」。

〔二九〕更：出三藏記集作「便」。按：可便，就。可，助詞。便，就。

〔三〇〕謇：高麗藏本作「蹇」。按：蹇，通「謇」。詭謇，謂詭異艱澀。

情離有罪經。房云：「世注爲疑。」〔一〕今亦在疑僞録。

八光經。

舍利弗問寶女經。

舍利弗歎寶女説不思議經。亦直云歎寶女經。

商人子作佛事經。

婆羅門通達經論經〔四〕。

外道出家經。

婆羅門服白經。

精勤四念處經。

婆羅門虚僞經。

佛爲調馬聚落主説法經。

一切行不恒安住經。

婆羅門問世尊將來有幾佛經。

婆羅門問佛布施得福經。

豆遮婆羅門論議出家經。

佛化火與或作「大輿」。婆羅門出家經。

浮木〔五〕譬喻經。一名恒水流樹經，或作「流澍」。

四吒婆羅門出家得道經。

過去彈琴人經。

婆羅門解知衆術經。

獨富長者經。亦云獨富〔六〕長者財物無付經，亦云長者命終無子付囑經。

佛爲年少婆羅門説知善不善經。

佛爲那拘羅長者説根熟經。或無「羅」、「根熟」三字。

禪思滿足經。説四法等三十二經，並出雜阿含。

禪秘要經。出治禪病祕要法。

前世諍女經。

子命過經。

迦旃延無常經。

審裸形子經。一名佛覆裸形子經。

鼈喻經。前世諍等五經，並出生經。

鏡面王經。出義足經。

三毒經。

數息事經。上二，小乘雜抄。

七老婆羅門請爲弟子經。

孤母喪一子經。

斫毒樹復生經。

求離牢獄經。

良時難遇經。

昔有二人相愛敬經。

慈仁不殺經。

摩耶祇女人謗佛生身入〔七〕地獄經。

最勝長者受呪願經。亦直云受呪願經。

佛神力救長者子經。

佛度旃陀羅兒出家經。

承事勝己經。

調達生身入地獄經。

多倒見衆生經。

長者夜輪得非常觀經。亦直云得非常觀經。七老婆羅門等一十五經，並出出曜經。

人受身入陰經。

人身四百四病經。

五陰成敗經。

地獄罪人衆苦經。

人病醫不能治經。人受身等五經，並出修行道地經。

阿練若習禪法經。出坐禪三昧經。

蓮華女經。出法句譬喻經。

迦葉詰阿難經。亦云〔八〕迦葉責阿難雙度羅漢喻經。

金色女經。迦葉詰阿難等二經，出雜譬喻。

右八光經等八十五部八十五卷，長房等録皆云安高所出。今按隋開皇、仁壽二本〔九〕衆經録及新括出别生抄經等，此等並從諸經别生，或非安高所出，不合足爲翻譯之數。今爲實録，故總删之。

校勘記

〔一〕爲疑：高麗藏本作「僞疑」，四庫本作「爲録」。按：歷代三寶紀卷四亦作「爲疑」。

〔二〕惑：四庫本作「感」。

〔三〕性：四庫本作「醒」。

〔四〕經：高麗藏本無。
〔五〕木：高麗藏本誤作「水」。
〔六〕富：高麗藏本作「付」。
〔七〕生身入：永樂北藏本作「不隋下」。
〔八〕云：高麗藏本作「名」。
〔九〕本：原作「年」，據高麗藏本改。二本衆經録，指開皇十四年（五九四）大興善寺翻經沙門法經撰衆經目録（簡稱法經録）和仁壽二年（六〇三）彦琮撰衆經目録。

道行經一卷。光和二年十月八日出。見經後記、朱士行漢録、僧祐録等。安公云：「道行品者，般若抄也，外國高明者所撰。」安爲之序并注。

般舟三昧經二卷。光和二年十月八日出。見經後記、高僧傳等。二經同時啓帙〔一〕，故出日同〔二〕也。舊録云大般舟三昧經。或一卷。第二出，與大集賢護經等同本。

右二部，三卷，其本並闕。

沙門竺佛朔，經後記云：竺佛朔，印度人也。識性明敏，博綜多能。以靈帝光和之初，賫道行等經來適洛陽，轉梵爲漢，譯人時滯，雖有失旨，然棄文存質，深得經意。月支沙門支讖傳語，河南孟福字元士、張蓮字少安筆受。並見經後記。

校勘記

〔一〕帙：高麗藏本作「夾」。

〔二〕出日同：資福藏本作「日同出」。

法鏡經二卷。安公云：出方等部。初出，與寶積郁伽長者會等同本，或一卷，沙門嚴佛調筆受，康僧會注。見僧祐録〔一〕。

阿含口解十二因緣經一卷。亦云斷十二〔二〕因緣經，亦直云阿含口解，舊録云安侯口解，凡有四名，同是一本。内典中安高、安玄俱出口解者〔三〕，誤也。

右二部，三卷，其本並在。

優婆塞安玄，安息國人也，志性貞白，深閑理致，秉持法戒，毫釐弗虧，博誦群經，多所通習。漢靈帝時遊賈雒陽，有功，號騎都尉。性虚静温恭，常以法事爲己務。漸練漢言，志宣經典，常與沙門講論道義，世所謂「都尉」者也。玄以光和四年辛酉，與沙門嚴佛調共出法鏡等經。玄口譯梵文，佛調筆受，理得音正，盡經微旨。郢匠之美，見述後代。祐云法鏡佛調出者，據其共譯以説。又稱阿含口解世高譯者，此乃姓同相濫也。舊録既名安侯口解，計亦合是世高出也。

校勘記

〔一〕見出三藏記集卷二，云「一卷」，「漢靈帝時，沙門嚴佛調、都尉安玄共譯出」。

〔二〕二：高麗藏本作「一」。

〔三〕大唐內典録卷一載安世高、安玄譯經，皆録此經。按：出三藏記集卷二著録此經，云「漢桓帝時，安息國沙門安世高所譯出」。又云「口解」等經，「安公云似世高撰也」。歷代三寶紀卷四云：「祐云世高譯，今檢群録，乃是安玄譯。」

成具光明定意經一卷。或云成具光明三昧經，或直云成具光明經，第二出。見朱士行、支敏度、僧祐等三録及高僧傳。

阿那律八念經一卷。或直云八念經，一名禪行斂意經，舊録云禪行檢意，出中阿含經第十八卷，異譯。見舊録。

馬有三相經一卷。亦云善馬有三相經，出雜阿含經第三十三卷，異譯。房云見吴録。

馬有八態譬人經一卷。亦直云馬有八態經，一名馬有八弊惡態經，出雜阿含經第三十三〔二〕卷，異譯。房云見吴録。

小道地經一卷。房云見吴録。

已前見存，已後闕本〔三〕。

僧傳。

聞城十二因縁經一卷。第二出，與世高譯十二因縁經等同本。房云見吴録。

大摩耶經一卷。或無「大」字，或二卷，初出，與摩訶摩耶經同本。房云見吴録。

賴吒和羅經一卷。出中阿含經第三十一卷，異譯。房云見吴録。安云出方等部者，或恐誤也。

小本起經二卷。或云修行本起，或云宿行本起，近加「小」字耳。初出，與瑞應本起經等同本。見舊録及高

墮落優婆塞經一卷。或云「優披塞」。房云見吴録。

右一十部，一十一卷。小道地上五部五卷見在，聞城下五部六卷闕本。

沙門支曜，西域人，博達群典，妙解幽微。以靈帝中平二年乙丑，於洛陽譯成具光明等經十部。長房等録又有首至問佛十四事經。或無「佛」字。余親見其本，乃是經抄，已編別生録内，此删不載。

校勘記

〔一〕三：永樂北藏本作「二」。

〔二〕本：高麗藏本無。

問地獄事經一卷。見朱士行漢録及高僧傳。

右一部，一卷，本闕。

沙門康臣，或作「巨」〔一〕字，未詳孰是。西域人，心存遊化，志在弘宣。以靈帝中平四年丁卯，於洛陽譯問地獄經。言直理詣，不加潤飾。

校勘記

〔一〕巨：高僧傳、歷代三寶紀、大唐内典録、佛祖統紀等，皆作「巨」。按：此卷前亦作「康巨」，故此處正文或當作「沙門康巨」，子注或當作「或作『臣』字」。

輭〔二〕首菩薩無上清淨分衛經二卷。一名決了諸法如幻化三昧經，初出，與大般若那伽室利分等同本。或一卷。見長房録。

慧上菩薩問大善權經二卷。初出，與寶積大乘方便會等同本。或無「菩薩」字。或一卷。見長房録。

古維摩詰經二卷。初出，與唐譯無垢稱經等同本。見古録及朱士行漢録。

思意經一卷。亦云益意經。初出。見長房録。

菩薩内習六波羅蜜經一卷。安公云出方等部，或云内六波羅蜜經，亦云内外者。見長房録。

右五部，八卷。前四部，七卷，本闕；後一部，一卷，見在。

沙門嚴佛調，亦云浮調。據僧祐録及高僧傳，合是沙門。長房等録云清信士者，非也。臨淮郡人。綺年穎悟，敏而好學，信慧自然，遂出家修道。通譯經典，見重於時。調以靈帝中平五年戊辰，於洛陽譯輭〔一〕首菩薩等經五部。世稱安侯、都尉、佛調三〔三〕人傳譯，號爲難繼。安公稱佛調出經省而不繁，全本巧妙焉。又長房等録更有迦葉詰阿難經，亦云佛調所譯。余親見其本，乃是諸經之抄。有數條事，隋〔四〕衆經録云出雜譬喻。安世高、聶承遠録內，並有此經，録家誤也。既是別生抄經，不合爲翻譯正數。又有沙彌十慧經，云佛調自撰并注、序。既非聖言，又闕其本，今並删之。

校勘記

〔一〕輭：高麗藏本作「濡」。
〔二〕輭：永樂北藏、清藏、四庫本作「濡」。
〔三〕三：原作「二」，據高麗藏本、高僧傳卷一等改。「安侯」指安世高，「都尉」指安玄，和佛調則爲三人矣。
〔四〕隋：高麗藏本作「隨」。

舍利弗摩訶〔一〕目犍連遊四衢經一卷。出增一阿含第四十一卷，異譯。見別録。

興起行經二卷。亦名嚴誡宿緣經，題云出雜藏。見吴録。

梵網經二卷。初出，或三卷。見吴録。

後出阿彌陀佛偈經一卷。或無「經」字，第二出。

未曾有經一卷。初出，與唐譯甚希有經等同本。

作佛形像經一卷。一名優填王作佛形像經，一名作像因緣經，與造立形像福報經同本。

安宅神呪經一卷。亦云安宅呪法〔二〕。祐云安宅呪。

受十善戒經一卷。

苦陰經一卷。出中阿含經第二十五卷，異譯。

魔嬈亂經一卷。一名弊魔試目連經，一名魔王入目揵〔三〕蘭腹經，出中阿含經第三十卷，異譯。

沙彌尼戒經一卷。或無「經」字。

優波離問佛經一卷。或云優波離律。

分別功德論四卷。或云分別功德經，或三卷，或〔四〕五卷。

禪要呵〔五〕欲經一卷。題云禪要經呵欲品。

内身觀章句經一卷。或無「句」字。

雜譬喻經二卷。一名菩薩度人經。

六菩薩名〔六〕一卷。房入藏云：「六菩薩名亦當誦持。」〔七〕

已上見存，已下闕本〔八〕。

般舟三昧念佛章經一卷。是行品别翻，第四出。

阿彌陀佛偈一卷。初出。

賢劫千佛名經一卷〔九〕。祐云：「唯有佛名，與曇無蘭所出四諦經千佛名異。」出賢劫經中，異譯。

梵本經四卷。舊云「胡本」，新改爲「梵」。似長安中出。

泥洹後千歲變經四卷。一名千歲變經。祐云泥洹後千歲中變記，一卷。

諸經佛名二卷。今疑是不思議功德經。

三千佛名經一卷。

稱揚百七十佛名經一卷。亦直名百七十佛名。今疑出稱揚功德經。

南方佛名經一卷。舊云一名治城寺經者，非也。此乃題寺爲記，非是經之異名。

滅罪得福佛名〔一〇〕一卷。

觀世音所説行法經一卷。是呪經。

薩陀波崙菩薩求深般若圖像經一卷。

受持佛名不墮惡道經一卷。

五龍呪毒經一卷。

取血氣神呪經一卷。舊録云血呪。

呪賊呪法〔一一〕一卷。房云異出本，祐直云呪賊。

七佛安宅神呪經一卷。

菩薩受戒法經一卷。祐録無「經」字，房云異出本。

受菩薩戒次第十法一卷。

菩薩懺悔法一卷。

初發意菩薩常晝夜六時行五事〔一二〕一卷。

頂生王因緣經一卷。舊録云頂生王經。

長者賢首經一卷。

梵志喪女經一卷。

[犭*樂]狗齧王經一卷。舊録云[犭*樂]狗經。

勤苦泥犁經一卷。

地獄經一卷。

十一因緣章經一卷。舊録云十一因緣經，或云〔一三〕「十二」。

沙門爲十二頭陀經一卷。

僧名數事行〔一四〕一卷。

比丘諸禁律〔一五〕一卷。

摩訶僧祇律比丘要集一卷。一名摩訶僧祇部比丘隨用要集法。

沙彌十戒經一卷。舊録云沙彌戒。

比丘尼十戒經一卷。

賢者五戒經一卷。

優婆塞威儀經一卷。

庾伽三磨斯經一卷。譯言修行略，一名達磨多羅禪法，或言達磨多羅菩薩撰禪經要集。

梵音偈本一卷。舊云「胡音」。

讚七佛偈一卷。

怛和尼百句一卷。

五言詠頌本起一卷。一百四十二首。

道行品諸經梵音解一卷。舊云「胡音」。

法句譬喻經一卷。祐録云：「凡十七事。」或無「喻」字。上五十九部，並見僧祐失譯録。

右五十九部，七十六卷。准房録，本數合有七十七卷；其分別功德論，録云五卷，今有四卷，故七十六云。菩薩名上一十六部，二十六卷，見在。般舟下四十三部，五十卷，闕本。

校勘記

〔一〕普明菩薩會：高麗藏本作「普明菩薩會等」。

〔二〕法：高麗藏本作「經」。

〔三〕犍：高麗藏本作「連」。

〔四〕或：原無，據高麗藏本補。

〔五〕呵：嘉興藏本作「阿」。

〔六〕六菩薩名：高麗藏本作「六菩薩名經」。

〔七〕六菩薩名亦當誦持：歷代三寶記卷一三大乘録入藏目：「六菩薩名亦當誦持經，一卷。」

〔八〕已上見存已下闕本：高麗藏本作「已上存，已下闕」，普寧藏、永樂北藏、嘉興藏、清藏、四庫本作「已上見在，已下闕本」。

〔九〕賢劫千佛名經一卷：此經録及後注，高麗藏本無。若無此經，則不足下文所云「五十九部」。又按：高麗藏本此經及子注在後「餘六十六部七十一卷」「非是失源」中。

〔一〇〕滅罪得福佛名：高麗藏本作「滅罪得福佛名經」。

〔一一〕呪賊呪法：高麗藏本作「呪賊呪法經」。

〔一二〕初發意菩薩常晝夜六時行五事：高麗藏本作「初發意菩薩常晝夜六時行五事經」。

〔一三〕云：高麗藏本作「作」。

〔一四〕僧名數事行：高麗藏本作「僧名數事行經」。

〔一五〕比丘諸禁律：高麗藏本作「比丘諸禁律經」。

長房等録後漢〔一〕失譯，總有一百二十五部一百四十八卷。今以餘六十六部七十一卷，子細讎校，非是失源，具述委由，列之如左：

佛遺日摩尼寶經。漢支讖譯。

菩薩生地經。

惟曰雜難經。已上二經，吴支謙譯。

金剛三昧本性清浄不壞不滅經。或云金剛清浄經。長房録〔二〕云：吴代支謙譯，漢後失譯録中復載。

今詳此經，非是漢代失源，復非支謙所出，似是姚秦已來什公等譯。今且爲失源，編於秦録。

舊雜譬喻經二卷。吴代康僧會譯。

十方佛名經。

三十二相因緣經。已上二經，西晉竺法護譯。

菩薩修行經。一名長者威施所問菩薩修行經，或云長者修行經，已曾三譯，一存二闕，備顯録中。

迦葉赴佛泥洹經。一名佛般泥洹時迦葉赴佛經。

鐵城泥犁經。一名中阿含泥犁經。

寂志果經。
三十七品經。抄諸經撰〔三〕，在別生録。
七佛所結麻油述呪。
幻師陂陀神呪。
呪齵齒呪。一名呪蟲〔四〕齒，一直名呪齒。
呪牙痛呪。
呪眼痛呪。迦葉赴下十經〔五〕，東晉竺曇無蘭譯。
千佛因緣經。
海八德經。已上二經，法上録云姚秦羅什譯。
菩薩所生地經。
摩訶刹頭經。已上二經，乞伏秦聖堅譯。
寂調意合作「音」字，「意」者誤也。所問經。一名如來所説清淨調伏經。
轉女身菩薩經。一名樂瓔珞莊嚴方便經，一名樂瓔珞莊嚴女經。已上二經，宋代法海譯。
沙彌威儀經。或無「經」字，宋求那跋摩譯。
四天王經。宋智嚴譯。

鹽王〔六〕五使者經。一名五天使經。

譬喻經。已上二經，宋慧簡譯。

八部佛名經。元魏瞿曇流支譯。

觀無量壽佛經〔七〕。此經已曾兩譯，一存一闕，備顯録中。

般若波羅蜜神呪經。出大品經。

功德莊嚴王八萬四千歲請佛經。出大集經。

大方廣如來性起微密藏經二卷。亦直云如來性起經，是舊華嚴經如來性起品。

合道神足經四卷。一名道神足無極變化經，即道神足經之異名，二本無別。

持齋經。齋經別名〔八〕。

過去香蓮華佛世界經。出悲華經。

善德婆羅門求舍利經。

人弘法經。已上二經，出大雲經。

五十三佛名經。出藥王藥上經。

彌勒爲女身經。

一切施王所行檀波羅蜜經。亦直云行檀波羅蜜經，亦名薩和檀王經。

摩調王經。

小兒聞法即解經。已上四經，出六度集。

浄除業障經。抄浄業障〔九〕經。

十住毗婆沙經。抄十住論。

七寶經。出增一阿含經。

質多長者請比丘經。

外道誘質多長者經。

佛見牧牛者示導經〔一〇〕。

長者命終無子付囑經。獨富長者經異名。質多等四經，出雜阿含。

積骨經。出七處三觀經。

誨子經。出生經。

梵志觀無常得解脱〔一一〕經。出義足經。

梵志避死經。

貧子得財發狂經。

無害梵志執志經。

善唄比丘經。梵志避死〔一二〕等四經，出出曜經。

福子經。

居士物故爲婦鼻中蟲經。

須河譬經。

教子經。一名須達教子經，亦云須達訓子經。福子等四經，出雜譬喻經〔一三〕。

龍種尊國變化經。

觀世樓炭經。云有三品〔一四〕。

清浄法行經。已上三經，先在僞録。

華嚴瓔珞經。

般若得經。已上二經，僧法尼誦出，亦在僞録〔一五〕。

右佛遺日下六十六部七十一〔一六〕卷，或翻譯有憑，或別生疑僞。今既尋知所據，故非漢代失源。同〔一七〕舊重編，恐成繁雜，今並刪也。長房録云：「已上一百二十五部一百四十八卷，並是僧祐律師出三藏記撰，古、舊二録及安録失源并新集所得失譯諸經，卷部甚廣。讎校群目，蕪穢者衆。出入相交，實難詮定。未覩經卷，空閲名題。有入有源，無入無譯，詳其初始，非不有由。既涉遠年，故附此末，冀後博識，脱覩本流，希還正收，以爲有據。瀅澄法海，使静波濤焉。」〔一八〕今尋長房此言，未可依據。委求同異，如前所述。

校勘記

〔一〕後漢：高麗藏本作「漢後」。
〔二〕長房録：高麗藏本作「長房等録」。
〔三〕撰：原作「供」，據諸校本改。
〔四〕蟲：原作「蟲」，據高麗藏本改。
〔五〕十經：按，今迦葉赴佛泥洹經下僅有九經。
〔六〕鹽王：嘉興藏、清藏、四庫本作「閻王」。
〔七〕經：嘉興藏本無。
〔八〕名：原作「生」，據高麗藏本改。
〔九〕障：原作「部」，據高麗藏本改。
〔一〇〕佛見牧牛者示導經：高麗藏本作「佛見牧牛者請比丘示導經」。
〔一一〕解脱：嘉興藏、四庫本作「脱」。
〔一二〕死：原無，據永樂北藏、嘉興藏、清藏、四庫本補。
〔一三〕經：高麗藏本無。

〔一四〕三品：永樂南藏本作「二品」。

〔一五〕亦在僞録：高麗藏本此後著録有賢劫千佛名經一卷及子注。參上校勘記〔九〕。

〔一六〕一：高麗藏本誤作「二」。按：前已有云「六十六部七十一卷」。

〔一七〕同：永樂南藏、嘉興藏、清藏本作「用」。

〔一八〕按：出歷代三寶紀卷四。

已下新附此録：

拔陂菩薩經一卷。或爲「拔波」，安録云颰披陀菩薩經。安公云：「出方等部。」是般舟經初〔一〕四品異譯，第五出。

栴檀樹經一卷。

阿〔二〕鳩留經一卷。

菩薩道地經一卷。安公云：「出方等部。」

魔王入目犍蘭腹經一卷。亦云〔三〕弊魔試目連經，舊録云魔王入目連腹中經。出中阿含第三十卷，即後十經之一也。

佛有五百比丘經一卷。

凡人有三事愚癡不足經一卷。

佛誡〔四〕諸比丘言我以天眼視天下人生死好醜尊者卑者經一卷。安公云：「上三經，出中阿含。」

自見自知爲能盡結經一卷。

有四求經一卷。

佛本行經一卷。

河中大聚沫經一卷。或云水沫所飄經，或云聚沫譬經。衆經録云出雜阿含。今以安録先集，雜阿含〔五〕後譯，是别譯本，非從彼出。

便賢者坑經一卷。「坑」字，或作「旃」。

所非汝所經一卷。

兩比丘得割經一卷。

道德舍利日經一卷。

舍利日在王舍國經一卷。

獨居思惟自念止經一卷。

問所明種經一卷。

欲從本相有經一卷。或云欲從本經。

獨坐思惟意中生念經一卷。

佛説如是有諸比丘經一卷。

比丘所求色經一卷。

道有比丘經一卷。

色爲非常念經一卷。從自見自知下，本有二十二經。安公云：「是阿含一卷，於中五經已備餘録，今但有十七，載雜含分中。」

色比丘念本起經一卷。

善惡意經一卷。

比丘一法相經一卷。

有二力本經一卷。

有三力經一卷。

有四力經一卷。

人有五力經一卷。

不聞者類相聚經一卷。舊録云類相聚經，與相應相可經同本。

天上釋爲故世在人中經一卷。或作「無上」，誤也。

爪頭土經一卷。

身爲無有反復經一卷。

師子畜生王經一卷。

阿須倫子披〔六〕羅門經一卷。

披〔七〕羅門子名不侵經一卷。

生聞披〔八〕羅門經一卷。舊録云生聞梵志經。

有隱竭經一卷。

署杜乘披〔九〕羅門經一卷。

佛在拘薩國經一卷。

佛在優墮國經一卷。經作「優隨」。

是時自梵守經一卷。

有三方便經一卷。舊録云三方便經。法經録云，出七處三觀。

披〔一〇〕羅門不信重經一卷。

佛告舍日經一卷。

四意止經一卷。舊録云四意止本行，法經録〔一一〕云出中阿含。

説人自説人骨不知腐經一卷。色比丘念下二十五經，安公云：「並出雜阿含。」今尋藏中，單卷雜阿含内並有此經，多是後人合之成卷。

雜阿含三十章經一卷。法經録云，出雜阿含異本〔一二〕。

五十五法誡經一卷。或云五十五法行。

一切義要一卷。

説善惡道經一卷。

愛欲聲經一卷。一本云愛欲一聲經。

摩訶遮曷淀經一卷。

天王下作豬經一卷。

始造浴佛時經一卷。

十二賢者經一卷。

佛併父弟調達經一卷。五十五法下，安公云：「上十經，出阿毗曇。」今但有九，一本入重譯中，即魔王入目連腹經是。

憂墮羅迦葉經一卷。

四部本文經一卷。安公〔一三〕云：「上二經，出長阿含。」一本云出阿毗曇。

讓德經一卷。

有賢者法經一卷。

摩訶厥彌難問經一卷。或云大厥彌經。

大本藏經一卷。

説阿難持戒經一卷。

阿難問何因縁持戒〔二四〕見世間貧亦現道貧經一卷。

給孤獨四姓家問應受施經一卷。

曉所諍不解經者經一卷。今疑上「經」字錯。

奇異道家難問住處經一卷。

奇異道家難問法本經一卷。

賢者手力經一卷。

八法行經一卷。

憂多羅經一卷。或作「夏」字。

栴檀調佛經一卷。

惡人經一卷。

難提和難經一卷。或云難提和羅經。

四姓長者難經一卷。舊録云四姓長者經。

折佛經一卷。

道地經中要語章一卷。或云小道地經，今疑支曜出者是。

數練意章一卷。舊録云數練經。安公云：「上二經，出生經。」祐按：「今生經無此章名。」

右八十二部，八十二卷，初拔陂等三經見在，餘者並闕。並是僧祐録中集安公古典經。既云古典，明是遠代。今者編於漢末，以爲失源。安公本録古典總有九十二經，今以餘之十經，檢尋群録，或標譯主，或是別生，彼中既載，故此除之。

通前舊失譯經五十九部七十六卷，總一百四十一部一百五十八卷，並爲漢代失源云。

校勘記

〔一〕初：永樂南藏、嘉興藏、清藏、四庫本作「第」。

〔二〕阿：原無，據諸校本補。

〔三〕云：高麗藏本作「名」。

〔四〕诫：原作「語」，據高麗藏本改。

〔五〕雜阿含：高麗藏本作「雜含」。

〔六〕披：高麗藏本作「婆」。
〔七〕披：高麗藏本作「婆」。
〔八〕披：高麗藏本作「婆」。
〔九〕披：高麗藏本作「婆」。
〔一〇〕披：高麗藏本作「婆」。
〔一一〕法經録：高麗藏本作「經法録」。
〔一二〕出雜阿含異本：法經等撰衆經目録卷三云，此經等十六經「是雜阿含别品異譯」。
〔一三〕公：原無，據高麗藏本補。
〔一四〕戒：高麗藏本作「誡」。

魏，曹氏，都洛陽。

自文帝黄初元年庚子至元帝咸熙二年乙酉，凡經五帝四十六年，沙門五人，所出經、戒、羯磨總一十二部，合一十八卷。於中四部五卷見在，八部一十三卷闕本。

曹魏沙門曇柯迦羅，一部一卷戒〔一〕。

沙門康僧鎧，三部四卷經、羯磨。

沙門曇無諦，一部一卷羯磨。

沙門白延，五部七卷經。

沙門安法賢，二部五卷經。

校勘記

〔一〕戒：四庫本誤作「經」。

僧祇戒本一卷。初出。見竺道祖魏世録。

右一部，一卷，本闕。

沙門曇柯迦羅，魏云法時，中印度人，家世大富，常修梵福。迦羅幼而才悟，質像過人，讀書一覽，皆文義通暢。善學四韋陀論，風雲星宿，圖讖運變，莫不該綜。自言天下文理，畢己心腹。至年二十五，入一僧坊看，遇見法勝毗曇，聊取覽之，茫然不解，殷勤重省，更增昏漠〔一〕，乃歎曰：「吾積學多年，浪志墳典，遊刃經籍，義不再思，文無重覽。今覩佛書，頓出情外。當理致鈎深，別有精要。」於是賫牒入房，請一比丘略爲解釋，遂深悟因果，妙達三世。始知佛教宏曠，俗書所不能及，乃棄捨世榮出家，精苦誦大、小乘經及諸部毗尼。常貴遊化，不樂專守。以文帝黄初三年壬寅來至洛陽。于時魏境雖有佛法，而道風訛替。亦有衆僧，未稟歸戒，止以剃落爲殊俗耳。設復齋懺，事同祠祀。迦羅既至，大行佛法。諸僧請出毗尼，迦羅以律藏曲制，文言繁廣，佛教未昌，必不承用，遂以齊王芳嘉平二年庚午於洛陽白馬寺出僧祇戒心，且備朝夕。於是更集梵僧立羯磨受戒。東夏戒律，始自乎此。迦羅後不知所終。

校勘記

〔一〕昏漠：高麗藏本作「惛漠」，四庫本作「昏蔽」。

郁伽長者所問經一卷。或二卷，第三譯，一名郁伽羅越問菩薩行經，嘉平四年出。見竺道祖魏録。今編入寶積，即第十九會是。

無量壽經二卷。第四譯。見竺道祖〔一〕晉世雜録及寶唱録。與世高出者小異，又與寶積無量壽會等同本。

四分雜羯磨一卷。題云曇無德律部雜羯磨，以結戒場爲首，新〔二〕附。

右三部，四卷，其本並在。

沙門康僧鎧，印度人也。廣學群經，義暢幽旨。以嘉平四年壬申於洛陽白馬寺譯郁伽長者經等三部。高僧傳中云譯四部，不具顯名。竺道祖魏晉録、僧祐、寶唱梁代録等，及長房、道宣、靖邁三録，並云二部，餘二既不顯名，校閲未見。今更得一部，餘欠一經，檢亦未獲。

校勘記

〔一〕祖：高麗藏本無。

〔二〕新：四庫本誤作「雜」。

曇無德羯磨一卷。題云羯磨一卷，出曇無德律，以結大界爲首。見竺道祖魏録。

右一部，一卷，其本見在。

沙門曇無諦，亦云曇諦，魏云法實，安息國人，善學律藏，妙達幽微。以高貴鄉公正元元年甲戌届于洛汭，於白馬寺譯曇無德羯磨一部。

無量清浄平等覺經二卷。第五出，與漢世支讖等所出及寶積無量壽會並本同文異。見竺道祖晉世雜録及僧祐録。

叉須賴經一卷〔一〕。一本無「叉」字，祐録作「又」。初出。見竺道祖及僧祐録。

菩薩修行經一卷。一名長者威施所問菩薩修行經，一名長者修行經，第二出。見始興、寶唱二録。

除災患經一卷。初出，與除恐災患經同本。見僧祐録。

首楞嚴經二卷。第五出，與漢世支讖等所出本同文異。見竺道祖晉世雜録及僧祐録。

右五部，七卷，其本並闕。

沙門白延，西域人也，才明蓋世，深解踰〔二〕倫。以高貴鄉公甘露三年戊寅，遊化洛陽，止白馬寺，出無量清淨等經五部。長房等録又有平等覺經一卷，亦云白延所出。今以此經即是無量清淨平等覺經，但名有廣略，故不復存也。

校勘記

〔一〕卷：原作「本」，據高麗藏本改。

〔二〕踰：永樂北藏、清藏、四庫本作「喻」，不詞。

羅摩伽經三卷。見竺道祖、寶唱、法上、靈裕〔一〕等四録，是華嚴經入法界品少分，初出。

大般涅槃經二卷。第二出，略大本前數品爲此二卷。見竺道祖魏録。

右二部，五卷，其本並闕。

沙門安法賢，西域人，藝業克深，慧解尤峻，振錫遊邦，自遠而至，譯羅摩伽等經二部。群録並云魏世，不辨〔二〕何帝之年，今依編于末。又別録亦載諸失譯經，總於吴録後列。

開元釋教録卷第一　總録之一

校勘記

〔一〕裕：高麗藏本作「祐」。

〔二〕辨：高麗藏本作「辯」。

音釋

摭拾：上音隻，採摭也。　刪夷：上所間反。刪，削也；夷，平也。　胼贅：上步邊反，手胝也；下之歲反，皮上結起也。　幽邃：下私遂反。幽邃，深遠貌。　恢弘：上苦回反。恢弘，大貌。　屢：力句反，頻也。　殆：音待。　庸淺：上音容，凡也。　臧否：上則郎反，下皮鄙反。臧否，善惡也。　部袠：下袟字。　該：古哀反。該，博也。　粗：才古反。　姚秦：上音搖，後秦姓也。　鈔：楚教反。斥：音尺，棄不用也。　司隸：下零帝反。　甄鸞：上音真。甄鸞，人姓名也。珪：音圭。　讖：楚禁反。　踐：音賤，蹈也。　覘：五廉反，視也。赫弈：上許客反，下音亦。赫弈，光明盛也。　傅毅：上音付，下魚既反。　蔡愔：下於心反。　馱：唐賀反，負馱也。　接踵：下之勇反。接踵，繼足也。　撮要：上七活反。　迄今：上許訖反，至也。　阿閦：下亦作閳，昌六反。　訶衍：下音演。　伅真：上音屯，又作屯。　象腋：下音亦。　孛本：上蒲没反。　桓靈：上惠官反。桓、靈，二帝號。　氐羌：上音低，下苦良反，戎名。　謬：苗幼反。　承襲：下音習。　戍達：上詩注反。　利定：上苦寒反，刻也。　楷模：上口買反，下莫胡反。楷模，法則也。　蔽：必祭反。　紕繆：上疋毗反，下苗幼反。紕繆，謂如繒絹之蹀薄。　猗：音倚。　邠邸：上布巾反，下音底。諸經多作邏音呼。　鄒：側愁反。　蠱道：上音古。　阿鋡：下音含。　怏惱：上烏老反，與「懊」同。　辟除：上必亦反。　蠢類：上尺尹反。　規矩：上俱彌反，下俱羽反。　鍼：針字。　儁：俊字。　偉：羽鬼反，奇也，異也。　精峻：下私閏反，高也。　薨：兄弘反。薨，亡也。　嗣：音寺，繼也。　綜：子宋反，總也。　慨：苦愛反，嘆也。　懟恨：上直類反，冤也。　悛改：上七全反。悛，亦改也。　辭訣：下音決。訣，别也。　寇賊：上苦猴反。　駭：胡買反，驚也。　振錫：下先擊反。錫，杖也。　邛亭：上音恭。　舫：音方，船也。　敬憚：下徒旦反，畏也。　牲：音生，祭畜曰牲也。　驚愕：下吾各反。　珍玩：下愚貫反。　蟒：母朗反，大蛇也。　讚唄：下音敗。　颺帆：上音羊，風颺也。　倏忽：上音叔。　歘滅：上許謁反，下彌絶反。　豁然：上兄活反。　愆：去乾反，罪也。

殞命：上羽敏反，亡也。　明析：下先擊反，分析。　亹亹：音尾，美也。　裸形：上玄瓦反，赤體也。篇、韻只出郎果反。　綀若：下汝者反。　詰：起一反，論問也。　毫釐：下力之反，十毫曰釐，十釐曰分。　虧：苦爲反，虧，損也，或作虧，同。　遊賈：下音古。賈，客也。　郢匠：上以井反。　態：他代反。　輭首：上音軟。　穎悟：上余領反，利也。　聶：尼譯反。　波崙：下力昆反。　獵狗：上詩若反。　齧：吾結反，齩齧也。　庾伽：上以主反。　齲齒：上丘羽反。　閱：音悦，視也。　瀅澄：上烏定反，清也。　颰披：上蒲末反，下或作陂。　⿰阝桑竭：上音桑，或云僧伽，或云乘祇，國名也。此婆羅門是此國人，故因而名之。　腐：音父。　漩：似宣反。　曇柯：上徒含反，下音歌。　鎧：苦改反。　圖讖：下楚禁反。圖讖，未明之書也。　聊：音寮，略也。　宏曠：上惠萌反，大也；下苦況反，遠也。　訛替：上愚和反。訛，僞也；替，廢也。　祠祀：詞似二音，祭也。　洛汭：下而歲反。洛、汭，水名。

開元釋教録卷第二

唐庚午歲西崇福寺沙門智昇撰

總括群經録上之二

吴，孫氏，前都武昌，後都建業。

從孫權謚太祖大皇帝〔一〕。黄武元年壬寅至孫皓無謚。天紀四年庚子，凡經四主五十九年，緇素五人，所出經等并及失譯總一百八十九部，四百一十七卷。於中六十一部九十二卷見在，一百二十八部三百二十五卷闕本。

吴沙門維祇難，二部六卷經、集。

沙門竺律炎，四部六卷經、集。

優婆塞支謙，八十八部一百一十八卷經、律、集。

沙門康僧會，七部二十卷經、集。

沙門支彊梁接，一部六卷經。

魏、吴兩代諸失譯經八十七部二百六十一卷。

校勘記

〔一〕大皇帝：高麗藏本誤作「文皇帝」。

阿差末菩薩經四卷。初出，與西晉法護阿差末及無盡意經等並同本。見吴、別二録。

法句經二卷。初出，亦云法句集，尊者法救撰，與律炎、支謙共出。見僧祐録。吴録云五〔一〕卷，未詳。

右二部，六卷。法句經二卷見在，阿差末四卷闕本。

沙門維祇難，吴云障礙，本印度人。世奉異道，以火祠爲上〔二〕。時有天竺沙門習學小乘，多行道術，經遠行逼暮，欲寄難家宿。難家既奉異道，猜忌釋子，乃處之門外，露地而宿。沙門夜密加呪術，令難家所事之火欻然變滅。於是舉家共出，啓請沙門入室供養。沙門還以呪術，變火令生。難既覩沙門神力勝己，即於佛法大生信樂，乃捨本所事，出家爲道，依此沙門以爲和尚。受學三藏，妙善四含。遊化諸國，莫不皆奉。與同伴竺律炎發自西域，因到江左。以孫權黄武三年甲辰，於武昌郡共竺律炎出阿差末等經二部。而祇難及炎既未善方音，翻梵之際，頗有不盡，志存義本，辭近朴質。

校勘記

〔一〕五：高麗藏本誤作「笠」。

〔二〕以火祠爲上：即信仰祆教，該教以光明之象徵「火」爲崇拜之對象。

摩登伽經三卷。見法上録。與支謙共出，與舍頭諫經等同本，或一〔一〕卷，第四譯。

三摩竭經一卷。初出。見始興録。與分恕檀王經同本異出，一名須摩提女經，一名難國王經，一名恕和檀王〔二〕經。

佛醫經一卷。與支越共出。非是全典，從大經略出。或云佛醫王經。見寶唱録〔三〕。

梵志經一卷。見始興録。

右四部，六卷。前三部五卷見在，後一部一卷闕本。

沙門竺律炎，印度人也。解行清厲，内外博通。與維祇難同遊吴境。維祇卒後，以孫權黄龍二年庚戌，於楊都譯摩登伽等經四部。其名群録不同，或云將炎〔四〕，或云持炎，或云律炎，未詳孰是，故備列之。

校勘記

〔一〕一：高麗藏本作「二」。

〔二〕王：嘉興藏本誤作「玉」。

〔三〕録：原作「經」，據高麗藏、資福藏、永樂南藏、永樂北藏、嘉興藏、清藏、四庫本改。

〔四〕將炎：出三藏記集同。

大明度無極經四卷。第二出，或六卷，亦直云大明度經，與道行、小品等同本。見竺道祖魏吴録及僧祐等録。

阿彌陀經二卷。内題云佛説諸佛阿彌陀三耶三佛薩樓檀過度人道經，第三出，亦名無量壽。見竺道祖、僧祐二録，與世高等譯小異。

菩薩本業經一卷。亦直名本業經，亦名浄行品經，是華嚴浄行品異譯。見僧祐録。長房録中本業之外，别載浄行品者，誤也。

維摩詰經二卷。維摩詰説不思議法門之稱，一名佛法普入道門三昧經，第二出，或三卷。見竺道祖、僧祐二録，與漢佛調等譯少異。

慧印三昧經一卷。亦直云慧印經，一名賓田慧印三昧經，初出，與如來智印經同本。見道祖、僧祐二録。

九色鹿經一卷。出六度集，異譯。見法上録。

老女人經一卷。安公云：出阿毗曇。吴録直云老女經，或云老母經，初出。見僧祐録。

犢子經一卷。見法上録。初出，與乳光佛經等同本。

貝多樹下思惟十二因緣經一卷。見長房録。第三出，與唐譯緣起聖道經等同本。

了本生死經一卷。安公云：出生經。祐按五卷生經無此名，見僧祐録。與稻稈經同本異出，謙自注并製序。

安公序〔一〕：漢末出，謙注〔二〕。

龍施女經一卷。初出，與龍施菩薩本起經同本。祐云：別録所載，安録無。

八吉祥神呪經一卷。初出，或無「神」字，或云八吉祥經，與八陽神呪經等同本。房云見古録。

無量門微密持經一卷。亦直云微密持經，一名成道降魔得一切智經，初出，與出生無量門持經等同本。見

僧叡二秦録、僧祐録〔三〕。

華積陀羅尼神呪經一卷。見寶唱録。或無「神」字，與華聚陀羅尼等同本。

持句神呪經一卷。初出。見長房録，與陀鄰尼鉢經等同本，亦云陀羅尼句〔四〕。

私訶三〔五〕昧經一卷。第二出，或云私訶末，一名菩薩道樹，亦名道樹〔六〕，亦名道樹三昧。見道安、支敏度、

僧祐等三録。祐云：「此經即是菩薩道樹。」〔七〕

菩薩生地經一卷。一名差摩竭經，初出。見竺道祖吴録及僧祐録。

孛經一卷。亦云孛抄經，祐云：今孛經一卷，即此是〔八〕。第二出。見僧祐録及別録。

月明菩薩經一卷。或加「三昧」字，一名月明童子經，一名月明童男經。見僧祐録。

三品弟子經一卷。一名弟子學有三輩經。見長房録。

法律三昧經一卷。亦直云法律經，第二(九)出。見長房録。

梵志阿颰經一卷。一名阿颰摩納經，安録直云阿拔經，亦名佛開解梵志阿颰經，出長阿含第十三卷，異譯。見長房録。

梵網六十二見經一卷。一名梵網經。房云見別録。出長阿含第十四卷，異譯。

七知經一卷。或作「七智」。見長房録。出中阿含第一卷，異譯。

釋摩男本經一卷。祐録無「本」字，一名五陰因事經。安録云出中阿含第二十五，異譯。見竺道祖吴録及僧祐録。

諸法本經一卷。出中阿含第二十八，異譯。見長房録。

弊魔試目連經一卷。一名魔嬈亂經〔一〇〕。房云見舊録。出中阿含第三十卷，異譯。

賴吒和羅經一卷。或云羅漢賴吒和羅經，與後漢支曜出者少異，出中阿含第三十一，異譯。祐云別録所載，安録中無。

梵摩喻經一卷。或作「渝」字。見道祖、僧祐二録。出中阿含第四十一，異譯。

齋經一卷。一名持齋經。見別録及僧祐録。出中阿含第五十五，異譯。

須摩提女經一卷。出增一阿含第二十二，異譯。見長房録。

不自守意經一卷。或無「意」字，或云自守亦不自守經，出雜阿含第十一卷，異譯。見長房録。

五母子經一卷。見長房録，初出，與沙彌羅經同本。

太子瑞應〔一一〕本起經二卷。黄武年譯，第四出，亦云太子本起瑞應，亦直云瑞應本起，與孟詳出者小異。陳郡謝鏘、吴郡張洗等筆受，魏河東王植詳定〔一二〕。見始興、僧祐二録。

龍王兄弟經一卷。一名難龍王經，或無「王」字，一名降龍王經，初出。見長房録。

長者音悦經一卷。一云長者音悦不蘭迦葉經，亦直云音悦經，初出。見長房録。

七女經一卷。亦云七女本經，安公云出阿毗曇，初出。見僧祐録。

八師經一卷。見竺道祖吴録及僧祐録，初出。

蓱〔一三〕沙王五願經一卷。或作「蓱〔一四〕」字，一名弗沙迦王經。見長房録，初出。安公云出中阿含，檢無。

義足經二卷。見竺道祖吴録及僧祐、寶唱二録，初出，有十六經。

須摩提長者經一卷。一名會諸佛前，亦名如來所説示現衆生。見長房録。

阿難四事經一卷。見僧祐録及别録。

未生怨經一卷。見長房録。

四願經一卷。見竺道祖吴録及僧祐録。

黑〔一五〕氏梵志經一卷。房云見别録。

猘狗經一卷。見長房録。

孫多耶致經一卷。或云梵志孫多耶致經。見長房録〔一六〕。安公云出中阿含，檢無。

戒銷災經一卷。亦云戒銷伏災經。見舊録。

撰集百緣經十卷。見内典録。

菩薩本緣經三〔一七〕卷。亦云菩薩本緣集經，或二卷，或四卷，天竺沙門僧伽斯那撰。見長房録。

惟曰雜難經一卷。見長房録。

已上見存，已下闕本〔一八〕。

摩訶般若波羅蜜咒經一卷。或無「摩訶」字。見寶唱録〔一九〕。

法鏡經二卷。或一卷，第二出。祐云見别録，安録中無。又長房等録更有郁伽長者經二卷，亦云謙譯，即是此經，不合重載。

阿闍世王女阿術達菩薩經一卷。初出。見長房録。

阿差末菩薩經四卷。見吴録。第二〔二〇〕出，與維祇難所譯本同文異。

小阿差末經二卷。見别録及僧祐録。既加「小」字，與次前經應非同本。

大般泥洹經二卷。第三〔二一〕出。此略大本序分哀歎品爲二〔二二〕卷，後三紙小異耳。見竺道祖吴録。安公云出長阿含，祐云：「今長阿含〔二三〕與此異。」

佛以三車唤經一卷。見長房録，云出法華。應出第二卷譬喻品。

不莊校女經一卷。初出。見寶唱録。

須賴經一卷。或云須賴菩薩經，第三出，與白〔二四〕延等出者同本〔二五〕。見竺道祖吴録及僧祐録。

菩薩修行經一卷。初出。見寶唱録。

演道俗業經一卷。初出。見舊録。或無「業」字。

方等首楞嚴經二卷。黄武年譯，第二出，與後漢支纖等出者同本。見竺道祖吴録，安録中無。祐〔二六〕無「方等」字，云見別録。

惟明二十偈經一卷。初出，或無「經」字。見僧祐録。

法滅盡經一卷。初出，或云法没盡，或云空寂菩薩所問經。見長房録。

七佛神呪經一卷。一本無「經」字。見長房録。

摩訶精進經一卷。亦云大精進經。見長房録。

十二門大方等經一卷。安録無，祐云見別録。

佛從上所行三十偈經一卷。或無「經」字。見僧祐録。

四十二章經一卷。第二出，與摩騰譯者小異。文義允正，辭句可觀。見別録。

禪秘要經四卷。或無「經」字，初出。見吴、別二録。

堅意經一卷。或云堅心經，第二出。見長房録。

勸進學道經一卷。一本無「勸」字，初出。見長房録。
恒水戒經一卷。或無「戒」字，第二出。見舊録。
七漏經一卷。房云見別録。
悔過法經一卷。或無「法」字，一名序十方禮拜悔過文〔二七〕。見僧祐録。
賢者德經一卷。見僧祐録。
梵志結浄經一卷。見長房録。
阿質國王經一卷。見長房録。
惟婁王師子湩〔二八〕譬喻經一卷。一本無「譬喻」字。見長房録。
藍達王經一卷。一云目連功德經，亦云目連因緣功德經。見吴録。
百喻經一卷。見長房録。
五陰事經一卷。見長房録。
魔化作比丘經一卷。見長房録。
優多羅母經一卷。一本無「母」字。見僧祐録。
人民求願經一卷。見長房録。
修行方便經二卷。亦云修行方便禪經。見吴録。

法句經二卷。第二出，亦云〔二九〕法句集。見別録及僧祐録。

右八十八部，一百一十八卷。惟曰雜難經上五十一〔三〇〕部六十九卷見在，摩訶般若呪下三十七部四十九卷闕本。

優婆塞支謙，字恭明，一名越，大月支人也。祖父法度，以漢靈帝世率國人數百歸化，拜率善中郎將。越年七歲，騎竹馬戲於鄰家，爲狗所囓，脛骨傷碎，鄰人欲殺狗取肝傅瘡，越曰：「天生此物，爲人守吠。若不往君舍，狗終不見〔三一〕囓。此則失在於我，不關於狗。若殺之得差，尚不可爲，況於我無益而空招大罪？且畜生無知，豈可理責？」由是鄰人感其言至，遂不復殺。

十歲學漢書，十三學婆羅門書，並得精妙，兼通六國語音。初桓、靈世，支讖譯出法典。有支亮，字紀明，資學於讖。謙又受業於亮。博覽經籍，莫不究〔三二〕練，世間藝術，多所綜習。其爲人細長黑瘦，眼多白而睛黄，時人爲之語曰：「支郎眼中黄，形體雖細是智囊。」其本奉大法，精練經旨。獻帝之末，漢室大亂，與鄉人數十共奔於吴。初發日，唯有一被，有客〔三三〕隨之，大寒無被，越呼客共眠。夜將半，客奪其被而去。明旦，同侶問被所在，越曰：「昨夜爲客所奪。」同侶咸曰：「何不相告？」答曰：「我若告發，卿等必以劫罪罪之，豈宜以一被而殺一人乎？」遠近聞者，莫不歎伏〔三四〕。

後吴主孫權聞其博學有才慧，即召見之。因問經中深隱之義，越應機釋難，無疑不枋〔三五〕。權大悦，拜爲博士，使輔導東宫，甚加寵秩。越以大教雖行而經多梵文，莫有解者。既善華戎之語，乃收集衆本，譯爲吴言。從權黄武二年癸卯至亮建興二年癸酉，三十餘載，譯大明度等經八十八部，曲得聖義，辭旨文雅。又依無量壽、中本起經製讚菩薩連句梵唄三契，注了本生死經，皆行於世。後太子登位，遂隱於穹隘山，不交世務，從竺法蘭道人更練五戒。凡所遊從，皆沙門而已。後〔三六〕卒於山中，春秋六十。吴主孫亮與衆僧書曰：「支恭明不救所疾，其業履沖素，始終可高。爲之惻愴，不能已已！」其爲時所惜如此。

謙所出經部卷多少，諸説不定。其僧祐三藏記唯載三十六部，祐録謙傳云出二〔三七〕十七經，慧皎高僧傳乃有四十九經，長房録中便載一百二十九部。今以房録所載，多是别生，或異名重載，今隨次删之，如後所述。

鹿子經。與西晉法護〔三八〕所出鹿母經文同。

中曰經。亦與法護所出月〔三九〕光童子經同。

出家功德經。今有兩本：一是秦譯，附於秦録；一從賢愚抄出，今附别生録中。

金剛清浄經。亦名〔四〇〕金剛三昧本性清浄不滅不壞經，後漢失譯録中復載，詳文，非是支謙所出，今移附秦録。

大慈無滅經。

寶女問三十二相經。

魔女聞佛説法得男身經。大慈無滅等三經，並出大集經。

寶海梵〔四一〕志成就大悲經。出悲華經。

普廣菩薩經。即別行隨願往生經〔四二〕是，出灌頂經。

摩調王經。出六度經。

佛爲訶利曠野鬼説法經。或云訶到，出中阿含。

枯樹經。或上加「大」字〔四三〕。

鷹鴿獵經。

鵄鳥事經〔四四〕。枯樹等三經〔四五〕，並出增一阿含經〔四六〕。

色無常經。

諸漏盡經。或無「漏」字。

雪山無獼猴經。或作「猨〔四七〕猴」，或無「無」字。

母子經〔四八〕。

不浄觀經。

三種良馬經。

四種良馬經。

壽命促經。

河中草龜經(四九)。

國王成就五法久存於世經。

佛爲外道須深説離欲經。色無常等十一經，並出雜阿含。

是我所經。

梵志經。上二經，並出生經。

桀貪王經。出義足經。

外道仙尼説度經。

度梵志經。上三經，小乘抄。

瞎鼈經。

梵志問佛世間增減經。

三魚失水經。

甘露道經。

降千梵志經。

梵志子死稻敗經。

護口意經。

梵志問佛師經。

法施勝經。

水上泡經。睶鼈等十經，並出出曜經。

修行慈經。出修行道地經。

度脱狗子經。出雜譬喻〔五〇〕。

右大慈無減經等三十八部三十八卷，長房等録並云謙譯。今按隋〔五一〕代二本衆經録及新括出别生抄經等，此等並從諸經抄出，不合足爲翻譯之數。今存實録，故並删之。

校勘記

〔一〕安公序：原無，據高麗藏本補。

〔二〕謙注：永樂北藏、嘉興藏、清藏本無。

〔三〕僧祐録：高麗藏本作「及僧祐録」。

〔四〕亦云陀羅尼句：高麗藏本作「亦云出陀羅尼」。

〔五〕二：原作「三」，據高麗藏本改。

〔六〕亦名道樹：高麗藏本無。出三藏記集卷三：「菩薩道樹經一卷，或云道樹三昧經，二名異，並同一本。」按：宋、元、明本出三藏記集，作「菩薩道樹經一卷，或云道樹三昧經，或云私阿三昧經，三名異，並同一本」。

〔七〕按：出三藏記集卷二：「私阿末經一卷，或作『私呵昧』。案，此經即是菩薩道樹經也。」

〔八〕即此是：高麗藏本作「即是」。按：出三藏記集卷二作「即是」。

〔九〕三：高麗藏本作「二」。

〔一〇〕經：高麗藏本無。

〔一一〕應：金藏本無。

〔一二〕植：金藏、高麗藏本誤作「桓」。按：大唐内典録卷二著録瑞應本起經二卷，注曰：「黄武年第二出，一云太子本起瑞應，與康孟詳出者小異。陳郡謝鏘、吴郡張詵等筆受，魏東阿王植詳定，見始興録及三藏記。」

〔一三〕萍：金藏、高麗藏本作「蓱」。

〔一四〕蓱：金藏、高麗藏本作「瓶」。

〔一五〕黑：金藏、高麗藏本作「里」。

〔一六〕長房録：金藏本作「房録」。

〔一七〕三：金藏、高麗藏本誤作「二」。

〔一八〕已上見存已下闕本：金藏、高麗藏本作「上見存，已下闕」，資福藏本作「已上見存，已下闕」。

〔一九〕録：金藏本誤作「雜」。

〔二〇〕二：金藏、高麗藏本誤作「三」。

〔二一〕三：資福藏本作「二」。

〔二二〕二：原作「一」，據金藏、高麗藏、資福藏、普寧藏、永樂北藏、嘉興藏、清藏、四庫本改。

〔二三〕祐云今長阿含：金藏本無。

〔二四〕白：金藏本作「句」。

〔二五〕同本：高麗藏本作「同本別譯」。

〔二六〕祐：該字下原有一「云」字，查出三藏記集，本經徑作「首楞嚴經」，並非僧祐所指出，故據文意及金藏、高麗藏本删。

〔二七〕文：原無，據金藏、高麗藏、資福藏、永樂北藏、嘉興藏、清藏、四庫本補。

〔二八〕湩：金藏、高麗藏本作「潼」。

〔二九〕云：金藏、高麗藏本無。

〔三〇〕五十一：原作「五十」，據金藏、高麗藏、資福藏、永樂北藏、嘉興藏、清藏、四庫本改。

〔三一〕見：嘉興藏本無。

〔三二〕究：金藏、高麗藏本作「明」。

〔三三〕有客：金藏、高麗藏本作「有一客」。
〔三四〕伏：金藏、高麗藏本作「服」。
〔三五〕枍：金藏、高麗藏本作「折」。
〔三六〕後：嘉興藏本作「從」。
〔三七〕二：原作「三」，據金藏、高麗藏本改。按：出三藏記集卷一三支謙傳：「從黄武元年至建興中，所出維摩詰、大般泥洹、法句、瑞應本起等二十七經，曲得聖義，辭旨文雅。」
〔三八〕法護：金藏、高麗藏本作「竺法護」。
〔三九〕月：金藏本作「日」。
〔四〇〕名：金藏、高麗藏本作「云」。
〔四一〕梵：金藏、高麗藏本作「寂」。
〔四二〕往生經：金藏本作「往經」。
〔四三〕或上加大字：出三藏記集卷四新集續撰失譯雜經録第一著録「大枯樹經一卷」，子注曰：「與安公録枯樹經大同小異。」
〔四四〕經：嘉興藏本無。
〔四五〕三經：金藏本作「經經」。
〔四六〕經：金藏、高麗藏本無。
〔四七〕猨：金藏本誤作「獼」。

〔四八〕母子經：金藏、高麗藏本作「無母子經」。

〔四九〕經：金藏本作無。

〔五〇〕雜譬喻：原作「譬喻經」，據金藏、高麗藏本及本書卷一六改。

〔五一〕隋：金藏本作「隨」。

六度集經八卷。或九卷，或云六度無極經〔一〕，或云度無極集，或云雜無極經。見竺道祖吴録及僧祐録。

舊雜譬喻經二卷。内典有「舊」字，房録中無。亦云雜譬喻集經〔二〕，或無「集」字。見高僧傳及長房録。

吴品經五卷。祐録無「經」字，云凡有十品。第三出。房云：即是小品般若，見僧祐録〔三〕。

菩薩浄行經二卷。是大集寶髻品異譯，或直云浄律經，云赤烏年出。見竺道祖吴録。

權方便經一卷。與順權方便經等同本，初出。見吴録及別録〔四〕。

菩薩二百五十法經〔五〕一卷。或二卷，以此替大僧二百五十戒示皓者是。見高僧傳及長房録。

坐禪經一卷。見長房録。

右七部，二十卷。六度等二部十卷見在，吴品等五部十卷闕本。

沙門康僧會，其先康居國人，世居印度，其父因商賈移于交阯。會年十餘歲，二親並亡，以至性奉孝，服畢出家，厲行甚峻。爲人弘雅有識量，篤志好學。明解三藏，博覽六經，天文圖緯，多所綜涉，辯於樞機，兼〔六〕善文翰。時〔七〕孫權稱制江左，而佛教未行。先有優婆塞支謙，宣譯經典。既初染大法，風化未全，僧會欲使道振江左，興立圖寺，乃杖錫東遊，以吴赤烏十年初達建業，營立茅茨，設像行道。時吴國以初見沙門，覩形未及其道，疑爲矯異，有司奏曰：「有胡人入境，自稱沙門，容服非恒，事應檢察。」權曰：「吾聞漢明夢神，號稱爲『佛』。彼之所事，豈其〔八〕遺風耶？」即召會詰問有何靈驗。會曰：「如來遷迹，忽逾千載。遺骨舍利，神曜無方。昔阿育王起塔，乃八萬四千。夫塔寺之興，所以表遺化也。」權以爲誇誕，乃謂會曰：「若能得舍利，當爲造塔。如其虚妄，國有常刑。」會請期七日，乃謂其屬曰：「法之興廢，在此一舉。今不至誠，後將何及？」乃共潔齋靖室，以銅瓶加几〔九〕，燒香禮請。七日期畢，寂然無應。求申二七，亦復如之。權曰：「此寔欺誑！」將欲加罪。更請三七，權又特聽。會謂法屬曰：「宣尼有言：『文王既没，文不在兹乎。』〔一〇〕法靈〔一一〕應降，而吾等無感，何假王憲，當以誓死爲期耳。」三七日暮，猶無所見，莫不震懼。既入五更，忽聞瓶中鏗〔一二〕然有聲，會自往視，果獲舍利。明旦呈權，舉朝集觀，五色光焰，照曜瓶上。權自手執瓶，寫于銅槃，舍利所衝，槃即破碎。權肅然驚起曰：「希有之瑞也！」會進而言曰：「舍利威神，豈直光相而已！乃劫燒之火不能焚，金剛之杵不能碎。」權命令試之，會更誓曰：「法雲方被，蒼生仰澤，願更垂神迹，以廣示威靈。」乃置舍利於鐵砧〔一三〕

上，使力者擊之。於是砧鎚俱陷，舍利無損。權大嗟服，即爲建塔。以始有佛寺，故號建初寺，因名其地爲佛陀里。由是江左大法遂興。

至孫皓即政，法令苛〔一四〕虐，廢棄淫祀，乃及佛寺，並欲毁壞。皓曰：「此由何而興？若其義教真正與聖典相應者，當存奉其道。如其無實，皆悉焚之。」諸臣僉曰：「佛之威力，不同餘神。康會感瑞，大皇創寺。今若輕毁，恐貽後悔。」皓遣張昱詣寺詰會。昱雅有才辯，難問從横，會應機騁詞，文理鋒出。自旦至夕，昱不能屈。既退，會送于門，時寺側有淫祀者，昱曰：「玄化既孚，此輩何故近而不革？」會曰：「震霆破山，聾者不聞，非音之細。苟在理通，則萬里懸應。如其阻塞，則肝膽楚越。」昱還，歎會才明，「非臣所測，願天鑒察之」。皓大集朝賢，以馬車迎會。會就坐，皓問曰：「佛教所明善惡報應，何者是耶？」會對曰：「夫明主以孝慈訓世，則赤烏翔而老人見。仁德育物，則醴泉涌而嘉禾生。善既有瑞，惡亦如之。故爲惡於隱，鬼得而誅〔一五〕之。爲惡於顯，人得而誅之。易稱『積善餘慶』〔一六〕，詩詠『求福不回』〔一七〕，雖儒典之格言，即佛教之明訓。」皓曰：「若然，則周孔已明，何用佛教？」會曰：「周孔所言，略示近迹。至於釋教，則備極幽微。故行惡則有地獄長苦，修善則有天宫永樂。舉兹以明勸沮〔一八〕，不亦大哉。」皓當時無以折其言。

皓雖聞正法，而昏暴之性不勝其虐。後使宿衛兵入後宫治園，於地得一金像，高數尺，呈皓，皓使著不浄處。至四月八日，以穢汁灌之，共諸群臣笑以爲樂。俄爾之間，舉身大腫，陰處尤痛，叫呼徹天。太史占言：「犯天〔一九〕神所爲。」即禱〔二〇〕祀諸廟，而苦痛彌劇。采女先有奉法者，因問訊云：「陛下就佛圖中求福不？」皓舉頭問曰：「佛神大耶？」采女云：「佛爲大聖，天神所尊。」皓爲心悟其〔二一〕語意，故采女即迎像置殿上，香湯洗數十遍〔二二〕，燒香懺悔。皓叩頭于枕，自陳罪狀。有頃痛間，遣使至寺問訊諸道人，請會説法，會即隨入。皓具問罪福之由，會爲敷析，詞甚精要。皓先有才解，欣然大悦，因求看沙門戒。會以戒文秘禁，不可輕宣，乃取本業百二十五願，分爲二百五十事，行住坐卧，皆願衆生。皓見慈願廣普，益增善意，即就會受五戒。旬日疾瘳，乃於會所住更加修飾，號爲「天子寺」，宣示宗室，莫〔二三〕不必奉。會在吳朝，亟説正法，以皓性兇麁，不及妙義，唯叙報應近事，以開其心。

至吳天紀四年四月皓降晉，九月會遘疾而終，是歲晉武太康元年也。至晉成咸和中，蘇峻作亂，焚會所建塔，司空何充復更修造。

平西將軍趙誘，世不奉法，傲慢三寶，入此寺，謂諸道人曰：「久聞此塔屢放光明，虚誕不經，所未能信。若必自覩，所不論耳。」言竟，塔即出五色光，照曜堂刹。誘肅然毛豎，由此信敬。於寺東更立小塔，遠由大聖神感，近亦康會之力，故圖寫厥像，傳之于今。孫綽爲之讚曰：「會公簫瑟，寔惟令質。心無近累，情有餘逸。厲此幽夜，振彼尤黜。超然遠詣，卓矣高出。」

會以權太元元年辛未，於所創建初寺譯六度等經七部，並妙得經體，文義允正。又傳泥洹唄聲，清靡哀亮，一代模式。

又長房等録，更有阿難念彌經、鏡面王經、察微王經、梵皇經〔二四〕，上之四經，雖云會譯，然並出六度集中，不合爲正譯之數，今載別生録中。復有法鏡經注解二卷、道樹經注解一卷、安般經注解一卷，已上三經，會兼製序。三經會雖注解，本非僧會所翻，故亦不爲會譯之數。兼前七部，今並删之。

校勘記

〔一〕六度無極經：金藏、高麗藏本作「六度無極度經」。

〔二〕雜譬喻集經：金藏、高麗藏本作「雜譬集經」。

〔三〕房云即是小品般若見僧祐録：歷代三寶紀卷五吴品經注云：「即是小品般若，見三藏集記。」

〔四〕録：金藏、高麗藏本作「記」。

〔五〕菩薩二百五十法經：金藏本作「二百五十法經」。

〔六〕兼：金藏、高麗藏本作「善」。

〔七〕時：原無，據金藏、高麗藏本補。

〔八〕其：金藏本作「有」。
〔九〕几：金藏、高麗藏本作「持」。
〔一〇〕文王既没文不在兹乎：出論語述而。
〔一一〕靈：金藏、高麗藏本作「雲」。
〔一二〕鏗：金藏、高麗藏本作「鎗」，資福藏本作「錚」。
〔一三〕砧：金藏、高麗藏本作「鉆」。
〔一四〕苛：金藏、資福藏、普寧藏、清藏本作「荷」。
〔一五〕誅：金藏、高麗藏本作「殺」，資福藏本作「滅」。
〔一六〕積善餘慶：出易坤：「積善之家，必有餘慶；積不善之家，必有餘殃。」
〔一七〕求福不回：出詩大雅旱麓。
〔一八〕沮：金藏、高麗藏本作「助」，資福藏本作「勵」。
〔一九〕天：金藏、高麗藏本作「大」。
〔二〇〕禱：金藏、高麗藏本作「祈」。
〔二一〕其：高麗藏本作「具」。
〔二二〕遍：金藏、高麗藏本作「過」。
〔二三〕莫：金藏本作「真」。
〔二四〕梵皇經：金藏、高麗藏本作「梵皇王經」。按：出三藏記集、歷代三寶紀、大唐内典録等亦作「梵皇王經」。

法華三昧經六卷。一本有「正」字，初出，與法護正法華等同本。見竺道祖魏録，亦見始興録。

右一部，六卷，本闕。

沙門支彊梁接，吴云正無畏，西域人。以孫亮五鳳二年乙亥於交州譯法華三昧經，沙門竺道馨筆受。長房、内典二録編於曹魏之代，今依交州及始興地，割入吴録。

不思議功德諸佛所護念經二卷。出衆經[一]。或云不思議功德經[二]，或直云功德經。

七佛父母姓字經一卷。舊録云七佛姓字經。出增一阿含第四十五，異譯。

雜阿含經一卷。見舊録。出雜阿含中，異譯。

阿毗曇甘露味論二卷。或無「論」字，亦云甘露味阿毗曇，或云甘露味經。尊者瞿沙造。

已上見存，已下闕本[三]。

蜀普曜經八卷。似是蜀土所出，第一譯。

長者子誓經一卷。見舊録。第二出。

無端底持經一卷。舊録云無端底總持經。第二出。

蜀首楞嚴經二卷。見[四]舊録。似蜀土所出，第三譯。

後出首楞嚴經二卷。見舊録，云有十偈，第四出[五]。

阿惟越致轉經十八卷。見舊録。

摩訶乘經十四卷。或云摩訶衍。

摩訶衍優波提舍經五卷。祐云「摩訶乘〔六〕」。

三昧王經五卷。

梵王請問經五卷〔七〕。

佛從兜率降中陰經四卷〔八〕。出王宗録。

四天王經四卷。疑一〔九〕部四本。

魔王請問經四卷。

釋提桓因所問經三卷。

大梵天王請轉法輪經三卷。

法華光瑞菩薩現壽經三卷。今疑抄正法華。

普賢菩薩答難二千經三卷。

梵天王請佛千首經二卷。又大梵王〔一〇〕經二卷〔一一〕似此。

菩薩常行經一卷。見舊録。

熒火六度經一卷。舊録有明度經一卷，云一名熒火明度經。

内禪波羅蜜經一卷。見舊録。

六波羅蜜經一卷。見舊録。

大總持神呪經一卷。見舊録，亦云總持呪經。

阿惟越致菩薩戒經一卷。舊録無「菩薩」字。

雜數經二十卷。見舊録。

那先譬喻經四卷。見舊録。

太子試藝本起經二卷。

深斷連經二卷。

摩訶目犍連與佛捔能經一卷。見舊録。

阿難得道經一卷。見舊録。

阿難般泥洹經一卷。見舊録。

阿那律念復生經一卷。見舊録。

沙門分衛見怪異經一卷。見舊録。

弟子本行經一卷。見舊録。高僧傳云白法祖譯。

爲壽盡天子説法經一卷。舊録云命盡天子經。

魔試佛經一卷。見舊録。
阿須倫問八事經一卷。舊録云阿須倫所問八事經。
摩竭王經一卷。舊録云摩竭國王經。
薩波達王經一卷。見舊録。祐録云薩和達王經〔一二〕。
年少王經一卷。見舊録。
是光太子經一卷。見舊録。
長者難提經一卷。見舊録。
女利行經一卷。見舊録。
四婦因緣經一卷。見舊録。
須多羅經一卷。舊録云須多羅入胎經。
憻迦經一卷。見舊録，晉言堅强。既曰晉言，合編晉〔一三〕録。或作「墮」字。
盤達龍王經一卷。見舊録。
牛米自供養經一卷。舊録無「養」字。
行牧食牛經一卷。見舊録。或作「放」字。
隨釋迦牧牛經一卷。見舊録。或作「隨」字。

法嚴經一卷。見舊録，疑即是等入法嚴經。

壁四經一卷。見舊録。

止寺中經一卷〔一四〕。見舊録。

安般行道經一卷。見舊録。

解慧微妙經一卷。見舊録。

失道得道經一卷。見舊録。

心情心識經一卷。見舊録，云有注。

檢意向正經一卷。見舊録。

道德果證經一卷。見舊録。

父子因緣經一卷。見舊録。

小觀世樓炭經一卷。見舊録。

大四諦經一卷。見舊録。

五方便經一卷。見舊録。

五惟越羅名解説經一卷。見舊録。

五陰經一卷。見舊録。

中五濁世經一卷。見舊録。

大七車經一卷。見舊録。

八正邪經一卷。見舊録。祐云八正八邪〔一五〕經。

八總持經一卷。見舊録。

八輩經一卷。見舊録。

大十二因緣經一卷。見舊録。

十八難經一卷。見舊録。

五十二章經一卷。見舊録。别有孝明四十二章經。

百八愛經一卷。見舊録。似抄五蓋疑結經。

小安般舟三昧經一卷。見舊録。

禪數經一卷。見舊録。

群生偈經一卷。見舊録。

大戒經一卷。見舊録。

衣服制經一卷。見舊録。

沙彌離威儀經〔一六〕一卷。見舊録。

道本五戒經一卷。見舊録。

威儀經一卷。見舊録。法經録中無「經」字。

雜譬喻經八十卷。見舊録。

已上八十七部，僧祐失譯録並載。

右八十七部，二百六十一卷。不思議等四部六卷見在，蜀普曜等八十三部二百五十五卷〔一七〕闕本。

長房等録魏、吴失譯，總有一百一十部二百九十一卷〔一八〕，云：「並是古、舊二録失譯諸經，今結〔一九〕附此，以彰遠年，無所依據。」今以餘二十三部三十卷，或翻譯有源，或別名異號，或大部流出，或疑僞非真，今並删除，庶免繁雜，備述如左：

不退轉輪經四卷。北涼失譯中有，此中復載，故知是重。僧祐録云：安公涼土異經。今存涼録，此中除之。

小本起經二卷。後漢支曜譯。

四輩經。或云四輩弟子經，亦云四輩學經。法上録云：「西晉竺法護譯。」

逮慧三昧經。一名文殊師利問菩薩十事行經，單卷月燈經異名。

禪行斂意經。亦云禪行檢意經，阿那律八念經異名。

輭〔二〇〕首菩薩經二卷。即輭〔二一〕首菩薩清浄分衛經是，此名但略耳。

度無極譬經三卷。或四卷，出大品經。

尸呵遍王經。或作「尼」字。

太子法慧經。或作「惠」字。尸呵等二〔二二〕經，出六度集經。

淫人曳踵行經。出義足經。

人許名爲道經。

貧女聽經蛇齧命終經。亦云貧女聽經蛇〔二三〕齧命終生天經。

國王癡夫人經。

賣智慧經。

初受道經。

學經福經。學、福共是一經。

八部僧行名經。

化譬經。亦云化喻經。人許名等八經，並出雜譬喻〔二四〕。

五百婆羅門問有無經。五百梵志〔二五〕經異名。

薩和菩經〔二六〕。亦云〔二七〕國王薩和菩薩〔二八〕。

慧定普遍神通菩薩經。亦云慧定普遍國土神通菩薩經。

貧女經〔二九〕。亦云貧女難陀經。

阿秋〔三〇〕那經。亦云阿秋那三昧經。五百婆羅門等五經，並在疑僞録。

校勘記

〔一〕衆經：高麗藏本誤作「虫經」。

〔二〕經：金藏、高麗藏本無。

〔三〕已上見存已下闕本：金藏、高麗藏本作「上見存，已下闕」。

〔四〕見：原無，據金藏、高麗藏本補。

〔五〕出：金藏、高麗藏本作「譯」。

〔六〕摩訶乘：清藏本作「訶乘」。按：出三藏記集卷四著録「摩訶乘優波提經五卷」，爲「未見經文」者。

〔七〕卷：嘉興藏本無。

〔八〕卷：嘉興藏本無。

〔九〕一：金藏、高麗藏本作「四」。

〔一〇〕梵王：金藏、高麗藏本作「梵天王」。

〔一一〕二卷：金藏本作「一」。

〔一二〕薩和達王經：金藏、高麗藏本作「菩和達王經」。按：出三藏記集卷三作「薩和達王經」，卷四宋、元、明本作「菩和達王經」，大正藏本作「薩和達王經」。

〔三〕晉：資福藏本無。

〔四〕一卷：原無，據金藏、高麗藏、資福藏、清藏、四庫本補。

〔五〕八正八邪：金藏本作「八正邪」。按：出三藏記集卷四著録「八正八邪經一卷」，注曰：「舊録所載。」

〔六〕經：原無，據金藏、高麗藏本補。

〔七〕二百五十五卷：金藏本作「二百五十卷」。按：覈之以具體卷數，作「二百五十五卷」是。

〔八〕二百九十一卷：原作「一百九十一卷」，據文意從歷代三寶紀改。

〔九〕結：金藏、高麗藏本作「經」，四庫本作「總」。

〔一〇〕輭：金藏、高麗藏本作「濡」。

〔一一〕輭：金藏、高麗藏本作「濡」。

〔一二〕二：原無，據金藏、高麗藏、資福藏、永樂北藏、嘉興藏、清藏、四庫本補。

〔一三〕蛇：原無，據諸校本補。

〔一四〕並出雜譬喻：原作「亦出雜譬喻」，金藏本作「並出雜喻」，嘉興藏本作「亦出雜譬喻經」，據金藏、高麗藏本改。

〔一五〕志：原無，據金藏、高麗藏、資福藏、普寧藏、永樂北藏、嘉興藏、清藏、四庫本補。

〔一六〕薩和菩經：高麗藏本作「薩和菩薩經」。

〔一七〕亦云：永樂北藏、嘉興藏、清藏、四庫本作「亦名」。

〔一八〕薩：金藏、高麗藏本作「經」。

〔二九〕貧女經：金藏、高麗藏本作「貧女人經」。
〔三〇〕阿秋：金藏本作「阿利」。

西晉，司馬氏，都洛陽。亦云北晉。

起武帝太始元年乙酉，至愍帝建興四年丙子，凡經四帝五十二年，緇素一十二人，所出經、戒、集等及新舊集失譯諸經，總三百三十三部〔一〕，合五百九十卷。於中一百五十六部三百二十一卷見在，一百七十七部二百六十九卷闕本。

西晉沙門竺法護，一百七十五部三百五十四卷經、戒、集〔二〕。

沙門彊梁婁至，一部一卷集。

沙門安法欽，五部一十六卷經、集。

沙門無羅叉，一部三十卷經〔三〕。

優婆塞竺叔蘭，二部五卷經。

沙門白法祖，一十六部一十八卷經。

沙門釋法立，四部一十二卷經、集。

沙門釋法炬，四十部五十卷經、律。

清信士聶承遠，二部三卷經。

清信士聶道真，二十四部三十六卷經、律。

沙門支法度，四部五卷經。

沙門若羅嚴，一部一卷經。

新舊諸失譯經，五十八部五十九卷。三部三卷舊集，五十五部五十六卷新附。

校勘記

〔一〕三百三十三部：金藏、高麗藏本作「三百三十部」。據小注合計，作「三百三十三部」是。

〔二〕集：永樂北藏、嘉興藏、清藏、四庫本作「律」。

〔三〕三十卷經：原作「三十六卷」，永樂北藏、嘉興藏、清藏、四庫本作「三十六卷經」，據金藏、高麗藏本改。

光讚般若波羅蜜經十五卷。初出，或十卷，與大般若第二會及放光大品並同本，亦云光讚摩訶般若經，凡二十七品。太康七年十一月二十五日出。見道安録及僧祐録。

密迹金剛力士經七卷。或五卷，或四卷，或八卷〔一〕。太康元年十月八日出。亦直云密跡經。見支敏度、竺道祖及僧祐三録。今編入寶積，當第三會。

菩薩説夢經二卷。見法上録。今編入寶積，當第四會，改名浄居天子會。法上録云：「護公所出。」詳文乃非，且依上録爲定。

寶髻菩薩所問經二卷。一名菩薩浄行經。舊録直云寶髻經，是別譯大集寶髻品，太熙元年七月十四日出。見道真、僧祐二録。今入寶積，當四十七會。

普門品經一卷。初出，亦〔二〕云普門經，與寶積文殊普門會等同本，太康八年正月十一日出。見聶道真録及僧祐録。

胞胎經一卷。舊録云胞胎受身經，太安二年八月一日出，初出〔三〕，與寶積處胎會同本。見聶道真録〔四〕及僧祐録。

文殊師利佛土嚴浄經二卷〔五〕。或直云嚴浄佛土〔六〕經，亦直〔七〕云佛土嚴浄經，太熙元年譯，初出，與寶積文殊授記會等同本。見竺道祖晉世雜録及僧祐録。

郁迦羅越問菩薩行經一卷。或云郁伽長者經，即大郁伽經，或二卷，第四出，與安玄法鏡及寶積郁伽長者會等同本。見道安、敏度、僧祐三録。

幻士仁賢經一卷。或云仁賢幻士經，初出，與寶積授幻師記會同本。見聶道真録及僧祐録。

須摩提經一卷。初出。亦直云須摩經，亦云〔八〕須摩提菩薩經，與寶積妙慧會〔九〕等同本。見聶道真、竺道祖、僧祐等三録。

阿闍貰〔一〇〕王女阿術達菩薩經一卷。第二出，亦云阿闍貰女經，亦云阿述達女經，建武元年譯。見真、敏、祐等三録。祐、房二録別存無憂施〔一一〕經，祐録更載阿闍貰王經〔一二〕，二〔一三〕俱誤。

離垢施女經一卷。初出，太康十年十二月二日出，與寶積無垢施會等同本。見道真、僧祐二録。内典録中〔一四〕更載無垢施應辯經者，誤也。彼道真譯，如後所顯。

如幻三昧經二卷。第二出，或三卷，或四卷，與寶積善住意會等同本。見僧祐録。

太子刷護經一卷。初出，見法上録，與寶積阿闍世王子會等同本。

慧上菩薩問大善權經二卷。第二出，或一卷，太康六年六月十七日出，或云大善權經，或云慧上菩薩經，或云善權方便經，或云善權方便所度無極經。見真、祐二録。

彌勒菩薩所問本願經一卷。初出，太安二年五月十一日譯，或無「所問」二字，亦名〔一五〕彌勒本願經，一名彌勒難經，與寶積彌勒所問會等同本。見道真、道祖、僧祐三録。

阿差末經七卷。題云：晉曰無盡意。或四卷，或五卷〔一六〕，出大集，第三譯，元嘉元年十二〔一七〕月一日出。或加「菩薩」字。見真、祐二録。祐、房二録重載無盡意經四卷，誤也。

大哀經八卷。舊録云如來大哀經，元康元年七月七日出，八月二十三日〔一八〕訖，有二十八品，是大集初品別譯。或六卷，或七卷。見竺道祖晉世雜録及僧祐録。

寶女所問經三卷。太康八年四月二十七日出，是大集寶女品異譯，或四卷，亦直云寶女經，或云〔一九〕寶女問慧經，亦云寶女三昧經。見道真〔二〇〕、僧祐二録。

無言童子經二卷。或云無言菩薩經，是大集無言品異譯，或一卷。見聶道真録及僧祐録。

菩薩十住行道品一卷。是華嚴十住品異譯。見隋沙門法經録。祐、房二録直云菩薩十住，即此行道品是。

漸備一切智德經五卷。一名十住，又名大智〔二一〕慧光三昧，或十卷，元康七年〔二二〕十一月二十一日出，是華嚴十地品異譯。見聶道真及僧祐二録。

等目菩薩所問三昧經二卷。一名普賢菩薩定意，或直云等目菩薩經，或三卷，是新華嚴十定品異譯，舊經無此品。見僧祐録。

如來興顯經四卷。一名興顯如幻經，元康元年十二月二十五日出，是華嚴經如來性起品及十忍品異譯。見聶道真及僧祐二録。

度世品經六卷。或云度世經，或五卷，元康元年四月十三日出，是華嚴離世間品異譯。見聶道真、僧祐二録。

方等般泥洹經二卷。初出，與隋譯四童子經同本，或無「般」字，或三卷，或云大般泥洹經，太始五年七月二十三日出。見道真、僧祐二録。

普曜經八卷。一名方等本起，安公云出方等部，永嘉二年五月於天水寺出，第二譯，沙門康殊、白法巨等筆〔二三〕受。見古、真、祐三〔二四〕録。

正法華經十卷。或云方等正法華，或云七卷〔二五〕二十七品，太康七年八月十日出，第三譯，清信士張士明〔二六〕、張仲正、聶承遠等筆受。見真、祐二〔二七〕録。

大方等頂王經一卷。初出，安公〔二八〕云出方等部。亦直云頂王經，一名維摩詰子問經，亦云善思童子經，凡四名。見支敏度録及僧祐録。

佛昇忉利天爲母説法經二卷。初出，或三卷，亦云〔二九〕佛昇忉利天品經，與道神足經等同本，太始年出。見聶道真及僧祐録。

阿惟越致遮經三卷。初出，或四卷，或云阿惟越致經，太康五年十月十四日於燉煌出，與不退轉經廣博嚴淨經同本異譯，見真、祐二録。

等集衆德三昧經三卷。初出，舊録云等集〔三〇〕衆德經，或直云等集經，與集一切福德經等同本，或二卷。見聶道真録及僧祐録。

持心梵天經四卷。一名莊嚴佛法，又名等御諸法，凡十七品，或六卷，初出，或加「所問」二字，或直云持心經。太康七年三月十日〔三一〕出，聶承遠筆受。見舊、真、祐三〔三二〕録。

持人菩薩經四卷。初云持人菩薩所問陰〔三三〕種諸入以了道慧經，初出，或三卷，與持世經同本異出。見僧祐録。

濟諸方等學經一卷。天竺薩和鞞日僧迦，或無「學」字，初出，與方廣總持經同本。見竺道祖録及僧祐録。

文殊師利現寶藏經三卷。初出，或無「現」字，與方廣寶篋經等同本，太始六年十月出，或二卷，亦直云寶藏經。見僧祐録。長房録中，別載寶藏經二卷，誤之甚也。

無極寶三昧經一卷。初出，或云無極寶經，與寶如來三昧經〔三四〕同本，永嘉元年三月三日出。見別録及聶道真、僧祐二録。

普超三昧經三卷。第二出，或四卷，一名阿闍世王品，太康七年十二月二十七日出，或無「三昧」字，或上加

「文殊師利」。安録云更出阿闍世王經〔三五〕。見祖、祐二録。

無所希望經一卷。第二出，或作「悕」字，一名象步經，與象腋經等同本。見聶道真録及僧祐録。

大浄法門經一卷。題云大浄法門品上金光首女所問溥首童真所開化經，初出〔三六〕，與大莊嚴法門經等同本，建興元年十二月二十六日出。見聶道真及僧祐二録。

順權方便經二卷。一名轉女身菩薩經，或作「惟權」。舊録云順權女經，亦云隨權女經。第二出，或一卷。見道真、僧祐二録。祐、房二録別存隨權女經，誤也。

太子沐魄經一卷。第三出，出〔三七〕六度集第四卷，異譯，或作「暮魄」。見僧祐録。

月光童子經一卷。初出，一名月明童子經，或名申曰經，與德護長者經等同本。見僧祐録。

乳光佛經一卷。第二出，亦直云〔三八〕乳光經，與犢子經等同本異出。見僧祐録。

無垢賢女經一卷。第二出，或名胎藏經，與轉女身經等同本。見聶道真録。祐、房二録載胎藏經，即此無垢〔三九〕賢女經是。

決定總經一卷。初出，或云決總持經，亦云決定總持經〔四〇〕，與謗佛經同本。見僧祐録。

如來獨證自誓三昧經一卷。亦云獨證自誓三昧經，或云如來自誓三昧經，第二出，與〔四一〕漢安世高自誓三昧經同本。見僧祐録。

龍施菩薩本起經一卷。舊録云龍施本經，或云龍施女經。第二出，與龍施女經同本。見僧祐録。

八陽神呪經一卷。亦直云八陽經，第二出，與八吉祥呪經等同本。見長房録。

盂蘭盆經一卷。亦云盂蘭經，與報恩奉盆經同本。見長房録。

四不可得經一卷。第二出。見聶道真、釋〔四二〕正度、僧祐等三録。

梵女首意經一卷。初出，一名首意女經。見僧祐録。

寶綱經一卷。初出，亦云寶綱童子經。見聶道真、僧祐二録。

菩薩行五十緣身經一卷。初出。舊録云菩薩緣身五十事經，亦云五十緣身行經。見竺道祖録及僧祐録。

須真天子經三卷。初出，或二卷，或加「所問」二字，亦云問四事〔四三〕經，太始二〔四四〕年十一月八日於長安青門外白馬寺出，安文慧等傳，聶承遠等筆受，至十二月三十日〔四五〕訖。見道〔四六〕祖、僧祐二録。

海龍王經四卷。初出，或三〔四七〕卷，太康六年七月十日出。見聶道真録及僧祐録〔四八〕。

諸佛要集經二卷。天竺曰佛陀僧祇提，亦直云要集經，初出。見僧祐録。

賢劫經十三卷。題云「颰陀劫三昧，晉曰賢劫定意經」。永康元年七月二十一日出，趙文龍筆受，初出，或七卷，或十卷。見道真、僧祐二録。房等别存颰陀劫三昧經，誤。

弘道廣顯三昧經四卷。一名阿耨達龍王所問決諸狐疑清浄品，亦名入金剛問定意經，凡十二品，或二卷，永嘉二年三月出。見真、祐二録。内典中别載阿耨達經，誤。

心明經一卷。一名心明女梵志婦飯汁施經。見僧祐録。

滅十方冥經一卷。光熙元年八月十四日出，或云十方滅冥經。見聶道真録及僧祐録。

鹿母經一卷。又别有鹿子經一卷，與此全同。見僧祐録。

魔逆經一卷。太康十年十二月二日於洛陽城西白馬寺出，聶道真筆受。見僧祐録及經後記。

德光太子經一卷。或云賴吒和羅所問光德太子經，太始六年九月三十日出。見竺道祖録及僧祐録。

般泥洹後灌臘經一卷。或云般泥洹後四輩灌臘經，亦直云灌臘〔四九〕經。見長房録。

四輩經一卷。或云四輩弟子經，亦云四輩學經。見法上録。

當來變經一卷。或云當來變識經。見道真、僧祐二録。

過去佛分衛經一卷。舊録云過世佛分衛經。見僧祐録。

文殊師利淨律經一卷。初出，又直云淨律經。太康十年四月八日於白馬寺出〔五〇〕。先遇西域寂志誦出經本，後尚有數品，其人忘，但宣憶者，道真筆受〔五一〕。見祖、祐二録。

文殊悔過經一卷。初出，或加「師利」字，亦云文殊五體悔過經。見僧祐録。

離睡經一卷。出中阿含第二十卷，異譯。見長房録。

受歲經一卷。出中阿含第二十三卷初，異譯。見長房録。

樂想經一卷。出中阿含第二十六卷〔五二〕，異譯。見長房録。

尊上經一卷。出中阿含第四十三，異譯。見長房録。

意經一卷。出中阿含第四十五，異譯。見長房録。

應法經一卷。亦出中阿含第四十五，異譯。見長房録。

鴦崛摩經一卷。或作「魔」字，或云指髻經，或云指鬘經，出增一阿含第三十一，異譯。見道真、僧祐二録。

力士移山經一卷。亦直云移山經。見僧祐録。出增一阿含第三十六，異譯。

四未曾有法經一卷。或無「法」字，亦云四未有經。見長房録。亦出增一阿含第三十六，異譯。

聖法印經一卷。天竺名「阿遮曇摩文圖」，出雜阿含第二〔五三〕，或無「法」字，亦云慧印經，元康四年十二月五日〔五四〕於酒泉郡出，竺法首筆受〔五五〕。見道真、寶唱、僧祐三録。

舍頭諫經一卷。題云舍頭諫，晉曰太子二十八宿經，一名虎耳經，與摩登伽經等同本，第五出，與漢世高出者少異。見道安録。祐云虎耳意經。

所欲致患經一卷。初出，太安〔五六〕三年正月譯。見〔五七〕道真、王宗、僧祐三録。

瑠璃王經一卷。第二出，或作「流離」。見僧祐録。

生經五卷。初出，或四卷，太康六年正月十九日出，有五十五經。見聶道真録及僧祐録。

分別經一卷。舊云與阿難分別經等同本者，非〔五八〕也。見長房録。

五百弟子自説本起〔五九〕經一卷。太安二年五月譯，或云佛五百弟子自説本起。舊録云五百弟子自説本末〔六〇〕經，亦云五百弟子本起〔六一〕經。見道真、僧祐二録。

大迦葉本經一卷。或云迦葉本經。見僧祐録。

四自侵經一卷。安公(六二)云出阿毗曇。見僧祐録。

身觀經一卷。云出雜阿含，檢無。見長房録。

修行道地經六卷。初卷題云榆遮伽復彌經，晉曰修行道地。太康五年二月二十三日出，或七卷二十七品，第三出，亦直云修行經。見祐、唱二録。

法觀經一卷。見長房録。

已上見存，已下闕本(六三)。

新道行經十卷。亦名小品，或七卷，祐云更出小品。太始八年譯，第四出，與舊道行等同本。房録更載小品七卷，誤也。見祐、房二録。藏中者非，此本先闕。

仁王般若經一卷。或二卷，三十一紙，初出。房云(六四)見晉世雜録。

無量壽經二卷。一名無量清淨平等覺經，永嘉二年正月二十一日出，第六譯，與漢世高、支讖等所出本同文異。見竺道祖録及僧祐録。

菩薩藏經三卷。初出。見長房録。

般舟三昧經二卷。安公録云：「更出般舟三昧經。」第五出。見僧祐録。

菩薩十地經一卷。亦云大方廣經，亦直云十地經，初出。見僧祐録。

薩芸芬陀利經六卷。太始元年譯，見竺道祖晉世雜録，第二出。隋録云「薩曇芸」者，恐誤。祐録中無。

維摩詰所説法門經一卷。太安二年四月一日譯，第四出。見聶道真録。祐録直云維摩詰經。祐録又有删維摩詰經。祐云：「意謂先出維摩繁重，護删出逸偈也。」〔六五〕

閑居經十〔六六〕卷。與悲華經等同本，異譯，初出。見僧祐録。

更出阿闍世王經二卷。第四〔六七〕出。見僧祐録。若准安録，但有更出阿闍世王經，無普超三昧。祐、房二録雙載二經，既梵本同，不合再出。

彌勒成佛經一卷。初出，一名彌勒當來下生經，太安二年出，一十七紙。見聶道真録及僧祐録。

十二因緣經一卷。第四出，亦云貝多樹下思惟十二因緣。見僧祐録。

温室洗浴衆僧經一卷。第二出，亦直云温室經。見聶道真録及僧祐録。

百佛名經一卷。初出，或〔六八〕無「經」字。見僧祐録。

光〔六九〕世音大勢至受決經一卷。初出，元康年出，亦直云觀世音受記經。見聶道真、僧祐二録。

勇伏定經二卷。安公云：「更出首楞嚴。」元〔七〇〕康元年四月九日出，聶承遠筆受，第六譯。見道真、僧祐二録。祐、房二録〔七一〕更載首楞嚴二卷者，誤也。

無思議光孩童菩薩經一卷。亦名〔七二〕無思議孩童經，亦名無思議光經，舊録直云孩童經，初出。見僧祐録。

超日明三昧經二卷。太始七年正月譯，初出，或三卷，或直云超日明經。見聶道〔七三〕真録及僧祐録。

照明三昧經一卷。初出。見僧祐録。

惟明二〔七四〕十偈經一卷。或無「經」字，第二出，與吴代支謙出者本同。見長房録。

法没盡經一卷。或云空寂菩薩所問經，第二出，與支謙出者同本。或云法滅盡經。見僧祐録。

諸神呪經三卷。見僧祐録。

文殊師利菩薩經一卷。見長房録。

小郁伽經一卷。與大郁伽經不同。見僧祐録。或作「迦」字。

諸方佛名功德經一卷。祐〔七五〕無「功德」字。見僧祐、長房二録。

十方佛名經一卷。祐〔七六〕無「經」字。見僧祐、長房二録。

慈仁問八十種好經一卷。或直云八十種好經。見道安録及長房録。

三十二相因緣經一卷。或云菩薩三十二相經。見道安録〔七七〕及長房録。

嚴浄定經一卷。一名序世經。見僧祐録。

寶施女經一卷。一名須摩提法律三昧經〔七八〕。見僧祐録及道真録。

金益長者子經一卷。見僧祐録。

離垢蓋經一卷。見僧祐録。

慧明經一卷。見僧祐録。

衆祐經一卷。見僧祐録。

三轉日明經一卷。祐録云「月明」。見僧祐録。

十等藏經一卷。見僧祐録。

決道俗經一卷。見僧祐録。

殖衆德本經一卷。見僧祐録。

小法没盡經一卷。見僧祐録。

猛施經一卷。舊録云猛施道地經。見僧祐録。

目連上浄居天經一卷。一本〔七九〕無「天」字，房云出佛本行集經。見僧祐録。

菩薩齋法經一卷。或無「經」字，或無「法」字，一名菩薩正齋經，一名持齋經，一名賢首菩薩齋法經，初出。見僧祐録。祐、房二録〔八〇〕，别載菩薩齋經，誤也。

舍利弗悔過經一卷。第二出，亦直云悔過經。見僧祐録。

佛悔過經一卷。見僧祐録。

大六向拜經一卷。舊録無「大」字，太安元年譯，或云尸迦羅越六向拜經，出長阿含經〔八一〕第十一，異譯。見支敏度、僧祐、寶唱三録。

六十二見經一卷。亦云梵網六十二見經。見道祖、僧祐二録。出長阿含第十四，異譯。

樓炭經六卷。或五卷，或八卷，初出，是長阿含第四分記世經異譯。見聶道真録及僧祐録。安公云出方等部者，不然也。

普法義經一卷。亦云普義經，第二出，與漢代世高出者大同小異。見聶道真録及僧祐録。

舍利弗目連遊諸國經一卷。或云舍利弗摩〔八二〕目犍連遊諸四衢經，出增〔八三〕一阿含第四十一，異譯。見僧祐録。

柰女耆域經一卷。或云柰女經。太安年譯，第二出。見聶道真〔八四〕及僧祐録。

七女本經一卷。第二出，與吴代支謙譯者本同。見長房録〔八五〕。

五蓋疑結失行經一卷。永寧二年四月十二日出，第一譯。安公云：不似護公出。見聶道真録及僧祐録。

佛爲菩薩五夢經一卷。太安二年五月譯，第二出，一名佛五夢經，一名太子五夢經，一名仙人五夢經。見舊録及道真、僧祐二〔八六〕録。

摩目犍連本經一卷。一本〔八七〕有「訶」字，無「犍」字。見僧祐録。

五福施經一卷。見僧祐録。

觀行不移四事經一卷。見僧祐録。

四婦喻經一卷。見僧祐録。

盧夷亘經一卷。見僧祐録。

盧羅王經一卷。見僧祐録。

檀若經一卷。見僧祐録。

龍施經一卷。今疑是龍施菩薩本起經。見僧祐録。

給孤獨明德經一卷。舊録云〔八八〕給孤獨氏經。見僧祐録。

龍王兄弟陀達誡王經一卷。見僧祐録。

勸化王經一卷。見僧祐録。

鴈王經一卷。見僧祐録。

鴈王五百鴈俱經一卷。見僧祐録。

解無常經一卷。見僧祐録。

城喻經一卷。見僧祐録。

降龍經一卷。見長房録。

邪法經一卷。見長房録。

犯罪經一卷。見長房録。

苦應經一卷。見長房録。

三品修行經一卷。亦云三〔八九〕品悔過經。安公云近代人合大修行經。見僧祐録。祐、房二録〔九〇〕，别存三品悔過經，誤也。

夫那羅經一卷。見長房録。

賈客經二卷。見僧祐録。

沙門果證經一卷。見僧祐録。今疑與寂志果經同本。

貧女爲國王夫人經一卷。見長房録。

誡王經一卷。見僧祐録。

誡具經一卷。見僧祐録。

誡羅云經一〔九一〕卷。見僧祐録。

比丘尼戒一卷。祐云比丘尼戒經，出十誦律，與曇摩持所出少異，初出。見僧祐録。

迦葉結集傳經一卷。或無「傳」字，舊録云迦葉結經，或云結集戒經，祐云迦葉集結經，第二出。見道真、僧祐二録。

耆闍崛山解一卷。見僧祐録。

雜譬喻三百五十首經二十五卷。亦〔九二〕云譬喻三百首經。見僧祐録。房云見别録。

右一百七十五部，三百五十四卷。法觀經上九十一部二百八卷見在，新道行經下八十四部一百四十六卷闕本。

沙門竺曇摩羅察，晉言法護，其先月氏國人，本姓支氏，世居燉煌郡。年八歲出家，事外國沙門竺高座爲師，遂稱竺姓。秦、晉已前，沙門多隨師稱姓。後因彌天道安，遂總稱釋氏。誦經日萬言，過目則能，而天性純懿，操行精苦，篤志好學，萬里尋師。是以博覽六經，遊心七籍。雖世務毁譽，未嘗介抱。是時晉武之世，寺廟圖像，雖崇京邑，而方等深經，蘊在葱外。護乃慨然發憤，志弘大道，遂隨師至西域，歷遊諸國，外國異言三十六種，書亦如之〔九三〕，護皆遍學，貫綜詁訓，音義字體，無不備曉〔九四〕。遂大賫梵經，還歸東夏，自燉煌至長安，後到洛陽，及往江右〔九五〕，沿路傳譯，寫爲晉文。起武帝太始二年丙戌，至愍帝建興元年癸酉，出光讚般若等經一百七十五部，清信士聶承遠及子道真、竺法首、陳士倫、孫伯虎、虞世雅等，皆共承護旨，執筆詳校。而護孜孜所務，唯以弘通爲業，終身寫譯，勞不告倦。經法所以廣流東夏者，護之力也。

末，隱居深山，山有清澗，恒取澡漱。後有採薪者，穢其水側，俄頃而燥。護乃徘徊歎曰：「人之無德，遂使清泉輟流。水若永竭，真無以自給，正當移去耳。」言訖而泉流滿澗。其幽誠所感，皆此類也。故支遁爲之像贊云：「護公澄寂，道德淵美，微吟穹谷，枯泉漱水。邈矣護公，天挺弘懿，濯足流沙，領拔玄致。」後立寺於長安青門外，精勤行道。於是德化遐布，聲蓋四遠，僧徒數千，咸共宗事。及晉惠西幸長安，關中蕭條，百姓流移，護與門徒避地東下，至澠池遘疾而卒，春秋七十有八。

護於懷、愍之世，仍更出經。傳云惠帝西幸長安，護公避亂東出，至於〔九六〕澠池卒者，或未然也。護世居燉煌而化道周洽，時人咸謂之〔九七〕「燉煌菩薩」也。衆録或云「月支菩薩」，亦云「天竺菩薩」者，斯皆重其德，稱美其號也。

然法護者，此土翻名。曇摩羅察，西方梵稱。而梁僧祐録及隋法經録〔九八〕立爲二人，云各別出經，小非詳審也。今詳檢〔九九〕群録，護所出經，多少不定。長房録中，其數彌衆。今細尋括，多是別生等經，有非護公所出，不可足爲正譯之數。今爲實録，故總删之，如後所述。

師子月佛本生經。或無「本」字。房等諸録云護公譯，詳文乃非。今爲失譯，編於秦録。

法社經。世注爲疑，曾見其本，是人所造，今編疑録。

寶女問慧經。

梵王變身經。上二經，出大集。

四自在神通經。出自〔一〇〇〕在王經。

金剛藏菩薩行經。出漸〔一〇一〕備經。

光世音經。出正法華經。

寶日光明菩薩經。亦云寶日光明菩薩問蓮華國相貌經，出悲華經。

溥〔一〇二〕首童真經。或作「普〔一〇三〕」字，出普超〔一〇四〕經。

隨〔一〇五〕藍本經。

馬王經。

彌勒爲女身經。

摩調王經。隨藍等四經，並出六度經〔一〇六〕。

菩薩悔過法經。或無「經」字，出龍樹十住論。

人從所來經。亦云人所從來，出人本欲生經。

貧窮經。

何苦經。貧窮等二經，並出中阿含。

七寶經。出增一阿含經。

醫王經。

悉鞞梨天子詣佛說偈經。

四種人經。醫王等三經，並出雜阿含。

閑居經。

總持經。或云佛心總持。

腹使經。

蜜具經。

雜讚經。閑居等五經，並出生經。

女人慾熾荒迷經。

多聞經。

寤意經。已上三經，並出出曜經。

寶女下二十七經，並是別生抄經，從大部出，今並删之。

衆經目録一卷。護公自撰，非梵本翻，叙目録中列，此不復存也。

校勘記

〔一〕卷：原無，據金藏、高麗藏、嘉興藏、清藏、四庫本補。

〔二〕亦：原無，據金藏、高麗藏本補。

〔三〕初出：金藏、高麗藏本無。

〔四〕録：原無，據金藏、高麗藏、資福藏本補。

〔五〕二卷：原作「一卷」，據金藏、高麗藏、資福藏、普寧藏、永樂北藏、嘉興藏、清藏、四庫本改。

〔六〕佛土：金藏、高麗藏本作「浄土」。

〔七〕直：金藏、高麗藏本無。

〔八〕須摩經亦云：金藏、高麗藏本無。

〔九〕妙慧會：原作「妙思會」，據金藏、高麗藏、資福藏本改。按：妙慧會，即妙慧童女會。

〔一〇〕貰：永樂南藏、永樂北藏、清藏、四庫本作「世」，後子注小字同。

〔一一〕施：原作「陀」，據金藏、高麗藏本改。

〔一二〕貰王經：高麗藏本作「貰王女經」，金藏本作「貰經」。

〔一三〕三：金藏、高麗藏本作「二」。

〔一四〕中：金藏、高麗藏、資福藏、普寧藏、永樂南藏、清藏本作「内」。

〔一五〕名：金藏、高麗藏本作「云」。

〔一六〕或五卷：資福藏本無。

〔一七〕十二：金藏、高麗藏本作「十一」。又，元嘉元年，竺法護卒已百餘年，故當爲「永嘉元年」之誤。按：大唐内典録卷二西晉朝傳譯佛經録，著録竺法護譯阿差末經四卷，注曰：「永嘉元年十二月一日譯，是第二出。或五卷、七卷，出大集。或云阿差末菩薩經。見聶道真録及別録。」

〔一八〕日：高麗藏本誤作「已」。

〔一九〕寶女經或云：金藏、高麗藏本無。

〔二〇〕道真：金藏、高麗藏本作「道祖」。按：出三藏記集卷二西晉朝傳譯佛經録著録此經，子注有云：「見聶道真録。」據此可知作「道真」是。

〔二一〕智：金藏、高麗藏本無。

〔二二〕七年：金藏、高麗藏本作「元年」。

〔二三〕筆：金藏本無。

〔二四〕三：原誤作「二」，據金藏、高麗藏本改。

〔二五〕或云七卷：金藏、高麗藏本作「或七卷」，四庫本作「經十卷有」。

〔二六〕清信士張士明：金藏本脱作「清信」。

〔二七〕二：嘉興藏本無。

〔二八〕公：金藏本無。

〔二九〕云：原無，據金藏、高麗藏本補。

〔三〇〕集：原無，據金藏、高麗藏本補。

〔三一〕十日：嘉興藏本作「十五日」。

〔三二〕三：原誤作「二」，據金藏、高麗藏本改。

〔三三〕陰：資福藏本無。

〔三四〕三昧經：金藏、高麗藏本無。

〔三五〕安録云更出阿闍世王經：出三藏記集卷二新集撰出經律論録第一著録普超經四卷，子注曰：「一名阿闍世王品，安録亦云更出阿闍世王經。或爲三卷。舊録云文殊普超三昧經，太康七年十二月二十七日出。」歷代三寶紀卷六著録普超經四卷，子注曰：「太康七年出，第二譯，與漢世支讖阿闍世王經本同别譯。亦云普超三昧經，亦云文殊普超三昧經。見竺道祖雜録。」

〔三六〕出：原無，據金藏、高麗藏本補。

〔三七〕出：金藏、高麗藏本無。

〔三八〕出亦直云：原作「亦直云出」，據金藏、高麗藏本改。嘉興藏、清藏本作「出亦直云出」。

〔三九〕垢：金藏本無。

〔四〇〕亦云決定總持經：金藏、高麗藏本無。

〔四一〕與：清藏、四庫本無。

〔四二〕釋：高麗藏本無。

〔四三〕事：原作「字」，據金藏、高麗藏、資福藏本改。

〔四四〕二：金藏、高麗藏本作「三」。按：出三藏記集卷二新集經論録著録須真天子經二卷，子注云：「或云須真天子問四事經。太始二年十一月八日出。」

〔四五〕至十二月三十日：金藏本作「十二月十三日」，高麗藏本作「至十二月十三日」，資福藏、清藏本無「至」字。

〔四六〕道：原作「僧」，據金藏、高麗藏、永樂北藏、嘉興藏、清藏、四庫本改。

〔四七〕三：原作「二」，據諸校本改。按：出三藏記集卷二著録此經，子注亦云「或三卷」。

〔四八〕聶道真録及僧祐録：永樂北藏、嘉興藏、清藏、四庫本作「聶道真及僧祐二録」。

〔四九〕臘：金藏、高麗藏本作「像」。
〔五〇〕出：原無，據金藏、高麗藏本補。
〔五一〕受：金藏、高麗藏本作「授」。
〔五二〕卷：金藏、高麗藏本無。
〔五三〕二：金藏、高麗藏本作「三」。
〔五四〕五日：永樂南藏本作「三日」。
〔五五〕受：原無，據高麗藏本補。
〔五六〕太安：嘉興藏本誤作「本安」。
〔五七〕見：金藏本無。
〔五八〕非：金藏本無。
〔五九〕起：該字下原有一「緣」字，據金藏、高麗藏本删。
〔六〇〕末：金藏本誤作「未」。
〔六一〕弟子本起：金藏本作「第本起經」。
〔六二〕安公：高麗藏本誤作「安康」。
〔六三〕已上見存已下闕本：金藏、高麗藏本作「上見存已下闕」。
〔六四〕房云：永樂北藏、嘉興藏、清藏、四庫本作「房公」。
〔六五〕見出三藏記集卷二。

〔六六〕十：原作「一」，據本書卷一四和出三藏記集、歷代三寶紀、大唐内典録等改。

〔六七〕四：原作「二」，據金藏、高麗藏本及本書卷一四改。按：智昇謂此經前後六譯，此爲第四，參本書卷一一、一四。出三藏記集卷二著録「阿闍世王經」，注曰：「支讖出阿闍世王經二卷，竺法護更出阿闍世王經一卷。右一經，二人異出。」此未計普超三昧經等故。

〔六八〕或：金藏、高麗藏本作「祐」。

〔六九〕光：嘉興藏本作「觀」。

〔七〇〕元：高麗藏本誤作「也」。

〔七一〕祐房二録：金藏本無。

〔七二〕名：金藏、高麗藏本作「云」。

〔七三〕道：金藏本無。

〔七四〕二：高麗藏本作「三」。按：歷代三寶紀卷五、卷一三，大唐内典録卷二皆作「二」，「二」是。

〔七五〕祐：原作「初」，據金藏、高麗藏本改。按：祐，指出三藏記集。見該書卷二新集撰出經律論録第一。

〔七六〕祐：原作「初」，據金藏、高麗藏本改。

〔七七〕録：永樂北藏、嘉興藏、清藏、四庫本無。

〔七八〕經：金藏、高麗藏本無。

〔七九〕本：金藏本作「名」。

〔八〇〕僧祐録祐房二録：金藏、高麗藏本作「僧祐長房二録」。

〔八一〕經：金藏、高麗藏本無。

〔八二〕摩：原作「建」，據金藏、高麗藏、永樂南藏、永樂北藏、嘉興藏、清藏、四庫本改。

〔八三〕增：金藏本誤作「僧」。

〔八四〕聶道真：金藏、高麗藏本作「聶道真録」。

〔八五〕第二出與吴代支謙譯者本同見長房録：金藏、高麗藏本作「或云柰女經太安年譯第二出見聶道真録及僧祐録」，疑因上經注致誤也。

〔八六〕三：金藏、高麗藏本作「二」。

〔八七〕本：金藏、高麗藏本作「名」。

〔八八〕云：金藏、高麗藏本無。

〔八九〕三：清藏、四庫本誤作「五」。

〔九〇〕僧祐録祐房二録：金藏本作「僧祐録長房二録」，高麗藏本作「僧祐長房二録」。

〔九一〕一：清藏本無。

〔九二〕亦：金藏、高麗藏本作「祐」。按：出三藏記集卷二，著録「譬喻三百首經二十五卷」。

〔九三〕亦如之：高麗藏本無。

〔九四〕曉：原作「時」，據諸校本改。

〔九五〕右：金藏、高麗藏本作「左」。

〔九六〕於：金藏、高麗藏本無。

〔九七〕之：原無，據高麗藏本補。
〔九八〕法經録：金藏、高麗藏本作「法經録內」。
〔九九〕檢：嘉興藏本作「校」。
〔一〇〇〕自：金藏本作「白」。
〔一〇一〕漸：高麗藏本誤作「斬」。
〔一〇二〕溥：金藏、高麗藏本作「普」。
〔一〇三〕普：金藏、高麗藏本作「溥」。
〔一〇四〕超：嘉興藏本作「起」。
〔一〇五〕隨：金藏本誤作「墮」。
〔一〇六〕經：金藏、高麗藏本作「集」。

十二遊經一卷。初出。

右一部，一卷，本闕。

沙門彊梁婁至，晉言真喜，西域人，志情曠放，弘化在懷。以武帝太康二年辛丑，於廣州譯十二遊經一部。見始興録及寶唱録。

道神足無極變化經四卷。第二出，一名合道神足經，或二卷〔一〕，或三卷，與竺法護所出佛昇忉利天爲母説法經同本，異譯。見竺道祖録。

阿育王傳七卷。或加「大」字，亦云大阿育王經，或五卷，初出，與梁譯育王經同本，光熙年譯。見竺道祖録。

文殊師利現寶藏經二卷。初出〔三〕，亦云示現寶藏經，或三卷，與寶篋經等同本，太安年譯。見竺道祖録。

阿闍貰〔二〕王經二卷。太康年譯。見竺道祖録。第三出，與普超經等同本。

阿難目佉經一卷。第三出，與微密持經等同本，異譯。見竺道祖録。

右五部，一十六卷。前二部十一卷見在，後三部五卷闕本。

沙門安法欽，安息國人，學贍衆經，幽鑒無滯。以武帝太康二年辛丑訖惠帝光熙元年丙寅，於洛陽譯道神足等經五部。

校勘記

〔一〕或二卷：金藏、高麗藏本無。

〔二〕貰：永樂北藏、四庫本作「世」。

〔三〕初出：竺法護譯爲初出，此爲第二出。本書卷一四亦謂此爲第二譯。

放光般若波羅蜜經三十卷。第二〔一〕出，與光讚、大品等同本〔二〕，或二十卷，亦云放光摩訶般若經，亦云摩訶般若放光經，元康元年出。見經後記。

右一部，三十卷，其本見在。

沙門無羅叉，經後記云無叉羅。于闐國人，以惠帝元康元年辛亥五月十五日於陳留倉垣〔三〕經記作「桓〔四〕」。水南寺譯放光經一部，至十二月二十四日訖。河南居士竺叔蘭口傳，祝太玄、周玄明筆受。其經梵本，元是潁川沙門朱士行〔五〕嘗於洛陽講道行經，至於深義，往往不通，每歎「此經大乘之要〔六〕，而譯理不盡！」誓志捐身，發心尋取，遂以曹魏甘露五年庚辰，發迹雍州，西度流沙，至于闐國，寫得正品〔七〕梵文九十章六十萬餘言。以晉太康三年壬寅，遣弟子弗如檀晉言法鏡〔八〕。等十人送還洛陽。未發之間，于闐小乘學衆遂以白王云：「漢地沙門，欲以婆羅門書惑亂正典。王爲地主，若不禁之，將斷大法。聾盲漢地，王之咎也。」王即不聽賫經。士行憤慨，乃求燒經爲證。王欲試驗，乃積薪殿庭，以火燔〔九〕之。士行臨階而誓曰：「若大法應流漢地者，經當不燒。若其無應，命也如何！」言已投經，不損一字，皮牒如故，更覺光鮮。大衆駭服，稱其神感，遂送達到洛陽。住三年，復至許昌。二年後，至陳留水南寺，衆請無羅叉等譯出，而竺道祖、僧祐、王宗、寶唱、李廓、法上、靈裕〔一〇〕等諸録，並云朱士行出者，此蓋據其元尋之人，推功歸之耳。今據經〔一一〕後記、支敏度録諸雜目等，乃是無叉羅、竺叔蘭等共譯。其朱士行停在于闐，年八十而卒。依西方闍維法，薪盡火滅而尸骸猶全，衆咸驚異，乃呪曰：「若真得道，法當毁壞。」應聲碎散，遂斂骨起塔焉。既在于闐終亡，其經定非其譯也。

校勘記

〔一〕二：清藏本作「一」。

〔二〕等同本：原作「同」，據金藏、高麗藏本改。

〔三〕垣：金藏、高麗藏本誤作「恒」。按：倉垣，爲西晉陳留郡所在地。

〔四〕桓：金藏、高麗藏本作「垣」。

〔五〕朱士行：金藏、高麗藏本作「朱士衡」。後同，不一一出校。

〔六〕之要：資福藏、普寧藏、嘉興藏、清藏、四庫本作「之本要」。

〔七〕品：金藏本無。

〔八〕鏡：金藏、高麗藏本作「鐃」。

〔九〕燔：金藏、高麗藏本作「燒」。

〔一〇〕裕：原作「祐」，據金藏、高麗藏本改。按：本書卷一〇，即有隋沙門釋靈裕譯經録一卷。

〔一一〕經：金藏本無。

異毗摩羅詰經三卷。祐云異維摩詰經，或作「思」字，或二卷，元康六年譯，第三出，與佛調、支謙等所出本同文異。見道祖、僧祐二録。

首楞嚴經二卷。元康元年出，第七譯，與支讖、支謙、白延、法護等所出本同文異。見聶道真録及僧祐録。

右二部，五卷，其本並闕。

優婆塞竺叔蘭，今准僧祐録中朱士行傳、竺叔蘭傳，放光經後記、支敏度合首楞嚴記，皆云叔蘭是河南居士〔一〕，長房、内典等録云是沙門者〔二〕，誤也〔三〕。本天竺人。祖父婁陀，篤志好學，清簡有節操。時國王無道，百姓思亂，有賤〔四〕臣將兵，得罪懼誅，以其國豪，呼與共反，婁陀怒曰：「君出於微賤而任居要職，不能以德報恩，而反爲逆謀乎？我寧守忠而死，不反而生也。」反者懼謀泄，即殺之而作亂。婁陀子達摩尸羅，晉言法草〔五〕。先在他國，其婦兄二人並爲沙門，聞父被害，國内大亂，即與二沙門奔晉，居于河南，生叔蘭。叔蘭幼而聰辯，從二舅諮受經法，一聞而悟。善梵晉語及書，亦兼諸文史。然性頗〔六〕輕躁，遊獵無度。嘗單騎逐鹿，值虎，墮馬折其右臂，久之乃差。後馳騁不已，母數呵諫，終不改，爲之蔬食，乃止。

性嗜酒，飲至五六斗〔七〕方暢。嘗大醉卧於路傍，仍入河南郡門唤呼，吏録送河南獄。時河南尹樂廣與賓客共酣已醉，謂蘭曰：「君僑客，何以學人飲酒？」叔蘭曰：「杜康釀酒，天下共飲，何有僑舊？」廣又曰：「飲酒可爾，何以狂亂乎？」答曰：「民雖狂而不亂，猶府君雖醉而不狂。」廣大呼。時坐客曰：「外國人那得面白？」叔蘭曰：「河南人面黑尚不疑，僕面白復何怪耶？」於是賓主歎其機辯，遂釋之。

頃之，無疾暴亡，三日還蘇，自説入一朱門，金銀爲堂，見一人自云是其祖父，謂叔蘭曰：「吾修善累年，今受此報，汝罪人何得來耶？」時守門人以杖驅之，入竹林中，見其獵伴爲鷹犬所啄齧，流血號叫，求救於叔蘭。叔蘭走避〔八〕數十步，值牛頭人欲㕚之，叔蘭曰：「我累世佛弟子，常供二沙門，何罪見治？」牛頭人答：「此雖受福，不關獵罪。」俄而見其兩舅來，語牛頭曰：「我等二人，恒受其供。惡少善多，可得相免。」遂隨道人歸。既而還穌，於是改節修慈，專志經法。以晉惠帝元康元年，與無羅叉出放光經，後於洛陽自出異毗摩詰等經二部。既學兼梵晉，故譯義精允。

後遭母艱，三月便欲葬，有鄰人告曰：「今歲月不便，可待來年。」叔蘭曰：「夫生者必有一死，死者不復再生。人神異塗，理之然也。若使亡母棲靈有地，則烏鳥之心畢矣。若待來年，恐逃走無地，何暇奉營乎？」遂即葬畢。明年，石勒果作亂，寇賊縱横，因避地奔荆州。後無疾忽告知識曰：「吾將死矣。」數日便卒。識者以爲知命。

校勘記

〔一〕河南居士：金藏、高麗藏、永樂北藏、嘉興藏、清藏、四庫本作「白衣居士」。按：出三藏記集卷一〇朱士行傳作「河南居士」。

〔二〕者：高麗藏本誤作「首」。
〔三〕誤也：資福藏本作「謬也」。
〔四〕賤：金藏、高麗藏、資福藏本作「賊」。
〔五〕草：出三藏記集卷一三竺叔蘭傳作「首」。
〔六〕頗：嘉興藏本作「頑」。
〔七〕五六斗：金藏、高麗藏本作「五六升」，四庫本作「五十斗」。
〔八〕走避：永樂北藏、四庫本作「避走」。

菩薩逝經一〔一〕卷。第三出，亦云誓童子經，或直名逝經，與長者子制經等同本。見長房録。
菩薩修行經一卷。第三出，亦云威施長者問觀身行經，亦云長者修行經。見長房録。
佛般泥洹經二卷。出長阿含，是初分遊行經異譯，亦直云泥洹經。見長房録。
大愛道般泥洹經一卷。出增一〔二〕阿含第五十卷，異譯。亦云「涅槃」。見長房録〔三〕。
賢者五福經一卷。見長房録。
上見在，已下闕。
嚴淨佛土經二卷。第二出，亦云淨土經，與文殊佛土嚴淨等〔四〕同本。見長房録。
郁伽羅越問菩薩經一卷。第五出，與漢安玄〔五〕所出法鏡經等同本。見長房録。

等集三昧經一卷。第二出。見長房録。

無量破魔陀羅尼經一卷。第四出，與微密持經等同本，異譯。見長房録〔六〕。

大方等如來藏經一卷。第二出。見長房録。

惟逮菩薩經一卷。見高僧傳及僧祐録。

檀持〔七〕陀羅尼經一卷。見長房録。

如來興顯經一卷。見長房録。

善權經一卷。見長房録。

海龍王經一卷。見長房録。

持心梵志經一卷。見長房録。

右一十六部，一十八卷。賢者五福上五部六卷見在，嚴浄佛土下十一部十二卷闕本。

沙門白遠，字法祖，本姓萬氏，河内人。父威達，以儒雅知名，州府辟命皆不行。祖少發道心，啓父出家，詞理切至，父不能奪，遂改服從道。祖才思儁徹，敏朗絶倫，誦經日八九千言。研味方等，妙入幽微。世俗墳索，多所該貫。乃於長安造築精舍，以講習爲業，白黑宗禀，幾具〔八〕千人。晉惠之末，太宰河間王顒鎮關中，虚心敬重，待以師友之敬。每至閑辰靖〔九〕夜，輒談講道德。于時西府初建，俊乂甚盛，能言之士，咸伏其遠達。

祖既博涉多閑〔一〇〕，善通梵音之語，於惠帝代譯菩薩逝經等一十六部。後忽謂弟子及諸道人云：「我數日對當至。」便辭别，作素書分布經像及資財訖。時張輔爲秦州刺史，祖與俱往，明晨，詣輔共語，忽忤輔意，遂爲所害。時人以爲知宿命矣。

後少時，有人姓李名通，死而更穌云：「見祖法師在閻羅王處爲王講首楞嚴經，云『講竟，應往忉利天』。又見祭酒王浮及道士基公，次被杻械，求祖懺悔。」昔祖平素之日，與浮每争邪正，浮屢屈，既瞋不自忍，乃作老子化胡經以誣謗佛法，殃有所歸，故死方思悔耳。

又，長房等録更有七經，亦云祖出，今以並是别生，故删不立。謂〔一一〕：

佛問四童子經。

調伏王子道心經。已上二經，並出大集。

五百王子作浄土願經。出悲花經〔一二〕。

三幻童經〔一三〕。或作「幼童」。出普超經。

二〔一四〕童子見佛説偈供養經。出雜阿含。

五百幼童經。亦云「童子」。

首達經。亦云惟先首達經。上二經，並出生經。

校勘記

〔一〕一：資福藏、普寧藏、永樂南藏本作「二」。按：出三藏記集、大唐内典録等著録，皆云一卷。

〔二〕一：原無，據餘諸校本補。

〔三〕亦云涅槃見長房録：高麗藏本無。

〔四〕嚴浄等：金藏、高麗藏本作「嚴浄經等」，嘉興藏本誤作「嚴浄寺」。

〔五〕玄：高麗藏本作「公」。

〔六〕見長房録：金藏、高麗藏本無。

〔七〕檀持：金藏、高麗藏本作「檀特」，永樂南藏、永樂北藏、嘉興藏、清藏、四庫本作「祖持」。

〔八〕具：金藏、高麗藏本作「亘」。按：幾具千人，出三藏記集卷一五法祖法師傳作「幾出千人」，高僧傳卷一作「幾且千人」。

〔九〕靖：高麗藏本作「静」，四庫本作「清」。

〔一〇〕閑：高麗藏本作「聞」。按：出三藏記集卷一五法祖法師傳、高僧傳卷一帛法祖傳，皆作「閑」。

〔一一〕謂：資福藏、普寧藏、永樂南藏、永樂北藏、嘉興藏、清藏本無。

〔一二〕出悲花經：金藏、高麗藏本作「或作幼童出普超經」，或涉下經子注而誤也。

〔一三〕三幻童經：高麗藏本作「三幼童經」。本書卷一六大乘別生經，著録作「三幼童經」，子注曰：「或作『幻童』，非也。」歷代三寶紀卷六、出三藏記集卷四、大唐内典録卷二等著録，皆作「三幼童經」。又，金藏本無此經及子注。

〔四〕二：原作「三」，據金藏、高麗藏本及出三藏記集卷四、歷代三寶紀卷六、大唐内典録卷二等改。按：法經等撰衆經目録卷四亦作「二」，云此經出雜阿含經第二十三卷。據雜阿含經卷二三，作「二」是。

諸德福田經一卷。初出，或云諸福田經，或直云福田經，立〔一〕與法炬共出。見僧祐録。

樓炭經六卷。第一出，或云大樓炭經，出長阿含，與第四分記世經同本異出，與法護所出五卷者少異，或五卷，或八卷。見僧祐録。

法句譬喻經四卷。第二出，一名法句本末經，亦云法喻經，或四卷，或六卷，法立〔二〕與法炬共出。見僧祐録。

大方等如來藏經一卷。舊録云佛藏方等經，初〔三〕出。見僧祐録。

右四部，一十二卷。前三部十一卷見在，後一部一卷闕本。

沙門釋法立，不知何許人也，智道弘拔，悟物爲先。於惠帝代，共法炬等於洛陽譯諸德福田等經四部。

校勘記

〔一〕立：原作「云」，據金藏、高麗藏本改。

〔二〕法立：金藏、高麗藏本作「立」。

〔三〕初：原無，據金藏、高麗藏本補。

優塡王經一卷。初出，與寶積優陀延王會同本。見長房録。

前世三轉經一卷。初出，與銀色女經同本。見長房録。

阿闍世王受決經一卷。初出，與採蓮違王經同本。見長房録。

灌洗佛形像經一卷。初出，亦云四月八日灌經，亦直云灌經，與摩訶刹頭經同本〔一〕。見長房録。

恒水經一卷。亦云恒河喻經，出中阿含第九卷，異譯。見長房録。

頂生王故事經一卷。亦直云頂生王經，出中阿含第十一，異譯。見長房録。

求欲經一卷。出中阿含第二十二〔二〕，異譯。見長房録。

苦陰因事經一卷。出中阿含第二十五，異譯。見長房録。

瞻婆比丘經一卷。或〔三〕作「瞻波」，出中阿含第二十九，異譯。見長房録。

伏婬經一卷。出中阿含第三十卷，異譯。見長房録。

數經一卷。出中阿含第三十五〔四〕卷，異譯。見長房録。

波斯匿王太后崩塵土坌身經一卷。出增一阿含第十八卷，異譯。見長房録。又有波斯匿王喪母經，即此塵土坌身經是，無煩〔五〕重載。

頻毗娑羅〔六〕王詣佛供養經一卷。亦云「頻婆」，出增一阿含第二十六，異譯。見長〔七〕房録。

鴦崛髻經一卷。與竺法護指髻經大〔八〕同小異，出增一阿含第三十一，異譯。見長房録。

難提釋經一卷。出雜阿含第三十卷，異譯。見長房録。
相應相可經一卷。出單卷雜阿含經，異譯。見長房録。
慢法經一卷。第二出，與阿難分別經等同本。見長房録。
法海經一卷。第二出，與海八德經同本。見長房録。
阿闍世王問五逆經一卷。第二出。見長房録。
羅云忍辱經一卷。或直云忍辱經。見長房録。
佛爲年少比丘説正事經一卷。見長房録。
沙曷比丘功德經一卷。房云見舊録。
群牛譬經一卷。見長房録。
比丘避女惡名欲自殺經一卷。見長房録。
上見存〔九〕，已下闕。
福田經一卷。一名諸德福田經，第二出，與法立譯者少異。見竺道祖晉録。
諸經菩薩名經二〔一〇〕卷。見長房録。
正意經一卷。見長房録。録中注云第二出，未詳何者爲初譯本〔一一〕。
明帝釋施經一卷。見長房録。

樓炭經八卷。第三出，是阿含〔一二〕第四分記世經異譯，與法護、法立所出者大同，先共法立出，以意未悉〔一三〕，故廣之。見敏度、寶唱二録。

淨飯王般泥洹經一卷。初出。見長房録。

貧窮老公經一卷。初出。見法上録。

危脆經一卷。見長房録。

大蛇譬喻經一卷。亦直云大蛇經，房云見舊録。

羅漢迦留陀夷經一卷。或無「羅漢」字。見長房録。

爪甲〔一四〕擎土譬經一卷。亦云爪甲取土經，房云見舊録。

衰利經一卷。見長房録。

衆生未然三界經一卷。見長房録。

求欲説法經一卷。見長房録。

羅旬喻經一卷。今疑是別生經中羅彌壽經異名。見長房録。

遺教法律經三卷。一名遺教法律三昧經，一云遺教三昧經，或二卷。見始興録。

右四十部，五十卷。比丘避女上二十四部二十四卷見在，福田經下一十六部二十六卷闕本。

沙門釋法炬，亦未詳氏族，器量高峙，遊化在懷。於惠帝代初與法立同共出經。法立没後，炬遂自譯優填王等經四十部。又，長房等録更有諸經，並云炬出，今以皆是別生之經，録家誤上，今並删之，如後所述。

時非時經。亦直云時經，准經後記〔一五〕，非法炬譯，具如後述〔一六〕。

魔女聞佛説法得男身經。出大集經。

大悲比丘本願經。出悲華經〔一七〕。

往古造行經。

舉鉢經。上二經，並出〔一八〕普超三昧經。

以金貢太山贖罪經。

調達教人爲惡經。

佛降鴦崛魔人民歡喜經。上三經，並出六度集。

鴦崛魔歸化經。或云「婦死」，應誤。上二經，並出鴦崛魔羅經。

韋提希子月夜問夫人經。或作「天人」。出長阿含。

福行經。

惡道經。一〔一九〕名惡意經，或作「要意」，應誤也。録中惡道、惡意二名雙載者，非。

息恚經。
柔軟經。
受持經。
名稱經。
浮彌經。福行下七經，並出中阿含。
飛鳥喻經。
積木燒燃經。一名大枯樹經。
波斯匿王詣佛有五威儀經。
增一阿含經。飛鳥喻等四經，並出增一阿含。
普施經。
差摩比丘喻重病經。
佛爲比丘説燒頭喻經。
優陀夷坐樹下寂静調伏經。
佛爲比丘説大力經。
四大色身生厭離經。

異信異欲經。
佛爲比丘説三法經。
葉喻多少經。
佛爲比丘説極深險難處經。
佛爲諸比丘説莫思惟世間經。或云莫思惟世間思惟經。
衆生身穢經。
眼色相繫經。
比丘於色厭離經。
捨諸世務經。
嬰兒喻經。
轉輪聖王七寶現世間經。
向邪違法經。
田夫喻經。
信人者生五種過患經。
少多制戒經。

無始本際經。
羅漢遇缾沙王經。
尊者瞿低迦獨一思惟經。
人民疾疫受三歸經。
恒水流澍經。或作「流樹」。
灰河經。一名塵灰河譬喻經，録中二名別載，誤也。
波斯匿王祖母命終經。
鑄金喻經。
木杵喻經。
金師精舍尊者病經。
群羊喻經。
處中行道經。
波斯匿王女命過詣佛經。
比丘問佛多優婆塞命終經〔二〇〕。普施下三十五經，並出雜阿含。
比丘分衛經。

和難經。

邪業自活經。

比丘各〔二〕言志經。

和難釋比丘疾病經。

無懼經。

毒草喻經。

毒喻經。

馬喻經。比丘分衛下十〔三〕經，並出生經。

譬喻六人經。出罵意經。

阿闍世王問瞋恨從何生經。

摩訶比丘經。

調達喻經。阿闍世等三經，小乘抄經。

栴檀塗塔經。出百緣經。

無常經。

比丘求證人經。

阿梵和利比丘無常經。
比丘問佛何故捨世學道經。
佛看病比丘不受長者請經。
坐禪比丘命過生天經。
放逸經。
深淺學比丘經。
拘提比丘經。
波利比丘謗梵行經。
比方世利經。
流離王攻釋子經。
信能渡河經。
有衆生三世作惡經。
聰明比丘經。
說法難值經。
調達問佛顔色經。無常下一十七經，並出出曜經。

曉食經。出修行道地經。

須河喻經。出雜譬喻。

魔女下八十九經，並從大經抄出別生，舊〔三〕録載，此中除之。

校勘記

〔一〕本：原無，據諸校本補。

〔二〕二十二：金藏本作「二十」。

〔三〕或：嘉興藏本誤作「我」。

〔四〕三十五：清藏、四庫本作「二十五」。

〔五〕煩：金藏、高麗藏本作「繁」。

〔六〕娑羅：原作「婆羅」，據金藏、高麗藏本改。

〔七〕長：金藏本無。

〔八〕大：原作「本」，據金藏、高麗藏本改。

〔九〕上見存：永樂北藏、嘉興藏、四庫本作「已上見存」。

〔一〇〕二：原作「一」，據諸校本改。按：歷代三寶紀、大唐内典録等，皆作「二」。

〔一一〕初譯本：安世高譯經中有阿含正行經一卷，子注云：「一名正意經。」或即爲初譯本。

〔一二〕阿含：金藏、高麗藏本作「長阿含」。

〔一三〕以意未悉：金藏、高麗藏本作「立以意未盡」。

〔一四〕爪甲：金藏本作「抓中」。

〔一五〕記：嘉興藏本無。

〔一六〕具如後述：原作「具如後譯」，金藏、高麗藏本作「如後所述」，據資福藏本改。

〔一七〕經：金藏本無。

〔一八〕出：金藏本無。

〔一九〕一：金藏本無。

〔二〇〕比丘問佛多優婆塞命終經：高麗藏本分爲兩經，作「比丘問佛名經」和「優婆塞命終經」。今檢出三藏記集、歷代三寶紀、大唐内典録等，皆作一經。

〔二一〕各：金藏本作「答」。

〔二二〕十：嘉興藏本作「九」。

〔二三〕舊：金藏、高麗藏本無。

超日明三昧經二卷。第二出，或直云超日明〔一〕經，或三卷，此經護公先出梵文而詞義煩重，承遠詳整文偈，刪改勝前。見高僧傳及僧祐録。

越難經一卷。一名曰難長者經，一名難經，初出。見長房録。

右二部，三卷，其本並在。清信士聶承遠，明解有才，篤志務法，護公出經，多參正文句，兼執筆承旨。後於惠帝代，自譯超日明等經二部。

又，長房等録云：承遠更譯迦葉詰阿難經。此乃雜譬喻抄，非是別翻。又漢世佛調、世高及此承遠三録俱載，誤之甚也。

校勘記

〔一〕明：嘉興藏本作「月」。

無垢施菩薩分別應辯經一卷。第二出，與法護離垢施經等同本，亦云分別應報。今編入寶積，當第三十三會，餘録有云竺法護〔二〕出者，誤也。見長房録。

諸菩薩求佛本業經一卷。或無「諸」字，是華嚴淨行品異譯。見長房録。

文殊師利般涅槃經一卷。見長房録。

異出菩薩本起經一卷。或無「起」字。見長房録。

三曼陀颰陀羅菩薩經一卷。見長房録。

菩薩受齋經一卷。第二出。見長房録。

上〔二〕見存，已下闕。

大方廣菩薩十地經一卷。第二出〔三〕，與法護譯者〔四〕大同小異。見長房録。

菩薩十法住經一卷。是華嚴十住品異譯，第三出。見長房録。

十住經十二卷。是華嚴十地品異譯，第二〔五〕出。見長房録。

菩薩緣身五十事經一卷。第二出，與五十緣身經大同小異。見長房録。

觀世音受記經一卷。第二出。見長房録。

諸佛要集經二卷。第二出。見長房録。

寂音菩薩願經一卷。見長房録。

菩薩求五眼法經一卷。祐〔六〕無「經」字，或云「五眼文」。見長房録。

菩薩道行六法經一卷。見長房録。

菩薩初地經一卷。見長房録。

菩薩十道地經一卷。有云是前譯菩薩十地〔七〕。見長房録。

文殊師利與離意女論議經一卷。極似維摩經〔八〕。見長房録。

菩薩雜行法一卷。見長房録。

菩薩所行四法一卷。見長房録〔九〕。

菩薩宿命經一卷。見長房録。

文殊師利浄律經一卷。第二出，與法護譯小異。見長房録。

菩薩戒獨受壇文一卷。見長房録。

菩薩懺悔法一卷。云異出本。見長房録。

右二十四部，三十六卷。菩薩受齋上六部六卷見在，大方廣下一十八部三十卷闕本。

清信士聶道真，即承遠息，父子清悟，皆以度語爲業。從武帝太康初至懷帝永嘉末，其間詢稟諮承法護筆受之外，及護没後，真遂自譯無垢施應辯等經二十四部。誠師護公，真當其稱。頗善文句，辭義分炳。

又〔一〇〕，長房等録更有二十九經，亦云道真所出。今以並是別生抄經，故删之不存也。

菩薩奉施詣塔作願念經。

師子步雷音菩薩問發心經。

菩薩三法經。菩薩奉施等三經，並出文殊佛土嚴浄經。

菩薩布施懺悔法。出決定毗尼經。

自在王菩薩問如來警戒經。或云菩薩戒身自在經。

菩薩導示行經。

菩薩初發心時經。

無言菩薩流通法經。

無言菩薩經。

菩薩出要行無礙法門經。

光味菩薩造七寶梯經。自在王菩薩等七〔二〕經，並出大集。

菩薩如意神通經。

菩薩戒自在經。上二經，出自在王經。

寂音菩薩問五濁經。或云「寂意」。

轉輪聖王發心求浄土經。上二經，出悲華。

大雲密藏菩薩問大海三昧經。出大雲經。

溥首童真經。出普超經。

儒童菩薩經。或無「菩薩」字。出六度集經。

波斯匿王欲伐鴦崛魔羅經。出鴦掘魔羅經。

大光明菩薩百四十八願經。

菩薩六法行經。

菩薩本願行品經〔一二〕。

菩薩苦行經。

菩薩呵睡眠經。

菩薩呵家過經。大光明等六經〔一三〕，祐録云抄，今〔一四〕並爲大乘抄經〔一五〕。

菩薩戒要義經。出地持經。

菩薩五法行經。

初發意菩薩行易行法經。上二經，並出十住論。

轉輪聖王七寶具足經。出雜阿含。

衆經目録一卷。道真自撰，非梵本翻，傳叙録中列，此不復存也。

又，長房等録，云優婆塞衛士度，於惠帝代出摩訶般若波羅蜜〔一六〕道行經二卷，云從舊道行中删改略出。僧祐録云：衆録並云道行經二卷，衛士度略出〔一七〕。既取舊經删略，即非梵本别翻，今載别生録中，此不復存也。

校勘記

〔一〕竺法護：金藏本作「竺護」。

〔二〕上：永樂北藏、嘉興藏本作「已上」，四庫本作「以上」。

〔三〕出：金藏本作「者」。

〔四〕者：金藏本作「出」。

〔五〕二：嘉興藏、清藏、四庫本作「一」。

〔六〕祐：清藏本作「初」。

〔七〕十地：金藏本無。

〔八〕經一卷極似維摩經：金藏、高麗藏本作「極似維摩經一卷」，即此經名作文殊師利與離意女論議極似維摩經一卷。按：歷代三寶紀卷六、大唐内典録卷二著録此經，亦同金藏、高麗藏本。

〔九〕見長房録：原無，據金藏、高麗藏本補。

〔一〇〕又：金藏、高麗藏本作「一又」。

〔一一〕七：金藏本誤作「八」。

〔一二〕經：原無，據諸校本補。

〔一三〕經：金藏本誤作「度」。

〔一四〕今：金藏本誤作「令」。

〔一五〕經：嘉興藏本作「録」。

〔一六〕波羅蜜：資福藏本作「波羅蜜多」。

〔一七〕按：見出三藏記集卷二。

逝童子經一卷。第四出，亦名長者制經，亦直云制經，亦名菩薩逝經，亦直名〔一〕逝經，五本大同，別譯爲異，名殊耳。見寶唱録。

善生子經一卷。初出，與祇多蜜、竺難提等所出同本，出中阿含第三十三，異譯。見支敏度、竺道祖、寶唱等三録。

文殊師利現寶藏經二卷。第三出，與竺法護所出現寶藏經等同本。見竺道祖録及寶唱録。

十善十惡經一卷。初出。見竺道祖晉録及寶唱録。

右四部，五卷。逝童子等二部二卷見在，文殊現寶藏等二部三卷闕本。

沙門支法度，未詳何許人，於惠帝代永寧元年辛酉譯逝童子經等四部。

又，僧祐、長房等録，於惠帝時沙門支敏度合兩支、支讖、支謙。兩竺竺法護、竺叔蘭。四本房録更加一白爲五本。今准祐録及合經記，但四本合成，無白延也。首楞嚴爲八卷。祐云：或爲五卷〔二〕。合一支支謙。兩竺竺法護、竺叔蘭。三本維摩爲五卷。既非梵本別翻，復闕其本，故此録中删而不載。

校勘記

〔一〕名：金藏、高麗藏本作「云」。

〔二〕祐云或爲五卷：出三藏記集卷二著録合首楞嚴經八卷，子注曰：「合支讖、支謙、竺法護、竺叔蘭所出首楞嚴四本合爲一部。或爲五卷。」合經記，即支敏度合首楞嚴經記，見出三藏記集卷七。

時非時經一卷。或直云時經。見經後記。

右一部，一卷，其本見在。

沙門若羅嚴，外國人也，譯時非時經一部，經後記云：外國法師若羅嚴，手執梵〔一〕本，口自宣譯，涼州道人釪鐐〔二〕或作「釪鐨〔三〕」。城中寫記〔四〕。房等皆云法炬譯者，謬也。既莫知於帝代，且附西晉録中。

校勘記

〔一〕梵：金藏、高麗藏本作「胡」。

〔二〕釪鐐：金藏本作「釪鏌」，高麗藏本作「于闐」。大正藏本佛説時非時經後記中，亦作「于闐」。

〔三〕釪鐨：資福藏本作「于闐」。

〔四〕寫記：大正藏本佛説時非時經後記中作「寫訖」。

方等陀羅尼經一卷。

寶嚴經一卷。

五福德經一卷。

右三部，三卷，其本並闕。長房等録西晉失譯總八部一十五卷，云吴、別二録，並單注元康年中出，不顯譯人。詳覽群録，未見指的，所以別件，猶殊〔一〕失譯。今以餘之五部一十二卷，尋檢群録，兼閱經文，皆有所憑，即非失譯，具述由委，列之如左：

度世品經六卷。

阿耨達龍王經二卷。是弘道廣顯三昧經異名。已上二經〔二〕，竺法護譯。

如來秘密藏經二卷。一名大方廣如來性起微密藏經，亦直云如來性起經，是舊華嚴經如來性起品，後漢失譯已有，此復重載，誤之甚也。今附別生録中。

明相續解脱地波羅蜜經一卷。宋求那跋陀羅譯。

弟子學有三輩經一卷。三品弟子經異名，吴支謙譯。

校勘記

〔一〕別件猶殊：金藏本誤作「衆別件殊」。

〔二〕經：金藏本誤作「録」。

已後新附此録：

太子和休經一卷。第二出，與太子刷護經等同本。

薩曇分陀利經一卷。舊録云薩云〔一〕芬陀利經，亦直云分陀利經，是法華經寶塔、天授二品各少分異譯。

放鉢經一卷。是普超經舉鉢品異譯，出〔二〕第一卷，安公云出方等部。

菩薩睒經一卷。或云孝子睒經，亦直云睒經，第二出，出〔三〕六度集第二卷，異譯。

長壽王經一卷。

法常住經一卷。

鹹水喻經一卷。舊録云鹹水譬喻經，出中阿含第一卷，異譯。

兜調經一卷。出中阿含第四十四卷，異譯。

舍衛國王夢見十事經一卷。或直云十夢經，舊録云舍衛國王十夢經，或云波斯匿王十夢經，出增一阿含第五十二卷，異譯。安公〔四〕云：出阿毗曇。

玉耶女經一卷。或云玉耶經，初出，與阿速達經等同本。

孝子經一卷。一名孝子報恩經。

頞多和多耆經一卷。

普達王經一卷。

佛滅度後棺殮葬送〔五〕經一卷。一名比丘師經，亦名師比丘經。

鬼子母經一卷。

梵摩難國王經一卷。

迦栴延説法没盡偈經一卷。題云佛使〔六〕比丘迦〔七〕栴延説法没盡偈百二十章，亦〔八〕直云迦栴延偈。

佛治身經一卷。或無「佛」字，舊録云佛〔九〕治身經，餘録並同。

治意經一卷。舊録云佛治意經，餘録並同。

上見存，已下闕。

彌勒當來生經一卷。初出，與彌勒〔一〇〕來時經等同本。

失利越經一卷。第二出，與月光童子經等同本。

異了本生死〔一一〕經一卷。與稻稈〔一二〕經等同本。

内藏大方等經一卷。今疑是佛藏大方等經。

小阿闍世經一卷。

小須賴經一卷。

目佉經一卷。安公云出方等部，今疑是阿難目佉經。

彌勒經一卷。安公云出長〔一三〕阿含。

墮藍經一卷。安公云出中阿含。

七事經一卷。安公云出中阿含。

賴吒譓羅經一卷。安公云出中阿含。

歡豫經一卷。法經録云「勸豫」，云出中阿含第十二。

十二死經一卷。今疑是十二品生死經。

七婦經一卷。

阿難邠坻四時施經一卷。舊録云阿難邠祁〔一四〕四時布施經。

七車經一卷。今疑是中阿含七車譬喻經。

海有八事經一卷。

難等各第一經一卷。舊録云阿難迦葉各説第一經。

惟留經一卷。舊録云惟留王經。

理家難經一卷。

迦留多王經一卷。

梵志闍孫經一卷。古録云梵志闍遜經。

波達王經一卷。

悲心悒悒經一卷。

趣度世道經一卷。

長者威勢經一卷。

癡注經一卷。

調達經一卷。

和達經一卷。

鉢呿沙經一卷。

分八舍利經一卷。或作「分身」。

應行律一卷。

悉曇慕二卷。

吉〔一五〕法驗一卷。

口傳劫起盡一卷。

打犍梐〔一六〕法一卷。

右五十五部，五十六卷。治意經上一十九部一十九卷見在，彌勒當來下三十六部三十七卷闕本。

梁僧祐録云：「安公録中失譯經。」唯祐録載，房等並闕。祐載安公失譯總一百四十二經。今以餘八十七部檢尋諸録，多題譯主〔一七〕。或是别生抄經及人撰傳記，既有所憑，故删不載。安既不標時代，今且附於晉末。

通前舊失譯經三部三卷，總五十八部五十九卷，並爲西晉失源云。

開元釋教録卷第二總録之二

校勘記

〔一〕云：金藏、高麗藏本作「芸」。
〔二〕出：原無，據金藏、高麗藏本補。
〔三〕出：原無，據金藏、高麗藏本補。
〔四〕公：原無，據金藏、高麗藏本補。
〔五〕送：嘉興藏本作「終」。
〔六〕使：原無，據金藏、高麗藏本補。
〔七〕迦：原無，據金藏、高麗藏本補。
〔八〕亦：金藏、高麗藏本無。
〔九〕佛：金藏本作「何」。
〔一〇〕彌勒：金藏本無。
〔一一〕死：金藏本無。
〔一二〕稈：高麗藏本作「竿」。
〔一三〕長：高麗藏本作「中」。
〔一四〕郊祁：金藏本作「那祁」，高麗藏本作「郊祇」。
〔一五〕吉：資福藏本誤作「古」，嘉興藏、四庫本誤作「言」。

〔一六〕栢：資福藏、永樂南藏、永樂北藏、嘉興藏、清藏、四庫本作「椎」。

〔一七〕主：金藏本誤作「王」。

音　釋

謚：音示，定時行狀以爲後號。　彊梁：上音强。　逼：彼力反。　猜忌：上七才反，疑也。　欻然：上許勿反，卒起貌。　惒：音和。　犢子：上音讀。　稻稈：上音道，下古罕反。　叡：羊歲反。　鏘：七羊反，人名。　猘狗：上居例反。　湩：音涷，乳也。　齧脛：上魚結反，齩齧也；下胡定反，腨骨也。　亮：力向反。　析㭊：二同，先擊反，開也。　華戎：下而弓反。中華、夷戎也。　穹隘：上丘弓反，下烏賣反。山名。　惻愴：上昌力反，下楚狀反。惻愴，傷悲。　鷹鷂：上於陵反，下余照反。　鵄鳥：上尺夷反。　瞎矓：上許捌反，盲瞎。　交阯：下音止。　圖緯：下音謂，經緯。　樞機：上尺朱反，門扉之輪也；下居衣反，弩牙也。謂取其要也。　茅茨：下疾咨反。茅茨，草屋也。　矯：居小反。矯，詐也。　誇誕：下音但。　憲：音獻，法也。　錚然：上楚庚反，金玉聲。　砧磓：上知林反，下直追反。　陷：咸字去聲。　荷虐：上音何，下魚却反。荷虐，煩政也，又酷毒也。　僉曰：上七廉反，皆也。　創：楚狀反，造也。　貽：余之反，與也。　昱：余菊反。　騁：丑領反，馳也。　孚：芳無反，信也。　震霆：下音庭，雷激也。　翔：音祥，飛也。　醴泉：上音禮，泉味甘如酒醴也。　勸勵：下音例，沮也。　劇：奇逆反，加也。　訊訙：二同音信，問也。　叩頭：上音口。叩，擊也。　疾瘳：下音捕，疾愈也。　亟：去記反，遽也。　遘疾：上古候反，遇也。　傲懱：上吾告反，下莫結反。　輕傲夌蔑也。　綽：尺約反。　簫瑟：下音虱，樂器也。　尤黜：下丑律反。尤，過也；黜，貶也。　清靡：下緬彼反，美也。　哀亮：下力向反，朗也。　搉能：上音角，比搉也。　曳踵：上羊逝反，下之勇反。　拖脚行也。　貰王：上音世。　刷：所劣反。　燉煌：屯、皇二音。　鞞：步迷反。　寶篋：下苦怗反。　溥首：上音奭，或云「濡首」。　臘：郎答反，年臘也。　揄遮：上羊朱反。　薩芸：下音云。　夷亘：下古鄧反。　盧羅：上烏答反。盧羅。　月氏：下音支。　操行：上七到反，下去聲。　發憤：下房粉反。　詁訓：上音古。　沿：音緣。　孜孜：音兹。孜孜，不息之意也。　澡漱：早、瘦二音。　燥：蘇老反，乾也。　輟：知劣反，止也。　支遁：下徒困反。　淵：烏玄反，深也。　邈爾：上眉角反，遠也。　挺：亭頂反，出也。　濯足：上音濁，洗濯也。　瀰池：上音緬，河南縣名。　周洽：下侯夾反。周洽，普沾也。　相貌：
上去聲，下皃字。　瘖：音悟。　目怯：下丘迦反。　于闐：下田、殿二音，國名
也。　燔：音煩，燒。　泄：音薛，漏也。　輕躁：下則到反。　嗜酒：上音
示，貪也。　酣：户甘反，半醉也。　僑客：上音橋，寄居也。　釀酒：上尼向反，
醞釀。　啄齧：上音卓，下吾結反。　號叫：上户高反。　扠之：上音叉。
儁：子峻反。　暇：音夏，閑也。　寇賊：上苦候反。　辟命：上必亦反，君
也。　墳索：下所責反。三墳，羲農黄帝之書也；八索，八卦之説也。　顒：愚恭
反。　俊入：下魚吠反，才入。　忤：音悟，觸也。　誣謗：上音無。　匿王：
上尼力反。　坌：蒲悶反。　危脆：下取歲反。　峙：直里反，立也。　流澍：
下音注。　詢稟：上息旬反，諮也。　分炳：下音丙，明也。　釪鐐：二字正音烏
聊。　邠祁：下渠移反。　悒：音邑。　睒：式染反。　鹹醎：二音同咸。
遬達：上音速。　頞多：上於割反。　殮葬：上力焰反。　謣羅：上音于，亦云
賴吒和羅。　邠坻：上布巾反，下音遲。　鉢呿：下丘迦反。　犍椎：上音乾，下
直利反。今之云乾搥是也。

開元釋教録卷第三

唐庚午歲西崇福寺沙門智昇撰

總括群經録上之三

東晉，司馬氏，都建康。亦云南晉。

從元帝建武元年丁丑至恭帝元熙二年庚申，凡一十一帝一百四年，緇素一十六人，所譯經、律〔一〕、論并新舊集失譯諸經，總一百六十八部四百六十八卷。八十五部三百三十六卷見在，八十三部一百三十二卷闕本。

東晉〔二〕沙門帛尸梨蜜多羅，三部一十四卷經。

沙門支道根，二部七卷經。

沙門竺曇無蘭，六十一部六十三卷經、戒、集。

沙門瞿曇僧伽提婆，五部一百一十八卷經、論、教授法。

沙門迦留陀伽，一部一卷賢聖集。

沙門康道和，一部三卷經。
沙門佛陀跋陀羅，一十三部一百二十五卷經、律、論、集。
沙門曇摩，一部二卷律要。
沙門卑摩羅叉，二部五卷律、雜事。
沙門釋法顯，七部二十六卷經、戒、論、集。
沙門祇多蜜，二十三〔三〕部四十五卷經。
居士竺難提，三〔四〕部五卷經。
沙門竺法力，一部一卷經。
沙門釋嵩公，三部三卷經、集。
沙門釋退公，一部一卷經。
沙門釋法勇，一部一卷經。
新舊諸失譯經，四十部四十八卷。二部三卷舊集，三十八〔五〕部四十五卷新附。

校勘記

〔一〕元熙二年庚申凡一十一帝一百四年緇素一十六人所譯經律：金藏本無。
〔二〕東晉：金藏本無。

〔三〕二十三：金藏、高麗藏本誤作「三十三」。

〔四〕三：高麗藏本誤作「二」。

〔五〕三十八：金藏本誤作「二十八」。

大灌頂經十二卷。或無「大」字，房云見雜録。録云九卷，未詳〔一〕。

大孔雀王神呪經一卷。見竺道祖録及僧祐録，初出。

孔雀王雜神呪經一卷。見竺道祖録及僧祐録，第二出。

右三部，一十四卷。初一部十二卷見在，後二部二卷闕本。

沙門帛尸梨蜜多羅，晉言吉友，西域人，國王之子，當承繼世而以國讓弟，闇軌太伯。既而悟心天啓，遂爲沙門。蜜天姿高朗，風神超邁，直爾對之，便卓出於物，況其聰辯言悟者乎！

西晉永嘉中，始到此土，仍過江左，止建初寺。丞相王導一見而奇之，以爲「吾之徒也」，由是名顯。太尉庾元規、光禄周伯仁、太常謝幼輿、廷尉桓茂倫，皆一代名士，見之，終日累歎，披襟致契。導嘗詣蜜，蜜解帶偃伏，悟言神解。時尚書令卞望之亦與蜜致善，須臾望之至，蜜乃斂襟飾容，端坐對之。有問其故，蜜曰：「王公風道期人，卞令軌度格物，故其

採蓮違王上佛授決號妙華經一卷。亦直云採蓮違王經，第二出，與阿闍世王受決經同本。

陀鄰尼鉢經一卷。亦云陀鄰〔一〕鉢呪經，第二出，與持句神呪經等同本。房録陀鄰鉢經外，更存持句神呪〔二〕經者，非也。

摩尼羅亶經一卷。亦云摩尼羅亶神呪經。

玄師颰陀所説神呪經一卷。録云「幻師」，無「所説」字〔三〕。或作「跋」字，亦云「波陀」。古録云幻王颰陀經。

寂志果經一卷。出長阿含第十七卷，異譯。

鐵城泥犂經一卷。出中阿含第十二卷，與五天使經同本。

阿耨風經一卷。晉言「依次」，出中阿含第二十七卷，異譯。

梵志頞羅延問種尊經一卷。亦云頞波羅延，出中〔四〕阿含第三十七卷，異譯。

泥犁經一卷。或云中〔五〕阿含泥犁經，出中阿含第五十三卷，異譯。

戒德香經一卷。或云戒德經，出增一阿含第十三卷，異譯。

四泥犁經一卷。或云四大泥犁，房云：別録載，祐云失譯〔六〕。出增一阿含第四十八卷，異譯。

國王不犁先尼十〔七〕夢經一卷。或作「先泥」，出增一阿含第五十一卷，異譯。

水沫所漂經一卷。一名河中大聚沫經，一名聚沫譬經，與五陰〔八〕譬喻經同本，出雜阿含經第十卷〔九〕，異譯。

玉〔一〇〕耶經一卷。一名長者詣〔一一〕佛説子婦無敬經，或云玉耶女經，第二出，與阿遬達經等同本。

五苦章句經一卷。初出，一名諸天五苦經，一名五道章〔一二〕句經，一名浄除罪蓋娯〔一三〕樂佛法經。

自愛經一卷。或云自愛不自愛經。房云見舊録。

中心經一卷。或云中心正行經。舊録云大忠心經，亦云小忠心經。房録云：出六度集〔一四〕。今檢無。

見正經一卷。一名生死變識〔一五〕經。

大魚事經一卷。

阿難七夢經一卷。或直云七夢經。

呵〔一六〕鵰阿那含經一卷。一名荷〔一七〕鵰，或作「苛」字。

新歲經一卷。

比丘聽施經一卷。一名聽施比丘經。

佛般泥洹摩訶迦葉赴佛經一卷。亦云迦葉赴佛般涅槃經。

上〔一八〕見存，已下闕。

犢牛經一卷。一云犢子經，第三出，與乳光經等同本。

孔雀王呪經一卷。第三出，與吉友所譯者同本。

七佛所結麻油述呪經一卷。祐失譯録重載兩本，一云異本。

大神母結誓呪經一卷。

伊洹法願神呪經一卷。

解日厄神呪經一卷。

六神名神呪經一卷。

檀持羅麻油述神呪經一卷。

麻油述呪經一卷。

摩尼羅亶神呪案摩經一卷。

醫王惟樓延神呪經一卷。或云阿難所問醫王惟樓延神呪經。

龍王呪水浴經一卷。

十八龍王神呪經一卷。

請雨呪經一卷。

止雨呪經一卷。

嚫水經一卷。

幻師阿夷鄒神呪經一卷。

呪水經一卷。

藥呪經一卷。

呪毒經一卷。

呪時氣病經一卷。

呪小兒經一卷。

呪齒經一卷。祐失譯録更載一本，名與此同，題云異本。一云「蟲齒」，二云「齲齒」。

呪牙痛經一卷。祐〔一九〕失譯録更載一本，名與此同，題云異本。或作「齒痛」。

呪眼痛經一卷。

五眼文經一卷。今疑是聶道真所出求五眼法異名。

離欲優婆塞優婆夷戒文一卷。亦云真行二十二戒文。

罪業報應經一卷。與罪業應報教化地獄經同本，第二出。

八師經一卷。第二出。

萍沙王五願經一卷。一云〔二〇〕弗沙迦王經，第二出。

義足經二卷。房云見吴録，亦云異出，第二出。

十善十惡經一卷。第二譯，吴録云異出，安公云出阿毗曇。

治禪法經一卷。

梵天策數經一卷。舊録云諸天事經。

諸天地經一卷。

十誦比丘戒本一卷。太元六年合僧純、曇摩持、竺僧舒三〔二二〕家本以爲此一卷。見寶唱録，當第二出。

二〔二三〕百六十戒三部合異二卷。序加「大比丘」字，太元六年六月二十日於謝鎮西寺合僧詳重校。見舊録及寶唱録。

右六十一部，六十三卷。佛般泥洹上二十四部二十四卷見在，犢牛經下三十七部三十九卷闕本。

沙門竺曇無蘭，晉云法正，西域人也。以孝武帝太元六年辛巳至太元二十年乙未，於楊都謝鎮〔二三〕西寺譯採蓮違王等經六十一部，見長房録。

又，長房等録更有四十八經，亦云法正〔二四〕所譯。今以並是别生抄經，或是疑僞，故並删之，如後所述。

救護身命經。亦云救護身命濟人病苦厄經，周録編入正經，舊録云僞，今依舊編。

諸天問如來警戒不可思議經。

見水世界經。已上二經，並出大集。

龍王結願五龍神呪經。

大將軍神呪經。上二經，出灌頂。

無吾我經。出普超經〔二五〕。

彌蘭經。或作「彌連」，亦云「彌蓮」。

摩天國王經。

阿難念彌經。彌蘭等三經，並出六度集。

賢劫千佛名經。出賢劫經，序云賢劫經說二千一百諸度無極，以拘樓孫佛爲首。此千佛名，有別〔二六〕譯本，拘那提佛以爲初首。

三十七品經。安公云出律經。僧祐録云晉太元二十年〔二七〕歲在丙申六月，在謝鎮西寺撰出。

三十三天園觀經。

比丘成就五法入地獄經。

學人亂意經。上三經，出增一阿含。

佛爲比丘説大熱地獄經。

釋提桓因詣目連放光經。

目連見大身衆生然鐵纏身經。

見一衆生舉體糞穢塗身經。

衆生頂有鐵磨盛火熾然經。
羅婆鳥爲鷹所捉經。
十法成就惡業入地獄經。
蛇行法經。
比丘浴遇天子放光經。
天於修羅欲鬭戰經。
天帝釋受戒經。
比丘問佛釋提桓因因緣經。
四天王案行世間經。
佛見梵天頂經。
帝釋慈心戰勝經。
天神禁寶經。
阿育王供養道場樹經。
勸行有證經。
戒相應法經。

禪思滿足經。佛爲比丘説下二十經，並出雜阿含。

野雞經。

鼈獮猴經。

蠱狐烏經。或作「烏」字〔二八〕。

弟子命過經。

驢駝經。

拘薩羅國烏王經。或無「羅」字。

孔雀經。

夫婦經。野雞等八經，並出生經中。

群牛千頭經。

集修行士經。

暴象經。群牛等三經，並出出曜經。

地獄衆生相害經。出修行道地經。

赤觜烏喻經。

阿難〔二九〕多洹羅云母經。赤觜烏等二經，雜譬喻抄〔三〇〕。

校勘記

〔一〕鄰：金藏本無。

〔二〕呪：原無，據金藏、高麗藏本補。

〔三〕録云幻師無所説字：法經等撰衆經目録卷二著録作「幻師颰陀神呪經一卷」。

〔四〕中：原無，據金藏、高麗藏本補。

〔五〕中：金藏本作「長」。

〔六〕房云別録載祐云失譯：歷代三寶紀卷七著録四大泥犂經一卷，子注曰：「別録載。僧祐三藏記云失譯，無『大』字。」

〔七〕十：金藏本作「七」。

〔八〕陰：金藏本作「種」。

〔九〕卷：原無，據金藏、高麗藏本補。

〔一〇〕玉：嘉興藏本作「王」。

〔一一〕詣：原作「謂」，據金藏、高麗藏本改。

〔一二〕章：原作「童」，據諸校本改。

〔一三〕娱：金藏本作「妙」。

〔一四〕房録云出六度集：歷代三寶紀卷七著録忠心正行經一卷，子注曰：「出六度集。或云忠心經。舊録云大忠心經、小忠心經。」

〔一五〕變識：金藏本作「忘識」。
〔一六〕呵：金藏本作「阿」。
〔一七〕荷：金藏本作「阿」。
〔一八〕上：永樂北藏、嘉興藏、清藏、四庫本作「已上」。
〔一九〕祐：高麗藏本作「祐云」。「云」爲衍文。
〔二〇〕云：金藏、高麗藏本作「名」。
〔二一〕三：原作「二」，據金藏、高麗藏本改。
〔二二〕二：金藏、高麗藏本作「三」。
〔二三〕鎮：金藏本作「謓」。
〔二四〕正：原作「王」，據諸校本改。
〔二五〕普超經：金藏本作「普起經」。
〔二六〕别：清藏、四庫本誤作「引」。
〔二七〕二十年：高麗藏本作「二十一年」，檢出三藏記集卷二，「二十年」是。
〔二八〕字：原作「經」，據金藏、高麗藏本改。
〔二九〕阿難：永樂北藏、嘉興藏、清藏、四庫本作「阿羅」。
〔三〇〕二經雜譬喻抄：金藏本誤作「三經雜譬喻抄」，永樂北藏本作「二經雜喻抄」，嘉興藏、清藏本誤作「三經雜喻抄」。

中阿含經六十卷。第二出，或五十八卷。隆安元年十一月十日於東亭寺出，二年六月二十五日訖，與曇摩難提出者同本，沙門道慈等〔一〕筆受。見道祖録。

增壹阿含經五十一卷。第二出，隆安元年正月出，與難〔二〕提本小異，竺道祖筆受。或四十二，或三〔三〕十三，無定。亦有六十卷成者。見道祖及寶唱録。

阿毗曇心論四卷。或云阿毗曇心，無「論」字，尊者法勝造，太元十六年在廬山爲〔四〕慧遠法師譯出，道慈筆受。見僧祐録。

三法度論二卷。太元十六年，在廬山爲〔五〕慧遠法師出，第二譯，與難提出者大同小異，或三卷，別録云一卷。或直云三法度，無「論」字，或云經〔六〕，或云經論。見僧祐録。

教授比丘尼法一卷。房云見別録，亦云在〔七〕廬山出。

右五部，一百一十八卷。前四部一百一十七卷本在，後一部一卷本闕。

沙門瞿曇僧伽提婆，晉言衆天，或云提和，音訛故也，罽賓國人。入道修學，遠訪明師，學通三藏，多所誦持，尤善阿毗曇心，洞其纖旨。常誦三法度，晝夜嗟味，以爲道之府也。爲人儁朗有深鑒，儀止温恭，務在誨人，恂恂不怠。符秦建元中，來入長安，宣流法化，譯論二部，備於秦録。

後以晉孝武帝世太元十六年辛卯，遊化江左。先是廬山慧遠法師翹懃妙典，廣集經藏，虛心側席，延望遠賓。聞其至止，即請入廬岳。即以其年，請出阿毗曇心及三法度等。提婆乃於般若臺手執梵文，口宣晉語，去華存實，務盡義本，今之所傳，蓋其文也。

至安帝隆安元年丁酉，來遊建康，晉朝王公及風流名士，莫不造席致敬。時尚書令、衛軍東亭侯瑯琊王珣准高僧傳、僧祐録〔八〕、長房録等，並云王珣。阿〔九〕含經序乃云王元琳。元琳，多是珣之字也〔一〇〕。雅有信慧，荷持正法，建立精舍，廣招學衆。提婆既至，珣即延請，仍於其舍講阿毗曇，名僧畢集。提婆宗致既精，詞旨明析，振發義奧，衆咸悦悟。其冬，珣集義學沙門釋慧持等四十餘人，更請提婆，於其寺譯中、增二阿含。罽賓沙門僧伽羅叉執梵本，提婆翻爲晉言，至來夏方訖。豫州沙門道慈筆受，吴國李寶、唐化共書。提婆於廬山、建康二處，共出五部一百一十八卷。

提婆歷遊華戎，備悉風俗，從容機警，善於談笑。其道化聲譽，莫不聞焉。後不知所終。

校勘記

〔一〕等：金藏、高麗藏本無。

〔二〕難：原誤作「雜」，據金藏、高麗藏、永樂南藏、永樂北藏、嘉興藏、清藏、四庫本改。

〔三〕三：金藏本作「二」。

〔四〕爲：原無，據金藏、高麗藏本補。
〔五〕爲：原無，據金藏、高麗藏本補。又，後「慧遠法師」，金藏、高麗藏本作「遠法師」。
〔六〕或云經：金藏、高麗藏本無。
〔七〕在：金藏本誤作「存」。
〔八〕僧祐録：金藏本作「祐録」。
〔九〕阿：金藏、高麗藏本作「中」。按：此經序，即指後出中阿含經記。
〔一〇〕元琳多是珣之字也：王珣，字元琳，王導之孫，見晉書卷六五王導傳。

十二遊經一卷。第二出，與彊梁譯者少異。見竺道祖晉世雜録及寶唱録。

右一部，一卷，其本見在。

沙門迦留陀伽，晉言時水，西域人。弘喻有方，懷道遊國。以孝武帝太元十七年壬辰，譯十二遊經一部。

益意經三卷。第二出，見竺道祖晉世雜録。朱士行漢録云二卷，不顯譯人。

右一部三卷，本闕。

沙門康道和，戒德有儀，軌範群物，以孝武帝太元二十一年丙申，譯益意經一部。

大方廣佛華嚴經六十卷。初出，元五十卷，後人分爲六十卷[一]。沙門支法領從于闐得梵本來，義熙十四年三月十日於道場寺出，元熙二年六月十日訖，法業筆受。見祖、祐[二]二録。

出生無量門持經一卷。或云新微密持經，於廬山譯，第五出，與支謙無量門微密持經等同本。見祖、祐二録。祐、房等録，別存新微密持經，誤也。

大方等如來藏經一卷。或直云如來藏經，第三出，元熙二年於[三]道場寺譯。見竺道祖晉世雜録及僧祐録。

觀佛三昧海經十卷。或云觀佛三昧經，或八卷。見竺道祖晉世録，亦見僧祐録。或云宋世出[四]。

摩訶僧祇律四十卷。或云三十卷，梵[五]本是法顯於摩竭提國將來，義熙十二年十一月於鬭場寺[六]共法顯出，見竺道祖録。祐在[七]顯録，據共譯故耳。

僧祇比丘戒本一卷。亦云摩訶僧祇戒本，第二出，於道場寺譯，見寶唱録。祐在法顯録中，祐與覺賢共出，互載皆得。

達摩多羅禪經二卷。一名庾伽遮羅浮迷，譯言修行道地，於廬山出。一名不浄觀經，亦名修行方便禪經。祐云禪經修行方便，凡十七品。見僧祐録。

文殊師利發願經一卷。或加「偈」字，元熙二年於鬭場寺[八]出。見僧祐、寶唱二録。經後記云：外國四部衆禮佛時多誦此經，以發願求佛道。

新無量壽經二卷。宋永初二年於道場寺出。見僧祐、寶唱二録。第八譯，與世高、支讖、支謙、僧鎧等所出同本。

菩薩本業經一卷。亦直云本業經，是華嚴淨行品。見僧祐、長房二録。大周入藏有本〔九〕，今闕，且復存之。

淨六波羅蜜經一卷。見僧祐、長房二録。

方便心論一卷。共法業出。見高僧傳。初出。

過去因果經四卷。房云見別録，第五譯。

右一十三部，一百二十五卷。文殊發願上八部一百一十六卷見在，新無量壽下五部九卷闕本。

沙門佛陀跋陀羅，晉言覺賢，本姓釋氏，迦維羅衛國人，甘露飯王之苗裔也。祖父達摩提婆，此云法天。嘗商旅於北天竺，因而居焉。父達摩修耶利〔一〇〕，此云法日。少亡。賢三歲孤，與母居。五年，復喪母，爲外氏所養。從祖鳩摩利聞其聰敏，兼悼其孤露，乃迎還，度爲沙彌。至年十七，與同學數人俱以習誦爲業，衆皆一月，賢一日誦畢。其師歎曰：「賢一日敵三十夫也。」及受具戒，修業精勤，博學群經，多所通達，少以禪律馳名。常〔一一〕與同學僧伽達多共遊罽賓，同處積載，達多雖服其才明，而未測其人也。後於密室閉户坐禪，忽見賢至，驚問何來，答云：「暫至兜率，致敬彌勒。」言訖便隱。達多知是〔一二〕聖人，未測深淺。後屢見賢神變，乃敬心祈問，方知得不還果。

常欲遊方弘化，備觀風俗，會有秦僧智嚴西至罽賓，覩〔一三〕法衆清朗〔一四〕，乃慨然東顧，曰：「我之同輩，斯有道志，而不遇真匠，發悟莫由。」即諮祈〔一五〕國衆：「孰能流化東土？」僉云：「有佛陀跋陀羅〔一六〕者，出生天竺那呵梨城，族姓相承，世遵道學。其童齔出家，已通解經論，少受業於大禪師佛大先。」先時亦在罽賓，乃謂嚴曰：「可以振維僧徒，宣授禪法者，佛陀跋陀羅〔一七〕其人也。」嚴既要請苦至，賢遂愍而許焉。於是捨衆辭師，裹粮東逝，涉驟三載，綿歷寒暑，既度葱嶺，路經六國，國主矜其遠化，並傾懷資俸。至交阯，乃附舶循海而行。經一島下，賢以手指山曰：「可止於此。」舶主曰：「客行惜日，調風難遇，不可停也。」行二百餘里，忽風轉吹，舶還向島下。衆人方悟其神，咸師事之，聽其進止。後遇便風，同侶皆發，賢曰：「不可動。」舶主乃止。既而有先發者，一時覆敗。後於闇夜之中，忽令衆舶俱發，無肯從者，賢自起收纜，唯一舶獨發，俄爾賊至，留者悉被抄害。

頃之，至青州東萊郡，聞鳩摩羅什在長安，即往從之。什大欣悦，共論法相，振發玄微，多所悟益。因謂什曰：「君所釋不出人意，而致高名，何耶？」什曰：「吾年老故耳，何必能稱美談？」什每有疑義，必共諮決。

時秦主姚興專志經法，供養三千餘僧，並往來宫闕，盛修人事。唯賢守静，不與衆同。後語弟子云：「我昨見本鄉有五舶俱發。」既而弟子傳告外人，關中舊僧咸以爲顯異惑衆。又賢在長安，大弘禪業，四方樂静者，並聞風而至，但染學有淺深，得法有濃淡，澆僞之徒，因而詭滑。有一弟子因少觀行，自言得阿那含果。賢未即檢問，遂致流言，大被謗讟，將有不測之禍，於是徒衆或藏名潛去，或踰牆夜走，半日之中，衆散殆盡，賢乃夷然，初不介意。

時舊僧〔一八〕僧䂮、道恒等謂賢曰：「佛尚不聽説已所得法，先言五舶將至，虚而無實。又門徒誑惑，互起同異，既於律有違，理不同止。宜可時去，勿得久留。」賢曰：「我身若流萍，去留甚易。但恨懷抱未伸，以爲慨然耳。」於是與弟子慧觀等四十餘人俱發，神志從容，初無異色，識真者咸共歎惜，白黑送者數千人。姚興聞去悵恨，乃謂道恒曰：「佛賢沙門挾道來遊，欲宣遺教，緘言未吐，良用深慨。豈可以一言之咎，令萬夫無導？」因敕令追之。賢謂使曰：「誠知恩旨，無預聞命。」於是率侶宵征，南指廬岳。

沙門慧遠素欽風德，乃遣使入關，致書祈請。後至廬岳，忻然如舊。遠以賢之被擯，過由門人，若懸記五舶，止説在同意，亦於律無犯。乃遣弟子曇邕致書姚主及關中衆僧，解其擯事，遠乃請出禪數諸經。賢志在遊化，居無求安，停山歲許，復西適江陵，遇外國舶主，既而訊訪，果是天竺五舶，先所見者也。傾境士〔一九〕庶，競來禮事，其有奉施，悉皆不受。持鉢分衛，不問豪賤。

時陳郡袁豹爲宋武帝太尉長史，宋武南討劉毅〔二〇〕，豹隨府〔二一〕屆于江陵，賢將弟子慧觀詣豹乞食。豹素不敬信，待之甚薄，未飽辭退。豹曰：「似未足，且復小留。」賢曰：「檀越施心有限，故令〔二二〕所設已罄。」豹即呼左右益飯，飯果盡，豹大慚愧。既而問慧觀曰：「此沙門何如人？」觀曰：「德量高邈，非凡所測。」豹深歎異，以啓太尉。太尉請與相見，甚崇敬之，資供備至。俄而太尉還都，請與俱歸，安止道場寺。賢儀軌率素，不同華俗，而志韻清遠，雅有淵致。楊都法師僧弼與名德沙門寶林書曰：「鬪場〔二三〕禪師甚有天〔二四〕心，便是天竺王、何，風流人也。」其見稱如此。

先是沙門支法領於于闐國得華嚴梵本三萬六千〔二五〕偈，未有宣譯。到義熙十四年，吴郡内史孟顗、右衛將軍褚叔度即請賢爲譯匠。乃手執梵文，共沙門法業、慧嚴、慧義等百有餘人，於道場寺譯出。詮定文旨，會通華戎，妙得經體，故道場寺猶有華嚴堂焉。

又沙門法顯於天竺所得僧祇梵本，復請賢譯。賢從安帝隆安二年戊戌，訖宋永初二年辛酉，於楊都、廬山二處，譯華嚴等經總一十三部，並究其幽旨，妙盡文意。賢以宋元嘉六年泥洹，春秋七十有一矣。又，僧祐、長房二録復云賢出新微密持經，即出生無量門持經是，不合雙〔二六〕載。對彼支謙先譯，故加「新」字。又有菩薩十住及本業經，此之二經，並是華嚴別品。覺賢既譯大部，不合別出此經。其本業一經，周人藏録有，未見其本，且復存之。十住一經，刪之不立。

校勘記

〔一〕卷：金藏、高麗藏本無。

〔二〕祐：金藏本誤作「祜」，四庫本作「僧祐」。
〔三〕於：原無，據金藏、高麗藏本補。
〔四〕或云宋世出：金藏、高麗藏本作「亦出宋世」。
〔五〕梵：金藏本無。
〔六〕鬭場寺：永樂北藏、嘉興藏、清藏、四庫本作「道場寺」。
〔七〕在：金藏本無。
〔八〕鬭場寺：永樂北藏、嘉興藏、清藏、四庫本作「道場寺」。
〔九〕本：金藏、高麗藏本無。
〔一〇〕達摩修耶利：金藏、高麗藏本作「達摩修利耶」。據高僧傳卷二佛陀跋陀羅傳，「達摩修耶利」是。
〔一一〕常：金藏、高麗藏本作「嘗」。
〔一二〕是：金藏本無。
〔一三〕覩：嘉興藏本作「觀」。
〔一四〕朗：金藏、高麗藏本作「僧」。
〔一五〕祈：金藏、高麗藏本作「訊」。
〔一六〕羅：金藏、高麗藏本無。
〔一七〕羅：金藏、高麗藏本無。
〔一八〕僧：原無，據金藏、高麗藏本補。

〔一九〕士：原誤作「七」，據金藏、高麗藏、永樂南藏、永樂北藏、嘉興藏、清藏、四庫本改。
〔二〇〕毅：原作「敦」，據高僧傳卷二佛陀跋陀羅傳改。劉毅時爲荆州刺史，義熙八年，宋武帝討伐之。
〔二一〕府：永樂南藏、永樂北藏、嘉興藏、清藏、四庫本作「尉」。
〔二二〕令：高麗藏本作「今」。
〔二三〕鬪場：永樂北藏、嘉興藏、清藏、四庫本作「道場」。
〔二四〕天：高麗藏本作「大」。
〔二五〕千：嘉興藏本作「十」。
〔二六〕雙：金藏本作「傍」。

雜問律事二卷。初出。見長房録。

右一部，二卷，本闕。

沙門曇摩，晉翻云法，善於律學，以安帝隆安四年庚子三月二日，於楊都尚書令王〔一〕法度精舍，沙門釋僧遵等二十餘德請譯雜問律事，序具卷首，明佛法僧物互相交涉，分齊〔二〕差殊甚要〔三〕，須善防護。

校勘記

〔一〕王：金藏本誤作「正」。

〔二〕齊：原作「劑」，據金藏、高麗藏本改。按：分齊指界限、差别，佛教典籍中常見。歷代三寶紀卷七、大唐内典録卷三，皆作「分齊」。

〔三〕要：金藏本無。

十誦律毗尼序三卷。亦云十誦律序，今合入十誦末，後三卷是。房〔一〕云毗尼誦，注云是十誦後善誦，非也。其善誦有四卷，是十誦中第十誦也。見二秦録。

雜問律事二卷。衆律要用第二〔二〕出。見二秦録。

右二部，五卷。前毗尼序三卷見在，後雜問事二卷本闕。

沙門卑摩羅叉，晉云無垢眼，罽賓國人，沉静有志力〔三〕。出家履道，苦節成務，爲人眼青，時亦號爲青眼律師。先在龜兹弘闡律藏，四方學者，競往師之，鳩摩羅什時亦預焉。及龜兹陷没，乃避地烏纏。頃之，聞什在長安大弘經藏，又欲使毗尼勝品復洽東國，於是杖錫流沙，冒險東入，以姚秦弘始八年達自關中。什以師禮敬待，叉亦以遠遇欣然。及羅什棄世，叉以安帝義熙年中，乃出遊〔四〕關左，逗于壽春，止石澗寺，律徒雲聚，盛闡毗尼。羅什所譯十誦，五十八卷，最後一誦，謂明受戒法及諸成善法事，逐其義要，名爲善誦。叉後改善誦爲毗尼誦，故猶二名存焉。復出三卷律序，置之於後，總成六十一卷。高僧傳及長房録乃云開前五十八卷爲六十一卷者，小非詳審也。其毗尼序三卷，或有近代經本編在第九誦後第十誦前，卷當第五十五、六、七〔五〕者，非也。今檢古十誦本，乃在第十誦後，卷當第五十九至六十一。今者依古本爲正。頃之，南適江陵，於辛寺夏坐，開講十誦。既通晉言，善相領納，無作妙本，大闡當時。析文求理者，其聚如林。明條知禁者，數亦殷矣。律藏大弘，叉之力也。後出雜問律事二卷，道場慧觀筆受，高僧傳云：「道場慧觀深括宗旨，記其所制，内禁輕重，撰爲二卷，送還京師，僧尼披尋，競相傳寫。時聞〔六〕者諺〔七〕曰：『卑羅鄙語，慧觀才〔八〕録，都人繕寫，紙貴如玉。』」今謂雜問律事，乃是道場慧觀。觀〔九〕於教有疑，隨事〔一〇〕諮問，卑摩爲決，聞便録之，撰成二卷，流行於世，即非别有梵本卑摩譯之。其曇摩出者，亦即此是，録家誤載也。叉養德好閑，棄諠離俗。其年冬，復還壽春石澗，卒於寺焉，春秋七十有七。

校勘記

〔一〕房：嘉興藏本作「十」。

〔二〕二：金藏本作「一」。

〔三〕力：金藏、高麗藏本作「幼」。按：志力者，心智才力也。高僧傳卷二卑摩羅叉傳亦作「力」。若作「幼」，當屬後。

〔四〕遊：金藏本作「述」。

〔五〕七：原作「十」，據金藏、高麗藏本改。「五十五、六、七者」，指五十五、五十六、五十七三卷。

〔六〕聞：原作「闇」，據金藏本及高僧傳改。

〔七〕諺：金藏本作「該」。

〔八〕才：金藏本作「中」。

〔九〕觀：金藏、高麗藏本無。

〔一〇〕隨事：原作「通事」，據金藏、高麗藏本改。

大般泥洹經六卷。經記云方等大般泥洹經，或十卷，第四譯，義熙十三年〔一〕十月一日於道場寺共覺賢出，寶雲筆受，至十四年正月二日訖。見道祖、僧祐二録。

大般涅槃經三卷。或二〔二〕卷，是長阿含初分遊行經異譯，群録並云顯出方等泥洹者，非即前大泥洹經加「方等」字，此小乘涅槃，文似顯譯，故以此替之。

雜藏經一卷。第二出，與鬼問目連、餓鬼報應經等同本。見僧祐、寶唱二録。

僧祇比丘尼戒本一卷。亦云比丘尼波羅提木叉僧祇戒本，共覺賢譯。見長房録。

歷遊天竺記傳一卷。亦云法顯傳，法顯自撰，述往來天竺事。見長房録。

雜阿毗曇心十三卷。第三出，與符秦僧伽提婆等所出同本。見僧祐録。房云顯與覺賢共譯。

佛遊天竺記一卷。見僧祐録。

右七部，二十六卷。前五部一十二卷見在，後二部一十四卷闕本。

沙門釋法顯，本姓龔，平陽武陽人也。顯有三兄，齠年次喪，其父恐懼，及顯數〔三〕歲，便放出家。居數年，病篤欲死，因送還寺，信宿便差，不肯復歸。母欲見之，不能得，爲立小屋於門外，以擬去來。十歲遭父憂，叔父以其母寡獨不立，逼使還俗，顯曰：「本不以有父而出家也，正欲遠塵離俗，故入道耳。」叔父善其言，乃止。頃之，母喪，至性過人。葬事既畢，仍即還寺。嘗與同學數十人於田中刈〔四〕稻，時有飢賊，欲奪其穀，諸沙彌悉奔走，唯顯獨留，語賊曰：「若欲須穀，隨意所取，但君等昔不布施，故此生飢貧。今復奪人，恐來世彌甚。貧道預爲君憂，故相〔五〕語耳。」言訖即還，賊棄穀而去。衆僧數百人，莫不歎伏。及受大戒，志行明潔，儀軌整肅，常慨經律舛闕，誓志尋求。

以安帝隆安三年，與同學惠景、道整、惠應、惠嵬等發自長安，西度沙河。上無飛鳥，下無走獸，四顧茫茫，莫測所之，唯視日月〔六〕以准東西，人骨以標行路耳。屢有熱風惡鬼，遇之必死，顯任緣委命，直過險難。有頃，至葱嶺，嶺冬夏積雪，有惡龍吐毒，風雨沙礫，山路艱危，壁立千仞。昔有人鑿石通路，傍施梯道，凡度七百餘梯。又躡懸絙過河數十餘處，皆漢時張騫、甘父〔七〕所不至也。次度小雪山，遇寒風暴起，惠景噤戰不能前，語顯云：「吾其死矣，卿可時去，勿得俱殞。」言絶而卒。顯撫之泣曰：「本圖不果，命也奈何！」復自力孤行，遂過山險。凡所經歷三十餘國。

至北天竺，次往中國，未至王舍城三十餘里，有一寺，逼暮仍停。明旦，顯欲詣耆闍崛山，寺僧諫曰：「路甚艱險，且多黑師子，亟經噉人，何由可至？」顯曰：「遠涉數萬，誓到靈鷲。身命不期，出息非保。豈可使積年之誠，既至而廢耶？雖有險難，吾不懼也。」衆莫能止，乃遣兩僧送之。顯既至山中，日將曛夕，遂欲停宿，兩僧危懼，捨之而還。顯獨留山中，燒香禮拜，翹感舊跡，如覩聖儀。至夜，有三黑師子來蹲顯前，舐脣摇尾。顯誦經不輟，一心念佛。師子乃低頭下尾，伏顯足前，顯以手摩之，呪曰：「汝若欲相害，待我誦竟。若見試者，可便退去。」師子良久乃去。明晨還反，路窮幽深，榛木荒梗，禽獸交横，止〔八〕有一徑通行而已。未至里餘，忽逢一道人，年可九十，容服麁素而神氣儁遠。顯雖覺其韻高，而不悟是神人。須臾進前，逢一年少道人，顯問曰：「向耆年是誰耶？」答曰：「頭陀弟子大迦葉也。」顯方惋慨良久。既至山前，有一大石横塞室口，遂不得入，顯乃流涕致敬而去。今謂顯所陟者，是雞足山大迦葉波入寂之所，非佛舊舍〔九〕處鷲峰山也。

又至迦施國，精舍裏有白耳龍，每與衆僧約，令國内豐熟，皆有信效。沙門爲起龍舍，并設福食。每至〔一〇〕夏坐訖日，龍輒化作一小蛇，兩耳悉白，衆咸識是龍，以銅盂盛酪，置於其中，從上坐至下行之，似若問訊，遍乃化去。年輒一出，顯亦親見此龍。

後却至中天竺，於摩竭提巴連弗邑阿育王塔南天王寺得摩訶僧祇律，又得薩婆多律抄、雜阿毗曇心、綫經、方等泥洹等經。此方等泥洹，即六卷大般泥洹經之梵本也。准經後記，名爲方等大〔一二〕般泥洹經，非謂二卷〔一三〕方等泥洹也。顯留三年，學梵書梵語，躬自書寫。

於是持經像寄附商客，到師子國。顯同旅十餘，或留或亡，顧影唯己，常懷悲慨。忽於玉像前，見商人以晉地一白團扇供養，不覺悽然下淚。停二年，復得彌沙塞律、長雜二阿含及雜藏本，並漢土所無。

其師子國中有佛齒，每年三月，彼之國王預前十日莊嚴白象，遣一貴重辯説智臣，著王衣裳，象上擊鼓，大聲唱言：「如來在世四十九〔一三〕年，説法度人無量億數，衆生緣盡，乃般泥洹。自爾已來一千四百九十七載，世間長昏，衆生可愍。却後十日，佛齒當出無畏精舍，可辦香花，各來供養。」時正當晉義熙元年。計從義熙元年太歲乙巳，至今開元十八年歲次庚午，便成一千八百二十二載矣。

既而附商人大舶，循海東還。舶有二百許人，值大暴風，舶壞水入。衆人惶怖，即取雜物棄之。顯恐商人棄其經像，唯一心念觀世音及歸命漢土衆僧。舶任風而去，得無傷壞。行九十日，達耶婆提國。停五月，復隨他商侶，東趣廣州。舉帆月餘日，夜忽大風，合舶震懼，衆共議曰：「坐載此沙門，使我等狼狽。不可以一人故，令一衆俱亡。」欲推棄之。法顯檀越厲聲呵商人曰：「汝若下此沙門，亦應下我。不爾，便當見殺。漢地帝王奉佛敬僧，我至彼告王，必當罪汝。」商人相視失色，僶俛而止。既水盡粮竭，唯任風隨流。忽至岸，見藜藿〔一四〕菜依然，知是漢地，但未測何方。即乘小船〔一五〕入浦尋村，遇獵者二人，顯問：「此何地耶？」獵人曰：「是青州長廣郡牢山南岸。」獵人還，以告太守李嶷。嶷素敬信，忽聞沙門遠至，躬自迎勞，顯持經像隨還。

頃之，欲南歸，時刺史請留過冬，顯曰：「貧道投身於不返之地，志在弘通，所期未果，不得久停。」遂南造建康，於道場寺就外國禪師佛陀跋陀羅譯大般泥洹經等六部，撰遊天竺傳一卷。顯既出大泥洹經，流布教化，咸使見聞。有一家失其姓名，居近楊都朱雀門，世奉正化，自寫一部，讀誦供養。無別經室，與雜書共屋。後風火忽起，延及其家，資物皆盡，唯泥洹經儼然具存，煨燼不侵，卷色無異。楊都共傳，咸稱神妙。

後到荆州，卒于辛寺，春秋八十有六，衆咸慟惜焉。

校勘記

〔一〕十三：金藏、高麗藏本作「十二」。按：出三藏記集卷八六卷泥洹記：「義熙十三年十月一日，於謝司空石所立道場寺出此方等大般泥洹經，至十四年正月二日校定盡訖。禪師佛大跋陀手執胡本，寶雲傳譯，于時坐有二百五十人。」故「十三」是。

〔二〕二：原作「一」，據金藏、高麗藏、永樂北藏、嘉興藏、清藏、四庫本改。

〔三〕數：高僧傳卷三法顯傳作「三」。
〔四〕刈：金藏本誤作「别」。
〔五〕故相：金藏本誤作「故故」。
〔六〕月：金藏、高麗藏本無。
〔七〕父：明本、金陵本高僧傳作「英」。漢和帝永元九年（九七），甘英出使大秦，事見後漢書西域傳安息傳。
〔八〕止：原作「正」，據永樂南藏、嘉興藏、清藏本改。
〔九〕舍：諸校本作「居」。
〔一〇〕至：金藏本無。
〔一一〕大：金藏本作「太」。
〔一二〕二卷：金藏、高麗藏本作「三卷」。
〔一三〕四十九：金藏、高麗藏本作「四十五」。按：法顯傳作「四十五」，歷代三寶紀卷七作「四十九」。
〔一四〕藿：永樂北藏、嘉興藏、清藏、四庫本作「藿」。
〔一五〕船：金藏本作「舶」。

菩薩十住經一卷。是花嚴十住品異譯。見長房録。

寶如來三昧經二卷。或一卷，一名無極寶三昧經，第二出，與無極寶經同本。見長房録。

大智度經四卷。第五出，與支讖道行經及大般若第四會等同本。房云見南來新録〔一〕。

普門品經一卷。第二出，與法護普門品及寶積文殊普門會同本。見僧祐録及竺道祖録。

阿述達經一卷。第三出，與寶積無畏德會等同本。見長房録。

如幻三昧經二卷。第三出，與世高如幻三昧及寶積善住意會等同本。見竺道祖晉録。

彌勒所問本願經一卷。第二出，與法護彌勒本願及寶積彌勒所問會同本。見長房録。

十地經一卷。第三出，與法護菩薩十地經等同本。見長房録。

維摩詰經四卷。第五出，與嚴佛調古維摩經等同本。房云見南來新録。

無所悕望經一卷。第三出，與象腋經等同本。見長房録。

浮光經一卷。或作「乳光」，第四出，與犢子經等同本。見長房録。

如來獨證自誓三昧經一卷。第三出，與世高自誓三昧經等同本。見長房録。

普賢觀經一卷。初出〔二〕，一名觀普賢菩薩經。房云見道惠録。

瓔珞經十二卷。一名見前報。初出，與竺佛念菩薩瓔珞同本，或十四卷，房云見南來新録。

照明三昧經一卷。第二出。見長房録。

禪經四卷。房云見南來新録。

法没盡經一卷。見長房録。

菩薩正齋經一卷。第三出。見〔三〕長房録。

威革長者六向拜經一卷。或作「威華」，第二出。見長房録。出中阿含第三十三，異譯。

指鬘經一卷。或作「指髻」，出增一阿含第三十一，異譯。見長房録。

所欲致〔四〕患經一卷。第二出。見長房録。

五蓋疑結失行經一卷。第二出。見〔五〕長房録。

分衛經一卷。見長房録。

右二十三部，四十五卷。初二部三卷本在，大智度下二十一部四十二卷闕本。

沙門祇多蜜，或云祇蜜多，晉云謌友，西域人。識性通敏，聰達宏遠，志存弘化，無憚遠遊。爰於晉代譯菩薩十住等經二十三部，諸録盡云祇多蜜晉世譯，未詳何帝。若非咸洛，應是江南一部，見僧祐録。房云已外並彰雜別諸録。

又有寶施女經、出大集經。摩調王經，出六度集。既是别生，删之不録。

校勘記

〔一〕房云見南來新録：金藏、高麗藏本作「見僧祐録及竺道祖録」。按：據歷代三寶紀卷七，作「房云見南來新録」是。

〔二〕初出：金藏本作「初觀」，且在後「房云」之前。

〔三〕見：金藏本無。

〔四〕致：嘉興藏本作「思」。

〔五〕見：原無，據金藏、高麗藏、永樂南藏、永樂北藏、嘉興藏、清藏、四庫本補。

大乘方便經三卷。元熙二年譯，第三出，或二卷，與法護大善權經等同本。見始興録。今編入寶積，當第三十八會。

請觀世音菩薩消伏毒害陀羅尼呪經一卷。亦直云請觀世音經，第二出。見法上録。

威革長者六向拜經一卷。晉宋間於廣州譯，出中阿含第三十三卷，異譯。見始興録及寶唱録。

右三部，五卷。前二部四卷本在，後一部一卷〔一〕本闕。

居士竺難提，晉翻云喜，西域人，志道無倦，履遠能安。解悟幽旨，言通晉俗。以恭帝元熙元年己未爰暨宋世譯大乘方便經等三部。

校勘記

〔一〕卷：原無，據金藏、高麗藏本補。

無量壽至真等正覺經一卷。一名樂佛土樂經，一名極樂佛土經，第七譯。見釋〔一〕正度録。與世高、支讖、支謙、僧鎧、白延、法護等所出同本。

右一部，一卷，本闕。

沙門竺法力，西域人，業行清高，智道崇峙。善通方語，妙稱經微。以恭帝元熙元年己未二月，譯無量壽至真等正覺經一部。

校勘記

〔一〕釋：金藏、高麗藏本無。

曰〔一〕難經一卷。第二出，即是越難經，後説事少異。見趙録及始興録。

萍沙王五願經一卷。亦名弗沙王經，第三出。見趙録及始興録。

迦葉結集戒經一卷。第三出。見趙録及始興録。

右三部，三卷，其本並闕。

沙門釋嵩公，或云高公，於晉末譯曰〔二〕難等經三部。群録並云晉末，不知何帝之年。

校勘記

〔一〕曰：原作「日」，金藏本誤作「目」，據文意改。

〔二〕曰：原作「日」，據文意改。

迦葉禁戒經一卷。一名摩訶比丘經，一名真僞沙門經，初出。見始興録。

右一部，一卷，本闕。

沙門釋退公，譯迦葉禁戒經一部，云於晉末〔一〕，未詳何帝之年。

校勘記

〔一〕末：金藏、高麗藏本無。

佛開解梵志阿颰經一卷。出長阿含第十三卷，異譯。見趙録。

右一部，一卷，本闕。

沙門釋法勇，譯梵志阿颰經一部，云晉末出，亦未詳何帝之年。

陀羅尼章句經一卷。祐無「章」字，見僧祐失譯録。第三出，與持句神呪經等同本。

大乘經〔一〕闕本，賢聖集見在。

那先比丘經二卷。或云耶先經，或三卷，初出，見僧祐失譯録。

右二部，三卷。長房等録東晉失譯，總有五十三部五十七卷，今除二部三卷之外，餘五十一部五十四卷，並是房録錯〔二〕上或後漢失譯録中已載之者及有譯人別生經等，委列如左：

觀無量壽佛〔三〕經。

三世三千佛名經。

千佛因緣經。

五十三佛名經。

八部佛名經。

十方佛名經。

賢劫千佛名經。

稱揚百七十佛名經。

南方佛名經。

滅罪得福佛名經。

比丘諸禁律經。

摩訶僧祇律比丘要集。

優波離問佛經。

沙彌威儀比丘尼十戒經。
受十善戒經。
沙彌尼戒經。
賢者五戒經。
優婆塞威儀經。
波若得經。
觀世樓炭經。
般舟三時〔四〕念佛章經。
庾伽三摩斯經。
禪要呵欲經。
七佛所結麻油述呪。
五龍呪毒經。
齲齒呪。
七佛安宅神呪。
安宅呪。已上二十九部二十九〔五〕卷，後漢失譯録中已有，此中復載，故知重也。

三歸五戒帶佩護身呪經。
七萬二千神王護比丘呪經。
十二萬神王護比丘尼呪經。
百結神王護身呪經。
宮宅神王守鎮左右經。
塚墓因緣四方神呪經。
伏魔封印大神呪經。
魔尼羅亶大神呪經。
召五方龍攝疫毒神呪經。
梵天神策經。
普廣經。已上一十一部一十一卷，並是尸梨蜜譯〔六〕大灌頂經從第一卷至第十一。
遺教三昧經二卷。或云遺教三昧法律經，西晉法炬譯，僞録中亦有。
阿那含經二卷。宋〔七〕智嚴譯，僞録亦有。
未曾有因緣經二卷。或直云未曾有經，已曾再譯，一存一闕。
禪定方便次第法經。後漢安世高譯。

七佛神呪。吴支謙譯。

賢者五福經。西晉白法祖譯。

摩尼羅亶神王呪案摩經。或無「王」字，竺曇無蘭譯。

本行六波羅蜜經。宋求那跋陀羅譯。

優婆塞五戒經。宋沮渠京聲譯。

三歸五戒神王名經。抄灌頂經。

定意三昧經。出十住斷結經。

已下〔八〕新附此録：

決定毗尼經一卷。一名破壞一切心識，初出，與寶積優波離會同本，異譯，祐云衆録並云於燉煌出，不顯譯人。傳云晉世出，未詳何帝時〔九〕。

彌勒來時經一卷。第三出，與羅什彌勒下生經等同本。見法上録。

稻稈〔一〇〕經一卷。與了本生死經等同本。

造立形像福報經一卷。與作佛形像經同本。

報恩奉盆經一卷。與盂蘭盆經同本。

師子奮迅菩薩所問經一卷。

華聚陀羅尼呪經一卷。上二經〔一二〕，同本異出。

六字呪王經一卷。與六字神呪王經同本。

善法方便陀羅尼經一卷。

金剛秘密善門陀羅尼經一卷。上二〔一三〕經，同本異出。

菩薩本行經三卷。

七佛所説神呪經四卷。初卷云七佛一十一菩薩説大陀羅尼神呪經。

薩羅國經一卷。或云薩羅國王經。

般泥洹經二卷。或直云泥洹經，亦云大般尼洹經，是〔一三〕長阿含初分遊行經異譯。諸藏中一卷者，唯是上卷，欠下卷也。

緣本致經一卷。出中阿含第十卷，異譯。

古來世時經一卷。出中阿含第十三卷，異譯。

梵志計水浄經一卷。出中阿含第二十三卷，異譯。

三歸五戒慈心厭離功德經一卷。出中阿含第三十九卷，異譯。

箭喻經一卷。出中阿含第六十卷，異譯。

食施獲五福報經一卷。一名施色力經，一名福德經，出增一阿含第二十四卷，異譯。

滿願子經一卷。僧祐失譯録中有晉言，故移編此，出雜阿含第十三卷，異譯。

摩鄧女解形中六事經一卷。第五出，與摩登伽〔一四〕舍頭諫經等同本。

餓鬼報應經一卷。第三出，一名目連説地獄餓鬼因緣經，與鬼〔一五〕問目連經等同本。

得道梯隥〔一六〕錫杖經一卷。題云得道梯隥〔一七〕經錫杖品第十二〔一八〕，亦直云錫杖經。

僧護經一卷。或云僧護因緣經，亦云因緣僧護經。

護淨經一卷。

木槵子經一卷。或作「患」字，又作「棵」。

無上處經一卷。

盧志長者因緣經一卷。

五王經一卷。

沙彌十戒法并威儀一卷。亦云沙彌威〔一九〕儀戒本。

沙彌尼離戒文一卷。

舍利弗問經一卷。

五百問事經一卷。

阿育王譬喻經一卷。題云天尊説阿育王譬喻經，古經呼佛以爲天尊，即佛説也。

撰集三藏及雜藏傳一卷。亦云撰〔一〇〕三藏經及雜藏經。

彌勒作佛時事經一卷。祐録無「事」字，第二出，與彌勒來時經等同本。見寶唱録。

道樹三昧經二卷。第二出，與私呵三〔一一〕昧經同本。見支敏度録。

右三十八部，四十五卷。末後二部三卷闕本，餘〔一二〕並見在。

前三十六部四十二卷，並是入藏見經，莫知譯主。諸失譯録，闕而未書，似是遠代之經，故編於晉末，庶無遺漏焉。

通前舊失譯經二部三卷，總四十部四十八卷，並爲東晉失源云。

校勘記

〔一〕經：原無，據金藏、高麗藏本補。

〔二〕錯：金藏本作「録」，高麗藏本無。

〔三〕佛：金藏本無。

〔四〕三時：金藏、高麗藏本作「三昧」。

〔五〕二十九：高麗藏本誤作「一十九」。

〔六〕譯：金藏、高麗藏本作「所譯」。

〔七〕宋：金藏本誤作「末」。

〔八〕下：永樂北藏、嘉興藏、四庫本誤作「上」。

〔九〕時：永樂北藏、嘉興藏、清藏、四庫本無。

〔一〇〕稈：金藏、高麗藏本作「芉」。

〔一一〕經：原無，據金藏、高麗藏本補。

〔一二〕二：原作「一」，永樂南藏本作「三」，據諸校本改。

〔一三〕是：金藏本作「是是」。

〔一四〕伽：清藏本無。

〔一五〕因緣經與鬼：金藏本無。

〔一六〕隥：金藏、高麗藏本作「橙」。

〔一七〕隥：金藏、高麗藏本作「橙」。

〔一八〕十二：金藏本作「十一」。

〔一九〕威：金藏本作「戒」。

〔二〇〕撰：金藏本作「雜」。

〔二一〕三：金藏、高麗藏本無。

〔二二〕餘：原作「録」，據金藏、高麗藏本改。

秦，符氏，都長安。亦云前秦。

起符健〔一〕謚爲明帝。皇始元年辛亥，至符登無謚。太初九年甲午，凡經五主四十四年，沙門六人，所譯經、律、論等總一十五部，合一百九十七卷。於中七部六十五卷見在，八部一百三十二卷闕本。房云皇始元年甲寅，延初元年丁酉，與諸家年曆不同，校三年向後，准安公增一序勘其甲子，房録錯矣。

符秦〔二〕沙門曇摩持，三部三卷戒本、壇文。

沙門鳩摩羅佛提，一部二〔三〕卷集。

沙門僧伽跋澄，三部二十七卷論、集〔四〕。

沙門曇摩蜱，一部五卷經。

沙門僧伽提婆，二部四十六卷論。

沙門曇摩難提，五部一百一十四卷經、論、集。

校勘記

〔一〕符健：金藏本誤作「前健」。

〔二〕符秦：金藏、永樂南藏本無。

〔三〕二：原誤作「三」，據金藏、高麗藏本改。

〔四〕二十七卷論集：原誤作「三十七卷論集」，金藏本作「二十七卷論」，據高麗藏本改。

十誦比丘戒本一卷。或云十誦大比丘戒，初出。見僧祐録。

比丘尼大戒一卷。亦云十誦比丘尼戒，第二出。見僧祐録。

教授比丘尼二歲壇文一卷。或無「尼」字。僧純於龜兹國得梵本來〔一〕，佛念譯語，惠常筆受。見寶唱録。

右三部，三卷，其本並闕。

沙門曇摩持，或云侍，秦言法惠，亦〔二〕云法海，西域人。善持律藏，妙入契經。以符堅謚莊烈天王。建元三年丁卯、四年戊辰，於長安譯十誦戒本等三部，竺佛念傳語，惠常筆受。安公僧戒序云：「佛念寫其梵文，道賢爲譯，惠常筆受。」其比丘尼戒，僧祐録云：「晉簡文帝時沙門僧純於西域拘夷國得梵本，到關中，令佛念、曇摩持〔三〕、惠常共出。」謹按長房等録，皆以惠常爲其譯主，與曇摩持、竺佛念〔四〕共譯。今以秦僧惠常元不遊於天竺，常〔五〕雖共出尼戒，執本乃是曇摩，佛念傳譯，常爲筆受。與其僧戒何别？此乃别標惠常，推校本末，事乃分〔六〕明，常爲助翻，曇摩爲主，故入曇摩之録，惠常不别存焉。

校勘記

〔一〕來：金藏本無。

〔二〕亦：金藏、高麗藏本作「或」。

〔三〕持：金藏、高麗藏本作「侍」。

〔四〕佛念：原作「法念」，據高麗藏本改。金藏本作「念」。

〔五〕常：金藏本誤作「當」。

〔六〕分：金藏本誤作「公」。

四阿含暮抄解二卷。亦云四阿含暮抄經。見僧祐録。

右一部，二卷，其本見在。

沙門鳩摩羅佛提，秦言童覺，西域人。以符堅建元十八年壬午八月，於鄴寺譯阿含暮抄一部，冬十一月乃訖。佛提執梵本，佛念、佛護譯爲秦文，沙門僧導、僧叡、曇究筆受。

尊婆須蜜菩薩所集論十卷。或云婆〔一〕須蜜經，或十二卷，或十四卷，建元二十年三月五日出，至七月十三日訖，跋澄、難提、提婆三人執本，佛念譯傳，惠嵩筆受。見僧祐録。

鞞婆沙論十四卷。或無「論」字，亦云鞞婆沙阿毗曇，亦云廣説，或十五卷，或十九卷，建元〔二〕十九年四月出，至八月末訖，難提録爲梵文，佛圖羅刹譯傳，敏智筆受。見僧祐録。

僧伽羅刹所集經三卷。或云僧伽羅刹集，初出，或五卷，建元二十年出，十一月三十日訖，佛念傳譯，慧嵩筆受。見僧祐録。於長安石羊寺出，亦云佛護傳譯。

右三部，二十七卷，其本並在。

沙門僧伽跋澄，或云跋橙，秦言衆現，罽賓國人，毅然有淵懿之量，歷尋名師，修習精諳。博覽衆典，特善數經。暗誦毗婆沙，貫其妙旨。毗婆沙即鞞婆沙是，非大毗婆沙也。常浪志遊方，觀風弘化。符堅建元之末，來入關中。先是大乘之典未廣，禪數之學甚盛，既至長安，咸稱法匠焉。堅秘書郎趙政，字文業，博學有才，崇仰大法，嘗聞外國宗習毗婆沙，而跋澄諷誦，乃四事禮供，請譯梵文。澄以建元十七年辛巳至二十一年乙酉，共名德法師釋道安等，譯婆須蜜等三部。涼州沙門竺佛念、外國沙門佛圖羅剎傳語，沙門敏智、慧嵩，秘書郎趙文業筆受，安公、法和對共校定。跋澄戒德整峻，虚靖離俗，關中僧衆，則而像之，後不知所終。

佛圖羅剎，不知何國人，德業純粹，該覽經典，久遊中土，善達秦言。其宣譯梵文，見稱當世。祐等群録，並云鞞婆沙論，僧伽提婆譯。今准安公論序，云僧伽跋澄譯。今准論序爲正。祐等群録復云跋澄譯雜阿毗曇毗婆沙論十四卷者，即鞞婆沙論是也。

校勘記

〔一〕婆：金藏本無。

〔二〕建元：金藏本作「或云」。

摩訶般若波羅蜜鈔經五卷。或無「鈔」字，或七卷，亦云般羅若，亦〔一〕名須菩提品，亦名長安品〔二〕，第六出，與道行、小品、明度等同本。見僧叡二秦録及僧祐録。

右一部，五卷，其本見在。

沙門曇摩蜱，秦言法愛，印度人。器宇明敏，志存弘喻。以符堅建元十八年壬午，譯般若抄經一部，佛護譯傳，佛護即佛圖羅剎也。惠進筆受，安公校定，共傳云「與大品、放光、光讚同本」者，或恐尋之未審也。

校勘記

〔一〕亦：金藏、高麗藏本作「一」。

〔二〕亦名長安品：金藏本無。

阿毗曇八犍度論三十卷。或無「論」字，或二十卷，或云迦旃延阿毗曇，或云阿毗曇經八犍度，初出，與唐譯發智論同本，建元十九年四月二十日出，至〔一〕十月二十三日訖。見僧祐録。

阿毗曇心十六卷。初出，或十三卷，建元末年於洛陽出。見僧叡二秦録及僧祐録。

右二部，四十六卷。前一部三十卷見在，後一部十六卷闕本。

沙門僧伽提婆，或云提和，亦云僧迦提婆，蓋是言音〔二〕楚夏耳。秦言衆天，罽賓國人，姓瞿曇氏，以符堅建元十九年癸未遊於長安。沙門法和請令翻譯，起十九年，訖建元末，出八犍度等論二部。其鞞婆沙十四卷，准安公序，是跋澄譯，今此除之。涼州沙門竺佛念譯傳，惠力、僧茂筆受，法和理其指歸，安公製序。後以晉孝武帝太元十六年，遊於廬山，及往建康，更出經論，具如晉録所顯。

校勘記

〔一〕至：嘉興藏本無。

〔二〕音：嘉興藏本無。

中阿鋡經五十九卷。建元二十年出，是第一譯，竺佛念筆受。見竺道祖晉世雜録及僧祐録。

增壹阿鋡經五十卷。第一譯，建元二十年甲申夏出，至來春訖，爲四十一〔一〕卷，佛念傳譯，曇嵩筆受。見安公經序。僧叡、僧祐、寶唱録並載。祐云三十三及二十四卷，恐誤。

三法度論二卷〔二〕。初出，或云三法度，無「論」字。與晉世僧伽提婆出者小異。見長房録。

僧伽羅刹集二卷。佛去世後七百年，僧伽羅刹造，初出。見寶唱録。

阿育王息壞目因緣經一卷。第二出〔三〕，姚秦建初六年辛卯〔四〕於安定城爲尚書令姚旻二月十八日出，至二十五日訖，佛念傳譯兼製序。見二秦録。此應入後秦，從多附此。

右五部，一百一十四卷。前四部一百一十三卷闕本，後一部一卷見在。

沙門曇摩難提，秦言法喜，兜佉勒國人。髫年離俗，聰慧夙成。研諷經典，以專精致業。遍觀三藏，闇誦中、增二阿含。博識洽聞，靡所不練。是以國内遠近咸共推服。少而觀方，遍涉諸國，常謂弘法之體，宜宣布未聞，故遠冒流沙，懷寶東遊，以符堅建元二十年至于長安。難提學業既優，道聲甚盛，符堅深見禮接，厚致供施。先是，中土群經未有四含，堅侍臣武威太守趙政，志深法藏，乃與安公共請出經。政於長安城内集義學僧，寫出二含梵本，方始翻譯，佛念傳語，惠嵩筆受，提以符堅建元二十年甲申至姚萇建初六年辛卯，譯中含等經五部。提後還西域，不知所終。

開元釋教録卷第三 總録之三

校勘記

〔一〕四十一：金藏、高麗藏本作「四十」。按：據道安增一阿含經序，「四十一」是。

〔二〕二卷：原作「一卷」，據金藏、高麗藏本等改。

〔三〕第二出：原作「第三出」。此經前後三譯，支讖譯爲第一出，竺佛念爲第三出，此爲第二出。本書卷一三有譯有本録中聖賢傳記録第三中著録曇摩難提此譯，亦云第二譯。據改。

〔四〕辛卯：金藏本作「辛丑」。建初六年，公元三九一年，「辛卯」是。

音　釋

軌：俱水反。　超邁：下莫敗反，遠也，往也。　璵：音余。　卞：皮變反。　迺，乃字。　旌：音精，表也。　亶：丁罕反。　娛樂：上音愚。　嚫：初近反。　鄒：側愁反。　齵齒：上丘羽反。　蛊狐：野胡二音。　嘴：觜字。　罽賓：上居例反，國名。　纖：息廉反。　恂恂：息旬反，恭敬皃。　翹懃：上巨摇反。　珣：息旬反。　琳：音林。　軌範：下音犯。軌範，法則也。　苗裔：下羊世反，末也。　悼：音盜，悲也。　敵：徒的反，抵敵也。　閉户：上必計反。　童齔：下昌謹反，換齒之年也。　涉驟：下助瘦反，走驟。　矜：居陵反。矜，愍也。　舶：音白，大船也。　循海：上音旬，歷也。　纜：郎淡反，船索也。　抄害：上楚教反，劫也。　東萊：下音來，郡名也。　澆僞：上古堯反，正作「僥」。　詭滑：上過委反，下玄八反，正作「猾」。詭滑，奸惡也。　謗讟：下音讀。讟，亦謗也。　殆盡：上音待，危也。　䂮：音略。　流蓱：下正作「萍」，音瓶，浮萍草也。　挾道：上正作「夾」。　忻然：上許斤反。　擯：必刃反，驅逐也。　邕：烏恭反。　顗：語豈反。　褚：敕吕反。　詮：七全反，具理也。　逗：

音豆，留也。　龔：音恭。　齠年：上音條，小兒。長髮之年。　刈稻：上魚吠反，割也；下音道，禾稻也。　舛闕：上昌軟反，差也。　嵬：愚回反。　沙礫：下音曆。　千仞：下音刃。一仞高七尺。　鑿石：上音昨。　躡：尼輒反，履躡也。　懸絙：下古登反，大索也。　張騫：下去乾反。　噤戰：上巨禁反，牙閉也；下正作「顫」，之扇反，四肢寒動也。　殞：羽敏反，亡也。　曛夕：上兄云反。曛夕，日入後時也。　蹲：音存。　舐脣：上神只反，舌舐也；下食春反，脣吻也。　輟：知劣反，止也。　榛木：上助巾反，叢木。　荒梗：下加猛反，刺也。　惋慨：上烏貫反，下苦愛反。惋慨，嘆也。　綖：線字。　僶俛：上彌忍反，下音免。强爲也。　純粹：下私遂反。純粹，不雜也。　萇：除良反，周有萇楚蔓也。　藜藋：上曆低反，下兄郭反。藜藋，草菜也。　嶷：宜力反。　煨燼：上烏回反，下徐刃反。火之餘也。　旻：眉巾反。　慟：徒貢反，哭之甚也。　暨：其器反，及也。　崇峙：下直里反。崇峙，高立也。　髫年：上音條，亦作「齠」，同前。　梯隥：下丁鄧反。　槵擐：二同音患。　蜱：邊兮反；又，密遥反。　毅然：上魚既反，勇也。　淵懿：上烏玄反，深也；下乙器反，吠也。

開元釋教録卷第四

唐庚午歲西崇福寺沙門智昇撰

總括群經録上之四

秦，姚氏，都常安。亦云後秦。

起姚萇謚爲昭武皇帝。白雀元年甲申，至姚泓無謚。永和三年丁巳，凡經三主三十四年，沙門五人，所出經、律、論等總九十四部合六百二十四卷。於中六十六部五百二十八卷見在，二十八部九十六卷闕本。准大智度論後記云弘始三年歲在辛丑，王道珪云歲在〔一〕庚子，一本亦云歲在辛丑〔二〕，房及甄鸞更差一載，今依後記爲正，次第排之。

姚秦〔三〕沙門竺佛念，一十二部七十四卷經、律、集。

沙門鳩摩羅什，七十四部三百八十四卷經、律、論、集。

沙門弗若多羅，一部五十八卷律。

沙門佛陀耶舍，四部八十四卷經〔四〕、律。

沙門曇摩耶舍，三部二十四卷經、論。

校勘記

〔一〕歲在：高麗藏本無。

〔二〕按：弘始三年，公元四〇一年，歲在辛丑。

〔三〕姚秦：原無，據高麗藏本及體例補。

〔四〕經：資福藏本無。

十住斷結經十卷。初云最勝問菩薩十住除垢斷結經，一名十千日光三昧定，亦云十地斷結，或十一卷，或十四卷，第二出。見二秦録〔一〕、高僧傳、僧祐録。

菩薩瓔珞經十二卷。一名現在報，第二出，或十三卷，或十四卷，或十六卷，符秦建元十二年七月出。見二秦録、高僧傳、僧祐録。

菩薩處胎經五卷。初云菩薩從兜術天降神母胎説廣普經，亦直云胎經，或四卷，或八卷。見二秦録〔二〕、高僧傳、僧祐録。

中陰經二卷。見二秦録、高僧傳、僧祐録。

菩薩瓔珞本業經二卷。或直云瓔珞本業經，初出〔三〕。見長房録。

鼻奈耶律十卷。一名誡因緣經，亦云鼻柰耶經，亦云戒果因緣經，沙門曇景筆受，見安公經序，符秦建元十四年壬午正月十二日出。

出曜經二十卷。亦云出曜論，或十九卷，符秦建元十九年出。見二秦録、高僧傳、僧祐、寶唱等録。

上[四]見在，已下闕。

持人菩薩經三卷。第二出，與法護持人、羅什持世同本。見長房録。

大方等無相經五卷。亦名大雲經，或四卷，與曇無讖方等大雲同本，初出。見長房録。

菩薩普處經三卷。見長房録。

十誦比丘尼戒所出本末一卷。第三出，僧純於拘夷[五]國得梵本，佛念爲譯，文繁，後竺法汰删改正之。見寶唱録。

王子法益壞目因緣經一卷。或云阿育王息壞目因緣經，第三出。見僧祐録。

右一十二部，七十四卷。出曜上七部六十一卷見在，持人下五部一十三卷闕本。

沙門竺佛念，涼州人，弱年出家，志業清堅。外和内朗，有通敏之鑒。諷習衆經，粗涉外典，其蒼雅詁訓，尤所明練。少好遊方，備觀風俗。家世西河，洞曉方語，華戎音義，莫不兼釋，故義學之譽雖闕，洽聞之聲甚著。

符氏建元年中，有曇摩持、鳩摩羅佛提、僧伽跋澄、提婆難提等來入長安，安公、趙政等請出衆經。當時名德，莫能傳譯，衆咸推念，以爲明匠。自安高、支謙〔六〕之後，莫踰於念。在符、姚二代，爲譯人之宗，故關中僧衆，咸共嘉焉。念於符、姚二代，自譯十住斷結等經一十二部。長房録中，別存十地斷結經十卷〔七〕者，非也。「住」之與「地」，二義無別，今存十住，十地删之。後遘疾卒于常安〔八〕。遠近白黑，莫不歎惜。

校勘記

〔一〕二秦録：高麗藏本作「三秦録」。按：二秦録，後秦釋僧叡撰。參見本書卷一〇。
〔二〕二秦録：原誤作「一秦録」，據高麗藏、資福藏、普寧藏、永樂北藏、嘉興藏、清藏、四庫本改。
〔三〕出：原作「云」，據高麗藏本改。
〔四〕上：永樂北藏、嘉興藏、清藏、四庫本作「已上」。
〔五〕拘夷：永樂北藏、嘉興藏本作「拘夾」。
〔六〕謙：嘉興藏本作「護」，據出三藏記集卷一五、高僧傳卷一竺佛念傳，作「謙」是。
〔七〕十卷：原作「十一卷」，據金藏、高麗藏本改。按：歷代三寶紀卷一一，云竺佛念出「十住斷結經一十卷」。
〔八〕常安：清藏、四庫本作「長安」。下同。按：姚秦避姚萇諱，改長安爲常安。

摩訶般若波羅蜜經四十卷。亦名〔一〕大品般若經，祐云新大品經，第〔二〕三出，與放光等同本，或三十卷，或二十四，或二十七，弘始五年癸卯四月二十三日出，至六年四月二十三日訖。見二秦録及僧祐録。

小品般若波羅蜜經十卷。題云摩訶般若波羅蜜，無「小品」字。祐云新小品經，與道行、明度等同本，第七譯，或七卷，或八卷〔三〕，弘始十年二月六日出，至四月三十日訖。見二秦録及僧祐録。

金剛般若波羅蜜經一卷。亦云金剛般若經，佛在舍衛國者初出，與元魏留支等出者同本。見二秦録及僧祐録。

仁王護國般若波羅蜜經二卷。亦云仁王般若經，或云一卷，第二出，與晉世法護、梁朝〔四〕真諦譯者同本異出。房云見別録。

摩訶般若波羅蜜大明呪經一卷。亦云摩訶大明呪經，初出，與唐譯般若心經等同本，見經題上〔五〕。

菩薩藏經三卷。一名富樓那問經，亦名大悲心經，今編入寶積，當第十七會，名富樓那會，弘始七年出，或二卷，第二出，與法護出者同本。見二秦録、僧祐録〔六〕。

善臂菩薩經二卷。今編入寶積，當第二十六會。見法上録。

須摩提菩薩經一卷。第二出，與寶積妙慧會等同本。見長房録。

自在王菩薩經二卷。或無「菩薩」字，初出，與奮迅王經同本，弘始九年於尚書令姚顯第出〔七〕，僧叡筆受并製序。見二秦録及僧祐録。

莊嚴菩提心經一卷。第四出，與法護菩薩十地經等同本。房云見〔八〕別録。

十住經四卷。或五卷，是華嚴〔九〕十地品異譯，什與佛陀耶舍共出。見二秦録及僧祐録。

妙法蓮華經八卷。僧祐録云新法華經，初爲七卷二十七品，後人益天授品，成二十八。弘始八年夏於大寺出，僧叡筆受并製序，第五譯。見二秦録及僧祐録。

維摩詰所説經三卷。一名不可思議解脱，或直云維摩詰經，僧祐録云新維摩詰〔一〇〕經，弘始八年於大寺出，僧肇筆受，叡製序，第六譯。見二秦録及僧祐録。

大樹緊那羅王所問經四卷。亦云説不可思議品，或直云大樹緊那羅經，第二出，與支讖伅真陀羅經同本。見長房録。

集一切福德三昧經三卷。與竺法護等集衆德經等同本異出，第三譯。見真寂寺録。

思益梵天所問經四卷。或直云思益經，僧祐録云思益義經。弘始四年十二月一日於逍遥園出，第二譯，與法護持心、留支勝思惟並同本。見二秦録及僧祐録。

持世經四卷。一名法印經，或三卷，第三出，與法護持人經等同本。見二秦録及僧祐録。

諸法無行經二卷。或一卷，與隋崛多諸法本無經等同本，初出。見二秦録及僧祐録。

阿彌陀經一卷。亦名無量壽經，弘始四年二月八日譯，初出，與唐譯稱〔一一〕讃浄土經等同本。見二秦録及僧祐録。

彌勒成佛經一卷。第二出，與法護彌勒成佛經〔一二〕同本，弘始四年出。見二秦録及僧祐録。

彌勒下生經一卷。一名彌勒受決經，初云大智舍利弗，與彌勒來時經等〔一三〕同本，第四出，亦云彌勒成佛經，亦云下生成佛，或云當下成佛。見二秦録及僧祐録。

文殊師利問菩提經一卷。亦直云菩提經，一名伽耶山頂經，一名菩提無行經，初出，與伽耶山頂經、象頭精舍經等同本。見僧祐録。經圖中別載菩提經一卷者，誤也。

孔雀王呪經一卷。第四出，亦名大金色〔一四〕孔雀王經，在逍遥園出，并結界場法悉備具。房云見別録。

首楞嚴三昧經三卷。或二卷，亦直云首楞嚴經，僧祐録云新首楞嚴經，第九出，與方等首楞嚴勇伏定經等同本。見僧祐録。

不思議光菩薩所問經一卷。亦云不思議光菩薩所説經，亦云無思議光孩童菩薩經，第二出，與竺法護無思議孩童經同本〔一五〕。見長房録。

華手經十三卷。或爲「華首」，一名攝諸善根經，亦名攝諸福德經，或十卷，或十一卷，或十二卷，弘始八年譯。見二秦録及僧祐録。

佛垂般涅槃略説教誡經一卷。亦云佛臨般，一名遺教經。見僧祐録。

千佛因緣經一卷。見法上録。

梵網經二卷。第二出，弘始八年於草堂寺三千學士最後出此一品，梵本有六十一品，譯訖，融、景〔一六〕等三百人一時共受菩薩十戒，僧肇筆〔一七〕受，見經前序。

佛藏經四卷。一名選擇諸法經，或三卷，或二卷，弘始七年六月十二日出。見二秦録及僧祐録。

清浄毗尼方廣經一卷。與文殊浄律經等同本，第三出。見法上録。

大智度論一百卷。或云大智度經論，亦云摩訶般若釋論，或七十卷，或一百一十卷，弘始四年夏於逍遥園出，七年十二月二十七日訖。見二秦録及僧祐録。

中論四卷。亦云中觀論〔一八〕，或八卷，弘始十一年於大寺出，僧叡製序。見二秦録及僧祐録。兼前智度論，並龍樹菩薩造。

十二門論一卷。龍樹菩薩造，弘始十年於大寺出，僧叡製序。見僧祐録及寶唱録。

百論二卷。提婆菩薩造，弘始六年出，僧肇製序。見二秦録及僧祐録。

十住毗婆沙論十四卷。或無「論」字，龍樹菩薩造，或十二卷，或十五卷。見長房録。

大莊嚴論經〔一九〕十五卷。或無「經」字，馬鳴菩薩造，或十卷。見長房録。

發菩提心論二卷。或云發菩提心經，亦云經論。見李廓録。

放牛經一卷。亦云牧牛經，出增一阿含第四十六卷，異譯。房云見別録。

海八德經一卷。第三出，與法海經等同本。見法上録。

禪秘要經三卷。或云禪秘要法，無「經」字。或四卷，與支謙等出者同本，第二出。房云見別録。

燈指因緣經一卷。見李廓録。

十誦比丘戒本一卷。亦云十誦波羅提木叉戒，第三出，與曇摩持等出者同本。見僧祐録。

成實論二十卷。或二十四，或二十七〔二〇〕，或十六，或十四，弘始十三年九月八日尚書令姚顯請出，至十四年九月十五日訖，曇晷筆受。佛後〔二一〕九百年訶梨跋摩造。見僧祐録。

坐禪三昧經三卷。一名菩薩禪法經〔二二〕，初出，或直云禪經〔二三〕，或云禪法要〔二四〕，或云阿蘭若習禪法，三名同是一本。弘始四年正月五日出，九年閏月五日〔二五〕重校正。見二秦〔二六〕、僧祐、寶唱三録。

菩薩呵色欲法一卷。或云菩薩訶色欲經，或直云菩薩呵色欲，初出。見僧祐録。

禪法要解二卷。或云禪要經，初出。見僧祐録。

思惟要略法一卷。或云思惟要略法經，或直云思惟經，第二出。見長房録。

雜譬喻經二卷〔二七〕。弘始七年十月出，道略集。

馬鳴菩薩傳一卷。見長房録。

龍樹菩薩傳一卷。見長房録。

提婆菩薩傳一卷。見長房録。

已上見存，已下闕本〔二八〕。

法界體性無分別經二卷。與寶積法界體性會同本，初出。見法上録。

大善權經二卷。與寶積大乘方便會等同本，第四出。見李廓録。

大方等大集經三十卷。或加「新」字，或二十四卷，與支讖、無讖所出者同本。見二秦録及李廓録。

大方等頂王經一卷。與法護等出〔二九〕者同本，第二出。見長房録。

阿闍世經二卷。與支讖等出者同本，第五譯。房云見别録。

睒本起經一卷。亦直云睒經，出六度經，異譯，第三出。見李廓録。

請觀世音經一卷。初出，與竺難提出者同本。見李廓録。

寶網經一卷。第二出，與法護出者同本。見李廓録。

稱揚諸佛功德經三卷。一名集華經，初出，弘始七〔三〇〕年譯。見二秦録及僧祐録。

觀普賢菩薩經一卷。第二出。見李廓録。

未曾有因緣經二卷。初出。見法上録。

賢劫經七卷。第二出，弘始四年三月〔三一〕五日出，與法護譯者〔三二〕同本，曇恭筆受。見二秦録及僧祐録。一名賢劫三昧經，一名賢劫定意經，凡三名。祐録云新賢劫經。

善信摩訶神呪經二卷。見李廓録。

持地經一卷。見長房録。

觀佛三昧經一卷。見李廓録。

菩薩戒本一卷。初出。見長房録。今疑此菩薩戒本，即梵網下卷是〔三三〕。

文殊悔過經一卷。第二出。見長房録。

舍利弗悔過經一卷。第三出。見法上録。

十住論十卷。龍樹菩薩造，弘始年譯，未訖，第一卷〔三四〕末似六度集。見二秦録及僧祐録。今疑此十住論，即十住婆沙是。

檢諸罪福經十卷。房云：見別録。

十二〔三五〕因緣觀經一卷。見長房録。

婆藪盤豆傳一卷。初出，見翻經圖。

右七十四部，三百八十四卷。提婆菩薩傳上五十二部三百二卷見在，法界體性經下二十二部八十二卷〔三六〕闕本。

沙門鳩摩羅什，秦言童壽，一名鳩摩羅耆婆者〔三七〕，外國製名，多以父母爲本，什父鳩摩羅炎，母字耆婆，故兼取爲名。天竺人也，家世國相。什祖父達多，倜儻不群，名重於國。父鳩摩羅炎〔三八〕，聰明有懿節。將嗣相位，乃辭避出家，東度葱嶺。龜兹王聞其棄榮捨俗，甚敬慕之，自出郊迎，請爲國師。王有妹，年始二十，才悟明敏，過目必能，一聞則誦。且體有赤黶，法生智子，諸國娉之，並不行。及見炎〔三九〕，心欲當之。王聞大喜，逼以妻焉，遂生於什。

什之在胎，其母慧解倍常，往雀梨大寺聽經，忽自通天竺語，難問之辭，必窮淵致，衆咸歎異。有羅漢達摩瞿沙曰：「此必懷智子。」爲説舍利弗在胎之證。既而生什，岐嶷若神。

什道震西域，聲被東國，符氏建元十三年歲次丁丑正月，太史奏有星現〔四六〕外國分野，當有大德智人入輔中國。堅素聞什名，乃悟曰：「朕聞西域有鳩摩羅什，將非此耶？」十九年，堅遣驍騎將軍吕光等率兵七萬，西伐龜兹及烏耆諸國。臨發，謂光曰：「聞彼方〔四七〕鳩摩羅什，深解法相，善閑陰陽，爲彼學之宗，朕甚思之。若克龜兹，即馳驛送什。」光軍未至，什謂其王白純曰：「國運衰矣，當有勍敵。日下人從東方來，宜恭承之，勿抗其鋒。」純不從而戰，光遂破龜兹，殺純獲什。

光性踈慢，未測什智量，見其年尚少，乃凡人戲之。什被逼既至，遂虧其節。或令騎牛及乘惡馬，欲使墮落。什常懷忍辱，曾無畏色〔四八〕，光慚愧而止。光還中路，置軍於山下，將士已休，什曰：「不可在此，必見狼狽，宜徙軍隴上。」光不納。至夜果雨，洪潦暴起，水深數丈，死者數千，光始加敬異。什謂光曰：「此凶亡之地，不宜淹留。推數揆運，應速言歸，中路必有福地可居。」光從之。至涼州，聞符堅已死，遂割據涼土，制命一隅焉。什停涼積年，數言未然，後皆如説。

吕光父子既不弘道，故藴其經法，無所宣化。符堅已亡，竟不相見。姚萇聞其高名，虚心要請，諸吕以什智計多解，恐爲姚謀，不許東入。及萇卒，子興謚爲文初皇帝〔四九〕。襲位，復遣敦請。弘始三年歲次辛丑三月，有樹連理生于殿〔五〇〕廷，逍遥一園葱變爲茝，以爲美瑞，謂智人應入。其年十二月二十日，什至常安，興待以國師之禮，甚見優寵。晤言〔五一〕相對，則淹留終日；研微造盡，則窮年忘勌。

自大法東被，始於漢明，歷涉魏、晉，經論漸多，而支、竺所出，多滯文格義。興少崇三寶，鋭志講集。什既至止，仍請入西明閣及逍遥園，譯出衆經。什率多闇誦，無不究達，轉解秦言，音譯流利。既覽舊經，義多乖謬，皆由先譯失旨，不與梵本相應。興使沙門僧肇、僧䂮、僧邈、僧叡等八百餘人諮受什旨，更令出大品。什持梵本，興執舊經，以相讎校。其新文異舊者，義皆圓通，衆皆愜服，莫不欣讚焉。興以佛道沖邃，其行唯善，信爲出苦之良津，御世之洪則，故託意九經，遊心十二，乃著通三世論，以勗示因果，王公已下，並欽讚厥風。興宗室常山公〔五二〕顯、安成侯嵩，並篤信緣業，屢請什於常安大寺講説新經。什以弘始四年壬寅至十四年壬子，譯大品、小品、金剛等經七十四部三百八十餘卷，並暢顯神源，發揮幽致。于時四方義學沙門，不遠萬里。名德秀拔者，才、暢二公乃〔五三〕至道恒、僧標、僧叡、僧敦、僧弼、僧肇等三十〔五四〕餘僧，稟訪精研，務窮幽旨。廬山慧遠，道業沖粹，乃遣使修問。龍光道生，慧解洞微，亦入關諮稟。盛業久大，至今仰則焉。

初沙門僧叡，才識高朗，常隨什傳寫。什每爲叡論四方辭體，商略同異，云：「天竺國俗，甚重文藻。其宮商體韻，以入弦爲善。凡覲國王，必有讚德。見佛之儀，以歌歎爲尊。

經中偈頌，皆其式也。但改梵爲秦，失其藻蔚。雖得大意，殊隔文體。有似嚼飯與人，非徒失味，乃令人嘔（五五）噦也。」什嘗作頌贈沙門法和云：「心山育德薰，流芳萬由延（五六）。哀鸞鳴孤桐，清響徹九天。」凡爲十偈，辭喻皆爾。什雅好（五七）大乘，志存敷廣（五八），嘗歎曰：「吾若著筆作大乘阿毗曇，非迦旃延子比也。今在秦地，深識者寡，折翮於此，將何所論？」乃悽然而止。唯爲姚興著實相論二卷，出言成章，無所删改。辭喻婉約，莫非淵奧。

什爲人神情映徹，傲（五九）岸出群。應機領會，鮮有其匹。且篤性仁厚，汎愛爲心。虚己善誘，終日無勌。時有沙門僧叡，興甚嘉（六〇）焉。什所譯經，叡並參正。昔竺法護出正法華受決品云：「天見人，人見天。」什譯經至此，乃言曰：「此語與梵本義同，但在言過質。」叡應聲曰：「將非『人天交接，兩得相見』乎？」什大喜，曰：「實然。」而叡與什共相開發，皆此類也。

嘗聽秦僧道融講新法華，什乃歎曰：「佛法之興，融其人也。」俄而師子國有一婆羅門，聰辯多學，西土俗書，罕不披誦，而爲彼國外道之宗。聞什在關大行佛法，乃即慨然謂其徒曰：「寧可偏使釋氏之風獨傳震旦，而令吾等正化之典不洽東國？」因遂乘馳負書，遠涉來入常安。姚興見其口眼便僻，頗亦惑之。而婆羅門乃啓興曰：「至道無方，各尊其事，今故遠來，請與秦僧捔其辯力，隨有優者，即傳其化。」興即許焉。于時關中四方僧衆，相視缺然，莫敢當者。什謂融曰：「此之外道，聰明殊人，捔言必勝。豈可得使無上大道在於吾徒爲彼而屈？良可悲矣。若使外道肆情得志，則是我等法輪摧軸，豈可然乎？如吾所覩，在君一人。」道融自顧才力不減，而彼西域外道經書未盡披讀，乃密令人寫婆羅門所讀經目，一披即誦。其後剋日，將就論義。姚興自出，公卿皆會。關中僧衆，四遠必集。爾時道融與婆羅門擬相訓抗，鋒辯飛玄，彼所不逮。時婆羅門雖自覺知辭理已屈，然意猶以廣讀爲誇。道融乃列其所讀書，并更通論秦地經史名目卷部，三倍多之。什仍乘勢因嘲之曰：「君可不聞大秦廣學，那忽輕爾遠來？」婆羅門心生愧伏，頂禮融足。旬日之中，無何而去。像運再顯，鳩摩羅什、道融力焉。

又杯度比丘在彭城，聞什在常安，乃歎曰：「吾與此子戲別，三百餘年，杳然未期，遲有遇於來生耳。」什臨終力疾，與衆僧告别曰：「因法相遇，殊未盡伊心。方復異世，惻愴可〔六一〕言。自以闇昧，謬充傳譯，若所傳無謬，使焚身之後，舌不燋爛。」以秦弘始中卒，即於逍遥園依外國法焚尸。薪滅形化，唯舌不變，信弘法之有徵矣！什公卒時，諸記不定。高僧傳云弘始十一年八月二十日卒於常安，或云七年，或云八年。傳取十一爲正，此不然也。准成實論後記云：「大秦弘始十三年歲次豕韋九月八日，尚書令姚顯請出此論，至來年九月十五日訖。」准此，十四年末什仍未卒。又准僧肇上秦主姚興涅槃無名論表云「肇在什公門下十有餘載」，若什四年出經，十一年卒，始經八載，未滿十年，云何乃言十有餘載？故知但卒弘始年中，不可定其年月也。

然什出經部卷，衆説多少不同，長房録中其數彌廣。今細參驗，多是別生，或有一本數名，或是録家錯上。具件如左，今悉删之。

十誦律六十一卷。僧祐録云是什譯出。今已前五十八卷是什度語，非什正翻。後之三卷，卑摩羅叉續出，置之於後。已備餘録，此不存之。

放光般若波羅蜜經二十卷。房云第二出，見別録。今以放光梵本與大品同，譯大品時，興〔六二〕執舊經，什出新本。若言放光什譯，舊經何者是耶〔六三〕？故知大品爲新，放光爲舊，重載二本，誤之甚也。

般若經論集二十卷。房云見吴録。今謂此集乃是廬山遠法師以大智度論文句繁積，初學難尋，乃删煩剪亂，令質文有體，撰爲二十卷。亦云大智論要略，亦云釋論要抄。此乃遠公撮略前論，非什別翻也。

禪法要三卷。下注云：先譯，弘始元年重校正，叡製序。既云先譯重校，不合存〔六四〕其二名。准僧叡經序，即坐禪三昧經也〔六五〕。

阿蘭若習禪法經二卷。房云見別録，或無「經」字，與坐禪三昧同本，異出。今謂不然。此即坐禪三昧之別名也。尋其文句，首末大同，是初出本，非校正者。

樂瓔珞莊嚴經一卷。房云見廓録。今准〔六六〕經後記，乃是曇摩耶舍所譯，非什翻也，今移附彼録。

實相論一卷。高僧傳云二卷，什爲姚興撰出。非梵本傳，故闕之也。

往古性和佛國願行法典經。或作「生和」。出文殊佛土〔六七〕嚴浄經。
佛謦欬徹十方經。
佛臍化出菩薩經。
魔業經。
過去無邊光浄佛土經。
虚空藏菩薩問持經得幾功德經。亦云〔六八〕得幾福經。
過魔法界經。
太白魔王堅信經。
佛弟子化魔子偈頌經〔六九〕。
開化魔經。
魔王變身經。佛謦及下十經，並出大集。
觀世音經。出法華經。
陀羅尼法門六種動經。
彌勒菩薩本願待時成佛經。
佛變時會身經。

東方善華世界佛座震動經。陀羅尼等四經，並出悲花經。

雀王經。

佛昔爲鹿王經。

菩薩身爲鴿王經。雀王等三經，並出六度集。

無量樂佛土經。亦云「國土」。出央崛經。

佛問阿須倫大海有減經。出中阿含。

佛跡見千輻輪相經。出雜阿含。

佛心總持經。

水牛王經。

兔王經。佛心等三經，並出生經。

獼猴與婢共戲致變經。

王后爲蜣蜋經。獼猴等二經，並出雜譬喻。

比丘應供法行經。祐注入疑經，今亦在疑録。

已上都有三十五部一百三十六卷。

校勘記

〔一〕名：永樂北藏、嘉興藏、清藏、四庫本作「云」。
〔二〕第：原作「等」，據金藏、高麗藏、資福藏本改。
〔三〕或八卷：金藏、高麗藏本無。
〔四〕梁朝：金藏、高麗藏本作「與梁朝」。
〔五〕上：原誤作「二」，據諸校本改。
〔六〕僧祐録：嘉興藏本作「及僧祐録」。
〔七〕出：永樂北藏、嘉興藏、四庫本誤作「二出」。
〔八〕見：原無，據金藏、高麗藏、資福藏本補。
〔九〕華嚴：原誤作「莊嚴」，據金藏、高麗藏、資福藏、永樂北藏、嘉興藏、清藏、四庫本改。
〔一〇〕詰：原無，據金藏、高麗藏本及出三藏記集補。
〔一一〕稱：金藏本作「釋」。
〔一二〕經：金藏本無。
〔一三〕等：金藏、高麗藏本無。
〔一四〕大金色：金藏本作「大金」。
〔一五〕本：原無，據金藏、高麗藏本補。
〔一六〕景：金藏、高麗藏本作「影」。

〔一七〕筆：金藏、高麗藏本無，嘉興藏本誤作「等」。
〔一八〕論：金藏本無。
〔一九〕論經：高麗藏本作「經論」。
〔二〇〕或二十七：金藏、高麗藏本無。
〔二一〕佛後：高麗藏本作「佛滅後」。
〔二二〕禪法經：金藏本作「禪法」。
〔二三〕禪經：金藏本作「禪法要」。
〔二四〕要：資福藏本無。
〔二五〕九年閏月五日：金藏、高麗藏本作「至九年閏五月」。
〔二六〕二秦：清藏本誤作「一秦」，四庫本作「二秦録」。
〔二七〕二卷：金藏、高麗藏本作「一卷」。
〔二八〕已上見存已下闕本：金藏、高麗藏本無。
〔二九〕出：原無，據金藏、高麗藏本補。
〔三〇〕七：原作「十」，據金藏、高麗藏本及歷代三寶紀改。
〔三一〕三月：原作「二月」，據金藏、高麗藏本及歷代三寶紀改。
〔三二〕譯者：金藏本作「出者」。
〔三三〕即梵網下卷是：資福藏本無。

〔三四〕第一卷：金藏、高麗藏本作「第八」。
〔三五〕十二：原作「十住」，據金藏、高麗藏本改。
〔三六〕八十二卷：嘉興藏本作「八十三卷」。
〔三七〕者：金藏、高麗藏本無。
〔三八〕羅炎：金藏、高麗藏本作「炎」，資福藏本作「羅琰」。
〔三九〕炎：資福藏本作「琰」。
〔四〇〕正：永樂北藏、嘉興藏、清藏、四庫本作「止」。
〔四一〕藝：金藏、高麗藏本作「詣」，資福藏本作「乂」。
〔四二〕故：金藏本無。
〔四三〕非之：金藏本作「怽之」。
〔四四〕如：原作「知」，據金藏、高麗藏、資福藏、嘉興藏、四庫本改。
〔四五〕令：金藏、高麗藏本作「命」。
〔四六〕現：金藏、高麗藏本作「見」。
〔四七〕彼方：高麗藏本作「彼有」。
〔四八〕畏色：金藏、高麗藏本作「異色」。
〔四九〕文初皇帝：金藏、高麗藏本作「文祖皇帝」。
〔五〇〕殿：金藏、高麗藏本作「廟」。

〔五一〕晤言：金藏、高麗藏本作「悟言」。

〔五二〕常山公：清藏、四庫本作「長山公」。

〔五三〕乃：金藏本作「及」。

〔五四〕三十：原誤作「三千」，據金藏、高麗藏本改。

〔五五〕嘔：金藏、高麗藏本作「歐」。

〔五六〕由延：金藏、高麗藏本作「由旬」。按：高僧傳亦作「由旬」。按：由旬，意同「由延」，古印度計算里程的單位。然「延」和第四句之「天」押韻，似更愜當。

〔五七〕雅好：永樂北藏、嘉興藏、清藏、四庫本誤作「推好」。

〔五八〕敷廣：高麗藏本作「敷演」。

〔五九〕傲：金藏本脱。

〔六〇〕嘉：金藏本作「喜」。

〔六一〕可：高麗藏本作「何」。

〔六二〕興：嘉興藏本誤作「與」。

〔六三〕是耶：清藏、四庫本作「是界」。

〔六四〕存：原作「有」，據諸校本改。

〔六五〕也：金藏本作「是」，高麗藏本作「是也」。

〔六六〕廓録今准：原作「廓録今唯」，高麗藏本作「李廓録今准」，據諸校本改。

〔六七〕佛土：金藏、資福藏本作「佛王」。
〔六八〕云：原作「二」，據諸校本改。
〔六九〕偈頌經：原作「偈訟經」，據金藏、高麗藏本改。

十誦律五十八卷。弘始六年十月十七日於中寺出。見二秦録。

右一部，五十八卷，本在。

沙門弗若多羅，秦言功德華，罽賓國人。少出家，以戒節見稱，備通三藏，而專精十誦律部，爲外國師宗，時人咸謂已階聖果。以弘始年中〔一〕振錫入關，秦主姚〔二〕興待以上賓之禮。羅什亦挹其戒範，厚相崇敬。先是經法雖傳，律藏未闡，聞多羅既善斯部，咸共思慕。以弘始六年甲辰十月十七日，集義學沙門六百餘人，於常安中寺，延請多羅誦出十誦梵本，羅什譯爲秦文。三分獲二，多羅遘疾，奄然棄世。衆以大業未卒而匠人殂往，悲恨之深，有踰常痛。

次有西域沙門曇摩流支，秦云法樂。棄家入道，偏以律藏持〔三〕名。以弘始七年秋，達自關中。廬山釋慧遠聞支既善毗尼，希得究竟律部，乃遣書通好曰：「佛教之興，先行上國。自分流已來，四百餘年，至於沙門德式，所闕尤多。頃西域道士弗若多羅是罽賓人，其諷十誦梵本，有羅什法師，通才博見，爲之傳譯，十誦之〔四〕中文始過半，多羅早喪，中途而寢，不得究竟大業，慨恨良深。傳聞仁者賫此經自隨，甚欣所遇，冥運之來，豈人事而已耶？想弘道爲物，感時而動，叩之有人，必情無〔五〕所吝。若能爲律學之徒畢〔六〕此經本，開示梵行，洗〔七〕其耳目，使始涉之流不失無上之津〔八〕。參懷勝業者，日月彌朗。此則惠深德厚，人神同感矣。幸願垂〔九〕懷，不乖往意。」流支既得遠書，及姚興敦請，乃與什共譯十誦都畢，研詳考覈，條制審定，而什猶恨文煩未善。既而什化，不獲删治。流支住常安大寺，慧觀欲請〔一〇〕往楊都，支曰：「彼土有人有法，足以利世，吾當更行無律教處。」於是遊化餘方，莫知所之。

校勘記

〔一〕年中：金藏、高麗藏本作「十年」。
〔二〕姚：金藏、高麗藏本無。
〔三〕持：高僧傳卷二曇摩流支傳作「馳」。
〔四〕之：金藏本作「梵」。
〔五〕無：金藏本作「无不」，資福藏本作「无有」。
〔六〕畢：資福藏、永樂北藏、嘉興藏、清藏、四庫本作「冀」。高僧傳卷二曇摩流支傳作「畢」。

〔七〕洸：清藏、四庫本作「滉」。
〔八〕津：金藏本作「律」。
〔九〕垂：金藏本作「乘」。
〔一〇〕請：清藏、四庫本作「諸」。

虚空藏菩薩經一卷。初出，或無「菩薩」字，與虚空孕經等同本，是大集别分。三藏後還外國，於罽賓得〔一〕此經，附商人送致涼州。見道慧宋齊録及僧祐録。

長阿含經二十二卷。弘始十四年出，至十五年訖，涼州沙門佛念傳譯，秦國沙門道含筆受。見僧叡二秦録及僧祐録、高僧傳等。

四分律六十卷。亦云曇無德律。本譯四十五卷，或云四十卷，或云四十四卷，今亦有七十卷者。弘始七年於中寺〔二〕出，慧辯傳譯。見晉世雜録及祐録、僧傳等。

四分僧戒本一卷。或無「僧」字。亦云曇無德戒本。見晉世雜録及僧祐録。

右四部，八十四卷，其本並在。

沙門佛陀耶舍，秦言覺名，或云覺稱，耶舍是名，「稱」義。高僧傳中翻爲覺明，義稍乖也。罽賓國人，婆羅門種，世事外道。有一沙門從其家乞，其父瞋怒，令人毆〔三〕之，父遂手脚攣躄，不能行止，乃問於巫〔四〕師，對曰：「坐犯賢人，鬼神使然也。」即請此沙門，竭誠悔過，數日便瘳。因令耶舍出家，爲其弟子，時年十三。嘗從師遠行，於曠野逢虎，師欲走避，耶舍曰：「此虎已飽，必不侵人。」俄而虎去。前行，果見餘肉，師密異之。至年十五，誦經日得五六萬言。所住寺，常於外分衛，廢於誦習。有一羅漢重其聰敏，恒乞食供之。十九，誦大小乘經數百萬言。然性簡傲，頗以知見自處，謂少堪己師，故不爲諸僧所重。但美儀止〔五〕，善談笑，見者忘其深恨。年及受戒，莫爲臨壇，所以向立之歲，猶爲沙彌。乃從其舅學五明諸論，世間法術，多所通習。二十有七，方受具戒。恒以讀誦爲務，手不釋牒〔六〕。每端坐思義，不覺虛中而過，其專精如此。

後至沙勒國，時太子達摩弗多秦言法子。見其容貌端雅，問所從來。耶舍訓對清辯，太子悦之，仍請宫内供養，待遇隆厚。羅什後至，從其受學，甚相尊敬。什隨母東歸，耶舍留止。頃之王薨，太子即位。時符堅遣吕光攻龜茲，龜茲王急，求救於沙勒，王自率兵救之，使耶舍留輔太子，委以後任。救軍未至而龜茲已敗，王歸，具説羅什爲光所執。乃歎曰：「我與羅什相遇雖久，未盡懷抱。其忽羈虜，相見何期？」停十餘年，王薨，因至龜茲，法化甚盛。

時什在姑臧，遣信要之，裹粮欲去，國人請留，復停歲餘。後語弟子云：「吾欲尋羅什，可密裝夜發，勿使人知。」弟子曰：「恐明旦追至，不免復還耳。」耶舍乃取清水一鉢，以藥投中，呪數十言，與弟子洗足，即便夜發。比至旦，行數百里，問弟子曰：「何所覺耶？」答曰：「唯聞疾風之響，眼中淚出耳。」耶舍又與呪水洗足，住息。明旦，國人追之，已差數百里，不及。

行達姑臧，而什已入常安。什聞其至姑臧，勸興迎之，興未納。頃之，命什譯出經藏，什曰：「夫弘宣法教，宜令文義圓通。貧道雖誦其文，未善其理，唯佛陀耶舍深達經致，今在姑臧，願下詔徵之。一言三詳，然後著筆，使微言不墜，取信千載也。」興從之，即遣使招迎，厚加贈遺，悉不受。重信敦喻，方至常安。興自出候問，別立新省於逍遥園，四事供養，並不受。至時分衛，一食而已。于時羅什出十住經，一月餘日，疑難猶豫，尚未操筆。耶舍既至，共相徵決，辭理方定。道俗三千餘人，皆歎其賞要。

舍爲人髭赤，善解毗婆沙，故時人號曰「赤髭毗婆沙」。既爲羅什之師，亦稱「大毗婆沙」。四輩供養，衣鉢臥具，滿三間屋，不以關心。興爲貨之，於城南造寺。

耶舍先誦曇無德律，司隸校尉姚爽或云姚奭。請令出之。興疑其遺謬，乃試耶舍，令誦羌〔七〕籍、藥方各四十餘紙，三日，乃執文覆之，不誤一字，衆服其强記。即以弘始十年戊申，譯四分律并長阿含等經，至十五年癸丑方訖。涼州沙門竺佛念譯爲秦言，道含筆受。譯畢解坐，興嚫耶舍布絹万疋，悉皆不受。佛念、道含布絹各千疋。名德沙門五百人，皆重嚫施。

耶舍後還罽賓，不知所終。四分序云：壬辰之年，有晉國沙門支法領，西越流沙，遠期天竺，路經于闐，會遇曇無德部體大乘三藏沙門佛陀耶舍，才艷博聞，明練經律，三藏方等，皆諷誦通利。即於其國廣集諸經於精舍，還以歲在戊申，始達秦國，秦主姚興〔八〕欣然，即以其年請出律藏。時集持律沙門三百餘人，於長安中寺出，即以領弟子慧辯爲譯。其壬辰年即秦建初七年也，戊申歲即弘始十年也。又有説云：耶舍與佛念等共勘法領所將梵本，然後翻出。衆説少殊，未詳孰正。又准僧肇長阿含序及高僧傳〔九〕並云「四分弘始十二年出」者，此或據部終時説也。

校勘記

〔一〕得：原作「待」，據諸校本改。

〔二〕七年於中寺：高麗藏本作「十年於寺中」。

〔三〕毆：金藏、高麗藏、嘉興藏、清藏本作「歐」。

〔四〕巫：金藏、高麗藏本作「筮」。

〔五〕止：金藏本作「正」。

〔六〕釋牒：嘉興藏本作「失牒」。

〔七〕羌：原作「差」，據金藏、高麗藏本改。

〔八〕秦主姚興：金藏、高麗藏本作「秦主姚」，四庫本作「秦王姚興」。

〔九〕高僧傳：金藏、資福藏本作「高僧」。

差摩經一卷。東晉隆安年達廣州，在白沙寺〔一〕爲清信女張普明譯，此應入晉録，隨人〔二〕附秦。見高僧傳及長房録。

樂瓔珞莊嚴方便品經一卷。一名轉女身菩薩問答經，第三出，與法護順權方便經等同本，李廓録云羅什譯。准經後記，云耶舍出，故移編此。

舍利弗阿毗曇論二十二卷。或無「論」字，或二十卷，或三十卷，共曇摩崛多於石羊寺出，道標〔三〕製序。見僧祐、寶唱二録及高僧傳。

右三部，二十四卷。初一部一卷闕本，後二部二十三卷見在。

沙門曇摩耶舍，秦言法稱，高僧傳翻爲法明，義乖也。罽賓國人。少而好學，年十四，爲弗若多羅所知。長而氣幹高爽，雅有神慧，該覽經律，明悟出群。陶思八禪，遊心七覺，時人方之浮頭婆馱。孤行山澤，不避虎兕。獨處思念，動移宵日。嘗於樹下每自剋責：「年將三十，尚未得果，何其懈哉？」於是累日不寢不食，專精苦到，以悔先罪。乃夢見博叉天王語之曰：「沙門，當觀方弘化，曠濟爲懷。何守小節獨善而已？道假衆緣，復須時熟，非分强求，死而無證。」覺自思惟，欲遊方授道，既而踰歷諸國，冒涉艱危，以晉隆安中，初達廣州，住白沙寺。耶舍善誦毗婆沙律，人咸號爲「大毗婆沙」。

時有清信女張普明，諮受佛法，耶舍爲說佛生緣起，并爲譯出差摩經一卷。義熙中〔四〕，來入常安，時姚興僭號，甚宗佛法。耶舍既至，深加禮異。會有天竺沙門曇摩掘多秦言法藏。來入關中，同氣相求，宛然若舊，因共出舍利弗阿毗曇，以秦弘始九年丁未書出梵文，停至十六年甲寅，經師漸閑秦語，令自宣譯，至十七年乙卯方訖，凡二十二卷。秦太子泓親管理味，沙門道標爲之作序。又出樂瓔珞經一卷。

耶舍後南遊江陵，止于辛寺，大弘禪法。其有味靖之賓披榛而至者三百餘人。凡士庶造者，雖先無信心，見皆敬悦。自説有一師一弟子修業，並得羅漢，傳者失其名。又嘗於外門閉户坐禪，忽有五沙門來入其室。又時見沙門飛來樹端者，往往非一。常交接神明而俯同矇俗，雖道迹未彰，時人咸謂已階聖果。至宋元嘉中，辭還西域而不知所終也。

校勘記

〔一〕白沙寺：資福藏本作「長沙寺」。

〔二〕隨人：普寧藏、嘉興藏、清藏本作「隋人」。

〔三〕道標：金藏、高麗藏本作「釋道標」。

〔四〕義熙中：金藏、高麗藏本作「至義熙中」。

秦，乞伏氏，都苑川。亦云西秦。

從乞伏國仁〔一〕謚宣烈王。建義元年乙酉，至乞伏慕末無謚。永弘四年辛未，凡經四主四十七年，沙門一人，所譯經及三秦代新舊失譯經、律、論等，總〔二〕五十六部一百一十卷。於中三十二部〔三〕七十九卷見在，二十四部三十一卷闕本。

乞伏秦沙門釋聖堅，一十五部二十四卷經。

三秦代新舊諸失譯經。四十一部八十六卷。七部七卷舊集，三十四部七十九卷新附。

校勘記

〔一〕仁：原無，據高麗藏本補。

〔二〕總：金藏本無。

〔三〕三十二部：金藏本作「三十部」。

羅摩伽經三卷。是華嚴入法界品少分，異譯。見内典録。

太子須大拏經一卷。出六度集第二卷，異譯，於江陵辛寺出，庾爽〔一〕筆受。或云「須達拏」。見始興録及寶唱録。應入晉世，隨人〔二〕附秦。

睒子經一卷。一名孝子睒經，一名菩薩睒經，一名佛説睒經，一名睒本經，一名孝子隱經，凡六名，第四出，出〔三〕六度集第二卷，異譯。見始興録及法上録。

摩訶刹頭經一卷。亦名灌佛形像經，亦直云灌佛經，第二出，與灌洗佛形像經同本。見始興録。

無崖際持法門經一卷。一名無際經，與尊勝菩薩所問經〔四〕等同本，初出。見始興録及法上録〔五〕。

演道俗業經一卷。第二出，與支謙譯者同本。見法上録。

除恐災患經一卷。第二出，與帛延譯者同本。見始興、寶唱、法上三録。

賢首經一卷。一〔六〕名賢首夫人經。見始興録。

阿難分别經一卷。亦名阿難問事佛吉凶經，第三出。見始興、法上二録〔七〕。

婦人遇辜經一卷。一名婦遇對經。見始興、法上二録。上見存，已下闕。

方等主虚空藏經八卷。亦云虚空藏所問經，一名勸發菩薩莊嚴菩提經，或五卷，是大集虚空藏〔八〕品異譯。見晉世雜録及法上録。云與羅摩伽經同本，非也。

菩薩所生地經一卷。一名摩竭所問經，第二出，見趙録。未知前後趙，逐人附西秦。見始興録。

孛經一卷。第三出。見法上録。

童迦葉解難經一卷。亦云童迦葉經，與鳩摩迦葉經同本。祐云出長阿含，庚爽筆受。見始興、王宗、寶唱、支敏度等四録。

七女本經〔九〕一卷。亦名女本心明經，亦名七女經，第三出。見支敏度都録〔一〇〕。

右一十五部，二十四卷。婦人遇辜上十部一十二卷見在，方等主下五部一十二卷闕本。

沙門釋聖堅，或云法堅，亦謂堅公，未詳孰是，故備列之。器量弘普，利物爲心。以乞伏秦太初年間，於河南國爲乾歸謚武元王。譯羅摩伽等經一十五部。尋其聖堅遊化，隨處出經，既適無停所，弗知附見何代世録爲正。今依法上總注，入乞伏秦世録云。

校勘記

〔一〕庾爽：金藏本作「康奕」。

〔二〕隨人：永樂北藏、嘉興藏、清藏、四庫本作「隋人」。

〔三〕出：金藏本無。

〔四〕經：金藏本無。

〔五〕法上録：金藏本作「法上」。

〔六〕一：金藏本無。

〔七〕始興法上二録：金藏、高麗藏本作「始興録及法上録」。

〔八〕空藏：金藏、資福藏本作「空」。

〔九〕七女本經：原作「女七經」，資福藏、普寧藏、永樂北藏、嘉興藏、四庫本作「七女七經」，今按子注有云「亦名七女經」，故據金藏、高麗藏本補。

〔一〇〕録：金藏、資福藏、普寧藏、嘉興藏、清藏本作「經」。

沙彌羅經一卷。第二出，與五母子經同本。

薩和薩王經一卷。

阿多三昧經一卷。或作「阿陀」。

陀賢王經一卷。

颰陀悔過經一卷。

方等決經一卷。

比丘二事經一卷。祐録云「三事」。上七部，僧祐録云安公關中異經。

右七部，七卷。初沙彌羅經有本，餘者並闕。長房録云：並是沙門僧祐出三藏集録釋道安所記關中異經。今還附入三秦世録，總爲失譯時代處云。房録復有梵本經四卷，脚下注云似是長安中出。後漢失譯録中已有，此中復載，既是重上，删之不存也。

已下〔一〕新附此録：

天王太子辟羅經一卷。或無「天王」字。亦云太子辟羅經。

菩薩本行經一卷。

大珍寶積惟日經一卷。

墮迦羅問菩薩經一卷。

阿難爲蠱道呪經一卷。舊録云阿難爲蠱道所呪經，今疑是藏中摩鄧女經。

王舍城靈鷲山經一卷。舊録云王舍城靈鷲山要直〔一〕經。

思道經一卷。

佛在竹園經一卷。

法爲人經一卷。

道意經一卷。

阿夷比丘經一卷。

八德經一卷。今疑是海八德經。

善德經一卷。

摩訶犍陀惟衛羅盡信比丘等度經一卷。舊録云盡信比丘經。

右一十四部，一十四卷。初太子辟羅經有本，餘者並闕。僧祐録云：安公關中異經、長房等録，並闕不載。祐載安公關中異經總二十四部二十四卷，於中七部，如房録中列。今更出一十四經，通有二十一部。餘之三部，長房等録皆標譯主，故此闕之。

校勘記

〔一〕已下：永樂北藏、嘉興藏、清藏、四庫本誤作「已上」。

〔二〕直：金藏、高麗藏本作「真」。按：出三藏記集卷三新集安公關中異經録作「直」。

大寶積經一卷。今編入寶積，當第四十三會，改名普明菩薩會，第三出，與摩訶衍寶嚴、佛遺日摩尼寶二經同本，異譯。

度諸佛境界智光嚴經一卷。初出，與佛華嚴入〔一〕如來德智不思議境界經等同本，舊云與如來莊嚴智慧光明入一切佛境界經等同本者，全乖也。

大悲分陀利經八卷。亦云大乘悲分陀利經，第二出，與曇無讖悲華經等同本。

大金色孔雀王呪經一卷。第五出。

佛説大金色孔雀王呪經一卷。第六出。二經同本。

大方廣如來秘密藏經二卷。大周録云與大方等如來藏經同本〔二〕者，非也。

金剛三昧本性清淨不壞不滅經一卷。亦名金剛清淨經，長房等録云吴支謙譯，後漢失譯中復載，並非也。今尋文句，似秦時譯，故移編此。

師子月佛本生經一卷。長房等録云西晉竺法護譯，今尋文句，非是護公所出，似〔三〕秦代譯，故移編此〔四〕。

十吉祥經一卷。

一切智光明仙人慈心因緣不食肉經一卷。

淨業障經一卷。

別譯雜阿含經二十卷。

出家功德經一卷。非是賢愚抄出者。

毗尼母經八卷。亦云毗尼〔五〕母論。

薩婆多毗尼〔六〕毗婆沙九卷。

三彌底部論三卷。或無「部」字，或云四卷。

辟支佛因緣論二卷。

十八部論一卷。初出，與部異執論等同本，房等並云真諦譯者，非也。

佛入涅槃密跡金剛力士哀戀經一卷。

無明羅剎集一卷。亦云無明羅剎經，或二卷。

右二十部，六十五卷，並是見入藏經，似是秦時譯出。數本經中並有「秦言」之字。諸失譯録並未曾載，今附此秦録，庶免遺漏焉。

通前舊失譯經七部七卷，及新附安公關中異經等，總四十一部合八十六卷，並爲三秦失譯云。

校勘記

〔一〕入：金藏本誤作「人」。

〔二〕大周録云與大方等如來藏經同本：見大周刊定衆經目録卷五大乘重譯經目卷之四，云大方廣如來秘密藏經與法炬共法立洛陽譯、佛陀跋陀羅於楊都及廬山譯、白法祖譯之大方等如來藏經「四經同本異出」。本書卷一二云：「今尋文理，義旨懸殊，故爲單本。」

〔三〕似：永樂南藏本無，永樂北藏、嘉興藏、四庫本作「此」。

〔四〕此：永樂南藏本無。

〔五〕尼：金藏本無。

〔六〕毗尼：永樂北藏、嘉興藏、清藏、四庫本無。

前涼，張氏，都姑臧。新上。餘録無年，依甄鸞録，多從晉年號。

從張軌諡爲武王。永寧元年辛酉至天錫秦封驃騎大將軍，涼州牧〔一〕。咸安六年丙子，凡經八主七十六年，外國優婆塞一人，譯經四部，合六卷。於中一部一卷見在，三部五卷闕本。

前涼優婆塞支施崙，四部六卷經。

校勘記

〔一〕牧：金藏本脱。

須賴經一卷。與曹魏白延、吴支謙、宋功德賢所出須賴經同本，見經後記。第三出，咸安三年出。

如幻三昧經二卷。第四出，與安高、法護如幻三昧及寶積善住意會等同本。見首楞嚴經後記，咸安三年出。

上金光首經一卷。第二出，與晉法護大浄法門經、隋〔一〕耶舍大莊嚴法門經同本，咸安三年出。見首楞嚴經後記。

首楞嚴經二卷。第八出，與漢支讖、吴支謙、魏白延、晉法護等所出首楞嚴同本，咸安三年出。見經後記。

右四部，六卷。須賴經一部一卷見在，如幻等三部五卷〔二〕闕本。

優婆塞支施崙，月支人也，博綜衆經，特善方等，意存開化，傳於未聞。奉經來遊，達於涼土，張公見而重之，請令翻譯。以咸安三年癸酉從晉年號也。於涼州州内正聽堂後湛露軒下，出須賴等經四部，龜兹王世子帛延傳語，常侍西海趙瀟、會水令馬亦、内侍來恭政三人筆受，沙門釋慧常、釋〔三〕進行同在會證，涼州自屬辭，不加文飾也。出須賴經後記及首楞嚴經後記。前涼之代，應更出經。後進遇之，幸〔四〕續編附。

校勘記

〔一〕隋：金藏本作「隨」。

〔二〕三部五卷：金藏、高麗藏本誤作「五部三卷」。

〔三〕釋：資福藏本誤作「精」。

〔四〕幸：金藏本作「辛」。

北涼，沮渠氏，初都張掖，後徙姑臧。

自蒙遜謚武宣王。永安元年辛丑至牧犍〔一〕魏封河西王。承和〔二〕七年己卯，凡經二主三十九年。緇素九人，所出經、律、論等并新舊集失譯諸經，總八十二部合三百一十一卷。於中二十五部二百九卷見在，五十七部一百二卷闕本。

北涼〔三〕沙門釋道龔，二部一十二卷經。

沙門釋法衆，一部四卷經。

沙門僧伽陁，一部二卷經。

沙門曇無讖，一十九部一百三十一卷經、律、集。

安陽侯沮渠京聲，一部二卷集。

沙門浮陀跋摩，一部六十卷論。

沙門釋智猛，一部二十卷經。

沙門釋道泰，二部四卷論。

沙門釋法盛，一部一卷經。

新舊諸失譯經。五十三部〔四〕七十五卷，五部一十八卷舊集，四十八部五十七卷新附。

校勘記

〔一〕牧犍：金藏、高麗藏本作「茂虔」。沮渠牧犍，一名茂虔。

〔二〕承和：金藏本作「永和」。下同。

〔三〕北涼：金藏、永樂南藏本無。

〔四〕五十三部：金藏、高麗藏、資福藏本誤作「五十二部」。

寶梁經二卷。今編入寶積，當第四十四會。見竺道祖河西録及僧祐録。

悲華經十卷。第三出，與法護閑居經及大悲分陀利、曇無讖悲華經等同本。房云：「見古録，似是先譯，龔更删改。」今疑即無讖出者是。

右二部，一十二卷。前寶梁經一部二卷見在〔一〕，後悲華經一部十卷闕本。

沙門釋道龔，虚心廣運，弘利爲道。以北涼河西王蒙遜僭號。永安年間於張掖爲蒙遜譯寶梁等經二部。

校勘記

〔一〕見在：金藏、高麗藏本作「見存」，四庫本作「在」。

大方等陀羅尼經四卷。或無「大」字，一名方等檀持陀羅尼經，或直云檀持陀羅尼經。見竺道祖晉世雜録及僧祐録。

右一部，四卷，其本見在。

沙門釋法衆，高昌郡人。亦以永安年中，於張掖爲河西王蒙遜譯大方等陀羅尼經一部。寶唱録云在高昌郡譯，未詳孰是。

慧上菩薩問大善權經二卷。一名大善權經，一名慧上菩薩經，一名大乘方便經，凡四名，本並〔一〕同，第五出，與漢佛調、晉法護所出大善權經及寶積大乘方便會等同本。

右一部，二卷，本闕。

沙門僧伽陀，涼言饒善，西域人。意存兼濟，化誘居懷。亦以永安年中，於張掖爲蒙遜譯大善權經一部，見始興録及法上録。

校勘記

〔一〕並：金藏本誤作「普」。

大般涅槃經四十卷。或三十六卷，第五譯，玄始三年出，至十年十月二十三日訖。梵本具足有三万五千偈，今所譯者，止〔一〕万餘偈，三分始一耳。見竺道祖涼録及僧祐録。

大方等大集經三十卷。或直云大集經，第三出，與漢世支讖、姚秦羅什出者同本，或二十九，或三十一，或三十二，或四十卷，良由初出即寫，分卷不同。見〔二〕竺道祖涼録及僧祐録。

大方廣三戒經三卷。初出，與寶積三律儀會同本。見法上録。

悲華經十卷。第四出，與大悲分陀利經等同本。見竺道祖河西録及僧祐録。祐云：「別録或云龔上出。」今疑道龔與讖同是一經，二處並載，恐未然也。

金光明經四卷。初出，一十八品。見竺道祖河西録及僧祐録。與新譯金光明最勝王經等同本。今入八卷〔三〕合經中。此四〔四〕卷者，在删繁録。

大方等大雲經六卷。一名大方等無相大雲經，一名大雲無相經，一名大雲密藏經，或云方等大雲經，或四卷，或五卷，於内苑寺譯，第二出。見僧叡、李廓、僧祐三録。

腹中女聽經〔五〕一卷。一名不莊校女經，與無垢賢女經、轉女身經等同本，第三出。見長房録。

菩薩地持經十卷。或無「經」字，亦云「論」，亦名菩薩戒經，又名菩薩地經〔六〕，或八卷，出瑜伽論本地分中菩薩地〔七〕。見竺道祖河西録及僧祐録。

優婆塞戒經七卷。或無「經」字，是在家菩薩戒，或五卷，或六卷，或十卷，玄始十五年丙寅四月二十三日出，至七月二十三日訖，沙門道泰〔八〕筆受。見經後記及僧祐録。

菩薩戒本一卷。出地持戒品中，第二〔九〕出，與大唐奘法師所出戒本等同本，別録云燉煌出。見僧祐録。

文陀竭王經一卷。出中阿含第十一卷，異譯。見長房録。

佛所行讚經傳五卷。或云「經」，無「傳」字；或云「傳」，無「經」字。馬鳴菩薩造，亦云佛本行經。見長房録。

上見在，已下闕。

勝鬘經一卷。亦云勝鬘師子吼一乘大方便經，初出。見長房録。與宋功德賢所出勝鬘經及寶積勝鬘夫人會同本。

羅摩伽經一卷。第四出，與曹魏安法賢等所出同本，但廣略異，是華嚴入法界品少分。見長房録。

楞伽經四卷。初出，與宋功德賢、元魏菩提留支、唐實叉難陀等所出同本。見長房録。

須真天子經一卷。第二出，與西晉法護出者同本。房云：「見吴録，又云羅什出，似再譯。」

海龍王經四卷。或加「新」字，第二出，與竺法護出者同本，玄始七年出。見竺道祖河西録〔一〇〕及僧祐録。

功德寶光菩薩經一卷。見長房録。

菩薩戒壇文一卷。亦云優婆塞戒壇文。祐云菩薩戒優婆塞戒壇文。見僧祐、寶唱二録。

右一十九部，一百三十一卷。所行讚上一十二部一百一十八卷見在，勝鬘經下七部一十三卷闕本。

沙門曇無讖，或云曇摩讖，亦云曇謨讖，蓋取梵音不同故也，涼云法豐，中印度人，婆羅門種。讖六歲父亡，母以傭織養讖，見沙門達〔一一〕摩耶舍此言法稱〔一二〕。道俗宗敬，豐於利養，其母羨之，故以讖爲弟子。十歲，與同學數人讀呪，聰敏出群，誦〔一三〕經日得萬餘言。初學小乘，兼覽五明諸論，講説精辯，莫能訓抗。後遇白頭〔一四〕禪師，共讖論議，習業既異，交諍十旬，讖雖攻難鋒起，而禪師終不肯屈。讖服其精理，乃謂禪師曰：「頗有經典可得見不？」禪師即授以樹皮涅槃經本。讖尋讀驚悟，方自慚恨，以爲坎井之識〔一五〕，久迷大方。於是集衆悔過，遂專業大乘。至年二十，所誦大、小乘經二百餘萬言。

讖從兄善能調象騎，殺王所乘白耳大象，王怒誅之，令曰：「敢有視者夷三族！」親屬莫敢往，讖哭而葬之。王怒，欲誅讖，讖曰：「王以法故殺之，我以親而葬之，並不違大義，何爲見怒？」傍人爲之寒心，其神色自若。王奇其志氣，遂留供養。

讖明解呪術，所向皆驗，西域號爲大神呪師。後隨王入山，王渴乏須水，不能得。讖乃密呪，石出水，因讚曰：「大王惠澤所感，遂使枯石生泉。」鄰國聞者，皆歎王德。于時雨澤甚調，百姓稱詠。王悦其道術，深佳優寵。頃之，王意稍歇，待之漸薄，讖怒曰：「我當以罌水詣池，呪龍入罌，令天下大旱，王必請呪，然後放龍降雨，則見〔一六〕待何如？」遂持罌造龍。有密告之者，王怒，捕讖。讖懼誅，乃賫大涅槃經本前分一夾并菩薩戒經、地持經也。菩薩戒本奔龜兹。龜兹國多小乘學，不信涅槃，遂至姑臧。止於傳舍，慮失經本，枕之而寢。有人牽之在地，讖驚謂是盜者。如此三夕，聞空中語曰：「此如來解脱之藏，何以枕之？」讖乃慚悟，別置高處。夜有盜之者，舉不能勝。乃數過舉之，遂不能動。明旦，讖持經去，不以爲重。盜者見之，謂是聖人，悉來拜謝。

河西王沮渠蒙遜聞讖名，呼與相見，接待甚厚。蒙遜素奉大法，志在弘通，請令出其經本，讖以未參土言，又無傳譯，恐言舛於理，不許即翻。於是學語三年，方譯初分十卷。是時沙門慧嵩、道朗，獨步河西，值其宣出法藏，深相〔一七〕推重，轉易梵文，嵩公筆受。道俗數百人疑難縱横，讖臨機釋滯，未嘗留礙。嵩、朗等更請廣出餘經，謂大集、大雲、悲華、地持等兼涅槃經總十九部。讖以涅槃經本品數未足，還國尋求，值其母亡，遂留歲餘。後於于闐〔一八〕更得經本，復還姑臧，續譯成四袠焉。讖以玄始三年甲寅創首翻譯，至十五年丙寅都訖。

房云玄始十年訖者，此乃涅槃竟時，非餘經也。准優婆塞戒經後記云：「丙寅年出。」此即十五年中〔一九〕猶出經也。讖至義和三年癸酉三月方卒，中間六載，應更出經。録中不言，故未詳也。

讖嘗告遜云：「有鬼入聚落，必多災疫。」遜不信，欲躬見爲驗，讖即以術加遜，遜見而駭怖。讖曰：「宜潔誠齋戒，神呪驅之。」乃讀呪三日，謂遜曰：「鬼北去矣。」既而北境之外，疫死萬數。遜益敬憚，禮遇彌崇。會魏太武皇帝聞其道術，遣使迎請，且告遜曰：「若不遣讖，便即加兵。」遜自揆國弱，難以拒命，兼慮讖多術，或爲魏謀己，進退惶惑，乃密計除之。初讖譯出涅槃，卷數已定，而外國沙門曇無發云：「此經〔二〇〕品未盡。」讖嘗慨然，誓必重尋。蒙遜因其行志，乃僞資發遣，厚贈寶貨。未發數日，乃流涕告衆曰：「讖業對將至，衆聖不能救矣。」以本有心誓，義不容停，行四十里，遜密遣刺客害之，時年四十九，衆咸慟惜焉。既而遜左右常白日見鬼神以劍擊，遜至四月，寢疾而終。遜以義和三年三月害讖，即其年四月遇疾而終。信哉，報應不虛，如影之隨形也！房云讖在虔〔一一〕世承和四年卒者，非也。其義和三年，即魏延和二年，歲在癸酉也。

初讖在姑臧，有張掖沙門道進欲從讖受菩薩戒，讖云：「且悔過。」乃竭誠七日七夜，至第八日晨，詣讖求受。讖忽大怒，進更思惟：「但是我業障未銷耳。」乃戮力三年，且禪且懺〔一二〕，即於定中見釋迦文佛與諸大士授己戒法。其夕，同止十餘人，皆感夢如進所見。進欲詣讖説之，未至十步，讖驚起唱言：「善哉，善哉，已感戒矣。吾當更爲汝作證。」次第於佛像前爲説戒相。時沙門道朗，振譽關西，當進感戒之夕，朗亦通夢，乃自卑戒臘，求爲法弟。於是，從進受者千有餘人。傳授此法，迄至于今，皆讖之遺則。有別記云：菩薩地持經，應是伊波勒菩薩傳來此土。後果是讖所傳譯，疑讖或非凡也。

菩薩戒經八卷。祐、房等録，並云讖譯。今以是地持之別名，故不雙載也。

虛空藏經五卷。祐、房等録，並〔一三〕云讖譯。今以即是大集虛空藏品枋出別行，今載別生録中，此不復存也。

優婆塞戒本一卷。寶唱録云讖譯，復云出優婆塞戒經。今亦載別生録中，不別存也。

善信女經二卷。

無爲道經二卷。

居士請僧福田經一卷。

決定罪福經一卷。上之四經，長房等録皆云識譯，復云世注〔二四〕爲疑。今並依舊附疑，此中不載。

校勘記

〔一〕止：清藏本誤作「上」，四庫本誤作「十」。

〔二〕見：金藏本無。

〔三〕卷：該字下原重一「卷」字，據金藏、高麗藏本删。

〔四〕四：資福藏本無。

〔五〕經：高麗藏、四庫本無。

〔六〕又名菩薩地經：金藏本作「又菩薩地」。

〔七〕地：資福藏本作「地持經」。

〔八〕道泰：原作「道養」，據金藏本改。按：大唐内典録卷三北涼沮渠氏傳譯佛經録著録優婆塞戒經十卷，子注云：「承玄元年二月二十二日涼城内出。道俗五百餘同聽，沙門道泰筆。或六卷，大小不定。」出三藏記集卷九優婆塞戒經記，則云「秦沙門道養筆受」。可知「道泰」誤作「道養」，其來久矣。

〔九〕二：原作「一」，據金藏、高麗藏、永樂北藏、嘉興藏、清藏、四庫本改。

〔一〇〕録：原無，據金藏、高麗藏本補。

〔一一〕達：金藏本無。

〔一二〕法稱：高僧傳卷二曇無讖傳、出三藏記集卷一四曇無讖傳皆作「法明」。歷代三寶紀卷八云：「罽賓三藏法師曇摩耶舍，秦言法稱，耶舍是名稱。而高僧傳乃云『法明』，從聲爲字，於理小僻。」

〔一三〕誦：金藏、高麗藏本作「讀」。

〔一四〕頭：金藏本無。

〔一五〕坎井：廢毁之淺井。荀子正論：「淺不足與測深，愚不足與謀知，坎井之鼃，不可與語東海之樂，此之謂也。」亦作「埳井」，莊子秋水：「且夫擅一壑之水，而跨跱埳井之樂，此亦至矣。」成玄英疏：「埳井，猶淺井也。」坎井之識，指短淺的識見。

〔一六〕則見：金藏本無。

〔一七〕相：金藏本作「時」。

〔一八〕于闐：金藏、高麗藏本作「于填」。下同。

〔一九〕中：金藏本無。

〔二〇〕經：金藏、資福藏本無。

〔二一〕虔：高麗藏本誤作「處」，四庫本誤作「度」。虔指茂虔，即沮渠蒙遜之子沮渠牧犍。見晉書卷一二九。

〔二二〕懺：宋、元、明諸本高僧傳作「定」，大正藏本高僧傳、貞元新定釋教目録等作「懺」。報恩論卷二引，亦作「且禪且定」，並注云：「可見但定不是禪。禪與定是兩種工夫。」

〔二三〕並：金藏、高麗藏本作「亦」。

〔四〕心：金藏本無。
〔五〕泰：金藏本誤作「秦」。
〔六〕茂虔：永樂北藏、嘉興藏、清藏、四庫本作「牧犍」。
〔七〕土：金藏本誤作「上」。
〔八〕不知：高麗藏本作「莫知」。

般泥洹經二十卷。見道慧宋齊録及〔二〕僧祐録。第六譯，與無讖大般涅槃經等同本。

右一部，二十卷，本闕。

沙門釋智猛，京兆新豐人。禀性端明，厲行清白。少襲法服，修業專至，諷誦之聲，以夜續晝。每見外國道人説釋迦遺跡，又聞方等衆經布在西域，常慨然有感，馳心遐外，以爲萬里咫尺，千載可追也。遂以姚秦弘始六年甲辰之歲，招結同志十有五人，發跡長安，渡河跨谷三十六所，至涼州城。

既而西出陽關，入于流沙二千餘里。地無水草，路絶行人。冬則嚴厲，夏則瘴炎。人死聚骨，以標行路，驝駞負粮，理極辛阻。遂歷鄯鄯、龜兹、于闐諸國，備觀風俗。從于闐西南行二千里，始登葱嶺，而同侣九人退還，猛與餘伴進行千七百餘里，至波淪國，同旅竺道嵩又復無常，將欲闍毗，忽失尸所在。猛悲歎驚異，於是自力而前。與餘四人，三〔二〕度雪山，冰崖皓然，百千餘仞，飛絙爲橋，乘虚而過，窺不見底，仰不見天，寒氣慘酷，影戰魂慄。

復南行千里，至罽賓國，再渡辛頭河。雪山壁立，轉甚於前，下多瘴氣，惡鬼斷路，行者多死。猛誠心冥徹，履險能濟。既至罽賓城，恒有五百羅漢往此國中，而常往反阿耨達池。有大德羅漢見猛至止，歡喜讚歎。猛諮問方土，爲説四天子〔三〕事，具在猛傳。猛先於奇沙國見佛文石唾壺，又於此國見佛鉢，光色紫紺，四際盡然〔四〕。猛香花供養，頂戴發願：「鉢若有應，能輕能重。」既而轉重，力遂不堪，及下案時，復不覺重，其道心所應如此。

復西南行千三百里，至迦維羅衛國，見佛髮、佛牙及肉髻骨，佛影佛跡，炳然具存。又覩泥洹堅固之林，降魔菩提之樹，猛喜心内充，設供一日，兼以寶蓋大衣覆降魔像。其所遊踐，究觀靈變，天梯龍池之事，不可勝數。

後至華氏城，是阿育王舊都，有大智婆羅門名羅閲宗，舉族弘法，王所欽重，造純銀塔高三丈，沙門法顯先於其家已得六卷泥洹。及見猛至，問云：「秦地有大乘學不？」答曰：「悉大乘學。」羅閲驚歎曰：「希有希有，將非菩薩往化耶？」猛就其家得泥洹梵本一部，又尋得摩訶僧祇律梵本一部及餘經梵本，誓願流通，於是便反。

以甲子歲發天竺，同行四僧於路無常，唯猛與曇纂俱還涼州。以虔承和年中譯出泥洹，成二十卷。猛以宋元嘉末卒。

昇歷尋遊方沙門記列道路，時或不同，佛鉢頂骨處亦乖爽，將知遊往天竺，非止一路。頂鉢靈遷，時届異土，故傳述見聞，難以例也。

校勘記

〔一〕及：高麗藏本誤作「反」。

〔二〕三：高僧傳卷三智猛傳作「共」。

〔三〕子：高僧傳卷三智猛傳作「下」。

〔四〕盡然：普寧藏、永樂南藏、永樂北藏、嘉興藏、清藏、四庫本作「畫然」。盡然，指全都如此；畫然，分明貌。二者於意皆可，畫然似更勝。

大丈夫論二卷。提波羅菩薩造。見翻經圖。

入大乘論二卷。堅意菩薩造。見唐舊録，亦見内典録及翻經圖。

右二部，四卷，其本見在。

沙門釋道泰，才敏自天，沖氣踈朗，博聞奇趣，遠參異言。往以漢土方等既備，幽宗粗暢，其所未練，唯三藏九部，故杖策冒嶮，爰至葱西。綜覽梵文，義承高旨，并獲婆沙梵本十萬餘偈及諸經論，東歸於涼。遂遇浮陀跋摩，共翻毗婆沙論。泰後自譯大丈夫論等二部。又長房、内典二録云：於其涼代，復有沙門曇覺於高昌國譯賢愚經一部，即當宋元嘉二十二年也。今謂不然。元嘉十六年己卯，涼國已絶，如何二十二年乙酉仍有譯經？故知二録誤也。今依靖邁經圖，編〔一〕在元魏之代〔二〕。魏宋雖並，宋居〔三〕建業，魏都恒安，以地而論，合屬魏録。

校勘記

〔一〕編：原無，據金藏、高麗藏本補。

〔二〕代：資福藏本無，金藏本誤作「伐」。

〔三〕居：資福藏、普寧藏本誤作「君」。

菩薩投身餓虎起塔因緣經一卷。僧祐録云以身施餓虎經〔一〕。見經後記。

右一部，一卷，其本見在。

沙門釋法盛，高昌人也，亦於涼代譯投身餓虎經一卷，故前高僧曇無讖傳末云：「于時有高昌沙門法盛，亦經往外國，有傳四卷。」其投身餓虎經後記云：「爾時，國王聞佛説已，即於是處起立大塔，名爲『菩薩投身餓虎塔』，今見在。塔東面山下，有僧房、講堂、精舍，常有五千衆僧，四事供養法盛。爾時，見諸國中，有人癩病及癲狂、聾盲、手脚躄跛及種種疾病，悉來就此塔，燒香、然燈，香泥塗地，修治掃灑，并叩頭懺悔，百病皆愈。前來差者便去，後來輒爾。常有百餘人，不問貴賤皆爾，終無絶時。」今詳僧傳之文及閱經記之説，法盛遊於西域，此事不虚。復云親覩靈龕，故應非謬。若非盛之自譯，何得著彼經終？既能自往西方，豈有不傳經教？考覈終始，事乃分明，今爲盛翻，編載斯録。

校勘記

〔一〕僧祐録云以身施餓虎經：見出三藏記集卷三新集安公失譯經第二。

不退轉法輪經四卷。一名不退轉經，第二出，與竺法護阿惟越致遮經等同本。

金剛三昧〔二〕經一卷。或二卷。

大忍辱經十卷。

金輪王經一〔三〕卷。

賢劫五百佛名一卷。

右五部，一十八卷。前二部六卷見在，後三部一十二卷闕本。

長房等録並云是沙門僧祐新集釋道安涼土異經，今還附入涼世目録，爲失譯源，庶知時代，顯譯有無，卷部多少，出之處所。

已下新附此録：

優婆夷浄行法門經二卷。或無「經」字，亦直云浄行經。

長者法志妻經一卷。

大愛道比丘尼經二卷。亦云大愛道受誡經。舊録云大愛道經。

三慧經一卷。

菩薩等行經一卷。此已下闕。

四無畏經一卷。

權變經一卷。舊録云文殊師利權變三昧經，或直云權變三昧經。

十漚和經一卷。

七言禪利經一卷。舊録云漚和七言禪利經。

菩薩十漚和經一卷。今疑與前十漚和同。

瓶沙王經一卷。

有無經一卷。

五百偈經一卷。

須耶越國貧人經一卷。舊録云須耶越國貧人賃剔頭經。

浮木經一卷。
坏喻經一卷。
妖怪經一卷。
阿般計泥洹經一卷。一本作陶射計泥洹經。
四非常經一卷。
五失蓋經一卷。
要真經一卷。
本無經一卷。
勸德經一〔三〕卷。
十五德經一卷。
父母因緣經一〔四〕卷。今疑與父子因緣經同。
慧行經一卷。
道淨經一卷。
未生王經一卷。今疑是未生怨經。
内外無爲經一卷。

三乘經一卷〔五〕。

七事本末經一卷。舊録云七事本行經。

百寶三昧經一卷。

耆域術經一卷。舊録云耆域四術經。

五蓋離疑經一卷。今疑是五蓋疑結本行〔六〕經。

太子智止經一卷。

道德章經一卷。

苦相經一卷。

須佛得度經一卷。

由經一卷。

分然洹國迦羅越經一卷。

五陰事經一卷。

義決法事經一卷。

十思惟經一卷。

分別六情經一卷。

三失蓋經一卷。

佛寶三昧經一卷。

法志女經一卷。

右四十七部，四十九卷。唯初四部六卷有本，餘者並闕。

僧祐録云：安公涼土異經。長房等録闕而不載，今還附入涼録，以爲失譯。祐載安公涼土異經總五十九部，於中五部，房録已載，今更出四十七部，通前五十二部。餘有七部一十四卷，謹按長房等録，皆有所憑，即非失譯，是故，此録删之不存。故〔七〕具條件，列之如左：

須菩提品經七卷。般若鈔經異名，前秦曇摩蜱譯。

文殊師利示現寶藏經二卷。西晉竺法護譯。

七知經一卷。或作「七智」，吴支謙譯。

難龍王經一卷。或云難龍經，亦云〔八〕龍王兄弟經異名，吴支謙譯。

阿陀三昧經一卷。即阿多三昧經異名，安公關中異經已載。

大五濁經一卷。舊録云大五濁〔九〕世經，群録云僞，今亦編之。

首〔一〇〕至問十四章經一卷。舊録云首至問佛十四意經，或云首至問十四事經，亦云後漢支曜譯，今爲抄經，載別生録。

大方廣十輪經八卷。初出，與唐譯地藏十輪經同本，是大集第十三分，似涼代譯，群録不載，今附此涼末，庶免遺漏耳。

通新及舊總五十三部，合七十五卷，並爲北涼失源云。

開元釋教録卷第四總録之四

校勘記

〔一〕三昧：金藏本誤作「二昧」。

〔二〕一：原誤作「十」，據金藏、高麗藏本改。

〔三〕一：永樂北藏、嘉興藏、清藏本作「二」。

〔四〕一：清藏本無。

〔五〕一卷：金藏、高麗藏本無。

〔六〕本行：金藏、高麗藏本作「失行」。

〔七〕故：高麗藏本作「今」。

〔八〕亦云：原無，據高麗藏本補。

〔九〕濁：金藏本作「濁濁」。

〔一〇〕首：金藏本作「道」。

音釋

泓：紆萌反，後秦第三上名。　甄鸞：上音真，人姓也。　弗若：下汝者反。　汰：音太。　粗：才古反，粗略也。　融：余弓反。　晷：俱水反。　睒：失染反。　婆藪：下音叟。　炎：以檢反。　倜儻：上他的反，下他朗反。　赤黶：下一檢反，赤點。　娉：疋併反。　岐嶷：上渠移反，下宜力反。　幼稚：下直利反。　挫：則臥反。　愧惋：上俱位反，下烏貫反。　鵲腊：下音昔。　毱多：上渠六反。　明儁：下俊字同。　驍騎：上古堯反，下去聲。　勍敵：上巨京反。　抗：苦浪反，抵也。　狼狽：郎、貝二音。　徙軍：上思綺反。　洪潦：下郎到反。　揆：求癸反。揆度也。　茝鋭：上音止，又昌待反；下羊歲反。　䂮：音略。　邈：眉角反。　愜服：上苦帖反，伏也。　沖邃：上直弓反，下私遂反。　勖：許玉反。　藻蔚：早鬱二音。　嚼：才納反。　歐噦：上烏口反，下乙月反。　折翮：上音舌，下胡鬲。　汎愛：上芳犯反。　便僻：上步綿反，下疋亦反。　搉：音角。　豕韋：上式旨反。　謦欬：上苦頂反，下苦愛反。　蜣琅：上古姜反，下音良。　挹：音邑。　毆之：上烏口反。　覈：下革反。

攣躄：上力員反，下必亦反。　羈虜：上居宜反，下音魯。　奭：音釋。　豔：音艷。　虎兕：下詞姊反。　披榛：下助巾反。　謚：音示。　大拏：下尼加反。　孛：浦没反。　颰陀：上蒲末反。　蠱道：上音古，毒害人。　驃騎：上毗妙反，武勇也。　潚：音宿。　沮渠：上子余反。　謩讖：上莫胡反，下楚禁反。　傭：音容。　甖：一耕反，長項瓶。　舛：昌軟反，差舛也。　駭怖：上胡買反。　勠力：上音六，併力也。　迄至：上許訖反。　鎧：苦改反。　企待：上丘智反。　襲位：上音習。　道挻：下失然反。　咫尺：上音尺，八寸曰咫，十寸曰尺。　跨：苦化反。　驝駝：託、陀二音。　飛絙：下古恒反，大索也。　窺：頃彌反。　慘酷：上七感反，下苦篤反。　慄：良吉反。　紫紺：下古暗切。　纂：子管反。　躄跛：上必亦反，下必我反。　漚惒：上烏侯反，下音和。　賃剔：上尼禁反，下他的反。　坏：疋回反。

開元釋教録卷第五

唐庚午歲西崇福寺沙門智昇撰

總括群經録上之五

宋，劉氏，都建業。

自武帝永初元年庚申至順帝昇明三年己未，凡八主六十年。緇素共有二十二人，所出經、律、論等并新[一]集失譯諸經，總四百六十五部七百一十七卷。於中九十三部二百四十三卷見在，三百七十二部四百七十四卷闕本。

宋沙門佛陁什，三部三十二卷律、戒、羯磨。

沙門畺良耶舍，二部二卷經。

沙門曇摩蜜多，一十二部一十七卷經。

沙門釋智嚴，一十部三十一卷經。

沙門釋寶雲，四部一十七卷經、集。

侍中瑯琊王練爲檀越，至來年十二月方訖。仍出戒心及羯磨文等，並行於世。什後不知所終。

校勘記

〔一〕誤：高麗藏本作「謬」。

〔二〕于闐：高麗藏本作「于填」。

觀無量壽佛經一卷。亦云無量壽觀經，初出。見道慧宋齊録及高僧傳。

觀藥王藥上二菩薩經一卷。第二出。見宋齊録及高僧傳。

右二部，二卷，其本見在。

沙門畺良耶舍，宋云時稱，西域人。性剛直，寡嗜欲，善誦阿毗曇，博涉律部，其餘諸經，多所該綜，雖三藏兼明，而以禪門專業。每一遊觀，或七日不起。常以三昧正受，傳化諸國。以元嘉元年甲子，遠冒沙河，萃于建業，文帝義隆深加歎異，敕止鍾山道林精舍。沙門寶誌崇其禪法，沙門僧含〔一〕請譯觀無量壽及藥王藥上觀，含即筆受。以此二經是淨土之洪因，轉障之秘術，故沉吟嗟味，流通宋國。平昌孟顗承風欽敬，資給豐厚。顗出守會稽，固請不去〔二〕，後移憩江陵。元嘉十九年，西遊岷蜀，處處弘道，禪學成群。後還，卒於江陵，春秋六十矣。

校勘記

〔一〕含：嘉興藏、四庫本誤作「舍」。釋僧含，高僧傳卷七有傳。

〔二〕去：高麗藏本作「從」。

虚空藏菩薩神呪經一卷。第三〔一〕出，與姚秦耶舍虚空藏及隋崛多虚空孕經等同本。見李廓魏世録。

觀虚空藏菩薩經一卷。亦名〔二〕虚空藏觀經，亦直云虚空藏菩薩經。見道惠宋齊録及僧祐録。

象腋經一卷。第四出，與無所希望經等同本。見李廓録。

諸法勇王經一卷。第二出，與一切法高王經等同本。見李廓録。

轉女身經一卷。第四出，與無垢賢女經等同本。見李廓録。

觀普賢菩薩行法經一卷。下注云出深功德經中，或無「行法」字，亦云普賢觀經，第三出。見僧祐録。

五門禪經要用法一卷。第二出，與安高出者同本。見寶唱録及僧祐録〔三〕。

新無量壽經二卷。第十出，與世高無量壽經及寶積無量壽會等同本。見真寂寺録。

郁伽長者所問經一卷。第六出，與安玄法鏡經及寶積郁伽長者會等同本。見李廓録。

佛昇忉利天爲母説法經一卷。第三出，與法護佛昇忉利天經等同本。見李廓録。

觀無量壽佛經一卷。第二出，與畺良耶舍出者同本。見寶唱録。

禪秘要經五卷。或無「經」字，一名禪法要，元嘉十八年於祇洹寺出，或三卷。見僧祐録，第三出。今有禪秘要經五卷，文極交錯，不可流行，如删繁録中述。

右一十二部，一十七卷。五門禪經上七部七卷見在，無量壽經下五部十卷闕本。

沙門曇摩蜜多，宋言法秀，罽賓人也。年六七歲，神明澄正，每見法事，輒自然欣躍，其親愛而異之，遂令出家。罽賓多出聖達，屢值明師，博貫群經，特深禪法，所得之要，極其微奧。爲人沉邃有慧解，儀軌詳整。生而連眉，故世稱連眉禪師焉。

少好遊方，誓志宣化，周〔四〕歷諸國，遂適龜茲。未至，一日王夢神告曰：「有大福德人，明當入國，汝應供養。」明旦，即敕外司：「若有異人入境，必馳奏聞。」俄而蜜多果至。王自出郊迎，延請入宮，遂從稟戒，盡四事之供。蜜多安而能遷，不滯利養。居數年，蜜有去志，神又降夢曰：「福德人捨王去矣。」王惕然驚覺。既而君臣固留，莫之能止。遂度流沙，進到燉煌，於曠野之地建立精舍，植柰千株，開園百畝。房閣池林，極爲嚴淨。頃之，復適涼州，仍於公府舊寺更營堂宇，學徒濟濟，禪業甚盛。

常以江左多民，志欲傳法，以元嘉元年展轉至蜀。俄而出峽，停止荊州，於長沙寺造立禪館，翹誠懇惻，祈請舍利。旬有餘日，遂感一枚，衝器出聲，放光滿室。門徒道俗，莫不更增勇猛，人百其心。居頃之，沿流東下，至于建業，初止〔五〕中興寺，晚憩祇洹，其道聲素著，傾都禮訊。自宋文袁皇后及皇子、公主，莫不設齋桂宮，請戒椒掖，參候之使，旬日相屬。蜜〔六〕從元嘉元年甲子至十八年辛巳，譯虚空藏神呪等經一十二部。常以禪道教授學徒。凡所歸投，不遠千里，四輩遠近，皆號大禪師焉。

會稽太守孟顗深信真諦，以三寶爲己任，素好禪味，敬心殷重。及臨浙河，請與同遊，乃於鄮縣〔七〕之山建立塔寺。東境舊俗，多趣巫祝，及妙化所移，比屋歸正，自西徂東，無思不服。後還建業，憩定林下寺。禪師天性凝静，雅愛山水，以爲鍾山鎮岳，埒〔八〕美嵩、華。常歎下寺基構未窮形勝，於是乘高相地，揆卜山勢，斬石刊木，營建上寺。殿房禪室，肅然深遠，實依俙鷲巖，髣髴祇樹矣。於是息心之衆，萬里來集，諷誦肅邕，望風成化。爰自西域，至于南土〔九〕，凡所遊履，靡不興造檀會，敷陳教法。

初，禪師之發罽賓也，有迦毗羅神衛送，遂至龜兹，於中路欲反，乃現形告辭禪師曰：「汝神力通變，自在遊處，將不相隨共往南方。」語畢，即收影不見。遂遠從至于楊都，故仍於上寺，圖像著壁，迄至于今，猶有聲影之驗。潔誠祈福，莫不享願〔一〇〕。以元嘉十九年七月六日卒于上寺，春秋八十有七。道俗四部，行哭相趍，仍葬于鍾山宋熙寺前。

校勘記

〔一〕三：高麗藏本作「二」。
〔二〕名：嘉興藏、四庫本作「云」。
〔三〕寶唱録及僧祐録：嘉興藏本作「僧祐及寶唱録」，四庫本作「僧祐録及寶唱録」。
〔四〕周：高麗藏本作「遊」。
〔五〕止：高麗藏本誤作「上」。
〔六〕蜜：高麗藏本無。「蜜」即曇摩蜜多之略。
〔七〕鄮縣：高麗藏本作「鄮縣」。鄮縣，今屬浙江寧波。鄮縣屬南陽，與前言「臨浙河」者不符。
〔八〕埒：原作「特」，據出三藏記集卷一四曇摩蜜多傳、高僧傳卷三曇摩蜜多傳改。埒美，媲美。
〔九〕土：原作「王」，據諸校本改。
〔一〇〕亨：高麗藏本作「亨」。

無盡意菩薩經六卷。初題云大集經中無盡意所説不可盡義品第三十二〔一〕，亦直云無盡意經，亦名阿差末經，第四出，與法護阿差末等同本。見李廓録。

法華三昧經一卷。法華支派〔二〕。見長房録。

廣博嚴浄不退轉輪經四卷。第三出。或六卷，或直云廣博嚴浄經，亦直云不退轉法輪經，與法護阿惟越致遮經等〔三〕同本，元嘉四年出。見宋齊録及僧祐録。

普曜經八卷。第三出。或六卷，或四卷，與蜀普曜、竺法護普曜及唐譯方廣莊嚴並同本。見宋齊録及僧祐録、高僧傳等。

四天王經一卷。見僧祐録及高僧傳。

浄度三昧經一卷。初出，見長房録。

菩薩瓔珞本業經二卷。第二出，見長房録。

生經五卷。第二出，與法護出者同本，房云見別録。

善德優婆塞經一卷。見長房録。

阿那含經二卷。見長房録。

右一十部，三十一卷。四天王經上四部一十二〔四〕卷見在，普曜經下六部一十九卷闕本。

沙門釋智嚴，西涼州人，弱冠出家，便以精勤著稱。納衣宴坐，蔬食永年。每欲博事名師，廣求經誥，遂周流西國，進到罽賓，入摩天陁羅精舍，從佛馱先比丘諮受禪法。漸染〔五〕三年，功踰十載，佛馱先見其禪思有緒，特深器異，彼諸道俗聞而歎曰：「秦地乃有求道沙門矣。」始不輕秦類，敬接遠人。

時有佛陀跋陀羅比丘，亦是彼國禪匠，嚴乃要請東歸，欲傳法中土，跋陀嘉其懇至，遂共東行。踰越歲時，達于關内。恒相依附，共止長安。頃之，跋陀横爲秦僧所擯，嚴與西來徒衆並分散出關，仍憩山東精舍，坐禪誦經，力精修學。

晉義熙十三年，宋武西伐姚泓，克捷旋旆，塗出山東。時始興公王恢從駕，遊觀山川，至嚴精舍，見其同志〔六〕三僧，各坐繩床，禪思湛然。恢乃彈指，三人開目，俄而還閉，不與交言。恢心敬其奇，訪諸耆老，皆云：「隱居積歲，未嘗輒出。」恢即啓宋武，延請還都，莫肯行者。屢請既〔七〕至，二人推嚴隨行。恢道懷素篤，禮事甚備。還都，即住始興寺。嚴性虚静，志避囂塵，恢乃於東郊之際更起精舍，即枳園寺也。

嚴前還於西域，所得梵本衆經，未及譯寫。到元嘉四年丁卯，乃共沙門寶雲譯出無盡意等經十部。嚴在寺，不受别請，常分衛自資，道化所被，幽顯咸服。嚴清素寡欲，隨受隨施，少而遊方，無所滯著，禀性冲退，不自陳叙，故雖多美行，世無得而盡傳。

嚴昔未出家時，嘗〔八〕受五戒，有所虧犯，後入道受具足，常疑不得戒，每以爲懼。積年禪觀而不能自了，遂更汎海，重到天竺，諮諸明達。值羅漢比丘，具以事問，羅漢不敢判決，乃爲嚴入定，往兜率宫諮啓彌勒。彌勒答曰〔九〕：「得戒。」嚴大喜躍，於是步歸。行至罽賓，無疾而卒，時年七十八。彼國凡聖，燒身各處。嚴雖戒操高明，而實行未辨〔一〇〕，始移屍〔一一〕向凡僧墓地，而屍重不起。改向聖墓，則飄然自輕。嚴弟子智羽、智遠故從西來，報此徵瑞，俱還外國。以此推嚴，信是得道人也，但未知果向中間若深淺耳。

調伏衆生業經。出大集經。

一音顯正法經。或云一音演正法經，出悲華經。

善德婆羅門問提婆達多經。出大雲經。

毗羅三昧經二卷。祐等諸録，皆注爲疑〔二〕。大周録中，刊之爲正〔三〕。今尋文言淺鄙，義理踈遺，故入疑科，用除稗穢也。

調伏衆生等四部五卷，長房等録皆云嚴譯。今以前三別生，後一疑僞，今爲實録故，並删之。

校勘記

〔一〕三十二：高麗藏本作「二十二」。
〔二〕派：高麗藏本作「流」。
〔三〕等：嘉興藏本無。
〔四〕二：清藏本誤作「一」。
〔五〕染：資福藏本作「深」。
〔六〕志：高僧傳卷三釋智嚴傳作「止」。
〔七〕既：出三藏記集卷一五智嚴法師傳作「懇」。

〔八〕嘗：高麗藏本作「曾」。
〔九〕答曰：高麗藏本作「合云」。
〔一〇〕辨：高麗藏本作「辯」。出三藏記集卷一五智嚴法師傳作「判」，與「辨」意同。
〔一一〕屍：高麗藏本誤作「尼」。
〔一二〕祐等諸録，皆注爲疑：見出三藏記集卷五新集安公疑經録第二、法經等撰衆經目録卷二衆經疑惑五等。
〔一三〕大周録中，刊之爲正：見大周刊定衆經目録卷一。

佛本行經七卷。或云佛本行讚傳，於六合山〔一〕寺出，或云五卷。見僧祐、寶唱、内典等録。高僧傳云佛本行讚經。

新無量壽經二卷。永初二年於道場寺出，一録云於六合山寺出。第九譯，與寶積無量壽會等同本。見道慧、僧祐等録。

浄度三昧經二卷。第二出，見竺道祖雜録。

付法藏經六卷。初出，見李廓録。

右四部，一十七卷。前一部七卷見在，後三部十卷闕本。

沙門釋寶雲，涼州人也。弱年出家，精勤有學行，志韻剛潔，不偶於世，故少以直方純業爲名。而求法懇惻，忘身徇道，誓欲躬覩靈跡，廣尋經教。以晉隆安之初，遠適西域，與法顯、智嚴先後相隨，涉履流沙，登踰雪嶺，勤苦艱至，不以爲難，遂歷于闐、天竺諸國，備覩靈異。乃經羅刹之野，聞天鼓之音。釋迦影跡，多所瞻禮。

雲在外域，遍學梵書，天竺諸國音字詁訓悉皆貫練。後還長安，隨禪師佛陀跋陀受業，修學禪門，孜孜不怠。及禪師横爲秦僧所擯，雲亦奔亡。會廬山遠公解其擯事，共歸揚都，安止道場寺。僧衆以雲志力堅猛，弘道絶域，莫不披襟諮問，敬而愛〔二〕焉。

初共智嚴同出諸經，嚴既遷化，雲獨宣譯，以元嘉年中譯佛本行經等四部。雲手執梵本，口自宣譯，華梵〔三〕兼通，音訓允正，雲之所定，衆咸信服。初關中沙門竺佛念善於宣譯，於符、姚二代，顯出衆經。江左練梵，莫踰於雲，故於晉、宋之際，弘通法藏，沙門慧觀等咸友而善之。

雲性好幽居，以保閑寂，遂適六合山寺。山多荒民，俗好草竊，雲説法教誘，多有改惡，禮事供養，十室而九。頃之，道場慧觀臨卒，請雲還都，總理寺任〔四〕，雲不得已而還。居道場歲許，復還六合。以元嘉二十六年終於山寺，春秋七十有四。其遊履外國，別有記傳〔五〕。

校勘記

〔一〕山：原作「此」，據諸校本改。

〔二〕愛：高麗藏本作「受」。
〔三〕梵：高麗藏本作「戎」。
〔四〕任：原作「住」，據高麗藏、嘉興藏、清藏、四庫本改。
〔五〕別有記傳：出三藏記集卷一五寶雲法師傳「別有記傳」後有「徵士豫章雷次宗爲其傳序」。

雜阿毗曇心十三卷。第三出，見高僧傳、僧祐録〔一〕。或十四卷。

右一部，一十三卷，闕本。

沙門伊葉波羅，宋云自在，西域人，妙通三藏，明解四含。以元嘉三年丙寅，遊於彭城，爲北徐州刺史太原王仲德譯雜阿毗曇心。譯至擇品，緣礙未竟，遂輟，但成十卷，刺史親自筆受。至八年辛未，更請求那跋摩續譯都訖，成十三卷。

校勘記

〔一〕僧祐録：高麗藏本作「及僧祐録」。按：高僧傳卷三求那跋摩傳：「初，元嘉三年，徐州刺史王仲德於彭城請外國伊葉波羅譯出雜心，至擇品而緣礙遂輟。至是更請跋摩譯出後品，足成十三卷。」亦見出三藏記集卷一四求那跋摩傳，卷二有著録。

菩薩善戒經九卷。一名菩薩地，或十卷，於祇洹寺出。見竺道祖、僧祐二録及高僧傳。長房等録並云善戒經二十卷。又云弟子更出二品，成三十卷，非也〔一〕。

菩薩善戒經一卷。優波離問菩薩受戒法，見寶唱録。若准祐記，將此爲初卷，兼前九卷，共成十卷。然北〔二〕地經本，離之已久，不可合之，宜〔三〕依舊定。

菩薩内戒經一卷。見法上録。

優婆塞五戒威儀經一卷。見寶唱録。

沙彌威儀一卷。或云沙彌威儀經。見長房録。

四分比丘尼羯磨法一卷。祐云曇無德羯磨，亦云雜羯磨，元嘉八年於祇洹寺出。見僧祐、寶唱二録及高僧傳等。亦直云四分羯磨。

優婆塞五戒相經一卷。一名優婆塞五戒略論，元嘉八年於祇洹寺出，第一譯。見僧祐、寶唱二録及高僧傳。

龍樹菩薩爲禪陁迦王説法要偈一卷。見唐舊録。

善信二十二戒一卷。亦云離欲優婆塞優婆夷具行二十二戒文，亦云三歸優婆塞戒。祐云三歸及優婆塞〔四〕二十二戒。或云優婆塞戒。見高僧傳及祐録〔五〕。

經律分異記一卷。見長房録。

右一十部，二十八卷。龍樹菩薩〔六〕説法要偈上八部一十六卷見在，善信二十二戒下二部二卷闕本。

沙門求那跋摩，宋言功德鎧，本剎利種，累世爲王，治在罽賓國。祖父呵梨跋陀此云師子賢。以剛直被徙，父僧伽阿難此云衆喜。因潛隱山澤。跋摩年十四，便機見儁達，深有遠度，仁愛汎博，崇德務善。其母嘗須野肉，令跋摩辦之，跋摩啓曰：「有命之類，莫不貪生，夭彼之命，非仁人矣。」母怒曰：「設令得罪，吾當代汝。」跋摩他日煮油，誤澆其指，因謂母曰：「代兒忍痛。」母曰：「痛在汝身，吾何能代。」跋摩曰：「眼前之苦，尚不能代，況三塗耶？」母乃悔悟，終身斷殺。至年十八，相師〔七〕見而謂曰：「君年三十，當撫臨大國，南面稱尊。若不樂世榮，當獲聖果。」至年二十，出家受戒。洞明九部，博曉四含，誦經百餘萬言，深達律品，妙入禪要，時號曰三藏法師。至年三十，罽賓王薨，絶無紹嗣，衆咸議曰：「跋摩帝室之胤，又才明德重，可請令還俗，以紹國位。」群臣數百，再三固請，跋摩不納。乃辭師違衆，林栖谷飲，孤行山野，遁迹人世。

後到師子國觀風弘教，識真之衆咸謂已得初果。儀形感物，見者發心。後至闍婆國，初未至一日，闍婆王母夢見一道士飛舶入國。明旦，果是跋摩來至。王〔八〕母敬以聖禮，從受五戒。母因勸王曰：「宿世因緣，得爲母子，我已受戒而汝不信，恐後生之因，永絶今果。」王迫以母敕，即奉命受戒，染習既久，專精漸篤。頃之，鄰兵犯境，王謂跋摩曰：「外賊恃力欲見侵侮，若與鬭戰，傷殺必多。如其不拒，危亡將至。今唯歸命師尊，不知何計？」

跋摩曰：「暴寇相攻，宜須禦捍。但當起慈悲心，勿興念害〔九〕耳。」王自領兵擬之。旗鼓始交，賊便退散。王遇流矢傷脚，跋摩爲呪水洗之，信宿平復。王恭信稍殷，乃欲出家修道，因告群臣曰：「吾欲躬栖法門，卿等更擇明主。」群臣皆拜伏勸請曰：「王若捨國，則子民無依。且敵國兇强，恃險相對。如失恩覆，則黔首奚處？大王天慈，寧不愍命？」王不忍固違，乃就群臣請三願，若許者，當留治國：一願凡所王境，同奉和尚；二願盡所治内一切斷殺；三願所有儲財賑給貧病。群臣歡喜，僉然敬諾，於是一國皆從受戒。王後爲跋摩立精舍，躬自引材，傷王脚指，跋摩又爲呪治，有頃平復。道化之聲，播於遐邇。鄰國聞風，皆遣使要請。

時楊都名德沙門慧觀、慧聰等，遠挹風猷，思欲諮〔一〇〕稟，以元嘉元年九月面啓文帝，求迎請跋摩。當即敕交州刺史，令汎舶延致。觀等又遣沙門法長、道沖、道儁等往彼祈請，并致書於跋摩及闍婆王婆多伽等，必希顧臨宋境，流行道教。跋摩以聖化宜〔一一〕廣，不憚遊方，先已隨商人竺難提舶，欲向一小國，會值便風，遂至廣州。故其遺文云：「業行風所吹，遂之於宋境。」此之謂也。

文帝知跋摩已至南海，於是復敕州郡，令資發至都。路由始興，經停歲許。始興有虎市〔一二〕山，山形聳峭，峰嶺高絶，跋摩謂〔一三〕其髣髴耆闍崛，乃改名靈鷲，於山寺之外，别立禪室，去寺數里，磬音不聞。每至鳴椎，跋摩已至，或致雨不沾，或履泥不濕。時衆道俗，莫不肅然增敬。寺有寶月殿，跋摩於殿北壁手自畫作羅云〔一四〕像及定光、儒童布髮之形。像成之後，每夕放光，久之乃歇。始興太守蔡茂之深加敬仰。後茂之將死，跋摩躬自往視，説法安慰。後家人夢見茂之在寺中與衆僧講法，實由跋摩化導之力也。此山本多虎災，自跋摩居之，晝行夜往，或時值虎，以杖按頭，弄之而去，於是山旅水賓〔一五〕去來無梗。盛德歸化者，十有七八焉。跋摩嘗於别室入禪，累日不出，寺僧遣沙彌往候之，見一白師子緣柱而立，亘空彌漫，生青蓮花。沙彌驚恐大呼，往逐師子，豁無所見。其靈異無方，類多如此。

後文帝重敕觀等復更敦請，乃汎舟下都，以元嘉八年正月達于建業。文帝引見，勞問慇懃，因又言曰：「弟子常欲持齋不殺，迫以身徇物，不獲從志。法師既不遠萬里來化此國，將何以教之？」跋摩曰：「夫道在心，不在事。法由己，非由人。且帝王與匹夫所修各異，匹夫身賤名劣，言令不威，若不剋己苦躬，將何爲用？帝王以四海爲家，萬民爲子，出一嘉言則士女咸悦，布一善政則人神以和。刑不夭命，役無勞力，則使風雨適時，寒暖應節，百穀滋繁，桑麻鬱茂。如此持齋，齋〔一六〕亦大矣，不殺亦衆矣〔一七〕。寧在闕半日之餐，全一禽之命，然後方爲弘濟耶？」帝乃撫几〔一八〕歎曰：「夫俗人迷於遠理，沙門滯於近教。迷遠理者，謂至道虚説。滯近教者，則拘戀篇章。至如跋摩法師所言，真謂開悟明達，可與談於天人之際矣。」乃敕住祇洹寺，供給隆厚，公王英彦，莫不宗奉。俄而於寺開講法華及十地，法席之日，軒蓋盈衢，觀矚往還，肩隨踵接。跋摩神府自然，妙辯天絶，或時假譯人而往復懸悟。跋摩即於祇洹寺譯菩薩善戒經等十部，其善戒經，長房等録並(一九)云二十卷，下注云後弟子於定林更出二品，成三十卷者，非也。今但九卷，或云十卷，此(二〇)是傳寫差誤，加其「二」字。僧祐録中只云十卷，故知餘録傳寫誤也。又按高僧傳云：「祇洹惠義請出菩薩善戒，始得二十八品。後弟子代出二(二一)品，成三十品。」房等録云續成三十卷者，誤之甚也。又長房録(二二)復云跋摩譯雜阿毗曇心十三卷。今以伊葉波羅譯出十卷，跋摩後續成其十三卷(二三)，非謂跋摩更別翻出。二處俱載，此亦不然。今此删之，載於前録也。並文義詳允，梵宋弗差。

時影福寺尼惠果、浄音等共請跋摩云：「去六年，有師子國八尼至都，云宋地先未曾(二四)有尼，那得二衆受戒？恐戒品不全。」跋摩云：「戒法本在大僧衆發，設不本事，無妨得戒，如愛道之緣。」諸尼又恐年月不滿，苦欲更受，跋摩稱云：「善哉。苟欲增明，甚助隨喜。」但西國尼年臘未登，又十人不滿，且令學宋語，別因西域居士更請外國尼來足滿十數。

其年夏，在定林下寺安居。時有信者採花布席，唯(二五)跋摩所坐，花彩更鮮。衆咸崇以聖禮。夏竟，還祇洹。其年九月二十八日中食未畢，先起還閤，其弟子後至，奄然已終。春秋六十有五。

未終之前，預造遺文偈頌三十六行，自説因緣，云「已證二果」。手自封緘，付弟子阿沙羅云：「我終後，可以此文還示天竺僧，亦可示此境僧也。」既終之後，即扶坐繩牀，顔貌不異，似若入定。道俗赴者，千有餘人，並聞香氣芬烈，咸見一物狀若龍蛇，可長一疋許，起於屍〔二六〕側，直上衝天，莫能名者。即於南林戒壇前，依外國法闍毗之。四部鱗集，香薪成積，灌之香油，以燒遺陰。五色焰起，氛氳麗空。是時天景澄朗，道俗哀歎，仍於其處起立白塔。欲重受戒諸尼，悲泣望斷，不能自勝。

初，跋摩至宋，文帝欲從受菩薩戒，未及諮稟，奄而遷化。以本意不遂，傷恨彌深，乃令衆僧譯出其遺文云。遺文在傳〔二七〕，恐繁故止。

校勘記

〔一〕非也：高麗藏本作「並非也」，資福藏、普寧藏本作「非」。

〔二〕北：原作「比」，據諸校本改。

〔三〕宜：高麗藏本作「且」。

〔四〕塞：嘉興藏本無。

〔五〕祐録：高麗藏本作「僧祐録」。

〔六〕菩薩：高麗藏本無。

〔七〕師：高麗藏本作「工」。

〔八〕王：高麗藏本無。

〔九〕念害：高麗藏本作「害念」。
〔一〇〕諂：高麗藏本作「湌」。
〔一一〕宜：嘉興藏本作「宣」。
〔一二〕市：高麗藏本作「丘」。
〔一三〕謂：資福藏本作「訶」，普寧藏本作「詞」，四庫本作「爲」。
〔一四〕云：四庫本作「漢」。高僧傳卷三求那跋摩傳湯用彤校注曰：太平御覽「雲」作「漢」。按：羅云，即羅睺羅，釋迦牟尼佛之嫡子。佛十大弟子中，密行第一。大唐西域記卷四秣菟羅國「羅怙羅」子注曰：「舊曰羅睺羅，又曰羅云，皆訛略也。」
〔一五〕賓：原作「濱」，據高麗藏本改。
〔一六〕齋：原無，據高麗藏本補。
〔一七〕不殺亦衆矣：大正藏本高僧傳卷三求那跋摩傳作「如此不殺，德亦衆矣」。
〔一八〕几：高麗藏本誤作「凡」。
〔一九〕並：原作「也」，據高麗藏、資福藏、嘉興藏、清藏、四庫本改。
〔二〇〕此：高麗藏本作「應」。
〔二一〕二：高麗藏本作「一」。
〔二二〕長房録：高麗藏本作「長房等録」。
〔二三〕卷：高麗藏本無。

〔二四〕曾：高麗藏本作「經」。

〔二五〕唯：原無，據高麗藏本補。

〔二六〕屍：資福藏本作「壁」。

〔二七〕遺文在傳：見高僧傳卷三求那跋摩傳。

毗尼摩得勒伽十卷。初卷云薩婆多部毗尼摩得勒伽，元嘉十二〔一〕年乙亥正月於秣陵〔二〕平樂寺出，至九月二十二日訖。見道惠宋齊録及僧祐録。

雜阿毗曇心論十一卷。或無「論」字。亦云雜阿毗曇經，房云雜阿毗曇毗婆沙，或十四卷，第四譯，元嘉十一年甲戌九月於長干寺出，周年乃訖。見僧祐録及經序。

勸發諸王要偈一卷。龍樹菩薩撰，第二出。見僧祐録及高僧傳。

分別業報略一卷。大勇菩薩撰，或云大勇菩薩分別業報略集。見僧祐録及高僧傳。

請聖僧浴文一卷。見僧祐録及高僧傳。

右五部，二十四卷。前四部二十三〔三〕卷見在，後一部一卷闕本。

沙門僧伽跋摩，宋言衆鎧，印土〔四〕人也。少而棄俗，清峻有戒德，明解律藏，尤精雜心。以元嘉十年癸酉，步自流沙，届于建業。風宇宏肅，道俗敬異，咸宗而事之，號曰「三藏法師」。初景平元年，平陸令許桑捨宅建刹，因名平陸寺。後道場慧觀以跋摩道行純備，請住此寺，崇其供養，以表厥德。跋摩共觀加〔五〕塔三層，行道諷誦，日夜不輟。僧衆歸集，道化流布。

初，三藏法師深明戒品，將爲影福寺尼慧果等重受具戒。是時二衆未備而三藏遷化，俄而師子國比丘尼鐵薩羅等至，衆乃共請跋摩爲師，繼軌〔六〕三藏。祇洹慧義擅步楊都，謂爲矯異，執志不同，親與跋摩拒論翻覆。跋摩標宗顯法，理證明允。慧義遂迴其剛褊，靡然推服，乃率其弟子服膺禀戒，僧尼受者數百許人。宋彭城王義康崇其戒範，廣設齋供，四衆殷盛，傾于都邑。

頃之，名德大僧慧觀等以跋摩妙解雜心，諷誦通達，先三藏雖譯，未及繕寫，以十一年九月於長干寺招集學士，更請出焉。寶雲譯語，觀自筆受，研校精悉，周年方就。續出摩得勒伽等凡五部。

跋摩遊化爲志，不滯一方，既傳經事畢，將還本土，衆咸祈請，莫之能留。以元嘉十九年，隨西域賈人舶還外國，莫詳其終。

校勘記

〔一〕十二：原作「二十二」，據高麗藏、清藏、四庫本改。按：僧伽跋摩元嘉十九年還外國，言其元嘉二十二年譯毗尼摩得勒伽者，誤之甚也。

〔二〕秣陵：原作「林陵」，據高麗藏、資福藏、嘉興藏、四庫本改。

〔三〕三：資福藏本誤作「二」。

〔四〕印土：高麗藏、資福藏、永樂北藏、嘉興藏、清藏、四庫本作「印度」。

〔五〕加：高麗藏本作「起」。

〔六〕軌：原作「執」，據諸校本改。

勝鬘師子吼一乘大方便方廣經一卷。第二出，與寶積勝鬘夫人會同本〔二〕，元嘉十三年〔三〕八月十四日於丹陽郡出，寶雲傳語，慧觀筆受。見僧祐、李廓〔三〕等録。

大方廣寶篋經二〔四〕卷。第四出，或三〔五〕卷，與文殊現寶藏經等同本。見李廓録。

相續解脱地波羅蜜了義經一卷。或二卷，亦名解脱了義經，亦直云相續解脱經，於東安寺出，是解深密經後二〔六〕品。見道惠、僧祐、李廓、法上等四録。高僧傳云於荆州出。

楞伽阿跋多羅寶經四卷。第二出，元嘉二十年於道場寺譯，慧觀筆受，與入楞伽及大乘楞伽經〔七〕等同本。見道惠、僧祐、法上等録。高僧傳云丹陽郡出。

菩薩行方便境界神通變化經三卷。初出，與大薩遮尼乾子經同本，或無「境界」字。見李廓録。

老母女六英經一卷。亦云老母經，第三出，與老女人經等同本。房云見别録。

中曰兒本經一卷。或云申兒本，第二〔八〕出，與月光童子經等同本。房云見別録。録云申兜本〔九〕，誤也。

阿難陁目佉尼呵〔一〇〕離陁經一〔一一〕卷。或云出無量門持經，第六譯，與無量門微密持經等同本。房云見別録。房録別載出無量門持經者，誤也。

央崛魔羅經四卷。道場寺出。見道惠、僧祐、法上等三〔一二〕録。高僧傳云於荊州辛寺出。

大法鼓經二卷。東安寺出。見道慧、僧祐、李廓、法上等四録。

大意經一卷。房云見別録。

十二頭陁經一卷。房云見別録。

樹提伽經一卷。房云見別録。

雜阿含經五十卷。於瓦官寺譯，梵本法顯賫來，高僧傳云祇洹寺出。見道惠宋齊録及僧祐録。

鸚鵡經一卷。亦名兜調經，出中阿含第四十四，異譯。房云見別録。

鞞摩肅經一卷。出中阿含五十七卷，異譯。房云見別録〔一三〕。

四人出現世間經一卷。出增一阿含第十七卷〔一四〕，異譯。房云見別録。

十一想思念如來經一卷。或云十一思惟念如來經，出增一阿含第四十八初，異譯。房云見別録〔一五〕。

阿速達經一卷。第三出，與玉耶經等同本。房云見別録。

過去現在因果經四卷。於荊州辛寺出，第六譯，與修行本起、瑞應本起等同本。見始興及李廓、僧祐等録。

摩訶迦葉度貧母經一卷。房云見別録。

十二品生死經一卷。房云見別録。

罪福報應經一卷。一名輪轉五道罪福報應經，亦云輪轉五道經，亦云五道輪轉〔一六〕經。房云見別録。

衆事分阿毗曇論十二卷。或無「論」字，共弟子菩提耶舍譯，初出，與唐譯品類足論同本。房録不題所出。

四品學法經一卷。或無「經」字。房云見別録。

賓頭盧突羅闍爲優陁延王説法經一卷。亦云賓頭盧爲王説法經。房云見別録。

上見存，已下闕〔一七〕。

虚空藏菩薩經一卷。第二出，與姚秦佛陁耶舍所出虚空〔一八〕藏經等同本。房云見別録。

無量義經一卷。初出，與蕭齊曇摩伽陁耶舍出者同本。見李廓録。

諸法無行經一卷。第二出，與羅什所出二卷者及諸法本無經同本。房云見別録。

小無量壽經一卷。或無「小」字，第二出，與羅什阿彌陁及唐譯稱讚浄土同本，孝建年出，一名〔一九〕阿彌陁。見道惠、僧祐二録。高僧傳云於荊州出。房録別存阿彌陁經者，誤也。

八吉祥經一卷。第三出，與支謙八吉祥呪、法護八陽神呪經等同本，元嘉二十九年正月三日於荊州城内爲司空荊州刺史南譙王劉義宣出，六日訖。見僧祐、寶唱二〔二〇〕録。

無崖際持法門經一卷。第二出，與聖堅出者及尊勝菩薩所問經同本。房云見別録。

貧子須賴經一卷。第四出，與白延、支謙等出者同本。見李廓録。

現在佛名經三卷。亦名花敷現在佛名，第二出，與稱揚諸佛功德等經〔二一〕同本，元嘉二十九〔二二〕年正月七日於荆州爲南譙王出。見始興録及高僧傳。

浄度三昧經三卷。第三出。見李廓録。

無憂王經一卷。於荆州辛寺譯。見吴録及僧祐録。

本行六波羅蜜經一卷。房云見別録。

異處七處三觀經一卷。或無「異處」字，出雜阿含，異譯。房云見別録。

雜藏經一卷。第四出，與鬼問目連經等同本，房云見別録。

目連降龍王經一卷。或無「王」字，或云降龍經，或云降龍王經，第二出，與龍王兄弟經同本。房云見別録〔二三〕。

曰難經一卷。一云越難經，第三出，與聶承遠越難經等同本。房云見別録。

釋六十二見經四卷。房云：見別録，祐録云一卷。

請般特比丘經一卷。或作「般特」，亦云「般持〔二四〕」。房云見別録。

十二頭陁經一卷。房云見別録。

阿那律七念章經一卷。房云見別録。

十報法三統略經一卷。房云見别録。
六齋八戒經一卷。房云見别録。
阿蘭若習禪經二卷。第二出，與羅什坐禪三昧經同本。見李廓録。
菩薩呵欲經一卷。第二出，與羅什出者同本。房云見别録。
那先經一卷。第二出，與二卷者同本。房云見别録。
十二遊經一卷。第三〔二五〕出。房云見舊録。
第一義五相略集一卷。於東安寺出，見僧祐録。高僧傳云於荆州辛寺出。
右五十二部，一百三十四卷。賓頭盧上二十六部〔二六〕一百卷〔二七〕見在，虚空藏下二十六部三十四卷闕本。
沙門求那跋陁羅，宋言功德賢，中印土人也，以大乘學故，世號「摩訶衍」。本婆羅門種，幼學五明諸論，天文書算，醫方呪術，靡不博貫。後遇見雜心，尋讀驚悟，乃深崇佛法焉。其家世外道，禁絶沙門，乃捨家潛遁，遠求師匠，即落髮改服，專志學業。及受具戒，博通三藏。爲人慈和恭順，事師盡勤。頃之，辭小乘師，進學大乘。大乘師試令探取經匣，即得大品、華嚴，師喜而歎曰：「汝於大乘，有重緣矣。」於是讀誦講義〔二八〕，莫能訓抗。進受菩薩戒法，乃奉書父母，勸歸正法曰：「若專守外道，則雖還無益。若歸依三寶，則長得相見。」其父感其至言，遂棄邪從正。

跋陁前到師子諸國，皆傳送資供。既有緣東方，乃隨舶汎海。中塗風止，淡水復竭，舉舶憂惶，跋陀曰：「可同心并力念十方佛，稱觀世音，何往不感？」乃密誦呪經，懇到禮懺。俄而信風暴至，密雲降雨，一舶蒙濟，其誠感如此。

元嘉十二年乙亥至廣州，時剌史車朗表聞，文帝遣使迎接〔二九〕。既至楊都，敕名僧慧嚴、慧觀於新亭郊勞。見其神情朗徹，莫不虔敬，雖因譯交言，而欣若傾蓋。初住祇洹寺，俄而文帝延請，深加崇敬。瑯瑘顔延之通才碩學，束帶造門，於是宋都遠近，冠蓋相望。大將軍彭城王義康、丞相南譙王義宣，並師事焉。

頃之，衆僧共請出經，於祇洹寺集義學諸僧，譯出雜阿含經，東安寺出法鼓經。後於丹陽〔三〇〕郡譯出勝鬘、楞伽經，徒衆七百餘人，寶雲傳譯，慧觀執筆，往復諮析〔三一〕，妙得本旨。後譙王鎮荆州，請與俱行，安止辛寺，更創殿房，即於辛寺出無憂王、過現因果、小無量壽、央崛魔羅、相續解脱波羅蜜了義、現在佛名、第一義五相略、八吉祥等諸經，并前所出，凡五十二部，多是弟子法勇傳度。譙王欲請講華嚴等經，而跋陀自忖未善宋語，愧歎積旬，即旦夕禮懺，請乞冥應。夢有人白服持劍，擎一人首來至其前，曰：「何故憂耶？」跋陁具以事對，答曰：「無所憂〔三二〕。」即以劍易首，更安新頭，語令迴轉，曰：「得無痛耶？」答曰：「不痛。」豁然便覺，心神喜悅。旦起言義，皆備領宋語，於是就講。弟子法勇傳譯，僧念爲都講，雖因譯人而玄解往復。

元嘉將末，譙王屢有怪夢，跋陀曰：「都中將有禍亂。」未及一年而元〔三三〕凶構逆。及孝建之初，譙王陰謀逆節，跋陀顔容憂慘而未及發言，譙王問其故，跋陀諫爭懇切，乃流涕而出曰：「必無所冀，貧道不容扈從。」譙王以其物情所信，乃逼與俱下。梁山之敗，火艦轉迫，去岸懸遠，判無濟理，唯一心稱觀世音，手捉筇竹杖，投身江中。水齊至膝，以杖刺〔三四〕水，水深流駛。見一童子尋後而至，以手牽之，顧謂童子：「汝小兒，何能度我？」恍惚之間，覺行十餘步，仍得上岸。即脱納衣欲賞童子，顧覓不見。舉身毛豎，方知神力焉。時王玄謨督軍梁山，孝武帝駿敕軍中，得摩訶衍善加料理，驛信送臺。俄而尋得，合艑送都。孝武即時引見，顧問委曲，曰：「企望日久，今始相遇。」跋陁對曰：「既染釁戾，分爲灰粉。今得接見，重荷生造。」敕問並誰〔三五〕爲賊，答曰：「出家之人，不預戎事。然張暢、宗靈秀〔三六〕等並是驅逼，貧道所明。但不圖宿緣，乃逢此事。」孝武曰：「無所懼也。」是日敕住後堂，供施衣物，給以人乘。

初，跋陁在荆州十載，每與譙王書疏，無不記録。及軍敗簡檢，無片言及軍事者。孝武明其純謹，益加禮遇。後因閑談，聊戲問曰：「念丞相不？」答曰：「受供十年，何可忘德？

今從陛下乞願，願〔三七〕爲丞相三年燒香。」帝悽然動容，義而許焉。及中興寺成，敕令移住，爲開三間房。後於東府讌會，王公畢集，敕見跋陀。時未及净髮，白首皓然，孝武遥望，顧謂尚書謝莊曰：「摩訶衍聰明機解，但〔三八〕老期已至。朕試問之，其必悟人意也。」跋陀上階，因迎謂之曰：「摩訶衍不負遠來之意，但有一在。」即應聲答曰：「貧道遠歸帝京，垂三十載。天子恩遇，銜愧罔極。但七十老病，唯一死在。」帝嘉其機辯，敕近御而坐，舉朝矚目〔三九〕。

後於秣陵界鳳樓〔四〇〕西起寺，每至夜半，輒有推户而唤，視不見人，衆屢厭夢。跋陀燒香呪願曰：「汝宿緣居此，我今起寺，行道禮懺，常爲汝等。若住者，爲護寺善神。若不能居，各隨所安。」既而道俗十餘人同夕夢見鬼神千數，皆荷擔移去，寺衆遂安。

大明七年，天下亢旱，祈禱山川，累月無驗。帝遂請令祈雨，必使有感，如其無效，不須相見。跋陀答曰：「仰憑三寶，陛下天威，冀必降澤。如其無獲，不復重見。」即往北湖釣臺，燒香祈請，不復飲食，默而誦經，密加秘呪。明日晡時，西北角雲起，初如車蓋。日在桑榆〔四一〕，風震雲合，連日降雨。明旦，公卿入賀。敕見慰勞，嚫施相續。

跋陁自幼已來，蔬食終身。常執持香爐，未嘗輟手。每食竟〔四二〕，輒分食飛鳥，乃集手取食。至明帝之世，禮供彌盛。到太始四年正月，覺體不平，便預與明帝及公卿等告辭。

臨終之日，延佇而望云：「見天華聖像。」禺中遂卒，春秋七十有五。明帝慟惜，賻送(四三)殷厚。公卿會葬，榮哀備焉。

般泥洹經一卷。或無「般」字，孝建元年於辛寺譯。見道惠宋齊録。今尋此單卷泥洹上下文句，非是跋陀所翻，似是謙、護等譯。今尋得二卷，且附東晉録中。

釋摩男本經一卷。吴支謙譯。

三藏法師自述喻一卷。非梵本(四四)出，故亦删之。

當來選擇諸惡世界經。

過去行檀波羅蜜經。上二經，並出悲華經。

殺龍濟一國經。出六度集(四五)。

三因緣經。出長阿含。

三小劫經。出樓炭經。

佛入甘露門正意經。出大十二門經。

阿蘭那經。出中阿含。

舍利弗等比丘得身作證經。出雜阿含。

那賴經。

墮珠著海中經。

舅甥經。

舍利弗般泥洹經。

負債爲牛經。

君臣經。上六經，並出生經〔四六〕。

四食經。小乘雜抄〔四七〕。

阿難見妓樂啼哭無常經。

佛往慰迦葉病經。

佛命阿難詣最勝長者經。

二僑士經。

目連弟布施望即報經。上五經，並出出曜經。

般泥洹等二十三部二十三卷，或是別生抄經，或非跋陀所出，今爲實録，故總删之。

校勘記

〔一〕同本：高麗藏本作「等同本」。

〔二〕十三：永樂北藏、嘉興藏、清藏、四庫本作「十二」。
〔三〕僧祐李廓：高麗藏本作「道慧僧祐李廓」。
〔四〕二：高麗藏本作「三」。
〔五〕三：高麗藏本作「二」。
〔六〕二：永樂南藏本作「一」。
〔七〕大乘楞伽經：高麗藏本作「大乘入楞伽經」。
〔八〕二：餘校本作「三」。
〔九〕録云申兜本：歷代三寶紀卷一〇求那跋陀羅譯經，著録申兜本經一卷，子注曰：「或云申日。」
〔一〇〕呵：原作「阿」，據高麗藏本改。
〔一一〕一：永樂北藏、嘉興藏、清藏、四庫本作「二」。
〔一二〕三：高麗藏本無。
〔一三〕五十七卷異譯房云見別録：高麗藏本作「第五十七異譯」。
〔一四〕第十七卷：高麗藏本作「第八卷」。
〔一五〕見別録：嘉興藏本無。
〔一六〕轉：高麗藏本無。
〔一七〕上見存已下闕：高麗藏本作「上見存已後闕」，永樂北藏、嘉興藏、清藏本作「已上見存已下闕」，四庫本作「已上見存已下闕本」。

〔一八〕空：高麗藏本無。

〔一九〕一名：原誤作「二名」，據高麗藏、資福藏、嘉興藏、清藏、四庫本改。

〔二〇〕二：嘉興藏本無。

〔二一〕等經：高麗藏本作「經等」。

〔二二〕二十九：原誤作「三十九」，據高麗藏、資福藏本改。按：元嘉年號，共二十九年。

〔二三〕別録：資福藏本於其後有「李文智捨」四字。

〔二四〕持：高麗藏本作「時」。

〔二五〕三：高麗藏本作「二」。

〔二六〕二十六部：資福藏本作「三十六部」。

〔二七〕一百卷：原作「一百二卷」，據高麗藏、資福藏、嘉興藏、清藏、四庫本改。

〔二八〕義：高僧傳卷三求那跋陀羅傳作「宣」。

〔二九〕迎接：高麗藏本作「延接」。

〔三〇〕陽：高麗藏本作「楊」。

〔三一〕析：高麗藏本作「扸」。按：扸，同「析」。諮析，商討辨析。

〔三二〕無所憂：高麗藏本作「無所多憂」。

〔三三〕元：高麗藏本作「二」。

〔三四〕以杖刺：原作「以杖利」，四庫本作「下杖刺」，據高麗藏、永樂北藏本改。

〔三五〕 誰：高麗藏本誤作「譙」。

〔三六〕 張暢、宗靈秀：張暢，宋書卷四六有傳。宗靈秀，宋孝武時任黄門侍郎。宋書卷七六王玄謨傳有云：「黄門侍郎宗靈秀體肥，拜起不便，每至集會，多所賜與，欲其瞻謝傾踣，以爲歡笑。」高僧傳誤作「宋靈秀」。

〔三七〕 願：高麗藏本無。

〔三八〕 但：高麗藏本作「但念」。

〔三九〕 矚目：高麗藏本作「屬目」。

〔四〇〕 鳳樓：高麗藏本作「鳳凰樓」，嘉興藏本誤作「鳳棲」。

〔四一〕 桑榆：原作「桑拾」，據文意改。

〔四二〕 竟：高麗藏本無。

〔四三〕 送：嘉興藏本誤作「逆」。

〔四四〕 本：資福藏本無。

〔四五〕 六度集：高麗藏本作「六度經」。

〔四六〕 生經：嘉興藏本誤作「主經」。

〔四七〕 抄：嘉興藏本無。

觀世音菩薩受記經一卷。一名觀世音受決經，第三出，與西晉法護、道真出者同本。見王宗、僧祐、李廓、法上等〔一〕録及高僧傳。

右一部，一卷，其本見在。

沙門釋法勇，梵名曇無竭，本姓李氏，幽州黄龍國人也。幼爲沙彌，便修苦行，持戒諷經，爲師所異。嘗聞法顯、寶雲諸僧躬踐佛國，慨然有忘身之誓。遂以宋永初之元，招集同志沙門僧猛、曇朗之徒二十五人，共賫幡蓋供養之具，發跡北土，遠適西方。

初至河南國，仍出海西郡，進入流沙，到高昌郡。經歷龜茲、沙勒諸國，前登葱嶺、雪山，棧路險惡，驢馬不通，層〔二〕冰峨峨，絶無草木，山多瘴氣。下有大江，浚〔三〕急如箭。於東西兩山之脅，繫索爲橋，相去極遠，十人一過，到彼岸已，舉煙爲幟〔四〕。後人見煙，知前已度，方得更進。若久不見煙，則知暴風吹索，人墮江中。行葱嶺二〔五〕日，方過。復上雪山，懸崖壁立，無安足處，石壁皆有故杙〔六〕孔，處處相對，人各執四杙，先拔下杙，手攀上杙，展轉相代，三〔七〕日方過，乃到平地相待，料檢同侣，失十二人。進至罽賓國，禮拜佛鉢。停歲餘，學梵書竟，便解梵語，求得觀世音受記經梵文一部。

無竭同行沙門餘十三人，西行到新頭那提河，此云師子口。緣河西入月氏國，禮拜佛肉髻骨及覩自沸〔八〕水〔九〕船。後至檀特山南石留寺，住僧三百餘人，雜三乘學，無竭便停此寺，受具足戒。天竺沙門佛陁多羅，此云覺救。彼方衆僧云：「其已得道果。」無竭請爲和上，漢沙門志定爲阿闍梨。於寺夏坐三月日，復北行，至中天竺曠絶〔一〇〕之處，常賫石蜜爲粮。其同侶八人路亡，五人俱行，屢經危棘。無竭所賫觀世音經，常專心繫念。進涉舍衛國中，野逢山象一群，無竭稱名歸命，即有師子從林中出，象驚怖奔走。後渡恒河，復值野干〔一一〕一群鳴吼而來，將欲害人，無竭歸命如初，尋有大鷲飛來，野干〔一二〕驚散，遂得免害。其誠心所感，在險克濟，皆此類也。

後於南天竺隨舶汎海達廣州，所歷事跡，別有記傳〔一三〕。元嘉末年，達于楊都，手自宣譯觀世音受記經一部，今見傳于世。後不知所終。

校勘記

〔一〕等：原無，據高麗藏本補。

〔二〕層：高麗藏本作「增」。

〔三〕浚：高僧傳卷三釋曇無竭傳作「流」。

〔四〕幟：高麗藏本作「識」。

〔五〕二：高麗藏、永樂北藏、嘉興藏、清藏、四庫本作「三」。

〔六〕杙：高麗藏本作「弋」。後同。

〔七〕三：原作「二」，據諸校本及出三藏記集改。

〔八〕自沸：高麗藏本作「白拂」，資福藏本作「白沸」。
〔九〕水：高麗藏本作「木」。
〔一〇〕絶：高麗藏本作「遠」。
〔一一〕野干：高麗藏、四庫本作「野牛」。
〔一二〕野干：高麗藏、四庫本作「野牛」。
〔一三〕別有記傳：歷代三寶紀卷一〇、大唐内典録卷四著録曇無竭外國傳五卷，子注曰：「竭自述遊西域事。」此書已佚。

觀彌勒菩薩上生兜率天經一卷。亦云彌勒上生經。見道慧宋齊録及僧祐録。僧祐録云〔一〕：先在高昌郡譯出，於彼〔二〕賫還。

諫王經一卷。初出，亦云大小諫王經，與唐譯勝軍王經及勝光天子經同本。房云見別録。

治禪病秘要經一卷。或云治禪病秘要法，無「經」字，或云禪要秘密治病經，或二卷，云出雜阿含。孝建二年九月八日於竹園寺出，其月二十五日訖。見僧祐、寶唱等録。

浄飯王涅槃經一卷。或加「般」字，第二出，與法炬出者同本。房云見別録。

進學經一卷。或云勸進學道經，第二出，與支謙等出者同本。房云見別録。

八關齋經一卷。異出本。房云見別録。

五無返復經一卷。一名五無〔三〕返〔四〕覆大義經，或作「附」字。房云見別録。
佛大僧大經一卷。二兒名。房云見別録。
耶祇經一卷。房云見別録。
末羅王經一卷。房云見別録。
摩達國王經一卷。房云見別録。或無「國王」字。
旃陁越國王經一卷。或無「國王」字。房云見別録。
五恐怖世經一卷。或云五恐怖經。房云見別録。
弟子死復生經一卷。或云死亡更生經〔五〕。房云見別録。
迦葉禁戒經一卷。一名摩訶比丘經，亦名真僞沙門經，第二出。房云見別録。
菩薩誓經一卷。第五出，與長者子制經等同本。房云見別録。
中陰經一卷。房云見別録。
觀世音觀經一卷。先在高昌郡譯出，於彼賫還。見僧祐録。
波斯匿王喪母經一卷。或云波斯匿王經。祐云波耶〔六〕匿王經〔七〕，房云見別録。出增一阿含第十八卷，異譯。
佛母般泥洹經一卷。孝建二年於鍾山〔八〕定林上寺出，一名大愛道般泥〔九〕洹經。見僧祐録。出增一〔一〇〕

阿含第五十卷，異譯。

弟子慢爲耆域述經一卷。亦云弟子爲耆域述慢戒明〔一一〕弟子戲誕經，第四出，與阿難問事佛吉凶經等同本。房云見別録。

長者音悦經一卷。第二出，與支謙出〔一二〕者同本。房云見別録。

五苦章句經一卷。第二出，與曇無蘭出者同本。房云見別録〔一三〕。

分和檀王經一卷。第二〔一四〕出，與竺律炎三摩竭經同本。房云見別録。

弟子事佛吉凶經一卷。祐云弟子問事佛吉凶經。房云見別録。

生死變識經一卷。今疑是藏中見正經異名。房云見別録。

優婆塞五戒經一卷。亦云五相經，第二出，與五戒相經同本。房云見別録。

賢者律儀經一卷。亦云「威儀」。房云見別録。

右二十八部，二十八卷。迦葉禁戒上一十五部一十五卷見在，菩薩誓經下一十三部一十三卷闕本。

居士沮渠京聲，即北涼河西王蒙遜從弟安陽侯也。魏併涼後，南奔于宋，晦志卑身，不交世務，常遊止塔寺，以居士自畢〔一五〕。丹陽尹孟顗見而善之，請與相見。一面之後，雅相崇愛，亟設供饌，厚相優贍。京聲以孝武帝孝建二年乙未於〔一六〕楊都竹園寺及鍾山定林上寺譯彌勒上生經等二十八部。通習積久，臨筆無滯。京聲居絶妻孥，無欲榮利，從容法侶，宣通經典，是以建業白黑咸敬而嘉焉。以大明之末，遘疾而卒。

普明王經。

梵摩皇經。上二經，並出六度集〔一七〕。

麼夷比丘經。

優婆塞五法經。上二經，並出中阿含。

釋種問優婆塞經。出雜阿含。

清信士阿夷扇經。亦云阿夷扇持父子經，出生經。

五百梵志經。群録注疑。

普明王等七經，六是别生，一云疑僞，今爲實録故，並删之。

校勘記

〔一〕云：原無「云」字，高麗藏本作「僧祐録云」，據補一「云」字。

〔二〕彼：高麗藏本作「後」。

〔三〕無：高麗藏本無。

〔四〕返：高麗藏本作「反」。

〔五〕經：高麗藏本無。

〔六〕耶：高麗藏本作「邪」。
〔七〕經：高麗藏本無。
〔八〕鍾山：高麗藏本作「鐘山」。
〔九〕泥：原無，據高麗藏本補。
〔一〇〕一：原無，據高麗藏、資福藏、永樂南藏、永樂北藏、嘉興藏、清藏、四庫本補。
〔一一〕明：原作「羽」，據本書卷一五及大唐内典録卷四改。
〔一二〕出：原無，據高麗藏本補。
〔一三〕見：原作「是」，據諸校本改。
〔一四〕二：資福藏本作「一」。
〔一五〕自畢：四庫本作「自稱」，歷代三寶記卷一〇、大唐内典録卷四作「自卑」。
〔一六〕於：原無，據高麗藏本補。
〔一七〕六度集：永樂北藏、嘉興藏、清藏、四庫本作「六度經」。

閻羅王五天使者經一卷。一名鐵城泥犁經。見長房録。出中阿〔一〕含第十二，異譯。

瞿曇彌記果經一卷。出中阿含第二十八，異譯。見長房録。

長者子六過出家經一卷。出增一阿含第二十七卷，異譯。見長房録。

佛母般泥洹經一卷。出增一阿含第五十卷，異譯。見長房録。

貧窮老公經一卷。或云貧老經，第二出。見長房録。

懈怠耕者經一卷。舊録云懈怠耕兒經。見長房録。

請賓頭盧法一卷。或加「經」字。見長房録，第二出〔二〕。

善生子經一卷。亦〔三〕云異出六向拜經。見長房録。出中阿含第三十三卷，異譯。

佛涅槃後諸比丘經一卷。出雜阿含〔四〕。見長房録。

譬喻經一卷。見長房録。

右一十部，一十卷。請賓頭盧上七部七卷見在，善生子經下三部三卷闕本。

沙門釋惠簡，未詳何許人也，以孝武帝大明元年丁酉於鹿野寺譯五天使者等經十部。

真僞沙門經。與京聲所出迦葉禁戒經文句全同，乃是彼經異名，録家錯上。

藥師瑠璃光經。亦云灌頂拔除過罪生死得度經，出大灌頂經。祐録注爲疑經者，非。

釋迦畢罪經。

殺身〔五〕濟賈人經。上二經，並出六度集。

阿難見水光瑞經。一云水光經，大乘抄經。

商人求財經。

瞿曇彌經。上二經，並出中阿含。

舍衛城中人喪子發狂經。

學人亂意經。亦云母子作比丘比丘尼亂意經。上二經，並出增一阿含。

大力士〔六〕出家得道經。亦云力士跋陁經。

二老男女見佛出家得道經。上二經，並出雜阿含。

栴闍摩暴志謗佛經。出生經。

竊爲沙門經。

獵師捨家學道經。上二經，並出出曜經。

呪願經。祐載僞録。

真僞沙門等一十五部，長房等録並云惠簡所出，今以多是別生等經故，删之不存也。

校勘記

〔一〕阿：高麗藏本無。

〔二〕第二出：高麗藏本無。

〔三〕亦：原無，據高麗藏本補。

〔四〕出雜阿含：高麗藏本作「亦云力士跋陀經云出雜阿含」。

〔五〕身：永樂北藏、嘉興藏、清藏本作「人」。

〔六〕土：高麗藏本誤作「土」。

菩薩念佛三昧經六卷。或直云念佛三昧經，或五卷，第一譯，與隋笈多出者同本，是大集别分。見道惠宋齊録及僧祐録。

無量門破魔陀羅尼經一卷。或直云破魔陀羅尼經，第七譯。見僧祐録。與支謙無量門微密持經等同本。

右二部，七卷，其本並在。

沙門功德直，西域人也，道契既廣，善誘日新，以孝武〔一〕帝大明六年壬寅遊至荆州，寓禪房寺。沙門玄暢請出念佛三昧等經二部，暢刊正文義，詞旨婉密。而暢舒手出香，掌中流水，莫之測也。後適成都，止大石寺，即是阿育王塔，乃手自作金剛密跡等十六神像，傳至于今。直留荆州〔二〕數年，後不知所終矣。

校勘記

〔一〕武：嘉興藏本誤作「帝」。

〔二〕州：高麗藏本無。

十誦羯磨比丘要用一卷。或云略要羯摩法，房云二卷〔一〕，祐云一卷〔二〕。見僧祐録。

右一部，一卷，其本見在。

沙門釋僧璩，姓朱，吴國人，出家爲僧業弟子。總銳〔三〕衆經，尤明十誦，兼善史籍，頗製文藻。始住吴虎丘山，孝武欽其風聞，敕出楊都，爲僧正悦衆，止于中興寺。璩以大明七年癸卯，撰十誦羯磨一部。

校勘記

〔一〕房云二卷：歷代三寶紀卷一〇著録僧璩撰十誦僧尼要事羯磨二卷，云「廢帝世，大明七年律師釋僧璩於楊都中興寺依律撰出。亦云略要羯磨法。見僧祐三藏記」。

〔二〕祐云一卷：出三藏記集卷二新集撰出經律論録第一著録僧璩撰十誦羯磨一卷，子注曰：「或云略要羯磨法，十誦律出。」又云：「宋景和中，律師釋僧璩於京都撰出。」

〔三〕銳：高麗藏本作「悦」。

十誦比丘尼戒本一卷。亦云十誦比丘尼波羅提木叉戒〔一〕本，或云十誦比丘尼大戒。見僧祐、寶唱二録。

右一部，一卷，其本見在。

沙門釋法穎，俗姓索氏，燉煌人。十三出家，爲法香弟子，住涼州公府寺，與同學法力俱以律藏知名。穎服〔二〕膺已後，學無再請，記在一聞。研精律部，博涉經論。元嘉末至建業，止新亭寺，孝武以穎學業兼明，敕爲都邑僧正，後辭，往〔三〕還多寶寺，常習定閑房，亦時開律席。後移住長干寺，以明帝彧〔四〕太始年中集出十誦尼戒一部，兼出羯磨，流行於代。

校勘記

〔一〕戒：原無，據高麗藏本補。

〔二〕服：高麗藏、資福藏、永樂南藏本作「伏」。按：伏，通「服」。伏膺，指歸心，信服。

〔三〕往：原作「住」，高麗藏本作「任」，據永樂北藏、嘉興藏、四庫本改。

〔四〕彧：原作「或」，據高麗藏、四庫本改。後同。

無盡意經十卷。第五出，與阿差末經等同本。見始興、僧祐、寶唱等録。

阿述達菩薩經一卷。第四出，與寶積無畏德會等同本，太始年於廣州出。見始興、寶唱等録。

海意經七〔一〕卷。見始興、僧祐、寶唱等録。

如來恩智〔二〕不思議經五卷。見始興、僧祐、寶唱等録。

寶頂經五卷。見始興、僧祐、寶唱等録。

三密底耶經一卷。宋言賢人用律經。見始興、僧祐、寶唱等録。

右六部，二十九卷，其本並闕。

沙門竺法眷，印度人也。志性弘簡，開利爲務。亦〔三〕以明帝或太始年中，於廣州譯無盡意等經六部。

校勘記

〔一〕七：原作「一」，據高麗藏本改。出三藏記集卷二、歷代三寶紀卷一〇、大唐内典録卷四等皆作「七卷」。

〔二〕恩智：原作「智」，資福藏本作「思智」，據高麗藏本改。出三藏記集卷二、歷代三寶紀卷一〇、大唐内典録卷四等皆作「恩智」。

〔三〕亦：高麗藏本無。

輭〔一〕首菩薩無上清淨分衛經二卷。一名決了諸法如幻化三昧經，第二出，與漢嚴佛調譯者及大般若那伽室利分並同本。見始興録。

右一部，二卷，其本見在。

沙門釋翔公，亦云朔公，在南海郡譯輭首菩薩經一部。群録直云宋世，不顯年名，未詳何帝。

校勘記

〔一〕輭：高麗藏本作「濡」。下一處同。

校勘記

〔一〕逮：原作「建」，據高麗藏本改。出三藏記集卷四即作「逮慧三昧經一卷」，子注云：「舊録所載，一名文殊師利問菩薩十事行經。」

彌沙塞律抄一卷。見寶唱録。

右一部，一卷，闕本。

沙門僧伽跋彌，師子國人也，譯彌沙塞律抄一部。大周録中，指寶唱録，不言帝代。其寶唱録尋本未獲，且寄於宋録，以彰有據耳。

新集失譯諸經：

如來智印經一卷。一名諸佛法身，第二出，與慧印三昧經同本。

老母經一卷。第二出，與老女人經等同本。

法滅盡〔一〕經一卷。

甚深大迴向經一卷。

佛爲黄竹園老婆羅門説學經一卷。出中阿含第四十卷，異譯。

優陂夷墮舍迦經一卷。出中阿含第五十五〔二〕，異譯。或無「迦」字。

邪見經一卷。出中阿含第六十卷，異譯。

大沙門百一羯磨法一卷。或云大沙門羯磨法，出十誦律。

迦丁比丘說當來變經一卷。或直云迦丁比丘經。

已上見存〔三〕，已後闕本：

十方佛名經一卷。本作「千万〔四〕」，疑錯。

華嚴淨經〔五〕一卷。

三十七品經一卷。祐載兩本，並云異出，今且存一。

七佛各說偈一卷。

乳王如來經一卷。或云〔六〕乳王經，今疑與乳光佛經同本。

現在十方佛名經一卷。

過去諸佛名經一卷。

千五百佛名經一卷

五百七百佛名經一卷。或云「五百七十」。

觀世音成佛經一卷。

文殊因緣經一卷。
文殊本願經一卷。
文殊觀經一卷。
彌勒須河經一卷。
導師問佛經一卷。
颰陀菩薩百二十〔七〕難經一卷。
持身菩薩經一卷。或云持身經。
賢首菩薩二百問經一卷。
金剛女菩薩經一卷。
善意菩薩經一卷。
菩薩從兜率天降中陰經一卷。
菩薩行喜經一卷。
菩薩浄本業經一卷。
菩薩初業經一卷。
菩薩四事經一卷。

菩薩十六願經一卷。
菩薩五十德行經一卷。
菩薩教法經一卷。
菩薩正行經一卷。
菩薩出入諸則經一卷。
菩薩母姓字經一卷。
菩薩家姓經一卷。
菩薩比丘經一卷。
菩薩經一卷。今疑〔八〕本上脱字。
菩薩作六牙象本事經一卷。
菩薩師子王經一卷。
浴像功德經一卷。與新譯者梵本，未詳別同〔九〕。
浴僧功德經一卷。
陁鄰尼目佉經一卷。今疑即是阿難陁目佉尼經。
禮敬諸塔經一卷。

般若波羅蜜偈經一卷。

佛清淨偈經一卷。

太子出國二十偈一卷。

佛十力偈一卷。

十方佛神呪一卷。

四天王神呪一卷。

十二因緣結縷神呪一卷。

摩訶神呪一卷。

移山神呪一卷。

降魔神呪一卷。

威德陁羅神呪一卷。本〔一○〕作「成」字，錯也。

和魔結神呪一卷。

鳩摩迦葉經一卷。與童迦葉解難經同本，出長阿含第七卷，異譯。法經録云：出中阿含第十六卷，異譯。

出要經二十卷。

行道經七卷。

長阿含經三卷。祐云：疑是殘缺長阿含經。
弘道經二卷。
四天王經一卷。祐云後有呪，似人所附。
諸天阿須倫鬬經一卷。
金色女經一卷。雜譬喻中有。祐云異出本。
治禪鬼魅不安經一卷。
瞻波國佛説戒經一卷。
佛在誓枝山説法經一卷。
佛三毒事經一卷。
佛七事經一卷。
佛問和伏經一卷。
佛意行經一卷。
因佛生三心經一卷。
佛聚經一卷。
七佛本緣經一卷。

釋迦文杖〔二〕鉢經一卷。
佛袈裟經一卷。
佛大衣經一卷。
迦葉解經一卷。
迦葉因緣經一卷。
舍利弗問署經一卷。
迦葉獨證自誓經一卷。
舍利弗嘆度女人經一卷。
舍利弗生西方經一卷。
舍利弗目連泥洹經一卷。今疑是生經中舍利弗般泥洹經。
目連所問經一卷。
目連因緣經一卷。
阿難見變經一卷。
難陁經一卷。
阿那含七念經一卷。

羅漢菩子經一卷。
賓頭盧取鉢經一卷。
愛行比丘經一卷。
愛身比丘經一卷。
栴比丘經一卷。
善星比丘經一卷。
六群比丘經一卷。
自在王比丘經一卷。
羅耶達比丘經一卷。
比丘和須蜜經一卷。
玄戒未來比丘經一卷。今疑「玄」字錯。
比丘法相經一卷。
釋種子〔一三〕經一卷。
尊者婆蹉律經一卷。
罽賓二沙彌經一卷。

沙彌持戒經一卷。

海洲優婆塞會經一卷。

賢者雜事經一卷。

弟子修學經一卷。

弟子行澤中遇賊劫經一卷。

弟子精進經一卷。

迦提羅越問五戒經一卷。

那羅延天王經一卷。

毗沙門天王經一卷。

四大天王經一卷。

諸天壽經一卷。

魔現成佛經一卷。

魔王誡經一卷。疑是「試」字。

浄飯王經一卷。

佛葬閱頭〔三〕檀王經一卷。

阿育王作小兒時經一卷。今疑出育王傳。
小阿育王經一卷。
優填王照逝心女經一卷。今疑是大乘藏中優填王經。
迦夷王頭布施經一卷。
果尊王經一卷。
佛居士經一卷。
降恐王經一卷。今疑「恐」字錯。
摩羅王經一卷。
摩登王經一卷。
舍夷國經一卷。
羅提玹王經一卷。或作國王羅提埤經。
摩訶惟越王經一卷。
流沙王經一卷。
十四王經一卷。
王以竹施經一卷。

勸王持五戒經一卷。
太子旃舍羅差經一卷。
長者盛德經一卷。
長者法心經一卷。
長者仁賢經一卷。
長者洹羅越經一卷。
佛問淳陁長者受樂浄行經一卷。
婆羅門問事經一卷。
婆羅門等爭説經一卷。
六師詣波斯匿王經一卷。
尼犍齋經一卷。
明星梵志經一卷。
兜率梵志經一卷。
梵志拔陀經一卷。
梵志計火浄經一卷。

梵志問疑經一卷。
梵志意經一卷。
梵志好母經一卷。
梵志姪女經一卷。
梵志六師經一卷。
天后賢女經一卷。
德女問經一卷。
貧女少施獲弘報經一卷。
彌家女經一卷。
二人作沙門弟斷兄舌經一卷。
氣噓殺旃陁羅經一卷。
眼能視殺人經一卷。
孤獨三兄弟經一卷。
阿劍他經一卷。
不蘭伽經一卷。

小申曰經一卷。

波羅柰嬶四姓經一卷。或作「婦」字。

大姓家主叩書不〔一四〕經一卷。

提謂經一卷。

强羅經一卷。

金轉龍王經一卷。

蘇曷龍王經一卷。

三龍王經一卷。

虎王經一卷。

蠍王經一卷。

毒龍虵施經一卷。

放牛法經一卷。今疑是藏中放牛經。

養牛經一卷。

閻羅王經一卷。今疑是藏中閻羅王五天使者經。

餓鬼經一卷。

鐵杵泥犁經一卷。
緣經一卷。
藥經一卷。
苦慧經一卷。
慧達經一卷。
法足經一卷。
身數經一卷。
選福經一卷。
布施經一卷。
助善經一卷。
古來經一卷。今疑是藏中古來世時經。
孝順經一卷。
緣本經一卷。今疑是藏中緣本致經。
度世經一卷。
法藏經一卷。

明住經一卷。
善憩經一卷。
植質經一卷。
名相經一卷。
恠異經一卷。
滅恠經一卷。
本鉢經一卷。
案鉢經一卷。
諸法經一卷。
與脱經一卷。
伏願經一卷。
寶見經一卷。
真提經一卷。
明義經一卷。
見在經一卷。

釋論一卷。祐云疑是大智度論抄之一卷。

雜事經一卷。

旨解經一卷。祐云疑即義旨雜解。

釋學經一卷。

度道俗經一卷。

諸福德經一卷。

説人身經一卷。

施色力經一卷。

色入施經一卷。

戒法律經一卷。

未生火經一卷。

未生災經一卷。

念佛品經一卷。

須彌山經一卷。

成敗品〔一五〕一卷。經目或云成敗品第四，似是樓炭經之一品。今檢樓炭經〔一六〕，無此品。

世間珍寶經一卷。舊録云世間所望珍寶經。

現道神足經一卷。

成行無相〔一七〕經一卷。

悔過除罪經一卷。

深自僥倖經一卷。

布施持戒經一卷。

生西方齋經一卷。

造浴室法經一卷。

有疑往解經一卷。

長阿含方法經一卷。

令人孝有德經一卷。

人於出家者經一卷。

心應深貪慕經一卷。

地水火風空經一卷。

求欲者除意經一卷。

持戒教人殺生經一卷。
七月十五日臘法經一卷。
功高憍慢有二輩經一卷。
歡喜布施有五事經一卷。或作「勸」字，錯。
三夢經一卷。
三悔處經一卷。
三乘無當經一卷。
四署經一卷。
四等意經一卷。
四正〔一八〕斷經一卷。
四厚經一卷。
五署經一卷。
五穀世經一卷。
五亂經一卷。
五邪〔一九〕經一卷。

六禪經一卷。
六度六十行經一卷。
六輩阿惟越致經一卷。
七衆經一卷。
七流經一卷。
七使經一卷。
七輩人横死經一卷。
七歲作善經一卷。
八方萬物無常經一卷。
八雙經一卷。
九結經一卷。
九惱經一卷。
九道觀身經一卷。
十部僧經一卷。
十二意經一卷。

十二阿練若高行經一卷。
十二部經名一卷。
三十二僧那經一卷。
三十四意經一卷。
五十德相經一卷。
六十品經一卷。
六十二疑經一卷。
七十二觀經一卷。
百法經一卷。
惟日三昧經一卷。
月電三昧經一卷。
無言三昧經一卷。
阿和三昧經一卷。
禪行法經一卷。今疑是藏中禪行法相〔二〇〕經。
須彌山譬經一卷。

日月譬經一卷。
海水譬經一卷。
藥草喻經一卷。
功德天譬經一卷。
賢劫譬經一卷。
金剛譬經一卷。
寶藏譬經一卷。
明珠譬經一卷。
聚木譬經一卷。
四大譬經一卷。
五部威儀所服經一卷。或云〔二二〕五部僧服經，高僧傳云白法祖譯。
結界文經一卷。
沙彌離戒〔二三〕一卷。
五戒報應經一卷。
六足阿毗曇一卷。

雜譬喻經六卷。或云諸雜譬喻。

譬喻經一卷。祐云異出，更有一本，今且存一。

雜譬喻經一卷。凡十一事。

右三百七部，三百四十卷，唯初九部九卷有本，餘者並闕。並是梁代沙門僧祐録中新集失譯諸經。然僧祐本録祐所新集，總一千三百六部一千五百七十卷。今細檢括，餘九百九十九部一千二百三十卷，多是諸別生經，或長房等失譯録中已載及有代録之中標其譯主。除此之外，有三百七部三百四十卷，檢括長房等録，皆未曾載，今新集於此，以爲失源。然祐録中但云失譯，不標年代，今且附於宋録之末，庶免遺漏焉。

開元釋教録卷第五總録之五

校勘記

〔一〕盡：嘉興藏本作「浄」。

〔二〕五十五：高麗藏本作「三十五」。

〔三〕已上見存：高麗藏本無。

〔四〕本作千万：高麗藏本作「本作十萬」，永樂北藏、嘉興藏、清藏、四庫本作「一本作千萬」。

〔五〕經：嘉興藏本無。

〔六〕云：高麗藏本作「無」。

〔七〕十：高麗藏本作「千」。

〔八〕疑：原作「從」，據高麗藏、嘉興藏、永樂北藏、清藏、四庫本改。

〔九〕未詳別同：高麗藏本作「同未詳同別」。

〔一〇〕本：原無，據高麗藏本補。

〔一一〕杖：高麗藏本作「枝」。

〔一二〕種子：高麗藏本作「種童子」。

〔一三〕頭：原無，據高麗藏本補。

〔一四〕不：原作「示」，據高麗藏本及本書卷一五、出三藏記集卷四等改。

〔一五〕成敗品：高麗藏本作「成敗品經」。

〔一六〕經：高麗藏本無。

〔一七〕相：高麗藏本作「想」。

〔一八〕正：高麗藏本作「政」。

〔一九〕邪：高麗藏本作「耶」。

〔二〇〕相：高麗藏本作「想」。

〔二一〕云：原作「服」，據高麗藏本改。

〔二二〕沙彌離戒：高麗藏本作「沙彌離戒經」。

音釋

畺良：上音薑。　璩：音渠。　嗜慾：上音示，貪多也。　萃：才醉反，集也；又，處也。　誌：音志。　顗：語豈反。　憩：丘例反，止也。　岷蜀：上音閩，西蜀山名也。　郁伽：上於六反。　惕然：上他的反，警惕。　峽：侯夾反，西路名。　一枚：下音梅，箇數也。　椒掖：上子消反，下音亦。　椒掖，皇后之內庭也。　鄮縣：上莫候反，縣在越地。　刊：苦寒反。刊，削也。　支派：下疋賣反。　旆：步貝反，旗旆也。　恢：苦回反。　⿲口頁卩塵：上許嬌反，喧⿲口頁卩也。　亦作⿲口頁卩。　枳園：上音只。　徇道：上詞閏反，從徇也。　披襟：下音今，衣襟。　輟：知劣反。輟，止（一）也。　夭彼：上於小反，不壽而亡曰夭。　⿰氵亂：余鎖反，⿰氵亂嗣也。　遁迹：上徒困反，逃遁也；下跡字。　舶：音白，大船也。　侵侮：下音武，欺也。　暴寇：下苦候反。寇，賊也。　禦捍：語汗二音，防禦拒捍也。　矢：式旨反，箭也，亦作矢。　黔首：上巨兼反，黑首民也。　儲：音除，積也，備也。　賑給：上音震，以財濟乏也。　聳峭：上息勇反，下七笑反。聳峭，山高直之貌。　鳴椎：下直追反。　無梗：下加猛反，礙也。　亘空：上古鄧反，遍也。　豁：呼活反。　英彦：下魚箭反。英彦，賢智之士也。　覿矚：下音燭，視也。　積：子智反，聚也。　氛氳：上扶分反，下紆云反。煙氣盛貌。　宏肅：上惠萌反，大也；肅，音宿，嚴整貌。　矯異：上居小反，妄也。　繕寫：上時扇反，理也。　賈人：上音古。賈，客也。　鞞：步迷反。　遬達：上音速。　窣羅：上徒骨反。南譙：下自摇反。　聶：尼輒反。　探：上含反，取也。　創：楚狀反，造。忖：七本反，忖，量也。　豁然：上兄活反。　扈從：上音户，下去聲。　筇竹：上具恭反。筇竹節甚高，可爲杖。　駛：史使二音，疾也。　怳惚：上兄往反，下音忽。　督軍：上音篤，正也，察也。　料理：上音寮。　舸：古我反，船也。企望：上丘智反，舉足而望。　釁戾：上許覲反，下零帝反。釁戾，禍惡也。　秣陵：上音末。　賻送：上音附，以物贈喪也。　舅甥：下音生。　僑士：上巨嬌反。　棧：助晏反，以板木架險爲道也。　浚急：上私閏反，深也。　脇：計業反，正作「脅」。　幟：音試，標幟，以物爲記認。　杙：音翼，樁也。樁，竹江反。麼夷：上「摩」字。　笈多：上其業反。　寓：音遇，寄也。　婉密：上紆阮反，美也。　軟首：或云「溥首」，時文殊之別號。　婆蹉：下七何反。　提⿰土玄：下音遲。　埤：頻彌反。　氣噓：下音虚。　奈⿰女軍：下牛昆反，女也。恐只是「婦」字，傳寫久誤也。未詳。　蝎：許謁反。　僥倖：上古堯反，下音幸。

校勘記

〔一〕止：原作「上」，據文意改。

開元釋教録卷第六

唐庚午歲西崇福寺沙門智昇撰

總括群經録上之六

齊，蕭氏，都建業。亦云南齊。

自高帝建元元年己未至和帝中興二年壬午，凡經七主〔一〕二十四〔二〕年，沙門七人，所譯經、律總一十二部三十三卷。於中七部二十八卷見在，五部五卷闕本。

蕭齊沙門曇摩伽陀耶舍，一部一卷經。

沙門摩訶乘，二部二卷經、律。

沙門僧伽跋陀羅，一部一十八卷律。

沙門達摩摩提，二〔三〕部二卷經。

沙門求那毗地，三部六卷經、集。

沙門釋曇景，二部三〔四〕卷經。

沙門釋法化，一部一卷經。

校勘記

〔一〕主：原作「王」，據諸校本改。

〔二〕二十四：原作「二十六」，據高麗藏、資福藏、永乐南藏、永樂北藏、嘉興藏、清藏、四庫本改。

〔三〕二：原作「一」，據高麗藏本改。

〔四〕三：高麗藏本誤作「二」。

無量義經一卷。第二出，見僧祐録。荆州隱士劉虬爲序〔一〕。

右一部，一卷，其本見在。

沙門曇摩伽陀耶舍，齊言法生稱，中印度人，悟物居情，導利無捨，以高帝道成建元三年辛酉，於廣州朝亭寺譯無量義經一部，耶舍手善隸書，口解齊言，傳受經人，武當山沙門惠表永明三年賫至楊都，繕寫流布。

校勘記

〔一〕荆州隱士劉虬爲序：高麗藏本無。

五百本生經一卷。見僧祐録。祐云「未詳卷數」，房云一卷。

他毗利律一卷。齊言宿德律。見僧祐録。祐〔一〕云「未詳卷數」，房云一卷。

右二部，二卷，其本並闕。

沙門摩訶乘，西域人也。栖心妙道，結志弘通，以武帝賾永明年中，於廣州譯五百本生經等二部。

校勘記

〔一〕祐：原無，據高麗藏本補。

善見律毗婆沙十八卷。或云毗婆沙律，亦直云善見律。見道惠宋齊録及僧祐録。

右一部，一十八卷，其本見在。

沙門僧伽跋陀羅，齊言衆賢，西域人。懷道放曠，化惠無窮，師資相傳云：佛涅槃後，優波離既結集律藏訖，即於其年七月十五日受自恣竟，以香華供養律藏，便下一點，置律藏前，年年如是。優波離欲涅槃，持付弟子陀寫俱。陀寫俱欲涅槃，付弟子須俱。須俱付弟子悉伽婆，悉伽婆付弟子目揵連子帝須，目揵連子帝須付弟子栴陀跋闍。如是師師相付，至今三藏法師。不知〔一〕其名。三藏法師將律藏至廣州，臨上舶，返還去，以律藏付弟子僧伽跋陀羅。跋陀以武帝永明六年戊辰房云己巳。共沙門僧禕於廣州竹林寺譯出，名爲善見律毗婆沙，因共安居。以永明七年己巳歲房云庚午。七月半受自恣竟，如前師法，以香花供養律藏訖，即下一點，當其年計得九百七十五點。點是一年，趙伯休梁大同九年於廬山值苦行律師弘度，得此佛涅槃後衆聖點記〔二〕，年月訖齊永明七年。伯休訪弘度云：「自永明七年已後，云何不復見點？」弘度答云：「自此已前，皆是得道聖人手自下點。貧道凡夫，止可奉持頂戴而已，不敢輒點。」伯休因此舊點下推〔三〕至梁大同九年癸亥歲，合得一千二十八年。昇依伯休所計，推至大唐開元十八年庚午之歲，合得一千二百一十六年。若然，則是如來滅度，遠近參差，未堪取行。此墨點記與法顯所傳師子國佛牙精舍唱記年歲全懸，此云優波離集律藏竟，自恣了以，手自下點，年年如是，展轉相付，流傳至今者，此或不然。尋此善見毗婆沙〔四〕，非是波離所集，乃是部分已後，二十部中隨彼所宗，釋一家義，撮要而解，非全部毗尼也。即此撰集已後，年下一點，此或如然。若言波離手自下點者，未可即爲指南也。

校勘記

〔一〕不知：金藏、高麗藏本作「不出」。

〔二〕衆聖點記：是記載佛陀入滅時間的一種方式，由持善見毗婆娑律之師資相傳。歷代三寶紀卷一一「善見毗婆娑律」條云：「武帝世，外國沙門僧伽跋陀羅，齊言僧賢，師資相傳云：佛涅槃後，優波離既結集律藏訖，即於其年七月十五日受自恣竟，以香華供養律藏，便下一點，置律藏前，年年如是。優波離欲涅槃，持付弟子陀寫俱。陀寫俱欲涅槃，付弟子須俱。須俱欲涅槃，付弟子悉伽婆。悉伽婆欲涅槃，付弟子目揵連子帝須。目揵連子帝須欲涅槃，付弟子旃陀跋闍。如是師師相付，至今三藏法師。三藏法師將律藏至廣州，臨上舶，反還去，以律藏付弟子僧伽跋陀羅。羅以永明六年，共沙門僧猗於廣州竹林寺譯出此善見毗婆沙。因共安居，以永明七年庚午歲七月半，夜受自恣竟，如前師法，以香華供養律藏訖，即下一點。當其年，計得九百七十五點。點是一年。趙伯休，梁大同元年，於廬山值苦行律師弘度，得此佛涅槃後衆聖點記年月，訖齊永明七年。伯休語弘度云：『自永明七年以後，云何不復見點？』弘度答云：『自此已前，皆是得道聖人手自下點。貧道凡夫，止可奉持頂戴而已，不敢輒點。』伯休因此舊點，下推至梁大同九年癸亥歲，合得一千二十八年。房依伯休所推，從大同九年至今開皇十七年丁巳歲，合得一千八十二年。若然，則是如來滅度始出千年，去聖尚邇，深可慶歡！願共勵誠，同宣遺法。」

〔三〕舊點下推：金藏、高麗藏本作「算」。

〔四〕善見毗婆沙：金藏、高麗藏本作「善見婆沙」。

妙法蓮華經提婆達多品第十二〔一〕一卷。今編入妙法蓮華經〔二〕，在第四〔三〕卷中〔四〕。沙門法獻於于闐〔五〕國得梵本來。見道惠宋齊録。僧祐録云於高昌郡獲梵本，未詳孰正。

觀世音懺悔除〔六〕罪呪經一卷。永明八年十二月十五日譯出。見僧祐録及寶唱録〔七〕。

右二部，二卷。提婆達多品見在，觀世音呪經闕本。

沙門達摩摩提，齊言法意，西域人。悟物情深，隨方啓喻。以武帝永明八年庚午，爲沙門法獻於楊都瓦官寺譯提婆達多品等二部，獻時爲僧正。初〔八〕，獻以宋元徽三年遊歷西域，於于闐國得經梵本并及佛牙，有迦毗羅神衛護還宋，經至齊永明中，共沙門法意譯出。佛牙安置鍾山上定林寺。佛牙可長三寸，圍亦如之，色帶黄白，其牙端窨凸，若今印文。而温潤光潔，頗類珠玉。謹〔九〕按内經，佛有四牙，一在忉利天，一在龍王宫，一在師子國，一在烏萇國。此即烏萇國牙也。後忽失之，乃現于闐。獻於于闐請還。到梁普通三年正月〔一〇〕，忽有數人並執器仗，初夜扣門，稱臨川殿下奴叛，有人告云：「在佛牙閣上，請開閣檢視。」寺僧從其言，主帥至佛牙座前，開函取牙，作三禮以，錦巾盛牙，繞山東〔一一〕去。後尋却得，還安定林。隋文併陳，仍在鍾岳。至仁壽三年，内使令豫章王暕〔一二〕從楊州將獻文帝。其年五月十五日，敕送東禪定寺供養。佛牙靈異，具如僧祐佛牙記，此不復廣。其東禪定寺，即今大莊嚴寺是也。

校勘記

〔一〕十二：清藏本作「十一」。

〔二〕妙法蓮華經：金藏、高麗藏本作「妙法華」。

〔三〕四：金藏、高麗藏本作「五」。

〔四〕中：金藏、高麗藏本作「初」。

〔五〕于闐：高麗藏本作「于填」。後同。

〔六〕除：金藏本無。

〔七〕録：金藏本無。

〔八〕獻時爲僧正初：金藏本無。

〔九〕謹：原無，據金藏、高麗藏本補。

〔一〇〕到梁普通三年正月：金藏本無。

〔一一〕山東：高麗藏本作「東山」。

〔一二〕暕：金藏本作「膝」，四庫本作「陳」。

須達經一卷。一名須達長者經，出中阿含第三十九卷，異譯。見長房録及高僧傳。祐〔一〕云建武二年出。

百喻經四卷。亦云百句譬喻經，或五卷，天竺僧伽斯那撰，永明十年九月十日譯。見僧祐録。祐〔二〕等並云譯成十卷。此之四卷，百事足矣。

十二因緣經一卷。第五出，與貝多樹下經等同本。祐云建武二年出〔三〕。見高僧傳及長房録。

右三部，六卷。前二部五卷見在，後一部一卷闕本。

沙門求那毗地，齊言德進，中印度人。弱齡從道，師事天竺大乘法師僧伽斯。聰慧强記，勤於諷習，所誦大、小乘經十餘萬言，兼學世典，明解陰陽。其候時逢占，多有徵驗，故道術之稱，有聞西域。

建元初，來至江淮，止毗耶離寺。執錫從徒，威儀端肅，王公已下，競相請謁。初，僧伽斯於天竺國抄集修多羅藏十二部經中要切譬喻，撰爲一部，凡有百事，以教授新學。毗地悉皆通誦，兼明義旨，以武帝永明十年壬申秋九月譯爲齊文，即百喻經也。復出須達及十二因緣。自宋大明已後，譯經殆絶，及其宣流法寶，世〔四〕咸美之。

毗地爲人弘厚有識度，善於接誘，勤躬行道，夙夜匪懈，是以外國僧衆萬里歸集。南海商人，悉共宗事，供贈往來，歲時不絶。性頗稸積〔五〕，富於財寶，然營建法事，己無私焉。於建業淮側造正觀寺〔六〕，重閣層門，殿房整飾，養徒施化，德業甚著。以中興二年冬卒。

校勘記

〔一〕祐：金藏、高麗藏本作「僧祐」。

〔二〕祐：原無，據金藏、高麗藏本補。

〔三〕出：金藏本無。「祐云」者，見出三藏記集卷二新集撰出經律論録第一。

〔四〕世：原作「出」，據金藏、高麗藏、資福藏、普寧藏、永樂北藏、嘉興藏、清藏、四庫本改。

〔五〕稸積：金藏、高麗藏本作「福積」。
〔六〕正觀寺：高麗藏本作「止觀寺」。

摩訶摩耶經一卷。第二出，一名佛昇忉利天爲母說法，亦直〔一〕云摩耶經，或二卷。見王宗、寶唱、法上等三録。

未曾有因緣經二卷。度羅睺羅沙彌序亦直云未曾有經，第二出。見始興録。

右二部，三卷，其本見在〔二〕。

沙門釋曇景，不知何許人，於齊代譯摩耶經等二部。群録直云齊世譯出，既不顯年，未詳何帝。

校勘記

〔一〕直：金藏、高麗藏本無。
〔二〕見在：金藏、高麗藏本作「並在」。

腹中女聽經一卷。第五出，與無垢賢女經等同本。房云見古録。

右一部，一卷，闕本。

沙門釋法化，以廢帝寶卷永元〔一〕年中，誦出腹中女聽經一部。衆録相承，並云「誦出」，未詳誦意，依而列之，以有先譯，故免疑失。又長房、内典等録云：齊時江州沙門道政删改彌勒成佛經一卷〔二〕。此或不然，如後大乘録中廣述。又房等復云：齊大〔三〕沙門法度於楊都出灰河經一卷、毗跋律一卷。今以灰河經出雜阿含，其毗跋律，隋法經〔四〕録云法度僞造，以濫律名，今廢不立。房等又云：齊代沙門釋法尼譯益意經二卷。今以此經即是齊末梁初僧法尼閉目誦出者。今見有本，文理差舛，不可流行。若言齊末出者，祐録何故不載？今編疑部，正録不存。房等又云：齊代沙門道備出九傷等經五部五卷〔五〕。群録注〔六〕疑，今依舊爲定。

校勘記

〔一〕永元：原作「永光」，據諸校本改。按：蕭寶卷在位時年號爲永元。

〔二〕江州沙門道政删改彌勒成佛經一卷：見歷代三寶紀卷一一、大唐内典録卷四等。後「房等」諸説，皆同。

〔三〕大：金藏、高麗藏本作「代」。

〔四〕經：金藏、高麗藏本無。

〔五〕九傷等經五部五卷：指九傷經、安墓呪經、菩提福藏法化三昧經、七佛各説偈、深自知身偈，各一卷。歷代三寶紀卷一一、大唐内典録卷四，皆云「齊世沙門釋道備出，備後改名歡。雖見衆録，然並注入疑經。」

〔六〕注：金藏、高麗藏本作「並」。

梁，蕭氏，都建業。亦云前梁。

自武帝天監元年壬午至敬帝太平二年丁丑，凡經四主五十六年，緇素八人，所出經、律、論及諸傳記等并新集失譯諸經，總四十六部二百一卷。於中四十部一百九十一卷見在，六部十卷闕本。

梁〔一〕沙門釋僧祐，三部〔二〕三十九卷譜録、集。

沙門曼陀羅仙，三部一十一卷經〔三〕。

沙門僧伽婆羅，一十部三十二卷經、論、傳。

沙門釋寶唱，二部五十四卷經集、尼傳。

沙門釋明徽，一部一卷尼戒。

王子月婆首那，一部一卷經。

沙門波羅末陀，一十部二十四卷經、論。

沙門釋惠皎，一部一十四卷僧傳。

新集失譯諸經，一十四部二十五卷經、論、集。

校勘記

〔一〕梁：金藏、高麗藏本無。

〔二〕三：原作「二」，據金藏、高麗藏本改。

〔三〕經：資福藏本脱。

釋迦譜十卷。於齊代撰，別有五卷本，與此廣略異〔一〕。房云四卷，恐誤。見〔二〕僧祐録及長房、内典等録。合入齊録，隨〔三〕人附梁。

出三藏記集十五卷。祐録自云十卷，見有十五卷。長房、内典二録云十六卷。見僧祐、長房、内典等録。亦齊時撰。

弘明集十四卷。祐等三録，並云十卷，今見十四卷。見僧祐、長房、内典等録。

右三部，三十九卷，其本並在。

沙門釋僧祐，楊都建初寺僧也，本姓俞氏。其先彭城下邳人，父世居建業。祐年數歲，入建初寺禮拜，因踊躍樂道，不肯還家，父母憐其志，且許入道。師事僧範道人。年十四，家人密爲訪婚，祐知而避至定林，投法達法師。達亦戒德精嚴，爲法門梁棟，祐師奉竭誠。及年滿具戒，執操堅明。

初受業於沙門法潁。潁〔四〕既一時名匠，爲律學所宗，祐迺竭思鑽求，無懈昏曉，遂大精律部，有邁〔五〕先哲。武帝衍深相禮遇，凡僧事顧疑，皆敕就審決。年衰脚疾，敕聽乘轝入内，爲六宫受戒，其見重如此。及齊竟陵文宣王子良、梁臨川王宏、南平王偉、儀同陳郡袁昂、永康定公主、貴嬪丁氏等，並崇其戒範，盡師資之敬。凡白黑門徒，萬有餘衆。

祐洞明律藏，兼善文藻，搜集記録，撰爲部帙，庶尋覽之者功省而博達，實法門之綱要，釋氏之元宗也。自蕭齊末爰及梁代，撰釋迦譜等三部，自外法苑集、世界記、師資傳等，以非入藏，故闕不論，並如三藏記等具顯。

校勘記

〔一〕異：嘉興藏本無。

〔二〕見：原作「也」，據金藏、高麗藏本改。

〔三〕隨：金藏、資福藏本作「隋」。

〔四〕潁：原無，據金藏、高麗藏本補。

〔五〕邁：高麗藏本作「勵」。

文殊師利所説摩訶般若波羅蜜經二卷。或一卷，亦直云文殊般若波羅蜜經，初出，與僧伽婆羅出者及大般若第七會曼殊室利分同本，亦編入寶積，當四十六會。見李廓録及續高僧傳。

法界體性無分別經二卷。第二出，今編入寶積，當第八會。見李廓、寶唱二録及續高僧傳。

寶雲經七卷。初出，與陳代須菩提大乘寶雲經及唐達摩流支寶雨經等同本異譯。見陳録〔一〕及續高僧傳。

右三部，一十一卷，其本並在。

沙門曼陀羅仙，梁言弱聲，亦云弘弱，扶南國人。神解超悟，幽明畢覩。無憚夷險，志存開化，大賫梵經，遠來貢獻。以武帝天監二年癸未届于楊都〔二〕，敕僧伽婆羅令共翻譯，遂出文殊般若等經三部。雖事傳譯，未善梁言，故所出經，文多隱質。

校勘記

〔一〕陳録：金藏、高麗藏本作「東録」。

〔二〕楊都：高麗藏本作「梁都」。後同。

文殊師利所説般若波羅蜜經一卷。第二出，與前曼陀羅出者及大般若曼殊室利分同本。房云：少勝前曼陀羅所出二卷者。

大乘十法經一卷。初出，與元魏覺定所出十法經同本，普通年譯〔一〕。

度一切諸佛境界智嚴經一卷。第二出，與元魏曇摩流支入佛境界經同本。

八吉祥經一卷。若人聞此八佛名號，不爲一切諸鬼神衆難所侵。第四出，與八吉祥呪及八陽神呪經等同本。

孔雀王呪經二卷。亦云孔雀王陀羅尼經，第七譯，與唐義淨大孔雀呪王經等同本。見寶唱録。

舍利弗陀羅尼經一卷。此呪大有〔二〕神力，若能持者，雪山有八夜叉王常來擁護，所欲隨心。第九譯，與〔三〕

支謙所出無量門微密持經等同本。

文殊師利問經二卷。亦直云文殊問經。天監十七年於占雲館譯，袁曇允筆受，光宅寺沙門法雲詳定。

菩薩藏經一卷。

解脱道論十二卷。亦云十三卷。天監十四〔四〕年於占雲館譯。

阿育王經十卷。或加「大」字。第二出，與西晉安法欽育王傳同本，異譯，天監十一年六月二十日於〔五〕楊都壽光殿譯。見寶唱録。

右一十部，三十二〔六〕卷，其本並在。並見長房録、續高僧傳中。都有部數，名不備列。

沙門僧伽婆羅，梁言衆鎧，亦云僧養，扶南國人也。幼而穎悟，早附法律〔七〕，雖經論俱探而偏習對法，聲聞漸布，垂〔八〕譽海南。具足已後，廣精律藏。勇意觀方，樂崇開化，聞齊國弘法，隨舶至都，住正觀寺，爲天竺沙門求那跋陀弟子。復從跋陀研精方等，未盈炎燠，博涉多通，乃解數國書語。

值齊曆亡墜，道教陵夷，婆羅静潔身心，外絶交故，擁室栖閑，養素資業。大梁御寓，搜訪術能，以天監五年被敕徵召，於楊都壽光殿、華林園、正觀寺、占雲館、扶南館等五處傳譯。即以天監五年丙戌至普通元年庚子，譯文殊般若等經十部。其梵本並是曼陀羅獻者。長房等録復云婆羅更出育王傳五卷者，非也，前育王經即是其傳，不合重載。初翻經日，於壽光殿，武帝躬臨法座，

律。但出比丘戒本而無尼戒，遂以武帝普通三年壬寅於大律内抄出尼戒一卷，即〔二〕今見行者是。撰録者曰：檢此戒中，衆學之後，無七滅諍〔三〕。律本雖略，准義合安，豈可尼僧有諍不殄？祇律正文，與僧同有，故彼律第四十云：衆學法中，唯除污草及水。七滅諍法、法〔四〕隨順法，並同比丘。彼師不安，理不通也。

校勘記

〔一〕時：金藏、高麗藏本作「代」。

〔二〕即：金藏本無。

〔三〕七滅諍：又稱七滅諍法，是爲裁斷僧尼之諍議而設的七種方法。根本薩婆多部律攝卷一四七滅諍法云：「七滅諍法者，於四諍事，七法能除，是故名此爲七滅諍法。何謂四諍？一、評論諍，二、非言諍，三、犯罪諍，四、作事諍。言評論諍者，如有諍云：凡説法時獲利養者，此物合入説法之人，有云不合。由此爲緣，遂致紛競。因評論事而起諍故，名評論諍。（中略）言非言諍者，若前人是善，不應詰責而詰責者，名非言諍。非者是鄙惡義，謂以鄙惡之法而責詰他。（中略）犯罪諍者，謂五部罪。由諍此罪而起於諍，此即是根。（中略）作事諍者，由作單白等羯磨之事而爲諍根，於所作事諍得生故。已明四諍，七滅云何？今於此中，略言其要。初評論諍，以二法滅，謂現前及多人語。次非言諍，以三法滅，謂現前、憶念、不癡。次犯罪諍，以四法滅，謂現前、自言、求罪自性、如草相掩。次作事諍，和合僧伽，當爲除殄。言現前者，有其二種：謂人法現前，人是能殄諍，人及所爲者法，謂如法如律，爲其除諍。言多人語者，若諍難殄，應可行籌，據籌多者而除其諍。（中略）言憶念者，如實力子被他苾芻非法詰時，心生愧耻，衆應與作白四羯磨。憶念之法，彰其無犯。言不癡者，如西羯多苾芻瘨狂之時，造衆過惡，後被他詰。衆應與作不癡羯磨。言自言者，如有苾芻，既犯罪已，或詰不詰，或令憶不憶。詣苾芻前，如法説罪。言求罪自性者，謂在衆中，初言無犯，生輕慢心，後言有犯等。應與羯磨，爲治罰法，求罪自性。言如草相掩者，兩朋鬪諍不和合時，二朋之中有尊宿者，各於自朋以理告示，於他黨處共作懺摩。其所犯罪，咸皆説悔，息高慢心，求共和合。如是展轉，更相愧謝，如草相掩。」

〔四〕法：金藏、高麗藏本無。

大乘頂王經一卷。亦云維摩兒經，第三出，與西晉法護方等頂王及隋〔一〕崛多善思童子經等同本。見長房録及續高僧傳等。

右一部，一卷，其本見在。

王子月婆首那，中印度優禪尼國王之子。此優禪尼國，或云在南天竺，亦云在西天竺，未能定矣。或可此國，據在中天之〔二〕維，博西近南，故傳説差誤，不定一方。生而〔三〕俊朗，體悟幽微，專學佛經，尤工〔四〕義理。洞曉音韻，兼善方言。先於東魏興和年中譯經三部。梁大同中，從魏之梁，武帝留住，敕遣總知外國使命，因譯頂王經一部。

校勘記

〔一〕隋：金藏、高麗藏本作「隨」。

〔二〕之：金藏本無。

〔三〕而：高麗藏本作「知」。

〔四〕尤工：金藏本作「尤專」。

金光明經七卷。或六卷二十二品，承聖元年於正觀寺及楊雄宅出，涼世無讖出四卷者，有〔一〕十八品。真諦更出四品，足前成二十二，分爲七卷，今在删繁録。

無上依經二卷。梁紹泰三年丁丑九月八日於平固縣南康内史劉文陀請令譯出，見經〔二〕後記。房云陳代出者，非也。諸家年曆，並無紹泰三年，如别録中會。

涅槃經本有今無偈論一卷。房云太清四〔三〕年出。檢諸年曆，太清不至四年，已下並同。

決定藏論三卷。中有「梁言〔四〕」字，是梁代譯，尋其文句，是真諦出也。

大乘起信論一卷。初出，與唐實叉難陀出者同本。承聖二年癸酉九月十日於衡州〔五〕始興郡建興寺出，月婆首那等傳語，沙門智愷等執筆并製序，見論序。

如實論一卷。初題云如實論返質難品〔六〕。房云太清四年出〔七〕。

仁王般若經一卷。承聖三年於豫章寶田寺譯，第三出，與西晉法護等出者同本。

彌勒下生經一卷。承聖三年於豫章寶田寺譯，第五出，與羅什等出者同本。

十七地論五卷。與唐譯瑜伽師地論同本，翻得五卷，遇難遂輟，見續高僧傳。太清四〔八〕年於富春令陸元哲宅爲沙門寶瓊等二十名德譯。

中論一卷。房云太清四〔九〕年出。

三世分別論一卷。房云太清四〔一〇〕年出。

已上並見長房、内典等録。

右一十一部，二十四卷。如實論上六部一十五卷見在，仁王經下五部九卷闕本。

沙門波羅末陀，梁言真諦，或云拘羅那他〔一一〕，此曰親依，並梵文之名字也。本西印度優禪尼國人，婆羅門種姓頗羅墮。景行澄明，器宇清肅，風神爽拔，悠然自遠。群藏廣部，罔不厝〔一二〕懷。藝術異能，偏素諳練〔一三〕。雖遵融佛理，而以通道知名。遠涉艱〔一四〕關，無憚夷險，歷遊諸國，遂止中天。

梁武大同中，敕直省張汜等送扶南獻使返國，仍遣聘〔一五〕中天竺摩伽陀國，請名德三藏并求大乘諸論、雜華經等。真諦遠聞行化，儀軌聖賢，搜選名匠，惠益氓品。彼國乃屈真諦并賫經論恭膺帝旨。既素蓄在心，涣然聞命，以大同十二年八月十五日達于南海，沿歷險闊，仍滯兩春，以太清二年閏八月始届都邑，武皇面伸禮敬，安置於寶雲殿，竭誠供養。

帝欲傳翻經教，不羡秦時，更出新文，有逾齊日。屬道銷梁季，寇羯憑陵，法爲時崩，不果宣述，乃步入東土。又往富春令陸元哲創奉問津，將事傳譯，招延英秀沙門寶瓊等二十餘人，翻十七地論。適得五卷，而國難未静，側附通傳。至大寶年，爲侯景請還，在臺供養。于斯時也，兵飢相接，法幾頹焉。會元帝啓祚，承聖清夷，乃止于金陵正觀寺，與願禪師等二十餘人翻金光明經。三年二月，還返豫章，又往新吴始興，復隨蕭太保度嶺至于南康，並隨方翻譯，栖遑靡託。

諦於梁代所出經論，總十一部。梁末入陳，復出經論，如後所述。長房、内典等録有十八部論一卷，亦云諦譯。今尋文句，非是諦翻。既與部執本同，不合再出，今此删之，如别録中述。復有金光明疏等六部二十六〔一六〕卷，並是真諦所撰，亦並删之。長房、内典等録，復云天監十五年木〔一七〕道賢獻優樓頻經一卷，直云「獻上」，不辨委曲，且編疑録，此删不載。

校勘記

〔一〕有：金藏本無。

〔二〕經：原無，據金藏、高麗藏本補。

〔三〕四：原作「三」，據諸校本及歷代三寶紀改。

〔四〕言：金藏本作「字」。

〔五〕衡州：原作「衢州」，據始興郡可知當爲「衡州」之誤，故從高麗藏本改。金藏本誤作「衡出」。

〔六〕品：金藏本無。
〔七〕出：原無，據金藏、高麗藏本補。
〔八〕四：原作「三」，據諸校本及歷代三寶紀改。
〔九〕四：原作「三」，據諸校本及歷代三寶紀改。
〔一〇〕四：原作「三」，據諸校本及歷代三寶紀改。
〔一一〕他：金藏本作「也」。
〔一二〕厝：資福藏本作「歷」。
〔一三〕諳練：金藏、高麗藏本作「精練」。
〔一四〕艱：金藏本作「難」。
〔一五〕聘：金藏本作「躬」。
〔一六〕二十六：永樂南藏本作「三十六」。
〔一七〕木：永樂北藏、嘉興藏、四庫本作「末」。

高僧傳十四卷。序録一卷，傳十三卷〔一〕，共成十四。天監十八年撰。見長房、内典二録。

右一部，一十四卷，其本見在。

沙門釋惠皎，未詳氏族，會稽上虞人。學通内外，博訓經律，住嘉祥寺。春夏弘法，秋冬著述。撰涅槃、梵網義疏。又以唱公所撰名僧頗多浮冗，因遂開例成廣，著高僧傳一部，始于漢明帝永平十年，終〔二〕至梁天監十八年，凡四百五十三載，二百五十七人，又傍出附見者二百三十九人，都合四百九十六人。開其德業，大爲十例，其序略云：「前之作者，或嫌以繁廣，删減其事。而抗跡之奇，多所遺削，謂出家之士，處〔三〕國賓王，不應傲然自遠，高蹈獨絶。尋辭榮棄愛，本以勵俗爲賢，若此而不論，竟何所紀？」又云：「前代所撰，多曰名僧。竊謂名之與高，如有優劣。至若實行潛光，則高而不名；寡德適時，則名而不高。名而不高〔四〕，本非所紀。高而不名，則備之今録。故省彼名音，代以高字。」謹詳覽此傳，義例甄著，文詞婉約，實可以傳之不朽，永爲龜鏡矣。

校勘記

〔一〕傳十三卷：金藏本無。
〔二〕終：金藏本作「經」。
〔三〕處：金藏、資福藏本作「慶」。
〔四〕名而不高：金藏本無。

新集失譯諸經：

摩利支天經一卷。或云小摩利支天經，是陀羅尼集〔一〕第十卷初摩利支天經少分，異譯。

六字神呪王經一卷。第二出，與六字呪王經同本。

虚空藏菩薩問佛經一卷。亦云虚空藏菩薩問七佛陀羅尼呪經，亦云七佛神呪經，初出，與隋譯如來方便善巧呪經同本。

三劫三千佛名經三卷。過去莊嚴劫千佛名經卷上，現在賢劫千佛名經卷中，未來〔二〕星宿劫千佛名經卷下。見長房〔三〕入藏録，彼爲三本經，今合爲一部。

牟梨曼陀羅呪經一卷。或無「經」字。

阿吒婆拘鬼神大將上佛陀羅尼經一卷。亦直云阿吒婆拘呪經。

阿彌陀鼓音聲王陀羅尼經一卷。

大普賢陀羅尼經一卷。

大七寶陀羅尼經一卷。

六字大陀羅尼經一卷。

長者女菴提遮師子吼了義經一卷。

菩薩五法懺悔文一卷。亦名菩薩五法懺悔經。

陀羅尼雜集十卷。

大乘五陰論一卷。婆藪盤豆菩薩造。見陳朝大乘寺藏録〔四〕。初出，與唐譯大乘五藴論同本。此論闕。

右十四部，二十五卷，除五陰論，餘並入藏經〔五〕。房等失譯録中，闕而不載。尋其文句，非是遠代，故編梁末，以爲梁代失源云。

校勘記

〔一〕陀羅尼集：金藏本作「陁羅尼經」，高麗藏本作「陀羅尼集經」。

〔二〕未來：資福藏本無。

〔三〕長房：金藏本作「房」。

〔四〕録：原作「經」，據金藏、高麗藏本改。

〔五〕經：原作「見長」，據金藏、高麗藏本改。

魏，元氏，初都恒安，南遷洛陽，後遷鄴。亦云後魏。始從道武帝皇始元年丙申，即東晉太元二十一年也。終東魏孝靖帝武定八年庚午，凡一十三帝，一百五十五年，五帝都恒安，至孝文帝太和十八年南遷，七帝都洛陽，一主都鄴。緇素一十二人，所譯經、論、傳等總八十三部二百七十四卷。於中七十三部二百五十五卷見在，一十部一十九卷闕本。

元魏沙門釋惠覺，一部一十三〔一〕卷集經。

沙門釋曇曜，三部七卷經、傳。
沙門吉迦夜，五部一十九卷經、論、傳、集。
沙門曇摩流支，三部八卷經。
沙門釋法場，一部一卷經。
沙門勒那摩提，三部九卷經。
沙門菩提留支，三十部一百一卷經、論。
沙門佛陀扇多，一十部一十一卷經、論。
婆羅門瞿曇般若流支，一十八部九十二卷經、戒、論。
王子月婆首那，三部七卷經。
沙門毗目智仙，五部五卷論。
沙門達磨菩提，一部一卷論。

校勘記

〔一〕三：清藏本誤作「二」。

賢愚經十三卷。或十五卷，或十六卷，或十七卷，亦云賢愚因緣經。見道惠宋齊録及僧祐録。

右一部，一十三卷，其本見在。

沙門釋惠覺，一云曇覺，祐云曇覺涼州人，牆仞連霄，風神爽悟。戒地清拔，慧鑒通微。於于闐國得經梵本，以太武皇帝太平真君六年乙酉，從于闐還到高昌國，共沙門威德譯賢愚經一部，見靖邁經圖。按梁沙門僧祐賢愚經記云：「河西沙門釋曇覺、威德等凡有八僧，結志遊方，遠尋經典。於于闐大寺，遇般遮于瑟之會。般遮于瑟者，漢言五年一切大衆集也。三藏諸學，各弘法寶，説經講律，依業而教。覺〔一〕等八僧，隨緣分聽，於是競習梵音〔二〕，析以漢義，精思通譯，各書所聞，還至高昌，乃集爲一部。既而踰越流沙，賫到涼州。于時沙門釋惠朗，河西宗匠，道業淵博，總持方等，以爲此經所記，源在譬喻。譬喻所明，兼載善惡。善惡相翻，即賢〔三〕愚之分也。前代傳經，已多譬喻，故因事改名，號曰『賢愚』焉〔四〕。」

校勘記

〔一〕覺：原作「學」，據金藏、高麗藏本改。按：出三藏記集卷九賢愚經記作「學」，蓋前亦作「釋曇學、威德等凡有八僧」故。

〔二〕梵音：金藏、高麗藏本作「胡音」。

〔三〕賢：金藏本無。

〔四〕焉：原作「經」，據金藏、高麗藏本及出三藏記集卷九賢愚經記改。

大吉義神呪經二卷。或四卷。見法上録。

淨度三昧經一卷。第四出。見竺道祖録及續高僧傳。

付法藏傳四卷。第二出。見菩提留支録及續高僧傳。

右三部，七卷。大〔一〕吉義呪經一部二卷，見在。淨度〔二〕等二部五卷，闕本。

沙門釋曇曜，未詳何許人也。少出家，攝行堅貞，風鑒閑約，以魏和平年中，住〔三〕北臺，爲〔四〕昭玄統，綏緝僧衆，妙得其心，住恒安石窟通樂寺，即魏帝之所造也。去恒安西北三十里，武周山北面石崖就而鐫之，建立佛寺，名曰靈巖。龕之大者，舉高二十餘丈，可受三千許人。面别鐫像，窮諸巧麗，龕别異狀，駭動人神。櫛比相連，三十餘里。東頭僧寺，恒供千人。碑碣見存，未卒陳委。

先是太武皇帝太平真君七年，司徒崔皓邪佞諛詞，令帝崇重道士，寇謙之拜爲天師，珍敬老氏，殘害釋種，焚毁寺塔。至庚寅年，太武感致癘〔五〕疾，方始開悟，兼有白足禪師來相啓發，生愧悔心，即誅崔皓，埋之都市，以口爲廁，令衆穢之。至壬辰年，武帝云崩〔六〕，孫文成立，即起塔寺，搜訪經典，毁法七載，三寶還興。曜慨前陵廢，欣令〔七〕重復，以和平三年壬寅，故於北臺石窟集諸德僧，對天竺沙門譯吉義等經三部，流通後賢，意存無絶。

校勘記

〔一〕大：金藏、高麗藏本無。

〔二〕浄度：金藏、高麗藏本作「浄度經」。

〔三〕住：金藏本作「任」。

〔四〕爲：金藏、高麗藏本無。

〔五〕癘：金藏、高麗藏本作「厲」。

〔六〕武帝云崩：金藏本作「太武亡崩」，高麗藏本作「太武云崩」。

〔七〕令：金藏、高麗藏本作「今」。

大方廣菩薩十地經一卷。第五出，與羅什莊嚴菩提心經等同本。見始興録及道惠宋齊録。

稱揚諸佛功德經三卷。亦名集諸佛華經，亦直云〔一〕集華經，一名現在〔二〕佛名經，或四卷，第三出，與羅什等出者同本。見道惠宋齊録。

方便心論一卷。或二卷。凡四品，第二出，與東晉覺賢出者同本。見道惠宋齊録及〔三〕僧祐録。

付法藏因緣傳六卷。或無「因緣」字，亦云付法藏經，或四卷，或云二卷。見道惠宋齊録。第三出，與宋智嚴、魏曇曜出者同本，亦見僧祐録。

雜寶藏經八卷。録云十三卷〔四〕，未詳。今只有八卷，或可即分此八爲十三也〔五〕。見道惠宋齊録及僧祐録。

右五部，一十九卷，其本並在。

沙門吉迦夜，魏云何事，西域人也。遊化在慮，導物爲心。以孝文帝延興二年壬子，爲昭玄統沙門曇曜譯大方廣十地等經五部，劉孝標筆受。

校勘記

〔一〕亦直云：金藏本作「一直名」，高麗藏本作「亦直名」。
〔二〕在：金藏本作「存」。
〔三〕及：原無，據金藏、高麗藏本補。
〔四〕録云十三卷：出三藏記集卷二新集撰出經律論録第一、歷代三寶紀卷九，皆云十三卷。
〔五〕或可即分此八爲十三也：金藏、高麗藏本無。

信力入印法門經五卷。正始元年出，華嚴眷屬經。

如來莊嚴智慧光明入一切佛境界經二卷。亦名如來入一切佛境界經，景明二年於白馬寺出，第一譯，與梁〔一〕僧伽婆羅度一切諸佛境界智嚴經同本。

金色王經一卷。初出，與瞿曇流支譯者同本。正始四年出，法上録云菩提留支後更重勘。

右三部，八卷。前二部七卷見在，後一部一卷闕本。

沙門曇摩流支，魏云法希，亦云法樂，南印度人。棄家入道，偏以律藏傳名。弘道爲務，感物而動。宣武帝世遊化洛陽，以景明二年辛巳至正始四年丁亥，爲宣武帝譯信力等經三部，沙門道寶筆受。見長房等録。

校勘記

〔一〕梁：金藏本作「宋梁」。

辯意長者子經一卷。或云辯意長者子所問經，一名長者辯意經。見法上録。

右一部，一卷，其本見在。

沙門釋法場，未詳何許人也，亦以宣武帝時於洛陽譯辯意經一部。撰録者曰〔一〕：謹按高僧等傳，並云晉時〔二〕道安出家數載，方啓師求經，師創付辯意經一卷，可五千言，一〔三〕覽便誦。又安公失譯復載其名。准此，東晉之時辯意已行於世，如何至魏宣武始云法場出也？

校勘記

〔一〕曰：金藏本誤作「口」。

〔二〕時：金藏本作「是」。

〔三〕一：資福藏本脱。

妙法蓮華經論一卷。婆藪盤豆菩薩造，亦云法華經論，侍中崔光、僧朗等筆受。見〔一〕長房録。初出，與菩提留支譯者大同小異，題云妙法蓮華經優波提舍。

究竟一乘寶性論四卷。亦云寶性分別七乘增上論，或三卷，或五卷，於趙欣宅出。見寶唱録。第二譯，與菩提留支出者同本。

寶積經論四卷。第二出，與菩提留支大乘寶積經論同本。見寶唱録。

右三部，九卷。前二部五卷見在，後一部四卷闕本。

沙門勒那摩提，或云婆提，魏言寶意，中印度人。學識優贍，理事兼通。三藏教文，凡誦一億偈，偈三十二字。尤明禪觀，意存遊化。以宣武帝正始五年戊子初届洛邑，遂譯法華論等三部，沙門僧朗、覺意、侍中崔光等筆受。當翻經日，於洛陽内殿，菩提留支傳本，勒那扇多〔二〕參助，其後三德，乃徇流言，各傳師習，不相詢訪〔三〕。帝以弘法之盛，略叙曲煩，勑三處各翻，訖乃參校。其間隱没，互有不同。致有文旨，時兼異綴，後人合之，共成通部。見寶唱等録。所以法華、寶積、寶性等論，各有兩本耳。

初寶意沙門神理標異，領牒魏詞，偏盡隅隩。帝每令講華嚴經，披釋開悟，精義每發。一日正處高座，忽有持笏執名者，形如大官，云：「奉天帝命，來請法師講華嚴經。」意曰：「今此法席尚未停止，待訖經文，當從來命。雖然，法事所資，獨不能建，都講、香火、維那、梵唄，咸亦須之，可請令定。」使者即如所請見講諸僧。既而法事將了，又見前使云：「奉天帝命，故來下迎。」意乃含笑熙怡，告衆辭訣，奄然卒於法座。都講等四僧，亦同時俱逝。凡所聞見，歎未曾有。

毗耶娑〔四〕問經二卷。長房等録，並云寶意於洛陽譯。今按經序，乃云興和四年瞿曇流支於鄴都譯，今移在瞿曇録中。

十地經論十二卷。注云：初譯論時，未善魏言，名「器世間」爲「蓋子世間」。後因入殿齋，見諸宿德從弟子索器乃總授鉢幞，因悟器是總名，遂改爲「器世間」。此十地論〔五〕，長房等録勒那、菩提二處俱載。今按崔光論序，乃云菩提留支、勒那摩提在洛陽殿内二人同譯，佛陀扇多傳語，帝親筆受。二録各存，理將未可。今合爲一本〔六〕，在留支録中。

龍樹菩薩和香方一卷。凡五十法，今以非三藏教故，不録之。

上之三部，今並删也。

校勘記

〔一〕見：金藏本無。

〔二〕勒那扇多：金藏本作「勒扇多」。

〔三〕詢訪：金藏本誤作「詢詢」，高麗藏本作「訪問」。

〔四〕毗耶娑：原作「毗耶婆」，據金藏、高麗藏本改。

〔五〕十地論：金藏本作「地論」。

〔六〕一本：金藏本誤作「二本」。

金剛般若波羅蜜經一卷。永平二年於胡相國第〔一〕譯，是第二出，僧朗筆受，與秦世羅什及大般若第九會能斷金剛分等同本。見法上録。

彌勒菩薩所問經一卷。第二出，與大乘方等要慧經同本，於趙欣宅譯，覺意筆受，今編入寶積，當第四十一會，改名〔二〕彌勒菩薩問八法會。

勝思惟梵天所問經六卷。神龜元年，於洛陽譯，是第三〔三〕出，與法護持心、羅什思益並同本異〔四〕出。見法上録及續高僧傳。

深密解脱經五卷。全本初譯〔五〕，延昌三年於洛陽出，僧辯筆受。與唐譯解深密經及相續解脱解節〔六〕經等並同本。見〔七〕法上録及續高僧傳。

入楞伽經十卷。延昌二年譯，是第三出，與宋功德賢四卷楞伽及唐譯大乘楞伽經〔八〕等並同本，僧朗〔九〕、道湛筆受。見續高僧傳。

大薩遮尼乾子所説經十卷。或加「受記」，無「所説」字，或七卷，或八卷，一名菩薩境界奮迅法門經，正光元年於洛陽爲司州牧汝南王於第出，第二譯，與神通變化經同本。

無字寶篋經一卷。初出，僧朗筆受，與唐譯大乘離文字經等同本。

伽耶山頂經一卷。亦云伽耶頂經，第二出，與羅什文殊問菩提經等同本。

謗佛經一卷。第二出，與西晉法護決定總持經〔一〇〕同本。

大方等修多羅王經一卷。初出，與覺定轉有經同本。

文殊師利巡〔一一〕經一卷。初出，與隋崛多文殊尸利行經同本，覺意筆受。

佛語經一卷。初出，與周世崛多出者同本，僧朗筆受。

佛名經十二卷。或云十三卷，或分爲二十〔一二〕卷，正光年於胡相國第譯。見續高僧傳。

法集經六卷。或七卷，或八卷，延昌四年於洛陽出，僧朗筆受。見法上録及續高僧傳。

護諸童子陀羅尼經一卷。亦云護諸童子請求男女陀羅尼經。

差摩婆帝受記經一卷。正光年於洛陽出。

不增不減經一卷。正光年於洛陽出，七紙〔一三〕，録云二卷者，誤。

十地經論十二卷。或十五卷，天親菩薩造，釋十地經〔一四〕。永平元年四月於太極紫亭譯，帝親筆受。後付沙門僧辯等訖盡論文，至四年夏首畢。見崔光序。

彌勒菩薩所問經論五卷。或六卷，或七卷，或十卷，釋彌勒所問經，即寶積第四十一會是，在洛陽趙欣宅出〔一五〕。

大乘寶積經論四卷。第一譯，與寶意出者同本，釋單卷寶積經，即大寶積第四十三會普明菩薩會是。

金剛般若波羅蜜經論三卷。天親菩薩造，永平二年於胡相國宅出，僧朗筆受，第一譯，與唐義淨所出能斷金剛論釋同本〔一六〕。

文殊師利菩薩問菩提經論二卷。一名〔一七〕伽耶山頂經論，婆藪盤豆菩薩造，天平二年在鄴城般周寺出〔一八〕，僧辯、道湛筆受。

法華經論二卷。題云妙法蓮華經優波提舍，或一卷，曇琳〔一九〕筆受並製序，第二出，與前寶意出者同本，初有歸敬頌者是。見續高僧傳。

勝思惟梵天所問經論四卷。或三卷，普泰元年於洛陽元桃〔二〇〕湯宅出，僧辯、僧朗筆受。録云十卷，應誤。見續高僧傳。

無量壽經論一卷。題云無量壽經優波提舍願生偈，婆藪盤豆菩薩造，永安二年於洛陽永寧寺出，僧辯筆受。

十二因緣論一卷。浄意菩薩造。

百字論一卷。提婆菩薩造。

破外道小乘四宗論一卷。提婆菩薩造。

破外道小乘涅槃論一卷。提婆菩薩造。

寶性論四卷。或五卷，初出，與寶意出者同本。已上並見長房録及内典録。

右三十部，一百一卷。前二十九部見在，後〔二一〕寶性論一部闕本。

沙門菩提留支，魏言道希，北印度人也。遍通三藏，妙入總持。志在弘法，廣流視聽，遂挾道宵征，遠莅葱左，以魏永平之歲，至止東華，宣武下敕，慇懃敬勞。

後處之永寧大寺，供待甚豐，七百梵僧，並皆周給。敕以流支爲譯經之元匠也。其寺本孝明帝熙平元年靈太后胡氏所立，在宫前閶闔門南御道之東，中有九層浮圖，架木爲之，舉高九十餘丈，上有金刹，復高十丈，出地千尺。去臺百里，已遥見之。初〔二二〕營基日，掘至黄泉，獲金像三十二軀〔二三〕。太后以爲嘉瑞，奉信法之徵也。是以飾制瓌奇〔二四〕，窮世華美。刹表置金寶瓶，容二十五斛。承露金槃一十一重。鐵鎖角張，槃及鎖上皆有〔二五〕金鐸，如一石甕。九級諸角，皆懸大鐸，上下凡有一百三十枚。其塔四面九間六窗三户，皆朱漆扇〔二六〕，扇垂諸金鈴。層有五千四百枚，復施金鐶鋪首。佛事精妙，殫土木之工。繡柱〔二七〕金鋪，驚駭心目〔二八〕。高風永夜，鈴鐸和鳴，鏗鏘之音，聞十餘里。北有正殿，形擬太極，中諸像設金玉珠繡，作工巧綺，冠絶當世。僧房周接，千有餘間，臺觀星羅，參差間出。彫飾朱紫，繢以丹青。栝栢楨松，異草叢〔二九〕集。院牆周帀，皆施椽〔三〇〕瓦。正南三門，門〔三一〕樓開三道，三重去地二百餘尺，狀若天門，赫奕華麗。夾門列四力士、四師子，飾以金玉〔三二〕，莊嚴焕爛。東西兩門，例皆如此。所可異者，唯樓兩重，北門通道，但路而置。其四門外，樹以青槐，亘以渌水。京師行旅，多庇其下。路斷飛塵，不由渰〔三三〕雲之潤；清風送涼，豈藉合歡之發。乃詔中書舍人常〔三四〕景製寺碑文，故云須彌寶殿，兜率淨宫，莫尚於斯是也。外國所獻經像，皆在此寺。寺既初成，明帝及太后共登浮圖，視宫中如掌内，下臨雲雨，上天清朗。以見宮中事故，禁人不聽登之。時有西域沙門菩提達摩者，波斯國人也，越自西域，來遊洛京。見金盤炫日，光照雲表，寶鐸含風，響出天外，歌詠讚歎，疑是神工。自云年一百五十歲，歷涉諸國，靡不周遍，如此寺精麗，閻浮所無也。説〔三五〕佛境界，亦無有比。口唱南無，合掌連日。

孝昌二年，大風發屋拔樹，刹上寶瓶隨風而墮，入地丈餘，復命工人更安新者。至永熙三年二月，爲天所震，帝登凌雲臺望火，遣南陽王寶炬、録尚書長孫稚〔三六〕將羽林一千來救。于斯時也，雷雨晦冥，霰雪交注。第八級中，平旦火起。有二道人，不忍焚燼，投火而死。其焰相續，經餘三月。入地刹柱，乃至周年，猶有煙氣。其年五月，有人從東萊郡至，云見浮圖在於海中，光明儼然。同覩非一，俄而雲霧亂起，失其所在。至七月，平陽王爲侍中斛斯椿所挾，西奔長安，至十月而洛京遷于漳鄴。

先時留支奉敕創翻十地經論，厥初命章，宣武皇帝親自筆受，然後方付沙門僧辯等訖盡論文。佛法隆盛，英俊蔚然，相從傳授，孜孜如也。三藏留支從洛陽宣武帝永平元年戊子至鄴都孝靖帝天平二年乙卯，將三十年相繼翻譯，出金剛般若等經、十地等論共三十部。帝又敕清信士李廓撰衆經録。廓學通玄素，條貫經論，雅有標擬。故其録云：三藏法師留支房内，經論梵本可有萬夾〔三七〕。所翻新文筆受藁本滿一間屋。然其慧解，與勒那相亞。

而神悟聰敏，洞善方言，兼工呪術，則無抗衡矣。　嘗坐井口，澡罐内空，弟子未來，無人汲水。留支乃操柳枝〔三八〕，聊撝井中，密加誦呪，纔始數遍，泉水上涌，平及井欄。即以鉢酌用之盥洗〔三九〕。傍僧具見，莫測其神，咸共驚歎〔四〇〕：「大聖人也。」留支曰：「勿妄褒賞，斯乃術法，外國共行。此方不習，謂爲聖耳。」懼惑世綱，遂秘不行〔四一〕。

奮迅王問經二卷。

不必定入印經一卷。

一切法高王經一卷。

第一義法勝經一卷。

順中論二卷。已上五部，七卷，長房等録並云菩提留支所譯。今按經初本譯序記，並云瞿曇流支，非「菩提」也。今移在瞿曇録中。

寶髻菩薩四法經論一卷。

三具足經論一卷。

轉法輪經論一卷。已上三部三卷，房等亦云菩提留支所譯。今按序記，乃是毗目智仙，故此三部，亦移彼録。

衆經論目録一卷。此是留支所撰，非是梵本别翻。今目録中叙，此不復存也〔四二〕。

菩薩境界奮迅法門經十卷。寶唱録云菩提留支譯。今以即是薩遮尼乾子經異名故，不别存也。

校勘記

〔一〕第：金藏本無。第，宅第。
〔二〕改名：金藏本誤作「政名」。
〔三〕三：資福藏本作「二」。
〔四〕異：原無，據諸校本補。
〔五〕初譯：金藏本作「異譯」。
〔六〕解節：金藏、高麗藏本作「節」。
〔七〕見：金藏本無。
〔八〕大乘楞伽經：金藏、高麗藏本作「大乘入楞伽經」。
〔九〕朗：金藏本作「明」。
〔一〇〕總持經：金藏本作「惱經」。
〔一一〕巡：金藏、高麗藏本作「巡行」。
〔一二〕二十：金藏本作「十二」。
〔一三〕七紙：嘉興藏、清藏本作「經」。
〔一四〕經：金藏本無。

〔一五〕出：金藏本無。
〔一六〕同本：金藏、高麗藏本作「等同本」。
〔一七〕名：金藏、高麗藏本作「云」。
〔一八〕出：金藏本無。
〔一九〕曇琳：金藏、高麗藏本作「曇林」。
〔二〇〕桃：永樂北藏、嘉興藏、清藏、四庫本誤作「於」。
〔二一〕後：嘉興藏本重作「後後」。
〔二二〕初：金藏本無。
〔二三〕軀：金藏、高麗藏本誤作「區」。
〔二四〕壞奇：金藏本誤作「壞奇」。
〔二五〕有：金藏本無。
〔二六〕扇：金藏、高麗藏本作「扉」。
〔二七〕杜：金藏、高麗藏本作「莊」。
〔二八〕目：清藏本誤作「日」。
〔二九〕叢：金藏本作「華」。
〔三〇〕椽：金藏、高麗藏本作「椽」。
〔三一〕門：金藏、高麗藏本無。

〔三二〕金玉：金藏本誤作「金王」。
〔三三〕湌：高麗藏本作「济」。
〔三四〕常：金藏本作「當」。
〔三五〕説：金藏、高麗藏本作「訖」。
〔三六〕稚：原作「雅」，據諸校本改。長孫稚，傳見魏書卷二五長孫道生傳。
〔三七〕夾：金藏、高麗藏本作「甲」。
〔三八〕杖：金藏、高麗藏本作「杖」。
〔三九〕盥洗：金藏、高麗藏本作「灌洗」。
〔四〇〕驚歎：金藏、高麗藏本作「嘉歎」。
〔四一〕行：金藏、高麗藏本作「恒」。
〔四二〕今目録中叙此不復存也：金藏本作「令目録中叙不復存也」。

十法經一卷。元象二年於鄴都出，第二譯，與梁僧伽婆羅出者同本。今編入寶積，當第九會，名大乘十法會。

無畏德菩薩經一卷。亦云無畏德女經，元象二年於鄴都譯，第五出，與阿術達經等同本。今編入寶積，當第三十二會，曇林筆受。

如來師子吼經一卷。正光六年於洛陽出，第一譯，與唐日照方廣師子吼經同本。

銀色女經一卷。元象二年於鄴都譯，第二出，與西晉〔一〕法炬前世三〔二〕轉經同本。

正恭敬經一卷。一名威德陀羅尼中説經，或名正法恭敬經。元象二年於鄴都出，第一譯，與隋闍那崛多善恭敬經〔三〕同本。

轉有經一卷。元象二年於鄴都譯，第二出，與菩提留支方等修多羅經〔四〕同本。

阿難陀目佉尼訶離陀鄰尼經一卷。第八譯，與支謙無量門微密持經等同本。

金剛上味陀羅尼經一卷。正光六年於洛陽出，第一〔五〕譯，與隋崛多金剛場經同本。

攝大乘論二卷。普泰元年於洛陽出，與陳真諦、唐玄奘所譯〔六〕攝論同本，阿僧佉作。

無字寶篋經一卷。元象二年於鄴都出，第二〔七〕譯，與留支等出者同本。上十部，並見隋費長房録及唐内典録等。

右一十部，一十一卷。前九部十卷見在，後一部一卷闕本。

沙門佛陀扇多，魏言覺定，北印度人。神悟聰敏，内外博通，特善方言，尤工藝術。以孝明帝正光六年乙巳至孝靖帝元象二年己未，於洛陽白馬寺及鄴都金華寺，譯十法等經十部，沙門曇林等筆受。

校勘記

〔一〕晉：金藏本無。

〔二〕世三：原作「三世」，據金藏、高麗藏本改。
〔三〕善恭敬經：金藏、高麗藏本作「善敬經」，嘉興藏本作「善恭敬」。
〔四〕經：金藏本無。
〔五〕第一：永樂南藏、永樂北藏、嘉興藏、清藏、四庫本作「第二」。
〔六〕譯：金藏、高麗藏本作「出」。
〔七〕第二：清藏本作「第一」。

得無垢女經一卷。或無「得」字，一名論義辯才法門經〔一〕，興和三年於鄴都出，第三譯，與寶積無垢施會及法護離〔二〕垢施經同本。見長房録。

聖善住意天子所問經三卷。興和三年於鄴城金華寺出，曇林筆受，第五譯，或四卷，與寶積善住意會〔三〕及法護如幻三昧經等同本。見長房録。

毗耶娑問經二卷。初出，與寶積廣博仙〔四〕人會同本，興和四年七月十七日〔五〕於尚書令、儀同高公第譯，三十日畢，沙門曇林筆受。見經前序記。

奮迅王問經二卷。第二出，與羅什自在王經同本，興和四年七月三十日於尚書令、儀同高公第内啓夾〔六〕創譯，沙門曇林筆受。見經前序記。

不必定入定入印經一卷。初出，與義淨〔七〕入定不定印經同本，興和四年九月十九日於尚書令、儀同高公第譯，沙門曇林筆受。見經前序記。

一切法高王經一卷。一名一切法義王經，第三出，與諸法勇王經等同本，興和四年六月二十三日在竇太尉定昌寺譯，沙門曇林筆受。見經前序記。

第一義法勝經一卷。初出，與大威燈光〔八〕仙人經同本，興和四年九月一日於尚書令、儀同高公第譯，沙門曇林筆受。見經前序記〔九〕。

金色王經一卷。興和四年於金華寺出，沙門曇林筆受，第二出，與曇摩流支出者同本。見長房録。

八部佛名經一卷。亦云八佛名經〔一〇〕，興和四年於金華寺出，沙門曇林筆受。見長房録。

順中論二卷。無著〔一一〕菩薩造，武定元年八月十日於尚書令、儀同高公第譯，沙門曇林筆受。見經前序記。

唯識論一卷。一名破色心，或云唯識無境界論，在金華寺出，天親菩薩造，第一譯，與陳真諦唯識論及唐譯二十唯識論並同本。見長房録。

壹輸盧迦論一卷。龍樹菩薩造，在金華寺出。見長房録。録〔一二〕云伊迦輸盧迦論。

正法念處經七十卷。興和元年於鄴城大丞相〔一三〕高澄〔一四〕第譯，曇林、僧昉筆受〔一五〕。見長房録。

無垢優婆夷問經一卷。興和四年出，見長房録。

解脱戒本一卷。出迦葉毗部，武定元年在鄴都侍中尚書令高澄請出，見經前序，僧昉筆受并製序，亦見長房録。

菩薩四法經一卷。金華寺出，曇林、李希義等筆受。見長房録。

寶意貓兒經一卷。於金華寺爲高仲密出。見長房録。

犢子道人問論一卷。於金華寺爲高仲密出，李希義筆受。見長房録〔一六〕。

右一十八部，九十二卷。解脱戒上一十五部八十九卷見在，菩薩四法經下三部三卷闕本。

婆羅門瞿曇般若流支，魏云智希，中印度波羅奈城浄志之種，少學佛法，妙閑經旨。神理標異，領悟方言。以孝明帝熙平元年遊寓洛陽。後京師遷鄴，亦與時徙。以孝靖帝元象元年戊午至武定元年癸亥，於鄴城内在金華、定昌〔一七〕二寺及尚書令、儀同高公第内，譯得無垢女等經一十八部，沙門僧昉、曇林、居士李希義等筆受。

迴諍論一卷。

業成就論一卷。已上二論，長房等録皆云瞿曇流支譯。今按經初本譯序記，乃云毗目智仙。今依經記爲正。

又，續高僧傳云：當魏時，有沙門菩提流支，與般若流支前後出經。而衆録傳寫，率多輕略，各去上字但云流支，而不知是何流支。迄今群録譯目相涉，難得詳定。昇〔一八〕今搜訪實録，件注如前。所未見者〔一九〕，俟諸後進耳。

校勘記

〔一〕經：金藏、高麗藏本無。

〔二〕離：金藏本無。
〔三〕會：金藏本無。
〔四〕仙：金藏本誤作「他」。
〔五〕十七日：金藏、高麗藏本作「七日」。
〔六〕啓夾：金藏本作「挾」，高麗藏本作「啓挾」。
〔七〕義浄：金藏、高麗藏本作「唐義浄」。
〔八〕光：金藏本作「見」。
〔九〕記：金藏、高麗藏本無。
〔一〇〕八佛名經：金藏本作「八佛經」。
〔一一〕無著：嘉興藏本誤作「無造」。
〔一二〕録：原無，據金藏、高麗藏本補。
〔一三〕丞相：金藏、高麗藏本誤作「承相」。
〔一四〕高澄：金藏本作「高公」。
〔一五〕筆受：金藏、高麗藏本作「等筆受」。
〔一六〕見長房録：金藏、高麗藏本無。
〔一七〕定昌：金藏、高麗藏本作「昌定」。
〔一八〕昇：金藏、高麗藏本無。

〔一九〕所未見者：金藏、高麗藏本作「餘所未見者」。

摩訶迦葉經二卷。亦云大迦葉經，或無「大」字。興和三年於驃騎大將軍左僕射內侍中司徒公孫騰第譯。見經前序。今〔一〕編入寶積，當第二十三會。

僧伽吒經四卷。元象元年於司徒公孫騰第譯。見續高僧傳。

頻婆娑羅王問佛供養經一卷。興和三年出，出〔二〕增一阿含第二十六卷，異譯。見長房録〔三〕。

右三部，七卷。前二部六卷見在，後一部一卷闕本。

王子月婆首那，魏言高空，中印度優禪尼國王子。以孝靖帝元象元年戊午訖興和三年辛酉，於鄴都司徒公孫騰之第譯迦葉等經三部，沙門僧昉筆受。首那從魏之梁，乃〔四〕於陳代更譯諸經，如別所述。

校勘記

〔一〕今：金藏本誤作「令」。

〔二〕出：金藏、高麗藏本無。

〔三〕見長房録：金藏、高麗藏本無。

〔四〕乃：金藏、高麗藏本作「及」。

寶髻菩薩四法經論一卷。題云寶髻經〔一〕四法優波提舍，天親菩薩造，興和三年九月一日在金華寺爲御史中〔二〕尉高仲密譯，沙門曇林筆受。見經前序記。

三具足經論〔三〕一卷。題云三具足經優波提舍，天親菩薩造，興和三年〔四〕九月十三日在金華寺爲驃騎大將軍高仲密譯，沙門曇林筆受。見經前序記。

轉法輪經論一卷。題云轉法輪經優波提舍，天親菩薩造，興和三年八月十一日在金華寺爲開府儀同三司勃海高仲密譯，沙門曇林筆受。見經前序記。

業成就論一卷。天親菩薩造，初出，與唐譯大乘成業論同本，興和三年七月二十五日爲高仲密於金華寺譯，沙門曇林筆受。見經前序記〔五〕。

迴諍論一卷。龍樹菩薩造，興和三年三月二十日〔六〕於金華寺爲驃騎大將軍開府儀同三司御史中尉勃海高仲密譯，沙門曇林筆受。見經前序記〔七〕。

右五部，五卷，其本見在。

沙門毗目智仙，北印度烏萇國人，刹利王種，釋迦之苗裔。曩者毗琉璃王壞迦毗羅城，誅殘釋種，當斯時也，有四釋子，忿其見逼，不思犯戒，出外拒軍，琉璃遂退。歸還本國，城中不受，告曰：「吾爲法種，誓不行師。汝退彼軍，非吾族也。」既被放斥，遠投諸國，本是聖胤，竟宗樹之，四釋支離，皆王一國。今烏萇梵衍王等，並其後也。嗣胤相承，于今不絶。

智仙法師，即斯王種。妙閑三藏，最善毗曇。與瞿曇流支同遊魏境，而瞿曇流支尊事爲師。以孝靖帝興和〔八〕三年辛酉，於鄴城内，在金華寺共瞿曇流支譯寶髻論等五部，沙門曇林筆受，驃騎大將軍開府儀同三司御史中尉勃海高仲密爲檀越，啓請供養，並見經前序記。而智仙法師遊方弘化，踰越沙險，志在利生，既啓梵文，應多部卷。但余見淺狹，尋覽未周，所覩五經，件述如右。後進儻遇，幸希續補。使法門無謬，豈不善歟？自魏及唐，傳録非一。智仙法師，未蒙編載。弘法之名莫著，高行之跡靡彰，傷哉悲哉，深可嗟矣！

校勘記

〔一〕經：金藏本無。
〔二〕中：嘉興藏本無。
〔三〕論：原無，據金藏、高麗藏本補。
〔四〕三年：清藏本作「二年」。
〔五〕記：嘉興藏本無。
〔六〕二十日：清藏本作「一十日」。
〔七〕見經前序記：金藏本無。
〔八〕興和：原作「興平」，據諸校本改。

涅槃論一卷。或云大般涅盤經論，婆藪槃豆菩薩造，略釋大經。見内典録，初出。

右一部，一卷，其本見在。

沙門達磨菩提，此云法覺。内典録云：達磨菩提譯涅槃論〔一〕。不顯帝代而編魏末。今亦〔二〕同彼，附於此中。復有涅槃論二卷〔三〕，亦題達磨菩提譯。尋文乃釋前論，或疑是人造也。

校勘記

〔一〕大唐内典録卷六大乘論單重翻本并譯有無録著録大涅槃經論，達磨菩提譯。

〔二〕亦：金藏本無。

〔三〕二卷：金藏、高麗藏本作「三卷」。

齊，高氏，都鄴。亦云北齊。

從文宣帝天保元年庚午至高恒無諡。承光元年丁酉，凡經六主二十八年，緇素二人〔一〕，所出經、論八部五十二卷。

高齊沙門那連提黎耶舍，七部五十一卷經〔二〕、論。

居士萬天懿，一部一卷經。

校勘記

〔一〕二人：清藏、四庫本誤作「一人」。

〔二〕經：原無，據金藏、高麗藏本補。

菩薩見實〔一〕三昧經十六卷。或十四卷，天統四年於天平寺出。今編入寶積，當第十六會。

大集月藏經十卷。題云大集經月藏分第十二〔二〕，或十二卷，或十五卷，或直云月藏經，天統二年於天平寺出。

大集須彌藏經二卷。內題云大乘大集經須彌藏分第十五，或直云須彌藏經，天保九年於天平寺出。

大悲經五卷。天保九年於天平寺出。大周録云涅槃支派。

月燈三昧經〔三〕十一卷。或十卷，天保八年於天平寺出。

施燈功德經一卷。亦名然燈經，天保九年於天平寺出。

法勝阿毗曇心論經六卷。大德優婆扇多造，或七卷，或無「經」字，或〔四〕無「法勝」字，或加「別譯」字，或云法勝阿毗曇論，河清二年於天平寺出。並見長房録。

右七部，五十一卷，其本見在〔五〕。

沙門那連提黎耶舍，齊言尊稱，北印度烏萇國人，正音應云鄔荼，荼音持耶反，奘法師云烏仗那，唐〔六〕翻云苑，謂昔輪王之苑囿也。其王與佛同氏，亦姓釋迦，刹帝利種。齊云土〔七〕田主也。由〔八〕劫初之時，先爲分地主，因即號焉。今所謂國王者是也。舍年十七，發意出家。尋值名師，備聞正教。二十有一，得受具篇。聞諸宿老歎佛影迹，或言某國有鉢，某國有衣，頂骨牙齒，神變非一，遂即起心，願得瞻奉。以戒初受，須知律相，既滿五夏，發足遊方。所以天梯石臺之迹，龍廟寶塔之方，廣周諸國，並親頂禮，僅無遺逸。曾竹園寺一住十年，通履僧坊，多值明德。有一尊者，深識人機，見語舍云：「若能静修，應獲聖果。恐汝遊涉，終無所成。爾日雖聞，情無領悟。晚來却想，悔將何及。」

耶舍北背雪山，南窮師子，歷覽聖跡，仍旋故壤〔九〕。乃覩烏萇國主，真大士焉。自所經見，罕儔其類，試略述之：安民以理，民愛若親。後夜五更，先禮三寶。香花伎樂，竭誠供養。日出陞殿，方覽萬機。次到辰時，香水浴像。宫中常設日百僧齋，王及夫人手自行食。齋後消食，習諸武藝。日景將昳，寫十行經。與諸德僧，共談法義。復與群臣，量議治政。暝入佛堂，自奉燈燭。禮拜讀誦，各有恒條。了其常業，乃還退静。三十餘年，斯功不替。王有百子，誠孝居〔一〇〕懷。釋種餘風，胤流此國。

但以寺接山阜，野火所焚。各相差遣，四遠投告。六人爲伴，行化雪山之北，至于峻頂，見有人鬼二路：人道荒險，鬼道利通。行客心迷，多尋鬼道。漸入其境，便遭殺害。昔有聖王，於其路首，作毗沙門天王石像，手指人路。同伴一僧，錯〔一一〕入鬼道。耶舍覺已，口誦觀音神呪，百步追及〔一二〕，已被鬼害。自以呪力，得免斯厄，因復前行。又逢山賊，專念前呪，便蒙靈衛。賊來相突，對目不見。循路東指，到芮芮國。值突厥亂，西路不通，返鄉意絶，乃隨流轉，北至泥海之傍，南岠〔一三〕突厥七千餘里。彼既不安，遠投齊境。

天保七年，届於鄴都。文宣帝洋極見殊禮，偏異恒倫。耶舍時年四十，骨梗雄雅，物議憚〔一四〕之。緣是文宣禮遇隆重，安置天平寺〔一五〕中，請爲翻經三藏，殿内梵本，千有餘夾，敕送於寺，處以上房，爲建道場，供窮珍妙，別立厨庫，以表尊崇。舍從文宣帝天保八年丁丑至高〔一六〕緯無謚。天統四年戊子，於鄴城天平寺譯菩薩見實等經七部，敕昭玄大統沙門法上等二十餘人，監掌翻譯。昭玄都瞿曇般若流支長子沙門達摩闍那齊言〔一七〕法智。及居士萬天懿傳語。舍於齊時，大興正法〔一八〕，弘暢衆心。文宣重法殊異，躬禮梵本，顧謂群臣曰：「此乃三寶洪基，故我偏敬。」其奉信推誠爲如此也。

耶舍每於宣譯之暇，時陳神呪，冥救顯助，立功多矣。未幾，授昭玄都，俄轉爲統。所獲供〔一九〕禄，不專自資。好起慈惠，樂興福業。設供飯僧，施諸貧乏。獄囚繫畜，咸將濟之。市鄽鬧所，多造義井，親自漉水，津給衆生。又於汲郡西山建立三寺，依泉旁谷，制極山美。又收養癘疾，男女別坊，四事供承，務令周給。又往突厥客館，勸持六齋，羊料〔二〇〕放生，受行素食。又曾遇病，百日不起，天子皇后，躬問起居。耶舍歎曰：「我本外客，德行未隆。乘輿今降，重法故爾。」内撫其心，愧懼交集。

耶舍後至隋代，更出諸經，備在隋録，具如彼述。

校勘記

〔一〕實：金藏、高麗藏本誤作「寶」。
〔二〕第十二：金藏、高麗藏本無。
〔三〕經：嘉興藏本無。
〔四〕或：金藏本無。
〔五〕見在：金藏、高麗藏本作「並在」。
〔六〕唐：金藏、高麗藏本作「唐音」。
〔七〕土：金藏本無。
〔八〕由：金藏本誤作「田」。
〔九〕故壞：金藏、高麗藏本作「舊壞」。
〔一〇〕居：金藏本作「君」。
〔一一〕錯：金藏本無。
〔一二〕百步追及：金藏、高麗藏本作「至百步追及」。

〔一三〕岠：高麗藏本作「距」。
〔一四〕憚：金藏、高麗藏本作「彈」。
〔一五〕天：原作「太」，據金藏、高麗藏本改。
〔一六〕高：金藏、高麗藏本無。
〔一七〕言：金藏本作「音」。
〔一八〕法：金藏本作「化」。
〔一九〕供：金藏本作「兵」。
〔二〇〕料：金藏、高麗藏本作「斷」。按：續高僧傳卷二那連提黎耶舍傳，亦作「料」。

尊勝菩薩所問一切諸法入無量門陀羅尼經一卷。第三出，與無崖際持法門經等同本，或直云尊勝菩薩所問經，亦直云入無量門陀羅尼經。

右一部，一卷，其本見在。

居士萬天懿，本姓拓跋，北岱〔一〕雲中人也。魏分十姓〔二〕，因爲万俟氏。世居洛陽，故復爲河南人也，後單稱萬氏。少曾出家，師婆羅門而聰慧有志力，善梵書梵語，兼工呪術。由是應召，得預翻傳之數。懿以武成帝湛河清年中，於鄴都自譯尊勝菩薩所問經〔三〕一部，見長房録。

開元釋教録卷第六總録之六

校勘記

〔一〕北岱：金藏、高麗藏本作「北代」。
〔二〕十姓：金藏本作「十族」。
〔三〕經：金藏本無。

音　釋

虬：渠幽反。　賾：助隔反。　禕：於宜反。　窜凸：上於甲反，下也，今用「凹」；下徒結反，凸起也。　扣門：上苦候反，擊也。　弱齡：若靈二音，幼年也。　稸積：上許六反。　删改：上所閒反，削也。　差舛：上楚加反，下昌軟反。　差舛，不齊也。　譜：音補，載識往事也。　徽：音暉。　下邳：下步悲反，縣名。　迺：「乃」字。　鑚求：上子官反。　衍：音演。　宏：惠萠反。　偉：羽鬼反。　昂：吾剛反。　貴嬪：下音頻，宫妃也。　憚：徒旦反，畏也。　炎燠：上于廉反，下於六反。　炎燠，夏熱也。　御寓：下「宇」字。　嚫施：上初近反，下去聲。　纂：子管反。　岑：助参反。　愜：苦怗反，心伏也。　殄：徒典反，滅也。

足前：上子裕反，添也。　愷：苦改反。　輟：知劣反，止也。　汜：泛、似二音。　娉：是併反。　氓：莫耕反。　蓄：丑六反。　渙然：上音喚。　頹焉：上徒回反，墜也。　會稽：上俱會反，下音鷄。　浮冗：下汝腫反，散雜也。　抗迹：上口浪反。　高蹈：下音盜。　甄著：上居延反，識別也。　婆藪：下音叟。　般遮：上音鉢。　于瑟：下音虱。　般遮于瑟，此謂五年一大會。　綏緝：上音雖，安也；下七入反，理也。　緝，續也。　鐫之：上子全反。　鐫，鑿。　龕：苦含反。　駭動：上胡買反，驚也。　櫛比：上之虱反，下頻必反。　櫛比，謂相連近如梳齒之密。　碑碣：下渠列反。　邪佞：下奴定反。　諛詞：上羊朱反。　諛詞，諂媚之言也。或作「謏」，音叟。謏，誘也。　癘疾：上音例，疫癘也。　徇：辭峻反。　詢訪：上息旬反。　綴：知衛反。　隅隩：二字音愚奥，屋西南角也。　持笏：下音忽，象簡也。　梵唄：下音敗，讚唄也。　熙怡：下余之反。　熙怡，和悦貌。　訣：音決，别也。　湛：宅減反。　州牧：下音目，守也。　莅：音利，臨也。　閶闔：上音昌，下胡塔反，門名也。　瓌奇：上古回反，正作「傀」，異也。　金鐸：下徒各反。　石甕：下於貢反。　枚：音梅，箇也。　殫：音丹，盡也。　鏗鏘：上口耕反，下七羊反，金玉聲也。　繢：玄對反，盡也。　栝栢：上古外反，又古活反，細葉似松。　楨松：上知呈反，凌冬之木也。　椽瓦：上直緣反。　赫弈：上許客反，下音亦。　赫弈，明盛貌。　焕爛：上音喚。焕爛，文彩美貌。　青槐：下回、懷二音。　亘以：上古鄧反。　庇：必二反，庇廕也。　渰雲：上正作䨄，音掩，雲陰貌。　炫日：上音縣，明也。　稚：直利反。　霰雪：上先見反，雨雪同下。　焚燼：下徐刃反，火之餘也。　斛：斛字，胡谷反。　椿：陟江反。　蔚然：上烏勿反，茂盛貌。　孜孜：音兹。　藁本：上古老反。藁，草。　抗衡：上口浪反，下户庚反。　澡罐：二字音早貫。　操：七刀反，執也。　聊撝：上音寮，下許爲反。　盥洗：上音貫。　褒賞：上博毛反，揚美也。　竇：音豆。　昉：方罔反。　寓：音遇，寄也。　迄今：上許訖反，至也。　驃騎：上毗妙反，下去聲。　苗裔：下羊逝反。　忿：芳問、芳粉二反，怒也。　斥：音尺，弃也。　胤：余鎮反，胤嗣也。　謬：苗幼反。　懿：乙器反。　支泒：下疋賣反。　苑囿：上紆阮反，下音右。　栽樹曰苑，養獸曰囿。　鄔茶：上一古反，下音荼。　僅：渠鎮反，纔也。　故壤：下汝養反。　壤，土也。　陞殿：上音升，登也。　昳：徒結反，日晡也。　暝：莫經反，夕也。　山阜：下音婦，小山也。　相突：下徒骨反，衝也。　循路：上音旬，歷也。　芮：而歲反。　骨梗：下加猛反。　緯：音謂。　暇：音夏，閑暇。　市鄽：下直連反。　丙：「鬧」字。

漉水：上音鹿，濾漉也。　崖際：上音宜，又吾佳反。　拓跋：上音託，下蒲末反，複姓也。　万俟：二字音墨其，複姓也。　岱：音代。

中國佛教典籍選刊

開元釋教録

二

〔唐〕智昇 撰
富世平 點校

中華書局

開元釋教録卷第七

唐庚午歲西崇福寺沙門智昇撰

總括群經録上之七

周，宇文氏，都長安。

從閔帝元年丁丑依古無號，直稱元年。至靖帝大定元年辛丑，凡經五帝二十五年。沙門四人，所出經、論一十四部二十九卷。於中六部一十一卷見在，八部一十八卷闕本。

周沙門攘那跋〔一〕陀羅，一部一卷論。

沙門闍那耶舍，六部一十五卷經。

沙門耶舍崛多，三部八卷經、論。

沙門闍那崛多，四部五卷經。

校勘記

〔一〕跋：嘉興藏本誤作「政」。

五明論，合一卷。一、聲論，二、醫方論，三、工巧論，四、呪術論，五、符印論。見長房録。

右一部，一卷，本闕。

沙門攘那跋陀羅，周云智賢，波頭摩國人。雖善達三藏，而偏精〔一〕律部。以明帝二年戊寅，於長安舊城婆伽寺共闍那耶舍譯五明論一部，耶舍崛多、闍那崛多等傳譯〔二〕，沙門智僊筆受。又長房等録，云周武帝代天和四年己丑，摩勒國沙門達摩流支，周言法希，爲大冢宰晉蕩公〔三〕宇文護譯婆羅門天文二十卷。今以非三藏教，故不存之。

校勘記

〔一〕精：原作「釋」，據金藏、高麗藏本改。

〔二〕譯：金藏本無。

〔三〕晉蕩公：原作「晉陽公」，據金藏、高麗藏本改。按：「蕩」爲宇文護謚號，「陽」字誤。

大乘同性經二卷。亦名一切佛行入智毗盧遮那藏説經，一名佛十地經，或四卷，天和五年譯，上儀同城陽公蕭吉〔一〕筆受，初出，與唐日照證契大乘經同本。

大雲請雨經一卷。内題云大雲經〔二〕請雨品第六十四，房云「品第一百〔三〕」，非也。天和五年譯，沙門圓明筆受，初出，與大雲輪請雨及大〔四〕方等大雲請雨二經並同本。

寶積經三卷。天和六年譯，沙門道晉筆受。

定意天子所問經五卷。天和六年譯，沙門圓明筆受，出大集。今〔五〕疑與善住意經同本。

入如來智不思議經三卷。見翻經圖，第二出，與度諸佛境界智光嚴經等同本，建德元年譯。

佛頂呪經并功能一卷。保定四年譯，學士鮑永筆受。五部見長房録。

右六部，一十五卷。請雨經上二部三卷見在，寶積經下四部十二卷闕本。

沙門闍那耶舍，周言藏稱〔六〕，亦曰勝名，中印度摩伽陀國人。專修宴坐，妙窮定業。共二弟子耶舍崛多、闍那崛多以武帝保定四年甲申至建德元年壬辰，爲大冢宰晉蕩公〔七〕宇文護於長安舊城四天王寺譯大乘同性經等六部，柱國平高公侯伏壽爲總監檢校。

校勘記

〔一〕蕭吉：金藏本作「蕭意」。

〔二〕經：金藏、高麗藏本無。

〔三〕一百：高麗藏本作「一者」。歷代三寶紀卷一一著録作「大雲輪經請雨品第一百一卷」。

〔四〕大：嘉興藏本誤作「入」。

〔五〕今：原作「含」，據諸校本改。

〔六〕藏稱：資福藏本作「藏積」。

〔七〕晉蕩公：原作「晉陽公」，據金藏、高麗藏本改。

金光明經更廣壽量大辯陀羅尼經五卷。於歸聖寺〔一〕譯，智僊筆受。此五卷金光明經，非是全〔二〕譯，但於曇無讖四卷經中續壽量、大辯二品，今在删繁録。

十一面觀世音神呪經一卷。於四天王寺譯，上儀同城陽公蕭吉筆受，初出，與唐譯十一面神呪心經等同本。

須跋陀羅因緣論二卷。於四天王寺譯，沙門圓明筆受。並見長房録。

右三部，八卷。前二部六卷見在，後一部二卷闕本。

沙門耶舍崛多，周言稱藏，優婆國人。共小同學闍那崛多於武帝時爲大冢宰宇文護於四天王寺及歸聖寺譯金光明經等三部。靖邁經圖中又有大雲請雨經一卷，亦云稱藏所譯。今以此經即是與前闍那耶舍共出之者，不合別上。二處俱存者，誤也。

校勘記

〔一〕歸聖寺：嘉興藏本作「聖歸寺」。

〔二〕全：金藏、高麗藏本誤作「今」。

妙法蓮華經普門品重誦偈一卷。在益州龍淵寺譯，今編入第八〔一〕卷普門品。

種種雜呪經一卷。或無「經」字，呪總二十三首，在益州龍淵寺譯。

佛語經一卷。第二出，與元魏菩提留支譯者本同〔二〕，在益州龍淵寺譯。

金色仙人問經二卷。於長安舊城四天王寺譯，蕭吉筆受。並見長房録。

右四部，五卷。前二部二卷見在，後二部三卷闕本。

沙門闍那崛多，周言志德，北印度犍達國人。師徒同遊，來達兹境。以武帝時於四天王寺譯金色仙人問經。後隨譙王宇文儉往益州，於龍淵寺復譯普門偈等三部。崛多入隋，更廣翻譯，備如後述。

校勘記

〔一〕第八：金藏本無。

〔二〕本同：金藏、高麗藏本作「同本」。

陳，陳〔一〕氏，都建業。

自武帝永定元年丁丑至後主〔二〕禎明三年己酉，凡經五主三十三年。緇素三人，所出經、律、論及集傳等總四十部一百三十三卷。於中二十六部八十九卷見在，一十四部四十四卷闕本〔三〕。

陳沙門拘羅那他，三十八部一百一十八卷經、律、論、集。

王子月婆首那，一部七卷經。

沙門須菩提，一部八卷經。

校勘記

〔一〕陳：原無，據金藏、高麗藏本補。

〔二〕後主：金藏、高麗藏本作「煬帝」。

〔三〕本：金藏本無。

金剛般若波羅蜜經一卷。第三譯，與姚秦羅什、元魏留支等出者同本〔一〕。

解節經一卷。是解深密經初五品異譯，出第一卷。此經非是全部，真諦略出，以證義耳。

遺教經論一卷。釋遺教經。

十八空論一卷。

攝大乘論三卷。無著菩薩造，第二出，與元魏佛陀扇多等譯者同本。天嘉四年於廣州制旨寺譯，惠愷筆受。

攝大乘論釋十五卷。天親〔二〕菩薩釋，亦云釋論，或十二卷，第一譯，與隋笈多等出者同本，天嘉四年於廣州制旨寺出，惠愷筆受。

佛性論四卷。天親菩薩造。

中邊分別論二卷。婆藪盤豆造，或三卷，於臨川郡出，第一譯，與唐譯辯中邊論同本。

顯識論一卷。内題云顯識品，從無相論出。題云真諦譯，新附此。

轉識論一卷。即出前顯識論中。題云真諦譯，新附此。

唯識論一卷。天親菩薩造，初云修道不共他，在臨川郡譯，第二出，與元魏般若流支等出者同本。

寶行王正論一卷。

三無性論二卷。出無相論，或一卷。

無相思塵論一卷。初出，與唐譯觀所緣緣論〔三〕同本。見靖邁經圖及内典録。

解捲論一卷。初出，與唐義浄掌中論同本。見靖邁經圖及内典録。

廣義法門經一卷。第三出，與漢安高所出普法義經等同本，題云是中阿含一品别譯，天嘉四年十一月十日於廣州制旨寺譯。

佛阿毗曇經二卷。亦云「論」。録云九卷，今只二軸，未詳所以。又内典録中，更載佛〔四〕阿毗曇一卷，非也。

律二十二明了論一卷。亦直云明了論，出正量部波羅提木叉論中，覺護法師造，光大二年正月二十日於廣州譯，沙門惠愷筆受。

阿毗達磨俱舍釋論二十二卷。婆藪槃豆造，第一譯，與唐譯〔五〕俱舍論同本，天嘉四年正月二十五日於制旨寺出，至閏十月十日訖，至五年二月〔六〕二日更勘，至光大元年十二月二十五日畢〔七〕。

隨相論一卷。或云求那摩諦隨相論。德惠法師造，或二卷〔八〕。

立世阿毗曇論十卷。題云立世毗曇藏，或無「論」字，亦云天地記經，永定三年出。録云十五卷〔九〕，未詳。

四諦論四卷。婆藪跋摩造。

部執異論一卷。亦名部異執論，第二出，與十八部論〔一〇〕及宗輪論同本。

婆藪槃豆法師傳一卷。此曰天親，第二出。

金七十論三卷。外道迦毗羅仙人造，明〔一一〕二十五諦，謂數論也。或二卷。長房等録別存僧佉論三卷者，非也。謂梵名「僧佉」，此翻爲「數」。

金剛般若論一卷。

大般涅槃經論一卷。或無「般」字，第二出。

反質論一卷。今疑即藏中如實論是，故彼題云如實論反質難品。

墮負論一卷。

成就三乘論一卷。

正説道理論一卷。

意業論一卷。

大空論三卷。於豫章栖隱寺出〔一二〕。

僧澀多律一卷。陳言「總攝」。

俱舍論偈一卷。初出，與唐譯俱舍頌同本，天嘉四年於制旨寺出。

俱舍論本十六卷〔一三〕。據其論本，即前偈是。今復言本，未詳所以。

翻外國語七卷。一名俱舍論因緣事，一名雜事。

修禪定法一卷。除四部外，餘三十四〔一四〕部。見長房録。

右三十八部，一百一十八卷。金七十論上二十五部八十二卷見在，金剛論下一十三部三十六卷闕本。

沙門拘羅那他，陳曰親依，或云波羅末陀，此云真諦，並梵文之名字也。本西印度優禪尼國人，以梁武太清二年屆于建業，頃屬梁季崩亂，不果宣傳，雖復翻經〔一五〕，栖遑靡託。逮陳武永定二年七月，還返豫章，又上臨川、晉安諸郡。真諦雖傳經論，道缺情離，本意不伸。更觀機壤〔一六〕，遂欲汎舶往楞伽修國，道俗虔請，結誓留之。不免物議，遂停南越，便與前梁舊齒重覈所翻。其有文旨乖意〔一七〕者，皆鎔冶〔一八〕成範，始末倫〔一九〕通。至文帝天嘉四年，楊都建元寺沙門僧宗、法准、僧忍律師等，並建業標領，欽聞新教，故使遠浮江表，親承芳問。諦欣其來意，乃爲翻攝大乘等論。首尾兩載，覆疎宗旨，而飄寓投委，無心寧寄。又汎小舶，至梁安郡，更裝大舶，欲返西國，學徒追逐，相續留連，太守王萬奢述衆元情，重伸邀請，諦又且循人事，權止海隅，伺旅束裝，未思安堵。

至三年九月，發自梁安。汎舶西引，業風賦命，飄還廣州。十一月中，上南海岸，刺史歐陽穆公頠延[二〇]住制旨寺，請翻新文。諦顧此業緣，西還無指，乃對沙門慧愷等翻廣義法門經及唯識論等。後穆公薨没，世子紇重爲檀越，開傳經論，時又許焉。而神思幽通，量非情測。嘗居别所，四絶水洲。紇往造之，嶺峻濤涌，未敢凌犯。諦乃鋪舒坐具在於水上，加坐其内，如乘舟焉。浮波達岸，既登接對。而坐具不濕，依常敷置。有時或以荷葉昻[二一]水，乘之而度。如斯神異，其例甚衆。

至光大二年六月，諦厭世浮雜，情弊形骸，未若佩理資神，早生勝壤，遂入南海北山，將捐身命。時智愷正講俱舍，聞告馳往。道俗奔赴，相繼山川。刺史又遣使人伺衛防遏，躬自稽顙，致留三日，方紆本情。因爾迎還，止于王園寺。時宗、愷諸僧，欲延還建業。會楊輦碩[二二]望，恐奪時榮，乃奏曰：「嶺表所譯衆部，多明無塵唯識，言乖治術，有蔽國風。不隸諸華，可流荒服。」帝然之。故南海新[二三]文，有藏陳世。

以太建元年遘疾，少時遺[二四]訣[二五]嚴正，勗示因果，書傳累紙，其文付弟子智休。至正月十一日午時[二六]遷化，時年七十有一，明日於潮亭焚身起塔。十三日僧宗、法准等各賫經論返〔二七〕匡山。

自諦來東夏，雖廣出衆經，而偏宗攝論。故討尋教旨者，通覽所譯，則彼此相發，綺繢鋪顯。故隨處翻傳，親流疏解。諦從陳武永定二年戊寅至孝宣太建元年己丑，更譯金剛般若經等三十八部。微附華飾，盛顯隋唐。見曹毗別曆及隋費長房録、唐内典録等。餘有未譯梵本書並多羅樹葉，凡有二百四十甲〔二八〕。若依陳紙翻之，則列二萬餘卷。今見譯訖，止是數甲〔二九〕之文，並在廣州制旨、王園兩寺。是知法寶弘博，定在中天。識量玼璅，誠歸東夏，何以明之？見譯藏經四千餘卷，生便棄擲，習學全希。用此量情，情可知矣。

初諦傳度攝論宗，愷歸心窮括教源，銓題義旨。遊心既久，懷敞相承。諦又面對闡揚，情理無伏。一日氣屬〔三〇〕嚴厲，衣服單疎，忍噤通宵，門人側席。愷等終夜静立，奉侍諮詢。言久情昏〔三一〕，有時眠寐，愷密以衣被覆足。諦潛覺知，便曳之于地。其節儉知足如此。愷如先奉侍〔三二〕，逾久逾親。諦以他日便喟然憤氣，衝口者三。愷問其故，答曰：「君等款誠正法，實副參傳。但恨弘法非時，有阻來意耳。」愷聞之，如噎良久，聲淚俱發，跪而啓〔三三〕曰：「大法絶塵，遠通赤縣。群生無感，可遂埋耶？」諦以手指西北曰：「此方有大大國〔三四〕，非近非遠。吾等没後，當盛弘之，但不覩其興，以爲太息耳。」即驗，往隔今統，敷揚有宗。傳者以爲神用不同，妄生異執，惟識不識其識，不無慨然。

無上依經二卷。准經後記云梁代譯，今編梁録。又〔三五〕長房、内典等録，復有正論釋義等一十三部一百八卷。今以〔三六〕並是經論義疏，真諦所撰，非梵本翻，故删不録。又内典録中，梁、陳二代俱載起信論者，非也。

校勘記

〔一〕本：金藏本無。

〔二〕天親：金藏、高麗藏本作「世親」。天親、世親，都是婆藪槃豆的意譯。按：大唐大慈恩寺三藏法師傳卷三起阿踰陀國終伊爛拏國云：「伐蘇槃度菩薩，唐言世親，舊曰婆藪槃豆，譯爲天親，訛也。」

〔三〕觀所緣緣論：原缺一「緣」字，據金藏本補。

〔四〕佛：資福藏本無。

〔五〕譯：資福藏、普寧藏本誤作「釋」。

〔六〕二月：金藏、高麗藏本作「十二月」。

〔七〕畢：金藏、高麗藏本作「訖」，四庫本作「譯畢」。

〔八〕二卷：永樂北藏、嘉興藏、清藏、四庫本誤作「一卷」。

〔九〕録云十五卷：今所見諸録，皆云十卷，未見有言十五卷者。

〔一〇〕十八部論：原作「大部論」，據金藏、高麗藏本改。

〔一一〕明：原無，據金藏、高麗藏本補。

〔一二〕於豫章栖隱寺出：金藏本無。

〔一三〕十六卷：高麗藏本誤作「六卷」。

〔一四〕三十四：原作「三十六」，據金藏、高麗藏本改。

〔一五〕復翻經：金藏、高麗藏本作「翻經論」。

〔一六〕機壤：資福藏、永樂北藏、嘉興藏、清藏、四庫本作「機攘」。

〔一七〕意：金藏、高麗藏本作「竟」。

〔一八〕治：永樂北藏、嘉興藏本誤作「治」。

〔一九〕倫：金藏本作「侖」。

〔二〇〕顔延：金藏本誤作「顧迎」，高麗藏本誤作「顧延」，資福藏本誤作「額延」。按：「顔」爲其名。歐陽顔，傳見陳書卷九。

〔二一〕翕：金藏、高麗藏本作「蒻」。

〔二二〕碩：金藏、高麗藏本誤作「顧」。

〔二三〕新：金藏本作「雜」。

〔二四〕遺：金藏本作「遣」。

〔二五〕訣：資福藏本作「語」。

〔二六〕午時：嘉興藏本作「子時」。

〔二七〕返：金藏、高麗藏本「還返」。

〔二八〕甲：永樂南藏、嘉興藏、清藏本作「夾」。
〔二九〕甲：永樂南藏、嘉興藏、清藏本作「夾」。
〔三〇〕屬：原無，據金藏、高麗藏本補。
〔三一〕昏：金藏、高麗藏本作「諠」。
〔三二〕侍：高麗藏本作「持」。
〔三三〕啓：嘉興藏本誤作「起」。
〔三四〕大大國：金藏、高麗藏本作「大國」。
〔三五〕又：金藏本誤作「入」。
〔三六〕以：原無，據金藏、高麗藏本補。

勝天王般若波羅蜜經七卷。初出，與大般若第六會同本。

右一部，七卷，其本見在。

王子月婆首那〔一〕，陳言高空，中印度優禪尼〔二〕國王之子。從魏之梁，譯業無輟〔三〕。以〔四〕梁太清二年六月，有于闐沙門求那跋陀陳言德賢。賫勝天王般若〔五〕一部梵文凡十六品，始泊建業。首那忽見德賢有此經典，敬戀冥懷，如對真佛。因從祈請〔六〕，畢命弘宣。德賢嘉其雅操，虚心授與。那得保持，以爲希遇。屬侯景〔七〕作亂，未暇翻傳。負戴東西，諷持供養。民之所欲，天必從焉。

遂屬陳朝，霸於建業。首那負笈懷經，自遠而至，江州刺史儀同黄法氍渴仰大乘，護持正法，以文帝蒨〔八〕天嘉六年歲次乙酉七月辛巳朔二十三日癸卯，勸請首那於州廳事略開題序，設無遮〔九〕大會。四衆雲集，五千餘人。匡山釋僧果及遠邇名德，並學冠百家，博通五部，各有碩難紛綸，靡不涣然冰釋。到其月二十九日，還興業伽藍。犍椎既響，僧徒咸萃。首那躬執梵文，譯爲陳語。楊州阿育王寺釋智昕暫遊彭匯，服膺至教，耳聽筆疏。一言敢失，再三循環，撰爲七卷訖，其年九月十八日，文句乃盡。江州僧正釋慧恭，博通三學，始末監掌，具經前序及長房等録。

那雖一身而備經涉歷元魏、梁、陳，相繼宣譯，後不測其終。

校勘記

〔一〕王子月婆首那：金藏本作「五品娑婆首那」。

〔二〕優禪尼：金藏本作「授袛舍」。

〔三〕輙：金藏本作「載」。

〔四〕以：金藏本作「大」。

〔五〕勝天王般若：高麗藏本作「勝天王般若經」。

〔六〕祈請：金藏本作「祈法」。
〔七〕侯景：金藏本作「侯大」。
〔八〕蒨：金藏、高麗藏本作「倩」，四庫本誤作「舊」。
〔九〕遮：嘉興藏本誤作「遼」。無遮，即没有遮攔，指不分貴賤、僧俗，平等對待。無遮大會，音譯般遮于瑟，是佛教舉行的五年一次的布施僧俗的大會。

大乘寶雲〔一〕藏八卷。第二出，與梁世曼陀羅七卷寶雲及唐譯十卷寶〔二〕雨並同本。見一乘寺藏録。

右一部，八卷，本闕。

沙門須菩提，陳言善現，或云善吉，亦云善業，扶南國人。解悟超群，詞彩逸俗。化物無倦，遊方届兹。於楊都城内至敬寺爲陳主譯大乘寶雲〔三〕經一部。

校勘記

〔一〕雲：高麗藏本作「雨」。
〔二〕寶：金藏本誤作「具」。
〔三〕雲：高麗藏本作「雨」。

隋，楊氏，都大興。

自文帝開皇元年辛丑至恭帝義寧二年戊寅，相承三帝三十八年。緇素九人，所出經、論及傳録等，總六十四部三百一卷。於中六十二[一]部二百八十七卷見在，二部一十四卷闕本。

隋洋川郡守瞿曇法智，一部一卷經。

沙門毗尼多流支，二部二卷經。

沙門那連提黎耶舍，八部二十三卷[二]經。

沙門闍那崛多，三十九[三]部一百九十二卷經[四]。

沙門釋法經等，二部一十二卷經、録目。

沙門釋寶貴，一部八卷合經。

沙門菩提登，一部二卷[五]經。

翻經學士費長房，一部一十五卷三寶録。

沙門達摩笈多，九部四十六卷經論。

校勘記

〔一〕六十二：金藏本誤作「六十一」。

〔二〕卷：資福藏本無。

〔三〕三十九：金藏本誤作「二十九」。

〔四〕經：原無，據金藏、高麗藏本補。

〔五〕二卷：金藏本作「一卷」。

業報差別經一卷。開皇二年三月譯。房云「第二出，與罪業報應經大同小異」者，全乖也。見長房録及續高僧傳。

右一部，一卷，其本見在。

優婆塞達磨闍那，隋云法智，姓瞿曇氏，即元魏般若流支長子，本中印度婆羅痆斯國人，婆羅門種。流滯東川，遂鄉華俗。父子相承，祖習傳譯。高齊之季，爲昭玄都。齊國既平，佛法同毀。智因僧職，轉任俗官，册授洋州洋川郡守。隋受周禪，梵牒即來，敕召智還，使掌翻譯〔一〕。智既妙善隋、梵二言，執本自翻，無勞傳度，以開皇二年壬寅譯業報差別經一部，成都沙門釋智鉉筆受文詞，銓序義體。趙郡沙門釋彦琮製序。長房等録，並云於興善寺譯業報差別經。今謂不然。此經二年季春譯出，季夏有詔，始還大興，云興善寺翻，小非詳審〔二〕也。

校勘記

〔一〕譯：資福藏本誤作「釋」。

〔二〕詳審：金藏、高麗藏本誤作「譯審」。

大乘方廣總持經一卷。或無「乘」字，開皇二年七月譯，第二出，與西晉法護濟諸方等學經同本。見長〔一〕房録。

象頭精舍經一卷。開皇二年二月譯，第三出，與羅什文殊問菩提經等同本。見長房録。

右二部，二卷，其本並在。

沙門毗尼多流支，隋言滅喜，北印度烏萇國人。不遠五百由延〔二〕，振錫巡方，來觀盛化。至止，便召入，令翻經，以文帝開皇二年壬寅譯方廣總持等經二部，給事李道寶、般若流支次子曇皮二人傳語，長安沙門釋法纂筆受爲隋言并整比文義，沙門彥琮並皆製序。長房等録亦云於興善寺出，此亦不然，過如前述。

校勘記

〔一〕長：原無，據金藏、高麗藏本補。

〔二〕由延：金藏、高麗藏本作「由旬」。

大方等大集日藏經十卷。或十二卷，或十五卷，題云大乘大方等日藏分經，與大集日密分同本，當第四出，開皇四年五月起翻，五年二月訖，沙門智鉉、費長房等筆受。

大雲輪請雨經二卷。開皇五年正月出，沙門惠獻筆受，是大雲經第六十四品，第二出，與周世闍那耶舍大雲請雨經及隋崛多方等請雨經並同本。

大莊嚴法門經二卷。一名文殊師利神通力經，亦名勝金色光明德女經，開皇三年正月出，第三譯，與法護大净法門經等同本，沙門智鉉筆受。

德護長者經二卷。一名尸利崛多長者經，開皇三年六月出，沙門僧琨筆受，第四譯，與法護月光童子經等同本。

百佛名經一卷。開皇二年十二月出，沙門惠獻筆受，第二出。

力莊嚴三昧經三卷。開皇五年十月出，費長房筆受。

蓮華面經二卷。開皇四年三月〔一〕出，沙門惠獻筆受。

堅固女經一卷。開皇二年十二月出，沙門惠獻筆受，亦云〔二〕牢固女。上八部，並見長房録。

右八部，二十三卷，其本並在。

沙門那連提黎耶舍，隋言尊稱，北印度烏萇國人。先於齊國爲昭玄統，共昭玄都沙門法智譯經七部，備在齊録。建德之季，周武克齊，佛教與國一時平殄，耶舍外假俗服，内襲三衣，避地東西，不遑寧息。五衆彫窘，投厝無所。儉餓溝壑者，減食施之。老病扶力者，隨緣濟益。雖事力匱薄，拒諫行之，而神志休强，説導無倦，屯負留難，便歷四年。

有隋御寓，重興三寶。開皇之始，梵經遥應，爰降璽書，請來弘譯。二年七月，弟子道密等侍送入京，住大興善寺。其年季冬，草創翻業，敕昭玄統沙門曇延等三十餘人令對翻傳。主上禮問殷繁，供奉隆渥。年雖朽邁，行轉精勤。曾依舍利弗陀羅尼具依修業，夢得境界自當作佛。如此靈祥雜沓，其例非一。後移住廣濟寺，煬帝名廣，改爲弘濟。今復避諱爲崇濟焉。爲外國僧主，存〔三〕撫羈客，妙得物心。

忽一旦告弟子曰：「吾年老力微，不久去世。及今明了，誡爾門徒：佛法難逢，宜勤修學；人身難獲，慎勿空過。」言訖就枕，奄爾而化。時滿百歲，即開皇九年八月二十九日。初，耶舍先逢善相者云：「年必至百，亦合登仙。」中壽果終，其言驗矣。登仙冥理，猶難測之。然其形貌瓌奇，頂如肉髻，耳長而聳，目正處中，有異常倫，特爲殊相。固是傳法之碩德也。法主既傾，哀驚道俗。紹隆之事，將漸墜焉。

凡於隋代譯經八部，即大集日藏、大雲輪、大莊嚴法門等經是也。並沙門僧琛、明芬、給事李道寶、學士曇皮等僧俗四人更遞度語，沙門智鉉、道邃、惠獻、僧琨、奉朝請庾質、學士費長房等筆受，昭玄統沙門曇延、昭玄都大興善寺主靈藏等二十餘德監護始末。至五年冬，勘練俱了，並沙門彦琮製序。

尋耶舍遊涉四十許年，國五十餘，里十五萬，瑞景靈迹，勝寺高僧，駛水深林，山神海獸，無非奉敬，並預徵〔四〕降，事既廣周，未遑陳叙。沙門彦琮爲之本傳，具流於世。

校勘記

〔一〕三月：金藏本作「二月」。

〔二〕云：金藏本無。

〔三〕存：金藏本作「在」。

〔四〕徵：金藏、高麗藏本作「懲」。

護國菩薩經二卷。見内典録。今編入寶積，當第十八會。

移識經二卷。今編入寶積，當第三十九會，改名賢護長者會。初出，與唐譯顯識經同本。開皇十一年〔一〕十月出，十二月訖，學士費長房筆受。見長房録。

發覺浄心經二卷。初出，與寶積發勝志樂會同本，開皇十五年九月出，十月訖〔二〕，沙門僧琨等筆受。見長房録。

虚空孕菩薩經二卷。大集第十六分，第四出，與虚空藏經及虚空藏神呪經等同本，開皇十年正月出，三月訖，沙門僧曇筆受，彦琮製序。見長房録。

大方等大集賢護經五卷。或六卷，題云大[三]方等大集經賢護分，亦云賢護菩薩經[四]，第七譯，與般舟三昧經等同本。開皇十四年十二月出，十五年二月訖，沙門明芬等筆受。

大集譬喻王經二卷。或無「大集」字，是大集别品。開皇十五年五月出，六月訖，沙門道密等筆受。兼前賢護[五]經，並見長房録。

佛華嚴入如來德智不思議境界經二卷[六]。第三[七]出，與度諸佛境界智光嚴經等同本。見内典録。

四童子三昧經三卷。或直云[八]四童子經，第二出，與法護方等泥洹同本，開皇十三年五月出，七月訖，沙門僧琨筆受。見長房録。

妙法蓮華經添品七卷。或八卷，二十七品。寶塔、天授連之爲一，故二十七。仁壽元年，因普曜寺沙門上行所請[九]，崛多、笈多二法師重勘梵本，闕者添之。具經前序。

善思[一〇]童子經二卷。第四出，與大方等頂王經及大乘頂王經等同本。開皇十一年七月出，九月訖，學士費長房筆受，沙門彦琮製序。見長房録。

金光明經銀主陀羅尼品囑累品一卷。曇無讖出四卷，真諦七卷，周世崛多五卷，並無此二品。檢梵本有，故復出之。見長房録。後十七年，沙門寶貴取前後譯合成八卷，故不别存。

大方等大雲請雨經一卷。内題云大方等大雲經請雨品第六十四，第三出，與大雲請雨及大雲輪請雨二經並同本，異譯。見内典録。

諸法本無經三[一一]卷。第三出，與諸法無行經等同本，開皇十五年六月出，七月訖，學士劉憑等[一二]筆受。見長房録。

大威燈光仙人問疑經一卷。第二出，與第一義法勝經同本，開皇六年正月出，二月訖，沙門道邃筆受，沙門彦琮製序。見長房録。

入法界體性經一卷。或無「體性」字，第二出，與寶積三昧文殊問法身經等〔一三〕同本，開皇十五年七月出，八月訖，沙門道密等筆受。見長房録。

希有希有校量功德經一卷。或云希有校量功德經，初出，與唐譯最無比經同本，開皇六年六月出，其月訖，沙門僧曇筆受，沙門彦琮製序。見長房録。

善敬經一卷。亦名善恭敬經，一名善恭敬師經，第二出，與正恭敬經同本。開皇六年七月出，八月訖，沙門僧曇等筆受，彦琮製序。見長房録。

文殊尸利行經一卷。第二出，與文殊巡行經同本。開皇六年三月出，四月訖，沙門僧曇筆受，沙門彦琮製序。見長房録。

八佛名號經一卷。第五出，與八吉祥神呪、八陽神呪經等同本。開皇六年五月出，六月訖，沙門道邃等筆受，彦琮製序。見長房録。

不空羂索呪經一卷。亦云不空羂索觀世音心呪經，初出，與唐譯不空羂索神呪心經等同本。開皇七年四月出，五月訖，僧曇等筆受，彦〔一四〕琮序。見長房録。

十二佛名神呪經一卷。題云十二〔一五〕佛名神呪校量功德除障滅罪經，初出，與唐譯稱讚如來功德神呪經同本。開皇七年五月出，其月訖，僧琨等筆受，彦[一六]琮序。見長房録。

一向出生菩薩經一卷。第十譯，與無量門微密持經等同本。開皇五年十一月出，十二月訖，沙門僧曇等筆受，沙門彦琮製序。見長房録。

金剛場陀羅尼經一卷。第二出，與金剛上味陀羅尼經同本。開皇七年六月出，八月訖。沙門僧琨等筆受，沙門彦琮製序。見長房録。

如來方便善巧呪經一卷。第二出，與虚空藏菩薩問佛經同本。開皇七年正月出，二月訖[一七]。沙門僧曇等[一八]筆受，沙門彦琮製序。見長房録。

東方最勝燈王如來經一卷。題云東方最勝燈王如來遣二菩薩送呪奉釋迦如來助護持世間經，第四出，與持句神呪經等同本。見内典録。

大法炬陀羅尼經二十卷。開皇十二年四月出，十四年六月訖，沙門道邃等[一九]筆受。見長房録。

大威德陀羅尼經二十卷。開皇十五年七月出，十六年十二月訖，沙門僧琨等筆受。見長房録。

五千五百佛名經八卷。開皇十三年八月出，十四年九月訖，沙門僧曇等筆受。見長房録。

觀察諸法行經四卷。開皇十五年四月二十四日出，五月二十五日訖，學士費長房等筆受。見長房録。

無所有菩薩經四卷。見内典録。

月上女經二卷。開皇十一年四月出，六月訖，學士劉憑筆受，沙門彦琮製序。見長房録。

出生菩提心經一卷。開皇十五年十月出，其月訖，學士〔二〇〕劉憑等筆受。見長房録。

商主〔二一〕天子所問經一卷。或無「所問」字，開皇十五年八月出，九月訖，學士費長房等筆受。見長房録。

諸法最上王經一卷。開皇十五年五月出，七月訖，沙門明芬等筆受。見長房録。

大乘三聚懺悔經一卷。見内典録。

起世經十卷。第五譯〔二二〕，是長阿含記世經異出。見經題，上云崛多、笈多二法師共譯〔二三〕。新編入。

佛本行集經六十卷。開皇七年七月出，十一年〔二四〕二月訖，沙門僧曇、學士費長房、劉憑等筆受，沙門彦琮製序。見長房録。

聖善住意天子所問經〔二五〕四卷。第六出，與如幻三昧經及寶積善住意會等同本，開皇十五年四月出，沙門道邃等筆受。見長房録。

諸佛護念經十卷。開皇十四年十月出，十二月訖，沙門僧曇等筆受。見長房録。

右三十九部，一百九十二卷。本行集上三十七〔二六〕部一百七十八卷見在，聖善住下二部一十四卷闕本。

沙門闍那崛多，隋云志德，北賢豆「賢豆」本音「因陀羅婆陀那」，此云「主處」，謂天帝釋所護故也。「賢豆」之音，彼國之訛略耳，身毒、天竺，此方之訛稱也，而彼國人總言「賢豆」而已，約之以爲五方也。唐西域記云：「正音印度。印度〔二七〕者，唐翻爲月，月有多名，斯其一稱。言諸群生輪迴不息，無明長夜，莫有司晨，其猶白日既隱，宵燭斯繼，雖有星光之照，豈如朗月之明？苟緣斯致，因而譬月。良以其土聖賢繼軌，導凡御物，如月照臨，由是義故，謂之印度。印度種姓，族類群分，而婆羅門特爲清貴，從其雅稱，傳以成俗。無〔二八〕云經界之别總，謂婆羅門國焉。」犍陀囉國人也，隋云香行國也。居富留沙富邏城，隋云丈夫宫〔二九〕也。刹帝利種。姓金俱凡反。步，隋云項也，謂如孔雀之項，彼國以爲貴姓。父名跋闍邏婆囉。隋云金剛堅也。幼懷遠量，長垂清範，位居冢宰，爕理有經。

崛多昆季五人，身居最小，宿植德本，早發道心，適在髫年，便求出離。二親識其誠量，仍爲贊成，即入大林伽藍，因蒙度脱。其郁波弟耶隋云常近受持者，今所謂和尚。此乃于闐之訛略也。奘法師云：中天正音鄔波拕耶，唐云親教，亦云依學。名嗜那耶舍，隋云勝名。專修宴坐，妙窮定業。其阿遮利夜隋云傳授，或云正行，即所謂阿闍梨也，亦近國之訛略耳。奘法師云：阿遮利耶，唐云軌範，亦云教授〔三〇〕。名闍若那跋達囉，隋云智賢。遍通三學，偏〔三一〕明律藏。

崛多自出家後，孝敬專誠，教誨積年，指歸通觀。然以賢豆聖境，靈迹尚存，便隨本師，具得瞻奉。時年二十有七，受戒三夏，師徒結志，遊方弘法。初有十人，同契出境。路由迦臂施國，淹留歲序。國王敦請其師，奉爲法主，益利頗周。將事巡歷，便踰大雪山西足，固是天險之峻極也。至厭怛國，既初至止，野曠民希，所須食飲，無人營造。崛多遂捨具戒，竭力供待。數經時艱，冥靈所祐，幸免災横。又經渴囉槃陀及于闐等國，屢遭夏雨寒雪，暫時停住。既無弘演，栖寓非久。又達吐谷渾國，漸至鄯州。于時即西魏後元年也。雖歷艱危，心逾猛厲，發蹤跋涉，三載于兹，同伴十人，唯存四箇。以周明武成之歲，初届長安，止草堂寺。師徒遊化，已果來心。更登淨壇，再受具足。精誠從道，尤甚由來。

既處〔三一〕京華，漸通隋語。名聞稍遠，時輩所欽。被詔延入後園，共論佛法，殊禮別供，充諸禁中。思欲通法，無由自展，具情上啓，即蒙別敕，爲造四天王寺，聽在居住。自兹已後，乃翻新經及接先闕，既非弘泰，羈縻而已。會譙王宇文儉鎮蜀，復請同行於彼。三年恒任益州僧主，住龍淵寺。

建德隳運，像教不弘。五衆一期，同斯俗服。武帝下敕，追入京輦。重加爵禄，逼從儒禮。秉操鏗然，守死無懼。帝愍其貞亮，哀而放歸。路出甘州，北由突厥，遇值中面他鉢可汗殷重請留，因往復曰：「周有成壞〔三三〕，勞師去還。此無廢興，幸安意住。資給供養，當使稱心。」遂爾併停，十有餘載。闍梨智賢，還西滅度。未久之間，和尚遷化。隻〔三四〕影孤寄，莫知所安。賴以北狄君民，頗弘福利，因斯飄寓，隨方利物。

有齊僧寶暹、道邃、智周、僧威、法寶、僧曇、智昭〔三五〕、僧律等十人，以武平六年相結同行，採經西域，往返七載，將事東歸，凡獲梵本二百六十部。迴至突厥，聞周滅齊，併毁佛法，退則不可，進無所歸，遷延彼間，遂逢至德，如渴值飲，若暗遇明。因與同居，講道相翫。

所賚新經，仍共尋閲，請翻名題。勘舊録目，轉覺巧便，有異前人。律等内誠，各私慶幸。獲寶遇匠，得不虛行。同誓焚香，共契宣布。

大隋受禪，佛法即興，暹等賚經，先來應運。開皇元年季冬届止〔三六〕，敕付所司，訪人令譯。二年仲春，便就傳述。季夏詔曰：「殷之五遷，恐民盡死。是則以吉凶之土〔三七〕制長短之命，謀新去故，如農望秋。龍首之山，川原秀麗，卉木滋阜，宜建都邑，定鼎之基，永固無窮之業，在茲可域，城曰大興城，殿曰大興殿，門曰大興門，縣曰大興縣。園苑池沼，其號並同。」寺曰大興善也。於此寺中傳度〔三八〕法本。

于時崛多仍住北狄。至開皇四年，大興善寺沙門曇延等三十餘人，以躬當翻譯，音義乖越，承崛多在北，乃奏請還京。帝乃别敕追延〔三九〕。崛多西歸已絶，流滯十年，深思明世重遇三寶。忽蒙遠訪，欣願交并，即與使命〔四〇〕同來入國。于時文帝巡幸洛陽，於彼奉謁，天子大悦，賜問頻仍。未還京闕，尋敕敷譯。新至梵本，衆部彌多，或經或書，且内且外，諸有翻傳，必以崛多爲主。僉以崛多言識異方，字曉殊俗，故得宣辯自運，不勞傳度。理會義門，句圓詞體。文意粗定，銓本便成。筆受之徒，不費其力。試比先達，抑亦繼之。

五年，敕令崛多共婆羅門沙門若那竭多、開府高恭、息都督天奴、和仁及婆羅門毗舍達等道俗六人，令於内史内省翻梵古書及乾文等。于時廣濟寺唯獨耶舍一人譯經，別敕崛多，使兼翻經，兩頭來往。到十一年，翻書訖了，合得二百餘卷進畢。爾時耶舍先已終亡，仍敕崛多專主翻譯，移法席就大興善寺。更召婆羅門沙門達摩笈多，并敕高天奴、高和仁兄弟等同傳梵語。又增置十大德沙門僧休、法粲、法經、慧藏、洪遵、慧遠、法纂、僧暉、明穆、曇遷等，監掌翻事，銓定宗旨。沙門明穆、彦琮重對梵本，再審覆勘，整理文義。

崛多曾傳于闐〔四一〕東南二千餘里有遮拘迦國，彼王純信，敬重大乘，宫中自有摩訶般若、大集、華嚴三部大經並十萬偈，王躬受持，親執鎖鑰，轉讀則開，香華供養。又道場內種種莊嚴，誘諸小王，令入禮拜。此國東南二十餘里，山甚巖險，有深淨窟，置大集、華嚴、方等、寶積、楞伽、方廣、舍利弗華聚二陀羅尼、都薩羅藏、摩訶般若、八部般若、大雲經等，凡十二部，咸〔四二〕十萬偈，國法相傳，防衛守護。又有入滅定羅漢三人，窟中禪寂。每至月半，諸僧就山爲其淨髮，此則人法住持，有生之所憑賴。

崛多道性純厚，神志剛正，愛德無猒，求法不懈，博〔四三〕聞三藏，遠究真宗，遍學五明，兼閑世論。經行得道場之趣，總持通神呪之理。三衣一食，終固其誠。仁濟弘誘，非關勸請。勤誦佛經，老〔四四〕而彌篤。强識先古，久而逾詣。士庶欽重，道俗崇敬。隋滕王遵仰戒範，奉以爲師。因事塵染，流擯東越，又在甌閩，道聲載洽，身心兩救，爲益極多。至開皇二十年，便從物故，春秋七十有八。准添品法華序：仁壽元年辛酉，崛多、笈多二法師於大興善寺重勘梵本，闕者添譯。既在仁壽之元出此添品，即非開皇二十年卒也〔四五〕。又於〔四六〕内典録云仁壽之末，崛多以緣他事，流擯東越。續高僧傳即云開皇二十年卒。傳、録俱宣所撰，而自相矛盾，何也？

崛多自從西服來至東華，循歷翻傳，自開皇五年訖仁壽之末，出護國等經，總三十九部合一百九十二卷。並詳括陶冶，理教圓通，文明義結，具流於世。見隋〔四七〕、唐二録。護國菩薩經、佛華嚴入如來德智經、大方等大雲請雨經、東方最勝燈王如來經、無所有〔四八〕菩薩經、大乘三聚懺悔經，已上六部，内典録云崛多所譯，靖邁經圖云笈多出。今依内典爲正。大集譬喻王經、移識經、法炬陀羅尼經，已上三部，經圖之中崛多、笈多二録俱載者，誤也。今並載崛多録〔四九〕，笈多録内除之。

校勘記

〔一〕十一年：原作「十六年」，據金藏、高麗藏本改。按：歷代三寶紀卷一二著録此經，注云「十一年十月出」。

〔二〕訖：高麗藏本誤作「記」。

〔三〕大：原作「十」，據金藏、高麗藏本改。

〔四〕經：原無，據金藏、高麗藏本補。按：歷代三寶紀卷一二著録賢護菩薩經六卷，注曰：「開皇十四年十二月起手，十五年二月訖，沙門明芬等筆受。」

〔五〕護：金藏本無。

〔六〕二卷：原作「一卷」，據金藏、高麗藏本及大唐内典録卷八改。

〔七〕三：永樂南藏、永樂北藏、嘉興藏、清藏、四庫本作「二」。

〔八〕云：金藏、高麗藏本作「名」。

〔九〕請：原作「謂」，據金藏、高麗藏本改。

〔一〇〕思：原作「心」，據諸校本改。

〔一一〕三：原作「二」，據本書卷一一、一九及歷代三寶紀、大唐内典録改。大正藏收此經，作三卷。

〔一二〕等：原無，據金藏、高麗藏本及歷代三寶紀卷一二補。

〔一三〕等：金藏、高麗藏本無。

〔一四〕彦：原無，據金藏、高麗藏本補。

〔一五〕二：原作「三」，據金藏、高麗藏本改。

〔一六〕彦：原無，據金藏、高麗藏本補。

〔一七〕二月訖：金藏本作「序見長」。

〔一八〕等：原無，據金藏、高麗藏本及歷代三寶紀卷一二補。

〔一九〕等：原無，據金藏、高麗藏本及歷代三寶紀卷一二補。

〔二〇〕士：金藏本誤作「六」。

〔二一〕主：嘉興藏本誤作「生」。

〔二二〕第五譯：金藏本作「第三譯」。

〔二三〕譯：金藏、高麗藏本作「出」。

〔二四〕十一年：普寧藏本作「十二年」。

〔二五〕經：金藏本無。

〔二六〕三十七：原作「二十七」，據金藏、高麗藏本改。

〔二七〕印度：金藏本無。

〔二八〕無：金藏本作「元」。

〔二九〕丈夫宫：金藏、普寧藏、永樂北藏、嘉興藏本誤作「文夫宫」。

〔三〇〕授：原無，據金藏、高麗藏本補。

〔三一〕偏：嘉興藏本誤作「徧」。

〔三二〕處：金藏本作「梢處」。

〔三三〕壞：嘉興藏、四庫本誤作「壤」。

〔三四〕隻：金藏本誤作「集」。

〔三五〕智昭：金藏、高麗藏本作「智照」。

〔三六〕止：永樂南藏本誤作「正」。

〔三七〕之土：金藏本作「之士」。

〔三八〕度：永樂北藏、嘉興藏、清藏、四庫本作「受」。

〔三九〕追延：金藏本誤作「追近」。

〔四〇〕命：金藏、高麗藏本作「乎」。

〔四一〕于闐：金藏、高麗藏本作「于填」。

〔四二〕咸：原作「減」，與文意不合，據金藏、高麗藏本改。

〔四三〕博：據金藏、高麗藏本及文意改。

〔四四〕老：資福藏本誤作「孝」。

〔四五〕也：資福藏本誤作「地」。

〔四六〕於：金藏、高麗藏本無。

〔四七〕隋：金藏本作「隨」。

〔四八〕有：資福藏本作「見」。

〔四九〕崛多録：金藏、高麗藏本作「崛多之録」。

衆經目録七卷。開皇十四年五月十日敕興善寺法經撰〔一〕，至七月十四日畢，別録六卷，總録一卷，總別成七。見長房録。

衆經目録五卷。仁壽二年敕請興善寺翻經沙門及學士等撰。見續高僧傳。

右二部，一十二卷，其本並在。

沙門釋法經等，並大興善寺翻經大德也。開皇十四年甲寅，文帝敕撰一切經録，法經等二十大德緝撰成之。總標綱記，位爲九録，區別品類，有四十二分，合有二千二百五十七部五千三百一十卷。揚化寺沙門明穆區域條〔二〕分，指蹤紘絡。日嚴寺沙門彦琮覼縷緝維，考校同異。見長房録。

又至仁壽二年，敕所司請興善寺大德與翻經沙門及學士等，披檢法藏，詳定經録，隨類區辨，總爲五分：單本第一、重翻第二、別生第三、賢聖集傳第四、疑僞第五，見、闕都合二千一百九部五千五十八卷。別生、疑僞，不須抄寫。已外三分，入藏見録。並沙門彦琮綜理裁定。見續高僧傳。

校勘記

〔一〕法經撰：金藏、高麗藏本作「翻經所撰」。

〔二〕條：金藏本誤作「修」。

合金光明經八卷。二十四品，開皇十七年合，當第四本，見長房録，沙門彦琮製序。

右一部，八卷，其本見在。

沙門釋寶貴，大興善寺僧也。開皇十七年丁巳，合金光明經一部。貴即周世智度論師道安之神足。翫閱群典，見昔晉世沙門支敏度合兩支兩竺一白五家首楞嚴爲一部作八卷，

今〔一〕准祐録及合經記，四本合成，無白延也。又合一支兩竺三家維摩爲一部作五卷，又沙門僧就合

四家大集爲六十卷，諸此合經，文義宛具〔二〕。斯既先哲遺蹤，貴遂依承以爲規矩，遂合涼世法豐、四卷十八品者。周朝稱藏、續演壽量、大辯二品〔三〕，分爲五卷。梁時真諦、更出四品，謂三身分別品、業障滅品、陀羅尼最淨地品、依空滿願品，通前十八，成二十二〔四〕，分成七卷。隋代志德復出銀主陀羅尼品及囑累品。前後所出，共二十四品，分爲八卷。沙門彦琮重覆勘校，品部究足。始自于斯，文號經王，義稱深妙，頤言幽顯，頂戴護持。又長房録云招提寺沙門僧就，開皇六年合大集經成六十卷者，今尋就所合經，難爲憑准，中有差舛，如後大乘録及删繁録中具述，故此録中，存其別本。合部之者，删之不存。

校勘記

〔一〕今：嘉興藏、清藏本誤作「令」。

〔二〕宛具：金藏本作「完具」。

〔三〕二品：資福藏本誤作「一品」。

〔四〕二十二：金藏、高麗藏本誤作「二十四」。

占察善惡業報經二卷。云出六根聚經，亦名〔一〕大乘實〔二〕義經，亦名地藏菩薩經〔三〕，亦直云占察經。

右一部，二卷，其本見在。

沙門菩提登，外國人也，不知何代譯占察經一部。長房録云：「此經檢録無目，而經首題云菩提登在外國譯，似近代出。今諸藏内，並寫流傳。而廣州有一僧行塔懺法，以皮作二枚帖子，一書善字，一書惡字，令人擲之，得善者好，得惡者不好。又行自撲法，以爲滅罪。青州亦有一居士，同行此法。開皇十三年，有人告廣州官司，云是其妖。官司推問，其人引證云：塔懺法依占察經，自撲法依諸經中五體投地如太山崩。廣州司馬郭誼來京，向岐州具狀聞奏。敕不信占察經道理，令内史侍郎李元操共郭誼就寶唱寺問諸大德。沙門法經等報云：『占察經目録無名及譯處，塔懺法與衆經復異，不可依行。』敕云：『諸如此者，不須流行。』」今謂不然。豈得以己管窺而不許有博見之士耶？法門八萬，理乃多途。自非金口所宣，何得顯斯奧旨？大唐天后天策萬歲元年，敕東都佛授記寺沙門明佺等刊定一切經録，以編入正經訖。後諸覽者，幸無惑焉。

校勘記

〔一〕名：金藏、高麗藏本作「云」。
〔二〕寶：嘉興藏本作「寶」。
〔三〕經：原無，據金藏、高麗藏本補。

開皇三寶録十五卷。開皇十七年十二月二十三日〔一〕上，内題云歷代三寶紀。見内典録及續高僧傳。

右一部，一十五卷，見在。

翻經學士費長房，成都人也。房本出家，周廢僧侣，及隋興復，仍襲〔二〕白衣。時預參傳，筆受詞義。以歷代群録多唯編經，至於佛僧紀述蓋寡，乃撰三寶履歷帝年，始自周莊魯莊，至於開皇末歲。首列甲子，傍列衆經翻譯時代，附見綸〔三〕綜，號爲開皇三寶録。撰成陳奏，下敕行之。其序略云：「今之所撰，略准三書以爲指南，顯兹三寶。佛生年瑞，依周夜明。經度時祥，承漢宵夢。僧之元始，城塹棟梁。毗贊光耀〔四〕，崇於慧皎。其外傍採隱居歷年國誌典墳，僧祐集記，諸史傳等僅數十家，摘彼翠翎〔五〕，成斯紀〔六〕翮。扇之千載，風於百王。共秉智炬之光，照時昏暗。同傳法流之潤，洽世燋枯。闡我皇猷，導開厥始。昔結集之首，並指在某國城。今宣譯之功，理〔七〕須各宗時代。故此録體，率舉號稱爲漢、魏、吴及大隋録也。失譯疑僞，依舊注之。人以年爲先，經隨大〔八〕而次。有重列者，猶約世分。總其華戎，黑白道俗，合有一百九十七人，都所出經律戒論傳二千一百四十六部六千二百三十五卷，位而分之，爲十五軸：一卷總目，兩卷入藏，三卷帝年，九卷代録。代録編鑒經翻譯之少多，帝年張知佛在世之遐邇，入藏别識教小大之淺深。」云云。

校勘記

〔一〕二十三日：金藏、高麗藏本作「十三日」。

〔二〕襲：金藏、高麗藏本作「習」。

〔三〕綸：高麗藏本作「編」。

〔四〕耀：金藏、高麗藏本作「輝」。

〔五〕翎：金藏、高麗藏本作「零」。

〔六〕紀：原作「己」，據金藏、高麗藏本及歷代三寶紀改。

〔七〕理：嘉興藏本作「理理」。

〔八〕大：原作「本」，高麗藏本作「代」，據金藏本及歷代三寶紀改。

大方等善住意天子所問經四卷。第七譯，與如幻三昧及〔一〕聖善住意經等同本。見内典録。今編入寶積，當第三十六會。

大方等大集菩薩念佛三昧經十卷。第二出，與宋功德直菩薩念佛三昧經同本，是大集別分。見内典録。

緣生初勝分法本經二卷。初出，與唐譯分別緣起經同本，亦直云緣生經，見内典録。大業十二年十月出，至十三年九月兼論並訖。見經前序。

藥師如來本願經一卷。第二出，與灌頂第十二〔二〕卷及唐譯藥師本願功德經等同本。見内典録。大業十一〔三〕年十一月八日於翻經館譯訖，沙門行矩製序。

金剛般若論二卷。無著菩薩造。見内典録。
菩提資粮論六卷。聖者龍樹本、比丘自在釋。見内典録。
攝大乘論釋論十卷。第二出，與真諦譯者及唐譯世親攝論並同本，世親菩薩釋，見内典録。
緣生論一卷。聖者鬱楞伽造，與緣生經同時出。見内典録。
起世因本經十卷。第六出，與長阿含第四分記世經及樓炭經等同本，亦直云起世經。見内典録。

右九部，四十六卷，其本並在。

沙門達摩笈多，隋云法密，亦云法藏，本南印度囉囉力加反。國人也，内典録及翻經圖並云北天竺烏場國人者，非也。刹帝利種，姓弊耶伽囉。隋云虎氏。有弟四人，身居長子。父母留戀，不聽出家，然以篤愛法門，深願離俗，年二十三，往中印度界鞬拏究撥闍城隋云耳出。於究牟地隋云黄花色。僧伽羅磨，隋云衆園，舊云僧伽藍者，訛略也。笈多於此寺中方得落髮，改名法密。年二十五，方受具戒。其郁波弟耶名佛馱笈多，隋云覺密。阿遮利夜名舊拏達多，隋云德施。又一阿遮利夜名爲普照，通大小乘經論，咸能誦説。行賓荼夜法，謂行乞食者，舊爲分衛，訛略也〔四〕。入第耶那。隋云念修，舊爲禪那及持訶那，並訛僻〔五〕也〔六〕。恒入此觀，以爲常業。笈多受具之後，仍住三年，就師學問。師之所得，略窺户牖。後以普照師爲吒迦國王所請，從師至彼，經停一載，師還本國，笈多更留四年，住於提婆鼻何囉，隋云天遊也。天謂國王，遊謂僧處。其所王立，故名天遊。舊以寺代之，寺乃此土公院之名，謂之〔七〕司也，廷也。又云招提者，亦訛略也。世依字解，招謂招引，提謂提携，並浪語也。此乃西言耳。正音云招鬭提奢，此云四方，謂處所爲四方衆僧之所依住也。於是歷諸大小乘國及以僧寺，聞見倍多。北路商人〔八〕，頗至於彼，遠傳東域，有大支那國焉，舊名真丹、振旦者，並非正音，無義可譯，唯知是此神州之總名。初雖傳述不甚明信，未〔九〕作來心。但以志在遊方，情無所繫，遂往迦臂施國。六人爲伴，仍留此國，停住王寺。笈多遂將四伴於國城中二年停止，遍歷諸寺，備觀所學。遠遊之心，尚未〔一〇〕寧處。其國乃是北路之會，雪山北陰，商旅咸湊其境。於商客所，又聞支那大國三寶興盛，同侶一心，屬意來此，非唯觀其風化，願在利物弘經。

便踰雪山西足薄佉羅國、沙多叉拏國、達摩悉鬟多國。此諸國中，並不久住，足知風土、諸寺儀式。又至渴羅槃陀國，留停一年，未多開道。又至沙勒國，同伴一人，復還本邑。餘有三人，停在王寺，謂沙勒王之所造也。經住兩載，仍爲彼僧講念破論，有二千偈，旨明三印，多破外道。又爲講如實論，亦二千偈。約其文理，乃是世間論義之法。又至龜茲國，亦停王寺。又住二年，仍爲彼僧講釋前論。其王篤好大乘，多所開悟，留引之心，旦夕〔一一〕相造。

笈多係心東夏，無志潛停，密將一僧間行至烏耆國，在阿蘭拏寺講通前論。又經二年，漸至高昌，客遊諸寺，其國僧侣多學漢言，雖停二年，無所宣述。又至伊吾，便停一載，值難避地西南，路純砂磧，水草俱乏，同侣相顧，性命莫投。乃以所賫經論權置道旁，越山求水，冀以存濟。求既不遂，勞弊轉增，專誦觀世音呪，夜雨忽降，身心充悦，尋還本途，四顧茫然，方道迷失，踟躕進退，乃任前行，遂達于瓜州，方知曲取北路之道也。笈多遠慕大國，跋涉積年。初契同徒，或留或没，獨顧單影，届斯勝地。静言思之，悲喜交集。尋蒙帝旨，延入京城。處之名寺，供給豐渥，即開皇十年冬十月也。至止未淹，華言略悉。又奉别敕，令就翻經。移住興善，執本對譯，允正寔繁，所誦大小乘論，並是深要。至於宣解，大弘微旨，此方舊學，頻遣積疑。然而慈恕立身，柔和成性，心非道外，行在言前。戒地夷而静，智水幽而絜。經洞字源，論窮聲意。加以威容詳正，勤節高猛。誦響繼晨宵，法言通内外。又性好端居，簡絶情務，寡薄嗜欲，息杜希求。無倦誨人，有踰利己。曾不忤顔於賤品，輕心於微類，遂使未覩者傾風，暫謁者欽敬。自居譯人之首，唯存傳授。所有覆疏，務存綱領。

煬帝定鼎東都，敬重隆厚，至於佛法，彌增崇樹。乃下敕於洛水南濱上林園内置翻經館，搜舉翹秀，永鎮傳法，登即下徵笈多并諸學士並預集焉。四事供承，復恒常度，致使譯人不墜其緒，成簡無替於時。及隋綱云頹，郊壘煙構，梵本新經，一時斯斷。笈多藴其深解，遂闕陳弘。

始於開皇中歲届于〔二〕京師，即與崛多共參傳譯。于時崛多控權，令望居最，傳度梵隋，時唯稱美。至於深義，莫不反〔三〕啓斯人，而容範滔然，無涉世路，所以傳譯聲望，抑己揚人。仁壽之末，崛多以緣他事，流擯東越。笈多乘機專主傳譯，從大業初年終大業末歲，譯大方等善住意等經九部，並文義澄潔，華質顯暢。沙門彦琮、明則、行矩等筆受。至大唐武德二年，終于洛汭，沙門彦琮爲之作傳。

初，笈多翻金剛斷割般若波羅蜜經一卷及普樂經一十五卷，未及練覆，值僞鄭淪廢，不暇重修，今卷部在京，多明八相等事。今謂大唐日照三藏翻方廣大莊嚴〔四〕一十二卷，與舊普曜梵本是同，於中亦明八相等事，與此普樂經亦應梵本同也。

開元釋教録卷第七總録之七

校勘記

〔一〕及：原無，據金藏、高麗藏本補。

〔二〕二：原作「三」，據金藏、高麗藏本及貞元新定釋教目録改。

〔三〕一：原作「二」，據金藏、高麗藏本、歷代三寶紀及經前序改。

〔四〕訛略也：嘉興藏本作「訛辭也」。

〔五〕僻：原作「辭」，據金藏、高麗藏本及續高僧傳等改。
〔六〕按：「入第耶那」及子注「隋云念修舊爲禪那及持訶那並訛辭也」，嘉興藏本無。
〔七〕謂之：金藏、高麗藏本作「所謂」。
〔八〕商人：金藏本作「賞人」。
〔九〕末：金藏本誤作「末」。
〔一〇〕未：金藏本誤作「末」。
〔一一〕旦夕：資福藏本作「且多」。
〔一二〕于：原無，據金藏、高麗藏本補。
〔一三〕反：金藏本作「及」。
〔一四〕方廣大莊嚴：金藏本作「方廣大莊嚴經」，高麗藏本作「方廣大華嚴經」。

音釋

閔帝：上音敏。　攘：而羊反。　冢宰：上知勇反，三公也。　諐：音辯。
煬常：上余向反。　笈多：上其業反。　解捲：下正作「拳」。　澀多：上所立反，俗作澁。　重覈：下閑鬲反，考覈。　鎔冶：二字音容野，陶鑄也。　伺：相寺反，伺候也。　安堵：下音覩。安堵，遷改不移也。　薨：兄弘反，亡也。　紇：

胡骨反。　㲹水：上音塔。　佩理：上蒲妹反。　捐：音緣，弃也。　防遏：下於割反。　稽顙：下蘇朗反。稽顙，以手至額也。　遘：古候反，遇也。　勗示：上許玉反，勸也。　綺繢：下玄對反，畫也。　玼璅：上千禮反，下蘇果反。　銓題：上七全反。　忍噤：下渠禁反，正作「澿」，寒也。　曳：羊逝反，牽也。　喟然：上丘謂反，大息也。　憤氣：上房粉反，怒也。　噎：於結反，氣塞喉也。　慨然：上苦愛反，數也。　洎：其器反，及也。　負笈：下其業反，書箱也。　氎：音衢。　蒨：倉甸反。　萃：才遂反，萃集也。　昕：許斤反。　彭匯：下苦乖反，澤名。又胡罪反。　伏膺：下一陵反，身也。以身伏從曰伏膺。　疕斯：上尼八反。　鉉：玄犬反。　彥琮：上魚箭反，下在宇反。　纂：子管反。　琨：音昆。　襲：音習。　彫宭：下具殞反，迫也。　璽書：上斯紫反，天子印也。　雜沓：下唐含反。　羇客：上居宜反。　聳：息勇反，高也。　琛：□（一）今反。　更遞：上音庚，下音第。　邃：私遂反。　庾：於主反。　駛水：上使、史二音。駛水，疾流也。　懲：音澄，戒也。　羂索：上俱犬反，擊也。　訛：愚和反。　富邏：下郎賀反。　髫年：上音條。　郁波：上於六反。　鄔波：上一古反。　柁那：上徒可反。　嗜那：上音視。　譙王：上自搖反。　隳運：

上兄彌反，隮，隤也。　遲：息廉反。　尋閲：下音悦，視。　卉木：上許鬼反，百草總名曰卉。　鎖鑰：下音藥。　甌閩：上烏侯反。　矛盾：上莫候反，下時尹反。　紘絡：上惠萌反，八方也。　覼縷：上郎和反，下吕主反。　自撲：下蒲甬反。　誼：音義。　管窺：下傾彌反，視也，謂以管窺天，所見不廣也。　佺：七全反。　城塹：下七焰反。　國誌：下音志，記也。　翮：胡鬲反。　鞬弩：上居言反，下尼加反。　湊：七奏反，至也，聚也。　砂磧：下七亦反。　踟躕：上音馳，下直朱反。　踟躕，行不進貌。　豐渥：下於角反，厚也。　淹：邑鹽反。　杜：徒户反，塞也。　忤：音悟，觸也。　濱：音賓，水際也。　郊壘：下倫水反，城墻也。　滔然：上土高反。　洛汭：下而歲反，水名。

校勘記

〔一〕□：模糊難識。

開元釋教録卷第八

唐庚午歲西崇福寺沙門智昇撰

摠括群經録〔一〕上之八

大唐，李氏〔二〕，都長安。

自高祖神堯皇帝武德元年歲次戊寅〔三〕至開元神武皇帝開元十八年庚午之歲，兼天后代，凡經一百一十三載，傳譯緇素，已有三十七人，所出經、律、論及傳、録等，摠三百一部二千一百七十卷。於中二百八十一部二千一百四十三卷見在，二十部〔四〕二十七卷訪本未〔五〕獲。

大〔六〕唐沙門波羅頗迦羅蜜多羅，三部三十八卷經、論〔七〕。

沙門釋法琳，二部〔八〕一十卷集、論。

沙門釋玄奘，七十六部一千三百四十七卷經、律、論、記傳。

沙門釋道宣，八部八十一卷譜、録、傳、集。

沙門釋玄應，一部二十五卷經音義。

沙門釋靖邁，一部四卷圖紀。

沙門釋智通，四部五卷經。

沙門伽梵達摩，一部一卷經。

沙門阿地瞿多，一部一十二卷經。

沙門釋玄惲，一部二十卷集〔九〕。

沙門釋彦悰〔一〇〕，一部六卷集議。

沙門那提，三部〔一一〕三卷經。

沙門若那跋陀羅，一部二卷〔一二〕經。

沙門地婆訶羅，一十八部三十四卷經、論。

清信士杜行顗，一部一卷經。

沙門釋復禮，一部二卷集論。

沙門釋慧立，一部一十卷〔一三〕集傳。

沙門釋懷素，四部八卷戒本、羯磨。

沙門佛陀多羅，一部一卷經。

沙門佛陀波利，一部一卷經。

沙門提雲般若，六部七卷經、論。
沙門釋惠智，一部一卷讚頌。
沙門釋明佺，一部一十五卷目録。
沙門實叉難陀，一十九部一百七卷經。
婆羅門李無諂，一部一卷經。
沙門弥陀山，一部一卷經。
沙門釋玄嶷，一部三卷集論。
沙門阿你真那，七部九卷經。
沙門釋義浄，六十一部二百三十九卷經、律、論、傳。
沙門菩提流志，五十三部一百一十一卷〔一四〕經、論。
沙門釋愛同，一部一卷羯磨。
沙門釋慧苑，一部二卷經音義。
沙門釋智嚴，四部〔一五〕六卷經、集。
沙門跋日羅菩提，四部七卷經。
沙門釋懷迪，一部一十卷經。

沙門輸波迦羅，四部一十四卷經。

沙門釋智昇，五部二十五卷經録、懺儀等。

校勘記

〔一〕録：金藏、永樂南藏本無。

〔二〕李氏：金藏本作「李」。

〔三〕戊寅：原誤作「戌寅」，據金藏、高麗藏、永乐南藏、永樂北藏、嘉興藏、清藏、四庫本改。

〔四〕二十部：高麗藏本誤作「二」。

〔五〕末：金藏本誤作「未」。

〔六〕大：永樂北藏、嘉興藏、清藏、四庫本無。

〔七〕論：金藏本無。

〔八〕二部：高麗藏本誤作「一部」。

〔九〕集：金藏、高麗藏本作「經集」。

〔一〇〕悰：金藏、高麗藏本作「琮」。陳垣中國佛教史籍概論卷三廣弘明集沙門同名易混例：「彦悰，唐京兆大慈恩寺沙門，宋高僧傳四有傳，玄奘法師弟子。」「彦琮，隋上林園翻經館沙門，續高僧傳二有傳，大業六年卒。」

〔一一〕三部：原作「一部」，據金藏、高麗藏本改。

〔二〕二卷：原作「三卷」，據金藏、高麗藏本改。
〔三〕一十卷：金藏、高麗藏、普寧藏、永樂南藏、永樂北藏、嘉興藏、清藏、四庫本作「一十一卷」。
〔四〕一百一十一卷：原作「一百一十卷」，據金藏、高麗藏本改。
〔五〕四部：嘉興藏本誤作「一部」。

寶星陀羅尼經十卷。或八卷。見内典録。貞觀三年三月於興善寺出，四年四月訖，沙門法琳製序。佛於大集會中重説此經，即大集寶幢分是，非重譯也。

般若燈論釋十五卷。龍樹菩薩本，分別明菩薩釋。見内典録。貞觀四年六月於勝光寺出，至六年十月十七日畢，沙門慧賾製序。

大乘莊嚴經論十三卷。或十五卷，無著菩薩造。見内典録。貞觀四年夏於勝光寺〔一〕與般若燈論同時出，至七年春訖，勅太子右〔二〕庶子李百藥爲序。

右三部，三十八卷，其本並在。

沙門波羅頗迦羅蜜多羅，唐言作明知識，略云明友〔三〕。或一云波頗，唐言光智，中印度人也。本刹利王種，姓刹帝利。十歲出家，隨師習學。誦一洛叉大乘經，可十萬偈。受具已後，便學律藏。既通戒綱，心樂禪思。又隨勝德，修習定業。因循不捨，經十二年。末復南遊摩伽陀國那蘭陀寺，值戒賢論師盛弘十七地論，因復聽採，以此論中兼明小教，又誦一洛叉偈小乘諸論。

波頗識度通敏，器宇沖邃。博通内外，研精大小。傳燈教授，同侶所推。承化門人般若因陀羅跋摩等，學功樹勣，深達義綱，相繼領徒，本國匡化，爲彼王臣之所欽重。但以出家釋子，不滯一方，六月一移，任緣靡定。承北狄貪勇，未識義方，法藉人弘，敢欲傳化，乃與道俗十人展轉北行，達西面可汗葉護衙所，以法訓勗。曾〔四〕未浹旬，特爲戎主深所信伏，日給二十人料，旦夕祗奉。同侶道俗，咸被珍遇。生福增敬，日倍於前。

武德九年，高平王出使入蕃，因與相見。承此風化，將事東歸，而葉護君臣留戀不許。王即奏聞，下勑徵入，乃與高平同來謁帝。以貞觀元年歲次丁亥十一月二十日達京，勑住興善。釋門英達，莫不修造〔五〕。自古教傳詞旨，有所未喻者，皆委其宗緒，括其同異，内計外執，指掌釋然。徵問相訓，披解無滯。乃上簡聞，蒙引内見。躬傳法理，無爽對揚，賜綵四十段，并宮禁新納一領。所將五僧，加料供給。重頻慰問，勞接殊倫。

至三年三月，上以諸有非樂，物我皆空，眷言真要，無過釋典，流通之極，豈尚翻傳。下詔所司，搜敭碩德，兼閑三教，備舉十科者一十九人，於大興善創開傳譯，沙門玄謨、僧伽等譯語，及三藏同學〔六〕崛多律師證譯，沙門法琳、惠明、慧賾、慧淨等執筆，承旨慇懃詳覆，審定名義，具意成文。沙門慧乘、法常、慧朗、曇藏、智解、智首、僧辯、僧珍、道岳、靈佳、文順等證義。又敕上柱國尚書左僕射邗國公〔七〕房玄齡、散騎常侍太子詹事杜正倫、禮部尚書趙郡王李孝恭等參助詮定，右光禄大夫太府卿蘭陵男蕭璟揔知監護，百司供送，四事豐華，至四年四月譯寶星經訖。

後移勝光，又譯般若燈〔八〕、大莊嚴經論。至七年春，勘閱既周，繕寫云畢，所司詳讀，乃上聞奏。下敕各寫十部，散流海内，仍賜頗物百段。餘承譯僧，有差束帛。

波頗意在傳法，餘無挂懷，而時輩不詢，或生異議云：「頗僥倖時譽，取馳於後，故聚名達，廢講經論，斯未是弘通者。」時有沙門靈佳，卓犖拔群，妙通機會，對監護使具述事理云〔九〕：「頗遠投東夏，情乖名利，欲使道流千載，聲震上古。昔苻姚兩代，翻經學士乃有三千。今大唐譯人，不過二十。意在明德同證，信非徒説。後代昭奉，無疑於今耳。」識者僉議攸同，後遂不行。

時爲太子染患，衆治無效，下敕延頗入内。一百餘日，親問承對，不虧帝旨。疾既漸降，辭出本寺，賜綾帛等六十段，并及時服十具。

頗誓傳法化，不憚艱危，遠度葱河，來歸震旦，經途所亘，四萬有餘，躬賫梵文，望並翻盡。不言英彦有墜綸言，本〔一〇〕志頹然，雅懷莫訴，因而遘疾。自知不救，分散衣資，造諸淨業。端坐觀佛，遺表施身，下敕特聽。尋尒而卒於勝光寺，春秋六十有九。東宮下令給二十人輿屍坐送，至于山所。闍維既了，沙門玄謨收拾餘骸，爲之起塔於勝光寺，在乘法師塔東，即貞觀七年四月六日也。有識同嗟，法輪輟軫，群生無導，良可悲夫。内典録云：「于斯時也，大集梵文，將事廣傳，陶津後代，而恨語由唐化，弘匠不行，致使梵寶無由分布，故十載之譯，三部獻功，可悲深矣！」今考覈序中譯時年月，三年三月創譯，七年獻春〔一二〕功畢。續〔一三〕高僧傳云六年訖。傳、録俱是宣修，年月自矛盾也。

校勘記

〔一〕勝光寺：永樂南藏、永樂北藏、嘉興藏、清藏、四庫本作「勝元寺」。

〔二〕右：金藏本無。

〔三〕明友：金藏、高麗藏、資福藏、永樂南藏、清藏本作「朋友」。

〔四〕曾：金藏本無。

〔五〕修造：資福藏、永樂北藏、嘉興藏、清藏、四庫本作「循」。

〔六〕學：金藏本作「舉」。

〔七〕邗國公：金藏、高麗藏本作「邢國公」，清藏本誤作「刊國公」。按：舊唐書卷六六房玄齡傳：「貞觀元年，代蕭瑀爲中書令。論功行賞，以玄齡及長孫無忌、杜如晦、尉遲敬德、侯君集五人爲第一，進爵邢國公，賜實封千三百户。」新唐書卷九六房玄齡傳：「太子即位，爲中書令。第功班賞，與如晦、長孫無忌、尉遲敬德、侯君集功第一，進爵邗國公，食邑千三百户。」另，貞觀政要卷三封建第八云：「貞觀元年，封中書令房玄齡爲邗國公。」羅振玉輯録昭陵碑録，亦云封房玄齡爲邗國公。故當以「邗國公」爲是。

〔八〕般若燈：高麗藏本作「般若燈論」。

〔九〕云：金藏本誤作「六」。

〔一〇〕本：金藏、高麗藏本作「大」。

〔一一〕獻春：高麗藏本誤作「春獻」。獻春，即孟春。

〔一二〕續：永樂北藏、嘉興藏、清藏本誤作「讀」。

破邪論二卷。或一卷。見内典録。

辯正論八卷。見内典録。

右二部，十卷，其本見在。

沙門釋法琳，姓陳氏，潁川人，遠祖隨官寓居襄陽。少而出家，遊獵儒釋，博綜詞義。金陵楚郢，從道問津。自文苑才林，靡不尋造。而意存綱梗，不營浮綺，野栖木食於青溪等山。晝則承誨佛經，夜則吟覽俗典。故於内外詞旨，經緯遺文，精會所歸，咸肆其抱〔一〕。而風韻閑雅，韜德潛形。氣揚采飛，方陳神略。隋季承亂，入關觀化，流離八水，顧步三秦。每以槐里仙宗，互陳名實。昔在荆楚，梗槩其文，而秘法奇章，猶未探括。自非同其形服，塵〔二〕其本情，方可體彼宗師，静兹紛結，乃權捨法服，長髮多年，外統儒門，内希聃術。遂以義寧初歲，假被巾褐，從其居館。琳素通莊老，談吐清奇，道侣服其精華，膜拜而從遊處，情契莫二，共叙金蘭。故彼所禁文詞，並用諮琳取定，致令李宗奉釋之典包舉具舒，張僞葛妄之言銓題品録。

武德初運，還莅釋宗。擁衮延光，栖遑問道。以帝壤同歸名教，是則鼓言鄭衛，易可箴規，乃住京師濟法寺。至武德四年，有太史令傅弈，先是黄巾，深忌佛法，上廢佛法事十有一條，云：「釋經誕妄，言妖事隱，損國破家，未聞益世。請胡佛邪教，退還天竺，凡是沙門，放歸桑梓。則家國昌大，李孔之教行焉。」武皇容其小辯，朝輔未能抗也。時謂遵其邪徑，通廢宏衢，莫不懼焉。乃下詔問曰：「棄父母之鬚髮，去君臣之章服，利在何間之中？益在何情之外？損益二宜，請動妙釋〔三〕。」琳憤激傅詞〔四〕，側聽明敕，承有斯問，即陳對曰：「琳聞至道絶言，豈九流能辯？法身無象，非十翼所詮。但四趣茫茫，漂淪欲海；三界蠢蠢，顛墜邪山。諸子迷以自焚，凡夫溺而不出。大聖爲之興世，至人所以降靈，遂開解脱之門，示以安隱之路。於是中天王種，辭恩愛而出家；東夏貴遊，猒榮華而入道。誓出二種生死，志求〔五〕一妙涅槃。弘善以報四恩，立德以資三有。此其利益也。毁形以成其志，故棄鬚髮美容；變俗以會其道，故去君臣華服。雖形闕奉親，而内懷其孝；禮乖事主，而心戢其恩。澤被怨親，以成大順；福沾幽顯，豈拘小違？上智之人，依佛語故爲益；下凡之類，虧聖教故爲損。懲惡則濫者自新，進善則通人感化。此其大略也。」

而傅氏所奏，在司猶未施行，弈乃多寫表狀，遠近公然流布，京室閭里，咸傳秃丁之誚；劇談酒席，昌言胡鬼之謡。佛日翳而不明，僧威〔六〕阻而無勢，于時達量道俗，動毫成論者非一，各陳〔七〕佛理，具引梵文，委示業緣，曲垂邪正。但並是弈之所廢，豈有引廢證成？雖曰破邪，終歸邪破。琳情出〔八〕玄機，獨覺千載，器局天授，博悟生知，睹作者之無功，信乘權之有據，乃著破邪論二卷，用擬傅詞文，有三十餘紙。自琳之綴採，貫絶群篇，野無遁賢，朝無遺士，家藏一本，咸誦在心。並流略之菁華，文章之冠冕，茂譽於是乎騰廣，昏情由之而開尚矣。琳又以論卷初出，意在弘通，自非廣露其情，則皂隸〔九〕不塵其道，乃上啓儲后諸王及公卿侯伯等，並文理弘被，庶績咸嘉其博詣焉。故弈奏狀因之致寢，遂得釋門重敞，琳寔其功。東宫庶子虞世南詳琳著論，乃爲之序胤。

而傅氏不愜其情，重施密譖，構扇黄巾，用爲黨類，道士李仲卿上十異九迷論、道士劉進喜上顯正論，皆貶量佛聖，塵點釋宗，昏冒生靈，衒曜朝野。薰蕕既雜，時所疑焉。武德九年春下詔，京置三寺，唯立千僧，餘並放還桑梓。嚴敕既下，莫敢致詞。五衆哀號於槀街，四民顧嘆於城市。于時道俗蒙然，投骸無措。賴由震方出帝，氛祲廓清，素襲啓聞，博究〔一〇〕宗領，登即大赦，還返神居。故佛日重朗於唐世，又由琳矣。

琳頻逢黜陟，誓結維持，道挫世情，良資寡學，乃探索典籍，隱括玄奥，撰辯正論八卷。潁川陳子良注之并製序。良文學雄伯，群儒仰戴，誘勸成則，其從如雲。貞觀初，文帝捨終南山太和舊宫，置龍田寺，後却爲翠微宫，即今翠微寺是〔一一〕。琳性欣幽静，就而住之。衆所推美，舉知寺任。從容山服，詠歌林野。三年，敕波頗三藏翻寶星經及般若燈等論，召琳，令執筆承旨兼詳覆名義。

至十三年冬，有黄巾秦世英者，挾方術以要榮，遂程器於儲貳，素嫉釋種，陰陳琳論謗訕皇宗，罪當誷上。帝勃然下敕，沙汰僧尼，見有衆侣，宜依遺教。仍訪琳身，據法推勘。琳扼腕奮發，不待追徵，獨詣公庭，輕生徇理，乃縶以縲紲，下詔問曰：「周之宗盟，異姓爲後。尊祖重親，寔由先古。何爲追逐其短，首尾兩端，廣引形似之言，備陳不遜之喻，犯〔一二〕毁我祖祢，謗黷〔一三〕我先人？如此要君，罪有不恕。」琳答曰：「文王大聖，周公大賢，追遠慎終，昊天靡答，孝悌之至，通於神明，雖有宗周，義不争長。何者？皇天無親，竟由輔德。古人黨理而不黨親，不自我先，不自我後。雖親，有罪必罰。雖踈，有功必賞。賞罰理當，故天下和平。老子習訓道宗，德教加於百姓，恕己謙光，仁風形〔一四〕于四海。」又云：「吾師名佛，佛者覺一切人也，乾竺古皇，西昇逝矣。討尋老教，始末可追。日授中經，示誨子弟，言吾師者，善入泥洹。綿綿常存，吾今逝矣。今劉、李所述，謗滅老氏之師，世莫能知，著兹辯正論有八卷，略對道士六十餘條，並陳史籍，前言實非謗毁家國。自後辨對二十餘列，並據琳詞，具狀聞奏。」敕云：「所著辯正論信毁交報篇曰：有念觀音者，臨刃不傷。且赦七日，令爾自念。試及刑決，能無傷不？」琳外纏桎梏，内迫刑期，水火交懷，訴仰無路，乃緣生來所聞經教及三聖尊名，銘誦心府，擬爲顯應，至于限滿，忽神思飄〔一五〕勇，横逸胸懷。歡慶相尋，頓忘〔一六〕死畏，立待對問。須臾敕至，云：「今赦期已滿，當至臨刑，有何所念，念有靈不？」琳援筆答曰：「自隋季擾攘，四海沸騰，疫〔一七〕毒流行，干戈競起，興師相伐，各擅兵威，臣佞君荒，不爲正治，遏絶王路，固執一隅。自皇王弔伐，載清陸海，斯寔觀音之力，咸資勢至之恩，比德連蹤，道齊上聖，救横死於帝庭，免淫刑於都市。琳於七日已來，不念觀音，惟念陛下。」敕治書侍御韋琮問琳：「有詔令念觀音，何因不念，乃云惟念陛下？」琳答：「伏承觀音聖鑒，塵形六道，上天下地，皆爲師範。然大唐光宅四海，九夷奉職，八表刑清，君聖臣賢，不爲枉濫。今陛下字〔一八〕育，恒品如經，即是觀音。既其靈鑒相符，所以惟念陛下。且琳所著正論〔一九〕，爰與書史倫同，一句參差，任從斧鉞。陛下若順忠順正，琳則不損一毛。陛下若刑濫無辜，琳則有伏屍之痛。」具以事聞，遂不加罪，有敕徙于益部僧寺。行至百牢關菩提寺，因疾而卒，時年六十九。

沙門慧序經理所苦，情結斷金，曉夕同衾，慰撫承接。及命將盡，在序膝上，序慟哭崩摧，淚如駛雨，乃召諸關旁道俗，葬於東山之頂，高樹白塔，勒銘誌之。行路望者，知便下淚。

琳所著詩賦啓頌碑表章誄、大乘教法〔二〇〕并諸論、記、傳，合三十餘卷，並金石擊其風韻，縟錦繪〔二一〕其文思。流靡雅便，騰焰彌穆。又善應機説導，即事騁詞，言會宫商，義符玄籍。其秦英竟以狂慝〔二二〕被誅，公私怪其死。晚，劉、李、傅氏相從化往。故其遺文往行，可爲萬代宗〔二三〕轄矣。

校勘記

〔一〕抱：資福藏本作「挹」。

〔二〕塵：原作「陳」，據金藏、高麗藏本及續高僧傳等改。

〔三〕釋：金藏、高麗藏本作「適」。

〔四〕傳詞：原作「傳詞」，據金藏、高麗藏本改。

〔五〕志求：嘉興藏本作「智求」。

〔六〕威：金藏、高麗藏本作「尼」。

〔七〕陳：金藏、高麗藏本作「疏」。

〔八〕出：金藏、高麗藏本作「性」。
〔九〕皂隸：金藏本作「皁類」。
〔一〇〕博究：金藏、高麗藏本作「薄究」。
〔一一〕後却爲翠微宫即今翠微寺是：金藏、高麗藏本無。
〔一二〕犯：金藏、高麗藏本作「圮」，資福藏本作「把」。
〔一三〕黷：金藏、高麗藏本作「讟」。
〔一四〕形：金藏、高麗藏本誤作「刑」。
〔一五〕飄：金藏、高麗藏本作「彯」。
〔一六〕忘：嘉興藏本作「亡」。
〔一七〕疫：金藏、高麗藏本作「役」。
〔一八〕字：金藏、高麗藏本作「子」。
〔一九〕正論：高麗藏本作「辯正論」。
〔二〇〕法：金藏本誤作「注」。
〔二一〕錦繪：金藏、高麗藏本作「錦繢」，嘉興藏、清藏本作「綿繪」。
〔二二〕慝：金藏本誤作「匿」。
〔二三〕宗：金藏本作「管」，高麗藏本作「館」。

大般若波羅蜜多經六百卷。見翻經圖。佛於四處十六會説。顯慶五年正月一日於玉華宮寺玉華殿譯，至龍朔三年十月二十日畢，沙門大乘光、大乘欽、嘉尚等筆受。

能斷金剛般若波羅蜜〔一〕經一卷。見内典録。第四出，與姚秦羅什等出者同本。貞觀二十二年十月一日於坊州宜君縣玉華宮弘法臺譯，直中書杜行顗筆受。

般若波羅蜜多心經一卷。見内典録。第二出，與摩訶般若大明呪經等同本。貞觀二十三年五月二十四日於終南山翠微宫譯，沙門知仁筆受。

大菩薩藏經二十卷。見内典録。今編入寶積，當第十二會。貞觀十九年五月二日於西京弘福寺翻經院譯，至九月二日畢，沙門智證筆受，道宣證文。

大乘大集地藏十輪經十卷。見内典録。是大集第十三分，與舊方廣十輪同本，永徽二年正月二十三日於西京大慈恩寺翻經院譯，至六月二十九日畢，沙門大乘光筆受〔二〕。

顯無邊佛土功德經一卷。見内典録。是華嚴經壽量品異譯。永徽五年九月二十八日於大慈恩寺翻經院譯，沙門大乘雲筆受。

説無垢稱經六卷。見内典録。第七譯，與羅什維摩經等同本。永徽元年二月八日於大〔三〕慈恩寺翻經院譯，至八月一日畢，沙門大乘光筆受。

解深密經五卷。見内典録。全本第二譯，與深密解脱、解節、相續解脱等經〔四〕同本。貞觀二十一年〔五〕五月十八日於弘福寺譯，至七月十三日畢，沙門大乘光筆受。

分別緣起初勝法門經二卷。見内典録。第二出，與隋笈多緣生經同本。永徽元年二月三日於〔六〕大慈恩寺翻經院譯，至八日畢，沙門大乘詢筆受。

藥師瑠璃光如來本願功德經一卷。見内典録。第三〔七〕出，與隋笈多等出者同本。永徽元年五月五日〔八〕於大慈恩寺翻經院譯，沙門惠立筆受。

稱讚淨土佛攝受經一卷。見内典録。第三出，與羅什〔九〕阿彌陁經等同本。永徽元年正月一日於大慈恩寺翻經院譯，沙門大乘詢〔一〇〕筆受。

甚希有經一卷。見内典録。第三出，與未曾有經同本〔一一〕。貞觀二十三年五月十八日於終南山翠微宫譯，沙門大乘欽筆受。

最無比經一卷。見内典録。第二出，與隋譯希有校量功德經同本。貞觀二十三年七月十九日於大慈恩寺翻經院譯，沙門大乘光筆受。

稱讚大乘功德經一卷。見内典録。初出，與決定業障經同本。永徽五年六月五日於大慈恩寺翻經院譯，沙門大乘光筆受。

如來示教勝軍王經一卷。見内典録。第二出，與諫王經等同本。貞觀二十三年二月六日於大慈恩寺翻經院譯，沙門大乘光筆受。

緣起聖道經一卷。見内典録。第六出，與貝多樹下經等同本。貞觀二十三年正月一日於西京北闕内紫微殿右弘法院譯，沙門大乘光筆受。

不空羂索神呪心經一卷。見内典録。第二出，與隋崛多等出者同本。顯慶四年〔一二〕四月十九日於大慈恩寺翻經院譯，沙門大乘光筆受。

十一面神呪心經一卷。見内典録。第二出，與周耶舍崛多等出者同本。顯慶元年三月二十八日於大慈恩寺翻經院譯，沙門玄則筆受。

呪五首經一卷。見翻經圖。麟德元年正月一〔一三〕日於玉華寺玉華殿譯，沙門大乘光筆受。

勝幢臂印陀羅尼經一卷。見内典録。初出，與妙臂印幢陀羅尼同本。永徽五年九月二十九日於〔一四〕大慈恩寺翻經院譯，沙門大乘雲筆受。

諸佛心陀羅尼經一卷。見内典録。永徽元年九月二十六日於大慈恩寺翻經院譯，沙門大乘雲筆受。

拔濟苦難陀羅尼經一卷。見内典録。永徽五年九月十日於大〔一五〕慈恩寺翻經院譯，沙門大乘光筆受。

八名普密陀羅尼經一卷。見内典録。永徽五年九月二十七日於大慈恩寺翻經院譯，沙門大乘雲筆受。

持世陀羅尼經一卷。見内典録。永徽五年十月十日於大〔一六〕慈恩寺翻經院譯，沙門神察筆受。

六門陀羅尼經一卷。見内典録。貞觀十九年七月十四日於弘福寺翻經院譯，沙門辯機筆受。

佛地經一卷。見内典録。貞觀十九年七月十五日於弘福寺翻經院譯，沙門辯機筆受。

受持七佛名号所生功德經一卷。見内典録。永徽二年正月九日於大慈恩寺翻經院譯，沙門大乘光筆受。

佛臨涅槃記法住經一卷。見翻經圖。永徽三年四月四日〔一七〕於慈恩寺翻經院譯，沙門大乘光筆受。

寂照神變三摩地經一卷。見翻經圖。龍朔三年十二月二十九日於玉華寺玉華殿譯，沙門大乘光筆受。

菩薩戒本一卷。見内典録。第三譯，出瑜伽論本地分中菩薩地，與曇無讖等出者同本。貞觀二十三年七月二十一日於大慈恩寺翻經院譯，大乘光筆受。

菩薩戒羯磨文一卷。見内典録。出瑜伽論本地分中菩薩地。貞觀二十三年七月十五日於大慈恩寺翻經院譯，沙門大乘光筆受。

佛地經論七卷。見内典録。親光等菩薩造，貞觀二十三年十月三日於慈恩寺翻經院譯，至十一月二十四日畢，沙門大乘光筆受。

瑜伽師地論一百卷。見内典録。彌勒菩薩説，貞觀二十年五月十五日於弘福寺翻經院譯，至二十一年〔一八〕五月十五日畢，沙門靈會、明濬〔一九〕等筆受。

顯揚聖教論二十卷。見内典録。無著菩薩造，貞觀十九年十月一日於弘福寺翻經院譯，至二十年正月十五日畢，沙門智證等筆受。

瑜伽師地論釋一卷。見翻經圖。最勝子等菩薩造，永徽元年〔二〇〕二月一日於大慈恩寺翻經院譯，沙門大乘暉筆受。

顯揚聖教論頌一卷。見内典録。無著菩薩造，貞觀十九年六月十日於弘福寺翻經院譯，沙門辯機筆受。

王法正理論一卷。見内典録。彌勒菩薩造，貞觀二十三年七月十八日於大慈恩寺翻經院譯，沙門大乘林筆受。

大乘阿毗達磨集論七卷。見内典録。無著菩薩造，永徽三年正月十六日於大慈恩寺翻經院譯，至三月二十八日畢，沙門大乘光、大乘雲筆受〔二二〕。

大乘阿毗達磨雜集論十六卷。見内典録。安慧菩薩糅〔二三〕，貞觀二十年正月十七日於弘福寺翻經院譯，至閏三月〔二三〕二十九日畢，沙門玄賾等筆受。

廣百論本一卷。見内典録。聖天菩薩造，永徽元年六月十日於大慈恩寺翻經院譯，沙門大乘諶筆受。

大乘廣百論釋論十卷。見内典録。護法菩薩釋，永徽元年〔二四〕六月二十七日於大慈恩寺翻經院譯，至十二月二十三日畢，沙門敬明等〔二五〕筆受。

攝大乘論本三卷。見内典録。無著菩薩造，第〔二六〕三出，貞觀二十二年閏十二月二十六日於北闕紫微殿西弘法院譯，至二十三年六月十七日慈恩寺畢，大乘巍筆受。

攝大乘論世親釋十卷。見内典録。第三出，與陳真諦、隋笈多出者同本。貞觀二十二年十二月〔二七〕八日於北闕弘法院譯，至二十三年六月十七日慈恩寺畢，大乘巍等筆受。

攝大乘論無性釋十卷。見内典録。貞觀二十一年三月一日於弘福寺翻經院譯，至二十三年六月十七日於慈恩寺翻經院畢〔二八〕，沙門大乘巍、大乘林等筆受。

辨中邊論頌一卷。見内典録。彌勒菩薩造，龍朔元年五月一日於玉華寺嘉壽殿譯，沙門大乘基筆受。

辨中邊論三卷。見内典録。世親菩薩造，第二出〔二九〕，與中邊分別論同本。龍朔元年〔三〇〕五月十日於玉華寺嘉壽殿譯，至三十日〔三一〕畢，沙門大乘基筆受。

大乘成業論一卷。見内典録。世親菩薩造，第二出，與業成就論同本。永徽二年閏九月五日於大慈恩寺翻經院譯，沙門大乘光〔三二〕筆受。

因明正理門論本一卷。見内典録。大域龍菩薩造，初出，與義浄出者同本。貞觀二十三〔三三〕年十二月二十五日於慈恩寺翻經院譯，沙門知仁筆受。

因明入正理論一卷。見内典録。商羯羅主菩薩造，貞觀二十一年八月六日於弘福寺翻經院譯，沙門明濬〔三四〕筆受。

唯識二十論一卷。見翻經圖。世親菩薩造，第三出，與元魏智希、陳真諦出者同本。龍朔元年六月一日於玉華寺慶福殿譯，沙門大乘基筆受。

唯識三十論一卷。見内典録。世親菩薩造，貞觀二十二年五月二十九日於弘福寺翻經院譯，沙門大乘光筆受。

成唯識論十卷。見内典録。護法等〔三五〕菩薩造，顯慶四年閏十月於玉華寺雲光殿譯，沙門大乘基筆受。

大乘掌珍論二卷。見内典録。清辯菩薩造，貞觀二十三年九月八日於大慈恩寺翻經院譯，至十三日畢，沙門大乘暉筆受。

大乘五蘊論一卷。見内典録。世親菩薩造，第二出，與五陰論同本，貞觀二十一年二月二十四日於弘福寺〔三六〕

翻經院譯，沙門大乘光等筆受。

觀所緣緣論一卷。見内典録。陳那菩薩造，第二出，與無相思塵論同本，顯慶二年十二月二十九日於東都大內麗日殿譯，沙門大乘光筆受。

大乘百法明門論一卷。見内典録。世親菩薩造，貞觀二十二〔三七〕年十一月十七日於北闕弘法院譯，沙門玄忠〔三八〕筆受。

緣起經一卷。見翻經圖。出增一阿含第四十六卷，異譯，龍朔元年七月九日於玉華寺八桂亭譯，沙門神昉〔三九〕筆受。

本事經七卷。見内典録。永徽元年九月十日於大慈恩寺翻經院譯，至十一月八日畢。沙門靖邁、神昉等筆受。

天請問經一卷。見内典録。貞觀二十二年三月二十日於弘福寺翻經院譯，沙門辯機筆受。

阿毗達磨發智論二十卷。見内典録。迦多衍尼子造，第二出，與舊八犍度論同本，顯慶二年正月二十六日於西京大內順賢閣譯，至五年五月七日於玉華寺畢，沙門玄則等筆受。

阿毗達磨法蘊足論十二卷。見内典録。大采菽氏造，顯慶四年七月二十七日於大〔四〇〕慈恩寺翻經院譯，至九月十四日畢，沙門大乘光等筆受。

阿毗達磨集異門足論二十卷。見内典録。舍利子說，顯慶五年十一月二十六日於玉華寺明月殿譯〔四一〕，至龍朔三年十二月〔四二〕二十九日畢，沙門弘彦、釋詮等筆受。

阿毗達磨識身足論十六卷。見内典録。提婆設摩造，貞觀二十三年正月十五日於北闕弘法院譯，至八月八日於慈恩寺畢，沙門大乘光等筆受。

阿毗達磨品類足論十八卷。見内典録。筏蘇蜜多羅造，第二出，與衆事分阿毗曇同本，顯慶五年九月一日於玉華寺雲光殿譯，至十月二十三日畢，沙門〔四三〕大乘光等筆受。

阿毗達磨界身足論三卷。見翻經圖。筏蘇蜜多羅造，龍朔三年六月四日於〔四四〕玉華寺八桂亭譯畢，沙門大乘基筆受。

阿毗達磨大毗婆沙論二百卷。見内典録。五百大阿羅漢等造，顯慶元年七月二十七日於慈恩寺翻經院譯，至四年七月三日畢，沙門嘉尚、大乘光等筆受。

阿毗達磨俱舍論本頌一卷。見内典録。世親造，第二出，與真諦出者同本，永徽二年於大慈恩寺翻經院譯，沙門元瑜等筆受。

阿毗達磨俱舍論三十卷。見内典録。世親造，第二出，與真諦出者同本，永徽二年五月十日於大慈恩寺翻經院譯，至五年七月二十七日畢，沙門元瑜筆受。

阿毗達磨順正理論八十卷。見内典録。衆賢造，永徽四年正月一日於慈恩寺翻經院譯，至五年七月十日畢，沙門元瑜筆受。

阿毗達磨顯宗論四十卷。見内典録。衆賢造，永徽二年四月五日於大慈恩寺翻經院譯，至三年十月二十日畢，沙門惠朗、嘉尚等筆受。

入阿毗達磨論二卷。見内典録。塞建地羅造，顯慶三年十月八日於大慈恩寺翻經院譯，至十三日畢，沙門釋詮、嘉尚筆受。

五事毗婆沙論二卷。見翻經圖。法救造，龍朔三年十二月三日於玉華寺玉華殿譯，至八日畢，沙門釋詮筆受〔四五〕。

異部宗輪論一卷。見翻經圖。世友造，第三〔四六〕出，與十八部論、部執異〔四七〕論並同本，龍朔二年七月十四日於玉華寺慶福殿譯，沙門大乘基筆受。

大阿羅漢難提蜜多羅所説法住記一卷。見内典録。永徽五年閏五月十八日於大慈恩寺翻經院譯，沙門大乘光筆受。

勝宗十句義論一卷。見翻經圖。惠月造，貞觀二十二年五月十五日於弘福寺翻經院譯，沙門靈雋〔四八〕筆受。

大唐西域記十二卷。見内典録。貞觀二十年奉敕於弘福寺翻經院撰，沙門辯機承旨綴緝，秋七月絶筆。

右七十六部，一千三百四十七卷，其本並在。

沙門釋玄奘，本名禕，俗姓陳氏，陳留人也，漢太丘長仲弓之後。曾祖欽，後魏上黨太守。祖康，北齊國子博士，食邑周南，子孫因家，又爲緱氏人也。父惠，英潔有雅操，早通經術，形長八尺，美眉明目，拜江陵令，解纓而返，即大業年〔四九〕，識者以爲剋終隱淪〔五〇〕之候故也。有四男，奘最小。幼而珪璋特達，聰悟不群。年八歲，父坐於几側，口授孝經，至曾子避席，忽整襟而起。問其故，對曰：「曾子聞師命尚猶避席，某今奉慈訓，豈宜安坐？」父甚悦，知其必成器〔五一〕。召宗人語之，皆賀之曰：「此公之揚烏也。」其早慧如此。自後備通經奥。

次兄長捷，先出家，住東都浄土寺。以奘少罹窮酷，携以獎之〔五二〕。日授精理，旁兼巧論。年十一，誦維摩、法華，東都恒度，便預其次。自爾卓然梗正，不偶朋流。口誦目緣，略無閑缺。覩諸沙彌劇談掉戲，奘謂之曰：「經不云乎：夫出家者爲無爲法。豈復恒爲兒戲？可謂徒喪百年。」時寺有景法師講涅槃經，執卷服膺〔五三〕，遂忘寢食。又學嚴法師攝大乘論，一聞將盡，再覽無遺，時年十三也。

其後隋氏失御，天下沸騰。昆季相攜，届于京邑，住莊嚴寺，是時武德元年也。國基草創，兵甲尚興，所以京城未有講肆。然綿、蜀之中，法事甚盛，遂與兄從之。經子午谷入漢川，遂逢空、景二法師，停月餘日，從之受學，仍相與進向成都。諸德既萃，大建法筵。於是更聽基、暹攝論、毗曇，道震迦旃延論。敬惜寸陰，勵精無怠，二三年間，究通諸部。年滿二十，即以武德五年於成都受具，夏坐學律，五篇、七聚之宗，一遍斯得。

奘自惟曰：「學貴經遠，義重疎通。鑽仰一方，未成探賾。」遂從蜀至荆，詢求先德。漸至相州，造慧休法師〔五四〕，質問疑礙。次到趙州，謁道深法師，學成實論。又入長安，止大覺寺，就岳法師學俱舍論。皆一遍而盡其旨，經目而記於心，雖宿學者〔五五〕年，不能出也。至於鉤深致遠，開微發伏，衆所不至，獨悟於幽奥者，固〔五六〕非一義焉。時長安有常、辯二法師，爲上京法匠，奘又諮稟。然其所有深致，亦一拾斯盡。二德並深嗟賞，乃謂奘曰：「汝可謂釋門千里之駒。其再明慧日，當〔五七〕在爾躬。恨吾輩老朽，恐不見也。」自是學徒改觀，譽滿京邑。

僕射宋公蕭瑀〔五八〕敬其脱穎，奏住莊嚴，然非本志，情栖物表，乃又惟曰：「余周流吴蜀，爰逮趙魏，末及周秦，預有講筵，率皆登踐已布之言。今雖藴胸襟，未吐之詞宗，解籤無地。若不輕生徇命，誓往華胥，何能具覿成言，用通神解，一覩明法，了義真文？要返東華，傳揚聖化，則先賢高勝，豈決疑於彌勒？後進鋒穎，寧輟想於瑜伽耶？」遂厲然獨〔五九〕舉，詣闕陳表，有司不爲通引。頓迹京皋，廣就諸蕃，遍學書語。行坐尋授，數日便通，側席面西，思聞機候。

會貞觀三年，時遭霜儉，下敕道俗，隨豐四出。幸因斯際，徑往姑臧，漸至燉煌，路由天塞，裹粮弔影。前望悠然，但見平沙，絶無人徑，迴遑委命，任業而前。展轉因循，達〔六〇〕高昌境，王麴文泰得信於佛，殊禮供待，請留弘法。奘告誠懇至，遂任西行，厚相贈遺，以充資什。仍敕殿中侍郎史歡賫綾帛五百疋、果味兩車獻葉護可汗，書二十四封，通屈支等二十四國，每一封書附大綾一疋爲信。給馬三十疋，手力二十五人，送至突厥葉護衙所。以大雪山北六十餘國，皆其部統，故重遺達，爲奘開前路也。可汗遂敕所部諸國，令供給傳送，展轉遂達迦濕彌羅國，斯並高昌麴王、葉護可汗之力也。

奘周遊五印，遍師明匠，至如五明、四含之典，三藏十二之筌，七例八轉之音，三聲六釋之句，皆盡其微，畢究其妙。初那爛陀寺大德師子光等，立中、百論宗，破瑜伽等義，奘曰：「聖人作論，終不相違，但學者有向背耳。」因造〔六一〕會宗論三千頌，融會瑜伽、中、百之旨。先有南印度王灌頂師名毱多，明正量部，造破大乘論七百頌，奘申大乘義破之，名制惡見論，千六百頌。諸師咸曰：「斯論窮天下之勍寇也，何敵當之！」又東印度拘摩羅王因奘通化，初開信門，請問諸佛何所功德。奘讚如來三身利物，因造三身論三百頌以贈之。王曰：「未曾有也！」頂戴歸依。斯之三論，義府幽奥，五印度境，盛傳流布。是知道風昭著，德行高明，學蘊三冬，聲馳萬里。印度學人，咸仰盛德。既曰經笥，亦稱法將。小乘學徒，號奘爲「木叉提婆」，唐言「解脱天」；大乘法衆，號「摩訶耶那提婆」，唐言「大乘天」。斯乃高其德而傳徽號，敬其人而議嘉名。

又戒日大王，五印臣伏。彼聞奘名，遣人邀請〔六二〕。奘初至止，王即問云：「聞彼支那國有秦王破陣樂歌舞之曲。秦王何人，致此〔六三〕歌詠？」奘曰：「即今正國之天子也。未登皇極之前，封爲秦王，是大聖人，撥亂反正，恩霑六合，故有斯詠。」王曰：「如此之人，故天縱之爲物主也。」王於奘所，盡心師敬。欲使芳音布〔六四〕於遐邇，故於曲女城施大論場，集五印度沙門、婆羅門能言之士，令奘立論。竟十八日，無敢問者。王大嗟賞，施金錢一萬、銀錢三萬、上氎衣一百具，悉皆不受。

五印度境，戒日王等慇重請留，用光玄化。奘志存弘益，傳於未聞，確擬東旋，拒而不受。王重請暫住，觀七十五日大施場相。事訖辭還，王勑所部遞送出境，并施象一頭，金銀錢各數萬。戒日、拘摩羅等十八大國王〔六五〕流淚執別。奘便辭而不受，諸僧勸受象施，皆曰：「斯勝相也。佛滅度來，王雖崇敬，種種布施，未聞以象用及釋門。象爲國寶，今既見惠，信之極矣。」因即納象而返錢寶。然其象也，其形圓大，高可丈三，長二丈許，上容八人并諸什物。緣國北旋，出印度境，奘歷遊諸國，觀禮聖迹，及感靈應，具如大唐西域記及續高僧傳兼奘法師傳等備顯。

奘於西域請得如來肉舍利一百五十粒；金佛像一軀，通光座高尺有六寸，擬摩揭陀國前正覺山龍窟影像；金佛像〔六六〕一軀，通光座高三尺三寸，擬〔六七〕婆羅痆斯國鹿野苑初轉法輪像；刻檀佛像一軀，通光座高尺有五寸，擬憍賞彌國出愛王思慕如來刻檀寫真像；刻檀佛像一軀，通光座高二尺九寸，擬劫比他國如來自天宫下降寶階像；銀佛像一軀，通光座高四尺，擬摩揭陀國鷲峰山説法華等經像；金佛像一軀，通光座高三尺五寸，擬那揭羅曷國伏毒龍所留影像；刻檀佛像一軀，通光座高尺有三寸，擬吠舍釐國巡城行化像；大乘經二百二十四部，大乘論一百九十二部，上座部經律論一十四部，大衆部經律論一十五部，三彌底部經律論一十五部，彌沙塞部經律論二十二部，迦葉臂耶部經律論一十七部，法密部經律論四十二部，説一切有部經律論六十七部，因論三十六部，聲論一十三部，凡五百二十夾六百五十七部。並載之巨象，還返帝城。

初，奘既度葱嶺，先遣侍人賫表陳露，達〔六八〕國化也。下敕流問，令早相見。行達于遁，以象致死，所賫經像交無運致，又上表請。尋下別敕，令于遁王給其鞍乘。既奉嚴敕，駝馬相運，至于沙州。又蒙別敕，計其行程，酬雇價直，並不受而還。自爾乘傳二十許乘，以貞觀十九年正月二十四日屆于京郊之西。道俗相趍，屯赴闐闠，數十萬衆，如值下生。將欲入都，人物諠擁，取進不前，遂停別館。通夕禁衛，候備遮斷，停駐道旁。從故城之西南至京師朱雀街之都亭驛，二十餘里，列衆禮謁，動不得旋。于時駕幸洛陽，奘乃留諸經像，送弘福寺。京邑僧衆，競列幢帳，助運莊嚴。四部諠譁，又倍初至。當斯時也，復感瑞雲現于日北，團圓如蓋，紅白相映，當于像上，顯發輪光，既非遶日，同共嗟仰，從午至晡，像入弘福，方始歇滅。致使京都五日，四民廢業，七衆歸承，當此一期，仰之彌高，終古罕類也。

謁帝於洛陽宫，見于儀鸞殿，特蒙慰問，面奉天顔，談叙真俗，無爽帝旨。從卯至酉，不覺時延，迄于閉鼓。上即事戎旃〔六九〕，問罪遼左，明日將發，下敕同行，固辭疾苦，不違其請。先是中印度菩提寺僧三人送經初至，下敕普請，京城設齋，仍於弘福寺譯大華〔七〇〕嚴等經。不久之間，奘信又至，乃敕且停，待到方譯。既見洛宫，深沃虚想，即陳翻譯，搜擢賢明，上曰：「法師唐梵具贍，詞理通敏，將恐徒揚仄陋，終虧聖典。」奘曰：「昔二秦之譯，門徒三千。雖復翻傳，猶恐後代無聞，懷疑乖信。若不搜舉，同奉玄規，豈以褊能〔七一〕妄參朝委？」頻又固請，乃蒙降許。帝曰：「自師行後〔七二〕，朕奉爲穆太后於西京造弘福寺，可就翻譯。所須人物吏力，並與玄齡商量，務令優給。」既承明命，返迹京師，遂召證義大德，諳解大小乘經論〔七三〕、爲時輩所推者一十一人至，即京弘福寺沙門靈潤〔七四〕、沙門文備，羅漢寺沙門惠貴，實際寺沙門明琰，寶昌寺沙門法祥，静法寺沙門普賢，法海寺沙門神昉，廓州法講寺沙門道深，汴州演覺寺沙門玄忠，蒲州普救寺沙門神泰，綿州振響寺沙門敬明等。綴文大德九人至，即京普光寺沙門栖玄，弘福寺沙門明濬，會昌寺沙門辯機，終南山豐德寺沙門道宣，簡州福聚寺〔七五〕沙門靖邁，蒲州普救寺沙門行友，棲巖寺沙門道卓，豳州昭仁寺〔七六〕沙門惠立，洛州天宫寺沙門玄則等。字學大德一人至，即京大總持寺沙門玄應。證梵語梵文大德一人至，即京大興善寺沙門玄謨。其年五月，方操貝葉，開演梵文，創譯大菩薩藏經。沙門道宣執筆，并删綴詞理。又復旁翻佛地經、六門陀羅尼經、顯揚聖教論。二十年春正月，又譯大乘阿毗達磨雜集論，次譯瑜伽師地論，法師於論重加陶練。微有餘隙，又出西域記十二卷，沙門辯機親受時事，連比前後。

自前代已來，所譯經教初從梵語倒寫本文，次乃迴之順同此俗，然後筆人亂理文句，中間增損，多墜金言。今所翻傳，都由奘旨，意思獨斷，出語成章，詞人隨寫，即可披翫。于時駕返西京，奘乃進新譯經論并大唐西域記，表請題序，手〔七七〕敕答書，略云：「朕學淺心拙，在物猶迷，況佛教幽微，豈能仰測？請爲經題，非己所聞。其新撰西域記者，當自披覽。」又再三表請，方蒙允許，遂謂駙馬都尉高履行曰：「卿前請朕爲父作碑，今氣力不如昔，願作功德，爲法師作序。不能作碑，卿知之。」

貞觀二十二年春，幸玉華宫。六月，敕追法師赴宫，見於玉華殿。帝問：「比翻何經論？」答：「近翻瑜伽師地論訖，凡一百卷。」帝曰：「此論甚大，何聖所説？復明何義？」答曰：「論是彌勒菩薩説，明十七地義。」又問：「何名十七地？」奘舉綱提目，陳列大義。帝深愛焉，遣使向京取瑜伽論。帝自詳覽，覩其詞義宏遠，非從來所聞，歎謂侍臣曰：「朕觀佛經，譬猶瞻天望海，莫測高深。法師能於異域得是深法，朕此以軍國務殷，不及委尋佛教，而今觀之，宗源杳曠，靡知涯際。其儒道九流比之，猶汀瀅之池方溟渤〔七八〕耳。而世云三教齊致，此妄談也。」因敕所司簡秘書書手，寫新翻經論爲九本，頒與雍、洛、兗、相、荆、楊、涼、益等九大州，展轉流通，使率土之人同稟未聞之義。

帝先許作新經序，機務繁劇，未及措意，至此法師重啓，方爲染翰，少頃而成，名大唐三藏聖教序，神筆自寫，敕貫衆經之首。帝居慶福殿，百僚侍衛，命法師坐，使弘文舘學士上官儀以所製序對群僚宣讀，霞焕錦舒，極褒揚之美致。天皇在春宫奉覩聖文，又製述三藏聖記。自此常參内禁，扣問沉隱，翻譯相續，不爽法機。

帝又讀法師所進菩薩藏經，美之，因敕春宫作其後序。秋七月，夏罷，敕賜雲納袈裟一領，妙絶今古。又敕天下諸寺各度五人，弘福寺宜度五十人，維持聖種，皆奘正言之力也。冬十月，隨駕還京。敕所司於北闕紫微殿西別營一所，號弘法院，令奘居之，晝則帝留談説，夜乃還院翻經。更譯無性攝論、世親攝論、緣起聖道經、百法明門論。

皇太子奉〔七九〕爲文德聖皇后於晉昌里置慈恩寺，度三百人，別造翻經院，令法師移就翻譯，仍綱維寺任，給新度弟子一十五人。弘福舊處，仍給十人。皇儲親降，製詩褒飾。

二十三年夏四月，駕幸翠微宫，仍敕陪從。既至，處分之外，唯談玄論道，問因果報應及西域先聖遺芳故迹，皆引經訓對〔八〇〕。帝深信納，數攘袂歎曰：「朕共師相逢晚，不得廣興佛事！」

逮高宗嗣録，素所珍敬，追入優問，禮殊恒袠。永徽二年，請造梵本經臺。蒙敕賜物，尋得成就。又追入内，於修文殿翻發智等論，降手詔飛白書，慰問優洽〔八一〕。

顯慶元年正月，爲皇太子於慈恩寺〔八二〕設大齋，朝宋總至。黄門侍郎薛元超、中書侍郎李義府曰：「譯經佛法之大，未知何德可以光揚耶？」奘曰：「公之此問，常所懷矣。譯經雖位在僧，光價終憑朝貴。至如符秦時曇摩難提譯經，黄門侍郎趙文業執筆。姚秦時鳩摩羅什譯經，秦主及安成侯姚嵩筆受。元魏時菩提留支譯經，則宣武皇帝及侍中崔光録文。齊、梁、周、隋，並皆如是。大唐貞觀初，波頗翻譯，敕左僕射房玄齡、趙郡王李孝恭、太子詹事杜正倫、太府卿蕭璟〔八三〕等監閲詳定。今並無之，不足光遠。公等能爲致言，則斯美可至。」二公許爲陳奏〔八四〕，尋下敕曰：「慈恩翻譯，文義須精。宜令左僕射于志寧、中書令來濟、禮部尚書許敬宗、黄門侍郎薛元超、中書侍郎李義府等時爲看閲，有不穩便處，即隨事潤色。若須學士，任量追兩三人。」

冬十一月，中宫在難，歸依三寶，請垂加祐。法師啓曰：「聖體必安和無苦。然所懷者是男，平安之後願聽出家，當蒙敕許。」其月一日，皇后施納袈裟一領，妙勝前者，并時服玩百有餘件。五日，有敕令報法師：「皇后分難已訖，端正奇特，神光滿院，自庭燭天。朕歡喜無已，内外舞躍，必不違所許。願法師護念。」遂號爲佛光王，當即受三歸，被袈裟服。十二月五日滿月，敕爲佛光王度七人，仍請法師爲王剃髮〔八五〕。其佛光王，即中宗孝和皇帝初生之〔八六〕瑞號也。創登皇極，敕爲法師於兩京各置一佛光寺，并度人居之。其東都佛光寺，即法師之故宅也。復内出畫影，裝之寶轝，送慈恩寺翻譯堂中，追謚法師，稱大遍覺。

顯慶二年春二月，駕幸洛陽宫。法師與佛光王駕前而發，并翻經僧五人，陪從弟子各一，事事公給。既到，安置積翠宫，召入大内麗日殿，翻觀所緣緣〔八七〕等論。夏四月，車駕避暑於明德宫，法師亦陪從，安置飛花殿，譯大毗婆沙等論。五月，敕法師還於積翠宫翻譯。法師初謁文帝已，請於少林寺翻經。至是秋九月，復請入少林。天皇手詔，抑而不許。三年二月，隨駕還京。秋七月，西明寺成，敕法師居之，令給上房一口，新度沙彌海會等十人充弟子。天皇以法師先朝所重，嗣位之後，禮敬逾隆。中使朝臣，問慰無絶。

東國重於般若，前代雖翻，文不周備，衆人更請委悉重翻。然般若部大，京師多務，又人命無常，恐難得了，請就於玉華宫翻譯。即以四年冬十月，徙於玉華宫，并翻經大德及門徒等同去。其供給諸事，一如京下。至彼，安置肅誠院焉。五年春正月一日起，首翻大般若經。梵本總有二十萬頌，佛於四處十六會説，文既廣大，學徒每〔八八〕請删略，如羅什所翻，除繁去重。法師將順衆意，於夜夢中即有極怖畏事以相警誡。覺已驚懼，向諸衆説，還依廣翻〔八九〕。夜中乃見諸佛菩薩勝吉祥事，覺而喜慶，不敢更删。至龍朔三年十月二十日功畢絶筆，合成六百卷。合掌歡喜，告徒衆曰：「此經於此地有緣。玄奘來此玉華者，經之力也。向在京師，諸緣牽亂，豈有了時？今得終訖，並是諸佛冥加，龍天擁祐。此乃鎮國之典，人天大寶，徒衆宜各踊躍欣慶。」於間[九〇]又翻成唯識論、辨中邊論、唯識二十論、品類足論等。至十一月二十二日，令弟子窺基奉表奏聞，請御製經序。至十二月七日，通事舍人馮義宣敕垂許。

麟德元年正月一日，翻經大德及玉華寺衆，慇懃啓請翻大寶積經。法師見衆情專至，俛仰翻數行訖，便攝梵本停住，告衆曰：「此經部軸與大般若同。玄奘自量氣力，不復辨此。」

奘自貞觀十九年乙巳於弘福寺創啓梵文，訖麟德元年甲子終於玉華宮寺，凡二十載，總出大小乘經律論等合七十五部一千三百三十五卷，又別撰西域記一部。自般若翻了，唯自策勤，行道禮懺，告翻經僧及門人曰：「有爲之法，必歸磨滅。泡幻形質，何得久停？行年六十五矣，必卒玉華[九一]。於經論有疑者，今可速問。」又謂門人曰：「吾來玉華，本緣般若。今經事既終，吾生涯亦盡。若無常後，汝等遺吾宜從省儉，可以籧篨裹送，仍擇山澗僻處安置，勿近宮寺。不浄之身，宜從屏遠。」門徒等聞之，莫不哀哽。

奘生常已來，願生彌勒。及遊西域，又聞無著兄弟皆生彼天，又頻祈請，咸有顯證。懷此專至，益增翹勵，所造功德，皆願往生。至正月九日，脚跌傷脛，因即寢疾。開目閉目，見大蓮華鮮白而至。又見偉相，知生佛前。遂命僧嘉尚讀所翻經論名目及造像寫經、施僧濟乏、然燈放生。具令[九二]讀訖，自懷欣悦，總召門人，有緣並集。於是罄捨衣資，更令造像及轉讀齋嚫。又命素工宗法智[九三]於嘉壽殿竪菩提像骨，對寺僧門人辭訣并遺[九四]表訖，便默念彌勒，又令傍人稱願生頌。至二月四日，右脇累足，右手支[九五]頭，左手申髀，暨于屬纊，竟不迴轉，不飲不食。至五日中夜，弟子法[九六]光等問云：「和尚決定得生彌勒内衆不？」答曰：「得生。」言訖，氣息漸微，少間神逝。侍人不覺屬纊方委，從足漸冷，最後頂暖。顔色赤白，怡悦勝常。過七七日，竟無改變，亦無異氣。自非定慧莊嚴，戒香資被，孰能致此？又冥應衆多，具於别傳，此略不述。

時坊州刺史竇師倫奏法師已亡，帝聞之，哀慟傷感，爲之罷朝，曰：「朕失國寶矣。」時文武宰僚莫不悲咽流涕。帝言已，嗚咽，悲不能勝。翌日，又謂群臣曰：「惜哉！朕國内失奘法師一人，可謂釋衆梁摧矣，四生無導矣。亦何異苦海方割，舟檝遽沉，闇室猶昏[九七]，燈炬斯掩？」帝言已，嗟惋不怡。尋下敕移神柩歸京，安置慈恩寺，葬事所須，並令官給。又敕葬日，聽京城僧尼幢蓋送至墓所。

法師道茂德高，爲明時痛惜，故於亡後，重疊降恩。求之古人，無以加也。於是素蓋、素幢，浮空雲合；哀笳、哀梵，氛遏人神。四俗以之悲涼，七衆惜其沉没。以四月十五日，葬於滻東白鹿原四〔九八〕十里中，皂素彌滿。其塋與兄捷公相近，岧然白塔，近燭帝城，禁中多見，時傷聖慮。至總章元年四月八日〔九九〕，有敕改葬鸑川北原，與州縣相知供給吏力。乃又出之，衆咸歎異，經久埋瘞，色相如初。自非願力所持，焉能致此？

法師形長七尺，板身赤白色，眉目踈朗，體皃端凝，談論清華，音詞遠暢，使聽者無倦，瞻者忘疲。或處徒衆，或對嘉賓，一坐半日，略無傾動。服尚乾陀，裁唯細氎，脩廣適中。行步雍容，直前而視，輒不顧眄。滔滔焉若大江之紀地，灼灼焉類芙蕖之在水。加以戒範端凝，始終如一。愛惜之志，過護浮囊；持敬之堅，超逾繫草。性愛怡簡，不好交遊，一入道場，非朝命不出。又聞盛暑之辰，體無霑液；祁〔一〇〇〕寒之際，貌不慘悽。又不夭，不申，不欠，不嚏，斯蓋未詳〔一〇一〕其地位，何賢聖之可格哉？

又，北宮現疾之時，徵應繁縟。將終滅〔一〇二〕之日，色貌敷愉，亦難得而測也。及終後月餘日，有人賣栴檀末香至，請依西國法以塗三藏身，衆咸莫之許。其人作色曰：「弟子別奉進止，師等若不許，請録狀以聞。」衆從之。及開棺發殮已，人覺異香等蓮花之氣，守相驚問，皆云若兹。向人徐〔一〇三〕併殮衣，唯留襯服。衆覩三藏顔〔一〇四〕貌如生人，皆號絶共視。向人塗香服殮蓋棺已，俄失所在，衆疑天人焉。

又，其聽言觀行，名實相守。精厲晨昏，計時分業。虔虔不解，專思法務。言無名利，行絶虚浮。曲識機緣，善通物性。不倨不諂，行藏適時。吐味幽深，辯開疑議。寔當代之英賢，乃釋門之法將矣。

且其發蒙入法，特異常倫。聽覽經論，用爲恒任。既周行東夏，挹酌諸師，披露肝膽，盡其精義，莫不傾倒林藪，更新學府。遂能不遠數萬，諮求勝法，誓捨形命，必會爲期。發趾張掖，途次龍沙。中途艱險，身心僅絶。既達高昌，倍光來價。傳國祖送，備閲靈儀。路出鐵門石門，躬乘沙嶺雪嶺。歷天險而志逾慷慨，遭凶賊而神彌厲勇。兼以歸稟正教，師承戒賢，理逐言揚，義非再授。廣聞異論，包藏胷臆，致使梵侶傾心，不遺其法。

又，以起信一論，文出馬鳴。印度諸僧，思承其本，奘乃譯唐爲梵，通布五天。斯則法化之緣，東西互舉。

又，西華餘論，深尚聲明。奘乃卑心請決，隨授隨曉，致有七變其勢，動發異蹤，三循廣論，恢張懷抱，故得施無猒寺三千學僧，皆號智囊，護持城塹，及覩其脣吻，聽其詞義，皆彈指讚歎「何斯人也！」隨其遊歷塞外海東百三十國，道俗邪正承其名者，莫不仰德歸依，更崇開信。可以家國增榮，光宅推遠，獻奉歲至，咸奘之功。

若非天挺英靈，生知聖授，何能振斯鴻緒，導達遺蹤？前後僧傳往天竺者，首自法顯、法勇，終于道邃、道生，相繼中途一十七返，取其通言華梵，妙達文筌，揚導國風，開悟邪正，莫高於法師矣。恨其經部不翻其數猶衆，年未遲暮，足得出之，無常奄及，惜哉！

校勘記

〔一〕波羅蜜：金藏、高麗藏本作「波羅蜜多」。
〔二〕筆受：金藏、高麗藏本作「等筆受」。
〔三〕大：金藏本無。
〔四〕經：金藏、高麗藏本作「並」。
〔五〕二十一年：原作「十一年」，據金藏、高麗藏本改。
〔六〕於：原無，據金藏、高麗藏本補。
〔七〕三：金藏、高麗藏本作「二」。
〔八〕五日：金藏本無。
〔九〕什：金藏本無。
〔一〇〕大乘詢：金藏、高麗藏本作「大乘光」。
〔一一〕同本：金藏、高麗藏本「等同本」。
〔一二〕顯慶四年：金藏本作「顯慶年」。
〔一三〕一：金藏本無。
〔一四〕於：原無，據金藏、高麗藏本補。

〔一五〕大：金藏本無。

〔一六〕大：原無，據金藏、高麗藏本補。

〔一七〕四日：金藏本無。

〔一八〕二十一年：金藏、高麗藏本作「二十二年」。據許敬宗後序，二十一年始譯，二十二年譯成。

〔一九〕明濬：金藏、高麗藏本作「朗濬」。

〔二〇〕元年：原作「九年」，據金藏、高麗藏本改。按：永徽年間共六年。

〔二一〕筆受：金藏、高麗藏本作「等筆受」，嘉興藏本作「筆集」。

〔二二〕糅：清藏、四庫本作「造」。

〔二三〕三月：永樂南藏、永樂北藏、嘉興藏、清藏本作「二月」。

〔二四〕元年：金藏本誤作「九年」。

〔二五〕等：金藏本無。

〔二六〕第：金藏本無。

〔二七〕十二月：原作「二月」，據金藏、高麗藏本及貞元新定釋教目録改。

〔二八〕畢：高麗藏本作「譯畢」，資福藏本作「譯」。

〔二九〕第二出：金藏本作「第一出」。

〔三〇〕元年：金藏本作「九年」。

〔三一〕三十日：金藏本作「二十日」。

〔三二〕大乘光：嘉興藏本作「大乘云」。

〔三三〕二十三：原作「二十二」，據金藏、高麗藏本及貞元新定釋教目録改。

〔三四〕明濬：金藏、高麗藏本作「知仁」。

〔三五〕等：原無，據金藏、高麗藏本補。

〔三六〕二月二十四日於弘福寺：金藏本無。

〔三七〕二十二：清藏、四庫本作「二十一」。

〔三八〕玄忠：金藏本作「神昉」。

〔三九〕神昉：高麗藏本作「神皎」。

〔四〇〕大：金藏本無。

〔四一〕譯：金藏本無。

〔四二〕十二月：嘉興藏本作「十一月」。

〔四三〕沙門：金藏、高麗藏本無。

〔四四〕於：原無，據金藏、高麗藏本補。

〔四五〕筆受：金藏、高麗藏本作「等筆受」。

〔四六〕第三：金藏本作「第二」。

〔四七〕執異：高麗藏本誤作「異執」。

〔四八〕雋：原作「携」，據金藏、高麗藏本改。

〔四九〕大業年：金藏本作「大業」。
〔五〇〕淪：資福藏本誤作「倫」。
〔五一〕器：金藏、高麗藏本無。
〔五二〕獎之：金藏本作「將之」。
〔五三〕服膺：金藏、高麗藏本作「伏膺」。
〔五四〕法師：金藏本作「師」。
〔五五〕者：金藏本誤作「者」。
〔五六〕固：金藏本無。
〔五七〕當：原作「常」，據金藏、高麗藏本改。
〔五八〕蕭瑀：金藏、高麗藏本誤作「簫瑀」。
〔五九〕獨：金藏本無。
〔六〇〕達：金藏、高麗藏本作「達于」。
〔六一〕因造：金藏本作「自造」。
〔六二〕邀請：金藏、高麗藏本作「要請」。
〔六三〕致此：嘉興藏本作「至此」。
〔六四〕布：金藏本無。
〔六五〕等十八大國王：金藏本作「十八國王」。

〔六六〕像：金藏本無。
〔六七〕擬：原作「提」，據金藏、高麗藏本改。
〔六八〕達：金藏、高麗藏本作「違」。
〔六九〕旆：金藏、高麗藏本作「旃」。
〔七〇〕華：原無，據金藏、高麗藏本補。
〔七一〕徧能：金藏本作「猵能」，嘉興藏本作「偏能」。
〔七二〕行後：金藏、高麗藏本作「去後」，四庫本作「行役後」。
〔七三〕經論：金藏本作「經證」。
〔七四〕靈潤：金藏、高麗藏本作「靈閏」。
〔七五〕福聚寺：金藏本作「福衆寺」。
〔七六〕豳州昭仁寺：金藏本作「豳州照仁寺」，高麗藏本作「幽州昭仁寺」。
〔七七〕手：原作「首」，據金藏、高麗藏本改。
〔七八〕渤：金藏、高麗藏本作「海」。
〔七九〕奉：永樂北藏、嘉興藏、清藏、四庫本誤作「泰」。
〔八〇〕訓對：永樂北藏、嘉興藏、清藏、四庫本作「訓對」。
〔八一〕洽：金藏、高麗藏本作「給」。
〔八二〕寺：金藏本無。

〔八三〕蕭璟：金藏、高麗藏本誤作「簫璟」。

〔八四〕奏：金藏本無。

〔八五〕剃髮：金藏本作「剃頭」。

〔八六〕之：金藏本無。

〔八七〕緣：金藏、高麗藏本無。

〔八八〕每：金藏、高麗藏本無。

〔八九〕翻：金藏、高麗藏本作「譯」。

〔九〇〕於間：金藏本誤作「於開」，高麗藏本作「中間」。

〔九一〕玉華：高麗藏本作「於玉華」。

〔九二〕令：金藏本作「令」。

〔九三〕素工宗法智：金藏本作「塑工宗法智」，高麗藏本作「塑工宋法智」。

〔九四〕遺：金藏、高麗藏本誤作「遣」。

〔九五〕支：金藏本作「搘」。

〔九六〕法：金藏本無。

〔九七〕猶昏：嘉興藏本作「有昏」。

〔九八〕四：高麗藏本作「西」。

〔九九〕日：金藏本無。

〔一〇〇〕祁：永樂北藏、嘉興藏、清藏、四庫本作「祈」。祁寒：嚴寒。祁，同「祈」。

〔一〇一〕未詳：金藏本作「未祥」。

〔一〇二〕滅：金藏、高麗藏本無。

〔一〇三〕徐：金藏、高麗藏本作「除」。

〔一〇四〕顔：金藏、高麗藏本無。

四分律删補隨機羯磨一卷。序題云曇無德部四分律删補隨機羯磨，見内典録。

釋迦氏略譜一卷。或無「略」字。見内典録。麟德二年九月十八日於西明寺撰訖。

釋迦方志二卷。見内典録。永徽元年撰。

大唐内典録十卷。見内典録。麟德元年於西明寺撰。

集古今佛道論衡四卷。見内典録。前三卷龍朔元年於西明寺撰，第四卷麟德元年撰；或三卷〔一〕。

東夏三寶感通録三卷。亦云集神州三寶感通録。見内典録。麟德元年夏六月於清宫精舍〔二〕集。

續高僧傳三十卷。見内典録。

廣弘明集三十卷。見内典録。

右八部，八十一卷，其本並在。

沙門釋道宣，俗姓錢氏，吴興人也，彭祖之後胤。宣少尋教相，長慕尋師，關之東西，河之南北，追訪賢友，無憚苦辛。外博九流，内精三學，戒香芬潔，定水澄漪。存護法城，著述無輟。尤工律藏，删補章儀，常於終南山以堅其志。凡所修撰，並行於代，護法綱要，此録載之。餘别行門，在於内典。貞觀末年，方事修緝，撰四分删補羯磨等八部。内典録中，更有後續高僧傳十卷，尋本未獲，故闕。

校勘記

〔一〕三卷：金藏、高麗藏本作「二卷」。

〔二〕清宫精舍：金藏、高麗藏本作「於清宫精舍」。

一切經音義二十五卷。見内典録。

右一部，二十五卷，其本見在。

沙門釋玄應，大慈恩寺翻經沙門也。博聞强記，鏡林苑之宏標；窮討本支，通古今之互體。故能訓校源流，勘閲時代。删雅〔一〕古之野素，削澆薄之浮雜。悟通俗而顯教，舉集略而騰美。真可謂文字之鴻圖，言音之龜〔二〕鏡者也。以貞觀之末，敕召參傳，綜經正緯，咨爲實録。因譯尋閲，捃拾藏經，爲之音義。注釋訓解，援引群籍，證據卓明，焕然可領。

昔高齊沙門釋道惠爲一切經音，依字直反，曾無追顧，致失教義，寔迷匡俗。應所作者，全異恒倫，徵覈〔三〕本據，務存實録。即萬代之師宗，亦當朝之難偶也。恨叙綴纔了，未及覆踈，遂從物故，惜哉！

校勘記

〔一〕雅：高麗藏本誤作「稚」。

〔二〕龜：金藏本誤作「覈」。

〔三〕覈：金藏本誤作「龜」。

古今譯經圖紀四卷。

右一部，四卷，其本見在。

沙門釋靖邁，簡州人也，以博學馳譽。大唐三藏翻譯衆經，召充綴文大德。後大慈恩寺翻經堂中壁畫古來傳譯緇素，靖邁於是緝維其事，撰成圖紀，題之于壁。但略費長房録，續逮皇朝，直述譯經，餘無所紀。

千眼千臂觀世音菩薩陀羅尼神呪經二卷。或一卷。貞觀中，在内譯，初出，與唐流志千手身經〔一〕同本，沙門波崙製序。

千囀陀羅尼觀世音菩薩呪經一卷。或無「經」字。永徽四年於揔持寺譯。

觀自在菩薩隨心呪經一卷。亦云多唎心經，永徽四年於揔持寺譯。

清淨觀世音普賢〔二〕陀羅尼經一卷。永徽四年於揔持寺譯。見大周録。

右四部，五卷，其本並在。

沙門釋智通，律行精苦〔三〕，兼明經論，於總持門〔四〕特所留意。通以隋大業年中出家，住京大總持寺。有遊方之〔五〕志，遂於洛京翻經館學梵書語，早通精奥。唐貞觀中，有北天竺僧賫千臂千眼經梵本奉進，文帝敕通共梵僧相對譯出，勒成二卷。後於天皇永徽四年癸丑，於總持寺又出千囀等經三部。

校勘記

〔一〕千手身經：金藏、高麗藏本作「千眼千手身經」。

〔二〕普賢：嘉興藏本作「菩薩」。

〔三〕精苦：金藏、高麗藏本作「清苦」。

〔四〕門：金藏本作「寺」。

〔五〕之：金藏本無。

千手千眼觀世音菩薩廣大圓滿無礙大悲心陁羅尼經一卷。

右一部，一卷，其本見在。

沙門伽梵達摩，唐云尊法，西印度人也，譯千手千眼大悲心經一卷。然經〔一〕題云西天竺伽梵達摩譯，不標年代。推其本末，似是皇朝新譯。但以傳法之士，隨緣利見，出經流布，更適餘方，既不記年號，故莫知近遠。昇親問梵僧，云有梵本。既非謬妄，故載斯録。准千臂經序，亦云智通共出。

校勘記

〔一〕經：金藏本無。

陀羅尼集經十二卷。見大周録。永徽四年三月十四日於慧日寺譯，至五年四月十五日畢，沙門玄楷筆受。

右一部，一十二卷，其本見在。

沙門阿地瞿多，唐言無極高，中印度人。學窮滿字，行潔圓珠。精練五明，妙通三藏。加以大士利生，無悋鄉國，志弘像教，罔懼艱險〔一〕，遂西踰雪嶺，東越沙河，載歷艱難，來儀帝闕。以天皇永徽三年壬子正月，廣將梵本來届長安，敕令慈恩寺〔二〕安置。沙門大乘琮等一十六人，英公、鄂公等一十二人，請高於慧日寺浮圖院建陀羅尼普集會壇。緣壇所須，並皆供辦，法成之日，屢降靈異。京中道俗，咸歎希逢。沙門玄揩等，遂固請翻其法〔三〕本。後以四年癸丑至五年甲寅於慧日寺從金剛大道場經中撮要鈔譯，集成一十二卷，沙門玄揩筆受。

于時有中印度大菩提寺僧阿難律木叉師、迦葉師等，於經行寺譯功德天法，編在集經第十卷内，故不別存也。

校勘記

〔一〕艱險：金藏本作「難險」。

〔二〕慈恩寺：金藏本作「慈門寺」。

〔三〕法：金藏本無。

諸經要集二十卷。顯慶年西明寺撰。

右一部，二十卷，其本見在。

沙門釋玄惲，本名道世〔一〕，律學高譽，慕重前良，綴緝爲務。兼有鈔疏，注解衆經。西明創居，召爲大德。顯慶年中，讀一切經，鈔諸要事，撰成一部，名諸經要集。餘如内典録載。

校勘記

〔一〕道世：金藏、高麗藏本作「世道」。

集沙門不拜俗議六卷。見内典録。

右一部，六卷，其本並在〔一〕。

沙門釋彦悰，識量聰敏，博曉群經，善屬文華，尤〔二〕工著述。天皇龍朔二年壬戌，有詔令拜君親，恐傷國化，令百司遍議。于時沙門道宣等共上書，啓聞于朝廷，衆議異端，所司進入。聖躬親覽，下敕罷之。悰恐後代無聞，故纂斯事并前代故事及先賢答對，名爲集沙門不拜俗議，傳之後代，永作楷模。牆塹法城，玄風不墜也。兼撰大唐京師寺〔三〕録行於代矣。

開元釋教録卷第八總録之八

校勘記

〔一〕並在：金藏、高麗藏本作「見在」。

〔二〕尤：金藏本誤作「左」。

〔三〕寺：金藏本無。

音釋

惲：烏粉反。　彦悰：上魚箭反，下在宗反。　顗：語豈反。　佺：七全反。

嶷：宜力反。　迪：徒的反。　賾：助隔反。　勣：子曆反，功勣也。　訓勗：

下許玉反，勸也。　浹旬：上子叶反。浹旬，十日餘。　搜歘：上搜字，下音羊。歘，

明也。　邗國：上音寒。　璟：景、影二音。　僥倖：上古堯反，下音幸。　卓

犖：下吕角反。卓犖，超絶皃。　訴：音素，告也。　郢：盈領反。　綱梗：上音

剛，下加猛反，直也。　經緯：下音謂。　挹：音邑，酌也。　韜：土高反，韜，藏

也。　梗槩：上加猛反，下古愛反。梗槩，大略也。　探括：上土含反，下古活

反。　聃：都甘反，老子名。　巾褐：下胡割反。　膜：莫胡反，胡人禮拜也。

莅：音利。　衺：「袟」字。　箴規：上音針，下俱彌反。箴，誨也；規，誡也。

傳弈：付亦二音。人名也。　桑梓：下音子，木名。　溺：奴的反。　戢：阻立反，

荷思也。　懲：音澄，止也。　閭里：上力居反。　禿丁：上他獨反。　誚：

才笑反。　謡：音摇，謌謡。　睹：覩字同。　菁華：上音精。菁華，美也。

冠冕：下音免。　皂隷：下零帝反。皂隷，賤僕也。　儲后：上音除。儲后，副貳之

君。　敞：昌兩反，顯敞也。　愜：苦帖反，心伏也。　譖：側禁反，讒也，毀也。
貶量：上悲檢反，退也。　衒曜：上音縣。　薰蕕：上兄云反，香草也；下音由，臭
草也。　稾街：上古老反，漢地街名。　措：七故反。　氛祲：芬、侵二音。　日傍
妖氣也。　黜陟：上丑律反，下知力反。黜，退也；陟，升也。　挫：則臥反。
謗訕：下所間反。訕，亦謗也。又，所晏反。　誷：音罔，誣也。　勃然：上蒲没反，
又怒也。　沙汰：下音太。　扼腕：上於隔反，下烏貫反。扼腕，以手握臂也。　縶：
知立反，縶也。　縲紲：上力誰反，下音薛。縲，黑索也；紲，繫也。　宗盟：下音
明。　祖祢：下乃禮反，父廟也。　謗讟：下音讀，正作「讟」。　要君：上音邀，
欺君求禄曰要。　昊天：上胡道反。　飄勇：上紕招反，旋風也。　擾攘：上汝
小反，下如羊反。擾攘，亂也。　遏：於割反，止也。　斧鉞：甫、越二音。　衾：
丘吟反。衾，被也。　駛：使史二音，疾也。　章誄：下倫水反，述前代之事也。
縟錦：上音辱。縟錦，文彩也。　繪：玄對反。繪，畫也。　騁詞：上丑領反，馳
也。　狂慝：下他得反，惡也。　宗轄：下遐葛反。　永徽：下音暉，年號也。
濬：私閏反。　糅：尼救反。　諶：市林反。　笈多：上其業反。　昉：方罔
反。　採菽：下音叔。　瑜：音俞。　綴緝：上知衛反，下七入反。　名禕：

於池反，又暉音。　緱氏：上古侯反。　珪璋：音圭章二也，玉彩。　几側：上居
矣反。几，案。　捷：才葉反。　罹：音離，遭也。　窮酷：下苦篤反。　掉戲：
上徒弔反。　暹：息廉反。　鑽仰：上子官反。論語云：鑽之彌堅，仰之彌高。謂
探窮不及之義。　探賾：上土含反。探，取也；下助隔反，幽微也。　瑀：音羽。
脱穎：下營領反，鋒利也。　徇命：上詞閏反。　華胥：下息徐反。　覿：徒的
反，見也。　燉煌：二音屯皇。　勍寇：上其京反，强也；下苦候反，賊也。　經
笥：下相寺反，篋笥。　確：口角反，堅也。　疕斯：上尼八反。　舍鼇：下力之
反。　于遁：下徒困反。　闐闓：上音田，下於結反。　諠譁：喧華二音，鬧
也。　戎旆：上而弓反，下薄貝反。　遼左：上郎彫反。　搜擢：下音濁，出
也。　仄陋：上音側。　豳州：上布巾反。　杳曠：上煙曉反，下苦泬反。杳曠，
深遠之皃也。　汀瀅：上他定反，下紆定反。汀瀅，小水也。　溟渤：下蒲没反。溟
渤，海也。　雍：紆共反。　兗：沿淺反。　霞煥：下音喚，明也。　攘袂：上
而羊反，下彌祭反。攘袂，揎袖出臂也。　追謚：下音示，謚號也。　籧篨：渠除二
音，竹簟也。　僻處：上疋亦反。　屏遠：上音餅，除也。　哀哽：下加猛反。　屬纊：
脚跌：下徒結反，失跌。　胜：蒲米反。腿胜也。　暨：其器反，及也。

下苦況反，綿也。欲死之時候氣曰屬纊。　怡悦：上羊之反。　竇：音豆。　翌
日：上音翼，明也。　舟檝：下音接。　遽：其預反，速也。　嗟惋：下烏貫反，
嘆也。　樞：音舅，棺也。　滻東：上音産，水名。　塋：音營，墓域也。　苕
然：上音條也。　總章：上音揔，年號也。　鬱川：上音煩，地名。　埋瘞：下於
例反。瘞，亦埋也。　端凝：下魚陵反。端凝，嚴整皃。　顧眄：下音麵，視也。
滔滔：音叨，水皃。　灼灼：之若反，明也。　霑液：下音亦。液，汗也。　祁寒：
上渠移反，盛也。　慘悽：上七感反，下七西反。　不夭：下音妖。不夭不申，内外
不和暢之謂。　不嚏：下音帝。不欠不嚏，謂不欠呿不噴嚏也。　格哉：上加陌反，
式也。　繁縟：煩辱二音，多文彩也。　敷愉：上芳無反，悦也。正作忒。下羊朱
反，忻也，喜也。　發殮：下力焰反。　倨：音據，傲也。　林藪：下音叟，枯澤
也。　發趾：下音止，足趾也。　張掖：下音亦。　慷慨：上口朗反，下苦愛反。
慷慨，竭誠也。　恢張：上苦回反，大也。　脣吻：下武粉反，口兩邊也。　挺：
亭頂反。挺，出也。　澄漪：下於宜反。澄漪，水波文也。　澆薄：上古堯反。
捃拾：上居運反。捃，亦拾也。　援引：上音園。　徵覈：下閑鬲反，考也。　鄂
公：上吾□反。

開元釋教録卷第九

唐庚午歲西崇福寺沙門智昇撰

摠括群經録上之九大唐傳譯之餘。

師子莊嚴王菩薩請問經一卷。一名八曼荼羅經，龍朔三年於慈恩寺譯。見大周録。

離垢慧菩薩所問禮佛法經一卷。龍朔三年於慈恩寺譯。見大周録。

阿吒那智經一卷。龍朔三年於慈恩寺譯。見續高僧傳。

右三部，三卷。前二部二卷見在，後一部一卷本闕。

沙門那提，唐曰福生，具依梵言，則云布如烏伐耶。以言煩多，故此但訛略而云那提也。本中印度人。少出家，名師開悟。志氣雄遠，弘道爲懷。歷遊諸國，務在開物。而善達聲明，通諸詁訓。大夏召爲文士，擬此土蘭臺著作者。性汎愛，好奇尚，聞有涉悟，不憚遠夷。曾往執師子國，又東南上楞伽山。南海諸國，隨緣達化〔一〕。承脂那東國盛轉〔二〕大乘，佛法崇盛，贍洲稱最，乃搜集大小乘經律論五百餘夾〔三〕，合一千五百餘部，以天皇永徽六年創達京師〔四〕。有敕令於慈恩安置，所司供給。

時玄奘法師當途翻譯，聲華騰蔚，無由克彰，掩抑蕭條，般若是難。那提不蒙引致，無由自敷。顯慶元年，敕往崑崙諸國采取異藥。既至南海，諸王歸敬，爲别立寺，度人授法。弘化之廣，又倍於前。以昔被敕往，理須返命。慈恩梵本，擬重尋研，龍朔三年，還返舊寺。所賫諸經，並爲奘將北出，意欲翻度，莫有依憑，唯譯八曼荼羅等經三部，要約精最，可常行學。禪林寺沙門慧澤〔五〕譯語，豐德寺沙門道宣綴文并製序。其年，南海真臘國爲那提素所化者奉敬無已，思見其人，故相牽率，假途遠請，乃云：「國有好藥，惟提識之，請自採取。」下敕聽往，返亦未由。

曾有博訪大夏行人云：「那提三藏乃龍樹之門人也。」所解無相，與奘顧〔六〕反。西梵僧云：「大師隱後，斯人第一。深解實相，善達方便。小乘五部、毗尼外道、四韋陁論，莫不洞達源底，通明言義。詞出珠聯，理暢霞舉。」所著大乘集義論，可有四十餘卷，將事譯之，被遺遂闕。夫以抱麟之歎，代有斯蹤，知人難哉，千齡罕遇。那提挾道遠至，投俾北冥，既無所待，乃三被毒，再充南役，崎嶇數萬，頻歷瘴氣〔七〕。委命遭命，斯人斯在，嗚呼惜哉！

校勘記

〔一〕達化：高麗藏本作「遠化」。

〔二〕盛轉：高麗藏本作「盛傳」。
〔三〕夾：高麗藏本作「甲」。
〔四〕京師：原作「宗師」，據高麗藏、永樂南藏、嘉興藏、清藏、四庫本改。
〔五〕慧澤：嘉興藏本作「慧譯」。
〔六〕顧：高麗藏、嘉興藏、清藏、四庫本作「碩」。
〔七〕瘴氣：高麗藏本作「瘴氛」。

大般涅槃經後譯荼毗分二卷。亦云闍維分，亦云後分，沙門慧立製序。見大周録。

右一部，二卷，其本見在。

沙門若那跋陁羅，唐云智賢，南海波陵亦曰訶陵。國人也，善三藏學。往者麟德年中，益府成都沙門會寧，故遊天竺，觀禮聖跡。汎舶西逝，路經波陵國，遂共智賢譯涅槃後分二卷，寄經達於交州，會寧方之天竺。後至儀鳳年初，交州都督梁難敵遣使附經入京，三年戊寅，大慈恩寺沙門靈會於東宮啓請施行。

大乘顯識經二卷。第二出，與寶積賢護長者會同本。見大周録。永隆元年於東都東太原寺譯。

大方廣佛華嚴經續入法界品一卷。或無「續」字，續舊華嚴經闕文。見大周録。垂拱元年，於西〔一〕太原寺歸寧院譯。

方廣大莊嚴經十二卷。一名神通遊戲，第四出，與竺法護普曜經等同本。見大周録。永淳二年九月十五日於西太原寺歸寧院譯〔二〕，沙門復禮筆受。

證契大乘經二卷。亦名入一切佛境智毗〔三〕盧遮那藏，第二〔四〕出，與大乘同性經同本。見大周録。永隆元年於東太原寺譯。

大乘離文字普光明藏經一卷。第三出，與元魏菩提留支所出無字寶篋經等同本。見大周録。永淳二年於西太原寺歸寧院譯。

大乘遍照光明藏無字法門經一卷。第四出，即與次前離文字經同本，日照重出。

大方廣師子吼經一卷。第二出，與如來師子吼經同本。見大周録。永隆元年於東太原寺譯。

大乘百福相經一卷。初出，見大周録。永淳二年於西太原寺歸寧院譯。

大乘百福莊嚴相經一卷。第二出，即與次前百福相經同本，日照重出。

大乘四法經一卷。初出，見大周録。永隆元〔五〕年於東太原寺譯。

菩薩修行四法經一卷。永隆二年正月於京弘福寺譯，沙門彦悰製序，第二出，與前大乘四法同本，於京再出。

七俱胝佛大心准提陁羅尼經一卷。初出，與金剛智出者同本。見大周録。垂拱元年於西太原寺歸寧院譯。

佛頂最勝陁羅尼經一卷。第二出，與杜行〔六〕顗等出者同本，永淳元年〔七〕五月二十三〔八〕日於京弘福寺共沙門彦悰譯，悰〔九〕兼製序。見經前序〔一〇〕。

最勝佛頂陁羅尼淨除業障經一卷。第四出，與前經同本，日照後欲歸國，於東都共沙門惠智再譯。前緣後法，二文並廣。

大乘密嚴經三卷。見大周録。

造塔功德經一卷。見大周録。永隆元年於東太原寺譯。

金剛般若波羅蜜經破取著不壞假名論二卷。功德施菩薩造，亦名〔一一〕功德施論。見大周録。永淳二年九月十五日於西太原寺歸寧院譯。

大乘廣五蘊論一卷。安惠菩薩造，或無「廣」字。見大周録。垂拱元年六月二十五日於西太原寺歸寧院譯。

右一十八部，三十四卷，其本並在。

沙門地婆訶羅，唐言日照，中印度人。洞明八藏，博曉四含。戒行清高，學業優贍，尤工呪術，兼洞五明。志在利生，來遊此國，以天皇儀鳳初至天后垂拱末，於兩京東、西太原寺西太原寺即今西崇福寺是也，東太原寺即今大福先寺是也。及西京弘福寺譯大乘顯識經等一十八部，沙門戰陁般若提婆譯語，沙門惠智證梵語。敕召名德十人助其法化，沙門道成、薄塵、嘉尚、圓測、靈辯、明恂、懷度等證義，沙門思玄、復禮等綴文筆受。天后親敷睿藻，製序標首，光飾像教，傳之不朽也。

校勘記

〔一〕西：原無，據高麗藏、永樂南藏、永樂北藏、嘉興藏、清藏、四庫本補。
〔二〕譯：高麗藏本作「譯訖」。
〔三〕毗：高麗藏本作「陪」。
〔四〕二：永樂南藏本作「一」。
〔五〕元：高麗藏、資福藏、嘉興藏本作「九」。
〔六〕行：高麗藏本無。
〔七〕元年：原無，據諸校本補。
〔八〕二十三：經前序（彦悰撰）同，諸校本作「二十二」。
〔九〕悰：上下二字高麗藏本皆誤作「琮」。
〔一〇〕見經前序：高麗藏本無。
〔一一〕名：高麗藏本作「云」。

佛頂勝陁羅尼〔一〕經一卷。初出，與日照等出者同本，儀鳳四年正月五日譯畢。

右一部，一卷，其本見在。

清信士杜行顗，京兆人。儀鳳中，任朝散郎、行鴻臚寺典客署令。顗明諸蕃語，兼有文藻，天竺語書，亦窮其妙。于時有罽賓國僧佛陁波利，賫梵經一挾詣闕奉獻。天皇有詔，令顗翻出，名爲佛頂勝陁羅尼〔二〕。寧遠將軍度婆及中印度三藏法師地婆訶羅證譯，是時儀鳳四年正月也。

此杜譯者，有廟諱、國諱，皆隱而避之，即「世尊」爲「聖尊」、「世界」爲「生界」、「大勢」爲「大趣」、「救治」爲「救除」，譯訖奉進。皇上讀訖，顧謂顗曰：「既是聖言，不須避諱。」杜時奉詔以正，屬有故而寢焉。荏苒之間，杜君長逝，未遑改正，其經遂行。後日照三藏奉詔再譯，名佛頂最勝陁羅尼。大周録云佛頂勝陁羅尼〔三〕日照三藏譯者，誤也。

校勘記

〔一〕佛頂勝陁羅尼：高麗藏本作「佛頂尊勝陀羅尼」。
〔二〕佛頂勝陁羅尼：高麗藏本作「佛頂尊勝陀羅尼」。
〔三〕佛頂勝陁羅尼：高麗藏本作「佛頂尊勝陀羅尼」。

十門辯惑論二卷。答太子文學權無二釋典稽疑，或三卷。

右一部，二卷，其本見在。

沙門釋復禮，京兆人，俗姓皇甫氏。少出家，住興善寺。性虚静，寡嗜欲。遊心内典，兼博玄儒，尤工賦詠，善於著述。俗流名士，皆慕仰之。三藏地婆訶羅、實叉難陁等譯大莊嚴、華嚴等經，皆敕召禮，令同翻譯，綴文裁義，實屬斯人。

天皇永隆二年辛巳，因太子文學權無二述釋典稽疑十條，用以問禮，請令釋滯，遂爲答之，撰成二卷，名曰十門辯惑論。賓主酬答，剖析稽疑，文出於智府，義在於心外，如斯答對，非此而誰，可謂龍猛更生，馬鳴再出。權文學覩斯論已，衆疑頓遣，頂戴遵行。此雖一時之酬答，寔爲〔一〕萬代之龜鏡也。法師兼有文集，行於當代〔二〕。

校勘記

〔一〕寔爲：普寧藏本作「是爲」。

〔二〕當代：高麗藏本作「代焉」。

大唐慈恩寺三藏法師傳十卷。

右一部，十卷，其本見在。

沙門釋慧立，本名子立，天皇改爲慧立，俗姓趙氏，天水人也。遠祖因宦〔一〕徙寓新平，故爲豳今改爲邠。人焉。爰祖及父，俱馳高譽，立即隋秘書郎毅之第三子也。生而岐嶷，有棄俗之志。年十五，貞觀三年，出家住豳州昭仁寺，此寺即破薛舉之戰場也。立識敏才俊，神清道遠，習琳〔二〕、遠之高風，有肇、融之識量，聲譽聞徹，敕召充大慈恩寺翻經大德，次補西明寺都維那，後授太原寺主，皆降綸旨，令維寺任。天皇之代，頻召入内，與黄冠對論，皆愜帝旨。事在别傳。

立以玄奘法師求經印度，若無紀述，季代罕聞，遂撰慈恩三藏行傳，未成而卒。後弘福沙門彦悰續而成之，揔〔三〕十卷，故初題云沙門惠立本、釋彦悰箋。

校勘記

〔一〕宦：高麗藏本作「官」。

〔二〕琳：高麗藏本作「林」。

〔三〕揔：高麗藏本作「揔成」。

四分比丘戒本一卷。題云四分戒本并序，西太原寺沙門懷素集。

四分比丘尼戒本一卷。題加「尼」字，餘同前。

四分僧羯磨三卷。題云羯磨卷上并序，出四分律，西太原寺沙門懷素集。

四分尼羯磨三卷。題加「尼」字，餘同前。

右四部，八卷，其本並在。

沙門釋懷素，俗姓范氏，京兆人。世襲冠冕〔一〕，貞觀十九年出家，師奘法師爲弟子。而立性聰敏，專尋經論。進具之後，偏肆〔二〕毗尼，依道成律師學四分律，不淹時序而爲上首。先居弘濟，後住太原，學侶雲奔，教授無輟。以先德所集，多不依文，率己私見，妄生增減，遂乃檢尋律藏，抄出戒心羯磨，但取成文，非妄穿鑿，可謂嗣徽迦葉，繼軌波離而已焉。又別撰四分記鈔兼經論疏記等五十餘卷，行於代。

校勘記

〔一〕冕：高麗藏本誤作「冤」。

〔二〕肆：高麗藏本作「肆」。

大方廣圓覺修多羅了義經一卷。

右一部，一卷，其本見在。

沙門佛陀多羅，唐云覺救，北印度罽賓人也，於東都白馬寺譯圓覺了義經一部。此經近出，不委何年。且弘道爲懷，務甄詐妄，但真詮不謬，豈假具知年月耶？

佛頂尊勝陁羅尼經一卷。第三出，與杜顗等出者同本。見大周録及經前序。

右一部，一卷，其本見在。

沙門佛陁波利，唐言覺護，北印度罽賓國人。忘身徇道，遍觀靈跡，聞文殊師利在清涼山，遠涉流沙，躬來禮謁。以天皇儀鳳元年丙子，杖錫五臺，虔誠禮拜，悲泣雨淚，望覩聖容。倏焉見一老翁從山中出來，作婆羅門語，謂波利曰：「師精誠懇惻，何所求耶？」波利答曰：「聞文殊大士隱跡此山，從印度來，欲求瞻禮。」翁曰：「師從彼國，將佛頂尊勝陁羅尼經來不？此土衆生，多造諸罪。出家之輩，亦多所犯。佛頂神呪，除罪秘方。若不將經，徒來何益？縱見文殊，何必能識？師可還西國，取彼經來，流傳此土，即是遍奉衆聖，廣利群生，拯濟幽冥，報諸佛恩也。師取經來至此，弟子當示師文殊師利菩薩所在。」波利聞此語已，不勝喜躍，遂裁抑悲淚，向山更禮。舉頭之頃，忽不見老人，波利驚愕，倍增虔敬。遂返歸本國，取得經來。既達帝城，便求進見，有司具狀聞奏，天皇賞其精誠，崇斯秘典，遂詔鴻臚寺典客令杜行顗及日照三藏於内共譯。譯訖，儭絹三十疋，經留在内。波利因乃垂泣奏曰：「委棄身命，志在利人。請布流行，是所誠望。」帝愍其專至，遂留所譯之經，還其梵本，任將流布。波利得經，不勝喜躍，將向西明寺訪得善梵語僧順貞，奏共翻譯，帝允其請。遂對諸大德共貞翻出，名佛頂尊勝陁羅尼。與前杜令所翻之者，呪韻經文大同小異。波利所願已畢，持經梵本入於五臺，于今不出，莫知所之。比諸衆譯，此最弘布。准經前序，乃云永淳二年迴至西京，具狀聞奏。其年即共順貞再譯，名佛頂尊勝陁羅尼經。今尋此説，年月稍乖。其杜令譯者，乃儀鳳四年正月五日也。日照再譯，乃永淳元年五月二十三日〔一〕也。既云永淳二年方達唐境，前之二本，從何而得？又永淳二年，天皇已幸東都，如何乃云在京譯出？其序復是永昌已後有人述記，却叙前事，致有參差。此波利譯者，不可依序定其年月也。

校勘記

〔一〕二十三日：高麗藏本作「十三日」。

大方廣佛華嚴經不思議佛境界分一卷。或二卷，十二紙，永昌元年於魏國東寺譯。見大周録。初出，與後實叉難陁所譯不思議境界經同本。

大方廣佛華嚴經修慈分一卷。天授二年於大周東寺譯。見大周録。

大乘造像功德經二卷。或一卷，天授二年於大周東寺譯。見大周録。

智炬陁羅尼經一卷。天授二年於大周東寺譯。見大周録。

諸佛集會陁羅尼經一卷。天授二年於大周東寺譯。見大周録。

大乘法界無差别論一卷。天授二年十月十四日於大周東寺譯。見大周録。

右六部，七卷，其本並在。

沙門提雲般若，或云提雲陁若那，唐云天智，于闐國人。學通大小，智兼真俗，呪術禪門，悉皆諳曉。以天后永昌元年來屆于此，即以其年謁帝于洛，敕於魏國東寺後改爲大周東寺〔一〕。翻經。以永昌元年己丑至天授二年辛卯，揔出經論六部，沙門戰陁、慧智等譯語，沙門處一等筆受，沙門復禮等綴文，沙門德感、惠儼、法明、弘景等證義。

校勘記

〔一〕寺：原誤作「時」，據諸校本改。

讚觀世音菩薩頌一卷。見大周録。

右一部，一卷，其本見在。

沙門釋慧智，父印度人也，婆羅門種，因使遊此而生於智。少而精勤，有出俗之志。天皇時，因長年婆羅門僧奉敕度爲弟子，本既梵人，善閑天竺書語，又生唐國，復練此土言音，三藏地婆訶羅、提雲若那、寶思惟等所有翻譯，皆召智爲證，兼令度語。

智以天后長壽二年癸巳，於東都佛授記寺自譯讚觀世音頌一卷〔一〕。

校勘記

〔一〕一卷：高麗藏本作「一部」。

大周刊定衆經目録十五卷。

右一部，十五卷，其本見在。

沙門釋明佺，東都佛授記寺僧也。尤精律學，兼閑經論。天后天册萬歲〔一〕元年乙未，敕刊定經目，佺首末條録，編比次序，與翻經大德二十餘人同共參定。雖云刊定，繁穢尤多。雖見流行，實難憑准。中有乖舛，如别所述。

校勘記

〔一〕天册萬歲：原誤作「天策萬歲」。

大方廣佛華嚴經八十卷。第二出，與東晉覺賢譯者同本，證聖元年三月十四日於東都大内大遍空寺譯，天后親受筆削，至聖曆二年十月八日於佛授記寺功畢。

文殊師利授記經三卷。於清禪寺譯，第三出，與文殊佛土嚴淨經等同本，今編入寶積，當第十五會。

大方廣入如來智德不思議經一卷。於東都佛授記寺譯，第四出，與度諸佛境界智光嚴經等同本。

大方廣如來不思議境界經一卷。第二出，與提雲般若所出境界分同本。

大方廣普賢〔一〕所説經一卷。

大乘入楞伽經七卷。第四出，與宋功德賢等出者同本，久視元年五月五日於東都三陽宫〔二〕初出，至長安四年正月五日繕寫功畢。

觀世音菩薩秘密藏神呪經一卷。初出，與寶思惟等出者同本。

妙臂印幢陁羅尼經一卷。第二出，與勝幢臂印陀羅尼經同本。

百千印陁羅尼經一卷。

救面然餓鬼陁羅尼神呪經一卷。

右繞佛塔功德經一卷。亦云遶塔功德經。

大乘四法經一卷。與前日照三藏出者名字雖同，經體全異。

十善業道經一卷。

大乘起信論二卷。第二出，與真諦出者同本。

摩訶般若隨心經一卷。

大方廣不生不滅經一卷。

大方廣如來難思議境界經一卷。

離垢浄光陁羅尼經一卷。初出，與彌陁山〔三〕譯者同本。

菩薩出生四法經一卷。

右一十九部，一百七卷。起信論上一十四部一百二卷見在，摩訶般若隨心經下五部〔四〕五卷闕本。

沙門實叉難陁，唐云學喜〔五〕，于闐國人。智度弘曠，利物爲心。善大小乘，兼異學論。天后明揚佛日，敬重大乘，以華嚴舊經處會未備，遠聞于闐有斯梵本，發使求訪，并請譯人實叉與經同臻帝闕。以天后證聖元年乙未，於東都大内大遍空寺譯華嚴經，天后親臨法座，煥發序文，自運仙毫，首題名品，南印度沙門菩提流志、沙門義浄同宣梵本。後付沙門復禮、法藏等，於佛授記寺譯，至聖曆二年己亥功畢。

又，至久視元年庚子，於三陽宫内譯大乘入楞伽經。及於西京清禪寺、東都授記寺譯文殊授記等經。前後揔譯一十九部，沙門波崙、玄軌等筆受，沙門復禮等綴文，沙門法寶、弘景等證義，太子中舍賈膺福監護。

至長安四年，實叉緣母年老，請歸覲省。表書再上，方蒙允許，敕御史霍嗣光送至于闐。後和帝龍興，重暉佛日，敕再徵召，方屆帝城，以景龍二年達于兹土。帝屈萬乘之尊，親迎於開遠門外。京城緇侣，備諸幢旛，逆路導引，仍裝飾青象，令乘入城，敕於大薦福寺安置。

未遑翻譯，遘疾彌留，以景雲元年十月十二日，右脇壘足，終于大薦福寺，春秋五十有九。緇徒悲噎，歎法棟之遽摧；俗侶哀號，恨群生之失導。有詔聽依外國法葬，以十一月十二日於開遠門外古然燈臺焚之。薪盡火滅，其舌猶存，斯是弘法之嘉瑞〔六〕也。至十二月二十三日，本國門人悲智敕使哥舒道元送其餘骸及斯靈舌還歸于闐，起塔供養。後人復於焚屍之所起七層塔焉。

校勘記

〔一〕普賢：高麗藏本作「普賢菩薩」。
〔二〕三陽宮：高麗藏本作「三陽宮内」。
〔三〕山：高麗藏本誤作「出」。按：彌陀山，宋高僧傳卷二有傳。
〔四〕五部：原無，據高麗藏本補。
〔五〕學喜：高麗藏本作「喜學」。按：宋高僧傳卷二唐洛京大遍空寺實叉難陀傳：「釋實叉難陀，一云施乞叉難陀，華言學喜。」
〔六〕嘉瑞：原作「嘉端」，據文意改。

不空羂索陁羅尼經一卷。一名普門，此有一十六品，是梵本經抄〔一〕，沙門波崙製序，第二出，與寶思惟譯三卷者同本。

右一部，一卷，其本見在。

婆羅門李無諂，北印度嵐波國人，識量聰敏，内外該通，唐梵二言，洞曉無滯。三藏阿你真那、菩提流志等翻譯衆經，並無諂度語。於天后代聖曆三年庚子三月，有新羅國僧明曉，遠觀唐化，將欲旋途，於揔持門先所留意，遂慇懃固請譯此真言，使彼邊維同聞秘教。遂於佛授記寺翻經院爲譯不空羂索陁羅尼經一部，沙門波崙筆受。至久視元年八月，將所譯經更於〔二〕罽賓重勘梵本，方寫流布。

校勘記

〔一〕抄：高麗藏本無。

〔二〕於：嘉興藏本無。

無垢浄光大陁羅尼經一卷。第二出，與實叉難陁離垢浄光陁羅尼同本。

右一部，一卷，其本見在。

沙門彌陁山，唐言寂友，覩貨邏國人也。幼小出家，遊諸印度，遍學經論，於楞伽、俱舍最爲精妙。志弘像法，無悋鄉邦，杖錫而遊，來臻皇闕。於天后代共實叉難陀譯大乘入楞伽經。後於天后末年共沙門法藏等譯無垢浄光陀羅尼經一部。譯畢進内，辭帝歸邦，天后厚遺〔一〕，任歸本國。

校勘記

〔一〕遺：高麗藏本作「遺」。

甄正論三卷。

右一部，三卷，其本見在。

沙門釋玄嶷，俗姓杜，名乂〔一〕。先是黄冠，爲東都大弘道觀主。遊心七籍，妙善三玄，黄宗之中，此爲綱領。天后心崇大法，弘闡釋宗。乂〔二〕遂歸心，請求剃落，詔許度之，住佛授記寺。後爲寺都，兼預翻譯。悉彼宗之虚誕，知正教之可憑，遂造甄正論一部，指陳虚僞，主客問答，極爲省要。

校勘記

〔一〕乂：原作「又」，資福藏本作「叉」。按：玄嶷，俗名或作「乂」，或作「叉」，或作「又」，當爲形近相混。據佛祖統紀卷三九，「洛陽弘道觀主杜義乞爲僧，賜名玄嶷，賜夏三十臘，勅住佛授記寺。嶷撰甄正論以尊佛教」。「乂」和「義」同音，當作「乂」是，故據改。

〔二〕乂：原作「人」，資福藏本作「叉」，據普寧藏、永樂南藏、永樂北藏、嘉興藏、清藏、四庫本改。

不空羂索陀羅尼自在王呪經三卷。亦名不空羂索心呪王經，長壽二年十月〔一〕於東都佛授記寺譯，沙門德感筆受，初出，與李無諂出一卷者同本。

浴像功德經一卷。神龍元年正月二十三日〔二〕於東都大福先寺譯，婆羅門李無諂譯語，初出，與後義浄出者同本。

校量數珠功德經一卷。神龍元年正月二十三日於大福先寺譯，李無諂譯語，初出，與後義浄出者同本。

觀世音菩薩如意摩尼陀羅尼經一卷。第二出，與實叉難陀等出者同本。

文殊師利根本一字陀羅尼經一卷。長安二年於天宫寺譯，沙門惠智等證梵文，婆羅門李無諂譯語，直中書李無礙筆受，初出，與後義浄出者同本。

大陀羅尼末法中一字心呪經一卷。神龍元年於大福先寺譯，李無諂譯語。

隨求即得大自在陀羅尼神呪經一卷。亦云「所得」，見大周録。長壽二年於東都天宫寺譯，罽賓沙門尸利難陀設等證梵文，李無諂譯語，李無礙筆受。

右七部，九卷，其本並在。

沙門阿你真那，唐云寶思惟，北印度迦濕蜜羅國人，刹帝利種，彼王之華胄。幼而捨家，禪誦爲業。進具之後，專精律品。復慧解超群，學兼真俗，乾文呪術，尤工〔三〕其妙。加以化導爲心，無戀鄉國，以天后長壽二年癸巳届于洛都，敕於天宫寺安置。

即以天后長壽二年癸巳至中宗神龍二年丙午，於授記、天宫、福先等寺譯不空羂索陀羅尼經等七部。後至睿宗太極元年壬子四月，太子洗馬張齊賢等繕寫進内。至延和元年六月，敕令禮部尚書晉國公薛稷、右常侍高平侯徐彦伯等詳定，入目施行。

三藏自神龍二年已後，更不譯經，唯精勤禮誦，修諸福業。每於晨朝，磨香爲水，塗浴佛像，後方飲食。從始至終，此爲恒業。衣鉢之外，隨得隨施。後於龍門山請置一寺，依外國法式製造，呼爲天竺，已及門人，同居此寺。精誠所感，其數寔多。壽年百餘，以開元九年，終於寺矣。

校勘記

〔一〕十月：高麗藏本作「七月」。

〔二〕二十三日：高麗藏本作「二十二日」。

〔三〕工：原作「功」，據文意改。

金光明最勝王經十卷。第五出，與北涼曇無讖四卷金光明等同本。長安三年十月四日於西明寺譯畢，沙門波崙、惠表筆受。

能斷金剛般若波羅蜜多經一卷。第五出，與姚秦羅什、元魏留支、陳真諦等出者同本，長安三年十月四日於西明寺譯。

佛爲難陀説出家入胎經二卷。出根本説一切有部毗柰耶雜事第十一、十二卷，景龍四年於大薦福寺譯，今編入寶積，當第十四會，改名入胎藏會。

入定不定印經一卷。第二出，與元魏瞿曇流支所出不必定入定入印經同本，久視元年五月五日譯〔一〕。

藥師瑠璃光七佛本願功德經二卷。第四出，與〔二〕隋笈多等出者同本，但廣略有異。神龍三年夏於大内佛光殿譯，時帝親御法筵，手自筆受。

彌勒下生成佛經一卷。第六出，與羅什彌勒下生〔三〕經等同本。大足元年九月二十三日於東都大福先寺譯。

佛爲勝光天子説王法經一卷。第三出，與舊諫王經及唐譯勝軍王經並同本，神龍元年七月十五日於東都大福先寺譯，沙門玄傘筆受。

浴像功德經一卷。第二出，與寶思惟出者同本，景龍四年四月十五日於大薦福寺翻經院譯。

數珠功德經一卷。第二出，與寶思惟出者同本，景龍四年四月十五日於大薦福寺翻經院譯。

觀自在菩薩如意心陀羅尼呪經一卷。第三出，與實叉難陀、寶思惟等出者同本，景龍四年於大薦福寺翻經院譯。

曼殊室利菩薩呪藏中一字呪王經一卷。第二出，與寶思惟出者同本，長安三年十月四日於西明寺譯。

稱讚如來功德神呪經一卷。第二出，與隋譯十二佛名神呪經同本，景雲二年閏六月二十三日於大薦福寺翻經院譯，沙門玄傘、智積等筆受。

大孔雀呪王經三卷。第八出，與梁僧伽婆羅等出者同本，神龍元年於東都内道場譯。

佛頂尊勝陀羅尼經一卷。第五出，與杜行顗、日照、波利等出者同本，景龍四年於大薦福寺翻經院譯。

莊嚴王陀羅尼呪經一卷。大足元年九月二十三日於東都大福先寺譯。

香王菩薩陀羅尼呪經一卷。神龍元年於東都大福先寺譯。

一切功德莊嚴王經一卷。神龍元年七月十五日於東都大福先寺譯，沙門玄傘筆受。

拔除罪障呪王經一卷。景龍四年於大薦福寺翻經院譯。

善夜經一卷。大足元年九月二十三日於東都大福先寺譯。

大乘流轉諸有經一卷。大足元年九月二十三日於東都大福先寺譯。

妙色王因緣經一卷。大足元年九月二十三日於東都大福先寺譯。

佛爲海龍王説法印經一卷。景雲二年閏六月二十三日於大薦福寺翻經院譯，沙門玄傘、智積等筆受。

能斷金剛般若波羅蜜多經論頌一卷。無著菩薩造，景雲二年於大薦福寺翻經院譯，沙門玄傘、智積等筆受。

能斷金剛般若波羅蜜多經論釋三卷。無著菩薩頌，世親菩薩釋，景雲二年於大薦福寺翻經院譯，沙門玄傘、智積〔四〕等筆受。

因明正理門論一卷。大域龍菩薩造，第二出，與奘法師譯者同本，景雲二年於大薦福寺翻經院譯，沙門玄傘、智積等筆受。

成唯識寶生論五卷。一名二十唯識順〔五〕釋論，護法菩薩造，景龍四年四月十五日於大薦福寺翻經院譯，沙門玄傘、智積等筆受。

觀所緣論釋一卷。護法菩薩造，景龍四年四月十五日於大薦福寺翻經院譯，沙門玄傘、智積等筆受。

掌中論一卷。陳那菩薩造，第二出，與解捲論同本，長安三年十月四日〔六〕於西明寺譯。

取因假設論一卷。陳那菩薩造，長安三年十月四日於〔七〕西明寺譯，沙門惠表筆受。

觀揔相論頌一卷。陳那菩薩造，景雲二年於大薦福寺翻經院譯，沙門智積等筆受。

止觀門論頌一卷。世親菩薩造，景雲二年於大薦福寺翻經院譯，沙門玄傘等筆受。

手杖論一卷。尊者釋迦稱造，景雲二年於〔八〕大薦福寺翻經院譯，沙門玄傘等筆受。

六門教授習定論一卷。無著菩薩本，世親菩薩釋，長安三年十月四日於西明寺譯。

五蘊皆空經一卷。出雜阿含經第二卷，異譯，景龍四年於大薦福寺翻經院譯，沙門智積等筆受。

三轉法輪經一卷。出雜阿含經第十五卷，異譯，景龍四年於大薦福寺翻經院譯，沙門玄傘等筆受。

無常經一卷。亦名三啓經，大足元年九月二十三日於東都大福先寺譯。

八無暇〔九〕有暇經一卷。大足元年九月二十三日於〔一〇〕東都大福先寺譯。

長爪梵志請問經一卷。久視元年十二月二十三日於東都大福先寺譯。

譬喻經一卷。景龍四年於大薦福寺翻經院譯，沙門玄傘筆受〔一一〕。

略教誡經一卷。景雲二年閏六月二十三日於大薦福寺翻經院譯，沙門玄傘〔一二〕等筆受。

療痔病經一卷。亦云「痔瘻」，景龍四年於大薦福寺翻經院譯，沙門玄傘等筆受。

根本説一切有部毗柰耶五十卷。長安三年十月四日於西明寺譯，沙門波崙、惠表等筆受。

根本説一切有部苾芻尼毗柰耶二十卷。景龍四年於大薦福寺翻經院譯。

根本説一切有部毗柰耶雜事四十卷。景龍四年於大薦福寺翻經院譯。

根本説一切有部尼陀那目得迦十卷。或八卷，長安三年十月四日於西明寺譯。

根本説一切有部戒經一卷。景龍四年於大薦福寺翻經院譯。

根本説一切有部苾芻尼戒經一卷。景龍四年於大薦福寺翻經院譯。

根本説一切有部百一羯磨十卷。長安三年十月四日於西明寺譯。

根本説一切有部毗柰耶頌五卷。尊者毗舍佉造，景龍四年於〔一三〕大薦福寺翻經院譯，先在西域那爛陀寺譯出，還都删正，景龍奏行。

根本説一切有部毗柰耶雜事攝頌一卷。景龍四年於大薦福寺翻經院譯。

根本説一切有部尼陀那目得迦攝頌一卷。景龍四年於大薦福寺翻經院譯。

根本薩婆多部律攝二十卷。尊者勝友集，或十四卷，久視元年十二月二十三日於東都大福先寺譯。

一百五十讚佛頌一卷。尊者摩咥里制吒造，於中印度那爛陀寺譯，至景雲〔一四〕二年於薦福寺重更迴綴。

龍樹菩薩勸誡王頌一卷。第三出，與舊勸發諸王要偈等同本，於東印度躭摩立底國譯，至都重綴。

大唐西域求法高僧傳二卷。從西國還，在南海室利佛逝撰，寄歸。

大唐南海寄歸内法傳四卷。從西國還，在南海室利佛逝撰，寄歸。

别説罪要行法一卷。或無「别」字。

受用三水要法一卷。或云要行法。

護命放生軌儀一卷。或云軌儀法。

法華論五卷。莫知造者，單重未悉，景雲二年〔一五〕譯。

集量論四卷。景雲二年譯。已上多取奏行年月，所以出日多同〔一六〕。

右六十一部，二百三十九卷。法華論下二部九卷失本。

沙門釋義浄，齊州人，俗姓張，字文明。髫齔之年，辭榮落髪〔一七〕，於是遍詢名匠，廣探群籍，内外閑曉，今古遍知。

年十有五，志遊西域，仰法顯之雅操〔一八〕，慕玄奘之高風。加以勤無棄時，手不釋卷，弱冠登具，逾厲堅貞。咸亨二年三十有七，方叶夙懷，遂之廣府。初結誓同志，數滿十人，洎乎汎舶，餘皆退罷，唯浄堅心轉熾，遂即孤行。備歴艱難，漸達印度。所至之境，皆洞言音。凡遇王臣，咸蒙禮重。鷲峰、雞足，並親登陟。祇園、鹿苑，咸悉周遊。憩那爛陀，禮菩提樹。遍師明匠，學大小乘。所爲〔一九〕事周，還歸故里。凡所歴遊三十餘國，往來問道，出二十年。以天后證聖之元乙未仲夏還至河洛。將梵本經律論近四百部合五十萬頌，金剛座真容一鋪，舍利三百粒。天后敬法重人，親迎于上東門外。洛陽緇侶，備設幢旛，兼陳鼓樂，在前導引，敕於佛授記寺安置，所將梵本並令翻譯。

初，共于闐三藏實叉難陀翻華嚴經，久視已後，方自翻譯。即以久視元年庚子至長安三年癸卯，於東都福先寺及西京西明寺譯金光明最勝王、能斷金剛般若、入定不定印、彌勒成佛、一字呪王、莊嚴王陀羅尼、善夜、流轉諸有、妙色王因縁、無常、八無暇有暇、長爪梵志等經，根本説一切有部毗柰耶、尼陀那目得迦、百一羯磨及律攝等，掌中、取因假設、六門教授等論，及龍樹勸誡頌。已上二十部一百一十五卷，北印度沙門阿你真那證梵文義，沙門波崙、復禮、慧表、智積等筆受證文，沙門法寶、法藏、德感、勝莊〔二〇〕、神英、仁亮、大儀、慈訓等證義，成均太學助教許觀監護繕寫進内，天后製新翻聖教序，令標經首。

暨和帝龍興神龍元年乙巳，於東都内道場譯孔雀王經，又於大福先寺譯勝光天子、香王菩薩呪、一切功德莊嚴王等經。上四部六卷，沙門盤度讀梵文，沙門玄傘筆受，沙門大儀證文，沙門勝莊、利貞等證義，兵部侍郎崔湜、給事盧粲等潤文正字，秘書大監駙馬都尉觀國公楊慎交監護。和帝心崇釋典，製序褒揚，号爲大唐龍興三藏聖教序。帝御洛城西門，宣示群辟，浄所新翻，並令標引。二年丙午，隨駕歸京，敕於大薦福寺別置翻經院處之。三年丁未，帝召入内，并同翻經沙門九旬坐夏。帝以昔居房部，幽厄無歸，祈〔二一〕念藥師，遂蒙降祉。荷〔二二〕兹往澤，重闡洪猷，因命法徒，更令翻譯，於大佛光殿譯成二卷，名藥師瑠璃光七佛本願功德經。帝御法筵，手自筆受。

又，至景龍四年庚戌，於大薦福寺譯浴像功德、數珠功德、如意心、尊勝、拔除罪障、出家入胎、五蘊皆空、三轉法輪、譬喻、療痔病等經，根本説一切有部苾芻尼毗柰耶、毗柰耶雜事、二衆戒經、毗柰耶頌、雜事攝頌、尼陀那目得迦攝頌、唯識寶生、觀所緣釋等。已上二十部八十八卷，吐火羅沙門達磨末磨、中印度沙門拔弩證梵義，罽賓沙門達磨難陀證梵文，居士東印度首領伊舍羅證梵本，沙門惠積、居士中印度李釋迦度頗多等讀梵本，沙門文綱、惠沼、利貞、勝莊、愛同、思恒等證義，沙門玄傘、智積等筆受，居士東印度瞿曇金剛、迦濕彌羅國王子阿順等證譯，修文館大學士特進趙國公李嶠、兵部尚書逍遥公韋嗣立、中書侍郎趙彦昭、吏部侍郎盧藏用、兵部侍郎張説、中書舍人李乂、蘇頲等二十餘人次文潤色，左僕射舒國公韋巨源、右僕射許國公蘇瓌等監譯，秘書大監嗣虢王邕〔二三〕監護。

又，至睿宗景雲二年辛亥，於大薦福寺復譯稱讚如來功德神呪、佛爲龍王説法印、略教誡等經，能斷般若論頌及釋因明理門、觀揔相頌、止觀門頌、手杖等論及法華、集量百五十讚，合一十二部二十一卷。沙門曷利末底烏帝提婆等讀梵本，沙門玄傘、智積等筆受，沙門惠沼等證義，太常卿衛國公薛崇胤監護。合從天后久視元年庚子至睿宗景雲二年辛亥，都譯五十六部二百三十卷。

又，别撰大唐西域求法高僧傳、南海寄歸内法傳、别説罪要行法、受用三水要法、護命放生軌儀，凡五部合九卷。又出説一切有部跋窣堵即諸律中犍度、跋渠之類也。梵〔二四〕有楚夏耳。約七八十卷，但出真本〔二五〕，未遑删綴，遽入泥洹，其文遂寢。净又於一切有部律中抄諸緣起，别部流行，如摩竭魚因緣等四十二經四十九卷，既是别生抄經，不合爲翻譯正數，今載别生録中，如删繁録中，具列名目。

净雖徧翻三藏，而偏攻〔二六〕律部。譯綴之暇，曲授學徒。凡所行事，皆尚其急，濾漉〔二七〕

滌穢，特異常倫。學侶傳行，遍於京洛。美哉，亦遺法之盛事也！以先天二年卒，春秋七十九矣。

校勘記

〔一〕譯：高麗藏本作「譯畢」。
〔二〕與：原無，據高麗藏本補。
〔三〕生：高麗藏本無。
〔四〕積：嘉興藏本無。
〔五〕順：高麗藏本作「頌」。
〔六〕四日：高麗藏本作「十四日」。
〔七〕於：原無，據高麗藏本補。
〔八〕於：原無，據高麗藏本補。
〔九〕暇：高麗藏本作「暇」。下同。
〔一〇〕於：原無，據高麗藏本補。
〔一一〕筆受：高麗藏本作「等筆受」。
〔一二〕玄傘：高麗藏本作「智積」。
〔一三〕於：高麗藏本無。

〔一四〕景雲：原作「景龍」，據高麗藏本及貞元新定釋教目録改。

〔一五〕二年：永樂南藏本作「一年」。

〔一六〕多同：原作「名同」，據諸校本改。

〔一七〕鬃：高麗藏本作「彩」。

〔一八〕操：嘉興藏本作「藻」。

〔一九〕所爲：嘉興藏本作「所謂」。

〔二〇〕勝莊：高麗藏本作「成莊」。

〔二一〕祈：嘉興藏本誤作「析」。

〔二二〕荷：高麗藏本作「賀」。

〔二三〕虢王邕：原作「號王邕」，舊唐書卷六四高祖二十二子傳記虢王鳳嫡孫邕嗣其爵，據改。

〔二四〕梵：高麗藏本作「梵音」。

〔二五〕但出真本：高麗藏本作「但出其本」，嘉興藏本作「俱出真本」。

〔二六〕偏攻：高麗藏本作「偏功」。

〔二七〕濾漉：普寧藏本誤作「濾渡」。

大寶積經一百二十卷。單重合譯，神龍二年創首，先天二年功畢。

右此部經，新譯、舊譯四十九經合古沓反。成一部。於中析取，二十六會三十九卷爲菩提流志新譯，餘二十三會八十一卷並是舊譯。勘同編入，已備餘録，故不重存。其新譯會名，具如别録初第十一卷寶積部中，依次編列。

實相般若波羅蜜經一卷。見大周録。第二出，與大般若第十會理趣分同本，廣略少異，長壽二年於東都大周東寺譯。

文殊師利所説不思議佛境界經二卷。見大周録。或一卷，初出，與寶積第三十五〔一〕善德天子會同本，長壽二年於大周東寺譯。

大乘金剛髻珠菩薩修行分一卷。見大周録。亦名金剛鬘菩薩加行品，是華嚴眷屬經，長壽二年於大周東寺譯。

寶雨經十卷。見大周録。第三出，與梁曼陀羅所出寶雲經等同本，長壽二年於佛授記寺譯，沙門處一等筆受。

大乘伽耶山頂經一卷。見大周録。第四出，與羅什文殊問菩提經等同本，長壽二年於大周東寺譯。

不空羂索神變真言經三十卷。當第四出，舊譯單卷者〔二〕，即是此經初品，神龍三年夏於西崇福寺譯，弟子般若丘多助宣梵本，至景龍三年春二畢。

千手千眼觀世音菩薩姥陀羅尼身經一卷。第二出，與唐智通譯二卷者同本，景龍三年夏於西崇福寺譯，弟子般若丘多助宣梵本。

如意輪陀羅尼經一卷。第四出，與實叉難陀等出者同本，此〔三〕法稍具，景龍三年夏於西崇福寺譯，弟子般若丘多助宣梵本。

六字神呪經一卷。或云六字呪法經。第四出，長壽二年於佛授記寺譯。

護命法門神呪經一卷。見大周録。第三出，與善法方便陀羅尼經等同本，長壽二年於佛授記寺譯。

廣大寶樓閣善住秘密陀羅尼經三卷。神龍二年九月十五日於西崇福寺譯畢，東天竺伊舍羅〔四〕譯語，沙門雲觀筆受。

一字佛頂輪王經五卷。亦云五佛頂經〔五〕，或四卷，景龍三年夏於西崇福寺譯，弟子般若丘多助宣梵本，其年冬譯畢。

文殊師利寶藏陀羅尼經一卷。景龍四年於西崇福寺譯，弟子般若丘多助宣梵本。

金剛光燄止風雨陀羅尼經一卷。景龍四年於西崇福寺譯，弟子般若丘多助宣梵本。

有德女所問大乘經一卷。見大周録，長壽二年於大周東寺譯。

般若波羅蜜多那經一卷。第三出，與摩訶大明呪經等同本，長壽二年於佛授記寺譯。

妙慧〔六〕童女所問經一卷。第三出，與須摩提經等同本，長壽二年於大周東寺譯。

不空羂索呪心經一卷。見大周録。第三出，與不空羂索神呪經等同本，長壽二年於佛授記寺譯。

妙德婆羅門女問佛轉何法輪經一卷。今疑即有德女所問大乘經是，長壽二年於大周東寺譯。

智猛長者問經一卷。長壽二年於佛授記寺譯。

佛入毗耶離除一切鬼病經一卷。長壽二年於佛授記寺譯。

那耶經一卷。長壽二年於佛授記寺譯。

大陀羅尼經一卷。長壽二年於佛授記寺譯。

文殊師利呪法藏經一卷。長壽二年於佛授記寺譯。

一字呪王經一卷。今疑與前呪法〔七〕藏共是一經，長壽二年於佛授記寺譯。

無迦略曳菩薩造廣大摩尼秘密善住經一卷。長壽二年於佛授記寺譯。

釋般若六字三句論一卷。長壽二年於佛授記寺譯。

右五十三部，寶積二十六會即爲二十六部。一百一十一卷。般若波羅蜜多那下一十二部一十二卷，尋本未獲。

沙門菩提流志，本名達摩流支，唐言法希〔八〕，天后改爲菩提流志，唐云覺愛，南印度人，婆羅門種，姓迦葉氏。聰叡絶倫，風神爽異。生年十二，外道出家。師禀波羅奢羅，學彼經術，遂洞曉〔九〕聲明，尤閑數論，陰陽曆數，地理天文，呪術醫方，皆如指掌。年登耳順，自謂孤行，撩僧論議，賜以身事。時有大乘上座部三藏，厥号耶舍瞿沙，知其根熟，遂與交論。未越幾關，詞理俱屈，始知佛日高明，匪螢燈並照；法海深廣，豈涓滴等潤！於是没身敬事，專學佛乘，奉戒無虧，志節高峻，崇慧有在，解學寬深。未越五年，通達三藏。天皇遠聞雅譽，遣使往邀，未及使還，白雲遽駕。曁天后御極，方赴帝京。以長壽二年癸巳創達都邑，即以其年於佛授記寺譯寶雨經，中印度王使沙門梵摩同宣梵本，沙門戰陀、居士婆羅門李無諂譯語，沙門惠智證譯語，沙門處一等筆受，沙門思玄等綴文，沙門圓測、神英等證義，司賓寺丞孫辟監護。後於大周東寺譯實相般若、金剛髻、大乘伽耶頂、有德、妙慧、文殊不思議境界、妙德女問佛等經。又於佛授記寺譯護命法門、六字神呪、般若蜜多那、不空羂索呪心、智猛長者問、除鬼病、那耶、大陀羅尼、文殊呪法藏、一字呪王、摩尼秘密善住等經及般若六字三句論。已上一十九部合二十卷，沙門行感等同譯。

後至和帝龍興神龍二年丙午，隨駕歸京，敕於西崇福寺安置，遂譯廣大寶樓閣、不空羂索神變、一字佛頂、千手千眼姥陀羅尼、如意輪、文殊寶藏、金剛光燄等經及大寶積。此經都有四十九會，上代譯者，摘會别翻而不終部袠。往者貞觀中，玄奘法師往遊印度，將梵本還，於弘福寺譯大菩薩藏經，即是寶積第十二之一會。後於玉華宫寺翻大般若竟，諸德慇懃請翻寶積，奘法師云：「譯寶積之功，不謝於般若。余生涯已窮，恐不終其事。」固請不已，遂啓夾譯之，可得數行，乃嗟歎曰：「此經與此土群生未有緣矣。余氣力衰竭，不能辦也。」因而遂輟。流志來日，復齎其梵本，和帝命志續奘餘功，遂廣鳩碩德，并召名儒，尋繹〔一〇〕

舊翻之經，考校新來之夾，上代譯者，勘〔二〕同即附，昔來未出，按本具翻。兼復舊義擁迷，
詳文重譯。始乎神龍二年丙午創筵，迄于睿宗先天二年癸丑畢席，於中二十六會三十九
卷，流志新譯，謂三律儀會、無邊莊嚴會、無量壽如來會、不動如來會、被甲莊嚴會、文殊師
利普門會、出現光明會、佛爲阿難説處胎會、無盡伏藏會、授幻師跋陀羅記會、大神變會、優
波離會、發勝志樂會、善順菩薩會、勤授長者會、優陀延王會、妙慧童女會、恒河上優婆夷
會、功德寶花敷菩薩會、善德天子會、阿闍世王子會、浄信童女會、弥勒菩薩所問會、無盡慧
菩薩會、勝鬘夫人會、廣博仙人會。創發題日，於大内佛光殿，和帝親御法筵，筆受經旨，百
僚侍坐，妃后同觀。求之古人，無以加也。

逮〔三〕睿宗嗣曆，復於北苑白蓮華亭及大内甘露等殿別開會首，亦親筆受。並沙門思
忠及東印度大首領伊舍羅、直中書度頗具等譯梵文，北印度沙門達摩、南印度沙門波若丘
多等證梵義，沙門慧覺、宗一、普敬、履方等筆受，沙門勝莊、法藏、塵外、無著、深亮、懷迪等
證義，沙門承禮、神暕、雲觀等次文，太子詹事東海郡公徐堅、邠王傅固安伯盧粲、尚書右丞
東海男盧藏用、中書舍人野王男蘇瑨、禮部郎中彭景直、左補闕祁縣男王瑨、太府丞顔温
之、太常博士賀知章等潤色，中書侍郎平輿侯陸象先、侍中鉅鹿公魏知古等監譯，前太常卿
薛崇胤、通事舍人弘農男楊仲嗣監護，繕寫既了，將本進内，睿宗外揔萬方，内崇三寶，御筆

製序，標於經首。前後揔譯五十三部，合一百一十一卷。

三藏流志自翻寶積經了，更不譯經，禪觀怡神，金丹養志。壽雖過百，道業無虧，持誦經行，晨昏靡替。至開元十二年，隨駕入洛，勑於長壽寺安置，以流志所住，加号開元。

至十五年九月，顧謂門人曰：「泡〔三〕幻之身，日就衰朽，縱然久住，終歸磨滅。吾生年攝養，冀免衰弊。今漸遲暮，徒更延時。」遂從二十日不飲不食，藥餌俱絶，雖向五旬，神色不異。至十一月三日，遂索香水洗浴，换新潔衣。至四日晨朝，取梵本衆經，手擎頂戴，一一讚歎。至五日齋時，告諸侍人，皆令四散：「吾暫就静，汝勿喧聲。」遂於浄室之中右脇而卧，奄然而卒，春秋一百五十有六。自非積修勝業，脱屣塵勞，焉能保此遐齡？去留專己者也。既聞天聽，皇衷感慕，慟歎久之，追贈鴻臚大卿，謚曰開元一切遍知三藏，詔遣内侍杜懷敬往東都監葬，勑内庫出物供葬所須，務令優贍，無限其數。於是鹵簿、羽儀、旛幢、華蓋闐塞衢巷而不可數。遂遷窆於龍門，起塔供養焉。

校勘記

〔一〕三十五：原作「二十五」，據高麗藏本改。

〔二〕者：原無，據高麗藏本補。

〔三〕此：資福藏本無。

〔四〕伊舍羅：高麗藏本作「伊舍羅等」。
〔五〕經：高麗藏本無。
〔六〕妙慧：原作「沙惠」，據後文及傳世經本改。
〔七〕法：高麗藏本無。
〔八〕法希：原作「法布」，據諸校本改。
〔九〕洞曉：嘉興藏本誤作「洞僥」。
〔一〇〕繹：原作「譯」，據文意及高麗藏本改。
〔一一〕勘：該字後原有一「會」字，據文意及高麗藏本删。
〔一二〕逮：高麗藏本誤作「建」。
〔一三〕泡：資福藏本作「胞」。

五分羯磨一卷。題云弥沙塞羯磨本。

右一部，一卷，其本見在。

沙門釋愛同，俗姓趙氏，本天水人，代襲冠冕。同弱齡出家，後以律學馳譽，講弥沙塞律，遠近師稟。昔宋朝罽賓三藏覺壽譯弥沙塞律，因出羯磨一卷，時運遷移，其本零落，尋求不獲，學者無依，同遂於大律之内抄出羯磨一卷，彼宗學者盛傳流布。

新譯大方廣佛華嚴經〔一〕音義二卷。

右一部，二卷，其本見在。

沙門釋慧苑，京兆人，華嚴藏法師上首門人也。勤學無惰，内外兼通，華嚴一宗，尤所精達。苑以新譯之經未有音義，披讀之者取決無從，遂博覽字書，撰成二卷，使尋讀之者不遠求師而決〔二〕於字書義也。

校勘記

〔一〕大方廣佛華嚴經：高麗藏本作「花嚴」。

〔二〕決：原作「訣」，高麗藏本此句作「決於字義」，永樂北藏、嘉興藏、清藏、四庫本此句作「決於字書義」，據改。

説妙法決定業障經一卷。第二出，與奘法師稱讚大乘功德經同本，開元九年六月於終南山石鼈谷老尹蘭若譯。

出生無邊門陀羅尼經一卷。第十一譯，與無量門微密持經等同本，開元九年於奉恩寺譯。

師子素馱娑王斷肉經一卷。開元九年奉恩寺〔一〕譯。

大乘修行菩薩行門諸經要集三卷。開元九年六月二十日於終南山石鼈谷老尹蘭若譯。

右四部，六卷，其本並在。

沙門釋智嚴，于闐國王之質子，姓鬱持，名樂，盧各切。幼至大唐，早居榮禄，授左領軍衛大將軍上柱國，封金滿郡公。而立性淳質，貞信居懷，請捨宅置寺，奉爲國家，神龍二年五月十一日敕允其所請。又自惟生居異域，長自中華，幸得侍奉四朝，班榮寵極，猶恐叨承厚禄，濫沐殊恩，於是固請出家，冀酬玄澤。神龍二年十二月〔二〕二十四日墨制云：「人之情也，莫不貪惜禄位。卿之願也，乃欲棄俗出家，襲蘭若之蹤，起禪那之行。忽省來奏，嗟賞兼懷。特遂所祈，式成高志。」以景龍元年十一月五日和帝生日，捨家剃落，法〔三〕号智嚴，仍請住於終南山至相寺蘭若修道。於是〔四〕虚心静慮，宴坐經行，精苦居懷，幽棲積念。加以經明唐梵，智照幽微，寶積真詮，如來秘偈，莫不屢承綸〔五〕旨，久預翻詳，頻奉綸〔六〕言，兼令證譯。常於石鼈谷居阿練若，習頭陀行。

開元九年，於石鼈練若及奉恩寺譯決定業障經等四部，並文質相兼，得其深趣。又譯尊勝陀羅尼呪一首及法華經藥王菩薩等呪六首。時有經本寫新呪入，幸勿恠之。

校勘記

〔一〕奉恩寺：高麗藏本作「於奉恩寺」。

〔二〕十二月：高麗藏本作「十一月」。

〔三〕法：永樂北藏、嘉興藏、清藏、四庫本誤作「髮」。
〔四〕於是：高麗藏本作「猶是」。
〔五〕綸：原作「絲」，據高麗藏本改。
〔六〕綸：原作「絲」，據資福藏本改。

七俱胝佛母准泥大明陀羅尼經一卷。第二出，與日照三藏譯者同本。

金剛頂瑜伽中略出念誦法四卷。開元十一年於資聖寺譯〔一〕。

金剛頂經曼殊室利菩薩五字心陀羅尼品一卷。

觀自在如意輪菩薩瑜伽法要一卷。上三經〔二〕，並出梵本金剛頂經，撮要抄譯，非全部。

右四部，七卷，其本並在。

沙門跋日羅菩上聲。提，地之上聲。唐云金剛智，南印度摩賴耶國人，此云光明國。其國近觀音宫殿補陀落山。婆羅門種。幼而出家，遊諸印度。雖内外博達，而偏善揔持。於此法門，罕有其匹〔三〕。隨緣遊化，隨處利生，聞大支那佛法崇盛，遂汎舶東遊，達于海隅，開元八年中，方届京邑。於是廣弘秘教，建曼荼羅，依法作成，皆感靈瑞。沙門一行欽斯秘法，數就諮詢，智一一指陳，復爲立壇灌頂。一行敬受斯法，請譯流通。以十一年癸亥，於資聖寺爲譯瑜伽念誦法及七俱胝陀羅尼，東印度婆羅門大首領直中書伊舍羅譯語，嵩岳沙門温古筆受。至十八年庚午，於大薦福寺出曼殊室利五字心及觀自在瑜伽要，沙門智藏譯語。又於舊隨求中，更續新呪。智執捴持契，所至皆驗，秘教流傳，寔斯人矣。

校勘記

〔一〕開元十一年於資聖寺譯：高麗藏本作「亦云經」，普寧藏本作「亦云開元十一年於資聖寺譯」。

〔二〕三經：永樂北藏、嘉興藏、清藏、四庫本作「二經」。

〔三〕四：原作「四」，據諸校本改。

大佛頂如來密因脩證了義諸菩薩萬行首楞嚴經十卷。

右一部，十卷，其本見在。

沙門釋懷迪，循州人也，住本州羅浮山南樓寺，其山乃仙聖遊居之處。迪久習經論，多所該博，九流七略，粗亦討尋。但以居近海隅，數有梵僧遊止，迪就學書語，復皆通悉。往者三藏菩提流志譯寶積經，遠召迪來，以充證義。所爲事畢，還歸故鄉。後因遊廣府遇一梵僧，未得其名。賫梵經一夾，請共譯之，勒成十卷，即大佛頂萬行首楞嚴經是也。迪筆受經旨，兼緝綴文理，其梵僧傳經事畢，莫知所之。有因南使，流經至此。

大毗盧遮那成佛神變加持經七卷。第七一卷，是念誦法。

蘇婆呼童子經三卷。唐云妙臂童子，亦云蘇婆呼律，或二卷。

蘇悉地羯羅經三卷。唐云〔一〕妙成就法，此與蘇婆呼並是呪毗柰耶，不曾入大曼荼羅不合輒讀，同未受具人盜聽戒律便成盜法。

虛空藏菩薩能滿諸願最勝心陀羅尼求聞持法一卷。出梵本金剛頂經成就一切義品，略譯少分。

右四部，一十四卷，其本並在。

沙門輸波迦羅，唐言善無畏，中印度人，釋迦之苗裔。風儀爽俊，聰叡超群。解究五乘，行該三學。揔持禪觀，妙達其源。藝術奇〔二〕能，無不諳曉。加以弘法爲務，豈憚艱危？遂發跡中天，來遊東夏，塗至北印度境，聲譽已達帝京。今上搜集賢良，發使迎接。以開元四年丙辰，大賫梵本，來達長安。初於興福寺南院安置，次後有敕，令住西明。至五年丁巳，於菩提院譯虛空藏求聞持法一卷，沙門悉達譯語，沙門無著綴文筆受。其無畏所將梵本，有敕並令進内，緣此未得廣譯諸經。

曩時沙門無行西遊天竺，學畢言歸，迴至北天，不達〔三〕而卒。所將梵本，有敕迎還〔四〕，比在西京華嚴寺收掌。無畏與沙門一行於彼簡得數本梵經並揔持妙門，先未曾譯。至十二年，隨駕入洛，於大福先寺安置，遂爲沙門一行譯大毗盧遮那經。其經具足梵文有十萬頌，今所出者，撮其要耳。沙門寶月譯語，沙門一行筆受承旨，兼删綴詞理，文質相半，妙諧深趣。又出蘇婆呼、蘇悉地二經。無畏性愛恬簡，静慮怡神，時開禪觀，獎勸初學，慈悲作念，接誘無虧，人或問疑，剖析無滯。

校勘記

〔一〕云：高麗藏本作「言」。
〔二〕奇：高麗藏本作「異」。
〔三〕不達：高麗藏本作「不幸」。
〔四〕還：高麗藏本作「歸」。

開元釋教録二十卷。上袠捴録，下袠别録。十八年庚午，於西崇福寺東塔院撰。
續大唐内典録一卷。同前，十八年撰。
續古今譯經圖記一卷。同前，十八年撰。
續集古今佛道論衡一卷。同前。
集諸經禮懺儀二卷。同前。

右上五部，二十五卷，智昇所撰。昇早預釋流，志弘大教，但才微力寡，無遂本懷。俛仰之間，亟經寒暑，曾未能宣傳正法，荷擔菩提。而近閲藏經，仍探衆録，覩其差謬，惑〔一〕所未安。狂簡斐然，考成斯記。雖文詞靡叙，而事有所憑，但鄙見未弘，固多踈闕耳。其續内典録等，附於本部之末。幸諸來哲，無貽誚焉。

右從後漢逮至皇朝，合一十九代。所出大、小乘經、律、論并賢聖集傳，揔二千二百七十八部，都合七千四十六卷。於中一千一百二十四部五千四十八卷見行入藏，其一百二十三部五千四十七卷是見行數。其集傳中，有四十部三〔二〕百六十八卷，並是此方撰集，非梵本翻出也。梁代曼陀羅譯文殊般若經，般若部中已載，實積經中亦復編入，故此一經，録中重載也。據其實數，但一千一百四十八部一千九百八十卷是闕本數。兩件見、闕，合有二千二百七十一部七千二十七卷。與前都數欠七部一十〔三〕九卷不同者，其東晉無垢眼譯毗尼序合入十誦，其蕭齊法意譯提婆達多品一卷及周武帝代志德譯普門品重誦偈一卷並合入妙法華中，其隋〔四〕朝崛多譯銀主品、囑累品共一卷合入金光明中，其北涼曇無讖譯四卷金光明、梁朝真諦譯七卷金光明、周世崛多譯五卷金光明，隋〔五〕沙門寳貴取前三本合成八卷，故上三經在〔六〕删繁録，加此七部一十九卷，還與都數扶同〔七〕，一無欠少。

開元釋教録卷第九揔録之九

校勘記

〔一〕惑：高麗藏、四庫本作「或」。

〔二〕三：原作「二」，據高麗藏、資福藏、永樂北藏、嘉興藏、清藏、四庫本及本書卷一三等改。

〔三〕十：高麗藏本誤作「千」。

〔四〕隋：嘉興藏本作「隨」。

〔五〕隋：高麗藏本作「隋朝」。

〔六〕在：嘉興藏本作「衣」。

〔七〕扶同：高麗藏本作「符同」，永樂南藏本作「扶」。

開元釋教録卷第十

唐庚午歲西崇福寺沙門智昇撰

揔括群經録上之十

叙列古今諸家目録。

古經録〔一〕一卷。

右尋諸舊録，多稱爲古録，似是秦始皇時釋利防等所賷經録。

舊經録一卷。

右似是前漢劉向校書天閣，往往〔二〕見有佛經，即謂古藏經録。謂孔壁所藏，或秦

正焚書人中所藏者。

漢時佛經目録一卷。

右似是明帝時迦葉摩騰創譯四十二章經，因即撰録。

朱士行漢録一卷。

右曹魏時潁川沙門朱士行於洛陽講道行經，因撰〔三〕其録。後往西域求經，於彼而卒。

衆經録一卷。

右西晉武帝代，長安青門外大寺西域沙門竺法護翻譯衆經，因出其録。

衆經録一卷。

右西晉懷帝〔四〕代，永嘉中清信士聶道真，稟受護公之筆匠也。後自翻經，因出其録。

趙録一卷。

右似是二趙時諸録遥注，未知姓氏。

綜理衆經目録一卷。

右符秦代沙門釋道安所撰。自前諸録，但列經名，至於品類、時代，蓋闕而不紀，後人披覽，莫測根由。安乃總集名題，表其時代，銓品新舊，定其製作。衆經有據，自此而明。在後群録，資而增廣。是知高懷獨悟，足以垂範後昆。所撰之文，見僧祐録。

二秦録一卷。

右後秦姚興弘始年，長安沙門釋僧叡所撰。叡即安公之弟子，神用通朗，思力標舉，參譯什門，多有撰緝。

衆經録四卷。魏世録、吴世録、晉世雜録、河西録。

右東晉廬山東林寺遠公弟子釋道流創撰，未就而卒。同學竺道祖續而成之。

經論都録一卷，别録一卷。

右東晉成帝豫章山沙門支敏度撰。其人揔校古今群經，故撰都録。敏度又撰别録一部。

衆經目録二卷〔五〕。

右蕭齊武帝時，沙門釋王宗撰。見梁三藏記。

釋弘充録一卷。南齊楊都人。

釋道慧宋齊録一卷。南齊。

釋道憑録一卷。北齊。

釋正度録一卷。

王車騎録一卷。

始興録一卷。未詳撰者，亦云南録。

廬山録一卷〔六〕。

岑号録一卷。

菩提留支録一卷。元魏洛京永寧寺天竺沙門也。

華林佛殿衆經目録四卷。梁天監十四年敕沙門僧紹撰。

隋沙門釋靈裕譯經録一卷。長房録中無「隋」字。

衆經都録八卷。似是揔合諸家，未詳作者。

已前諸録二十五家。長房、内典二録云：上件諸録，檢傳記有之，未見其本，故列名而已。

校勘記

〔一〕古經録：嘉興藏本作「古今録」。

〔二〕往：高麗藏本無。

〔三〕撰：高麗藏本作「著」。

〔四〕懷帝：高麗藏、資福藏本作「惠帝」。

〔五〕「卷」下，嘉興藏本有「右部前二十二卷，其在合三十五卷。左部後二十二部，其在合三十五部」。

〔六〕高麗藏本後有子注云「未詳作者」。

衆經別録二卷。未詳作者，言似宋時。揔分十例，具如後列：

大乘經録第一。三百七十部，七百七十九卷。

三乘通教録第二。五十一部，九十七卷。

三乘中大乘録第三。一十七部，三十八卷〔一〕。

右上卷三録。揔四百三十八部，九百一十四卷。

小乘經録第四。四百三十六部，六百一十卷。

第五篇目本闕。此闕本録，不顯部卷，應散在諸録中故耳。

大小乘不判録第六。一百七十四部，一百八十四卷。

疑經録第七。一十七部，二十卷。

律録第八。一十二部，一百九十五卷。

數録第九。六部，一百二十一卷。

論録第十。六部，一百五十二卷。

右下卷七録。揔六百五十一部，一千六百八十二卷。

上下兩卷，合有十篇，都一千八十九部，二千五百九十六卷。其下卷七録，部〔二〕數勘同，卷數〔三〕少四百，未詳所以。

校勘記

〔一〕三十八卷：嘉興藏本作「三百三十八卷」。

〔二〕部：嘉興藏本作「十五卷，合前部三十三卷」。

〔三〕卷數：嘉興藏本作「卷數三千一百六十四部」。

元魏衆經目録。永熙年敕舍人李廓撰，一卷成。

大乘經目録一。二百一十四部〔一〕。

大乘論目録二。二十九部〔二〕。

大乘經子注目録三。一十二部〔三〕。

大乘未譯〔四〕經論目録四。二十三部〔五〕。

小乘經律〔六〕目録五。六十九部〔七〕。

小乘論目録六。二部〔八〕。

有目未得經目録七。一十六部〔九〕。

非真經目録八。六十二部〔一〇〕。

非真論目録九。四部〔一一〕。

全非經，愚人妄作目録十。一十一部〔一二〕。

都十件，經、律、論真僞四百二十七部，二千五十三卷。部〔一三〕數勘與都數不同，賸十五部，未詳所以。

校勘記

〔一〕二百一十四部：嘉興藏本作「二百一十二卷四十四部一卷」。
〔二〕二十九部：嘉興藏本作「二十二部一百一十一卷」。
〔三〕一十二部：嘉興藏本作「一十一部一百一十二卷」。
〔四〕譯：原作「詳」，據高麗藏本及歷代三寶紀等改。
〔五〕二十三部：嘉興藏本作「二十二部一百一十一卷」。
〔六〕律：高麗藏本無。
〔七〕六十九部：嘉興藏本作「六十六部一百九十九卷」。
〔八〕二部：嘉興藏本作「二十二部一百一十一卷」。
〔九〕一十六部：嘉興藏本作「一十一部一百三十三卷」。
〔一〇〕六十二部：嘉興藏本作「六十八卷一百二十二部二百三十三卷」。
〔一一〕四部：嘉興藏本作「四十一卷一百五十八部合一事一卷一十部」。
〔一二〕一十一部：嘉興藏本作「一十三卷五千一百十一部合十一卷十一部」。

〔三〕部：原作「都」，據諸校本改。按：前列各部數，合計四四二部，此前云「四百二十七部」，故「賸十五部」。

梁代衆經目録。天監十七年敕沙門寶唱撰。

衆經目録卷第一。大乘二百六十二部，六百七十四卷。

有譯人多卷一。六十九部，四百六十七卷。

無譯人多卷二。五部，一十九卷〔一〕。

有譯人一卷三。九十部，九十卷。

無譯人一卷四。九十八部，九十八卷。

衆經目録卷第二。小乘二百八十五部，四百卷。

有譯人多卷一。一十七部，一百二十卷。

無譯人多卷二。五部，一十七卷。

有譯人一卷三。五十部，五十卷。

無譯人一卷四。二百一十三部，二百一十三卷。

衆經目録卷第三。三百六十二部，一千六百八十二卷。

先異譯經一。四十五部多卷，二百七十九卷；三十八部一卷，三十八卷〔二〕。

禪經二。九部多卷，三十八卷；三十一部一卷，三十一卷。

戒律三。六十八部，二百七十五卷〔三〕。

疑經四。六十二部，六十七卷〔四〕。

注經五。四十部，二百四十六卷。

數論六。三十一部，三百六十七卷。

義記七。三十八部，三百四十一卷。

衆經目録卷第四。一百〔五〕二十九部九百八十五卷。後部數勘，欠五，不同。

隨事别名一。一十三部〔六〕四百一十三卷。

隨事共名二。三十五部四百七十卷。

譬喻三。一十五部三十六卷。

佛名四。一十四部一十九卷〔七〕。

神呪五。四十七部四十七卷。

摠四卷都二十件，凡一千四百三十三部，三千七百四十一卷。此都部數與前數勘，賸三百九十五部，未詳所以〔八〕。

校勘記

〔一〕一十九卷：嘉興藏本作「一百一十九卷」。

〔二〕三十八部一卷三十八卷：原作「三十六部一卷三十六卷」。據三百六十二部之捴數，從高麗藏本改。

〔三〕二百七十五卷：高麗藏本作「二百七十三卷」。

〔四〕六十二部六十七卷：嘉興藏本作「六十二部二百五十三卷六十二卷二千五百四十部」。

〔五〕一百：高麗藏本作「二百」。

〔六〕一十三部：原作「二十三部」，據諸校本改。

〔七〕一十九卷：高麗藏本作「二十九卷」。

〔八〕三百九十五部未詳所以：嘉興藏本作「三千三百九十五部未詳所以上下右」。

高齊衆經目録。武平年沙門統法上撰，梵〔一〕名達摩鬱多羅，一卷成〔二〕。

雜藏録一。二百九十一部，八百七十四卷。

修多羅録二。一百七十九部，三百三十卷〔三〕。

毗尼録三。一十九部，二百五十六卷。

阿毗曇録四。五十部，四百二十一卷。

別録第五。三十七部，七十四卷〔四〕。

衆經抄録六。一百二十七部，一百三十七卷。

集録第七。三十三部，一百四十七卷〔五〕。

人作録八。五十一部，一百六卷。

都八件，經、律、論真僞七百八十七部，二千三百三十四卷。此部數與前數勘，欠十一卷，不同，未詳所以〔六〕。

從衆經別録下四家目録，長房、内典二録具列篇題，今尋本未獲，但具存其目。

校勘記

〔一〕梵：嘉興藏本作「梵王經一卷」。

〔二〕成：嘉興藏本作「成部上下三卷」。

〔三〕三百三十卷：高麗藏本作「三百二十卷」。

〔四〕七十四卷：嘉興藏本作「二百七十四卷」。

〔五〕一百四十七卷：嘉興藏本作「一千六百四十七卷」。

〔六〕未詳所以：嘉興藏本作「未一卷不同未詳所以上右二十二部」。

唐衆經目録五卷。貞觀初普光寺沙門玄琬撰。出内典録。

右内典録中引用，云唐舊録，未見其本，似〔一〕取隋五卷衆經録編新經入，餘者大同。

校勘記

〔一〕似：資福藏本作「以」。

衆經目録五卷。於隋録内加奘譯經，餘皆無〔一〕異。大唐大敬愛寺〔二〕沙門静泰撰。

右從古録已下三十一家，諸録之中雖皆備述，欲尋其本，難可備焉。且列名題，知其有據。撰録者曰：又如長房録中引一乘寺藏録，周録之中引真寂寺録、義善寺録、玄法寺録、福林寺録，上之五録，但引其名，不言卷數。又有陳朝大乘寺藏録四卷，並不知何人製作，似是當寺藏經，略記由委。既局寺名爲録，未可通行，故叙録次，闕而不載。

校勘記

〔一〕無：原無，據高麗藏本補。

〔二〕大唐大敬愛寺：永樂北藏本誤作「唐大唐愛寺」，嘉興藏、清藏、四庫本作「唐大愛寺」。

梁出三藏記集一十五卷。建初寺沙門釋僧祐撰。

其序略云：「祐以庸淺，豫憑法門，翹仰玄風，誓弘末化。每至昏曉諷持，秋夏講說，未嘗不心馳菴園，影躍靈鷲〔一〕。於是牽課羸恙〔二〕，沿波討源，綴其所聞，名曰出三藏記集。一撰緣記，二詮名録，三摠經序，四述列傳。緣記撰則原始之本克昭，名録詮則年代之目不墜，經序摠則勝集之時足徵，列傳述則伊人之風可見。並鑽枏內經，研鏡外籍。」云云。

出三藏記集卷第一。第一卷撰緣記，第二至第五詮名録，第六至第十二摠經序，第十三至第十五述列傳。

集三藏緣記第一。出大智度論。

十誦律五百羅漢出三藏記第二。

菩薩處胎經出八藏記第三。

梵漢〔三〕譯經文字音義同異記第四。

前後出經異記第五。

出三藏記集卷第二。

新集撰出經律論録第一。四百五十部，一千八百六十七卷。

新集條解異出經録第二。直約部名，以配重譯，不云卷數，算極難矣。

新集表序四部律録第三。初題有，卷中無，四部〔四〕，一百八十卷。

出三藏記集卷第三。

新集安公古異經録第一。九十二部，九十二卷〔五〕。

新集安公失譯經録第二。一百四十二部，一百四十七卷。

新集安公涼土異經録第三。五十九部，七十九卷〔六〕。

新集安公關中異經録第四。二十四部，二十四卷〔七〕。

新集律分爲五部記録第五。出毗婆沙。

新集律分爲十八部記録第六。

新集律來漢地四部記録第七。

出三藏記集卷第四。

新集續撰失譯雜經録第一〔八〕。一千三百六部，一千五百〔九〕七十卷。

出三藏記集卷第五。

新集抄經録第一。四十六部，三百五十二〔一〇〕卷。

新集安公疑經録第二。二十六部，三十卷。

新集疑經僞撰雜録第三。二十部，二十六〔一一〕卷。

新集安公注經及雜經志録第四。四十八部，二百〔一二〕五十九卷。

小乘迷學竺法度造異儀記第五。

長安叡法師喻疑第六。

出三藏記集卷第六。四十二章經序等十首。

出三藏記集卷第七。道行經序等二十首。

出三藏記集卷第八。般若鈔經序等一十九首。

出三藏記集卷第九。華嚴經記等二十四首。

出三藏記集卷第十。道地經序等二十一首。

出三藏記集卷第十一。中論序等一十六首。

出三藏記集卷第十二。雜記〔一三〕序録十首。

出三藏記集卷第十三。安世高傳等十二。

出三藏記集卷第十四。鳩摩羅什傳等十。

出三藏記集卷第十五。白法祖傳等十。

撰録者曰：祐録所撰，條例可觀。若細尋求，非無〔一四〕乖失。只如第一卷前後出經異記中，云〔一五〕舊經怛薩阿竭阿羅訶三耶三佛，新經阿耨多羅三藐三菩提者，一誤。若新舊相對，應云舊經怛薩阿竭阿羅訶三耶三佛，新經多陀阿伽度阿羅訶三藐三佛陀；舊經阿耨多羅三耶三菩提〔一六〕，新經阿耨多羅三藐三菩提。二義全殊，不可交互。又如，曇摩羅刹與竺法護乃是一人，「曇摩」云「法」，「羅刹」言「護」，分爲二人，二誤；異出經論録中，但名目相似，即云重譯，而不細料簡，大小混雜，三誤；僧伽羅刹集序云衆護撰者，「僧伽」云「衆」，「羅刹」言「護」，衆護乃是集經之人，序是翻譯者作，題云衆護，四誤〔一七〕。比諸〔一八〕衆作，乖謬全尠〔一九〕，此亦璠璵之一玷也〔二〇〕。

校勘記

〔一〕靈鷲：高麗藏本作「靈岳」。

〔二〕牽課羸恙：原作「率課羸恙」，高麗藏本作「牽課羸志」，資福藏本作「率課羸志」，據文意改。

〔三〕梵漢：高麗藏本作「胡漢」。又，高麗藏本此目後有小注「應云梵漢」。

〔四〕四部：嘉興藏本作「四十一部」。

〔五〕九十二部九十二卷：嘉興藏本作「九十二部一千九十二卷一千」。

〔六〕七十九卷：嘉興藏本作「一百七十九卷」。

〔七〕二十四卷：嘉興藏本作「一百二十四卷」。

〔八〕第一：原無，據高麗藏本及出三藏記集補。

〔九〕五百：原作「三百」，據高麗藏本改。按出三藏記集卷四，此録「並有其本，悉在經藏」者「八百四十六部，凡八百九十五卷」；「未見其本」者「四百六十部，凡六百七十五卷」；「二都件凡一千三百六部，合一千五百七十卷」。

〔一〇〕三百五十二：高麗藏本作「三百五十一」。據出三藏記集，作「三百五十二」是。

〔一一〕二十六：原作「三十六」，據高麗藏本及出三藏記集改。

〔一二〕二百：高麗藏本作「三百」。據出三藏記集，「二百」是。

〔一三〕雜記：資福藏本作「集記」。雜記序録，出三藏記集作「雜録序」。

〔一四〕非無：高麗藏本作「不無」。

〔一五〕云：高麗藏本無。

〔一六〕提：高麗藏本無。

〔一七〕四誤：嘉興藏本作「四百一十誤」。

〔一八〕比諸：高麗藏本作「此諸」。

〔一九〕全尠：高麗藏本作「全甚」。

〔二〇〕也：嘉興藏本作「也二十一」。

隋衆經目録七卷。摠録一卷，别録六卷。開皇十四年敕翻經所法經等二十大德撰。

大乘修多羅藏録一。六分，合七百八十四部，一千〔二〕七百一十八卷。

衆經一譯分。合一百三十三部，四百二十一卷。

衆經異譯分。合一百九十五部，五百三十二〔三〕卷。

衆經失譯分。合一百三十四部，二百七十五卷。

衆經别生分。合二百二十一部，二百六十四卷。

衆經疑惑分。合二十一部，三十卷。

衆經僞妄分。合八十部，一百九十六卷。

小乘修多羅藏録一。六分，合八百四十二部，筭得四十五部一千三百一卷，筭得三百四卷〔三〕。

衆經一譯分。合七十二部，二百九十二卷。

衆經異譯分。合一百部，二百七十卷。

衆經失譯分。合二百五十部〔四〕，二百七十二卷〔五〕。

衆經别生分。合三百四十二部〔六〕，三百四十六卷。

衆經疑惑分。合二十九部，三十一卷。

衆經僞妄分。合五十三部，九十三卷。

大乘毗尼藏録三。六分，合五十部，八十二卷。

衆律一譯分。合一十二部，三十二卷。

衆律異譯分。合七部，七卷。

衆律失譯分。合一十二部〔七〕，一十四卷。

衆律别生分。合一十六部，一十六卷。

衆律疑惑分。合一部，二卷。

衆律僞妄分。合二部，一十一卷。

小乘毗尼藏録四。六分，合六十三部，三百八十一卷。

衆律一譯分。合一十五部，一百九十八卷。

衆律異譯分。合八部，一百二十六卷。

衆律失譯分。合二十九部，四十五卷。

衆律别生分。合六部，六卷。

衆律疑惑分。合二部，三卷〔八〕。

衆律僞妄分。合三部，三卷〔九〕。

大乘阿毗曇藏五。六分，合六十八部，三百八十一卷。

衆論一譯分。合四十二部〔一〇〕，二百六卷。

衆論異譯分。合八部，五十二卷。

衆論失譯分。合一部，二卷。

衆論别生分。合一十五部，一十九卷。

衆論疑惑分。合一部，一卷。

衆論僞妄分。合一部，一卷。

小乘阿毗曇藏六。六分，合一百一十六部，四百八十二卷[一]。

衆論一譯分。合一十四部，二百七十六卷。

衆論異譯分。合八部，六十六卷。

衆論失譯分。合五部，二十二卷。

衆論別生分。合八十六部，一百七卷。

衆論疑惑分。合一部，一卷。

衆論僞妄分。合二部，一十卷[二]。

佛滅度後抄集録七。二分，合一百四十四部，六百二十七卷。

西域賢聖抄集分。合四十八部，一百一十九卷。

此方諸德抄集分。合九十六部，五百八卷。

佛滅度後傳記録八。二分，合六十八部，一百八十五卷。

西域賢聖傳記分。合一十三部，三十卷。

此方諸德傳記分。合五十五部，一百五十五卷。

佛滅度後著述録九。二分，合一百一十九部，一百三十四卷[三]。

西域聖賢〔一四〕著述分。合一十五部，一十九卷。

此方諸德著述分。合一百四部，一百一十五卷。

右九録，合二千二百五十七部，五千三百一十卷，筭得二千〔一五〕二百五十四部，五千一百九十一卷。細勘別録部卷，復與揔録不同。分爲六卷，揔録第七，合爲七卷。

撰録者曰：余檢尋此録，非無差錯，即如曇摩羅〔一六〕刹，晉言法護，揔是一人，録中分二，云各出須真天子經二卷，編爲重譯。不識梵晉之言，一誤也。如律二十二明了論，揔是一經，録中分爲二部，律二十二卷，編在律中；明了論一卷，在於〔一七〕論録。一經之題，分二上録，二誤也；其「律二十二」，乃是明了論半題，今云二十二卷，誤之甚也。真諦譯〔一八〕攝論十二卷與十五卷者，二本不殊，存其二部，而言重譯，三誤也。以仁王經、起信論等編在疑録，四誤也。不能備陳，略述如此。

校勘記

〔一〕一千：永樂北藏、嘉興藏、四庫本作「分一千」。

〔二〕三十二：諸校本作「二十二」。

〔三〕三百四卷：嘉興藏本作「三百四十一部合一百三十六卷」。

〔四〕二百五十部：高麗藏本作「一百五十部」。

〔五〕二百七十二卷：隋衆經目録作「二百七十一卷」。後所列部、卷數亦有與衆經目録不同者，不一一注。

〔六〕三百四十二部：原作「三百四十一部」，據高麗藏本改。

〔七〕一十二部：高麗藏本作「一十一部」。
〔八〕三卷：高麗藏本作「二卷」，嘉興藏本作「一百十三卷」。
〔九〕三卷：高麗藏本作「二卷」，嘉興藏本作「一百十三卷」。
〔一〇〕四十二部：高麗藏本作「四十一部」。
〔一一〕四百八十二卷：高麗藏本作「四百八十一卷」。
〔一二〕一十卷：嘉興藏本作「一百一十卷」。
〔一三〕一百三十四卷：高麗藏本作「一百二十卷」。
〔一四〕聖賢：高麗藏本作「賢聖」。
〔一五〕二千：原作「一千」，據高麗藏本改。
〔一六〕羅：原無，據高麗藏本補。
〔一七〕在於：高麗藏本作「在於是」。
〔一八〕譯：高麗藏本無。

隋開皇三寶録一十五卷。内題云歷代三寶記，開皇十七年興善寺翻經學士成都費長房撰。

歷代三寶紀第一。帝年上，周、秦。

從周莊王他十年甲午，至秦始皇帝子子嬰甲午年，凡二十六主，四百八十一載。

歷代三寶紀第二。帝年次，前漢、新王、後漢。

從前漢高帝元年乙未，至後漢獻帝建安二十四年己亥，凡二十六君四百二十五〔一〕載。

歷代三寶紀第三。帝年下，魏、晉、宋、齊、梁、周、隋。

從魏文帝黄初〔二〕元年庚子，至隋開皇十七年丁巳，凡四十四主，三百七十八載。

歷代三寶紀第四。譯經，後漢。

右從明帝永平十年丁卯，至獻帝末年，歷一十一主，一百五十二年。華戎道俗十有二人〔三〕，并古失譯合出經、律三百三十四部，四百一十六卷。

歷代三寶紀第五。譯經，魏、吴〔四〕。

右魏吴兩代道俗十人，所出經、律、羯磨并舊失譯合三百一十二部，四百八十二卷。

歷代三寶紀第六。譯經，西晉。

右西晉代，華戎道俗十有三人，并前失譯諸經、戒等合四百五十一部，七百一十七卷。

歷代三寶紀第七。譯經，東晉。

右東晉代，華戎道俗二十七人，而所出經并舊失譯合二百六十三部，五百八十五卷。

歷代三寶紀第八。譯經，符秦、姚秦。

右二秦之代，華戎釋種一十六人，合出經、論、傳等一百六十四部，九百四卷。

歷代三寶紀第九。譯經，西秦、北涼、元魏、高齊、陳氏。

右五代，緇素共二十七人，所出三藏及記録等并及失譯合二百三部，八百五十五卷。

歷代三寶紀第十。譯經，宋。

右宋代，華戎道俗二十三人，出經、律、論及傳録等凡〔五〕二百一十部，四百九十卷。

歷代三寶紀第十一。譯經，齊、梁、周。

右三代，緇素共五十一人，出經、律、論及傳録等一百六十二部，一千三百二十六卷。

歷代三寶紀第十二。譯經，大隋。

右隋代，華戎緇素十有九人，所翻新文及雜〔六〕舊本論傳法式合七十五部，四百六十二卷。

歷代三寶紀第十三。大乘録入藏目，五百五十一部，一千五百八十六卷。

大乘修多羅有譯一。二百〔七〕三十四部，八百八十五卷。

修多羅失譯二。二百〔八〕三十五部，四百二卷。

毗尼有譯三。一十九部，四十卷。

毗尼失譯四。一十二部，一十四卷。

阿毗曇有譯五。四十九部，二百三十八卷。

阿毗曇失譯六。二部，七卷。

歷代三寶紀第十四。小乘録入藏目，五百二十五部，一千七百三十九卷。録云「七百一十二卷」〔九〕，誤。

小乘修多羅有譯一。一百八部，五百二十七卷。

修多羅失譯二。三百一十六部，四百八十二卷。

毗尼有譯三。三十九部，二百八十五卷〔一〇〕。

毗尼失譯四。三十一部，六十七卷。

阿毗曇有譯五。二十一部，三百五十一卷。

阿毗曇失譯六。一十部，二十七卷。

開皇三寶録揔目一卷。内典録云：房録所出經、律、論、傳，揔二千一百四十六部六千二百三十五卷，非入藏數筭得七十四部三十七卷，與内典不同。

右兼揔目，共成一十五卷。其第十三、十四大小乘入藏目録合一千七十六部，三千〔一一〕三百二十五卷。房録本數三千三百九十二卷者，計數錯也。内典録云：房所撰者，入藏之中，瓦玉相謬，得在繁富，未可覈通，非無憑准，未可偏削。撰録者曰：余檢長房入藏録中，事實雜謬，其闕本〔一二〕疑僞，皆編入藏，竊爲不可。又如大乘録中，賢劫經、賢劫三昧經，此是一經兩名，今存二部，一誤。須菩提品及長安品，此並般若鈔之異名，今别存兩部，二誤。須真天子經、須真天子問四事經，並〔一三〕一經兩名，重載二部，三誤。象步經即無所希望經異名，二名各存，四誤。菩提無行經即文殊問菩提經異名，存其二本，五誤。以僧佉外道論入大乘中，六誤。小乘録中，達摩多羅禪經與不浄觀禪〔一四〕經揔是一經，其不浄觀約法爲名，達摩多羅就人立稱，二部俱存，七誤。十誦律六十一卷、十誦律五十九卷，二本不殊，其六十一卷者，卑摩羅叉加毗尼序置之於後，餘並無異，今云重譯，二本俱存，八誤。律二十二在於律中，明了論在於論録，一題分二，九誤。其「律二十二」乃是明了論之半題，今存「律二十二卷」，誤中重誤也。衆事分阿毗曇論代録之中，即言宋朝求那跋陀羅共菩提耶舍譯，入藏之内，則言失源，前後差違，十誤。餘者在録，不能繁叙。

校勘記

〔一〕四百二十五：原作「四百一十五」，據高麗藏本改。歷代三寶紀卷二，云「前、後兩漢通及新王，合二十六君，四百二十五載。」

〔二〕黄初：嘉興藏本作「皇初」。

〔三〕十有二人：原作「十有一人」，據高麗藏本及歷代三寶紀改。

〔四〕魏吴：高麗藏本作「魏漢」。

〔五〕凡：嘉興藏本無。

〔六〕雜：原作「維」，據高麗藏本改。

〔七〕二百：高麗藏本作「三百」。

〔八〕二百：高麗藏本作「三百」。

〔九〕録云七百一十二卷：高麗藏本於其下有一「者」字。

〔一〇〕二百八十五卷：高麗藏本作「一百八十五卷」。

〔一一〕三千：高麗藏本作「二千」。

〔一二〕闕本：原作「闕中」，據高麗藏、資福藏、永樂北藏、嘉興藏、清藏、四庫本改。

〔一三〕並：高麗藏本作「亦」。

〔一四〕禪：高麗藏本無。

隋衆經目録五卷。仁壽二年敕請興善寺大德與翻經沙門及學士等撰。

都合二千一百九部，五千五十九卷。

單本原來一本，更無別翻。合三百七十部，一千七百八十六卷。

右第一卷。

重翻本是一經，或有二重翻者，乃至六重翻者。合二百七十七部，五百八十三卷。

賢聖集傳賢聖所撰，翻譯有源。合四十一部，一百六十四卷。

右第二卷。已前二卷三分，合六百八十八部，二千五百三十三卷，入藏見録。

別生於本部内，抄出別行。合八百一十部，一千二百八十八卷。

右第三卷。

疑僞名雖似正，義涉人造。合二百九部，四百九十一卷。

右第四卷。已前二卷二分，合一千一十九部，一千七百七十九卷，不須抄寫。

闕本舊録有目而無經本。合四百二部，七百四十七卷。請訪。

右第五卷。

其序略云：別生、疑僞，不須抄寫。已外三分，入藏所收。至如法寶集之流，浄住子之類，還同略抄，例入別生。餘有僧傳等，詞參文史，體非淳正，事雖可尋，義無在録。内典録云：即今京輦通寫盛行，直列經名，仍銓傳譯，所略過半，未足尋之〔一〕。撰録者曰：余檢尋此録，非無差謬，只如弘道廣顯三昧經與阿耨達龍王經，此是一經兩名，俱云竺法護譯，存其兩本，一誤；又如普曜經八卷，云西晉竺法護譯，闕本録中復云普曜經八卷，亦云竺法護譯，見、闕俱載，二誤；又入藏録中，普曜經八卷即云單本，闕本録中，復云重譯闕本，前後差舛，三誤；真諦所譯攝大乘論十二卷者，與十五卷者卷雖增減，文則不殊，今二本俱存，四誤；弥沙塞羯磨，闕本録中前後重載，五誤；以隨願往生經、遺教論等編爲疑僞，六誤。餘在録中，不能備記。

校勘記

〔一〕尋之：高麗藏本作「檢尋」。

大唐内典録十卷。麟德元年甲子西明寺沙門釋道宣撰。

歷代衆經傳譯所從録第一。謂代别出經，及人述作，無非通法，並入經收，故隨經出。

後漢朝傳譯道俗一十二人所出經、律等。三百三十四部，四百一十六卷。失譯經一百二十五部，一百四十八卷。

前魏朝傳譯僧六人所出經、律等。一十三部，二十五卷〔一〕。

南吴孫氏傳譯道俗四人所出經、傳等。一百四十八部，一百九十五卷。失譯經一百一十部，二百九十二卷。

西晉朝傳譯道俗一十三人所出經、戒等。四百四十六部，七百一十三卷。失譯經八部，一十五卷。

東晉朝傳譯道俗二十七人所出經、傳等。二百六十四部，五百七十四卷。失譯經五十部，五十四卷。

前秦符氏傳譯僧八人所出經、傳等。四十部，二百三十九卷。

西秦乞伏氏傳譯僧一人所出經[二]。一十五部，二十二卷。失譯經八部，一十一卷。

後秦姚氏傳譯僧八人所出經、傳等。一百二十四部，六百七十六卷。

北涼沮渠氏傳譯道俗九人所出經、傳。三十四部，二百七十卷。失譯經五部，一十七卷。

宋朝傳譯道俗二十四人所出經、傳。二百一十七部，五百三卷。

前齊朝傳譯道俗二十人所出經、傳。五十二部[三]，三百九十六卷。

梁朝傳譯道俗二十一人所出經、律、傳等。八十九部，九百三卷。

後魏元氏傳譯道俗一十四人所出經、論、傳、録。八十八部，二百九十八卷。

後齊高氏傳譯道俗二人所出經、論等[四]。八部，五十二卷。

後周宇文氏傳譯道俗一十一人所出經、論、天文等。三十二部，一百五卷。

陳朝傳譯道俗三人所出經、論、傳、疏等。五十四部，二百五十一卷。

隋朝傳譯道俗二十五人所出經、論等。一百六部，六百三十三〔五〕卷。

皇朝傳譯僧等十有二人所出經、論等。一百一十七部，一千六百六十八卷。

都合一十八代，所出衆經揔有二千四百八十七部，八千四百七十六卷。其第一卷初都數與第十卷中都數多少不同。又與諸本校勘〔六〕，數亦少多差互〔七〕，未詳何者爲正。

已上一録，分爲五卷。從第一至第五。

歷代翻本單重人代存亡録第二。謂前後異出，人代不同，又遭離亂，道俗波迸，今揔計會，故有單重，緣叙莫知，致傳失譯。

大乘經單重譯本并譯有無録。合三百八十六部，一千一百五十二卷〔八〕，一万八千五百二十二紙。

大乘律單重譯本并譯有無録。合二十二部，三十四卷，四百六十一紙〔九〕。

大乘論單重譯本并譯有無録。合七十二部，五百卷，九千二百二十紙。

小乘經單重譯本并譯有無録。合二百四部，五百四十四卷，七千六百七十四紙。

小乘律本譯有無録。合三十五部，二百七十四卷，五千八百一十三紙。

小乘論單重譯本并譯有無録。合三十三部，六百七十六卷，一万二千一百七十七紙。

賢聖集録通大小乘。合四十七部，一百八十四卷，二千〔一〇〕七百六十紙。

右一録，分爲第六、第七卷〔一一〕。

歷代衆經分乘入藏録第三。謂經部繁多，綱要備列，從袠入藏，以類相從，故分大小二乘，顯單重兩譯。

衆經律論傳，合八百一部。三千三百六十一卷，五万六千一百七十紙，三百二十六袠。

大乘經一譯，二百四部。六百八十五卷，一万一千四十三紙，六十六袠。

大乘經重翻，二百二部。四百九十七卷，七千〔一二〕二百九十紙，四十九袠。

小乘經一譯，一百八部。四百三十五卷〔一三〕，六千六百九十紙，三十九袠。

小乘經重翻，九十六部。一百一十四卷，九百七十七紙，六袠。

小乘律，三十五部。二百七十四卷，五千八百一十三紙，二十八袠。

大乘論，七十四部。五百二卷，九千一百三十紙，五十二袠。

小乘論，三十三部。六百七十六卷，一万二千一百七十七紙，六十八袠。

賢聖集傳，四十九部。一百八十四卷，二千八百八〔一四〕紙，一十八袠。

右一録爲第〔一五〕八卷。撰録者曰：尋此録數，與次前録部卷有同者，有不同者。前録出大乘律，此合入經中。又單重交雜，前後差舛，憑何准定？

歷代衆經舉要轉讀録第四。謂轉讀尋翫，務在要博。繁文重義，非曰被時。故隨部撮舉，簡取通道〔一六〕，自餘重本，存而未暇。

大乘經正本，二百五十四部。七百九十五卷，一万三千七十九紙。

大乘律本，二十部。三十二卷〔一七〕，四百三十紙。

大乘論本，六十三部。四百四十五卷，八千一百一十五紙。

都合大乘經、律、論，合三百三十七部。一千二百六十七卷，二万一千〔一八〕六百二十五紙。

小乘經，合一百一十八部。四百三十三卷，六千七百一十三紙。

小乘律，合三十五部。二百七十四卷，五千七百一十八紙。

小乘論，合二十九部。五百六十五卷，九千九百九十七紙。

都合小乘經律論，合一百八十二部。一千二百五十二卷，二万二千四百二十八紙。

賢聖集傳，合四十二部。一百七十七卷，二千九百九十紙。

右一録爲第九卷。撰録者曰：尋此中意，上所列者，是轉讀數。諸重譯經，但存一本，餘並義理無異，删而不存。

歷代衆經有目闕本録第五。謂統檢群録，校本則無，隨方別出，未能通遍，故別顯目。訪之。

歷代道俗述作注解録第六。謂注述聖言，用通未悟，前已雜顯，未足申明，今別題録，使尋覽易曉。

歷代諸經支流陳化録第七。謂別生諸經，典順時俗，未通廣本，且接初心，一四句頌，未可輕削故也。

歷代所出疑僞經論録第八。謂正法深遠，凡愚未達，隨俗下化，有悖〔一九〕真宗。若不標顯〔二〇〕，玉石斯濫。

歷代衆經目録〔二一〕始終序第九。謂經録代出，須識其源。

歷代衆經應感興敬録第十。謂經翻東夏，應感徵祥。而有蒙祐增信〔二二〕，故使傳持惟遠。

右六録，合爲第十卷。欲具委之，恐繁故略。

内典録中，宣律師云：「余少沐法流，五十餘載，宗匠成教，軌範賢明。每值經誥德能，無不目閲親謁。至於經部大録，欣悟良多，無論真僞，思聞其異。云云。故魏晉之後，騰譯鬱蒸，製録討論，居然非一，或以數列，或用名求，或憑時代，或寄參譯，各紀一隅，務存所見，斯並當時稽古，識量修明。而綴撰筆削，不至詳密〔二三〕者，非爲才不足而智不周也。云云。上集群目，取訊僧傳等文，勘閲詳定，便參祐、房等録。祐録徵據，文義可觀，然大小雷同〔二四〕，三藏糅雜，抄集參正，傳記亂經，考括始終，莫能通決。房録後出，該贍前聞〔二五〕，然三寶共部，僞真淆亂。自餘諸録，胡可勝言？今余所撰，望革前弊。」撰録者曰：宣公所撰，類例明審，實有可觀。作者之風，見於兹矣。然少有差雜，未能盡善。述作之事，誠謂難哉！今略叙數科，以詳厥誤，非欲指陳臧否，實惟甄異是非。只如人代存亡録中，新〔二六〕小品等六經，並云大品之同本者，不然，義理雖通，據會全異，而言同本，一誤；菩薩浄行經與寶髻菩薩經，俱云竺法護譯，此是一經兩名，存其二本，二誤； 弘道廣顯三昧經與阿耨達龍王經亦是一經兩名，二本俱存，三誤； 須弥藏經二卷，此是高齊耶舍所翻，前後重上，四誤； 攝大乘論陳〔二七〕真諦譯者，有十二卷本，有十五成者，二本俱存，五誤； 般若鈔經，大乘録中及集傳内二處俱載，六誤； 又如分乘入藏録中，深密解脱經前後重上，前與菩薩處胎經同袠，後與解深密經同袠，七誤； 以舊十輪經爲單本，新十輪經爲重譯，八誤； 以〔二八〕起世經爲單本，樓炭經爲重譯，九誤； 此類非一，不能備舉。 如舉要轉讀録中，信力入印法門經雖是華嚴支類，大部中無，同於度世、漸備等經，攝歸大部，不爲轉讀之數，一不然也。 諸部般若，唯舉大品一經，放光等九部云「重沓罕尋。 舉前以統，大義斯盡。 玉華後譯大般若者，明佛一化十有六會，得在〔二九〕供養，難用常行」，今謂不然。 豈可以凡愚淺智而堰截法海乎？ 人性不同，所樂各異。 豈以自情好略，令他同己見耶？ 般若大經，轉讀極衆，佛記弘闡，在東北方而言，難用常行，竊爲未可； 又小品、大品，據會〔三〇〕全殊，一廢一興，二不然也。 如須弥藏經等，雖〔三一〕是大集别分，大部中無攝而不行，理爲未當； 又須弥藏經前則攝歸大集，後即别舉流行，前後差殊，三不然也。 如樓炭經等攝入長含，起世一經别令轉讀，起世之與樓炭，梵本何殊？ 一廢一興，四不然也。 如安般守意與大安般無殊，此乃何縁，二俱轉讀？ 五不然也。 如十八部論與部異執，梵本不殊，此復何縁，俱令轉讀？ 六不然也。 云〔三二〕録外有外道金七十論、破外道涅槃論、破外道四宗論，未暇故闕者，如金七十論，外道所撰，非是佛法，除之可然； 涅槃、四宗，同彼删削，將爲未可； 此是内論，破於外宗，一例删除，七不然也。 又如人代存亡録及舉要轉讀録、大乘録中，三藏備具入藏録中； 大乘無律，豈可前後俱有，中間獨無？ 自爲矛盾，八不然也。 如上所列，非無乖舛，而云革弊，或所未然。 差錯極多，卒難陳委。 明達之輩幸自詳焉。

校勘記

〔一〕二十五卷：原作「二十四卷」，據高麗藏本改。

〔二〕經：高麗藏本作「經等」。

〔三〕五十二部：高麗藏本作「一十二部」。按：大唐内典録卷四云，前齊「相承七主，二十三年。傳譯道俗二十人，所出經律傳等四十七部，合三百四十六卷」。

〔四〕等：高麗藏本無。

〔五〕三十三：原作「三十二」，據高麗藏本及貞元新定釋教目録改。

〔六〕校勘：高麗藏本作「對勘」。

〔七〕差互：高麗藏本作「差別」。

〔八〕五十二卷：高麗藏本作「五十一卷」。

〔九〕四百六十一紙：高麗藏本無。

〔一〇〕二千：原作「一千」，據高麗藏本及大唐内典録改。

〔一一〕七卷：高麗藏本作「二卷」。

〔一二〕七千：高麗藏本作「一千」。

〔一三〕三十五卷：原作「二十五卷」，據高麗藏、永樂北藏、嘉興藏、清藏、四庫本及大唐内典録改。

〔一四〕八百八：高麗藏本作「八十四」。

〔一五〕第：原無，據高麗藏本補。

〔一六〕通道：資福藏本作「道通」。

〔一七〕三十二卷：原作「三十三卷」，據高麗藏本及大唐内典録改。

〔一八〕一千：原作「二千」，據諸校本改。

〔一九〕有悖：高麗藏本作「有勃」。

〔二〇〕顯：嘉興藏本無，四庫本作「題」。

〔二一〕目録：高麗藏本作「録目」。

〔二二〕增信：資福藏本作「僧信」。

〔二三〕詳密：高麗藏本作「詳審」。

〔二四〕靁同：高麗藏本作「雷同」。

〔二五〕前聞：嘉興藏本作「前文」。

〔二六〕新：原作「雜」，據高麗藏本改。

〔二七〕陳：高麗藏本無。

〔二八〕以：原無，據高麗藏本補。

〔二九〕在：高麗藏本作「存」。

〔三〇〕會：高麗藏本作「本」。

〔三一〕雖：高麗藏本作「唯」。

〔三二〕云：高麗藏本於其上有一「又」字。

續大唐内典録一卷。開元庚午歲西崇福寺沙門智昇撰。

歷代衆經傳譯所從録。從麟德元年甲子至開元十八年庚午，前録未載，今故續之。

大唐古今譯經圖紀四卷。大慈恩寺翻經沙門靖邁撰。

大慈恩寺翻經堂内壁畫古今翻譯圖變，靖邁因撰，題之于壁，但略費長房録翻經之者紀之，餘撰集者不録。逮至皇朝，揔成四卷。房所錯者，此亦同然。更欲廣陳，恐繁故止。

續古今譯經圖紀一卷。開元庚午歲西崇福寺沙門智昇撰。

從奘法師後至輸波迦羅，前紀未載，今故續之。

大周刊定衆經目録十五卷。天后天策萬歲元年乙未敕東都佛授記寺沙門明佺等撰定。

大小乘經律論及賢聖集傳，合三千六百一十六部，八千六百四十一〔一〕卷。其見定入藏流行部卷，不在此數。

大乘單譯經目卷第一。二百八十三部，五百二十五〔二〕卷。

大乘重譯經目之一卷第二。一百七十八部，一千三百九十四卷。

大乘重譯經目之二卷第三。一百六十八部，三百三十八卷。
大乘重譯經目之三卷第四。一百八十部，四百二十一卷。
大乘重譯經目之四卷第五。一百六十八部，三百六十五〔三〕卷。
大乘律大乘論目卷第六。一百六十二部，七百一十六卷。
小乘單譯經目卷第七。二百〔四〕二十八部，三百〔五〕一十卷。
小乘重譯經目之一卷第八。三百七十一部，八百四十二卷。
小乘重譯經目之二卷第九。二百七十九部，三百八十一卷。
小乘律論賢聖集傳目卷第十。一百九十四部，一千三百四十一卷。
大小乘失譯經目卷第十一。三百七十七部，五百八〔六〕卷。
大小乘闕本經目卷第十二。四百七十八部，六百七十七卷。
見定入藏流行目上卷第十三。
見定入藏流行目下卷第十四。

合大、小乘三藏及賢聖集傳等八百七十四部，四千二百五十三卷。上卷入藏大乘經、律、論五百六十三〔七〕部，二千五百三十二〔八〕卷；下卷小乘經、律、論及集傳二百九十九部，一千六百二十卷。

大乘經。四百六十二部，一千九百六十三卷，一百九十六袠。

大乘律。二十三部，四十九卷，五袠。

大乘論。八十八部，五百二十卷，五十一袠。

已上爲入藏録上卷。

小乘經。二百七部，四百四十三卷，四十四袠。

小乘律。三十五部，二百六十卷，二十八袠。

小乘論。三十六部，七百四十四卷，七十三袠。

賢聖集傳。二十一部，四十一卷，四袠。

已上爲入藏録下卷。細筭都部卷數，與卷中數並悉差互不同，未見定本。

僞經目録一卷。二百二十八部，四百一十九卷。

右兼僞録，揔一十五卷。撰録者曰：當刊定此録，法匠如林，德重名高，未能親覽，但指撝末學，令緝撰成之，中間乖失，幾將太半。此乃委不得人，過在於能使也。且如第十二卷闕本經數，揔四百七十八部，六百七十七卷；前十一卷中，以合〔九〕有訖。今通計此數，揔成三千六百一十六部，八千六百四十一卷者，此不然也。妄增部卷，推實即無。諸餘處〔一〇〕交雜，難可備記。删繁録中，已述多少，更欲細委，恐繁故止。

校勘記

〔一〕四十一：原作「四十」，據高麗藏本及大周刊定衆經目録改。

〔二〕二十五：高麗藏本作「二十八」。

〔三〕三百六十五：高麗藏本作「一百六十五」。

〔四〕二百：高麗藏本作「一百」。大周刊定衆經目録云小乘單譯經「三百二十三部，四百一十九卷」。這裏所載，和大正藏本大周刊定衆經目録多有不合。凡開元釋教録各版本相同者，不一一注明。

〔五〕三百：高麗藏本作「二百」。

〔六〕五百八：高麗藏本作「五百八十」。大周刊定衆經目録云大小乘失譯經「四百二十四部，六百三十六卷」。

〔七〕六十三：高麗藏本作「六十二」。據後列各項統計，應爲「七十三」。

〔八〕三十二：原作「二十二」，據高麗藏本、貞元新定釋教目録及後列各項合計數改。

〔九〕合：永樂北藏、嘉興藏、清藏、四庫本作「含」。

〔一〇〕處：高麗藏本無。

大唐開元釋教録二十卷。庚午歲西崇福寺沙門智昇撰。

右此中所撰，揔分上下兩録，具件如左：

摠括群經録上。從漢至唐所出經教，區別人代，具顯此中。目録始終，續於後列。

後漢傳譯緇素一十二人，所出經、律并新舊集失譯諸經摠二百〔一〕九十二部，合三百九十五卷。九十七部一百三十一卷見在，一百九十五部二百六十四卷闕。

曹魏傳譯沙門五人，所出經、戒、羯磨摠一十二部，合一十八卷。四部五卷見在，八部一十三卷本闕。

右爲第一卷。

吴代傳譯緇素五人，所出經等并及失譯摠一百八十九部，合四百一十七卷。六十一部九十二卷見在，一百二十八部三百二十五卷本闕〔二〕。

西晉傳譯緇素一十二人，所出經、戒等并新舊集失譯諸經摠三百三十三部，合五百九十卷。一百五十六部三百二十一〔三〕卷見在，一百七十七部二百六十九卷本闕。

右爲第二卷。

東晉傳譯緇素一十六人，所出經、律、論并新舊集失譯諸經摠一百六十八部，合四百六十八卷。八十五部三百三十六卷見在，八十三部一百三十二卷本闕。

符秦傳譯沙門六人，所出經、律、論等摠一十五部，合一百九十七卷。七部六十五卷見在，八部一百三十二卷本闕。

右爲第三卷。

姚秦傳譯沙門五人，所出經、律、論等摠九十四部，合六百二十四卷。六十六部五百二十八卷見在，二十八部九十六卷闕本。

乞伏秦傳譯沙門一人，所出經并三秦代新舊失譯經、律、論等摠〔四〕五十六部，合一百一十卷。三十二部七十九卷見在，二十四部三十一卷本闕。

前涼傳譯外國優婆塞一人，所出經摠四部，合六卷。一部一卷見在，三部五卷本闕。

北涼傳譯緇素九人，所出經、律、論等并新舊集失譯諸經摠八十二部，合三百一十一卷。二十五部二百九十〔五〕卷見在，五十七部一百一二卷本闕。

右爲第四卷。

宋代傳譯緇素二十二人，所出經、律、論等并新集〔六〕失譯諸經摠四百六十五部，合七百一十七卷。九十三部二百四十三卷見在，三百七十二部四百七十四卷本闕。

右爲第五卷。

蕭齊傳譯沙門七人，所出經、律摠一十二部，合三十三卷。七部二十八卷見在，五部五卷本闕。

梁代傳譯緇素八人，所出經、論及諸傳記并新集失譯經、律、集等摠四十六部，合二百一卷。四十部一百九十一卷見在，六部十卷本闕。

元魏傳譯緇素一十二人，所出經、論〔七〕摠八十三部，合二百七十四卷。七十三部二百五十五卷見在，一十部一十九卷本闕。

高齊傳譯緇素二人，所出經、論摠八部，合五十二卷。並在無闕。

右爲第六卷。

周朝傳譯沙門四人，所出經、論等摠一十四部，合二十九卷。六部一十一卷見在，八部一十八卷本闕。

陳代傳譯緇素三人，所出經、律、論及集傳等摠四十部，合一百三十三卷。二十六部八十九〔八〕卷見在，一十四部四十四卷本闕。

隋朝傳譯緇素九人，所出經、論、傳、録等摠六十四部，合三百一卷。六十二部二百八十七卷見在，二部一十四卷本闕。

右爲第七卷。

皇朝傳譯緇素已有三十七人，所出經、律、論及傳、録等摠三百一部，合二千一百七十卷。二百八十一部二千一百四十三卷見在，二十部二十七卷訪本未獲。

都計一十九代，傳譯道俗摠一百七十六人，所出大、小乘經、律、論及賢聖集傳摠二千二百七十八部，都合七千四十六卷。一千一百三十部五千六十六卷見在，一千一百四十八部一千九百八十卷本闕。

右爲第八、第九卷。

合從古録至開元釋教新録及續補舊闕，摠有四十一家，具如前列。

右爲第十卷。

別分乘藏録下。上録所辯，摠顯出經，而大、小未分，三藏混雜。此録之内，具件〔九〕科條，闕本等經，續附於後。

就別録中，曲分爲七：

有譯有本録第一。一千一百二十四部，五千四十八卷。

復就此録，更開爲三：

菩薩三藏録第一。六百八十六部，二千七百四十五卷。

菩薩契經藏。五百六十三部，二千一百七十三卷。

大乘經單重合譯。摠四百三十二部，一千八百八十卷。

般若經新舊譯。二十一部，七百三十六卷。

寶積經新舊譯。八十二部，一百六十九卷。

大集經新舊譯。二十四部，一百四十二卷。

華嚴經新舊譯。二十六部，一百八十七〔一〇〕卷。

涅槃經新舊譯。六部，五十八卷。

五大部外諸重譯經。二百七十三〔一一〕部，五百八十八卷。

大乘經單譯。摠一百三十一部，二百九十三卷。

菩薩調伏藏。二十六部，五十四卷。

菩薩對法藏。九十七部，五百一十八卷。

大乘釋經論。二十一〔一二〕部，一百五十五卷。

大乘集義論。七十六部，三百六十三卷。

右爲第十一、十二卷。

聲聞三藏録第二。三百三十部，一千七百六十二卷〔一三〕。

聲聞契經藏。二百四十部，六百一十八卷。

小乘經單重〔一四〕合譯。摠一百五十三部，三百九十四卷。

根本四阿含經。五部，二百三卷。

長阿含中別譯經。一十三部，四十二卷。

中阿含中別譯經。五十三部，五十三卷。
增壹阿含中別譯經。二十四部，二十四卷。
雜阿含中別譯經。一十六部，一十六卷。
四含外諸重譯經。四十二部，五十六卷。
小乘經單譯。揔八十七部，二百二十四卷。
聲聞調伏藏。五十四部，四百四十六卷。
正調伏藏。四十一部，三百五十八卷。
調伏藏卷屬。一十三〔一五〕部，八十八卷。
聲聞對法藏。三十六部，六百九十八卷。
有部根本身足論。八部，一百三十一卷。
有部及餘支派論。二十八〔一六〕部，五百六十七卷。
聖賢傳記録第三。一百八部，五百四十一卷。
梵本翻譯集傳。六十八部，一百七十三卷。
此方撰述集傳。四十部，三百六十八卷。
右爲第十三卷。

有譯無本録第二。一千一百四十八部，一千九百八十卷。

大乘經闕本。四百八部，八百一卷。

大乘經重譯闕本。揔二百部，四百八十四卷。

般若部中闕本。一十(一七)部，二十七卷。

寶積部中闕本。三十部，五十四卷。

大集部中闕本。一十三部，九十七卷。

華嚴部中闕本。一十二部，二十七卷。

涅槃部中闕本。四部，二十六卷。

諸重譯經闕本。一百三十一部，二百五十三(一八)卷。

大乘經單譯闕本。揔二百八部，三百一十七卷。

大乘律闕本。二十二部，二十五卷。

大乘論闕本。二十部，四十八卷。

大乘釋經論闕本。四部，一十一卷。

大乘集義論闕本。一十六部，三十七卷。

右爲第十四卷。

小乘經闕本。六百五部，八百一十五〔一九〕卷。

小乘經重譯闕本。摠一百二十五部，二百六十五卷。

根本四阿含闕本。二部，一百九卷。

長阿含部分闕本。一十四部，二十八卷。

中阿含部分闕本。一十四部，一十四卷。

增壹阿含部分闕本。七部，八卷。

雜阿含部分闕本。四十五部，四十五卷。

諸重譯經闕本。四十三〔二〇〕部，六十一卷。

小乘經單譯闕本。摠四百八十部，五百五十卷。

小乘律闕本。三十七部，四十二卷。

小乘論闕本。九部，六十五卷。

賢聖集傳闕本。四十七部，一百八十四卷。

右爲第十五卷。

支泒別行録第三。六百八十二部，八百一十二卷。

大乘別生經。二百九部，三百二十八卷。

般若部中別生。一十部，一百一十九卷。

寶積部中別生。一十三部，一十五卷。

大集部中別生。五十一部，五十八卷。

華嚴部中別生。一十部，一十一卷。

諸大乘經別生。一百二十五部，一百二十五卷。

大乘律別生。七部，七卷。

大乘論別生。七部，一十一卷。

小乘別生經。二百〔二〕八十三部，二百〔三〕八十三卷。

長阿含部分〔三〕別生。一十四部，一十四卷。

中阿含部分別生。二十四部，二十四卷。

增一阿含部分別生。二十六部，二十六卷。

雜阿含部分別生。一百三十六部，一百三十六卷。

諸小乘經別生。八十三部，八十三卷。

小乘律別生。小乘論無別生。四十二部，四十九卷。

賢聖集傳別生。一百三十四部，一百三十四卷。

右爲第十六卷。

删略繁重録第四。一百四十七部，四百八卷。

新括出別生經。六十七〔二四〕部，一百八十五卷。

新括出名異文同經。二十部，五十二卷。

新括出重上録經。八部，三十卷。

新括出合入大部經。五十二部，一百四十一卷。

補闕拾遺録第五。三百六〔二五〕部，一千一百一十一卷。

大乘經舊譯。五十九部，六十九卷。

大乘律舊譯。二部，二卷。

大乘論舊譯。三部，四卷。

小乘經舊譯。五十九〔二六〕部，六十八卷。

小乘律舊譯。五部，五卷。

賢聖集傳舊譯。三十六部，五十七卷。

右已上一百六十四部，二百五卷，並是舊譯，今見有本。大周入藏中無，今拾遺編入。

新譯大乘經。六十一部，三百三十六卷。

新譯大乘律。一部，一卷。

新譯大乘論。一十二部，一十九卷。

新譯小乘經。八部，八卷。

新譯小乘律。一十一部，一百五十九卷。

新譯賢聖集傳。三部，五卷。

右已上九十六部，五百二十八卷，並是大周刊定録後新譯，所以前録未載，今補闕編入。

又，小乘律戒羯磨。六部，一十卷，然並撰述有據，時代盛行，補闕編入。

又，此方所撰集傳。四十部，三百六十八卷，然皆裨助正教，故並補闕，編入見録。

右爲第十七卷。

疑惑再詳録第六。一十四部，一十九卷。

僞妄亂真録第七。三百〔二七〕九十二部，一千五十五卷。

開元釋教録新編僞經。三十七〔二八〕部，五十四卷。

符秦釋道安録中僞經。二十五〔二九〕部，二十八卷。

梁釋僧祐録中僞經。二十四〔三〇〕部，二十六〔三一〕卷。
蕭齊釋道備僞撰經。見長房録，五部，五卷。
蕭齊僧法尼誦出經。僧祐等録并編入僞，二十一部，三十五卷。
元魏孫敬德夢授經。見内典録，一部，一卷。
梁沙門妙光僞造經。見僧祐録，一部，一卷。
隋開皇衆經録中僞經。八十六部，一百四十一卷。
隋仁壽衆經録中僞經。一十一部，四十一。
大唐内典録中僞經。二十二部，八十七卷。
大周刊定録中僞經。八十部，一百一卷。
隋沙門信行三階集録。周録雖載，收之不盡，三十五部，四十四卷。
諸雜抄經增減聖説。五十四部，五百一卷。
右爲第十八卷。
大乘入藏録上。大乘經、律、論揔六百三十八〔三二〕部，二千七百四十五卷，二百五十八袠。此直述經名及標紙數，餘如廣録。
大乘經。五百一十五部，二千一百七十三卷，二百〔三三〕三袠。

大乘律。二十六部，五十四卷，五袠。

大乘論。九十七部，五百一十八卷，五十袠。

右爲第十九卷。

小乘入藏録下。小乘經、律、論揔三百三十(三四)部，一千七百六十二(三五)卷，一百六十五袠。集傳録附此末，此直述經名及標紙數，餘如廣録。

小乘經。二百四十部，六百十八卷，四十八袠。

小乘律。五十四部，四百四十六卷，四十五袠。

小乘論。三十六部，六百九十八卷，七十二袠。

賢聖集。一百八部，五百四十一卷，五十七袠。

都計大、小乘經、律、論及賢聖傳見入藏者，揔一千七十六部，合五千四十八卷，四百八十袠。此入藏中，大乘經部數與前廣録部數不同者，前以大寶積經諸部合成，故存本數爲四十九部；上録此中合爲一部，故欠四十八，不同。

右爲第二十卷。

開元釋教録卷第十總録之十

校勘記

〔一〕二百：原作「一百」，據高麗藏本改。

〔二〕本闕：資福藏、普寧藏、永樂南藏、嘉興藏、清藏本作「闕本」。

〔三〕二十一：原作「二十二」，據高麗藏本改。

〔四〕揔：原無，據高麗藏本補。

〔五〕二百九十：高麗藏本作「二百九」。

〔六〕新集：嘉興藏本作「所集」。

〔七〕經論：原作「經律」，據高麗藏本改。

〔八〕八十九：原作「八十八」，據高麗藏本改。

〔九〕具件：原作「見往」，據諸校本改。

〔一〇〕一百八十七：資福藏本作「一百八」。

〔一一〕二百七十三：高麗藏本作「二百七十二」。

〔一二〕二十一：高麗藏本作「三十一」。

〔一三〕三百三十部一千七百六十二卷：高麗藏本作「二百四十部六百一十八卷」，資福藏本作「三百三十部一千七百六十一卷」。

〔一四〕重：原無，據高麗藏本補。

〔一五〕一十三：高麗藏本作「一十二」。

〔一六〕二十八：原作「三十八」，據高麗藏本改。
〔一七〕一十：原作「二十」，據諸校本改。
〔一八〕二百五十三：高麗藏本作「一百五十二」。
〔一九〕八百一十五：原作「八百一十三」，據諸校本改。
〔二〇〕四十三：高麗藏本作「四十二」。
〔二一〕二百：原作「一百」，據諸校本改。
〔二二〕二百：原作「一百」，據諸校本改。
〔二三〕分：原無，據高麗藏本補。
〔二四〕六十七：原作「六十六」，據高麗藏、資福藏本改。
〔二五〕三百六：資福藏、普寧藏本作「二百六」。
〔二六〕五十九：原作「五十五」，據高麗藏本改。
〔二七〕三百：原作「二百」，據高麗藏、資福藏本改。
〔二八〕三十七：原作「二十七」，據高麗藏本改。
〔二九〕二十五：高麗藏本作「一十五」。
〔三〇〕二十四：原作「一十四」，據高麗藏本改。
〔三一〕二十六：原作「一十六」，據高麗藏本改。
〔三二〕三十八：原作「二十八」，據諸校本改。

〔三三〕二百：原作「二千」，據高麗藏、資福藏本改。

〔三四〕三百三十：高麗藏本作「二百三十」。

〔三五〕六十二：原作「六十三」，據諸校本改。

音　釋

岑号：上助蔘反。　賸：余證反，剩也。　琬：紆阮反。　璠璵：煩余二音。魯之寶玉也。　一玷：下音點，痕玷也。　覈通：上閑鬲反，考也。　沮渠：上子徐反，姓也。　靁同：上音雷。　糅雜：上尼救反。　淆亂：上户交反，雜也。　臧否：上則郎反，善也；下方久反，惡也。　甄異：上居延反，識別也。　重沓：下唐合反。　堰截：上於建反。　矛盾：上莫浮反，下時尹反。　支泒：下疋賣反。

開元釋教録〔一〕卷第十一 别録之一

唐庚午歲西崇福寺沙門智昇撰

别分乘藏録下。

就别録中，更分爲七：

有譯有本録第一，一千一百二十四部，五千四十八卷。

有譯無本録第二，一千一百四十八部，一千九百八十卷。

支派别行録第三，六百八十二部，八百一十二卷。

删略繁重録第四，一百四十七部，四百八卷。

補闕拾遺録第五，三百六部，一千一百一十一卷。

疑惑再詳録第六，一十四部，一十九卷。

僞妄亂真録第七，三百九十二部，一千五十五卷。

有譯有本録第一之一

此有本録中，復有三録：

菩薩三藏録第一；六百八十六部，二千七百四十五卷。

聲聞三藏録第二；三百三十部，一千七百六十二卷。

聖賢傳記録第三。一百八部，五百四十一卷。

有譯有本録中菩薩三藏録第一之一

菩薩藏者，大乘所詮之教也。統論〔二〕教主，則法身常在，無滅無生。所詮之理，則方廣真如，忘名離相。摠乃三藏差異，別則一十二科。始乎發心，終於十地。三明八解之説，六度四攝之文，若是科條，名爲此藏。始自漢明丁卯之歲，至我開元庚午之載，見流行者，摠六百八十六部，合二千七百四十五卷，二百五十八袠，結爲大乘法藏，摠別條例，具如後列：

菩薩契經藏，五百六十三部，二千一百七十三〔三〕卷，二百三袠。

菩薩調伏藏，二十六部，五十四卷，五袠。

菩薩對法藏，九十七部，五百一十八卷，五十袠。

校勘記

〔一〕開元釋教録：本卷至第十九卷皆作「開元釋教目録」，多出一「目」字，爲統一體例，徑删。以下各卷同，不再出校。

〔二〕統論：高麗藏本作「能説」。

〔三〕二千一百七十三：金藏、高麗藏本作「二千一百七十二」。

大乘經重單合譯，四百三十二部，一千八百八十卷，一百七十九袠。

尋諸舊録，皆以單譯爲先。今此録中，以重譯者居首。所以然者，重譯諸經，文義備足，名相楷定，所以標初也。又舊録中，直名重譯，今改名重單合譯者，以大般若經九會單本，七會重譯；大寶積經二十會單本，二十九會重譯。直云重譯，攝義不周。餘經例然，故名重單合譯也。又古譯經首〔一〕，皆無譯人時代，年月浸遠，尋訪〔二〕莫知。失譯之言，寔由於此。今尋諸〔三〕舊録，參定是非，時代譯人具標經首。失譯之者載之於録，庶釋尊遺教終六萬之脩齡矣。

般若部。

新舊譯本及枝派經並編於此。

揔二十一部，七百三十六卷，七十三袠。

般若經建初者，謂諸佛之母也。舊録之中，編比〔四〕無次。今此録中，大小乘經，皆以部類編爲次第。小乘諸律，據本末而爲倫次。大乘諸論，以釋經者爲先，集解義者列之於後；小乘諸論，據有部次第，發智爲初，六足居次，毗婆沙等枝派編末。聖賢集〔五〕傳，内外兩分；大夏神州，東西有異。欲使科條各别，覽者易知也。

大〔六〕般若波羅蜜多經六百卷。六十袠。

大唐〔七〕三藏玄奘於玉華宫寺〔八〕譯。出翻經圖。

右此經，梵本都有二十萬頌，揔四處十六會，唐言譯之，成六百卷〔九〕。重單合譯，其列如左：

第一會，王舍城鷲峰山說。四百卷。

右新譯單本。梵文一十三萬二千六百頌，唐譯成四百卷七十九品〔一〇〕。從第一卷至四百卷〔一一〕。

第二，重會。王舍城鷲峰山說。七十八卷，第四譯。

右新譯重本。梵文二萬五千頌，唐譯成七十八卷八十五品〔一二〕。與舊大品、放光、光讚般若同本異譯。從四百一卷至四百七十八。比於舊經，闕無常啼等品，餘意大同。

第三，重會。王舍城鷲峰山說。五十九卷。

右新譯單本。梵文一萬八千頌，譯成五十九卷三十一品〔一三〕。從四百七十九卷至五百三十七卷〔一四〕。

第四，重會。王舍城鷲峰山說。一十八卷，第八譯。

右新譯重本。梵文八千頌，譯成一十八卷二十九品〔一五〕。與舊道行、小品、明度、長安品等同本異譯。從五百三十八卷至五百五十五。比於舊經，亦闕常啼等品，餘意不殊。

第五，重會。王舍城鷲峯山説。十卷。

右新譯單本。梵文四千頌，譯成十卷二十四品〔一六〕。從五百五十六卷至五百六十五卷〔一七〕。

第六，重會。王舍城鷲峯山説。八卷，第二譯。

右新譯重本。梵文二千五百頌，譯成八卷一十七品〔一八〕。與舊勝天王般若同本異譯。從五百六十六卷至五百七十三卷〔一九〕。

第七會，室羅筏城給孤獨園説曼殊室利分。二卷，第三譯。

右新譯重本。梵文八百頌，譯成二卷，無品〔二〇〕。與舊兩譯文殊般若同本異譯。當第五百七十四至五百七十五〔二一〕卷。

第八，重會。室羅筏城給孤獨園説那伽室利分。一卷，第三譯。

右新譯重本。梵文四百頌，譯成一卷，無品〔二二〕。與舊輭首菩薩分衛經等同本異譯。當第五百七十六卷。

第九，重會。室羅筏城給孤獨園說能斷金剛分。一卷，第四譯。

右新譯重本。梵文三百頌，譯成一卷，無品〔二三〕。與新舊四譯金剛般若同本異譯。當第五百七十七卷。

第十會，他化自在天王宮說般若理趣分。一卷，第一譯。

右新譯重本。梵文三百頌，譯成一卷，無品〔二四〕。與後譯實相般若同本異譯。當第五百七十八卷。

第十一，重會。室羅筏城給孤獨園說布施波羅蜜多分。五卷。

右新譯單本。梵文二千頌，譯成五卷，無品〔二五〕。從五百七十九卷至五百八十三卷〔二六〕。

第十二，重會。室羅筏城給孤獨園說淨戒波羅蜜多分。五卷。

右新譯單本。梵文二千頌，譯成五卷，無品〔二七〕。從五百八十四卷至五百八十八卷〔二八〕。

第十三，重會。室羅筏城給孤獨園說安忍波羅蜜多分。一卷。

右新譯單本。梵文四百頌，譯成一卷，無品〔二九〕。當第五百八十九卷。

第十四，重會。室羅筏城給孤獨園說精進波羅蜜多分。一卷。

右新譯單本。梵文四百頌，譯成一卷，無品〔三〇〕。當第五百九十卷。

第十五，重會。王舍城鷲峰山説静慮波羅蜜多分。二卷。

右新譯單本。梵文八百頌，譯成二卷，無品〔三一〕。當第五百九十一至〔三二〕九十二卷。

第十六會，王舍城竹林園中白鷺池側説般若波羅蜜多分。八卷。

右新譯單本。梵文二千五百頌，譯成八卷，無品〔三三〕。從五百九十三卷至第六百卷〔三四〕。

校勘記

〔一〕古譯經首：金藏、高麗藏本作「古譯經經首」。

〔二〕尋訪：金藏、高麗藏本作「尋討」。

〔三〕尋諸：嘉興藏本作「尋舊」。

〔四〕編比：原作「編此」，據金藏、高麗藏本改。

〔五〕集：原無，據金藏、高麗藏本改。

〔六〕大：原無，據諸校本補。

〔七〕大唐：永樂北藏、嘉興藏、清藏、四庫本作「唐」。

〔八〕玉華宫寺：金藏本作「玉華寺」。

〔九〕右此經梵本都有二十萬頌揔四處十六會唐言譯之成六百卷：金藏、高麗藏本作「右此經，總四處十六會」。

〔一〇〕梵文一十三萬二千六百頌唐譯成四百卷七十九品：金藏、高麗藏本無。

〔一一〕四百卷：金藏、高麗藏本作「第四百」。

〔一二〕梵文二萬五千頌唐譯成七十八卷八十五品：金藏、高麗藏本無。

〔一三〕梵文一萬八千頌譯成五十九卷三十一品：金藏、高麗藏本無。

〔一四〕卷：金藏、高麗藏本無。

〔一五〕梵文八千頌譯成一十八卷二十九品：金藏、高麗藏本無。

〔一六〕梵文四千頌譯成十卷二十四品：金藏、高麗藏本無。

〔一七〕卷：金藏、高麗藏本無。

〔一八〕梵文二千五百頌譯成八卷一十七品：金藏、高麗藏本無。

〔一九〕卷：金藏、高麗藏本無。

〔二〇〕梵文八百頌譯成二卷無品：金藏、高麗藏本無。

〔二一〕至五百七十五：金藏、高麗藏本作「七十五」。

〔二二〕梵文四百頌譯成一卷無品：金藏、高麗藏本無。

〔二三〕梵文三百頌譯成一卷無品：金藏、高麗藏本無。

〔二四〕梵文三百頌譯成一卷無品：金藏、高麗藏本無。

〔二五〕梵文二千頌譯成五卷無品：金藏、高麗藏本無。又，「成」字原無，據永樂南藏本補。

〔二六〕卷：金藏、高麗藏本無。

〔二七〕梵文二千頌譯成五卷無品：金藏、高麗藏本無。

〔二八〕卷：金藏、高麗藏本無。

〔二九〕梵文四百頌譯成一卷無品：金藏、高麗藏本無。

〔三〇〕梵文四百頌譯成一卷無品：金藏、高麗藏本無。

〔三一〕梵文八百頌譯成二卷無品：金藏、高麗藏本無。

〔三二〕至：金藏、高麗藏本無。

〔三三〕梵文二千五百頌譯成八卷無品：金藏、高麗藏本無。

〔三四〕卷：金藏、高麗藏本無。

放光般若波羅蜜經三十卷。或二十卷，三袠。

西晉三藏無羅叉共〔一〕竺叔蘭譯。第二譯。

摩訶般若波羅蜜經四十卷。亦名大品般若經〔二〕，或三十卷，四袠。

姚秦三藏鳩摩羅什共僧叡等譯。第三譯〔三〕。

光讚般若波羅蜜經十五卷。或十卷。

西晉三藏竺法護譯。第一譯。

右三經，與大般若第二會同本異譯。其光讚般若比於新經，三分將一，至散花品後文並闕。又按姚秦僧叡小品序云：斯經正文，凡有四種，是佛異時適化廣略之説也。其多者云有十萬偈，少者六百偈。此之大品，即是天竺之中品也。准斯中品，故知與大經第二會同梵文也。龍樹菩薩造智度論釋大品經。

摩訶般若波羅蜜經〔四〕五卷。一名須菩提品，亦名長安品。

符秦天竺沙門曇摩蜱共竺佛念譯。第六譯〔五〕。

右一經，長房、内典二録云是外國經鈔者，尋之未審也。據其文理，乃與小品、道行經等同本異譯，故初題云「摩訶般若波羅蜜經道行品第一」。但文不足三分過二，准道行經，後闕十品。

上二經，二十卷，二袠。

道行般若波羅蜜經十卷。亦名般若道行品，或八卷，一袠。

後漢月支三藏支婁迦讖譯。第一譯。

小品般若波羅蜜經十卷。或七卷，或八卷，一袠。

姚秦三藏鳩摩羅什譯。第七譯〔六〕。

大明度無極經四卷。亦直云大明度經，或六卷。

吴月支優婆塞支謙譯。第二譯〔七〕。

右四經，與大般若第四會同本異譯。其西晉三藏竺法護譯新道行經，但有其名，而無其本。諸藏縱有，即與小品文同，但題目異，故不重出。前後八譯，五存三闕。

勝天王般若波羅蜜經七卷。

陳優禪尼國王子月婆首那譯。第一譯。

右一經，與大般若第六會同本異譯。

上二經，十一卷，同衺。

文殊師利所説摩訶般若波羅蜜經二〔八〕卷。或一卷，二十一紙。

梁扶南三藏曼陁羅仙譯。第一譯。

右一經，亦名文殊般若波羅蜜經，初文無十重光，後文有一行三昧，文言文殊師利童真者是。又編入寶積，在第四十六會。爲與後經名同，恐有差錯〔九〕，故復出之也。

文殊師利所説般若波羅蜜經一卷。二十紙。

梁扶南三藏僧伽婆羅譯。拾遺編入，第二譯。

右一經，初文有十重光，後文無一行三昧，文言文殊師利法王子者是。初歎菩薩德及列菩薩名，此本稍廣。又此二經，亦互有廣略。

右二經，與大般若第七會曼殊室利分同本異譯。

轉首菩薩無上清浄分衛經二卷。一名決了諸法〔一〇〕如幻化三昧經。

宋沙門翔公〔一一〕於南海郡譯。第二譯。

右一經，與大般若第八會那伽室利分同本異譯。新舊相比，舊經稍廣。前後三譯，二存一闕。

金剛般若波羅蜜經一卷。舍衛國。

姚秦三藏鳩摩羅什譯。第一譯。

金剛般若波羅蜜經一卷。婆伽婆〔一二〕。

元魏天竺三藏菩提留支譯。第二譯。

金剛般若波羅蜜經一卷。祇樹林。

陳天竺三藏真諦譯。第三譯。

金剛能斷般若波羅蜜多經一卷。

隋大業年中三藏笈多譯。第四譯〔一三〕。

能斷金剛般若波羅蜜經〔一四〕一卷。室羅筏。

大唐三藏玄奘譯。出内典録，第四譯〔一五〕。

能斷金剛般若波羅蜜多經一卷。名稱城。

大唐天后代三藏義淨譯。新編入録，第五譯。

右六經〔一六〕，同本異譯。其第五本〔一七〕能斷般若，貞觀二十二年沙門玄奘從駕於玉華宫弘法臺譯。後至顯慶五年，於玉華寺翻大般若。即當第九能斷金剛分，全本編入，更不重翻。准諸經例，合入大部者，即同别生。此録之中，不合重載，爲與沙門義淨譯者名同，恐有差錯，故復出之。三師造論，同釋此經。

實相般若波羅蜜經一卷。

大唐天后代天竺三藏菩提流志譯。出大周録，第二譯。

右一經，與大般若第十會般若理趣分同本異譯。西域〔一八〕梵文，有廣略二本，故實相、理趣文意乃同，呪〔一九〕大小異。

仁王護國般若波羅蜜經二卷。或云一卷。

姚秦三藏鳩摩羅什譯。第二譯。三譯二闕。

摩訶般若波羅蜜大明呪經〔二〇〕一卷。

姚秦三藏鳩摩羅什譯。出經題。第一譯。拾遺編入。

般若波羅蜜多心經一卷。

大唐三藏玄奘譯。出内典録，第二譯。

右二經，同本異譯。前後三譯，二存一闕。其般若心經，舊録爲單本，新勘爲重譯。仁王般若等三經，

文義〔一〕雖通，大部〔二〕全本，大部中無，是支派攝，非從彼出。

上十三經〔三〕，十五卷，同袠。

校勘記

〔一〕共：永樂北藏、嘉興藏、清藏、四庫本誤作「其」。

〔二〕經：原無，據金藏、高麗藏本補。

〔三〕第三譯：原作「第二譯」，據金藏本及本書卷四改。

〔四〕摩訶般若波羅蜜經：金藏、高麗藏本作「摩訶般若波羅蜜鈔經」。

〔五〕第六譯：原作上文「亦名長安品」之後，據金藏、高麗藏本在下文「竺佛念譯」之後。

〔六〕第七譯：原作「第一譯」，據高麗藏本及本書卷四改。

〔七〕第二譯：金藏、高麗藏本作「第三譯」。

〔八〕二：金藏本作「一」。

〔九〕差錯：原作「嗟錯」，據諸校本改。

〔一〇〕諸法：原作「諸經」，據金藏、高麗藏本改。

〔一一〕朔公：金藏、高麗藏本作「翔公」。按：朔公，亦云翔公，見本書卷五。

〔一二〕婆伽婆：金藏本作「娑伽婆」。

〔一三〕金剛能斷般若波羅蜜多經一卷隋大業年中三藏笈多譯第四譯：金藏、高麗藏本無。

〔一四〕能斷金剛般若波羅蜜經：金藏、高麗藏本作「金剛能斷般若波羅蜜多經」。

〔一五〕第四譯：原無，據金藏、高麗藏本補。

〔一六〕六經：金藏、高麗藏本作「五經」。參〔一三〕。

〔一七〕第五本：金藏、高麗藏本作「第四本」。

〔一八〕西域：金藏、高麗藏本作「而西域」。

〔一九〕呪：金藏、高麗藏本作「況」。

〔二〇〕經：金藏本無。

〔二一〕文義：金藏、高麗藏本作「大義」。

〔二二〕大部：金藏本作「大都」。

〔二三〕十三經：金藏、高麗藏、資福藏本作「十二經」。

寶積部。但諸會重本，並次第編之。揔八十二部。此以諸部合成，故存〔一〕本數。上録一百六十九卷，一十七袠。

大寶積經一百二十卷。一十二袠〔二〕。

大唐南天竺三藏菩提流志等譯。新編入録。

右此經，新舊重單合譯，共四十九會，合古沓反。成一部。新舊共二十會單本，新舊共二十九會重譯。於中二十六會，大唐三藏菩提流志新譯；二十三會，古譯及唐舊譯〔三〕。菩提流志勘梵本同，編入會次。具列如左：

第一，三律儀會，三卷。

大唐三藏菩提流志新譯。第二譯。

右新譯重本，與舊大方廣三戒經同本異譯。從第一卷至第三卷。

第二，無邊莊嚴會，四卷。

大唐三藏菩提流志新譯。

右新譯單本。從第四卷至第七卷。

第三，密迹金剛力士會，七卷。

西晉三藏竺法護譯。勘同編入。

右舊譯單本。從第八卷至第十四〔四〕。

第四，浄居天子會，二卷。

西晉三藏竺法護譯。出法上録，勘同編入。

右舊譯單本，本名菩薩説夢經，新改名浄居天子會。當第十五及十六卷。細詳文句，與竺法護經稍不相類。長房等録皆云失譯，法上録中云竺護出，今者且依法上録定。

第五，無量壽如來會，二卷。

大唐三藏菩提流志新譯。第十一譯〔五〕。

右新譯重本，與舊無量清浄平等覺、大阿彌陁、無量壽經等同本異譯。當第十七、十八卷。

第六，不動如來會，二卷。

大唐三藏菩提流志新譯。第三譯。

右新譯重本，與舊阿閦佛國經等同本異譯。當第十九卷及二十卷。

第七，被甲莊嚴會，五卷。

大唐三藏菩提流志新譯。

右新譯單本。從第二十一卷至第二十五卷〔六〕。

第八，法界體性無分別會，二卷。

梁三藏曼陁羅仙譯。第二譯，勘同編入。

右舊譯重本，與姚秦童壽所譯法界體性經同本異譯。當第二十六、二十七卷。秦譯〔七〕本闕。

第九，大乘十法會，一卷。

元魏三藏佛陁扇多譯。第二譯，勘同編入。

右舊譯重本，與梁衆鎧所譯大乘十法經同本異譯。初云「婆伽婆」者是也。當第二十八卷。經本題爲僧伽婆羅譯者，誤也。

第十，文殊師利普門會，一卷。

大唐三藏菩提流志新譯。第三譯。

右新譯重本，與舊普門品經等同本異譯。當第二十九卷。

第十一，出現光明會，五卷。

大唐三藏菩提流志新譯。

右新譯單本。從第三十卷至第三十四卷〔八〕。

第十二，菩薩藏會，二十卷。

大唐三藏玄奘譯。出内典録，勘同編入。

右唐舊譯單本。從第三十五卷至第五十四。其菩薩藏會，准大周録入重譯中，云與三卷菩薩藏經同本異譯者，誤之甚也。名目雖同，多少全異，檢尋文義，更復差殊。其三卷菩薩藏經亦編入此中，即富樓那會是。今改舊轍，以爲單譯。

第十三，佛爲阿難説處胎會，一卷。

大唐三藏菩提流志新譯。第二譯。

右新譯重本，與舊胞胎經同本異譯。當第五十五卷。

第十四，佛説入胎藏會，二卷。

大唐三藏義浄譯。勘同編入。

右唐舊譯單本。當第五十六卷及五十七卷〔九〕。此入胎藏會，本名佛爲難陁説出家入胎經，在根本説一切有部毗柰耶雜事第十一、十二卷。三藏義浄枏出別行，今〔一〇〕菩提流志勘梵本同，編入會次，既不重譯，故爲單本。又，與雜寶藏經難陁爲佛逼出家緣初雖少同，後乃全異，不合以爲重譯。此會及前會〔一一〕，據其文理，合入聲聞藏内，今爲編入寶積，通在菩薩藏收。

第十五，文殊師利授記會，三卷。

大唐天后代于闐三藏實叉難陁譯。第三譯，勘同編入。

右唐舊譯重本，與舊文殊師利佛土嚴浄經〔一二〕同本異譯。從第五十八卷至第六十卷〔一三〕。

第十六，菩薩見實會，十六卷。

高齊三藏那連提耶舍譯。勘同編入。

右舊譯單本。從第六十一卷至第七十六卷〔一四〕。

第十七，富樓那會，三卷。

姚秦三藏鳩摩羅什譯。第二譯〔一五〕，勘同編入。

右舊譯重本，本名菩薩藏經，亦名大悲心經，與西晉竺法護所譯菩薩藏經同本異譯。從第七十七卷至第七十九。晉譯本闕。

第十八，護國菩薩會，二卷。

隋三藏闍那崛多譯。出内典録，勘同編入〔一六〕。

右舊譯單本。當第八十卷及八十一卷〔一七〕。

第十九，郁伽長者會，一卷。

曹魏三藏康僧鎧譯。第三譯，勘同編入。

右舊譯重本，與法鏡經及郁迦羅越問菩薩行經等同本異譯。當第八十二卷。經本題爲「康僧顗」者，誤也。

第二十，無盡伏藏會，二卷。

大唐三藏菩提流志新譯。

右新譯單本。當第八十三卷及第八十四卷〔一八〕。

第二十一，授幻師跋陁羅記會，一卷。

大唐三藏菩提流志新譯。第二譯。

右新譯重本，與舊幻士仁賢經同本異譯。當第八十五卷。

第二十二，大神變會，二卷。

大唐三藏菩提流志新譯。

右新譯單本。當第八十六卷及第八十七卷〔一九〕。

第二十三，摩訶迦葉會，二卷。

元魏優禪尼國王子〔二〇〕月婆首那譯。勘同編入。

右舊譯單本。當第八十八卷及第八十九卷〔二一〕。

第二十四，優波離會，一卷。

大唐三藏菩提流志新譯。第二譯。

右新譯重本，與舊決定毗尼經同本異譯。當第九十卷。

第二十五，發勝志樂會，二卷。

大唐三藏菩提流志新譯。第二譯〔二二〕。

右新譯重〔二三〕本，與舊發覺浄心經同本異譯。當第九十一卷及第九十二〔二四〕。

第二十六，善臂〔二五〕菩薩會，二卷。

姚秦三藏鳩摩羅什譯。出法上録，勘同編入。

右舊譯單本。當第九十三卷及第九十四。此善臂會，大周録云與持人菩薩經及持世經、善肩品經等同本異譯者，非也。尋其文理，與持人經等義旨懸殊。其善肩經，從善臂經鈔出，與法華經普門品同類，既有斯異，故爲單譯。

第二十七，善順菩薩會，一卷。

大唐三藏菩提流志新譯。

右新譯單本。當第九十五卷。

第二十八，勤授長者會，一卷。

大唐三藏菩提流志新譯。

右新譯單本。當第九十六卷。

第二十九，優陁延王會，一卷。

大唐三藏菩提流志新譯。第二譯。

右新譯重本，與舊優填王經同本異譯。當第九十七卷。新舊二〔二六〕經，互有廣略。

第三十，妙慧童女會。兼後一卷。

大唐三藏菩提流志新譯。第四譯〔二七〕。

右新譯重本，與舊兩譯須摩提經及流志先譯妙慧童女經同本異譯。當第九十八卷從初至半。其先譯妙慧經，本在東都，尋之未獲。

第三十一，恒河上優婆夷會。與前同卷。

大唐三藏菩提流志新譯。

右新譯單本。當第九十八卷從半至末。

第三十二，無畏德菩薩會，一卷。

元魏三藏佛陀扇多譯。第五譯，勘同編入。

右舊譯重本，與阿闍世王女阿術達菩薩經等同本異譯。當第九十九卷。

第三十三，無垢施菩薩應辯會，一卷〔二八〕。

西晉居士聶道真譯。第二譯，勘同編入。

右舊譯重本，與離垢施女經及得無垢女經同本異譯。當第一百卷。經本題爲竺法護譯者，誤也。其離垢施女經是竺法護譯，如後所顯〔二九〕。

第三十四，功德寶華敷菩薩會，兼後一卷。

大唐三藏菩提流志新譯。

右新譯單本。當第一百一卷從初至半。

第三十五，善德天子會。與前同卷。

大唐三藏菩提流志新譯。第二譯〔三〇〕。

右新譯重本，與流志先譯文殊師利所説不思議佛境界經同本異譯。當第一百一卷從半至末。

第三十六，善住意天子會，四卷。

隋三藏達磨笈多譯。出内典録，第七譯，勘同編入。

右舊譯重本，與如幻三昧經及聖善住意經等同本異譯。從第一百二卷至第一百五。

第三十七，阿闍世王子會。兼後三卷。

大唐三藏菩提流志新譯。第三譯。

右新譯重本，與舊太子刷護、太子和休二經同本異譯。當第一百六卷從初至半。

第三十八，大乘方便會。兼前三卷。

東晉天竺居士竺難提譯。第三譯，勘同編入。

右舊譯重本，與慧上菩薩問大善權經等同本異譯。從第一百六卷半至一百八卷盡。經本題云西晉者，誤。

第三十九，賢護長者會，二卷。

隋三藏闍那崛多譯。第一譯，勘同編入。

右舊譯重本，本名移識經，新改名賢護長者會，本移識經，無證信序，今寶積中者，新加之。

與顯識經同本異譯。當第一百九卷及一百一十。此賢護會，元編移識，時或有經改編顯識者，二經梵本雖則不殊，輒然改换，竊爲未可〔三二〕。

第四十，浄信童女會。兼後三會同卷。

大唐三藏菩提流志新譯。

右新譯單本。當第一百一十一卷初。

第四十一，弥勒菩薩問八法會。

元魏三藏菩提留支譯。第二譯〔三三〕，勘同編入。

右舊譯重本，本名彌勒菩薩所問經，與大乘方等要慧經同本異譯。當第一百一十一卷中〔三三〕。此八法會，有釋論五卷。其要慧經，文少略耳。

第四十二，彌勒菩薩所問會。兼前三會同卷。

大唐三藏菩提流志新譯。第三譯。

右新譯重本，與舊彌勒菩薩所問本願經等同本異譯。當第一百一十一卷末。經本題爲西晉竺法護譯者，錯也。其舊本願經是竺法護譯，如後所顯。

第四十三，普明菩薩會，一卷。

失譯。今附秦録，勘同編入，第三譯。

右舊譯重本，是舊單卷大寶積經，新改名普明菩薩會，與摩訶衍寶嚴、佛遺日摩尼寶二經同本異譯。當第一百一十二卷。此舊寶積經有釋論四卷。

第四十四，寶梁聚會，二卷。

北涼沙門釋道龔譯。勘同編入。

右舊譯單本。當第一百一十三卷及一百一十四卷〔三四〕。

第四十五，無盡慧菩薩會。兼後二卷。

大唐三藏菩提流志新譯。

右新譯單本。當第一百一十五〔三五〕卷初。

第四十六，文殊説般若會。兼前二卷〔三六〕。

梁三藏曼陁羅仙譯。第一譯，勘同編入。

右舊譯重本〔三七〕，與大般若曼殊室利分及衆鎧所譯文殊般若同本異譯。從第一百一十五卷中至一百一十六卷末。經本題爲僧伽婆羅譯者，誤也。

第四十七，寶髻菩薩會，二卷。

西晉三藏竺法護譯。别品，第二譯，勘同編入。

右舊譯重本，亦名菩薩浄行經，與大集寶髻品及康僧會所出菩薩浄行經同本異譯。當第一百一十七卷及一百一十八。此寶髻會有釋論一卷。

第四十八，勝鬘夫人會，一卷。

大唐三藏菩提流志新譯。第三譯。

右新譯重本，與舊勝鬘師子吼一乘大方便經等〔三八〕同本異譯。當第一百一十九卷。

第四十九，廣博仙人會，一卷。

大唐三藏菩提流志新譯。第二譯。

右新譯重本，與舊毗耶娑問經〔三九〕同本異譯。當第一百二十卷。其新譯本比於舊經，後文不足，向少一紙。或有將舊經續入者，欲使意珠圓滿故也。

校勘記

〔一〕存：金藏本作「在」。

〔二〕一十二袠：原無，據諸校本補。

〔三〕唐舊譯：金藏本作「唐舊録」。

〔四〕十四：嘉興藏本作「十四卷」。

〔五〕譯：嘉興藏本誤作「卷」。

〔六〕卷：金藏、高麗藏本無。

〔七〕譯：原無，據高麗藏本補。

〔八〕卷：金藏、高麗藏本無。

〔九〕卷：金藏、高麗藏本無。

〔一〇〕今：金藏、高麗藏本作「本」。

〔一一〕及前會：金藏本無。

〔一二〕經：金藏本無。

〔一三〕六十卷：金藏、高麗藏本作「六十」，四庫本誤作「五十卷」。

〔一四〕卷：金藏、高麗藏本無。

〔一五〕第二譯：原作「第三譯」，據金藏、高麗藏本改。

〔一六〕入：清藏本無。
〔一七〕卷：金藏、高麗藏本無。
〔一八〕卷：金藏、高麗藏本無。
〔一九〕卷：金藏、高麗藏本無。
〔二〇〕子：原作「二一」，據金藏、高麗藏本改。
〔二一〕卷：金藏、高麗藏本無。
〔二二〕第二譯：金藏、高麗藏本作「第三譯」。
〔二三〕重：金藏本無。
〔二四〕九十二：永樂南藏、四庫本作「九十二卷」。
〔二五〕臂：嘉興藏本誤作「譬」。
〔二六〕二：金藏本作「三」。
〔二七〕第四譯：金藏本無。
〔二八〕卷：金藏本無。
〔二九〕者誤也其離垢施女經是竺法護譯如後所顯：原無，據金藏、高麗藏本補。
〔三〇〕第二譯：金藏、高麗藏本作「第三譯」。
〔三一〕此賢護會元編移識時或有經改編顯識者二經梵本雖則不殊輒然改换竊爲未可：金藏、高麗藏本無。
〔三二〕第二譯：金藏、高麗藏本作「第三譯」，清藏、四庫本作「第一譯」。

〔三三〕一百一十一卷中：嘉興藏本誤作「一百一十一卷」，清藏本誤作「一百二十卷中」，四庫本誤作「一百二十一卷中」。

〔三四〕卷：金藏、高麗藏本無。

〔三五〕一百一十五：原作「一百二十五」，據金藏、高麗藏、永樂南藏、永樂北藏、嘉興藏、清藏、四庫本改。

〔三六〕二卷：永樂南藏、永樂北藏、嘉興藏、清藏、四庫本誤作「三卷」。

〔三七〕本：清藏、四庫本誤作「大」。

〔三八〕等：嘉興藏本無。

〔三九〕娑問經：金藏本作「娑經」，資福藏、永樂南藏、永樂北藏、嘉興藏、清藏、四庫本作「婆問經」。

大方廣三戒經三卷。

北涼天竺三藏曇無讖譯。出法上録，第一譯。

右一經，與寶積第一三律儀會同本異譯。

無量清淨平等覺經一卷。亦直云無量清淨經。

後漢月支三藏支婁迦讖譯。第二譯。

阿彌陀經二卷。内題云佛説諸佛阿弥陀〔一〕三耶三佛薩樓佛檀過度人道經。

吴月支優婆塞支謙字恭明譯。第三譯。

無量壽經二卷。

曹魏天竺三藏康僧鎧譯。第四譯。

右三經，與寶積第五無量壽會同本異譯。此第五會，新舊十一譯，七譯〔二〕闕本。天親菩薩依經義造論一卷。

上四經九卷，同衮。

阿閦〔三〕佛國經二卷。一名阿閦佛刹諸菩薩學成品經。

後漢月支三藏支婁迦讖譯。第一譯，三譯一闕。

右一經，與寶積第六不動如來會同本異譯。

大乘十法經一卷。初云「佛住王舍城」。

梁扶南三藏僧伽婆羅譯。拾遺編入，第一譯。

右一經，與寶積第九大乘十法會同本異譯。

普門品經一卷。亦云普門經。

西晉三藏竺法護譯。第一譯。

右一經，與寶積第十文殊師利普門會同本異譯。周録將爲法華支派者，誤之甚也。新舊三譯，一譯闕本。

胞胎經一卷。一名胞胎受身經。

西晉三藏竺法護譯。第一譯。

右一經，與寶積第十三佛爲阿難説處胎會同本異譯。此胞胎經，准〔四〕舊録中，編爲小乘單本，今以類相從，附之於此。

文殊師利佛土嚴浄經二卷。或直云嚴浄佛土經，或〔五〕直云佛土嚴浄經。

西晉三藏竺法護譯。第一譯〔六〕，三譯一闕。

右一經，與寶積第十五文殊授記會同本異譯。

法鏡經二卷。或一卷。

後漢安息優婆塞安玄共沙門嚴佛調譯。第一譯。

上六經，九卷，同袠。

郁迦羅越問菩薩行經一卷。或云郁伽長者經，或二卷。

西晉三藏竺法護譯。第四譯，六譯三闕。

右二經，與寶積第十九郁伽長者會同本異譯。

幻士仁賢經一卷。或云仁賢幻士經。

西晉三藏竺法護譯。第一譯。

右一經，與寶積第二十一授幻師記會同本異譯。

決定毗尼經一卷。一名破壞一切心識。

群録皆云燉煌譯，竟不顯人名年代。今附東晉録，第一譯。

右一經，與寶積第二十四優波離會同本異譯。

發覺浄心經二卷。

隋天竺三藏闍那崛多等譯。第一譯。

右一經，與寶積第二十五發勝志樂會同本異譯。

優填王經一卷。

西晉沙門釋法炬譯。拾遺編入，第一譯。

右一經，與寶積第二十九優陁延王會同本異譯。

須摩提經一卷。亦直云須摩經。

西晉三藏竺法護譯。第一譯。

須摩提菩薩經一卷。

姚秦三藏鳩摩羅什譯。拾遺編入，第二譯。新舊四譯，一闕。

右二經，與寶積第三十妙慧童女會同本異譯。

阿闍貰王女阿術達菩薩經一卷。亦云阿闍〔七〕貰女經，亦直云阿述達經。

西晉三藏竺法護譯。第二譯，五譯三闕〔八〕。

右一經，與寶積第三十二無畏德會同本異譯。

離垢施女經一卷。

西晉三藏竺法護譯。第一譯。

上九經，十卷，同衺。

得無垢女經一卷。或云無垢女經，一名論議辯才法門。

元魏婆羅門瞿曇般若流支譯。第三譯。

右二經，與寶積第三十三無垢施會同本異譯。

文殊師利所説不思議佛境界經二卷。

大唐天后代天竺三藏菩提流志譯。出大周録，第一譯。

右一經，與寶積第三十五善德天子會同本異譯。

如幻三昧經二卷。或三卷，或四卷。

西晉三藏竺法護譯。第二譯。

聖善住意天子所問經三卷。或四卷。

元魏婆羅門瞿曇般若流支譯。第五譯，七譯四闕。

右二經，與寶積第三十六善住意會同本異譯。

太子刷護經一卷。

西晉三藏竺法護譯。出法上録，第一譯。

太子和休經一卷。或作「私休」。

僧祐録云：安公録中失譯經。今附西晉録，第二譯〔九〕。

右二經，與寶積第三十七阿闍世王子會同本異譯。

上六經，十卷，同袠。

慧上菩薩問大善權經二卷。或一卷。

西晉三藏竺法護譯。第二譯，五譯三闕。「問」下加「大」字〔一〇〕。

右一經，與寶積第三十八大乘方便會同本異譯。

大乘顯識經二卷。

大唐中天竺三藏地婆訶羅譯。出大周録，第二譯。

右一經，與寶積第三十九賢護長者會同本異譯。

大乘方等要慧經一卷。

後漢安息三藏安世高譯。第一譯。

右一經，與寶積第四十一弥勒問八法會同本異譯。

彌勒菩薩所問本願經一卷。

西晉三藏竺法護譯。第一譯，二譯一闕。

右一經，與寶積第四十二弥勒所問會同本異譯。

佛遺日摩尼寶經一卷。亦名古品遺日〔一一〕説般若經。

後漢月支三藏支婁迦讖譯。第一譯。

摩訶衍寶嚴經一卷。一名大迦葉品。

晉代譯，失三藏名。舊在漢録〔一二〕，今且〔一三〕依舊。第二譯。

右二經，與寶積第四十三普明菩薩會同本〔一四〕異譯。

勝鬘師子吼一乘大方便廣經〔一五〕一卷。亦云〔一六〕勝鬘經。

宋天竺三藏求那跋陁羅譯。第二譯，三譯一闕。

右一經，與寶積第四十八勝鬘夫人會同本異譯。

毗耶娑問經二卷。

元魏婆羅門瞿曇般若流支譯。出序記，第一譯。

右一經，與寶積第四十九廣博仙人會同本異譯。其序記云：魏興和四年歲次壬戌，月建在申[一七]，朔次乙丑，婆羅門名[一八]瞿曇流支、沙門曇琳於[一九]尚書令儀同高公第譯。建功[二〇]辛巳，甲午畢功。凡有一萬四千四百五十七字。諸録皆云勒那摩提[二一]，或云菩提留支譯者，二皆[二二]誤也。今依序記爲正。此毗耶娑經，舊録[二三]爲小乘單本，今[二四]勘爲大乘重譯。

右[二五]八經，十一卷，同袠。

校勘記

〔一〕佛説諸佛阿弥陀：原作「佛説諸佛阿彌」，金藏本作「阿彌」，高麗藏本作「阿彌陀」，據永樂南藏、永樂北藏、嘉興藏、清藏、四庫本改。

〔二〕譯：原無，據金藏、高麗藏本補。

〔三〕閦：嘉興藏本作「門」。

〔四〕准：金藏本作「唯」。

〔五〕或：金藏、高麗藏本作「亦」。

〔六〕第一譯：金藏本無。

〔七〕闍：金藏本無。

〔八〕三闕：金藏、高麗藏本作「二闕」。

〔九〕第二譯：金藏、高麗藏本作「第三譯」。

〔一〇〕問下加大字：金藏、高麗藏本無。
〔一一〕遺日：金藏、高麗藏本作「曰遺日」。
〔一二〕漢録：金藏、高麗藏本作「後漢録」。
〔一三〕且：嘉興藏本作「具」。
〔一四〕同本：永樂南藏、永樂北藏、嘉興藏、清藏本作「同會」。
〔一五〕廣經：金藏、高麗藏本作「方廣經」。
〔一六〕亦云：金藏、高麗藏本作「亦直云」。
〔一七〕在申：金藏、四庫本作「壬申」。
〔一八〕名：金藏、高麗藏本作「客」。
〔一九〕於：高麗藏本無。
〔二〇〕建功：金藏、高麗藏本作「建初」。
〔二一〕勒那摩提：金藏、高麗藏本作「勒那摩提譯」。
〔二二〕皆：金藏、高麗藏本作「總」。
〔二三〕舊録：原作「舊譯」，據金藏、高麗藏本改。
〔二四〕今：永樂南藏、嘉興藏本誤作「令」。
〔二五〕右：金藏、高麗藏本作「上」。

大集部。但是大集流類，皆編於此〔一〕。摠二十四部，百四十二卷，一十四袠。

大方等大集經三十卷。或四十卷，三袠〔二〕。

北涼天竺三藏曇無讖於姑臧譯〔三〕。第三譯，三譯二闕〔四〕。

謹按：梁沙門僧祐大集記云：有十二段説，共成一經：第一瓔珞品，第二陁羅尼自在王品，第三寶女品，第四不眴品，第五海慧品，第六無言品，七不可説品，八虚空藏品，九寶幢分，十虚空目分，十一寶髻品，十二無盡意品。今檢經本，與祐記不同：第一陁羅尼自在王菩薩品，亦有經本分爲瓔珞品者，不然。此是一段，不合分二，後大哀經即是此品。第二寶女品，第三不眴菩薩品，第四海慧菩薩品，第五虚空藏菩薩品，第六無言菩薩品，第七不可説菩薩品，第八寶幢分，第九虚空目分，第十寶髻菩薩品，第十一日密分，尋檢群録，此大集經卷無定准，或云二十九，或云三十，或三十一，或三十二，或四十卷。今時大集，多分三十。其日密分文不具足，合少一卷。其三十一卷者，文應備具，今尋求未獲。然僧祐記中，無日密分，有無盡意品者，不然。今以無盡意經雖是大集別分，非無讖譯，又非次第，不合入中。其虚空藏品，祐在不可説後，未詳所以。今從陁羅尼自在王品至日密分，摠十一分，其日藏經與日密分同本異譯，亦是第十一分。日密、日藏，初俱云：「説虚空目安那般那甘露門已，次説此經。」又日密分既於虚空目後説，准義不合隔寶髻品，今經本中，有此品隔，未詳所以。又日密、日藏雖是同本，其日密分又〔五〕文極撮略，後文復闕，可少卷餘。月藏經是第十二分，或有經本題云「大乘大集經月藏分第十二經」，初又云：「化諸龍衆説日藏經已，次説此經。」十輪經是第十三分，初云：「説月藏經已，次説此經。」此十輪後，第十四分本在西方，未流於此。須彌藏經是第十五分，經初題云「大乘大集經須弥藏分第十五」。第十六分合是虚空孕經。初云「授功德天記莂法已，次説此經」，然須彌藏經因功德天問，如來方説，故知此經合居其次。其日藏經初在迦蘭陁竹園説，次昇須彌頂，後因龍請，往佉羅帝耶山。月藏等四經，並在佉羅帝耶山説，次第如是。其念佛三昧、賢護、譬喻王、無盡意經等，雖是大集別分，既不知次第，難可編記，然隋朝僧就〔六〕合大集經，乃將明度五十校計經題爲十方菩薩品，編月藏後，及無盡意經成五十八卷者，非也。既無憑准，故不依彼。其合大集經亦有六十卷成者，三十一、二兩卷重有寶髻品，足成六十。其寶髻品在日密前二十六、七卷是，此復重編，未詳何意。又日密、日藏梵本不殊，重重編載，誤之甚矣。若欲合者，前大集中除日密分有二十七卷，以日藏分替處續次。日密、日藏梵本雖同，日密分中文略闕少，故以日藏替之。次月藏，次地藏十輪，唐譯十卷成者。次須彌藏，次虚空孕。後之四經，雖不知説次，以意合之，亦將無失。虚空孕後，次念佛三昧，以〔七〕宋朝譯六卷者，充其隋譯。十卷者，後闕二品。次賢護，次譬喻王，末無盡意，揔成八十卷，亦將契矣。其無盡意經初首題〔八〕云大集經中〔九〕無盡意菩薩説不可盡義品第三十二品，即分也是第三十二分。然僧祐記中，在寶髻品後，及僧就所合大集，編之於末者，是非明矣。又有善住意天子所問經，詳其文義，合是大集别分。今已編入大寶積〔一〇〕中，不可雙載，故此闕。

大方等大集日藏經十卷。或十五卷，一袠，第十一分。

隋天竺三藏那連提耶舍譯。與日密同，當第四譯。

右一經，與前大集經末日密分同本異譯。日密文略，此中稍廣。

大集月藏經十卷。或十五卷，一〔二〕袠，第十二分。

高齊天竺三藏那連提耶舍譯。單本。

大乘大集地藏十輪經十卷。第十三分，一袠。

大唐三藏玄奘譯。出内典録，第二譯。

大方廣十輪經八卷。

失譯。今附北涼録，第一譯。

右二經，同本異譯。其舊十輪經，大周録云：「曇無讖譯，出長房録。」檢長房入藏録中，乃云失譯，周録誤也。

大集須彌藏經二卷。第十五分。

高齊天竺三藏那連提耶舍共法智譯。單本。

上二經，十卷，同袠。

虚空藏菩薩經一卷。或無「菩薩」字。

姚秦罽賓三藏佛陁耶舍歸罽賓譯，寄來秦國。第一譯。

虚空藏菩薩神呪經一卷。

宋罽賓三藏曇摩密多譯。第三譯。

虚空孕菩薩經二卷。合是第十六分。

隋天竺三藏闍那崛多等譯。第四譯。

右三經，同本異譯。前後四譯，一譯闕本。

觀虚空藏菩薩經一卷。亦名虚空藏觀經，或無「觀」字。

宋罽賓三藏曇摩密多譯。單本。

菩薩念佛三昧經六卷。或無「菩薩」字。

宋天竺沙門功德直〔二二〕共玄暢譯。第一譯。

上五經，十一卷，同袠。

大方等大集菩薩念佛三昧經十卷。一袠。

隋天竺三藏達摩笈多譯。出内典録，第二譯。

右二經，同本異譯。其隋譯本，比於前經，後闕二品〔二三〕，文不足矣。

般舟三昧經三卷。或加「大」字，或二卷。

後漢月支三藏支婁迦讖譯。第一譯。

拔陂菩薩經一卷。或名〔一四〕拔波。

僧祐録云：安公古典經。是般舟經第五出初四品異譯，今附漢録。

大方等大集賢護經五卷。亦直云賢護經，或六卷。

隋天竺三藏闍那崛多等譯。第七譯。

右三經，同本異譯。前後七譯，四譯本闕。

上三經，九卷，同袠。

阿差末經七卷。晉曰無盡意，或四卷，或五卷。

西晉三藏竺法護譯。第三譯。

無盡意菩薩經六卷。亦云阿差末經，出大集經。

宋涼州沙門智嚴共寶雲〔一五〕譯。第四譯。

右二經，同本異譯。前後五譯，三譯闕本。

上二經，十三卷，同袠。

大集譬喻王經二卷。大集別品。

隋天竺三藏闍那〔一六〕崛多等譯。拾遺編入，單本。

大哀經八卷。或云如來大哀經，或六卷，或七卷。

西晉三藏竺法護譯。

右一經，是大集經初陁羅尼自在王菩薩品異譯。出第一卷初至第五卷半。

上二經，十卷，同衺。

寶女所問經三卷。亦云寶女問慧經，或四卷。

西晉三藏竺法護譯。

右一經，是大集經寶女品異譯。出第五卷半後至第七卷半前。

無言童子經二卷。或云無言菩薩經，或一卷。

西晉三藏竺法護譯。

右一經，是大集經無言品異譯。出第十七卷半至十八卷過半。

自在王菩薩經二卷。

姚秦三藏鳩摩羅什於逍遥園譯。第一譯。

奮迅王問經二卷。

元魏婆羅門瞿曇般若流支等譯。出序記，第二譯〔一七〕。

右二經，同本異譯。其奮迅王經〔一八〕序記云：「魏興和四年，歲次壬戌，月建在申，朔次乙丑甲午之日，啓夾創筆，沙門曇琳、瞿曇流支於尚書令儀同高公第譯，凡有一萬八千三百四十一字。」諸録皆云菩提留支譯者，誤也，今依序記爲正。又上二經，内典録云抄大集經陁羅尼自在王菩薩品異譯者，不然。尋其文理，懸絶不同，但可爲大集別分耳。或可此之二經，非大集分，但以上代群録，皆云異譯，抄陁羅尼自在王品，勘檢雖則不同，且記於大集之末。

上四經，九卷，同袠。

寶星陁羅尼經十卷。或八卷。一袠。

大唐天竺三藏波羅頗蜜多羅譯。出内典録，單本。

右一經，内典録云是大集經別分。謹檢前大集經中寶幢分，佛於欲色二界中間大寶坊中重説此寶星陀羅尼經，故寶幢分初云「佛在欲色二界〔一九〕中間大寶坊中告大衆言：我昔初得菩提已，住王舍城迦蘭陁竹林。尔時，城中有二智人：一名優波提舍，二名拘律陁」等，次第至末，文意並同。此經可爲重説，不可爲重譯也。又舊録中，有寶髻菩薩所問經，是寶髻品異譯，今編入寶積，在第四十七會。既入彼中，此不重載。又有虚空藏經八卷，檢無異本，即是虚空藏品抄出別行。又有虚空藏問持經得幾福經，亦是〔二〇〕虚空藏品別文抄出。既是別生，除之不録。又内典録及大周録中，更有大集經八卷，尋其文句，即是合部大集經第六袠也。初之〔二一〕兩卷，名十方菩薩品，此品乃是明度五十校計經，不知何故編入此中；後之六卷，乃是無盡意經。既是繁重，亦除不録。

校勘記

〔一〕但是大集流類皆編於此：金藏本無。

〔二〕或四十卷三袠：高麗藏本無。

〔三〕北涼天竺三藏曇無讖於姑臧譯：金藏本無。

〔四〕第三譯三譯二闕：金藏本無，四庫本作「一缺」。

〔五〕又：金藏、高麗藏本無。

〔六〕僧就：永樂北藏、嘉興藏、清藏、四庫本誤作「僧祐」。續高僧傳卷二闍那崛多傳附僧就傳：「昔支曇、羅什等所出大集，卷軸多以三十成部。及耶舍，高齊之世出月藏經一十二卷。隋初，復出日藏分一十五卷。既是大集廣本，而前後譯分，遂使支離，部袠羈散。開皇六年，有招提寺沙門僧就，合之爲六十卷。」

〔七〕以：嘉興藏本作「安」。

〔八〕題：嘉興藏本作「頭」。

〔九〕中：資福藏本作「大」。

〔一〇〕積：原無，據諸校本補。

〔一一〕一：金藏本脱。

〔一二〕功德直：金藏本誤作「功德真」。功德直，高僧傳卷八、出三藏記集卷二有載。

〔一三〕二品：高麗藏本作「一品」。

〔一四〕或名：金藏、高麗藏本作「一名」。

〔一五〕寶雲：金藏本作「寶曇」。

〔一六〕那：嘉興藏本誤作「服」。

〔一七〕第二譯：金藏本作「第一譯」。

〔一八〕王經：原作「五經」，據金藏、高麗藏、永樂南藏、永樂北藏、嘉興藏、清藏、四庫本改。

〔一九〕二界：金藏本誤作「一界」。

〔二〇〕亦是：金藏、高麗藏本作「云是」。

〔二一〕之：金藏本無。

華嚴部。華嚴本部及眷屬經皆纂於此。摠二十六部，一百八十七卷，一十八袠。

大方廣佛華嚴經六十卷。或五十卷。六袠。

東晉天竺三藏佛陁跋陁羅等譯。大本初譯。

右此經，摠七處八會，合三十四品。會列如左：

第一，寂滅道場會，合二品四卷〔一〕。

第二，普光法堂會，合六品四卷。

第三，忉利天宫會，合六品三卷。

第四，夜摩天宫會，合四品三卷〔二〕。

第五，兜率天宫會，合三品十卷。

第六，他化天宫會，合十一品十三卷。新經開爲二會。

第七，普光法堂重會，一品七卷〔三〕。

第八，給孤獨園會，一品一十六卷〔四〕。

大方廣佛華嚴經八十卷。八袠。

大唐天后代于闐三藏實叉難陁等譯。新編入録〔五〕，大本再譯。

右二經，同本異譯。其新譯經，揔七處九會，合三十九品。會列如左：

第一會，菩提場中説，合六品十一卷。

第二會，普光明殿説，合六品四卷。

第三會，忉利天宫説，合六品三卷。

第四會，夜摩天宫説，合四品三卷。

第五會，兜率天宫説，合三品十二卷。

第六會，他化自在天宫説，一品六卷。

第七，重會。普光明殿説，合十一品十三卷。

第八，重會。普光明殿説，一品七卷。

第九會，給孤獨園説，一品二十一卷。

校勘記

〔一〕四卷：金藏、高麗藏本作「三卷」。
〔二〕三卷：高麗藏本作「二卷」。
〔三〕一品七卷：原作「二品七卷」，金藏、高麗藏本作「一品六卷」，據貞元新定釋教目録改。
〔四〕一十六卷：金藏、高麗藏本作「一十四卷」。
〔五〕録：金藏本無。

信〔一〕力入印法門經五卷。

元魏天竺三藏曇摩流支譯。單本。

度諸佛境界智光嚴經一卷。

失譯。今附秦録，第一〔二〕譯。

右一經，大周録云：「元魏三藏菩提留支譯，出長房録。」今按長房等録，留支所譯，無此經名。今爲失譯，附於秦録。又云與如來莊嚴智慧光明入一切佛境界經及度一切諸佛境界智嚴經同本異譯者，誤也。今尋文理，義旨全殊，名雖似同，所詮乃異。求其旨趣，乃與佛華嚴入如來德智不思議境界經等同本異譯，故移編此。

佛華嚴入如來德智不思議境界經〔三〕二卷。

隋天竺三藏闍那崛多等譯〔四〕。出内典録，第三譯。

大方廣入如來智德不思議經一卷。

大唐天后代于闐三藏實叉難陁譯。新編入録，第四譯。

右三經，同本異譯。新舊四譯〔五〕，一譯本闕。

大方廣佛華嚴經不思議佛境界〔六〕分一卷。或二卷〔七〕。

大唐天后代于闐三藏提雲般若譯。出大周録，第一譯〔八〕。

大方廣如來不思議境界經一卷。

大唐天后代于闐三藏實叉難陁譯。新編入録，第二譯。

右二經，同本異譯。

大乘金剛髻珠菩薩修行分一卷。亦名金剛鬘〔九〕菩薩加行品。

大唐天后代天竺三藏菩提流志譯。出大周録，單本。

大方廣佛華嚴經修慈分一卷。

大唐天后代于闐三藏提雲般若譯。新編入録，單本。

右〔一〇〕八經，十三卷，同袠。

大方廣普賢菩薩所説經一卷。

大唐天后代于闐三藏實叉難陁譯。新編入録，單本。

莊嚴菩提心經一卷。

姚秦三藏鳩摩羅什譯。第四譯。

大方廣菩薩十地經一卷。

元魏西域三藏吉迦夜共曇曜譯。第五譯。

右二經，同本異譯。前後五譯，三譯闕本。此菩薩十地經，大周録云是華嚴十住品異譯者，謬也。尋閱文句，義旨懸殊，但可爲華嚴眷屬耳。

右信力入印法門等十一經，並與華嚴分有相似，是眷屬攝，而非正部。以其三種世間，嚴事劣故。

兜沙經一卷。

後漢月支三藏支婁迦讖譯。

右一經，是華嚴經如來名号品異譯。舊經在第五卷，新經在第十二。比於大本，此經稍略。

菩薩本業經一卷。亦直云本業經，亦云〔一二〕淨行品經。

吴月支優婆塞支謙譯。

諸菩薩求佛本業經一卷。或無「諸」字。

西晉清信士聶道真譯。

右二經，是華嚴浄行品異譯。舊經在第六卷，新經在第十四，其支謙譯者兼十住品，略無偈。大周入藏録中，更有菩薩本業經一卷〔三〕，亦是異譯。浄行品尋本不獲，故闕之耳。

菩薩十住行道品一卷。亦直云菩薩十住。

西晉三藏竺法護譯。出法經録〔三〕，拾遺編入。

菩薩十住經一卷。

東晉西域三藏祇多蜜譯。

右二經，是華嚴菩薩十住品異譯。舊經在第九卷，新經在第十六卷，略無偈。

漸備一切智德經五卷。或十卷。

西晉三藏竺法護譯。

上九經，十三卷，同袠。

十住經四卷。或五卷。

姚秦三藏鳩摩羅什共佛陁耶舍譯。

右二經，是華嚴十地品異譯。舊經從第二十五卷至第二十九，新經從第三十四卷至第三十九。天親菩薩造十地釋論，十二卷。

等目菩薩所問三昧經二卷。一名普賢菩薩定意，或三卷。

西晉三藏竺法護譯。

右一經，是新華嚴十定品異譯。從第四十卷至第四十三，舊華嚴經無十定品。此等目所問經，周録爲單本，今勘爲重譯。

顯無邊佛土功德經一卷。

大唐三藏玄奘譯。出内典録。

右一經，是華嚴壽量品異譯。舊經在第三十一卷，新經在第四十五。

如來興顯經四卷。一名興顯如幻經。

西晉三藏竺法護譯。

右一經，是舊華嚴寶王如來性起品及十忍品異譯。從第三十五卷半至第三十七卷盡。其十忍品，在第三十卷，此略無偈。不知何故，前後差異。新經名如來出現品。從第五十卷至第五十二。其十忍品，在第四十四。舊録中，又有如來性起微密藏經二卷，即是舊經性起品抄出別行，其文不異，但取第二會初緣起〔一四〕標於經首，加證信序。既非別翻，故不重載。

上四經，十一卷，同袠。

度世品經六卷。或五卷。

西晉三藏竺法護譯。

右一經，是華嚴離世間品異譯。舊經從第三十八卷至第四十〔二五〕，新經從第五十三卷至第五十九。

羅摩伽經三卷。

乞伏秦沙門釋聖堅譯。出内典録。

右一經，是華嚴入法界品異譯。此羅摩伽經，比於本品，文闕不足，於其間〔二六〕譯出少分。舊經從第五十一卷「無上勝長者」至第五十三卷「初妙德救護衆生夜摩天〔二七〕所」，其文即盡。新經從第六十七卷半至第七十卷初。

大方廣佛華嚴經續入法界品一卷。或無「續」字。

大唐中天竺三藏地婆訶羅譯。出大周録。

右一經，續舊華嚴經入法界品。或有經本，續入大部之中，在第五十七卷。

上三經，十卷，同袠。從兜沙下一十三經，並是大部之中别品異譯。

校勘記

〔一〕信：永樂北藏、嘉興藏本誤作「言」。

〔二〕一：高麗藏本無。又，金藏本無此行子注。

〔三〕境界經：嘉興藏本作「佛境界分」。

〔四〕譯：原無，據金藏、高麗藏、資福藏、永樂北藏、嘉興藏、清藏、四庫本補。
〔五〕譯：原作「録」，據金藏、高麗藏本改。
〔六〕境界：金藏本作「八境界」。
〔七〕或二卷：金藏、高麗藏本於其後有「十三紙」三字。
〔八〕第一譯：資福藏本於其後有「十二紙」三字。
〔九〕金剛鬘：金藏本作「剛鬘」。
〔一〇〕右：金藏、高麗藏本作「上」。
〔一一〕亦云：金藏、高麗藏本作「亦名」。
〔一二〕一卷：永樂南藏本作「卷」。
〔一三〕出法經録：高麗藏本作「出法上經録」。
〔一四〕緣起：原作「緣」，據高麗藏本補。
〔一五〕第三十八卷至第四十：高麗藏本作「三十八卷至第四十四」。
〔一六〕其間：高麗藏本作「其中間」。
〔一七〕夜摩天：高麗藏本作「夜天」。

涅槃部。及支派經並纂於此。**揔六部，五十八卷，六袠。**

大般涅槃經四十卷。或三十六卷，四袠。

北涼天竺三藏曇無讖於姑臧譯。第五單重合譯。

其涅槃經，宋文帝代元嘉年中達于建業，時有豫州沙門范惠嚴、清河沙門崔惠觀、陳郡處士謝靈運等以讖前經品數疎簡，乃依舊泥洹經，加之品目，文有過質，頗亦改治，結爲三十六卷，行於江左。比於前經，時有小異。有論一卷，略釋大經。又論一卷，釋本有，今無一偈。

大般涅槃經後譯荼毗分二卷。亦云闍維分，亦云後分。

大唐南海波凌國沙門若那跋陁羅共唐國沙門會寧於彼國譯〔一〕。出大周録，單本。

右一經，是前大般涅槃經之餘憍陳如品之末，兼説滅度已後焚燒等事。義浄三藏求法傳云：「益府成都沙門會寧，麟德年中往遊天竺，到南海訶凌國，遂與彼國三藏〔二〕沙門若那跋陁羅，唐云智賢，於阿笈摩經抄出如來涅槃焚燒之事，非大乘涅槃經也，遣使寄來，方之天竺。」今尋此經，與長阿含初分遊行經少分相似，而不全同。經中復言法身常存、常樂我浄、佛菩薩境界，非二乘所知，與大涅槃義理相涉。經初復題陳如品，末文勢相接。且編於此，後諸博識，詳而定之。

大般泥洹經六卷。或十卷。

東晉平陽沙門釋法顯共〔三〕覺賢譯。第四譯。

右一經，是大般涅槃經之前分盡大衆問品同本異譯。兼荼毗分，前後七譯，四譯闕本。

上二經，八卷，同袠。

方等般泥洹經二卷。亦名大般泥洹經，或三卷。

西晉三藏竺法護譯。第一譯。

四童子三昧經三卷。或直名四童子經。

隋天竺三藏闍那崛多等譯。第二譯。

右二經，同本異譯。按群録中，又有哀泣經二卷，或三卷，云與方等泥洹同本異譯，亦不述其翻譯〔四〕所由。尋其文句，即是方等泥洹，更無有異。其方等泥洹初品名爲哀泣，但取〔五〕此品題目以作經名。比於方等泥洹，仍闕〔六〕三品，餘並無別。既是繁重，删之不録也。

大悲經五卷。

高齊天竺三藏那連提耶舍共法智譯。單本。

上三經，十卷，同袠。方等泥洹等三經，涅槃支派。

校勘記

〔一〕譯：金藏、高麗藏本作「共譯」。

〔二〕三藏：原作「竺藏」，據諸校本改。

〔三〕共：嘉興藏本誤作「其」。

〔四〕翻譯：原作「本譯」，據金藏、高麗藏、永樂北藏、嘉興藏、清藏、四庫本改。

〔五〕取：原作「於」，據金藏、高麗藏、永樂北藏、嘉興藏、清藏、四庫本改。

〔六〕仍闕：原作「同本」，據金藏、高麗藏本改。

五大部外諸重譯經，二百七十三部，五百八十八卷，五十一袠。

方廣大莊嚴經十二卷。一名神通遊戲。

大唐中天竺三藏地婆訶羅譯。出大周録，第四譯。

普曜經八卷。一名方等[一]本起。

西晉三藏竺法護譯。第三譯，四譯二闕。

右二經，同本異譯。其大莊嚴經，周録編爲單譯，或有以普曜經在小乘藏[二]者，二俱誤。

上二經，二十卷，二袠。

法華三昧經一卷。法華支派。

宋涼州沙門釋智嚴譯。單本。

無量義經一卷。法華前説。

蕭齊天竺沙門曇摩伽陁耶舍譯。第二譯，二譯一闕。

薩曇分陁利經一卷。是異出法華寶塔、天授二品，各少分。

僧祐録云：「安公録中失譯經。」今附西晉録，拾遺編入。

妙法蓮華經八卷。二十八品，或七卷。

姚秦三藏鳩摩羅什譯。第五譯。

上四經，十一卷，同袠。此妙法蓮華經，第五卷初提婆達多品，蕭齊武帝時外國三藏達磨菩提共楊都僧正沙門法獻於瓦官寺譯，其經梵本是法獻於于闐將來。其第八卷初普門品中重誦偈，周武帝時北天竺三藏闍那崛多於益州龍淵寺譯，秦本並闕，後續編入。又第八卷中藥王菩薩等呪六首〔三〕，大唐三藏玄奘重譯，在音義中，此不别出。

正法華經十卷。或云方等正法華，或七卷，一袠。

西晉三藏竺法護譯。第三譯。

妙法蓮華經七卷。二十七品〔四〕，或八卷。

隋天竺三藏崛多、笈多二法師添品。出經前序及内典録。

右三經〔五〕，同本異譯。其添品序略云：「正法護翻，妙法什譯。檢驗二本，文皆有闕。護所闕者，普門品偈也。什所闕者，藥草喻品之半，富樓那及法師等二品之初，提婆達多品、普門品偈也。什移囑累在藥王之前，二本陁羅尼並置普門之後，其間異同，言不能極。竊見提婆達多品及普門品偈，先賢續出，補闕流行。余景仰〔六〕遺風，憲章成範，大隋仁壽元年辛酉之歲，因〔七〕普曜寺沙門上行所請，遂共崛多、笈多二法師於大興善寺〔八〕重勘天竺多羅葉本，富樓那及法師等二品之初，勘本〔九〕猶闕，藥草喻品更益其半，提婆達多通入寶塔品〔一〇〕，陁羅尼次神力之後，囑累還結其終，字句差舛〔一一〕，頗亦改正，儻有披尋，幸勿疑惑。」兼此添品，摠成六譯，三在三闕。

維摩詰所説經三卷。一名不可思議解脱，或直云維摩詰經。

姚秦三藏鳩摩羅什譯。第六譯。

上二經，十卷，同袠。

維摩詰經二卷。或三卷。

吴月支優婆塞支謙譯。第二譯。

説無垢稱經六卷。

大唐三藏玄奘譯。出内典録，第七譯〔一二〕。

右三經，同本異譯。前後七譯，四譯〔一三〕闕本。

大方等頂王〔一四〕經一卷〔一五〕。一名維摩詰子問〔一六〕，亦名善思童子經。

西晉三藏竺法護譯。第一譯。

大乘頂王經一卷。亦名維摩兒經。

梁優禪尼國王子月婆首那譯。第三譯〔一七〕。

上四經，十卷，同袠。

善思童子經二卷。

隋天竺三藏闍那崛多等譯。第四譯。

右三經，同本異譯。其善思童子經，周録在單本中，誤〔一八〕也。前後四譯，第一本闕。

大悲分陁利經八卷。亦云大乘悲。失譯。今附秦録，第二譯。

上二經，十卷，同袠。

悲華經十卷。一袠。

北涼天竺三藏曇無讖於姑臧譯。第四譯。

右二經，同本異譯。前後四譯，二譯闕本。

金光明最勝王經十卷。一袠。

大唐天后代三藏義淨譯。新編入録，第五譯。

金光明經八卷。二十四品。

隋大興善寺沙門寶貴合出，當第四本〔一九〕。

右二經，同本異譯。其序略云：「而金光明，見有三本：初在涼世，有曇無讖譯爲四卷，止十八品；其次周世，闍那崛多譯爲五卷，成二十品；後逮〔二〇〕梁世，真諦三藏於建康譯三身分別、業障滅、陁羅尼最浄地、依空滿願等四品，足前出没，爲二十二〔二一〕品。寶貴每歎：『此經秘奥，後分如何，竟無囑累，舊雖三譯，本疑未〔二二〕周，長想梵文，願言逢遇。』大隋馭寓，新經即來，帝敕所司，相續翻譯。至開皇十七年，法席小閒，因勸請北天竺揵達國三藏法師，此云志德，重尋後本，果有囑累品，復有〔二三〕銀主陁羅尼品，在京大興善寺即爲翻譯。并前先出，合二十四品，寫爲八卷。學士成都費長房筆受，通梵沙門日嚴寺釋彦琮校練。」撰録者曰：此合部經，文義備足。其無讖四卷、真諦七卷、崛多五卷，並皆有闕。故此三經〔二四〕無繁重載。謹按長房等録，周武帝代天竺三藏耶舍崛多〔二五〕譯出一本，名金光明經，更廣壽量大辯陁羅尼經五卷成部。今詳此名，乃非全譯，但於無讖四卷經中續演二品，其壽量品更續其文，大辯品中更廣呪法，餘品之中亦有續者，故云更廣壽量大辯陁羅尼經；故六卷合經序云壽量大辯，又補其闕。以此證知，但是續闕，非是別翻。又經序云「闍那崛多譯爲五卷」，房等諸録乃云耶舍崛多者，此二三藏，乃是〔二六〕同師，當時共翻互載，皆得其合。部經有六卷本，與此八卷明同異者，其六卷經，一品顛倒，比校新經，八卷者是。又二經囑累文意全別：六卷囑累，乃與法華囑累大況〔二七〕相似，未詳所以〔二八〕；今勘八卷之者，亦與新經扶同。二本少殊，不可雙載，故存八卷爲正，編之入藏。後尋覽者，幸無惑焉。兼此合經，揔成五譯。二本在藏，三本入删繁録。

伅真陁羅所問經二卷。或三卷。

後漢月支三藏支婁迦讖譯。第一譯。

上二經，十卷，同衺。

大樹緊那羅王所問經四卷。亦名説不可思議品。

姚秦三藏鳩摩羅什譯。第二譯。

右二經，同本異譯。

佛昇忉利天爲母説法經二卷。亦云〔二九〕佛昇忉利天品經，或三卷。

西晉三藏竺法護譯。第一譯。

道神足無極變化經四卷。一名合道神足經，或二卷，或三卷。

西晉安息三藏安法欽譯。第二譯。

右二經，同本異譯。前後三譯，第三本闕〔三〇〕。

上三經，十卷同袠。

寶雨經十卷。一袠。

大唐天后代南印度三藏達摩流支等譯。出大周録，第三譯。

寶雲經七卷。

梁扶南三藏曼陁羅仙共僧伽婆羅譯〔三一〕。第一譯。

右二經，同本異譯。新舊三譯，第二〔三二〕本闕。

阿惟越致遮經三卷。或無「遮」字，或四卷。

西晉三藏竺法護譯。第一譯。

上二經，十卷，同袠。

不退轉法輪經四卷。

僧祐録云安公涼土異經。在北〔三三〕涼録，第二譯。

廣博嚴浄不退轉輪經四卷。或六卷。

宋涼州沙門智嚴共寶雲譯〔三四〕。第三譯。

右三經，同本異譯。其阿惟越致遮經〔三五〕，周録在單本中，誤也。

不必定入定入印經一卷。

元魏婆羅門瞿曇般若流支譯。出序記，第一譯。

右〔三六〕經初序記云：「魏興和四年，歲次降婁，月建在戌，朔次甲子壬午之日，瞿曇流支、沙門曇林於尚書令儀同高公第譯，九千一百九十三字。」諸録皆云菩提留支譯者，誤也，今〔三七〕依序記爲正。

入定不定印經一卷。

大唐天后代三藏義浄譯。新編入録，第二譯。

右二經，同本異譯。其舊譯經，周録爲單本，新勘爲〔三八〕重譯。

等集衆德三昧經三卷。或二卷。

西晉三藏竺法護譯。第一譯。

上四經，十卷同袠。

集一切福德三昧經三卷。

姚秦三藏鳩摩羅什譯。出真寂寺録，第三譯。

右二經，同本異譯。前後三譯〔三九〕，一譯本闕〔四〇〕。

持心梵天經四卷。一名莊嚴佛法經，又名等御諸法經。

西晉三藏竺法護譯。或六卷十七品，第一譯。

上三經，十卷，同袠。按姚秦釋僧叡思益序云：「恭明前譯，頗麗其辭而〔四一〕迷其旨。」今按群録，吴時月支國優婆塞支謙，字恭明，翻譯衆經，而無思益。同本之者，其持心經與思益同，乃是西晉竺法護譯。叡云恭明先譯失旨者，誤也〔四二〕。

思益梵天所問經四卷。或直云思益經，祐云思益義經。

姚秦三藏鳩摩羅什譯〔四三〕。第二譯。

勝思惟梵天所問經六卷。

元魏天竺三藏菩提留支譯。第三譯。

右三經，同本異譯。其勝思惟經，有釋論四卷。

上二經，十卷，同袠。

持人菩薩經四卷。有加「所問」二字。或三卷。

西晉三藏竺法護譯。第一譯。

持世經四卷。一名法印經，或三卷。

姚秦三藏鳩摩羅什譯。第三譯。

右二經，同本異譯。前後三譯，第二本闕。

濟諸方等學經一卷。或無「學」字。

西晉三藏竺法護譯。第一譯。

大乘方廣揔持經一卷。或無「乘」字。

隋天竺三藏毗尼多流支譯。第二譯。

右二經，同本異譯。周録爲單本，新勘爲重譯。

上四經，十卷，同袠。

文殊師利現寶藏經三卷。或直云寶藏經，或二卷。

西晉三藏竺法護譯。第一譯〔四四〕。

大方廣寶篋經三卷。或二卷。

宋天竺三藏求那跋陁羅譯。第四譯。

右二經，同本異譯。前後四譯，兩譯闕本。

大乘同性經二卷。亦名一切佛行入智毗盧遮那藏説經，或四卷。

周宇文氏天竺三藏闍那耶舍等譯。第一譯。

證契大乘經二卷。亦名入一切佛境智毗盧遮那〔四五〕藏。

大唐中天竺三藏地婆訶羅譯。出大周録，第二譯。

右二經，同本異譯。

上四經，十卷，同帙。

深密解脱經五卷。

元魏天竺三藏菩提留支譯。全本〔四六〕初譯。

解深密經五卷。

大唐三藏玄奘譯。出内典録，全本再譯。

上二經，十卷，同帙。

解節經一卷。

陳天竺三藏真諦譯。

右一經，是解深密經初五品異譯。出第一卷〔四七〕。

相續解脱地波羅蜜了義經一卷。亦名解脱了義經〔四八〕，亦云相續解脱經。

宋天竺三藏求那跋陁羅譯。

右一經，是解深密經後二品異譯。出四、五二卷。

右四經，同本異譯。二是全本，二是抄[四九]譯。

緣生初勝分法本經二卷。

隋天竺三藏達摩笈多譯。出内典録，第一譯。

分別緣起初勝法門經二卷。

大唐三藏玄奘譯。出内典録，第二譯[五〇]。

右二經，同本異譯。

楞伽阿跋多羅寶經四卷。

宋天竺三藏求那跋陁羅譯。第二譯[五一]。

上五經，十卷，同袠。

入楞伽經十卷。一[五二]袠。

元魏天竺三藏菩提留支譯。第三譯[五三]。

大乘入楞伽經七卷。

大唐天后代于闐三藏實叉難陁譯。新編入録，第四譯。

右三經，同本異譯。新舊四譯，一譯闕本。

菩薩行方便境界神通變化經三卷。

宋天竺三藏求那跋陁羅譯。第一譯。

上二經，十卷，同袠。

大薩遮尼乾子所説經十卷。或七卷，或八卷。一袠。

元魏天竺三藏菩提留支譯。第二譯〔五四〕。

右二經，同本異譯。

大方等大雲經六卷。亦名大方等無相經，或四卷，或五卷。

北涼天竺三藏曇無讖譯。第二譯，二譯一闕。

大雲請雨經〔五五〕一卷。内題云大雲經請雨品第六十四。

周宇文氏天竺三藏闍那耶舍等譯。第一譯。

大雲輪請雨經二卷。

隋天竺三藏那連提耶舍譯。第二譯。

大方等大雲請雨經一卷。内題云大方等大雲經請雨品第六十四。

隋天竺三藏闍那崛多等譯。出内典録，第三譯〔五六〕。

右二經，同本異譯。前後三譯，第二本闕。

上四經，十卷，同袠。

諸法無行經二卷。或一卷。

姚秦三藏鳩摩羅什譯。第一譯。

諸法本無經三卷〔五七〕。

隋天竺三藏闍那崛多等譯。第三譯〔五八〕。

右二經，同本異譯。前後三譯，一譯闕本。

無極寶三昧經一卷。或直云無極寶經。

西晉三藏竺法護譯。第一譯。

寶如來三昧經二卷。一名無極寶三昧經，或一卷。

東晉西域三藏祇多蜜譯。第二譯。

慧印三昧經一卷。一名寶田慧印三昧經。

吴月支優婆塞支謙譯。第一譯。

如來智印經一卷。一名諸佛法身。

僧祐録中失譯經。今附宋録，第二譯。

右二經，同本異譯。

上六經，十卷，同袠。

大灌頂經十二卷。一袠，或無「大」字。録云九卷，未詳。

東晉西域三藏帛尸梨蜜多羅譯。單重合譯。

右卷別各是一經，具列如左：

第一卷，灌頂三歸五戒帶佩護身呪經。

第二卷，灌頂七萬二千神王護比丘呪經。

第三卷，灌頂十二萬神王護比丘尼呪經。

第四卷，灌頂百結神王護身呪經。

第五卷，灌頂宫宅神王守鎮左右呪經。

第六卷，灌頂塚墓因緣四方神呪經。

第七卷，灌頂伏魔封印大神呪經。

第八卷，灌頂摩尼羅亶大神呪經。

第九卷，灌頂召五方龍攝疫毒神呪經。

第十卷，灌頂梵天神策經。

第十一卷，灌頂〔五九〕隨願往生十方淨土經。或云普廣品第十一，即別行隨願往生經是。

第十二卷，灌頂拔〔六〇〕除過罪生死得度經。即是舊藥師經「佛遊維耶離」者，此爲第一譯〔六一〕。

藥師如來本願經一卷。

隋天竺三藏達摩笈多譯。出內典録，第二譯。

藥師瑠璃光如來本願功德經一卷。

大唐三藏玄奘譯。出內典録，第三譯。

藥師瑠璃光七佛本願功德經二卷。

大唐三藏義淨於大內佛光殿譯。新編入録，第四譯。

右三經，同本異譯。與前灌頂第十二卷拔除過罪生死得度經同本。其三藏義淨所譯二卷者，更加六佛本願及呪，餘文大同奘法師譯者，其舊藥師經，群録皆云宋時鹿野寺沙門慧簡所譯，尋檢其文，即是灌頂第十二卷將出〔六二〕別行，更無異本。其隨願往生經，群録或云吴時支謙譯〔六三〕，或云西晉竺法護〔六四〕譯，其見流行者，即是大灌頂經第十一〔六五〕卷普廣品，更無別本。此之二經〔六六〕，既在大部之中，其別生流行者，删之不録。

阿闍世王經二卷。

後漢月支三藏支婁迦讖譯。第一譯。

普超三昧經三卷。或上加「文殊師利」字。或四卷。

西晉三藏竺法護譯。第二譯。

放鉢經一卷。是普超經舉鉢品異譯〔六七〕，出第一卷。

僧祐録云安公録中失譯經。安公云出方等部，今附西晉録。

右三經，同本異譯。前後六譯，三譯闕本。

上六經，十卷，同袠〔六八〕。

開元釋教録卷第十一 别録之一

校勘記

〔一〕方等：金藏本作「等」。

〔二〕小乘藏：金藏本作「小乘」。

〔三〕首：原作「譯」，據金藏、高麗藏本改。

〔四〕二十七品：原作「三十七品」，據金藏、高麗藏本改。

〔五〕三經：原作「二經」，據金藏、高麗藏本改。

〔六〕仰：金藏本誤作「仲」。

〔七〕因：金藏本誤作「損」。

〔八〕寺：原無，據金藏、高麗藏本補。

〔九〕勘本：高麗藏本作「斯本」。

〔一〇〕寶塔品：金藏、高麗藏本作「塔品」。

〔一一〕殃：金藏、高麗藏本作「殊」。

〔一二〕第七譯：金藏本誤作「第十譯」。

〔一三〕四譯：金藏本作「一譯」。

〔一四〕王：原作「五」，據諸校本改。

〔一五〕一卷：原作「十卷」，據金藏、高麗藏、永樂北藏、嘉興藏、清藏、四庫本改。

〔一六〕維摩詰子問：金藏、高麗藏本作「維摩詰子問經」。

〔一七〕第三譯：金藏本作「第二譯」。

〔一八〕誤：永樂南藏、永樂北藏、嘉興藏、清藏、四庫本誤作「是」。

〔一九〕當第四本：金藏本無，永樂南藏、永樂北藏、嘉興藏、清藏本作「當第四卷本」，四庫本作「當第四譯」。

〔二〇〕逮：金藏本誤作「建」。

〔二一〕二十二：金藏、高麗藏本作「二十三」。

〔二二〕未：嘉興藏本作「末」。

〔二三〕復有：金藏、高麗藏本作「復得」。

〔二四〕三經：清藏、四庫本誤作「五經」。

〔二五〕耶舍崛多：永樂南藏、永樂北藏、嘉興藏、清藏、四庫本作「耶舍羅多」。

〔二六〕是：金藏本無。

〔二七〕大況：金藏、高麗藏本作「大呪」。
〔二八〕所以：原作「何以」，據金藏、高麗藏本改。
〔二九〕亦云：金藏、高麗藏本作「亦名」。
〔三〇〕第三本闕：永樂南藏、永樂北藏、嘉興藏、清藏、四庫本作「第三闕本」。
〔三一〕譯：永樂南藏、永樂北藏、嘉興藏、清藏、四庫本作「等譯」。
〔三二〕第二：金藏本作「第三」。
〔三三〕北：永樂北藏、嘉興藏本誤作「此」。
〔三四〕譯：永樂南藏、永樂北藏、嘉興藏、清藏、四庫本作「等譯」。
〔三五〕經：金藏本無。
〔三六〕右：永樂北藏、嘉興藏、清藏、四庫本作「又」。
〔三七〕今：永樂南藏、永樂北藏、嘉興藏、清藏、四庫本無。
〔三八〕爲：金藏本作「其」。
〔三九〕三譯：永樂北藏、嘉興藏、清藏、四庫本作「二譯」。
〔四〇〕本闕：金藏本作「闕本」。
〔四一〕而：金藏、高麗藏本無。
〔四二〕失旨者誤也：金藏、高麗藏本作「失之者誤」。
〔四三〕譯：永樂北藏、嘉興藏、清藏、四庫本無。

〔四四〕第一譯：四庫本作「第四譯」。

〔四五〕入一切佛境智毗盧遮那：原作「佛符陪盧遮那」，金藏、高麗藏本作「入一切佛境智倍蘆遮那」，永樂南藏、永樂北藏、清藏本作「入一切佛境智蘆遮羅」，據嘉興藏、四庫本改。

〔四六〕全本：金藏、高麗藏本誤作「今本」。

〔四七〕卷：原作「譯」，據文意及金藏、高麗藏本改。

〔四八〕經：金藏、高麗藏本無。

〔四九〕抄：金藏、高麗藏本誤作「初」。

〔五〇〕第二譯：金藏本作「第一譯」。

〔五一〕第二譯：金藏本作「第一譯」。

〔五二〕一：金藏本脱。

〔五三〕第三譯：金藏本作「第二譯」。

〔五四〕第二譯：金藏、高麗藏本作「第一譯」。

〔五五〕大雲請雨經：金藏、高麗藏本作「大雲輪請雨經」。

〔五六〕第三譯：金藏本作「第二譯」。

〔五七〕右二經同本異譯……諸法本無經三卷：原作「右二經，同本異譯。（子注：前後三譯，第二本闕。）濟諸方等學經一卷。（子注：或無「學」字。）西晉三藏竺法護譯，第一譯。大乘方廣摠持經一卷。（子注：或無「乘」字。）隋天竺三藏毗尼多流支譯，第二譯」，與前文重複，誤衍，又脱，據諸校本改。

〔五八〕第三譯：金藏、高麗藏本無。
〔五九〕灌頂：永樂南藏、永樂北藏、嘉興藏、清藏、四庫本作「灌頂普廣菩薩」。
〔六〇〕拔：永樂南藏、清藏本作「掖」。
〔六一〕第一譯：永樂南藏、永樂北藏、嘉興藏、清藏、四庫本作「本譯第一譯」。
〔六二〕將出：諸校本作「析出」。
〔六三〕譯：金藏、高麗藏本無。
〔六四〕竺法護：金藏、高麗藏本作「竺護」。
〔六五〕十一：永樂南藏、永樂北藏、嘉興藏、清藏、四庫本誤作「十二」。
〔六六〕此之二經：原作「比之一經」，永樂南藏、永樂北藏、嘉興藏、清藏、四庫本作「比之二經」，據金藏、高麗藏本改。
〔六七〕譯：金藏本誤作「普」。
〔六八〕上六經十卷同袠：嘉興藏本無。

音釋

支派：下及賣反。　删略：上所間反。　楷定：上苦買反。　齡：音靈，年齡。
奘：才朗反。　筏城：上音伐。　叡：羊歲反。　姚秦：上音遥。
蜱：密瑶反，又邊兮反。　讖：楚禁反。　笈多：上渠業反。　鎧：口改反。

轍：直列反，車跡也。　析杌：先擊反，分析也。二同。　逼：彼力反。　于闐：
下田、殿二音。　崛多：上求勿反。　郁伽：上於六反。　顗：語豈反。　鈔：
初教反。　聶：尼輒反。　刷護：上所劣反。　訶衍：下音演。　龔：音
恭。　勝鬘：下莫班反。　阿閦：下昌六反。　胞胎：上必交反。　燉煌：屯
皇二音。　闍貰：下音世。　姑臧：下則郎反。　不眴：下詩閏反。　撮略：
上七活反。　孕：余證反。　佉羅：上丘迦反。　罽賓：上居例反。　拔陂：
下音碑。　奮迅：上万問反，下私閏反。　啓挾：下胡怙反。　創：楚狀反。創，
初也。　纂：子管反，集也。　詮：七全反。　謬：苗幼反。　龍淵：下烏玄
反。　憲章：上音獻，法也。　範：音犯，法也。　摩詰：下起一反。　馭寓：
上音御，下音宇。　彥琮：上魚箭反，下在宗反。　伅真：上音屯，又云伅。　羅
亶：下丁罕反。

開元釋教録卷第十二 別録之二

唐庚午歲西崇福寺沙門智昇撰

有譯有本録中菩薩三藏録〔一〕之二 大乘經重單合譯下

月燈三昧經十一卷。或十卷，一袠。

高齊天竺三藏那連提耶舍譯。全〔二〕本後出，單重合譯。

月燈三昧經一卷。一名文殊師利菩薩十事行經。

宋沙門釋先公譯。第二別譯。

右一經，出前大月燈經第七卷，異譯。第一別譯單卷者，本闕。

無所希望經一卷。一名象步經。

西晉三藏竺法護譯。第二譯〔三〕。

象腋經一卷。

宋罽賓三藏曇摩蜜多譯。第四譯。

右二經，同本異譯。前後四譯，兩譯本闕。

大浄法門經一卷。

西晉三藏竺法護譯。第一譯。

大莊嚴法門經二卷。

隋天竺三藏那連提耶舍譯。第三譯。

右二經，同本異譯。前後三譯，一譯闕本。

如來莊嚴智慧光明入一切佛境界經二卷。

元魏天竺三藏曇摩流支譯。第一譯。

度一切諸佛境界智嚴經一卷。

梁扶南三藏僧伽婆羅等譯。第二譯〔四〕。

右二經，同本異譯。

後出阿彌陀佛偈經一卷。與後〔五〕異本。或無「經」字。

後漢失譯。第二譯，兩譯一闕。

觀無量壽佛經一卷。亦云〔六〕無量壽觀經，與前後經異本。

宋西域三藏畺良耶舍譯。第一譯，二譯〔七〕一闕。

阿彌陀經一卷。亦名無量壽經。

姚秦三藏鳩摩羅什譯。第一譯，第二本闕。

稱讚浄土佛攝受經一卷。亦直云稱讚浄土經。

大唐〔八〕三藏玄奘譯。出内典録，第三譯。

右二經，同本異譯。其求那跋陀羅所譯小無量壽經，尋本不獲。諸藏縱有，即與阿弥陀文同不異。

上十一經，十三卷，同袠。

觀弥勒菩薩上生兜率天經一卷。亦云弥勒上生經。

宋居士沮渠京聲譯。單本。

右上生經雖是單譯，隨成佛經，次第編此。

弥勒成佛經一卷。與後經異本。

姚秦三藏鳩摩羅什譯。第二譯，兩譯一闕。

弥勒來時經一卷。

失譯。出法上録。今附東晉録，第三譯。

弥勒下生經一卷。一名弥勒受決經，初云「大智舍利弗」。

姚秦三藏鳩摩羅什譯。第四譯。

謹依長房、内典二録，並云彌勒下生經，初云「大智舍利弗」者，其經先是長安沙門釋道標譯，蕭齊江州沙門道政删改。今詳此説，或謂不然。其釋道標，乃是什公門下詮義之僧，元非翻譯之主，縱使是標譯出，文義有何不同〔九〕，降至齊朝，政重删改？年月懸遠，叙述參差，彼云道政所删，難爲准的〔一〇〕。經中子注，乃曰秦言，故是秦翻，無煩〔一一〕惑矣。什録先載，是其出焉。

弥勒下生成佛經一卷。

大唐天后代三藏義浄譯。第六譯，新編入録〔一二〕。

右三經，同本異譯。前後六譯，三譯本闕。

諸法勇王經一卷。

宋罽賓三藏曇摩蜜多譯。第二譯。

一切法高王經一卷。一名一切法義王經。

元魏婆羅門瞿曇般若流支譯。出序記，第三譯。

右〔一三〕經初序記云：「魏興和四年，歲次壬戌，季夏六月，朔次乙未，二十三日丁巳創譯，婆羅門客瞿曇流支、沙門曇琳〔一四〕在竇太尉定昌寺譯，八千四百四十九字。」諸録皆云菩提留支譯〔一五〕，誤也，今依序記爲正。其一切法高王經，周録爲單本者，誤。

右二經，同本異譯。前後三譯，一譯本闕。

第一義法勝經一卷。

元魏婆羅門瞿曇般若流支譯。出序記，第一譯。

右〔一六〕經初序記云：「魏興和四年，歲次壬戌，九月一日甲子，瞿曇流支、沙門曇琳〔一七〕於尚書令儀同高公第譯，五千五百七十六字。」諸録皆云菩提留支譯者，誤也，今依序記爲正。

大威燈光仙人問疑經一卷。

隋天竺三藏闍那崛多等譯。第二譯。

右二經，同本異譯。

順權方便經二卷。一名轉女身菩薩經。或一〔一八〕卷。

西晉三藏竺法護譯。第一譯。

樂瓔珞莊嚴方便品經一卷。亦云〔一九〕轉女身菩薩問答經。

姚秦罽賓三藏曇摩耶舍譯。出經後記，第三譯。

右二經，同本異譯。其樂瓔珞莊嚴經，按〔二〇〕尋群録，或云姚秦羅什所翻，亦云宋朝法海所譯。今准經後記，云比丘惠法於罽賓秦寺請毗婆沙曇摩耶施譯梵〔二一〕爲秦。其罽賓秦寺，未詳其處，耶施譯出，故應無謬。群録咸云曇摩耶舍善毗婆沙，時人共号爲毗婆沙，故僧祐録云舍利弗毗曇毗婆沙譯者，即其人也。「舍」之與「施」，聲相近耳。今什録中除，附耶舍之録。前後四譯，二譯闕本。

上十一經〔二二〕，十二卷，同袠。

六度集經八卷。亦名六度無極經，或九卷。

吴天竺三藏康僧會譯。重單合譯。

太子須大拏經一卷。或云「須達拏」。

乞伏秦沙門釋聖堅譯。周録爲單譯〔二三〕，今爲重譯。

右一經，出六度經第二卷施度中〔二四〕，異譯。

菩薩睒子經一卷。亦云孝子睒經。

僧祐録云安公録中失譯經。今附西晉録，第二譯〔二五〕。

睒子經一卷。

乞伏秦沙門釋聖堅譯。第四譯。

右二經同本，出六度經第二卷施度中，異譯。

太子慕魄經一卷。

後漢安息三藏安世高譯。第一譯。

太子沐魄經一卷。或作「慕魄」。

西晉三藏竺法護譯。第三譯，拾遺編入。

右二經同本，出六度經第四卷戒度中，異譯。

九色鹿經一卷。

吴月支優婆塞支謙譯。出法上録。

右一經，出六度經第六卷精進度中，異譯。

上七經，十四卷，同袠。其九色鹿經，周録爲單本，誤也。

無字寶篋經一卷。

元魏天竺三藏菩提留支譯。第一譯。

大乘離文字普光明藏經一卷。

大唐中天竺三藏地婆訶羅於西太原寺譯。出大周録，第三譯〔二六〕。

大乘遍照光明藏無字法門經一卷。

大唐中天竺三藏地婆訶羅重譯。拾遺編入，第四譯。

右三經，同本異譯。大周録云與大方廣寶篋經同本異譯者，誤也。前後四譯，一譯闕本。

老女人經一卷。亦名老母經，或云老女經。

吴月支優婆塞支謙譯。拾遺編入，第一譯。

老母經一卷。

僧祐録中失譯經〔二七〕。今附宋録，第二譯。

老母女六英經一卷。亦云老母經。

宋天竺三藏求那跋陀羅譯。第三譯〔二八〕。

右三經，同本異譯。

月光童子經一卷。一名月明童子經，或名申日經。

西晉三藏竺法護譯。第一譯。

申日兒本經一卷。録作「兜本」，誤也。或無「日」字〔二九〕。

宋天竺三藏求那跋陀羅譯。第三譯，拾遺編入〔三〇〕。

德護長者經二卷〔三一〕。一名尸利崛多長者經。

隋天竺三藏那連提耶舍譯。第四譯，四譯一闕。

右三經，同本異譯。上之三經，雖是同本，而廣略全異，互有增減。又支謙譯中，有申日經一卷，云與月光童子經同本異譯。今檢尋文句，二經不殊，父名申日，子号月光，約父子名，以分二軸。兩本既同，故不雙出。其申日經，或在小乘藏中，云出阿含。其增一阿含中，雖有尸利崛多長者緣起，無月光童子事，編在彼中，亦將誤也。

文殊師利問菩提經一卷。一名菩提無行經，亦直名菩提經。

姚秦三藏鳩摩羅什譯。第一譯。

伽耶山頂經一卷。亦名〔三二〕伽耶頂經。

元魏天竺三藏菩提留支譯。第二譯。

象頭精舍經一卷。

隋天竺沙門毗尼多流支譯。第三譯。

大乘伽耶山頂經一卷。

大唐天后代天竺〔三三〕三藏菩提流志譯。出大周録，第四譯。

右四經，同本異譯。其沙門靖邁翻經圖中，别載菩提經一卷。大周録中，又有菩提無行經一卷。此之二經，並是什公所譯文殊問菩提經之異名，無繁重載。

長者子制經一卷。一名制經。

後漢安息三藏安世高譯。第一譯〔三四〕。

菩薩逝經一卷。或云逝〔三五〕童子經，或直云逝經。

西晉沙門白法祖譯。第三譯。

逝童子經一卷。

西晉沙門支法度譯。第四譯，五譯二闕。

右三經，同本異譯。又大周録中，别載制經一卷，即安高譯者異名，不合重載。

犢子經一卷。

吴月支優婆塞支謙譯。出法上録，第一譯。

乳光佛經一卷。亦云乳光經。

西晉〔三六〕三藏竺法護譯。第二譯。

右二經，同本〔三七〕異譯。廣略稍異。前後四譯，兩譯闕本。

無垢賢女經一卷。或名胎藏經。

西晉三藏竺法護譯。出聶道真録，第一譯。

右一經，云與胎藏經同本，俱云竺法護譯。今勘二本，文句全同，但名有〔三八〕異，今存一本。

腹中女聽經一卷。一名不莊校女經。

北涼天竺三藏曇無讖譯。第三譯。

轉女身經一卷。

宋罽賓三藏曇摩蜜多譯。第四譯。

右三經，同本異譯。前二經稍略。揔五譯二闕。

上二十一經，二十二卷，同袠。

無上依經二卷。

梁天竺三藏真諦譯。全本第二譯，出經後記。

右此無上依經，謹按長房等録，並云陳永定元年〔三九〕丁丑真諦三藏於南康〔四〇〕郡浄土寺出。其經後記乃云：梁紹泰三年太歲丁丑九月八日，三藏真諦於平固縣南康内史劉文陀請令〔四一〕譯出。今尋諸家年曆，差互不同。長房年曆，但至承聖五年丙子梁國即絶；甄鸞及王道珪年紀至紹泰二年丙子改爲太平元年，太平二年丁丑改爲永定元年，陳霸先立号爲陳國。又有年紀，不知何人所撰，彼云承聖三年甲戌改爲大定元年。逮〔四二〕於後梁，凡經八載，方改年号。然四家年曆，並無紹泰三年〔四三〕。四本既並不同，未詳孰爲正説。或可梁太平二年〔四四〕丁丑，即是陳初永定元年也。曆中但紀後号，不載前名，今者且依經記，爲梁代譯也。

未曾有經一卷。

後漢失譯。舊録在小乘單本中，誤也。第一譯。

甚希有經一卷。

大唐三藏玄奘譯。出内典録，第三譯。

右二經，同本異譯。是前無上依經初品，出第一卷。

決定摠經一卷。或云決定摠持經，亦云摠持經〔四五〕。

西晉三藏竺法護譯。第一譯。

謗佛經一卷。

元魏天竺三藏菩提留支譯。第二譯。

右二經，同本異譯。

寶積三昧文殊問法身經一卷。

後漢安息三藏安世高譯。第一譯。

入法界體性經一卷。

隋天竺三藏闍那崛多等譯。拾遺編入〔四六〕，第二譯。

右二經，同本異譯。

如來師子吼經一卷。

元魏天竺三藏佛陀扇多譯。第一譯〔四七〕。

大方廣師子吼經一卷。

大唐中天竺三藏地婆訶羅譯。出大周録，第二譯。

右二經，同本異譯。

大乘百福相經一卷。

大唐中天竺三藏地婆訶羅譯。出大周録，第一譯〔四八〕。

大乘百福莊嚴相經一卷。

大唐中天竺三藏地婆訶羅再譯。拾遺編入〔四九〕，第二譯。

右二經，同本異譯。

大乘四法經一卷。

大唐中天竺三藏地婆訶羅於東太原寺譯。出大周録，第一譯。

菩薩修行四法經一卷。

大唐中天竺三藏地婆訶羅於弘福寺譯。拾遺編入，第二譯。

右二經，同本異譯。

希有希有校量功德經一卷。或直云希有校量功德經。

隋天竺三藏闍那崛多等譯。第一譯。

最無比經一卷。

大唐三藏玄奘譯。出内典録，第二譯。

右二經，同本異譯。廣略少異。

前世三轉經一卷。

西晉沙門釋法炬譯。第一譯。

銀色女經一卷。

元魏天竺三藏佛陀扇多譯。第二譯。

右二經，同本異譯。

阿闍世王受決經一卷。

西晉沙門釋法炬譯。第一譯。

採蓮違王上佛授決号妙華如來〔五〇〕經一卷。亦直云採蓮違王經。

東晉西域沙門竺曇無蘭譯。拾遺編入，第二譯。

右二經，同本異譯。從無上依經下一十九經，大周録中在單本之〔五一〕内，今勘爲重譯。

正恭敬經〔五二〕一卷。或名正法恭敬經。

元魏天竺三藏佛陀扇多譯。第一譯。

善敬經一卷。亦名善恭敬經，一名善恭敬師經。

隋天竺三藏闍那崛多等譯。第二譯。

右二經，同本異譯。廣略少異。

稱讚大乘功德經一卷。

大唐三藏玄奘譯。出内典録，第一譯。

説妙法決定業障經一卷。

大唐至相寺沙門智嚴〔五三〕譯。新編入録，第二譯。

右二經，同本異譯。其稱讚大乘經，舊爲單本，今爲重譯。

上二十三經，二十四卷，同袠。

諫王經一卷。亦云大小諫王經。

宋居士〔五四〕沮渠京聲譯。第一譯。

如來示教勝軍王經一卷。亦直云勝軍王經。

大唐三藏玄奘譯。出内典録，第二譯。

佛爲勝光天子説王法經一卷。亦直云勝光天子經。

大唐三藏義浄譯。新編入録，第三譯。

右三經，同本異譯。其諫王經，周〔五五〕在小乘録。勝軍王經在大乘録。並云單本者，誤也。

大方等修多羅王經一卷。

元魏天竺三藏菩提留支譯。第一譯。

轉有經一卷。

元魏天竺三藏佛陀扇多譯。第二譯。

右二經，同本異譯。

文殊師利巡行經一卷。

元魏天竺三藏菩提流支譯。第一譯〔五六〕。

文殊尸利行經一卷。

隋天竺三藏闍那崛多等譯。第二譯。

右二經，同本異譯。

貝多樹下思惟十二因緣經一卷。

吴月支優婆塞支謙譯。第三譯〔五七〕。

緣起聖道經一卷。

大唐三藏玄奘譯。出内典録，第六譯。

右二經，同本異譯。前後六譯，四譯闕本。其緣起聖道經，周録在單本中，誤也。又有聞城十二因緣經一卷，即與貝多樹下思惟十二因緣經文同不異，但名別耳〔五八〕，今存〔五九〕一本。

稻芉經一卷。

失譯。今附東晉録。

了本生死經一卷。

吴月支優婆塞支謙譯。謙自注解，三譯一闕〔六〇〕。

右二經，同本異譯。莫辨先後。

自誓三昧經一卷。題下注云：「獨〔六一〕證品第四，出比丘浄行中。」

後漢安息三藏安世高譯。拾遺編入〔六二〕，第一譯。

如來獨證自誓三昧經一卷。

西晉三藏竺法護譯。第二譯。

右二經，同本異譯。前後三譯〔六三〕，一譯闕本。

灌洗佛形像經一卷。亦云四月八日灌經，亦直云灌經。

西晉沙門釋法炬譯。拾遺編入，第一譯。

摩訶刹頭經一卷。亦名灌佛形像經。

乞伏秦沙門釋聖堅譯。第二譯。

右二經，同本異譯。

造立形像福報經一卷。

失譯。今附東晉録。

作佛形像經一卷。亦云優填王作佛形像經。

失譯。今在漢録。周録在小乘單本中，及云西晉沙門法炬譯者，誤也。

右二經，同本異譯〔六四〕。莫辨先後。

龍施女經一卷。或無「女」字。

吴月支優婆塞支謙譯。第一譯〔六五〕。

龍施菩薩本起經一卷。或云龍施女經，亦云龍施本經。

西晉三藏竺法護譯。第二譯。

右二經，同本異譯。廣略少異。

八吉祥神呪經一卷。或無「神」字。

吴月支優婆塞支謙譯。第一譯。

八陽神呪經一卷。亦直云八陽經。新勘爲重譯。

西晉三藏竺法護譯。第二譯。

八吉祥經一卷。

梁扶南三藏僧伽婆羅譯。第四譯。

八佛名号經一卷。

隋天竺三藏闍那崛多等譯。第五譯。

右四經，同本異譯。緣起大同，佛名稍異。前後五譯，一譯闕本。

盂蘭盆經一卷。亦云盂蘭經。

西晉三藏竺法護譯。

報恩奉盆經一卷。

失譯〔六六〕。今附東晉録。

右二經，同本異譯。莫辨先後，廣略稍異。

浴像功德經一卷。

大唐天竺三藏寶思惟譯。新編入録，第一譯。

浴像功德經一卷。

大唐三藏義淨譯。新編入録，第二譯。

右二經，同本異譯。後本稍廣。

校量數珠功德經一卷。

大唐天竺三藏寶思惟譯。新編入録，第一譯。

數珠功德經一卷。內云「曼殊室利呪藏中校量數珠功德法」。

大唐三藏義浄譯。新編入録，第二譯。

右二經，同本異譯。

上二十九經，二十九卷，同袠。

不空羂索神變真言經三十卷，三袠。

大唐南天竺三藏菩提流志譯。新編入録，當第四譯。

不空羂索呪經一卷。

隋天竺三藏闍那崛多等譯。第一譯。

不空羂索神呪心經一卷。

大唐三藏玄奘譯。出内典録，第二譯。

右二經，同本異譯。是前大經序品。三藏流志先譯一卷，名不空羂索呪心經，尋本未獲。

不空羂索陀羅尼自在王呪經三卷。亦名不空羂索心呪王經。

大唐天后代天竺三藏寶思惟譯。新編入録，第一譯。

不空羂索陀羅尼經一卷。一名普門。

大唐天后代北天竺婆羅門李無諂譯。新編入録，第二譯。

右二經，同本異譯。此是梵本經抄，非是全部，與前三經同名異本。

千眼千臂觀世音菩薩陀羅尼神呪經二卷。或一卷。

大唐揔持寺沙門釋智通〔六七〕譯。拾遺編入，第一譯。

千手千眼觀世音菩薩姥陀羅尼身經一卷。或云「千臂千眼」。

大唐南天竺三藏菩提流志〔六八〕譯。新編入録，第二譯。

右二經，同本異譯。其初譯本，貝葉交錯，文少失次。

千手千眼觀世音菩薩廣大圓滿無礙大悲心陀羅尼經〔六九〕一卷。

大唐西天竺沙門伽梵達摩譯。拾遺編入〔七〇〕，單本。

右此心經，雖是單本，隨前身經，編之於此。

觀世音菩薩秘密藏神呪經一卷。

大唐天后代于闐三藏實叉難陀譯。新編入録，第一譯。

觀世音菩薩如意摩尼陀羅尼經一卷。

大唐天竺三藏寶思惟譯。新編入録，第二譯。

上九經，十二卷，同袠。

觀自在菩薩如意心陀羅尼呪經一卷。

大唐三藏義浄譯。新編入録，第三譯。

如意輪陀羅尼經一卷。

大唐天竺三藏菩提流志譯。新編入録，第四譯〔七一〕。

右四經，同本異譯。上四本經，雖有廣略，據其梵文〔七二〕，並譯未盡。義浄譯〔七三〕者，其法最略。

文殊師利根本一字陀羅尼經一卷。亦名一字呪王經。

大唐天后代天竺三藏寶思惟譯。新編入録，第一譯。

曼殊室利菩薩呪藏中一字呪王經一卷。

大唐天后代三藏義浄譯。新編入録，第二譯。

右二經，同本異譯。

十二佛名神呪經一卷。

隋天竺三藏闍那崛多等譯。第一譯。

稱讚如來功德神呪經一卷。

大唐三藏義浄譯。新編入録，第二譯。

右二經，同本異譯。其五千五百佛名經第一卷初十二佛号與前十二佛名同而不別。又十二佛名經，舊録爲單本，新勘爲重譯。

孔雀王呪經一卷。亦名大金色孔雀王經并結界場法具。

姚秦三藏鳩摩羅什譯。第四譯。

大金色孔雀王呪經一卷。

失譯。今附秦録，拾遺編入。第五譯。

佛説大金色孔雀王呪經一卷。

失譯。亦附秦録，拾遺編入〔七四〕。第六譯。

孔雀王呪經二卷。

梁扶南三藏僧伽婆羅譯。第七譯。

大孔雀呪王經三卷。

大唐三藏義浄於東都内道場譯。新編入録，第八譯。

右五經，同本異譯。新舊八譯，五存三闕。前六文略，後二稍廣。

上十一經，十四卷，同袠。

陀羅尼集經十二卷。

大唐中天竺三藏阿地瞿多譯。出〔七五〕大周録，單重合譯。

右出金剛大道場經大明呪藏之少分也，撮要而譯。此集之中，大般若呪經等有別行者，録不具顯，人多生疑，恐非正典。今爲除疑，故別條示〔七六〕，列之如後：

第一卷，佛部卷上。大神力陀羅尼釋迦佛頂三昧陀羅尼品。

第二卷，佛部卷下。初，畫〔七七〕一切佛頂像法；次，有〔七八〕二十六印并呪、諸佛呪印法；第三，阿弥陀佛大思惟經序分、呪印法并説持誦得往生事及數珠法；第四，大金輪陀羅尼；第五拔折囉功功法相品〔七九〕。

第三卷。摩訶般若波羅蜜多心經。佛在舍衛國説大般若理趣中呪及般若心呪〔八〇〕，皆在此中。於中第十二印并呪，名般若無盡藏，注云「是一印呪，筏喋耶思蠅伽法師譯」。卷末〔八一〕復有大輪金剛陀羅尼，若誦此呪，即當入壇，及得用印，不成盜法。

第四卷，觀世音卷上。十一面觀世音神呪經。

第五卷，觀世音卷中。初，有二印及呪千囀觀世音菩薩呪；次，有六印及呪觀世音雜呪印；第三，十二臂觀世音菩薩一印并呪；第四，不空羂索觀世音四印并呪；第五，畫〔八二〕觀世音像法；第六，觀世音毗俱知菩薩三昧法印呪品也。

第六卷，觀世音等諸菩薩卷下。初，阿耶揭唎婆觀世音菩薩法印呪，唐云馬頭；第二，諸大菩薩法會印呪品，大勢至菩薩、文殊師利菩薩、弥勒菩薩、地藏菩薩、普賢菩薩、虚空藏菩薩等並有印呪法。

第七卷，金剛部卷上。初，金剛藏大威神力三昧法印呪品；第二，金剛藏眷屬法印呪品，諸眷屬金剛説呪并印。

第八卷，金剛部卷中。初，金剛阿蜜哩哆軍茶利菩薩自在神力呪印品；第二，跋折羅吒訶娑印呪法，唐云大笑金剛。

第九卷，金剛部卷下。初，金剛烏樞沙摩法印呪品，唐云不浄潔金剛，即火頭金剛是；第二，大〔八三〕青面金剛呪法也。

第十卷，諸天卷上。初，摩利支天經；第二，功德天法。中天竺國菩提寺僧阿難律木叉師、迦葉師等於經行寺〔八四〕翻，流行於唐國。

第十一卷，諸天卷下。諸天等獻佛助成三昧法印呪品。大梵摩天、帝釋、摩醯首羅、四天王、日天、月天、星宿天、地天、火天、閻羅天、一切龍王呪印并祈雨法，那羅延天、乾闥婆、緊那羅、摩呼囉伽、孔雀王、師子王、伽嚕荼、大辯天神王、毲摩檀陀、水天、風天、阿脩羅王遮文茶天法、一切毗那夜迦法、一切藥叉法、一切羅刹法。右大梵摩天等，皆獻呪印。

第十二卷。諸佛大陀羅尼都會道場印呪品。是灌頂普〔八五〕集會壇法。

十一面觀世音神呪經一卷。

周宇文氏天竺三藏耶舍崛多等譯。第一譯。

十一面神呪心經一卷。

大唐三藏玄奘譯。出内典録，第二譯。

右二〔八六〕經，與前陀羅尼集經第四卷十一面神呪經同本異譯。而集經中印法稍廣。

摩利支天經一卷。或加「小」字。

失譯。今附梁録，拾遺編入。

右一經，是集經第十卷初摩利支天經少分異譯。

呪五首經一卷。

大唐三藏玄奘譯。出翻經圖，單重合譯。

呪五首者，能滅諸罪。千囀陀羅尼呪一，六字陀羅尼呪二，七俱胝佛所説神呪三，隨一切如來意神呪四，觀自在菩薩隨心呪五。其千囀呪，亦有别寫，以爲一經。既在此中，故不别出。大周録中分爲五經者，非也。

千囀陀羅尼觀世音菩薩呪經一卷。

大唐摠持寺沙門釋智通譯。拾遺編入，第二譯。

右千囀呪二首，與上集經第五卷初千囀觀世音呪及雜呪中千囀陀羅尼同本異譯。

六字神呪經一卷。或云六字呪〔八七〕。

大唐天后代天竺三藏菩提流志譯。新編入録，第〔八八〕四譯。

右一經，與上集經第六卷中文殊師利菩薩呪法及呪五首經、六字陀羅尼并雜呪中六字陀羅尼呪同本異譯。

七俱胝佛大心准提陀羅尼經一卷。

大唐中天竺三藏地婆訶羅譯。出大周録，第一譯。

七俱胝佛母准泥〔八九〕大明陀羅尼經一卷。

大唐天竺〔九〇〕三藏金剛智譯。新編入録，第二譯。

右二經，同本異譯。比於舊經，新者稍廣。然據梵文，譯仍未盡。呪五首中及雜呪〔九一〕内，唯獨譯呪，更無餘法。

上九經，二十卷，二帙。上帙七卷，下帙十三。

觀自在菩薩隨心呪經一卷。亦云多唎心經。

大唐揔持寺〔九二〕沙門釋智通譯。新編入録。

右此觀自在隨心呪、前呪五首經及雜呪〔九三〕中觀世音初隨心呪并集經第五，並先譯出，故編於此。

種種雜呪經一卷。或無「經」字。

周宇文氏天竺三藏闍那崛多譯。拾遺編入，單重〔九四〕合譯。

雜呪揔二十三首。法華經内呪六首，旋塔滅罪陀羅尼一，禮拜滅罪命終諸佛來迎呪一，供養三寶呪一，觀世音懺悔呪一，金剛呪虵呪一，坐〔九五〕禪安隱呪一，呪腫呪一，金剛呪治惡鬼病一，千囀陀羅尼一，觀世音隨心呪四首，七俱胝佛神呪一，隨一切如來意神呪一〔九六〕，與呪五首中者同本，六字陀羅尼呪一，歸依三寶呪一。

佛頂尊勝陀羅尼經一卷。

大唐朝散郎杜行顗奉制譯。出大周録，第一譯。

佛頂最勝陀羅尼經一卷。

大唐中天竺三藏地婆訶羅譯。拾遺編入，第二譯。

佛頂尊勝陀羅尼經一卷。

大唐罽賓沙門佛陀波利譯。出大周録，第三譯〔九七〕。

最勝佛頂陀羅尼淨除〔九八〕業障經一卷。

大唐中天竺三藏地婆訶羅於東都再譯。拾遺編入，第四譯。

佛頂尊勝陀羅尼經一卷。或加「呪」字。

大唐三藏義淨譯。新編入録，第五譯。

右五經，同本異譯。

無量門微蜜持經一卷。一名成道降魔得一切智經。

吴月支優婆塞支謙譯。第一譯。

出生無量門持經一卷。或云新微密持經。

東晉天竺三藏佛陀跋陀羅譯。第五譯。

阿難陀目佉尼呵離陀經一卷。或云出〔九九〕無量門持經。

宋天竺三藏求那跋陀羅譯。拾遺編入，第六譯。

無量門破魔陀羅尼經一卷。或直云破魔陀羅尼經。

宋西域沙門功德直共玄暢譯。第七譯。

阿難陀目佉尼訶離陀鄰尼經一卷。

元魏天竺三藏佛陀扇多譯。第八譯。

舍利弗陀羅尼經一卷。

梁扶南三藏〔一〇〇〕僧伽婆羅譯。第九譯。

一向出〔一〇一〕生菩薩經一卷。

隋天竺三藏闍那崛多等譯。第十譯。

出生無邊門陀羅尼經一卷。

大唐至相寺沙門釋智嚴譯。新編入録，第十一譯。

右八經，同本異譯。長房等録中覺賢經數，更有新微密持經一卷，即是出生無量門持經，是功德賢經數。復有出無量門持經一卷，即是阿難陀目佉尼呵離陀經是。既是重載，故不別存〔一〇二〕。新舊十一譯，一譯闕本。

勝幢臂印陀羅尼經一卷。

大唐三藏玄奘譯。出内典録，第一譯。

妙臂印幢陀羅尼經一卷。

大唐天后代于闐三藏實叉難陀譯。新編入録，第二譯。

右二經，同本異譯。其勝幢臂印經，舊録爲單本，新勘爲重譯。

上十七經，十七卷，同袠。

無崖際持法門經一卷。一名無際經。

乞伏秦沙門釋聖堅譯。第一譯。

尊勝菩薩所問一切諸法入無量門陀羅尼經一卷。

高齊居士〔一〇三〕萬天懿譯。第三譯。

右二經，同本異譯。前後三譯，一譯闕本。

金剛上味陀羅尼經一卷。

元魏天竺三藏佛陀扇多譯。第一譯。

金剛場陀羅尼經一卷。

隋天竺三藏闍那崛多等譯。第二譯。

右二經，同本異譯。

師子奮迅菩薩所問經一卷〔一〇四〕。

失譯。今附東晉録。

華聚陀羅尼呪經一卷。

失譯。今附東晉録。

華積陀羅尼神呪經一卷。

吴月支優婆塞支謙譯。

右三經，同本異譯。莫辯先後。其華積經，周録在單本中，誤也。

六字呪王經一卷。

失譯。今附東晉録，第一譯。

六字神呪王經一卷。

失譯。拾遺編入，今附梁録，第二譯〔一〇五〕。

右二經，同本異譯。

虚空藏菩薩問佛經一卷。亦云虚空藏菩薩問七佛陀羅尼呪經。

失譯。今附梁録，拾遺編入，第一譯。

如來方便善巧呪經一卷。

隋天竺三藏闍那崛多等譯。第二譯。

右二經，同本異譯。其如來方便經，舊録爲單本，新勘爲重譯。

持句神呪經一卷。亦云陀羅尼句。

吴月支優婆塞支謙譯。拾遺編入，第一譯。

陀鄰尼鉢經一卷。亦云陀鄰鉢呪。

東晉西域沙門竺曇無蘭譯。拾遺編入，第二譯〔一〇六〕。

東方最勝燈王如來經一卷。

隋天竺三藏闍那崛多等譯。出内典録，第四譯。

右三經，同本異譯。前二本略，後經稍廣。前後四譯，三存一闕。其最勝燈王經，舊録爲單本，新勘爲重譯。

善法方便陀羅尼呪經一卷。

失譯。今附東晉録。

金剛秘密善門陀羅尼經一卷。

失譯。今附〔一〇七〕東晉録。

護命法門神呪經一卷。

大唐天后代天竺三藏菩提流志譯。出大周録，第三譯。

右三經，同本異譯。前之二經，莫辯先後。其護命法門經，周録在單本中，誤也。

大唐天后代西域沙門弥陀山等譯。新編入録，第二譯。又于闐三藏實叉難陀初譯，名離垢

無垢浄光大陀羅尼經一卷。

浄光陀羅尼經，尋本未獲，故闕之耳。

請觀世音菩薩消伏毒害陀羅尼呪經一卷。亦直云請觀世音經。

東晉外國居士竺難提譯。第二譯，二譯闕一〔一〇八〕。

上十九經，十九卷，同袠。

内藏百寶經一卷。亦云内藏百品經。

後漢月支三藏支婁迦讖譯。第一譯，二譯一闕。

温室洗浴衆僧經一卷。亦直云温室經。

後漢安息三藏安世高譯。拾遺編入，第一譯。前後〔一〇九〕二譯，一本闕。

須賴經一卷。

前涼月支優婆塞支施崙譯。出經後記，第三譯。前後四譯，三本闕。

私訶三〔一一〇〕昧經一卷。一名菩薩道樹經，亦名道樹三昧經。

吴月支優婆塞支謙譯。第一譯，二譯一闕。

菩薩生地經一卷。一名差摩竭經。

吴月支優婆塞支謙譯。周爲單本，誤。第一譯。前後兩譯，一本闕。

四不可得經一卷。

西晉三藏竺法護譯。第二譯，兩譯一闕。

梵女首意經一卷。一名首意女經。

西晉三藏竺法護譯。第一譯，二譯一闕。

成具光明定意經一卷。或云成具光明三昧，或直云成具光明經。

後漢西域三藏支曜譯。第二譯，二譯一闕。

寶網經一卷。亦云寶網童子經。

西晉三藏竺法護譯。第一譯〔一一一〕，兩譯一闕。

菩薩行五十緣身經一卷。

西晉三藏竺法護譯。第一譯，兩譯一闕。

菩薩修行經一卷。亦云威施長者問觀身行經。

西晉河内沙門白法祖〔一二二〕譯。第三譯，三譯二闕〔一二三〕。

諸德福田經一卷。或云諸福田經，或直云福田經。

西晉沙門法立、法炬共譯。第一譯，兩譯一闕。

大方等如來藏經一卷。

東晉天竺三藏佛陀跋陀羅譯。第三譯，三譯二闕。

佛語經一卷。

元魏天竺三藏菩提留支譯。第一譯，二譯一闕。

金色王經一卷。

元魏婆羅門瞿曇般若流支譯。第二譯，兩譯一闕。

演道俗業經一卷。

乞伏秦沙門釋聖堅譯。第二譯，兩譯一闕。

百佛名經一卷。

隋天竺三藏那連提耶舍譯。第二譯，兩譯一闕。

上十七經，十七卷，同帙。

稱揚諸佛功德經三卷。一名集諸佛華，或四卷。

元魏西域三藏吉迦夜共曇曜譯。第三譯，三譯二闕。

須真天子經三卷。亦云問四事經，或二卷。

西晉三藏〔一一四〕竺法護譯。第一譯，兩譯一闕。

摩訶摩耶經一卷。亦直云摩耶經，或二卷。

蕭齊沙門釋曇景譯。第二譯，兩譯一闕。

除恐灾患經一卷。

乞伏秦沙門釋聖堅譯。第二譯，兩譯一闕。

孛經一卷。或云孛經鈔。

吴月支優婆塞支謙譯。拾遺編入，第二譯，前後三譯〔一一五〕，兩本闕。

觀世音菩薩受記經一卷。一名觀音〔一一六〕受決經。

宋黄龍沙門釋曇無竭譯。第三譯，三譯二闕。

上六經，十卷，同帙。

海龍王經四卷。或三卷。
西晉三藏竺法護譯。第一譯，二譯一闕。
首楞嚴三昧經三卷。亦直云首楞嚴經，或二卷。
姚秦三藏鳩摩羅什譯。第九譯，九譯八闕。
觀普賢菩薩行法經一卷。云出深功德經中，亦云普賢觀經。
宋罽賓三藏曇摩蜜多譯。第三譯，三譯二闕。
觀藥王藥上二菩薩經一卷。
宋西域三藏畺良耶舍譯。第二譯〔一一七〕，二譯一闕。
不思議光菩薩所問經一卷。亦云「所說」。
姚秦三藏鳩摩羅什譯。第二譯，二譯一闕。
上五經，十卷，同袠。
十住斷結經十卷。或云十地斷結經，或十一卷，或十四。
姚秦涼州沙門竺佛念譯。第二譯，兩譯一闕。
諸佛要集經二卷。亦直云要集經〔一一八〕。
西晉三藏竺法護譯。第一譯，兩譯一闕。

未曾有因緣經二卷。亦直云未曾有經。

蕭齊沙門釋曇景譯。第二〔一九〕譯，二譯一闕。

上三經，十四卷，二袠。

菩薩瓔珞經十二卷。或十四卷，或十六卷。

姚秦涼州沙門竺佛念譯。第二譯，兩譯一闕。

超日明三昧經二卷。或無「三昧」字，或三卷〔二〇〕。

西晉清信士聶承遠譯。第二譯，二譯一闕。

上二經，十四卷，一袠。

賢劫經十三卷。亦名颰陀劫三昧經，或七卷，或十卷，一袠〔二一〕。

西晉三藏竺法護譯。第一譯，二譯一闕。

從無垢淨光陀羅尼經下三十六經，雖云重譯，但一本存，餘皆遺失，尋求不獲。

校勘記

〔一〕録：原無，據高麗藏本補。

〔二〕全：原作「合」，據高麗藏本改。

〔三〕第二譯：資福藏、永樂南藏、永樂北藏、嘉興藏、清藏、四庫本作「第一譯」。

〔四〕第二譯：原作「第一譯」，據高麗藏本改。又，後文「右二經，同本異譯」至「阿彌陀經一卷。亦名無量壽經」原無，據諸校本補入並校對。

〔五〕與後：高麗藏本作「與後經」。

〔六〕亦云：資福藏、永樂南藏、永樂北藏、嘉興藏、清藏、四庫本作「或云」。

〔七〕二譯：永樂北藏、嘉興藏、清藏、四庫本誤作「一譯」。

〔八〕大唐：永樂北藏、嘉興藏、清藏、四庫本作「唐」。後同，不一一出校。

〔九〕不同：高麗藏本作「不周」。

〔一〇〕准的：高麗藏本誤作「准約」。

〔一一〕無煩：高麗藏本誤作「無繁」。

〔一二〕新編入録：高麗藏本無。

〔一三〕右：永樂北藏、嘉興藏、清藏、四庫本作「又」。

〔一四〕曇琳：高麗藏本作「曇林」。

〔一五〕譯：高麗藏本作「譯者」。

〔一六〕右：永樂北藏、嘉興藏、清藏、四庫本作「又」。

〔一七〕曇琳：高麗藏本作「曇林」。

〔一八〕一：原作「云」，據高麗藏、資福藏、永樂北藏、嘉興藏、清藏、四庫本改。

〔一九〕亦云：資福藏本作「亦名」，嘉興藏本作「一名」。

〔二〇〕按：高麗藏本作「檢」。

〔二一〕梵：高麗藏本作「胡」。

〔二二〕經：原作「部」，據高麗藏本改。

〔二三〕譯：高麗藏本無。

〔二四〕施度中：原作「施中度」，據高麗藏、資福藏、永樂北藏、嘉興藏、清藏、四庫本改。

〔二五〕譯：原作「經」，據諸校本改。

〔二六〕第三譯：高麗藏本作「第二譯」。

〔二七〕經：原無，據高麗藏本補。

〔二八〕第三譯：原作「第二譯」，據諸校本改。

〔二九〕字：高麗藏本無。

〔三〇〕第三譯拾遺編入：原作「第譯第三譯拾遺編入」，高麗藏本作「第二譯拾遺編入」，資福藏、永樂北藏、嘉興藏、清藏、四庫本作「第三譯」，永樂南藏本作「第二譯第三譯拾遺編入」。

〔三一〕二卷：清藏、四庫本作「一卷」。

〔三二〕亦名：高麗藏本作「亦云」。

〔三三〕大唐天后代天竺：原作「大唐天后代尼竺」，永樂北藏、嘉興藏、清藏本作「唐天竺」，四庫本作「唐三竺」，據高麗藏本改。

〔三四〕第一譯：原作「第四譯」，據高麗藏本改。

〔三五〕逝：高麗藏本作「誓」。

〔三六〕西晉：嘉興藏本誤作「西西」。

〔三七〕本：原無，據高麗藏、永樂北藏、嘉興藏、清藏、四庫本補。

〔三八〕有：原無，據高麗藏、永樂北藏、嘉興藏、清藏、四庫本補。

〔三九〕元年：高麗藏本及歷代三寶紀、大唐内典録作「二年」。若據後文「丁丑」，則當作「永定元年」是。或當因經後記中「紹泰三年太歲丁丑」而致誤。紹泰三年，亦即永定元年。

〔四〇〕南康：資福藏本誤作「南唐」。

〔四一〕令：原作「全」，據高麗藏本改。

〔四二〕逮：原作「建」，據高麗藏本改。

〔四三〕三年：原作「二年」，據高麗藏本改。

〔四四〕太平二年：高麗藏本作「紹泰三年」。

〔四五〕總持經：高麗藏本作「決總持經」。

〔四六〕入：原無，據諸校本補。

〔四七〕第一譯：永樂南藏、永樂北藏、嘉興藏、清藏、四庫本作「第二譯」。

〔四八〕第一譯：原作「第二譯」，據諸校本改。

〔四九〕入：原無，據諸校本補。

〔五〇〕如來：高麗藏本無。

〔五一〕之：高麗藏本無。

〔五二〕正恭敬經：嘉興藏本誤作「王恭敬經」。

〔五三〕智嚴：高麗藏本作「釋智嚴」。

〔五四〕居士：永樂北藏、嘉興藏、清藏本無。

〔五五〕周：原作「同」，據高麗藏本改。周，即大周録之略。

〔五六〕第一譯：原作「第二譯」，據諸校本改。

〔五七〕第三譯：原作「第二譯」，據高麗藏本及本書卷二改。

〔五八〕耳：原無，據高麗藏本補。

〔五九〕今存：永樂南藏本作「今有」。

〔六〇〕一闕：原作「二闕」，據高麗藏本改。

〔六一〕云獨：嘉興藏、清藏本誤作「濁」。

〔六二〕編入：永樂南藏本作「增入」。

〔六三〕三譯：原作「二譯」，據高麗藏本改。

〔六四〕異譯：原作「失譯」，據高麗藏本改。

〔六五〕第一譯：原作「第二譯」，據高麗藏本改。

〔六六〕失譯：永樂南藏、永樂北藏、嘉興藏、清藏、四庫本作「失譯人」。

〔六七〕釋智通：原作「釋皆通」，據諸校本改。

〔六八〕志：嘉興藏本無。

〔六九〕經：原無，據高麗藏、四庫本補。

〔七〇〕入：高麗藏本無。

〔七一〕第四譯：原無，據高麗藏本補。

〔七二〕梵文：高麗藏本作「梵本」。

〔七三〕譯：高麗藏本作「出」。

〔七四〕入：原無，據諸校本補。

〔七五〕出：嘉興藏本作「譯出」。

〔七六〕示：高麗藏本作「末」。

〔七七〕晝：資福藏本誤作「書」。

〔七八〕有：資福藏本作「一」。

〔七九〕功功法相品：原作「功德法相品也」，據高麗藏本改。

〔八〇〕般若心呪：永樂南藏、永樂北藏、嘉興藏、清藏、四庫本作「般若心經」。

〔八一〕卷末：原作「末卷」，據高麗藏本改。

〔八二〕晝：原作「寺」，據諸校本改。

〔八三〕大：高麗藏本誤作「天」。

〔八四〕經行寺：高麗藏本誤作「法行寺」。據兩京新記等載，經行寺位於長安崇化坊。
〔八五〕普：原作「並」，據高麗藏本改。
〔八六〕二：永樂南藏、永樂北藏、嘉興藏、清藏、四庫本作「三」。
〔八七〕六字呪：高麗藏本作「六字呪法」。
〔八八〕第：清藏本無。
〔八九〕泥：永樂南藏、永樂北藏、嘉興藏、清藏、四庫本作「提」。
〔九〇〕天竺：高麗藏本作「南天竺」。
〔九一〕雜呪：原作「新呪」，據高麗藏本改。
〔九二〕大唐揔持寺：原作「唐總持」，資福藏本作「大唐總持」，據高麗藏本補。
〔九三〕雜呪：高麗藏、資福藏、永樂南藏、永樂北藏本作「雜呪經」。
〔九四〕單重：原作「單本」，據高麗藏本改。
〔九五〕坐：高麗藏本誤作「生」。
〔九六〕一：永樂南藏本無。
〔九七〕第三譯：原作「第二譯」，據高麗藏本改。
〔九八〕除：原無，據高麗藏本補。
〔九九〕出：原無，據高麗藏本補。
〔一〇〇〕三藏：清藏、四庫本誤作「二藏」。

〔一〇一〕出：原無，據高麗藏、資福藏、永樂北藏、嘉興藏、清藏、四庫本補。

〔一〇二〕存：永樂南藏本作「有」。

〔一〇三〕居士：原作「天竺居士」，據續高僧傳等載，萬天懿爲鮮卑人，故據高麗藏本删「天竺」二字。

〔一〇四〕一卷：原無，據高麗藏本補。

〔一〇五〕今附梁録第二譯：原作「第三譯今附梁録」，據高麗藏本改。

〔一〇六〕第二譯：高麗藏本作「第三譯」，四庫本作「第一譯」。

〔一〇七〕附：原無，據諸校本補。

〔一〇八〕二譯闕一：高麗藏本作「兩譯一闕」。

〔一〇九〕前後：原作「前本」，據高麗藏本改。

〔一一〇〕三：高麗藏本無。

〔一一一〕第一譯：永樂北藏、嘉興藏、清藏、四庫本作「第二譯」。

〔一一二〕白法祖：高麗藏本作「帛法祖」。

〔一一三〕第三譯三譯二闕：高麗藏本作「第一譯兩譯一闕」。

〔一一四〕三藏：高麗藏本作「沙門」。

〔一一五〕前後三譯：原作「前卷三譯」，永樂南藏本作「前後二譯」，據高麗藏、資福藏、永樂北藏、嘉興藏、清藏、四庫本改。

〔一一六〕觀音：高麗藏本作「觀世音」。

〔二七〕第二譯：高麗藏本作「第一譯」。

〔二八〕經：資福藏本無。

〔二九〕二：原作「一」，據高麗藏本改。

〔三〇〕三卷：原作「二卷」，據諸校本改。

〔三一〕七卷或十卷一袠：高麗藏本作「七或十一卷」。

大乘經單譯，一百三十一部，二百九十三卷，二十四袠。

大法炬陀羅尼經二十卷。二袠。

隋天竺三藏闍那崛多等譯。

大威德陀羅尼經二十卷。二袠。

隋天竺三藏闍那崛多等譯。

佛名經十二卷。或十三卷。

元魏天竺三藏菩提留支譯。

三劫三千佛名經三卷。過去莊嚴劫千佛名經卷上，現在賢劫〔一〕千佛名經卷中，未來星宿劫千佛名經卷下。

失譯。拾遺編入，今附梁録。

上二經，十五卷，二袠。其三劫佛名，出長房入藏録中，今合成一部。其中賢劫佛名，出賢劫經中，合爲重譯。今以上下佛名是其單本，以類相從，編之於此。

五千五百佛名經八卷。

隋天竺三藏闍那崛多等譯。

不思議功德諸佛所護念經二卷。亦〔二〕出衆經，或四卷。

曹魏代譯，失三藏名。拾遺編入。

上二經，十卷，同袠。其不思議功德經，大周録云與不思議光菩薩所問經等同本者，誤也。

華手經十三卷。一名攝諸善根經，或十卷，或十一卷，或十二卷〔三〕，一袠。

姚秦三藏鳩摩羅什譯。

大方等陀羅尼經四卷。一名方等檀持陀羅尼經。

北涼沙門法衆於高昌郡譯。出寶唱録。

僧伽吒經四卷。

元魏優禪尼國王子月婆首那譯。

力莊嚴三昧經三卷。

隋天竺三藏那連提耶舍譯。

大方廣圓覺修多羅了義經一卷。

大唐罽賓沙門佛陀多羅譯。拾遺編入。

上四經，十二卷，同袠。

觀佛三昧海經十卷。或八卷。一袠。或無「海」字。

東晉天竺三藏佛陀跋陀羅譯。右此觀佛三昧經，大周録云宋永初年求那跋陀羅譯，出内典録者。謹按内典録，云是東晉覺賢所譯，非宋代功德賢，周録誤也；又云與後秦羅什所譯單卷觀佛三昧經同本，編爲重譯。今以什公譯者，久闕其本，卷數全殊，不可懸配。今依諸舊録，編單本内。

大方便佛報恩經七卷〔四〕。

失譯。在後漢録。

菩薩本行經三卷。

失譯。今附東晉録，拾遺編入。

上二經，十卷，同袠。按大周録中，其七卷報恩經云與漢代支讖所譯單卷大方便報恩經同本，其三卷菩薩本行經云與西晉聶道真所譯單卷菩薩本行經同本。今以單卷報恩及本行二經，先是闕本，卷數全殊，不可懸配，令依諸舊録，編單本内。

法集經六卷。或七卷，或八卷。

元魏天竺三藏菩提留支譯。

觀察諸法行經四卷。

隋天竺三藏闍那崛多等譯。

上二經，十卷，同袠。

菩薩處胎經五卷。亦直云胎經，或八卷。

姚秦涼州沙門竺佛念譯。

弘道廣顯三昧經四卷。或無「三昧」字。亦名阿耨達龍王經，亦名入金剛問定意經，凡十二品。

西晉三藏竺法護譯。右一經，仁壽、大周等録皆云與阿耨達龍王經同本異譯，二經俱云竺法護出，編爲重譯。按僧祐録，竺護所出，但有阿耨達經二卷，下注云：「一名弘道廣顯〔五〕三昧經。」長房録中，竺護所譯有弘道廣顯三昧經二卷，下注云：「亦名阿耨達請〔六〕佛經。」唐内典録護公所譯，雙載二經。又長房、内典二録，西晉失譯復有阿耨達龍王經二卷。今對勘二經，文並無異，但以立名多種，致使群録差殊，或有雙載二經，或有互題名目。時無悟者，流濫日深。今一廢一存，庶無謬失，但留一本，編入單中。

施燈功德經一卷。一名然燈經。

高齊天竺三藏那連提耶舍譯。

上二經，十卷，同袠。

央崛魔羅經四卷。

宋天竺三藏求那跋陀羅譯。右此央崛魔羅經，大周録云與竺法護譯指髻等七經同本異譯者，誤也。不可以名目似同，懸即配爲重譯。謹按隋録，其指髻經〔七〕出增一阿含中央崛悔過等六經，從前大經抄出。既非同本異譯，依舊編在單中〔八〕。

無所有菩薩經四卷。

隋天竺三藏闍那崛多等譯。出内典録。

明度五十校計經二卷。或無「明度」字，或無「五十」字。

後漢安息三藏安世高譯。

上三經，十卷，同袠。

中陰經二卷。

姚秦涼州沙門竺佛念譯。

大法鼓經二卷。

宋天竺三藏求那跋陀羅譯。

文殊師利問經二卷。亦直云文殊問經。

梁扶南三藏僧伽婆羅譯。

月上女經二卷。維摩詰之女〔九〕。

隋天竺三藏闍那崛多等譯。

大方廣如來秘密藏經二卷。

失譯。今附秦録。

上五經，十卷，同袠。其大方廣如來秘密藏經，大周録云與大方等如來藏經同本異譯。今尋文理，義旨〔一〇〕懸殊，故爲單本。

大乘密嚴經三卷。

大唐中天竺三藏地婆訶羅譯。出大周録。

占察善惡業報經二卷。亦名大乘實義經，云出六根聚經。

外國沙門菩提登譯。莫知年代，出大周録，今附隋録。

蓮華面經二卷。

隋天竺三藏那連提耶舍譯。

文殊師利問菩薩署經一卷。一名問署經。

後漢月支三藏支婁迦讖譯。拾遺編入。

大乘造像功德經二卷。或一卷。

大唐天后代于闐三藏提雲般若譯。出大周録。

上五經，十卷，同袠。其大乘造像功德經，大周録云與造立形像福報經同本異譯者，誤〔一〕也。文意既殊，故爲單譯。

廣大寶樓閣善住秘密陀羅尼經三卷。

大唐南天竺三藏菩提流志譯。新編入録〔二〕。

一字佛頂輪王經五卷。亦云五佛頂經，或四卷。

大唐南天竺三藏菩提流志譯。新編入録。

大陀羅尼末法中一字心呪經一卷。

大唐北天竺三藏寶思惟譯。新編入録。

上三經，九卷，同袠。

大佛頂如來密因修證了義諸菩薩萬行首楞嚴經十卷。一袠。

大唐循州沙門懷迪共梵僧於廣州譯。新編入録。

大毗盧遮那成佛神變加持經七卷。

大唐中天竺三藏輸波迦羅共沙門一行譯。新編入録。

蘇婆呼童子經三卷。或云蘇婆呼律，或二卷。

大唐中天竺三藏輸波迦羅譯。新編入録。

上二經，十卷，同袠。

蘇悉地羯羅經三卷。

大唐中天竺三藏輸波迦羅譯。新編入録。

牟梨曼陀羅呪經一卷。或無「經」字。

失譯。拾遺編入，今附梁録。

金剛頂瑜伽中略出念誦法四卷。亦云經。

大唐南天竺三藏金剛智譯。新編入録。

上三經，八卷，同袠。

七佛所説神呪經四卷。或無「所説」字。

晉代譯，失三藏〔一三〕名。今附東晉録。

右此七佛神呪經，大周録中編爲重譯，云與吴代外國優婆塞支謙所譯單卷七佛神呪經同本。今以此單卷經久闕其本，卷數復殊，不可懸配〔一四〕。今依舊録，編單本内。

大吉義神呪經二卷。或四卷。

元魏昭玄統沙門釋曇曜譯。出法上録。

文殊師利寶藏陀羅尼經一卷。

大唐南天竺三藏菩提流志譯。新編入録〔一五〕。

金剛光焰止風雨〔一六〕陀羅尼經一卷。

大唐南天竺三藏菩提流志譯。新編入録。

阿吒婆拘鬼神大將上佛陀羅尼經一卷。

失譯。拾遺編入，今附梁録〔一七〕。

阿弥陀鼓音聲王陀羅尼經一卷。

失譯。拾遺編入，今附梁録。

大普賢陀羅尼經一卷。

失譯。拾遺編入，今附梁録。

大七寶陀羅尼經一卷。

失譯。拾遺編入，今附梁録。

六〔一八〕字大陀羅尼呪〔一九〕經一卷。

失譯。拾遺編入，今附梁録〔二〇〕。

安宅神呪經一卷。

後漢失譯。

摩尼羅亶經一卷。

東晉西域沙門竺曇無蘭譯。拾遺編入〔二一〕。

玄師颰陀所説神呪經一卷。録云「幻師」，無「所説」字。

東晉西域沙門竺曇無蘭譯。拾遺編入。

護諸童子陀羅尼呪經一卷。

元魏天竺三藏菩提留支譯。

諸佛心陀羅尼經一卷。

大唐三藏玄奘譯。出内典録〔二二〕。

拔濟苦難陀羅尼經一卷。

大唐三藏玄奘譯。出内典録。

八名普密陀羅尼經一卷。

大唐三藏玄奘譯。出内典録。

持世陀羅尼經一卷。

大唐三藏玄奘譯。出内典録。

六門陀羅尼經一卷。

大唐三藏玄奘譯。出内典録。

清淨觀世音普賢陀羅尼經一卷。

大唐揔持寺沙門釋智通譯。出大周録。

上十九經二十三卷，同袠。

智炬陀羅尼經一卷。

大唐天后代于闐三藏提雲般若譯。出大周録〔二三〕。

諸佛集會陀羅尼經一卷。

大唐天后代〔二四〕于闐三藏提雲般若譯。出大周録。

隨求即得大自在陀羅尼神呪經一卷。亦云「所得」。

大唐天后代〔二五〕北天竺三藏寶思惟譯。出大周録。

百千印陀羅尼經一卷。

大唐天后代于闐三藏實叉難陀譯。新編入録〔二六〕。

救面〔二七〕然餓鬼陀羅尼神呪經一卷。亦云施餓鬼食呪經，後兼有施水呪。

大唐天后代〔二八〕于闐三藏實叉難陀譯。新編入録。

莊嚴王陀羅尼呪經一卷。

大唐天后代三藏義浄譯。新編入録〔二九〕。

香王菩薩陀羅尼呪經一卷。

大唐三藏義浄譯。新編入録〔三〇〕。

一切功德莊嚴王經一卷。

大唐三藏義浄譯。新編入録。

拔除罪障呪王經一卷。

大唐三藏義浄譯。新編入録。

善夜經一卷。

大唐天后代〔三一〕三藏義浄譯。新編入録。

虚空藏菩薩能滿諸願最勝心陀羅尼求聞持法一卷。出成就一切義品。

大唐中天竺三藏輸波迦羅譯。新編入録。

金剛頂經曼殊室利菩薩五字心陀羅尼品一卷。

大唐南天竺三藏金剛智譯。新編入録〔三二〕。

觀自在如意輪菩薩瑜伽法要一卷。

大唐南天竺三藏金剛智譯。新編入録。

右虚空藏等三經及前四卷瑜伽，並出金剛頂經。彼經梵本有十万頌，此之四經，略要抄譯，非全部〔三三〕也。

佛地經一卷。

大唐三藏玄奘譯。出内典録，有論七卷釋。

佛垂般涅槃略説教誡經一卷。亦云「佛臨般」，一名〔三四〕遺教經。

姚秦三藏鳩摩羅什譯。有釋論一卷。

右此遺教經，舊録所載，多在小乘律中，或編小乘經内。今以真諦法師譯遺教論，彼中解釋多約大乘，小宗不顯，故移編此。

出生菩提心經一卷。

隋天竺三藏闍那崛多等譯。

佛印三昧經一卷。

後漢安息三藏安世高譯。拾遺編入。

文殊師利般涅槃經一卷。

西晉居士聶道真譯。拾遺編入〔三五〕。

異出菩薩本起經一卷。或無「起」字。

西晉居士聶道真譯。拾遺編入。

千佛因緣經一卷。

姚秦三藏鳩摩羅什譯。出法上録。

賢首經一卷。一名賢首夫人經。

乞伏秦沙門釋聖堅譯。

月明菩薩經一卷。或云「月明童子」，或云「月明童男〔三六〕」。

吴月支優婆塞支謙譯。

右此月明菩薩經，大周録中編爲重譯，云與月光童子經等同本者，誤也。文意全異，故爲〔三七〕單譯。

心明經一卷。一名心明女梵志婦飯汁施經。

西晉三藏竺法護譯〔三八〕。

滅十方冥經一卷。或云十方滅冥經。

西晉三藏竺法護譯。

鹿母經一卷。

西晉三藏竺法護譯。

又群録中，更有鹿子經一卷，云是吴代外國優婆塞支謙所譯，即與前鹿母經文句全同，但立名殊，故不雙出。

魔逆經一卷。

西晉三藏竺法護譯。

上二十六經，二十六卷，同袠。

德光太子經一卷。一名賴吒和羅所問德光〔三九〕太子經。

西晉三藏竺法護譯。

右德光太子經，大周録中編爲重譯，云與須賴經等同本異譯者，誤也。文意既異，故爲單本。

大意經一卷。

宋天竺三藏求那跋陁羅譯。

堅固女經一卷。一名牢固女經。

隋天竺三藏那連提耶舍譯。

商主天子所問經一卷。或無「所問」字。

隋天竺三藏闍那崛多等譯〔四〇〕。

諸法最上王經一卷。

　隋天竺三藏闍那崛多等譯。

師子莊嚴王菩薩請問經一卷。一名八曼荼羅經。

　大唐天竺三藏那提譯。出大周録。

離垢慧菩薩所問禮佛法經一卷。

　大唐天竺三藏那提譯。出大周録，拾遺編入。

受持七佛名号所生功德經一卷。

　大唐三藏玄奘譯。出内典録。

佛臨涅槃記法住經一卷。或加「般」字。

　大唐三藏玄奘譯。出翻經圖〔四一〕。

寂照神變三摩地經一卷。

　大唐三藏玄奘譯。出翻經圖。

差摩婆帝受記經一卷。

　元魏天竺三藏菩提留支譯〔四二〕。

不增不減經一卷。或云二卷者，誤。

元魏天竺三藏菩提留支譯。

造塔功德經一卷。

大唐中天竺三藏地婆訶羅譯。出大周録，拾遺編入。

右遶佛塔功德經一卷。亦云遶塔功德經。

大唐天后代于闐三藏實叉難陀譯。新編入録〔四三〕。

大乘四法經一卷。

大唐天后代于闐三藏實叉難陀譯。新編入録。

有德女所問大乘經一卷。第三譯，與梵女守意經同本，新勘出〔四四〕。

大唐天后代天竺三藏菩提流志譯。出大周録。

大乘流轉諸有經一卷。

大唐天后代三藏義浄譯。新編入録〔四五〕。

妙色王因緣經一卷。

大唐天后代三藏義浄譯。新編入録。

佛爲海龍王説法印經一卷。

大唐三藏義浄譯。新編入録。

師子素馱娑王斷肉經一卷。

大唐至相寺沙門釋智嚴譯。新編入録。

般泥洹後灌臘經一卷。一名四輩灌臘經，亦直云灌臈經。

西晉〔四六〕三藏竺法護譯。

右此灌臘經，大周等録皆爲重譯，云與盂蘭盆經等同本異譯者，誤也。今尋文異，故爲單本。

八部佛名經一卷。亦云八佛經。

元魏婆羅門瞿曇般若流支譯。

上二十二經，二十二卷，同袠。其八部佛名經，大周録云與八吉祥呪經等同本異譯者，誤也。八數雖同，説處全異，所爲復別，故爲單本。

菩薩内習六波羅蜜經一卷。或云内六波羅蜜經，安公云〔四七〕出方等部。

後漢臨淮沙門嚴佛調譯。拾遺編入。

菩薩投身餓虎起塔因緣經一卷。僧祐録云以身施餓虎經。

北涼高昌沙門釋法盛譯。出經後記。

金剛三昧本性清淨不壞不滅經一卷。亦名金剛清淨經。

新爲失譯。附三秦録〔四八〕。

師子月佛本生經一卷。

新爲失譯。附三秦録。

右金剛清浄經，群録並云吴代外國優婆塞支謙譯，漢後失譯復有其名。師子月佛經，群録並云西晉三藏竺法護譯。今詳二經文句，並非謙、護所翻，似是秦涼已來什公等譯。今爲失源，附於秦録。

長者法志妻經一卷。

失譯。安公涼土異經録中有名，今亦附涼録。

薩羅國經一卷。或云薩羅國王經。

失譯。今附東晉録。

右二經，法上録中並云姚秦三藏鳩摩羅什譯。今詳二經文句，並非什公所翻，似是晉魏代譯。其法志妻經，安公涼土異經録中先有〔四九〕其名，今亦附涼録〔五〇〕。薩羅國經，附於晉録。

十吉祥經一卷。

失譯。今附秦録。

長者女菴提遮師子吼了義經一卷。

失譯。今附梁録，拾遺編入。

一切智光明仙人慈心因緣不食肉經一卷。

失譯。今附秦録。

金剛三昧經二卷。或一卷。

北涼失譯。拾遺編入。

法滅盡經一卷。

僧祐録中失譯經。今附宋録〔五一〕。

甚深大迴向經一卷。

僧祐録中失譯經。今附宋録。

天王太子辟羅經一卷。或無「天王」字，亦云「譬羅」。

僧祐録云安公關中異經。今附秦録，拾遺編入。

優婆夷浄行法門經二卷。亦直云浄行經〔五二〕。或無「經」字。

僧祐録云安公涼土異經。今附涼録。

八大人覺經一卷。

後漢安息三藏安世高譯。出寶唱録。

三品弟子經一卷。亦云弟子孝有三輩經。

吴月支優婆塞支謙譯。

四輩經一卷。或云四輩弟子經，亦云四輩孝經。

西晉三藏竺法護譯。出法上録。

當來變經一卷。或云當來變識經。

西晉三藏竺法護譯〔五三〕。

過去佛分衛經一卷。或云「過世」。

西晉三藏竺法護譯。

十二頭陀經一卷。一名沙門頭陀經。

宋天竺三藏求那跋陀羅譯。

樹提伽經一卷。

宋天竺三藏求那跋陀羅譯。

長壽王經一卷。

僧祐録云〔五四〕安公失譯經。今附西晉録。

右此長壽王經，大周録等云出阿含。謹檢〔五五〕四阿含内，並無此經。雖增一第十六中有長壽王緣起，文意全異。此乃大乘，故編於此。

法常住經一卷。

僧祐録云安公失譯經。今附西晉録。

上二十三經，共〔五六〕二十五卷，同袠。從優婆夷浄行經下十經，舊録之中，皆編小乘部內。今檢尋文理，多涉大乘，編在小中恐乖至理，故移於此。

校勘記

〔一〕劫：高麗藏本誤作「刧」。
〔二〕亦：高麗藏本作「云」。
〔三〕或十卷或十一卷或十二卷：高麗藏本作「或十或十一或十二」，四庫本作「或十一卷或十二卷或十三卷」。
〔四〕七卷：高麗藏本作「十卷」。
〔五〕廣顯：資福藏本誤作「廣願」。
〔六〕請：資福藏本誤作「諸」。
〔七〕經：原作「結」，據高麗藏本改。
〔八〕中：原作「本」，據高麗藏本改。
〔九〕維摩詰之女：高麗藏本無。
〔一〇〕義旨：原作「義音」，據諸校本改。
〔一一〕誤：原作「譯」，據諸校本改。
〔一二〕大唐南天竺三藏菩提流志譯新編入録：永樂北藏、嘉興藏、清藏、四庫本無。

〔一三〕三藏：嘉興藏本誤作「二藏」。

〔一四〕配：永樂南藏、永樂北藏、嘉興藏、清藏、四庫本誤作「記」。

〔一五〕大唐南天竺三藏菩提流志譯新編入録：永樂北藏、嘉興藏、清藏、四庫本無。

〔一六〕止風雨：高麗藏本無。

〔一七〕失譯拾遺編入今附梁録：永樂北藏、嘉興藏、清藏、四庫本無。

〔一八〕六：原作「大」，據諸校本改。

〔一九〕呪：原無，據高麗藏本補。

〔二〇〕失譯拾遺編入今附梁録：嘉興藏、清藏本無。

〔二一〕東晉西域沙門竺曇無蘭譯拾遺編入：永樂北藏、嘉興藏、清藏、四庫本無。

〔二二〕大唐三藏玄奘譯出内典録：永樂北藏、嘉興藏、清藏、四庫本無。按：後三經同。

〔二三〕大唐天后代于闐三藏提雲般若譯出大周録：永樂北藏、嘉興藏、清藏、四庫本無。

〔二四〕大唐天后代：永樂北藏、嘉興藏、清藏、四庫本作「唐」。

〔二五〕大唐天后代：永樂北藏、嘉興藏、清藏、四庫本作「唐」。

〔二六〕大唐天后代于闐三藏實叉難陀譯新編入録：永樂北藏、嘉興藏、清藏、四庫本無。

〔二七〕面：嘉興藏本作「而」。

〔二八〕大唐天后代：永樂北藏、嘉興藏、清藏、四庫本作「唐」。

〔二九〕大唐天后代三藏義浄譯新編入録：永樂北藏、嘉興藏、清藏、四庫本無。

〔三〇〕大唐三藏義浄譯新編入録：永樂北藏、嘉興藏、清藏、四庫本無。按：後二經同。

〔三一〕大唐天后代：永樂北藏、嘉興藏、清藏、四庫本作「唐」。

〔三二〕大唐南天竺三藏金剛智譯新編入録：永樂北藏、嘉興藏、清藏、四庫本無。

〔三三〕全部：原作「上部」，據諸校本改。

〔三四〕一名：高麗藏本作「亦名」。

〔三五〕西晉居士聶道真譯拾遺編入：永樂北藏、嘉興藏、清藏、四庫本無。

〔三六〕月明童男：高麗藏本作「月童子」。

〔三七〕故爲：高麗藏本作「改爲」。

〔三八〕西晉三藏竺法護譯：永樂北藏、嘉興藏、清藏、四庫本無。

〔三九〕德光：高麗藏本作「光德」。

〔四〇〕隋天竺三藏闍那崛多等譯：永樂北藏、嘉興藏、清藏、四庫本無。

〔四一〕大唐三藏玄奘譯出翻經圖：永樂北藏、嘉興藏、清藏、四庫本無。

〔四二〕元魏天竺三藏菩提留支譯：永樂北藏、嘉興藏、清藏、四庫本無。

〔四三〕大唐天后代于闐三藏實叉難陀譯新編入録：永樂北藏、嘉興藏、清藏、四庫本無。

〔四四〕第三譯與梵女守意經同本新勘出：高麗藏本無。

〔四五〕大唐天后代三藏義浄譯新編入録：永樂北藏、嘉興藏、清藏、四庫本無。

〔四六〕西晉：高麗藏本作「西天」。

〔四七〕云：高麗藏本無。

〔四八〕新爲失譯附三秦録：高麗藏本作「新爲共譯附三秦録」，永樂北藏、嘉興藏、清藏、四庫本無。

〔四九〕有：原作「無」，據高麗藏本改。

〔五〇〕涼録：嘉興藏本誤作「梁録」。

〔五一〕僧祐録中失譯經今附宋録：永樂北藏、嘉興藏、清藏、四庫本無。

〔五二〕經：原無，據高麗藏本補。

〔五三〕西晉三藏竺法護譯：永樂北藏、嘉興藏、清藏、四庫本無。

〔五四〕云：原無，據高麗藏本補。

〔五五〕謹檢：高麗藏本作「謹按」，四庫本作「今檢」。

〔五六〕共：高麗藏、資福藏、清藏、四庫本無。

菩薩調伏藏，二十六部，五十四卷，五袠。

夫戒者，防患之揔名也。菩薩浄戒，唯禁於心。聲聞律儀，則防身語。故有託縁興過，聚徒訶結。菩薩大人，都無此事。佛直爲説，令使遵行。既無犯制之由，故闕訶結之事。諸大乘經，明學處者摭之於此爲菩薩調伏藏云。

菩薩地持經十卷。或名地持論，或八卷，一袠。

北涼天竺三藏曇無讖於姑臧譯。

右一經，初有歸敬頌，出瑜伽論本地分中菩薩地。昔高齊昭玄統沙門法上答高句麗問云：地持是阿僧佉比丘從弥勒受得。阿僧佉者，即無著菩薩是也。又按梁沙門僧祐地持記云：「菩薩地持經八卷，有二十七品〔一〕，分爲三段：第一段十八品，第二段四品，第三段五品。」文中不出有異名，而今此本，或題云菩薩戒經，或題云菩薩地經。今檢尋經末，亦有多名，文云「名爲菩薩地，名爲菩薩藏摩得勒伽，名摩訶衍攝，名不壞顯示〔二〕，名無障礙清淨智根本」。祐云「不出異名」者，不然。又檢群録，曇無讖所譯，别存菩薩戒經，或云菩薩地經者，誤也。

菩薩善戒經九卷。一名〔三〕菩薩地，或十卷。

宋罽賓三藏求那跋摩等譯。

右一經，群録皆云與地持經同本異譯。今詳文理，非不差殊：其善戒經，前有序品，後有奉行，地持經並無；其地持戒品中，有受菩薩戒文及菩薩戒本，善戒經即無；自餘之外，文意大同。地持復出瑜伽，諸録或編〔四〕入論，既有差殊，未敢爲定〔五〕。又按梁沙門僧祐菩薩善戒經記云：「此名善戒，名菩薩地，名菩薩毗尼摩夷〔六〕，名如來藏，名一切善法根本，名安樂國，名諸波羅蜜聚，凡有七名。第一卷先出優波離問受戒法，第二卷始方有『如是我聞』，次第列品〔七〕，乃有三十。而復有别本，題爲菩薩地經。」今按尋經本，與祐記不同。經初即有「如是我聞」而無優波離問受戒法，但有九卷，其優波離問受戒法，即後單卷菩薩善戒經是。若將此爲初卷，即與祐記扶同〔八〕，然此地經本，離之已久，乍合成十，或恐生疑。此善戒經，亦同地持，作其三段：第一段名「菩薩地」，有二十品〔九〕；第二段名「如法住」，有四品；第三段名「畢竟地」，有六品。祐云次第列品者，或恐尋之未審也。

浄業障經一卷。失譯，今附秦録，單本。

上二經，十卷，同袠。其浄業障經，法上録云竺法護譯。詳其文句，與護公譯經文勢全異，故爲失譯。

優婆塞戒經七卷。是在家菩薩戒，或五，或六，或十卷〔一〇〕。

北涼天竺三藏曇無讖於姑臧譯。單本。

梵網經二卷。

姚秦三藏鳩摩羅什譯。第二譯，前本闕。

受十善戒經一卷。

後漢〔一一〕失譯。拾遺編入，單本。

上三經，十卷，同袠。

菩薩瓔珞本業經二卷。或無「菩薩」字。新編〔一二〕爲律。

姚秦涼州沙門竺佛念譯。第一譯，三譯二闕。

佛藏經四卷。一名選擇諸法經，或二卷，或三卷。

姚秦三藏鳩摩羅什譯。單本。

菩薩戒本一卷。出地持戒品中，慈氏菩薩説。

北涼天竺三藏曇無讖於姑臧譯。拾遺編入〔一三〕，第二譯。

菩薩戒本一卷。出瑜伽論本地分中菩薩地，弥勒菩薩説。

大唐三藏玄奘譯。出内典録，第三譯。

右二經，同本異譯。前後三譯，一譯闕本。

菩薩戒羯磨文一卷。出瑜伽論本地分中菩薩地，弥勒菩薩説。

大唐三藏玄奘譯。出内典録，單本。

菩薩善戒經一卷。優波離問菩薩受戒法。

宋罽賓三藏求那跋摩譯。出寶唱録，單本。

上六經，十卷，同袠。

菩薩内戒經一卷。

宋罽賓三藏求那跋摩譯。出法上録，單本。

優婆塞五戒威儀經一卷。

宋罽賓三藏求那跋摩譯。出寶唱録，單本。

右此優婆塞五戒威儀經，群録編在小乘律中者，誤也。初是菩薩戒本，後是受菩薩戒文及捨懺等法。既非小宗，故移編此。

文殊師利浄律經一卷。或直云浄律經。

西晉三藏竺法護譯。第一譯。

清浄毗尼方廣經一卷。

姚秦三藏鳩摩羅什譯。出法上録，第三譯。

寂調音所問經一卷。一名如來所説清浄調伏經。

宋沙門釋法海譯。第四譯。

右三經，同本異譯。前後四譯，一譯闕本。

大乘三聚懺悔經一卷。

隋天竺三藏闍那崛多等譯。出内典録，單本。

菩薩五法懺悔文一卷。或云菩薩五法懺悔經。

失譯。今附梁録，單本。

菩薩藏經一卷。

梁扶南三藏僧伽婆羅譯。單本。

三曼陁颰陀羅菩薩經一卷。

西晉清信士聶道真譯。單本。

菩薩受齋經一卷。

西晉清信士聶道真譯。第一譯，三譯二闕〔一四〕。

文殊悔過經一卷。一名文殊〔一五〕五體悔過經。

西晉三藏竺法護譯。第一譯，二譯一闕。

舍利弗悔過經一卷。亦直云悔過經。

後漢安息三藏安世高譯。第一譯，三譯二闕〔一六〕。

法律三昧經一卷。亦直云法律經。

吴月支優婆塞支謙譯。第二譯〔一七〕，二譯一闕。

十善業道經一卷。

大唐天后代于闐三藏實叉難陀譯。新編入録，單本。

上十四經，十四卷，同袠。謹按舊録大乘律中，有寶梁經、迦葉經，今爲編入寶積會中，故不重出。其大方廣三戒經與寶積三律儀會同本，決定毗尼經與寶積優婆離會同本，今並編入寶積部中，故此不載。

校勘記

〔一〕二十七品：永樂南藏本誤作「三十七品」。

〔二〕不壞顯示：原作「不懷顯示」，資福藏本作「不壞顯亦」，永樂南藏、永樂北藏、嘉興藏、清藏、四庫本作「不懷顯亦」，據高麗藏本及菩薩地持經改。

〔三〕一名：高麗藏本作「一云」。

〔四〕或編：原作「成編」，據資福藏、永樂南藏、永樂北藏、嘉興藏、清藏、四庫本改。

〔五〕爲定：永樂南藏、永樂北藏、嘉興藏、清藏、四庫本作「爲耳」。

〔六〕摩夷：原作「摩戒」，據文意及資福藏、永樂南藏、永樂北藏、嘉興藏、清藏、四庫本和出三藏記集改。

〔七〕列品：高麗藏本作「別品」。

〔八〕扶同：高麗藏本作「符同」，四庫本作「相同」。

〔九〕二十品：高麗藏本作「三十品」。

〔一〇〕卷：原無，據高麗藏本補。

〔一一〕後漢：高麗藏本作「漢後」。

〔一二〕新編：二字下原有一「削」字，據高麗藏、資福藏本刪。

〔一三〕入：原無，據諸校本補。

〔一四〕第一譯三譯二闕：高麗藏本誤作「第二譯三譯」，資福藏本誤作「第二譯譯」。

〔一五〕一名文殊：嘉興藏本作「一者又殊」，「又」字誤。

〔一六〕第一譯三譯二闕：原作「第一譯二譯二闕」，高麗藏本作「第一譯譯二闕」，據資福藏本改。

〔一七〕二：原作「一」，據高麗藏本改。

菩薩對法藏，九十七部，五百一十八卷，五十袠。

菩薩阿毗達磨，有其二類：一者解釋契經，二者詮法體相。舊録所載，和雜編之。今所集者，分爲二例。釋契經者列之於前，詮法性者編之於後。庶無糅雜，覽者易知。

大乘釋經論，二十一部，一百五十五卷，一十五袠。

大智度論一百卷。或一百一十，或七十卷。十袠〔一〕。

姚秦三藏鳩摩羅什譯。單本。

右龍樹菩薩造，釋摩訶般若波羅蜜經。什法師云：「若具足翻，應有千卷，秦人識弱，故略之，十分存一。」

十地經論十二卷。或十五卷。一袠。

元魏天竺三藏菩提留支等譯。單本。

右天親菩薩造，釋十地經，即華嚴十地品是。論序云：「菩提留支、勒那摩提在洛陽殿内，二人同譯。佛陀扇多傳語，帝親筆受。」長房録中，留支、摩提二録俱載者，不然。今合爲一本，在留支録。

彌勒菩薩所問經論五卷。或六卷，或七卷，或十卷。

元魏天竺三藏菩提留支譯。單本。

右釋彌勒所問經，即寶積經第四十一會是。

大乘寶積經論四卷。

元魏天竺三藏菩提留支譯。第一譯，二譯一闕。

右釋舊單卷大寶積經，即寶積第四十三會是。

寶髻菩薩四法經論一卷。天親菩薩造。

元魏天竺三藏毗目智仙等譯。出序記，單本。

右釋大集經寶髻品，今入寶積，在第四十七會。論序記云：「魏興和三年，歲次辛酉九月庚午日〔二〕，烏萇國人剎利王種三藏法師毗目智仙、中天竺國婆羅門人瞿曇流支、護法大士驃騎大將軍開府儀同三司御史中尉勃海高仲密、愛法之人沙門曇林，道俗相假，於鄴城内在金華寺譯，四千九百九十七字。」諸録皆云菩提留支譯者，誤也。今〔三〕依序記爲正。

上三論，十卷，同袠。

佛地經論七卷。親光等菩薩造，釋佛地經。

大唐三藏玄奘譯。出内典録，單本。

金剛般若經〔四〕論二卷。無著菩薩造。

隋天竺三藏達磨笈多譯。出内典録，單本。

能斷金剛般若波羅蜜多經論頌一卷。無著菩薩造〔五〕。

大唐三藏義浄譯。新編入録。

上三論，十卷，同袠。

金剛般若波羅蜜經論三卷〔六〕。天親菩薩造。

元魏天竺三藏菩提留支譯。第一譯。

能斷金剛般若波羅蜜多經論釋三卷〔七〕。無著菩薩頌，世親菩薩釋。

大唐三藏義浄譯。新編入録，第二譯〔八〕。

右二論及頌〔九〕，同本異譯。

金剛般若波羅蜜經破取著不壞假名論二卷。功德施菩薩造，亦云功德施論。

大唐中天竺三藏地婆訶羅譯。出大周録，單本。

上四論及頌，造者雖異，並釋金剛般若經。又有金剛仙論十卷，尋閲文理，乃是元魏三藏菩提留支所撰釋天親論，既非梵本翻傳，所以此中不載。

文殊師利菩薩問菩提經論二卷。一名伽耶山頂經論，婆藪槃豆菩薩造。

元魏天竺三藏菩提留支譯。單本〔一〇〕，第一譯。

妙法蓮華經論一卷。婆藪槃豆菩薩造。

元魏中天竺三藏勒那摩提共僧朗等譯。第一譯。

上五論，十一卷，同袠。

法華經論二卷。初有歸敬頌者，或一卷。

元魏北天竺三藏菩提留支共曇林等譯。拾遺編入，第二譯。

右二論，同本異譯。其三藏義浄新譯法華論五卷，尋本未獲。

勝思惟梵天所問經論四卷。釋勝思惟經，或三卷，單本。

元魏天竺三藏菩提留支譯。

涅槃論一卷。婆藪槃豆菩薩造，略釋涅槃經。

沙門達摩菩提譯，不知年代。内典録中附元魏代，第一譯，後本闕。

涅槃經本有今無偈論一卷。釋涅槃一頌。

梁天竺三藏真諦譯。單本。

遺教經論一卷。釋(二)遺教經。

陳天竺三藏真諦譯。拾遺編入，單本。

無量壽經論一卷。婆藪槃豆菩薩造。

元魏天竺三藏菩提留支譯。單本。

三具足經論一卷。天親菩薩造，有釋論，無經本。

元魏天竺三藏毗目智仙等譯。出序記，單本。

右論初記云：「三藏法師毗目智仙，婆羅門人瞿曇流支、愛敬法人沙門曇琳於鄴城内在金華寺，魏興和三年，歲次辛酉月，建在戌朔，次庚午十三日譯，一千一百一十言。驃騎大將軍開府儀同三司御史中尉勃海高仲密啓請供養，守護流通。」諸録皆云菩提留支譯者，誤也。今依序記爲正。

轉法輪經論一卷。天親菩薩造，有釋論，無經本。

元魏天竺三藏毗目智仙等譯。出序記，單本。

右論初記云：「魏驃騎大將軍開府儀同三司御史中尉渤海高仲蜜善求義方，選真簡僞，故請法師毗目智仙并其弟子瞿曇流支於鄴城内在金華寺，興和三年，歲次大梁建酉之月朔，次庚子十一日譯，三千九百四十二〔三〕言。沙門曇林對譯。」録記諸録皆云菩提流支譯者，誤也。今依序記爲正。

上八論，十二卷，同帙。

校勘記

〔一〕或七十卷十袠：原作「或七十一十袠」，永樂北藏、嘉興藏、清藏、四庫本作「或七十一袠」，據高麗藏本改。

〔二〕庚午日：高麗藏本作「朔旦庚子之日」。據寶髻經四法憂波提舍飜譯記，當作「朔旦庚午之日」。

〔三〕今：原作「含」，據諸校本改。

〔四〕經：高麗藏本無。

〔五〕造：原無，據高麗藏、資福藏、永樂北藏、嘉興藏、清藏、四庫本補。
〔六〕三卷：原作「二卷」，據高麗藏、資福藏、永樂南藏本改。
〔七〕三卷：原作「二卷」，據高麗藏、資福藏本改。
〔八〕新編入録第二譯：原作「新編入録第一譯」，高麗藏本作「新編入第二譯」，據資福藏本改。
〔九〕頌：原無，據高麗藏、資福藏、永樂北藏、嘉興藏、清藏、四庫本補。
〔一〇〕單本：原作「小單本」，據高麗藏、永樂南藏、永樂北藏、嘉興藏、清藏、四庫本改。
〔一一〕釋：永樂南藏本無。
〔一二〕二：永樂南藏、永樂北藏、嘉興藏、清藏、四庫本作「三」。

大乘集義論，七十六部，三百六十三卷，三十五袠。

瑜伽師地論一百卷。彌勒菩薩說，十袠。

大唐三藏玄奘譯。出内典録，單重合譯。

右此瑜伽論，梁代三藏真諦譯者，名十七地論，只得五卷，緣礙遂輟。北涼三藏曇無讖譯地持論，但成十卷，乃是本地分中菩薩地。此瑜伽論，當第三譯。前之二本〔一〕，部袠不終，大唐譯者，方具備矣。

顯揚聖教論二十卷。無著菩薩造，二袠。

大唐三藏玄奘譯。出内典録，單本。

瑜伽師地論釋一卷。最勝子等菩薩造。

大唐三藏玄奘譯。出翻經圖，單本。

顯揚聖教論頌一卷。無著菩薩造。

大唐三藏玄奘譯。出内典録，單本〔二〕。

王法正理論一卷。弥勒菩薩造。

大唐三藏玄奘譯。出内典録，單本〔三〕。

大乘阿毗達磨集論七卷〔四〕。無著菩薩造。

大唐三藏玄奘譯。出内典録，單本〔五〕。

上四論，十卷，同袠。

大乘阿毗達磨雜集論十六卷。安惠菩薩糅，釋上集論。

大唐三藏玄奘譯。出内典録，單本。

中論四卷。龍樹菩薩本，梵志青目釋。

姚秦三藏鳩摩羅什譯。單本，或八卷。

上二論，二十卷，二袠〔六〕。

般若燈論釋十五卷。龍樹菩薩本，分别明菩薩釋。

大唐天竺三藏波羅頗蜜多羅〔七〕譯。出内典録，單本。

右與中論本同釋異。

十二門論一卷。龍樹菩薩造。

姚秦三藏鳩摩羅什譯。單本。

十八空論一卷。

陳天竺三藏真諦譯。出翻經圖。

百論二卷。提婆菩薩造，婆藪開士釋。

姚秦三藏鳩摩羅什譯。單本。

廣百論本一卷。聖天菩薩造。

大唐三藏玄奘譯。出内典録，單本〔八〕。

上五論，二十卷，二袠。

大乘廣百論釋論十卷。聖天本護法釋，一袠。

大唐三藏玄奘譯。出内典録，單本。

十住毗婆沙論十四卷。龍樹菩薩造，或十二，或十五。

姚秦三藏鳩摩羅什譯。單本。

菩提資粮論六卷。聖者龍樹本，比丘自在釋。

隋天竺三藏達摩笈多譯。出内典録，單本。

上二論，二十卷，二袠。

大乘莊嚴經論十三卷。無著菩薩造，或十五卷，一袠〔九〕。

大唐天竺三藏波羅頗蜜多羅譯。出内典録，單本。

大莊嚴論經〔一〇〕十五卷。馬鳴菩薩造，或十卷。

姚秦三藏鳩摩羅什譯。單本。

順中論二卷。無著菩薩釋，龍樹造〔一一〕。

元魏婆羅門瞿曇般若流支譯。出序記，單本。

右順中本論〔一二〕序記云：「魏尚書令儀同高公延國上賓瞿曇流支在第供養，正通佛法，對釋曇琳出斯義論，武定元年歲次癸亥八月十日揮辭丙寅，凡有一萬三千〔一三〕七百二十七字。」諸録皆云菩提留支譯者，誤也。今依〔一四〕序記爲正。

攝大乘論三卷。無著菩薩造。

陳天竺三藏真諦譯。第二譯。

上三論，二十卷，二袠。

攝大乘論二卷。無著菩薩造。

元魏天竺三藏佛陀扇多譯。第一譯。

攝大乘論本〔一五〕三卷。無著菩薩造。

大唐三藏玄奘譯。出内典録，第三譯。

右三本論，同本異譯。

攝大乘論釋〔一六〕十五卷。天親〔一七〕菩薩釋，或十二卷。

陳天竺三藏真諦譯。第一譯。

上三論，一十卷，一袠。又〔一八〕按仁壽、大周等録，復有攝論一本，十二〔一九〕卷成部，亦云真諦所譯，勘與此同，今者但存一本。

攝大乘論釋論十卷。世親菩薩釋，一袠。

隋天竺三藏達摩笈多譯。出内典録，第二譯〔二〇〕。

攝大乘論釋十卷。世親菩薩釋，一袠。

大唐三藏玄奘譯。出内典録，第三譯。

右三釋論，同本異譯。

攝大乘論釋十卷。無性菩薩釋，一袠。

大唐三藏玄奘譯。出内典録，單本。

右與前三論，本同釋異〔二一〕。

佛性論四卷。天親菩薩造。

陳天竺三藏真諦譯。單本。

決定藏論三卷。

梁天竺三藏真諦譯。單本。

右此決定藏論，大周録中乃云失譯，而不指言何代翻出。今詳此論文勢，乃是真諦所翻。論中子注，乃曰梁言。前代録家，遺之不上。今爲真諦所譯，編於梁代録中。

辨中邊論頌一卷。弥勒菩薩造。

大唐三藏玄奘譯。出内典録，單本。

中邊分别論二卷。婆藪槃豆造，或三卷。

陳天竺三藏真諦譯。第一譯。

上四論，十卷，同袠。

辨中邊分别〔二二〕論三卷。世親菩薩造。

大唐三藏玄奘譯。出内典録，第二譯〔二三〕。

右二釋論，同本異譯。

究竟一乘寶性論四卷。或三卷，或五卷。

元魏天竺三藏勒那摩提譯。第二譯，二譯一闕。

業成就論一卷。天親菩薩造。

元魏天竺三藏毗目智仙等譯。出序記，第一譯。

右論序記云：「魏興和三年，歲次大梁七〔二四〕月辛未朔二十五日，驃騎大將軍開府〔二五〕儀同三司御史中尉勃海高仲蜜敬請〔二六〕三藏法師，烏萇國人，中天竺國婆羅門〔二七〕人瞿曇流支、釋曇林等在鄴城内金華寺譯，四千八百七十一字。」序中三藏，雖不列名，准例〔二八〕即是毗目智仙。群録直云瞿曇流支譯者，誤也。今依序記爲正。

大乘成業論一卷。世親菩薩造。

大唐三藏玄奘譯。出内典録，第二譯〔二九〕。

右二論，同本異譯。

因明正理門論本一卷。大域龍菩薩造。

大唐三藏玄奘譯。出内典録，第一譯。

上五論，十卷，同袠。

因明正理門論一卷。大域龍菩薩造。

大唐三藏義浄譯。新編入録，第二譯。

右二論，同本異譯。舊理門論，周録爲單本，新勘爲重譯。

因明入正理論一卷。商羯羅主〔三〇〕菩薩造。

大唐三藏玄奘譯。出内典録，單本。

顯識論一卷。内題云顯識品，從無相論出。

天竺三藏真諦譯。出論題，單本，附陳代録。

轉識論一卷。即出前顯識論。

天竺三藏真諦譯。出論題，單本，附陳代録。

唯識論一卷。一名破色心，初云「唯識無境界」。

元魏婆羅門〔三一〕瞿曇般若流支譯。第一譯。

唯識論一卷。初云「修道不共他」。上二論，並天親造。

陳天竺三藏真諦譯。第二譯。

唯識二十論一卷。世親菩薩造。

大唐三藏玄奘譯。出翻經圖，第三譯。

右三論，同本異譯。周録〔三二〕不言同本，新勘爲重譯。

成唯識寶生論五卷。一名二十唯識順釋論，護法菩薩造。

大唐三藏義浄譯。新編入録，單本。

唯識三十論一卷。世親菩薩造。

大唐三藏玄奘譯。出内典録，單本，拾遺編入。

上九論，十三卷，同袠。

成唯識論十卷。護法等菩薩造，釋上三十論，一袠。

大唐三藏玄奘譯。出内典録，單本。

大丈夫論二卷。提波羅菩薩造。

北涼沙門釋道泰譯。出翻經圖，單本。

入大乘論二卷。堅意菩薩造。

北涼沙門釋道泰譯。出内典録，單本。

大乘掌珍論二卷。清辨菩薩造。

大唐三藏玄奘譯。出内典録，單本。

大乘五蘊論一卷。世親菩薩造。

大唐三藏玄奘譯。出内典録，第二譯，初譯本闕〔三三〕。

大乘廣五藴論一卷。安惠菩薩造，與前論異本。

大唐中天竺三藏地婆訶羅譯。出大周録，單本。

寶行王正論一卷。

陳天竺三藏真諦譯。單本。

大乘起信論一卷。馬鳴菩薩造。

梁天竺三藏真諦譯。第一譯。

上七論，十卷，同袠。

大乘起信論二卷。馬鳴菩薩造。

大唐天后代于闐三藏實叉難陀譯。新編入録，第二譯〔三四〕。

右二論，同本異譯。舊起信論，周録爲單本，新勘爲重譯。

發菩提心論二卷。或云發菩提心經。

姚秦三藏鳩摩羅什譯。單本。

右此發菩提心論，大周録中經、論二録俱有其名。今以菩薩所造，編於論録，但存一本。或云天親菩薩所造，亦〔三五〕云弥勒菩薩所説，未詳孰是。

三無性論二卷。出無相論，或一卷。

陳天竺三藏真諦譯。單本。

方便心論一卷。凡〔三六〕四品，或二卷。

元魏西域沙門吉迦夜共曇曜譯。第二譯，二譯一闕。

如實論一卷。題云如實論反質難品。

梁天竺三藏真諦譯。單本。

無相思塵論一卷。或直云思塵論。

陳天竺三藏真諦譯。出翻經圖，第一譯。

觀所緣論一卷。陳那菩薩造。

大唐三藏玄奘譯。出内典録，第二譯。

右二論，同本異譯。周録不言同本，新勘爲重譯。

觀所緣論釋一卷。護法菩薩造。

大唐三藏義浄譯。新編入録，單本。

上八論，十一卷，同帙。

迴諍論一卷。龍樹菩薩造。

元魏天竺三藏毗目智仙等譯。出序記，單本。

右論序記〔三七〕云：「魏興和三年，歲次大梁建辰之月，朔次癸酉辛卯之日，烏萇國人剎利王種三藏法師毗目智仙共天竺國婆羅門人瞿曇流支在鄴城内金華寺譯，凡有一萬一千九十八字，沙門曇琳之筆受〔三八〕，驃騎大將軍開府儀同三司御史中尉勃海高仲密啓請供養。」群録直云瞿曇流支譯者，誤也。今依序記〔三九〕爲正。

緣生論一卷。聖者鬱楞伽造。

隋天竺三藏達摩笈多譯。出内典録，單本。

十二因緣論一卷。浄意〔四〇〕菩薩造。

元魏天竺三藏菩提留支譯。單本。

壹輸盧迦論一卷。龍樹菩薩造。

元魏婆羅門瞿曇般若流支譯。單本。

大乘百法明門論一卷。世親菩薩造。

大唐三藏玄奘譯。出内典録，單本。

百字論一卷。提婆菩薩造。

元魏天竺三藏菩提留支譯。單本〔四一〕。

解捲論一卷。

陳天竺三藏真諦譯。出翻經圖，第一譯。

掌中論一卷。陳那菩薩造。

大唐天后代三藏義浄譯。新編入録，第二譯。

右二論，同本異譯。其解捲論，周録爲單本，新勘爲重譯。

取因假設論一卷。陳那菩薩造。

大唐天后代三藏義浄譯。新編入録，單本。

觀揔相論頌一卷。陳那菩薩造。

大唐三藏義浄譯。新編入録，單本〔四二〕。

止觀門論頌一卷。世親菩薩造。

大唐三藏義浄譯。新編入録，單本〔四三〕。

手杖論一卷。尊者釋迦稱造。

大唐三藏義浄譯。新編入録，單本。

六門教授習定論一卷。無著菩薩本，世親菩薩釋。

大唐天后代三藏義浄譯。新編入録，單本。

大乘法界無差別論一卷。堅惠菩薩造。

大唐天后代于闐三藏提雲般若譯。出大周録，單本。

破外道小乘四宗論一卷。提婆菩薩造。

元魏天竺三藏菩提流支譯。單本。

破外道小乘涅槃論一卷。提婆菩薩造。

元魏天竺三藏菩提留支譯。單本。

上十六論，十六卷，同袠。

都計大乘經、律、論見流行者，摠六百八十六部，二千七百四十五卷，二百五十八袠。

開元釋教録卷第十二別録之二

校勘記

〔一〕二本：永樂南藏本誤作「一本」。

〔二〕大唐三藏玄奘譯出内典録單本：永樂北藏、嘉興藏、清藏、四庫本無。

〔三〕大唐三藏玄奘譯出内典録單本：永樂北藏、嘉興藏、清藏、四庫本無。

〔四〕七卷：永樂南藏、永樂北藏、嘉興藏、清藏、四庫本無。

〔五〕大唐三藏玄奘譯出内典録單本：永樂北藏、嘉興藏、清藏、四庫本無。

〔六〕二袠：嘉興藏本作「同袠」。

〔七〕羅：永樂南藏、永樂北藏、嘉興藏、四庫本無。

〔八〕大唐三藏玄奘譯出内典録單本：永樂北藏、嘉興藏、清藏、四庫本無。
〔九〕一袠：永樂南藏、永樂北藏、嘉興藏、清藏、四庫本作「二袠」。
〔一〇〕論經：永樂南藏、永樂北藏、嘉興藏、清藏、四庫本作「經論」。
〔一一〕無著菩薩釋龍樹造：原作「無著菩薩譯釋龍樹造」，高麗藏本作「無著菩薩造」，據永樂北藏、四庫本改。
〔一二〕順中本論：高麗藏本作「順中論」。
〔一三〕三千：永樂北藏、嘉興藏、四庫本作「二千」。
〔一四〕依：永樂南藏本誤作「爲」。
〔一五〕論本：高麗藏本作「本論」。
〔一六〕論釋：高麗藏本作「釋論」。
〔一七〕天親：高麗藏本作「世親」。
〔一八〕又：原作「右」，據高麗藏本改。
〔一九〕十二：嘉興藏本作「十一」。
〔二〇〕第二譯：嘉興藏本作「第三譯」。
〔二一〕本同釋異：其下原有一「譯」字，據高麗藏本删。
〔二二〕分别：高麗藏本無。今檢玄奘譯辯中邊論，亦無「分别」字。
〔二三〕第三譯：資福藏本作「第二譯」。
〔二四〕七：原無，據諸校本補。

〔二五〕府：原無，據諸校本補。

〔二六〕請：原無，據諸校本補。

〔二七〕門：原無，據諸校本補。

〔二八〕例：高麗藏本作「制」。

〔二九〕第二譯：原作「第一譯」，據諸校本改。

〔三〇〕主：原作「王」，據高麗藏本改。

〔三一〕門：原無，據高麗藏本補。

〔三二〕周録：原作「同録」，據高麗藏、資福藏本改。

〔三三〕本闕：原作「失譯」，據高麗藏本改。

〔三四〕第二譯：高麗藏本無。

〔三五〕亦：原無，據高麗藏本補。

〔三六〕凡：原作「又」，據高麗藏本改。

〔三七〕記：高麗藏本無。

〔三八〕受：高麗藏本無。

〔三九〕記：永樂南藏、永樂北藏、嘉興藏、清藏、四庫本作「説」。

〔四〇〕浄意：嘉興藏本作「浄義」。

〔四一〕單本：高麗藏本無。

〔四二〕大唐三藏義浄譯新編入録單本：永樂北藏、嘉興藏、清藏、四庫本無。
〔四三〕大唐三藏義浄譯新編入録單本：永樂北藏、嘉興藏、清藏、四庫本無。

音　釋

象腋：下音亦。　畺良：上音薑。　沮渠：上子徐反。　大拏：下尼加反。　犢子：上音讀。　睒子：上失染反。　寶篋：下苦帖反。　靖邁：上音静，下莫敗反。　笈嘌：上音伐，下音梨。又郎兮反。　甄：音真。　稻芋：上音道，下古罕反。　羂索：上俱大反。　音利，又上聲。　嚩：知戀反。　揭唎：上居謁反，又其謁反；下　反。　嚕茶：上力古反，下音茶。　唉：笑字，或作「咲」，非。　摩醯：下呼兮反。　懿：乙器反，亦作□。　烏樞：下昌俱反。　崖際：上音宜，又吾佳反。　俱胝：下珍遲反。　崙：郎昆反。　孛：蒲没反。　颰陀：上蒲末反。　循州：上音旬。　迪：徒的反。　羯羅：上居謁反。　瑜伽：上羊朱反。　素馱：下唐賀反。　灌臘：上音貫，下郎荅反。　摭：音隻，採拾也。　糅雜：上尼救反。　烏萇：下音長，平。　驃騎：上毗妙反，下奇寄反。　鄴城：上音業。　尋閲：下音悦，視也。　婆藪：下音叟。　輟：知劣反，止〔一〕也。

斥：音反，弃不用也。　解捲：下巨員反。

校勘記

〔一〕止：原作「上」，據文意改。

開元釋教録卷第十三

唐庚午歲西崇福寺沙門智昇撰

有譯有本録中聲聞三藏録第二

聲聞藏者，小乘所詮之教也。能説教主，則示生示滅，應物隨緣。所詮之教，則九部四含，毗曇戒律。善男善女，禀之而脱屣塵勞。緣覺聲聞，奉之而昇乎彼岸。蓋真乘之小駕，乃菩提之化城，誘進初心，莫斯爲勝。始乎仙苑，迄彼金河，所詮半字之文，是謂聲聞之藏。洎乎百川同會，三車共適，齊登妙覺，俱證泥洹，豈有小、大之異名？信（一）爲我尊之漸誘者也。始自漢明丁卯之歲，終我開元庚午之年，小乘三藏見流行者，摠三百三十部，一千七百六十二卷，一百六十五袠，結爲聲聞法藏，科條別顯，具如後列：

聲聞契經藏，二百四十部，六百一十八卷，四十八袠。

聲聞調伏藏，五十四部，四百四十六卷，四十五袠。

聲聞對法藏，三十六部，六百九十八卷，七十二袠。

小乘經重單合譯，一百五十三部，三百九十四卷，三十一袠。

四阿笈摩經，小乘契經之本，故標初首，後列餘經。

長阿含經二十二卷。二袠。

姚秦罽賓三藏佛陁耶舍共竺佛念譯。單重合譯。

右此部經，凡有四分，揔三十經別。僧肇序云：「長含四分四誦，合三十經〔一〕以爲一部。」

中阿含經六十卷。或五十八卷，六袠。

東晉罽賓三藏瞿曇僧伽提婆譯。第二譯，二譯一闕。

右此部經，凡有五誦，都十八品，揔二百二十二經別。僧肇長含序云：「中含四分五誦。」

增壹阿含經五十一卷。或五十卷，或四十二〔二〕，或三十三，五袠。第二譯，二譯一闕。

東晉罽賓三藏瞿曇僧伽提婆譯。

右此部經，凡有五十品，揔四百七十二經別。僧肇長含序云：「增一阿含四分八誦。」

雜阿含經五十卷。五袠。

校勘記

〔一〕信：嘉興藏本作「姓」。

宋天竺三藏求那跋陁羅譯。單重合譯。

右此部經，説事既雜，故無品次、誦等差別。僧肇長含序云：「雜含四分十誦。」

別譯雜阿含經二十卷。二袠。

失譯。經中子註有「秦言」字。雖不的知譯人姓名，必是三秦代譯，今附秦録。

右此部經，與前經文雖先後不次，子細尋究，不出前經，此但撮要，故爲別部。佛般泥洹下諸經，並是四含中別經異譯。

佛般泥洹經二卷。或直云泥洹經。

西晉河内沙門白法祖譯。

大般涅槃經三卷。或二卷。

東晉平陽沙門釋法顯譯。今爲法顯譯，如揔録中述。

般泥洹經二卷。或無「般」字。

新爲失譯。附東晉録。

右三經，出長阿含經第二至第四卷，與初分遊行經同本異譯。其般泥洹經，群録皆云宋代求那跋陁羅譯者，非也。尋其文句，多是古譯，與功德賢所翻全不相類。諸藏之中，但有上卷，無其下卷。今爲失源，編在晉録。或有經本，其佛般泥洹經上卷與般泥洹經上卷文句全同者，本錯也。

人本欲生經一卷。

後漢安息三藏安世高譯。

右出長阿含經第十卷，與第二分大方便經同本異譯。此人本欲生經，上代群録皆編在大乘經中者，誤也。

尸迦羅越六向拜經一卷。或云尸迦羅越六方〔三〕礼經。

後漢安息三藏安世高譯。

右出長阿含經第十一卷，與第二分善生經同本異譯。比於本經，此稍略。中阿含卅三卷中，亦有此經〔四〕。

梵志阿颰經一卷。一加「佛開解」字，一名阿颰摩納經。

吳月支優婆塞支謙譯。

右出長阿含經第十三卷，與第三分阿摩晝經同本異譯。

梵網六十二見經一卷。一名梵網經〔五〕。

吳月支優婆塞支謙譯。

右出長阿含經第十四卷，與第三分梵動經同本異譯。

寂志果經一卷，東晉西域沙門竺曇無蘭譯。

右出長阿含經第十七卷，與第三分沙門果經同本異譯。

上八經，十二卷，同袠。

起世經十卷，一袠。

隋天竺三藏闍那崛多等譯。出經題上〔六〕，第五譯。

起世因本經十卷。恐濫前本，題下別云起世因本經，一袠。

隋天竺三藏達摩笈多譯。出内典録，第六譯，拾遺〔七〕編入。

謹按大唐内典録及靖邁經圖，並云笈多三藏大業年中於東都上林園翻經館譯起世經十卷。今〔八〕檢尋諸藏，乃有兩本，大意雖同，文句稍異，至於品目，時有差殊。前經初云「婆伽婆在舍婆提城」，後經乃云「婆伽婆在舍囉婆悉帝城」。若據〔九〕梵言，後經爲正。今謂崛多、笈多各翻一本。又前經初首題云崛多、笈多〔一〇〕二師同出。今以前爲崛多所譯，後是笈多再翻，二經文既有殊，今故双存二部。故緣生經亦云「婆伽婆在舍囉婆〔一一〕悉帝城」，故知同是笈多譯也。恐二本相濫，題下別云起世因本焉。

樓炭經六卷。或云大樓炭經，或五卷，或八卷。

西晉沙門釋法立共法炬譯。第二譯。

右三經，出長阿含經第十八至二十二卷，與第四分起世經〔一二〕同本異譯。

長阿含十報法經二卷。一名多增道章經，或直云十報經。

後漢安息三藏安世高譯。

右出長阿含經第九卷，與第二分十上經〔一三〕同本異譯。廣略少異。

中本起經二卷。或云太子中本起經。初題云〔一四〕出長阿含〔一五〕。

後漢西域沙門曇果共康孟詳譯。

上三經，十卷，同袠。其中本起經，題云出長阿含。檢尋長阿含本〔一六〕，無此一經，或恐〔一七〕梵文譯之未盡。既云出彼，且編於末。大周録云與過去現在因果、修行本起、瑞應本起經等同本異譯者，誤也。

又此中本起經，群録咸云後漢代譯，其經本中有翻梵語處，乃曰晉言，未詳何以。

從佛般泥洹下一十三經，並出長阿含中，別經異譯。

七知經一卷。或云七智經。

吴月支優婆塞支謙譯。

右出中阿含經第一卷，與初善法經同本異譯。

鹹水喻經一卷。或云鹹水譬。

僧祐録云安公失譯經。今附西晉録〔一八〕。

右出中阿含經第一卷，與水喻經同本異譯。

一切流攝守因經一卷。

後漢安息三藏安世高譯。

右出中阿含經第二卷，與漏盡經同本異譯。

四諦經一卷。

後漢安息三藏安世高譯。

右出中阿含經第七卷，與分別聖諦經同本異譯。

恒水經一卷。亦云恒河喻經。

西晉沙門釋法炬譯。

右出中阿含經第九卷，與瞻波經同本異譯。

本相倚致經一卷。亦云大相倚致。

後漢安息三藏安世高譯。

緣本致經一卷。

失譯。今附東晉録。

右二經，同本異譯，出中阿含經第十卷，與本際經同本。

頂生王故事經一卷。或直云頂生王經。

西晉沙門釋法炬譯。

文陁竭王經一卷。

北涼天竺三藏曇無讖譯。拾遺編入。

右二經，同本異譯，出中阿含經第十一卷，與四洲經同本。

閻羅王五天使者經一卷。一名鐵城泥黎經。

宋沙門釋惠簡譯。

鐵城泥黎經一卷。

東晉西域沙門竺曇無蘭譯。拾遺編入。

右二經，同本異譯，出中阿含經第十二卷，與天使經同本。比於本經，此稍略耳。

古來世時經一卷。失譯，今附東晉録〔一九〕。

右出中阿含經第十三卷，與説本經同本異譯。比於本經，此文稍略。

阿〔二〇〕那律八念經一卷。一名禪行斂意經，或直云八念經。

後漢西域三藏支曜譯。

右出中阿含經第十八卷，與八念經同本異譯。

離睡經一卷。

西晉三藏竺法護譯。拾遺編入。

右出中阿含經第二十卷，與長老上尊睡眠經同本異譯。

是法非法經一卷。

後漢安息三藏安世高譯。

右出中阿含經第二十一卷，與真人經同本異譯。

求欲經一卷。

西晉沙門釋法炬譯。

右出中阿含經第二十二卷，與穢經同本異譯。

受歲經一卷。

西晉三藏竺法護譯。拾遺編入。

右出中阿含經第二十三卷，初與比丘請經同本異譯。

梵志計水浄經一卷。失譯，今附東晉録，拾遺編入。

右出中阿含經第二十三卷，與水浄梵志經同本異譯。

苦陰經一卷。

失譯。在後漢録，拾遺編入。

右出中阿含經第二十五卷，與前苦陰經同本異譯。

釋摩男本經一卷。一名五陰因事經。

吴月支優婆塞支謙譯。

苦陰因事經一卷。

西晉沙門釋法炬譯。拾遺編入。

右二經，同本異譯，出中阿含經第二十五卷，與後苦陰經同本。

樂想經一卷。

西晉三藏竺法護譯。拾遺編入。

右出中阿含經第二十六卷，與想經同本異譯。

漏分布經一卷。

後漢安息三藏安世高譯。

右出中阿含經第二十七卷，與達梵行經同本異譯。

阿耨颰〔三三〕經一卷。晉言〔三三〕依次。

東晉西域沙門竺曇無蘭譯。拾遺編入。

右出中阿含經第二十七卷，與阿奴波經同本異譯。

諸法本經一卷。

吴月支優婆塞支謙譯。

右出中阿含經第二十八卷，初與諸法本經同本異譯。

瞿曇弥記果經〔二三〕一卷。

宋沙門釋惠簡〔二四〕譯。

右出中阿含經第二十八卷，與瞿曇弥經同本異譯。

瞻婆比丘經一卷。或云「瞻波」。

西晉沙門釋法炬譯。拾遺編入。

右出中阿含經第二十九卷〔二五〕，與瞻波經同本異譯。

伏婬經一卷。

西晉沙門釋法炬譯。拾遺編入。

右出中阿含經第三十卷，與行欲經同本異譯。

魔嬈亂經一卷。一名弊魔試目連經，一名魔王入目揵蘭〔二六〕腹經。

失譯。在後漢録。

弊魔試目連經一卷。一名魔嬈乱經。

吴月支優婆塞支謙譯。拾遺編入〔二七〕。

右二經，同本異譯，出中阿含經第三十卷，與降魔經同本。

上三十經，三十卷，同袠。

賴吒和羅經一卷。一名羅漢賴吒和羅經。

吴月支優婆塞支謙譯。

右出中阿含經第三十一卷，與賴吒和羅經同本異譯。

善生子經一卷。

西晉沙門支法度譯。拾遺編入。

右出中阿含經第三十三卷，與善生經同本異譯。

數經一卷。

西晉沙門釋法炬譯。拾遺編入。

右出中阿含經第三十五卷，與筭數目揵連經同本異譯。

梵志頞羅延問種尊經一卷。

東晉西域沙門竺曇無蘭譯。拾遺編入。

右出中阿含經第三十七卷，與阿攝和經同本異譯。

三歸五戒慈心猒離功德經一卷。

失譯。今附東晉録，拾遺編入。

須達經一卷。一名須達長者經。

蕭齊天竺三藏求那毗地譯。

右二經，同本異譯。出中阿含經第三十九卷，與須達哆經同本。其慈心猒德經，文句稍略。或有題云出增一阿含第十二者，非。

佛爲黄竹園老婆羅門説學經一卷。

僧祐録中失譯經。今附宋録，拾遺編入。

右出中阿含經第四十卷，與黄蘆園經同本異譯。

梵摩喻經一卷。

吴月支優婆塞支謙譯。

右出中阿含經第四十一卷〔二八〕，與梵摩經同本異譯。比於本經，此稍略耳。

尊上經一卷。

西晉三藏竺法護譯。拾遺編入。

右出中阿含經第四十三卷，與釋中禪室尊經同本異譯。

鸚鵡經一卷。亦名〔二九〕兜調經。

宋天竺三藏求那跋陁羅譯〔三〇〕。

兜調經一卷。

僧祐録云安公失譯經。今附西晉録，拾遺編入。

右二經，同本異譯，出中阿含經第四十四卷，與鸚鵡經〔三一〕同本。

意經一卷。

西晉三藏竺法護譯。拾遺編入。

右出中阿含經第四十五卷，與心經同本異譯。

應法經一卷。

西晉三藏竺法護譯。拾遺編入。

右出中阿含經第四十五卷，與後受法經〔三二〕同本異譯。

泥犂經一卷。或云中阿含泥犂經。

東晉西域沙門竺曇無蘭譯。

右出中阿含經第五十三卷，與癡慧地經同本異譯。

優陂夷墮舍迦經一卷。

僧祐録中失譯經。今附宋録。

齋經一卷。一名持齋經〔三三〕。

吴月支優婆塞支謙譯。拾遺編入。

右二經，同本異譯，出中阿含經第五十五卷，與持齋經同本。

鞞摩肅經一卷。

宋天竺三藏求那跋陁羅譯。拾遺編入。

右出中阿含經第五十七卷，與鞞摩那修經同本異譯。

婆羅門子命終愛念不離經一卷。

後漢安息三藏安世高譯。拾遺編入。

右出中阿含經第六十卷，與愛生經同本異譯。

十支居士八城人經一卷。亦直云十支經。

後漢安息三藏安世高譯。

右出中阿含經第六十卷，與八城經同本異譯。

邪見經一卷。

僧祐録中失譯經。拾遺編入，今附宋録〔三四〕。

右出中阿含經第六十卷，與見經同本異譯。

箭喻經一卷。

失譯。拾遺編入，今附東晉録。

右出中阿含經第六十卷，與箭喻經同本異譯。

普法義經一卷。一名具法行經，亦名普義經。

後漢安息三藏安世高譯。第一譯。

廣義法門經一卷。

陳天竺三藏真諦譯。第三譯，三譯一闕。

右二經，同本異譯。其廣義法門經，初首題云是中阿含經一品別譯〔三五〕。今檢中阿含大本，無此一經，或恐梵文譯之未盡。既云出彼，且編於末。其大周入藏録中編爲大乘單本者，誤也。又普法義經作「舍利日」，具法行經作「舍利弗」，但此一字別，餘文並無異。

從〔三六〕七知經下五十三經，並出中阿含中，別經異譯。

戒德香經一卷。或云戒德經。

東晉西域沙門竺曇無蘭譯。

右出增壹阿含經第一十三卷地主品，異譯。

四人出現世間經一卷。

宋天竺三藏求那跋陁羅譯。拾遺編入。

右出增壹阿含經第十八卷四意斷品，異譯。

波斯匿王太后崩塵土坌身經一卷。

西晉沙門釋法炬譯。

右出增壹阿含經第十八卷四意斷品，異譯。

須摩提女經一卷。

吴月支優婆塞支謙譯。拾遺編入。

右出增壹阿含經第二十二卷須陁品，異譯。比於本經，此稍文略。

婆羅門避死經一卷。

後漢安息三藏安世高譯。拾遺編入。

右出增壹阿含經第二十三卷增上品，異譯。

食施獲五福報經一卷。一名施色力經，一名福德經。

失譯。今附東晉録。

右出增壹阿含經第二十四卷善聚品，異譯。

頻毗娑羅〔三七〕王詣佛供養經一卷。亦云〔三八〕「頻婆」。

西晉沙門釋法炬譯。

右出增壹阿含經第二十六卷等見品，異譯。比於本經，此稍文略。諸録編在大乘藏中，誤也。

長者子六過出家經一卷。

宋沙門釋惠簡譯。

右出增壹阿含經第二十七卷聚品，異譯。本經稍廣。

鴦崛摩經一卷。或有作「魔」字，一名指髻經。

西晉三藏竺法護譯。拾遺編入〔三九〕。

上三十二經，三十二卷，同袠。

鴦崛髻經一卷。

西晉沙門釋法炬譯。

右二經，同本異譯，出增壹阿含經第三十一卷力士品〔四〇〕。此文稍廣。

力士移山經一卷。或直云移山經。

西晉三藏竺法護譯。

四未曾有法經一卷。亦云四未有經，或無「法」字。

西晉三藏竺法護譯。

右二經，出增壹阿含經第三十六卷八難品，異譯。本是一經，別譯〔四一〕分二。本經稍廣，此出不盡。

舍利弗摩訶〔四二〕目揵連遊四衢經一卷。

後漢外國三藏康孟詳譯。

右出增壹阿含經第四十一卷馬王品，異譯。周録編在大乘重譯中者，誤也。

七佛父母姓字經一卷。一名七佛姓字經。

曹魏失譯。

右出增壹阿含經第四十五卷不善品，異譯。

放牛經一卷。亦云牧牛經。

姚秦三藏鳩摩羅什譯。

右出增壹阿含經第四十六卷放牛品，異譯。此文稍廣。

緣起經一卷。亦云十二緣起經。

大唐三藏玄奘譯。出翻經圖。

右出增壹阿含經第四十六卷放牛品，異譯。比於本經，此文稍略。周録編爲大乘單本者，誤也。

十一想思念如來經一卷。或云「十一思惟」。

宋天竺三藏求那跋陁羅譯。拾遺編入。

右出增壹阿含經第四十八卷禮三寶品初，異譯。此十一想，連有二經。初十一事，文意勘同。後十一事，尋之未見。

四泥黎經一卷。或云四大泥黎。

東晉西域沙門竺曇無蘭譯。拾遺編入。

右出增壹阿含經第四十八卷禮三寶品，異譯。本經稍廣。

阿那邠邸化七子經一卷〔四三〕。

後漢安息三藏安世高譯。

右出增壹阿含經第四十九卷非常品，異譯。本經唯有四子，餘意大〔四四〕同。

大愛道般泥洹經一卷。

西晉河内沙門白法祖譯。

佛母般泥洹經一卷。

宋沙門釋惠簡譯。拾遺編入。

右二經，同本異譯，出增壹阿含經第五十卷大愛道般涅槃品。

國王不犂先尼十夢經一卷。

東晉西域沙門竺曇無蘭譯。

舍衛國王夢見十事經一卷。

僧祐録云安公失譯經。今附西晉録，拾遺編入。

右二經，同本異譯，出增壹阿含經第五十一卷大愛道般涅槃品。

阿難同學經一卷。

後漢安息三藏安世高譯。右阿難同學經，首題云〔四五〕出增一阿含。檢其本末〔四六〕，無此一經。既云出彼，且編其末〔四七〕。

從誡德香經下二十四經，並出〔四八〕增壹阿含中，別經異譯。

五蘊皆空經一卷。

大唐三藏義浄譯。新編入録。

右出雜阿含經第二卷，異譯。此五蘊皆空經，根本説一切有部毗柰耶雜事第三十九卷中雖有此經，然不例別生，所以存而不廢。此乃律引契經，非是契經從〔四九〕律而生也。

七處三觀經一卷。或二卷。

後漢安息三藏安世高〔五〇〕譯。

右出雜阿含經中，異譯。此經首末有三十經〔五一〕，初是七處三觀，後名積骨，以初標名故也。其初七處三觀經，出第二卷。後積骨經，出第三十四卷。餘者散在諸文，不次第一處也。

聖法印經一卷。亦直云聖印經，亦云慧印經。

西晉三藏〔五二〕竺法護譯。

右出雜阿含經第三卷，異譯。

雜阿含經一卷。

右出雜阿含經中，異譯。此經首末有二十七經，初之三經，出第四卷中，而先後不次。七處三觀經居其〔五三〕卷末，文句大同前經，此中稍廣。其積骨經亦在其中，未詳何以二經相涉？餘者散在廣文。自古群録皆云失譯。尋閲文句，與七處三觀辭理稍同，似是安高所出。未見實録，且依舊爲失譯。

五陰譬喻經一卷。一名水沫所漂經，亦云五陰喻經。

後漢安息三藏安世高譯。

水沫所漂經一卷。一名河中〔五四〕大聚沫經，一名聚沫譬經。

東晉西域沙門竺曇無蘭譯。拾遺編入。

右二經，同本，出雜阿含經第十卷，異譯。

不自守意經一卷。或無「意」字。

吴月支優婆塞支謙譯。

右出雜阿含經第十一卷，異譯。

滿願子經一卷。

晉代失譯。今附東晉録，拾遺編入。

右出雜阿含經第十三卷，異譯。

轉法輪經一卷。或云法輪轉經。

後漢安息三藏安世高譯。

三轉〔五五〕法輪經一卷。

大唐三藏義淨譯。新編〔五六〕入録。

右二經同本，出雜阿含經第十五卷，異譯。此三轉法輪經，根本説一切有部毗柰耶雜事第十九卷中雖有此經，然不例别生，所以存而不廢。此乃律引契經，亦非契經從律而生也。其轉法輪經，與其本經後同前異，未詳所以。

八正道經一卷。

後漢安息三藏安世高譯。

右出雜阿含經第二十八卷〔五七〕，異譯。

難提釋經一卷。

西晉沙門釋法炬譯。

右出雜阿含經第三十卷，異譯。大本有二經，此中合爲一，其文稍廣。舊録在單本中，今編在此〔五八〕。

馬有三相經一卷。亦云善馬有三相。

後漢西域三藏支曜譯。

馬有八態譬人經一卷。亦直云馬有八態。

後漢西域三藏支曜譯。

右二經，並出雜阿含經第三十三卷，異譯。

相應相可經一卷。

西晉沙門釋法炬譯。拾遺編入。

右出前單卷雜阿含經中，異譯。

治禪病秘要經一卷。或云「法」，無「經」字。或二卷。

宋居士沮渠京聲譯。右一經，初首題云「尊者舍利弗所問，出雜阿含經阿練若雜事中」。今尋雜含大本，無此等文，或恐梵經譯之未盡。既云出彼，且編於末。然尋文理，與大乘經微有相涉。舊録編在集傳中，恐將乖僻也。

上三十一經，三十一卷，同袠。

從五蘊皆空經下一十六經，並出雜阿含中，別經異譯。

摩鄧女經一卷。一名阿難爲蠱道女惑經。

後漢安息三藏安世高譯。第一譯。

摩鄧女解形中六事經一卷。

失譯。今附東晉録，第五譯。

摩登伽經三卷。或二卷。

吴天竺沙門竺律炎共支謙譯。出法上録，第三譯。

舍頭諫經一卷。一名太子二十八宿經，一名虎耳經。

西晉三藏竺法護譯。第四譯。

右四經，同本異譯。前之二經〔五九〕，但是後經一品。前後五譯，一譯闕本。

鬼問目連經一卷。

後漢安息三藏安世高譯。第一譯。

雜藏經一卷。與前後經文理稍別。

東晉平陽沙門釋法顯譯。第二譯。

餓鬼報應經一卷。一名目連説地獄餓鬼因緣經。

失譯。今附東晉録，第三譯。

右三經，同本異譯。前後四譯，一譯闕本。

阿難問事佛吉凶經一卷。或云〔六〇〕阿難問事經，亦云事佛吉凶經。

後漢安息〔六一〕三藏安世高譯。第一譯。

慢法經一卷。

西晉沙門釋法炬譯。第二譯〔六二〕，拾遺編入。

阿難分别經一卷。或直云分别經〔六三〕。

乞伏秦沙門釋聖堅譯。第三譯。

右三經，同本異譯。其慢法經，新爲重譯。前後四譯，一譯闕本。

五母子經一卷。

吴月支優婆塞支謙譯。第一譯。

沙弥羅經一卷。

僧祐録云安公關中異經，在三秦録。第二譯。

右二經，同本異譯。其沙弥羅經〔六四〕，大周録云曇無讖譯，出長房録。今檢房録中無，周録誤。

玉耶女經一卷。或云玉耶經。

僧祐録云安公失譯經〔六五〕。拾遺編入。今附西晉録，初出。

玉耶經一卷。一名長者詣佛説子婦無敬經。

東晉西域沙門竺曇無蘭譯。第二譯。

阿遬達經一卷。

宋天竺三藏求那跋陁羅譯。第三譯。

右三經，同本異譯。

修行本起經二卷。一名宿行本起。

後漢西域沙門竺大力共康孟詳譯。第三譯。

上十六經，十九卷，同袠。

太子瑞應本起經二卷。亦名本起瑞應，亦直云瑞應本起。

吴月支優婆塞支謙譯。第四譯。

過去現在因果經四卷。

宋天竺三藏求那跋陁羅譯。第六譯。

右三經，同本異譯。前之二經，文略不備。前後六譯，三譯闕本。

法海經一卷。

西晉沙門釋法炬譯。拾遺編入，第二譯。

海八德經一卷。

姚秦三藏鳩摩羅什譯。出法上録，第三譯，拾遺編入。

右二經，同本異譯。前後三譯，一譯闕本。

四十二章經一卷。

後漢天竺沙門迦葉摩騰共竺法蘭〔六六〕譯。第一譯，二譯一闕〔六七〕。

柰女耆域因緣經一卷。或無「因緣」字，或直云柰女經。

後漢安息三藏安世高譯。第一譯，二譯一闕〔六八〕。

罪業應報教化地獄經一卷。或云地獄報應經。

後漢安息三藏安世高譯。第一譯，二譯一闕。

龍王兄弟經一卷。一名難龍王經，一名降龍王經。

吴月支優婆塞支謙譯。第一譯，兩譯一闕。

長者音悦經一卷。或云長者音悦不蘭迦葉經。

吴月支優婆塞支謙譯。第一譯，二譯一闕。

上九經，十三卷，同袠。其長者音悦經，周録之中編在大乘藏内。今尋文理，移之於此。

禪秘要經三卷。或云禪秘要法，或四卷。

姚秦三藏鳩摩羅什譯。第二譯，三譯二闕〔六九〕。

右此禪秘要經，古舊群録之中，皆編集傳之内。今檢此經，首末三分，極以分明。上下經文，多明禪觀。於中觀佛觀等，明懺滅重罪事。然與大乘微有相涉，既非製撰，故移〔七〇〕於此。又群録中，更有禪秘要經五卷，云是宋代三藏曇摩蜜多所譯，文甚交錯，不可流行，如删繁録中廣述。

七女經〔七一〕一卷。一名七女本經。

吴月支優婆塞支謙譯。第一譯，三譯二闕。

八師經一卷。

吴月支優婆塞支謙譯。第一譯，二譯一闕。

越難經一卷。一名曰難長者經，一名難經。

西晉清信士聶承遠譯。第一譯，三譯二闕。

所欲致患經一卷。

西晉三藏竺法護〔七二〕譯。第一譯，二譯一闕。

阿闍世王問五逆經一卷。

西晉沙門釋法炬譯。拾遺編入，第一譯[七三]，兩譯一闕。

五苦章句經一卷。一名五道章句經。

東晉西域沙門竺[七四]曇無蘭譯。第一譯，二譯一闕。

堅意經一卷。一名堅心正意經[七五]，一名堅心經。

後漢安息三藏安世高譯。第一譯，二譯一闕。

净飯王涅槃經一卷。

宋居士沮渠京聲譯。第二譯，二譯一闕。

進學經[七六]一卷。或云勸進學道。

宋居士沮渠京聲譯。拾遺編入，第二譯，三譯二闕。

得道梯隥[七七]錫杖經一卷。亦直云錫杖經。

失譯。今附東晉録。

右此錫杖經，大周録云出雜譬喻經。今大本既無，難爲定准，且編於此。

貧窮老公經一卷。一名貧老經。

宋沙門釋惠簡譯。第二譯[七八]，二譯一闕。

三摩竭經一卷。一名恕和檀王經，一名難國王經。

吴天竺沙門竺律炎譯。第一譯，兩譯一闕。

右此三摩竭經，大周録云出增一阿含。檢彼中無，且編於此。

蓱沙王五願經一卷。一名弗沙迦王經。

吴月支優婆塞支謙譯。第一譯，三譯〔七九〕二闕。

右此蓱沙〔八〇〕王五願經，大周等録皆云出中阿含。檢彼文無，且編於此。

瑠璃王經一卷。

西晉三藏竺法護譯。第二譯，二譯一闕。

右此瑠璃王經，大周等録云出增一阿含。其增一二十六中雖有瑠璃王緣起，文意全異，故編於此。

上十五經，十七卷，同袠。

生經五卷。有五十五經，或四卷。

西晉三藏竺法護譯。第一譯，二譯一闕。

義足經二卷。有一十六經。

吴月支優婆塞支謙譯。第一譯，二譯一闕。

上二經，七卷，同袠。合從四十二章經下二十二經〔八一〕，雖是重譯，今見流行但有一本，餘並零落，尋求不獲。

校勘記

〔一〕三十經：原作「二十經」，據金藏、高麗藏本改。

〔二〕四十二：永樂北藏、嘉興藏、清藏、四庫本作「四十二卷」。

〔三〕六方：金藏、高麗藏本誤作「六户」。

〔四〕此經：資福藏本作「經」。

〔五〕梵網經：金藏、高麗藏本作「梵經」。

〔六〕上：嘉興藏本無。

〔七〕拾遺：嘉興藏本誤作「録遺」。

〔八〕今：原無，據金藏、高麗藏本補。

〔九〕若：金藏本無。

〔一〇〕笈多：金藏本無。

〔一一〕舍囉婆：金藏本作「囉婆」，餘諸校本作「舍囉娑」。

〔一二〕起世經：金藏、高麗藏本作「記世經」。今檢長阿含經，作「世記經」。

〔一三〕十上經：原作「上十經」，據金藏、高麗藏本改。

〔一四〕初題云：金藏、高麗藏本作「經初題云」。

〔一五〕長阿含：永樂北藏、清藏、四庫本作「長阿含經」。

〔一六〕長阿含本：金藏、高麗藏本作「長含大本」。
〔一七〕恐：永樂南藏、嘉興藏本誤作「衆」。
〔一八〕今附西晉録：金藏、永樂北藏本無。
〔一九〕録：原無，據諸校本補。
〔二〇〕阿：原作「四」，據金藏、高麗藏本改。
〔二一〕颰：金藏、高麗藏本作「颭」。
〔二二〕晉言：永樂北藏、清藏本作「阿耨颰此言」。
〔二三〕記果經：金藏本作「記異經」。
〔二四〕惠簡：高麗藏本作「慧簡」。
〔二五〕二十九卷：金藏、高麗藏本作「三十九卷」。
〔二六〕目揵蘭：金藏、高麗藏本作「目連」。
〔二七〕入：清藏本無。
〔二八〕四十一卷：金藏、高麗藏本作「四十卷」。
〔二九〕亦名：嘉興藏本作「一名」。
〔三〇〕宋天竺三藏求那跋陁羅譯：嘉興藏本無。
〔三一〕經：金藏本無。
〔三二〕經：金藏本無。

〔三三〕經：原無，據金藏、高麗藏、永樂北藏、嘉興藏、清藏、四庫本補。

〔三四〕今附宋録：金藏本無。

〔三五〕別譯：金藏本無。

〔三六〕從：金藏、高麗藏本作「右」。

〔三七〕娑羅：金藏、永樂南藏、嘉興藏、四庫本作「婆羅」。

〔三八〕亦云：嘉興藏本作「一云」。

〔三九〕入：資福藏本無。

〔四〇〕力士品：金藏、高麗藏本作「力品」。

〔四一〕譯：嘉興藏本誤作「一」。

〔四二〕訶：金藏、高麗藏本無。

〔四三〕一卷：清藏、四庫本無。

〔四四〕大：資福藏、普寧藏本誤作「文」。

〔四五〕首題云：金藏、高麗藏本作「經首題云」。

〔四六〕本末：金藏、高麗藏本作「大本」。

〔四七〕且編其末：清藏本作「且結其末」，四庫本作「且編於末」。

〔四八〕出：金藏、高麗藏本無。

〔四九〕從：永樂北藏、清藏、四庫本作「後」。

〔五〇〕安世高：嘉興藏本作「安高」。
〔五一〕三十經：清藏、四庫本作「二十經」。
〔五二〕三藏：金藏本誤作「二藏」。
〔五三〕其：嘉興藏本誤作「共」。
〔五四〕河中：嘉興藏本作「河水」。
〔五五〕三轉：金藏、永樂北藏本作「二轉」。
〔五六〕新編：永樂北藏、清藏本作「所編」。
〔五七〕二十八卷：金藏本作「二十卷」。
〔五八〕在此：金藏、高麗藏本作「於此」。
〔五九〕前之二經：金藏本作「前文二經」。
〔六〇〕或云：金藏、高麗藏本作「或名」。
〔六一〕安息：嘉興藏本作「恒安息」。
〔六二〕第二譯：原無，據金藏、高麗藏本補。
〔六三〕或直云分別經：原無，據高麗藏本補。
〔六四〕經：金藏本無。
〔六五〕經：原無，據金藏、高麗藏本補。
〔六六〕竺法蘭：金藏本作「法蘭」。

〔六七〕二譯一闕：原作「二譯闕本一闕」，據金藏、高麗藏、資福藏、嘉興藏、清藏、四庫本改。

〔六八〕第一譯二譯一闕：金藏本無。

〔六九〕二闕：嘉興藏本作「一闕」。

〔七〇〕移：高麗藏本誤作「多」。

〔七一〕七女經：原作「七如經」，據金藏、高麗藏本改。

〔七二〕竺法護：原作「竺法謙」，據金藏、高麗藏、資福藏、永樂北藏、清藏、四庫本改。

〔七三〕第一譯：金藏、高麗藏本作「第二譯」。

〔七四〕竺：金藏、高麗藏本無。

〔七五〕堅心正意經：金藏本作「堅心王意經」。

〔七六〕進學經：金藏本作「集學經」。

〔七七〕梯隥：金藏、高麗藏本作「梯橙」，四庫本作「梯攜」。

〔七八〕第二譯：永樂北藏、清藏、四庫本作「第一譯」。

〔七九〕三譯：金藏本作「二譯」。

〔八〇〕沙：金藏、高麗藏本無。

〔八一〕二十二經：永樂北藏、清藏、四庫本誤作「三十一經」。

小乘經單譯，八十七部，二百二十四卷，一十七袠〔一〕。

正法念處經七十卷。七袠。

元魏婆羅門瞿曇般若流支譯。

右此正法念經，大周録中編爲重譯，云與善時鵝王經同本異譯者，誤也。其善時鵝王經從此經抄出，彼是別生，此爲單本。

佛本行集經六十卷。六袠。

隋天竺三藏闍那崛多等譯。

右此佛本行經，大周録中編爲大乘重譯，云與七卷本行經同本異譯者，誤也。彼是偈讚，與此懸殊。諸録或在大乘經中，或編集傳之内，恐將乖僻，今移編此。

本事經七卷。

大唐三藏玄奘譯。出内典録。

興起行經二卷。亦名嚴誡宿緣經，題云出雜藏。

後漢外國三藏康孟詳譯。

右此興起行經，大周録中編爲重譯，云與木槍刺脚因緣經同本異譯者，誤也。比尋經本，揔有十緣。其木槍〔二〕刺脚經，即十緣之一緣也。鈔出別行，如觀世音經等類。既非再翻，故爲單本。

業報差別經一卷。

隋洋川郡守瞿曇法智譯。

上三經，十卷，同袠。其業報差別經，大周録云與罪福報應經同本異譯者，非也。尋其文句，義旨懸殊，差異不同，故爲單本。

大安般守意經二卷。亦直云大安般經。安公云〔三〕小安般。或一卷。

後漢安息三藏安世高譯。

又〔四〕大周等録，更有大安般經一卷，亦云安世高譯。勘其文句，即是大安般〔五〕守意經上卷。文既全同，故不重載。

陰持入經二卷。或作「除」字，誤也。或一卷。

後漢安息三藏安世高譯。

處處經一卷。

後漢安息三藏安世高譯。

罵意經一卷。

後漢安息三藏安世高譯。拾遺編入。

分別善惡所起經一卷。

後漢安息三藏安世高譯。拾遺編入。

出家緣經一卷。一名出家因緣經。

後漢安息三藏安世高譯。

阿鋡正行經一卷。一名正意經。

後漢安息三藏安世高譯。

十八泥犁經一卷。或云十八地獄經。

後漢安息三藏安世高譯。

法受塵經一卷。

後漢安息三藏安世高譯。

禪行法想經一卷。

後漢安息三藏安世高譯。

長者子懊惱三處經一卷。一名長者懊惱〔六〕，亦云三處惱經。

後漢安息三藏安世高譯。

揵陁國王經一卷。或無「國」字。

後漢安息三藏安世高譯。

須摩提長者經一卷。

吴月支優婆塞支謙譯。

阿難四事經一卷。

吴月支優婆塞支謙譯。

未生怨經一卷。

吴月支優婆塞支謙譯。

四願經一卷。

吴月支優婆塞支謙譯。

黑氏梵志經一卷。

吴月支優婆塞支謙譯。拾遺編入〔七〕。

猘狗經一卷。祐云與猘狗同。

吴月支優婆塞支謙譯。拾遺編入。

分别經一卷。舊云與阿難分别經等同本者，非也。

西晉三藏竺法護譯。拾遺編入。

八關齋經一卷。

宋居士沮渠京聲譯。拾遺編入。

阿鳩留經一卷。

僧祐録云安公古典經〔八〕。今附漢録，拾遺編入。

孝子經一卷。亦云孝子報恩經。

僧祐録云安公失譯經〔九〕。今附西晉録，拾遺編入。

上二十二經，二十四卷，同袠。

五百弟子自説本起經一卷。或無「自説」字，亦云「本末」。

西晉三藏竺法護譯。

大迦葉本經一卷。或無「大」字。

西晉三藏竺法護譯。

四自侵經一卷。

西晉三藏竺法護譯。

羅云忍辱經一卷。或直云忍辱經。

西晉沙門釋法炬譯。

佛爲年少比丘説正事經一卷。

西晉沙門釋法炬譯。

沙曷比丘功德經一卷。

西晉沙門釋法炬譯。

時〔一〇〕非時經一卷。或直云時經。

外國法師若羅嚴譯。莫知帝代，出經後記。

右此時非時經，群録皆云西晉沙門法炬所譯，經後題云外國法師若羅嚴手執胡本，口自宣譯，涼州道人釪塡〔一一〕城中寫記。今依經記爲正。既莫知於帝代，且附西晉録中。

自愛經一卷。或云自愛不自愛。

東晉西域沙門竺曇無蘭譯。

中心經一卷。亦云中心正行經。

東晉西域沙門竺曇無蘭譯。拾遺編入。

見正經一卷。一名生死變識經。

東晉西域沙門竺曇無蘭譯。

大魚事經一卷。

東晉西域沙門竺曇無蘭譯〔一二〕。

阿難七夢經一卷。或直云七夢經。

東晉西域沙門竺曇無蘭譯〔一三〕。

呵〔一四〕鵰阿那含經一卷。一名「荷鵰」，或作「苛」字。

東晉〔一五〕西域沙門竺曇無蘭譯。

燈指因緣經一卷。

姚秦三藏鳩摩羅什譯。

婦人遇辜經一卷。一名婦遇對經。

乞伏秦沙門釋聖堅譯。

四天王經一卷。

宋涼州沙門釋智嚴共寶雲譯。

摩訶迦葉度貧母經一卷。

宋天竺三藏求那跋陀羅譯〔一六〕。

十二品生死經一卷。

宋天竺三藏求那跋陀羅譯〔一七〕。

罪福報應經一卷。一名轉輪五道罪福報應經〔一八〕。

宋天竺〔一九〕三藏求那跋陀羅譯。

又〔二〇〕大周録中，更有輪轉〔二一〕五道罪福報應經一卷。今檢尋文句，與此不殊，但立名題廣略有異。文既無別，但存一本耳。

五無返復經一卷。一名五反覆大義經。

宋居士沮渠京聲譯〔二二〕。

佛大僧大經一卷。

宋居士沮渠京聲譯。

耶祇經一卷。

宋居士沮渠京聲譯。

末羅王經一卷。

宋居士沮渠京聲譯。

摩達國王經一卷。

宋居士沮渠京聲譯。

旃陁越國王經一卷。或無「國王」字。

宋居士沮渠京聲譯。

五恐怖世經一卷。或無「世」字。

宋居士沮渠京聲譯。

弟子死復生經一卷。或云死亡更生經。

宋居士沮渠京聲譯。拾遺編入〔二三〕。

懈怠耕者經一卷。或云「耕兒」。

宋沙門釋惠簡譯。

辨意長者子經一卷。或云長者辨意經，或加「所問」字。

元魏沙門釋法場譯。

無垢優婆夷問經一卷。

元魏婆羅門瞿曇般若流支譯。

上三十經，三十卷，同袠。

賢者五福經一卷。

西晉河内沙門白法祖譯。

天請問經一卷。

大唐〔二四〕三藏玄奘譯。出内典録。

右賢者五福、天請問二經，大周等録皆編大乘經中。今尋文理，頗涉小宗，故移編此〔二五〕。

僧護經一卷。或有「因緣」字〔二六〕。

失譯。今附東晉録〔二七〕。

護淨經一卷。

失譯。今附東晉録。

木槵子經一卷。或作「患」〔二八〕，又作「擐」。

失譯。今附東晉録。

無上處經一卷。

失譯。今附東晉録。

盧志長者因緣經一卷。

失譯。今附東晉録。

五王經一卷。

失譯〔二九〕。今附東晉録。

出家功德經一卷。

失譯。今附三秦録，拾遺編入。

右出家功德經，有三本流行，餘二雖有廣略，並從賢愚抄出，云佛在王舍城迦蘭陁竹園中説。今並載別生録中。此本佛在毗舍離國爲梨車子鞞羅羡那説。其中[三〇]復云「鞞羅羡那，秦言勇[三一]軍」，雖不知譯人姓名，必是秦朝譯者[三二]也。

栴檀樹經一卷。

僧祐録云安公古典經。法上録云羅什譯者，非也。今附漢録。

頞多和多耆[三三]經一卷。

僧祐録云安公失譯經。今附西晉録[三四]。

普達王經一卷。

僧祐録云安公失譯經。今附西晉録。

佛滅度後棺殮葬送經一卷。一名比丘師經，亦名師比丘經。

僧祐録云安公失譯經。今附西晉録。

鬼子母經一卷。

僧祐録云安公失譯經。今附西晉録，拾遺編入[三五]。

梵摩難國王經一卷。

僧祐録[三六]云安公失譯經[三七]。今附西晉録，拾遺編入。

父母恩難報經一卷。亦云「勤報經[三八]」。

後漢安息三藏安世高譯。拾遺編入。

孫多耶致經一卷。或上加「梵志」字。

吴月支優婆塞支謙譯〔三九〕。

新歲經一卷。

東晉西域沙門竺曇無蘭譯。

右父母恩難報等三經，大周等録皆云出中阿含經，檢其中含〔四〇〕大本，無此等經。其增一阿含第二十四中雖有受歲緣起，文意全異，故編於此。

群牛譬經一卷。

西晉沙門釋法炬譯。

右群牛譬經，大周録云出增一阿含。檢彼中無，故編於此。

九横經一卷。

後漢安息三藏安世高譯〔四一〕。

禪行三十七經一卷。或加「品」字。

後漢安息三藏安世高譯〔四二〕。

比丘避女惡名欲自殺經一卷。

西晉沙門釋法炬譯。

比丘聽施經一卷。一名聽施比丘經。

東晉西域沙門竺曇無蘭譯。

身觀經一卷。

西晉三藏竺法護譯。拾遺編入。

右九横等四經，大周録云出雜阿含，是異譯本。其身觀經，云是别生。檢文並無，故編於此。

無常經一卷。亦名三啓經。

大唐天后代三藏義浄譯。新編入録〔四三〕。

八無暇有暇經一卷。

大唐天后代三藏義浄譯。新編入録。

長爪梵志請問經一卷。

大唐天后代三藏義浄譯。新編入録。

譬喻經一卷。

大唐天后代三藏義浄譯。新編入録〔四四〕。

略教誡經一卷。

大唐天后代〔四五〕三藏義浄譯。新編入録。

右此略教誡經，有云出根本説一切有部毗柰耶雜事第十九卷者，誤也。彼中雖有略教，文意與此懸殊。既非別生，故編於此。

療痔病經一卷。亦云「痔瘻」。

大唐三藏義浄譯。新編入録。

右此療痔病經，根本説一切有部尼陀那第二卷中亦有此呪，或有編爲重譯。今謂不然。彼云「告諸苾芻，此痔病經，我於餘處已曾宣説」，而所爲復別處，亦不同此，是重説，非重譯也。

上三十經，三十卷，同袠。

校勘記

〔一〕一十七袠：原作「二十七袠」，據諸校本改。
〔二〕槍：嘉興藏本作「創」。
〔三〕云：金藏本無。
〔四〕又：高麗藏本作「右」。
〔五〕大安般：原作「大般」，金藏、高麗藏本作「安般」，據永樂北藏、清藏、四庫本改。
〔六〕懊惱：資福藏本作「抚惱」，高麗藏本作「夭惱經」。
〔七〕入：原無，據金藏、高麗藏、資福藏、嘉興藏、清藏、四庫本補。

〔八〕古典經：金藏、高麗藏本作「古經」。

〔九〕經：嘉興藏本無。

〔一〇〕時：原作「特」，據諸校本改。

〔一一〕釪填：原作「鈣鐐」，據金藏、高麗藏本改。釪填，即「于闐」。

〔一二〕東晉西域沙門竺曇無蘭譯：永樂北藏、清藏、四庫本無。

〔一三〕東晉西域沙門竺曇無蘭譯：永樂北藏、清藏、四庫本無。

〔一四〕呵：嘉興藏本作「阿」。

〔一五〕東晉：永樂北藏、清藏、四庫本於其前有「已上三經」四字。

〔一六〕宋天竺三藏求那跋陁羅譯：永樂北藏、清藏、四庫本無。

〔一七〕宋天竺三藏求那跋陁羅譯：永樂北藏、清藏、四庫本無。

〔一八〕一名轉輪五道罪福報應經：金藏、高麗藏本作「一名輪轉五道罪福報應經」，永樂北藏、清藏、四庫本無。

〔一九〕宋天竺：永樂北藏、清藏、四庫本於其前有「已上三經」四字。

〔二〇〕又：金藏、高麗藏本作「右」，永樂北藏、清藏、四庫本無。

〔二一〕輪轉：永樂北藏、嘉興藏本作「轉輪」。

〔二二〕宋居士沮渠京聲譯：永樂北藏、清藏、四庫本無。按：以下六處，永樂北藏、清藏、四庫本均無。

〔二三〕宋居士沮渠京聲譯拾遺編入：永樂北藏、清藏、四庫本作「拾遺編入，已上八經宋沮渠京聲譯」。

〔二四〕大唐：永樂北藏、清藏、四庫本作「唐」。下同。

〔二五〕此：原作「止」，據諸校本改。
〔二六〕字：永樂北藏、清藏本無。
〔二七〕失譯今附東晉録：永樂北藏、清藏、四庫本無。按：下四經中此幾字，永樂北藏、清藏、四庫本均無。
〔二八〕患：金藏、高麗藏本作「患字」。
〔二九〕失譯：永樂北藏、嘉興藏、清藏、四庫本作「已上六經失譯」。
〔三〇〕其中：金藏本作「其」。
〔三一〕言勇：永樂南藏、嘉興藏本誤作「吉西」。
〔三二〕譯者：原作「者」，金藏、高麗藏本作「譯」，據文意補。
〔三三〕者：原作「者」，據金藏、高麗藏本改。
〔三四〕僧祐録云安公失譯經今附西晉録：永樂北藏、清藏、四庫本無。按：下二經中此幾字，永樂北藏、清藏、四庫本均無。
〔三五〕拾遺編入：金藏本無。
〔三六〕僧祐録：永樂北藏、清藏本於其前有「已上五經」四字。
〔三七〕經：金藏、高麗藏本無。
〔三八〕勤報經：金藏、高麗藏本作「勤報」，資福藏本作「勒報經」。
〔三九〕吴月支優婆塞支謙譯：此後金藏本有子注「新編入録」四字。
〔四〇〕中含：嘉興藏本作「中阿含」。

〔四一〕後漢安息三藏安世高譯：永樂北藏、清藏、四庫本無。

〔四二〕後漢安息三藏安世高譯：永樂北藏、清藏、四庫本於其前有「已上二經」四字。

〔四三〕大唐天后代三藏義浄譯新編入録：永樂北藏、清藏、四庫本無。

〔四四〕大唐天后代三藏義浄譯新編入録：金藏本作「大唐三藏義浄譯」，高麗藏本作「大唐三藏義浄譯新編入録」，永樂北藏、清藏、四庫本無。按：以上至「新歲經一卷」十一經及所有子注，金藏本誤置在聲聞調伏藏之後，且身觀經至譬喻經五經在前，新歲經至比丘聽施經六經在後。

〔四五〕大唐天后代：金藏、高麗藏、永樂北藏、清藏、四庫本作「大唐」，又永樂北藏、清藏、四庫本前有「已上五經」。

聲聞調伏藏，五十四部，四百四十六卷，四十五袠。

調伏藏者，經云勝故，秘故，佛獨制故。如契經中諸弟子説法，或諸天説法，律則不尒，一切佛説。自古群録，皆將摩得勒伽、善見論等編爲正毗柰耶藏。今者尋思，恐將非當。此等並是分部已後諸聖賢等依宗贊述，非佛金口所宣，又非千聖結集。今之撰録，分爲二例：初明五部正調伏藏，次明諸論柰耶眷屬。庶根條不雜〔一〕，本末區分。幸諸達人，重垂刊正。

摩訶僧祇律四十卷。或云三十卷，四袠。

東晉天竺三藏佛陀跋陀羅〔二〕共法顯譯。單本。

右一經，是根本調伏藏，即大衆部毗柰耶也，佛圓寂後，尊者迦葉集千應真於王舍城竹林石室之所結也。

十誦律六十一卷，六袠。前五十八卷。

姚秦三藏弗若多羅等共羅什譯。後毗尼序三卷，東晉三藏卑摩羅叉續譯。

右一經，即説一切有部毗柰耶藏，佛圓寂後三百年，初從上座部之所出也。此十誦律中，毗尼序三卷，或有經本編在第九誦後、第十誦前，從〔三〕第五十五卷至五十七卷者，錯也。今檢古本，皆在其末。今者依古爲正也。

根本説一切有部毗柰耶五十卷。五袠。

大唐〔四〕三藏義净譯。新編入録〔五〕。

根本説一切有部苾芻尼毗柰耶二十卷。二袠。

大唐三藏義净譯。新編入録〔六〕。

根本説一切有部毗柰耶雜事四十卷。四袠。

大唐三藏義净譯。新編入録〔七〕。

根本説一切有部尼陀那目得迦。或八卷，或十卷〔八〕，一袠。

大唐〔九〕三藏義净譯。新編入録。

右四經，與十誦律俱是説一切有部，然其文理與十誦律非無有異，未詳所以。

五分律三十卷。亦云弥沙塞〔一〇〕律，或三十四卷，三袠。

宋罽賓三藏佛陀什共竺道生譯〔一一〕。單本。

右一經，即化地部毗柰耶藏，佛圓寂後三百年中，從説一切有部之所出也。

四分律六十卷。或四十五卷〔一二〕，或七十卷，六袠。

姚秦罽賓三藏佛陀耶舍共竺佛念等譯。單本。

右一經，即法密部毗柰耶藏，佛圓寂後三百年中，從化地部之所出也。其飲光部，但有戒本，律藏未翻。

僧祇比丘戒本一卷。亦云摩訶僧祇戒本。

東晉天竺三藏佛陀跋陀羅譯。第二譯，二譯一闕。

僧祇比丘尼戒本一卷。亦云比丘尼波羅提木叉僧祇戒本〔一三〕。

東晉平陽沙門法顯共覺賢譯。單本。

十誦比丘戒本一卷。亦云十誦波羅提木叉戒。

姚秦三藏鳩摩羅什譯。第三譯，三譯二闕。

十誦比丘尼戒本一卷。亦云十誦比丘尼波羅提木叉戒本。

宋長干寺沙門法穎〔一四〕集出。

根本説一切有部戒經一卷。

大唐三藏義浄譯。新編入録〔一五〕。

根本説一切有部苾芻尼戒經一卷。

大唐三藏義浄譯。新編入録。

五分比丘戒本一卷。亦云弥沙塞戒本。

宋罽賓三藏佛陀什等譯。單本。

上七經〔一六〕，七卷，同袠。

五分比丘尼戒本一卷。亦云弥沙塞尼戒。

梁沙門釋明徽於建初寺集出〔一七〕。出寶唱録，拾遺編入。

四分比丘戒本一卷。題云〔一八〕四分戒本。

大唐西太原寺沙門懷素依律集出。新編入録〔一九〕。

四分〔二〇〕比丘尼戒本一卷。題云〔二一〕四分尼戒本。

大唐西太原寺沙門懷素依律集出〔二二〕。新編入録。

四分僧戒本一卷。或云曇無德戒本〔二三〕，或無「僧」字。

姚秦罽賓三藏佛陀耶舍譯。單本。

右此戒本，初無稽首頌，有入堂等偈者是。其四分律〔二四〕尼戒，乃有數本流行，而皆不依正文，妄生增減。今留姚秦耶舍譯本及太原祖師依文纂者，餘皆簡棄，不載録中。

解脱戒本一卷。出迦葉毗部。

元魏婆羅門瞿曇般若流支譯。單本。

沙弥十戒法并威儀一卷。亦云沙弥威儀戒本。

失譯。今附東晉録。

沙弥威儀一卷。或有「經」字，與前威儀大同小異。

宋罽賓三藏求那跋摩譯。

沙弥尼雜〔二五〕戒文一卷。

失譯。今附東晉録。

沙弥尼戒經一卷。

失譯。在後漢録，拾遺編入。

舍利弗問經一卷。

失譯。今附東晉録，單本〔二六〕。

上十經，十卷，同袠。

根本説一切有部百一羯磨十卷。一袠。

大唐天后代三藏義浄譯。新編入録。

大沙門百一羯磨法一卷。出十誦律。

僧祐録中失譯經。今附宋録。

十誦羯磨比丘要用一卷。出十誦律，或二卷。

宋沙門釋僧璩於楊都中興寺依律撰出。

優波離問佛經一卷。或云優波離律。

失譯。在後漢録〔二七〕，單本。

五分羯磨一卷。題云弥沙塞羯磨本。

大唐大開業寺沙門釋愛同集。新編入録。

四分雜羯磨一卷。題云曇無德律部雜羯磨，以結戒場爲首。

曹魏天竺三藏康僧鎧譯。拾遺編入。

曇無德羯磨一卷。以結大界爲首，或二卷。

曹魏安息沙門曇諦譯。

四分比丘尼羯磨法一卷。祐云曇無德羯磨，或云雜羯磨。

宋罽賓三藏求那跋摩譯。

上七經，七卷，同袠。

四分律删補隨機羯磨一卷。

大唐崇義寺沙門釋道宣集。新編入録。

四分僧羯磨三卷。題云羯磨卷上，出四分律。

大唐西太原寺沙門釋懷素依律集出。新編入録。

四分尼羯磨三卷。題云尼羯磨卷上，出四分律。

大唐西太原寺〔二八〕沙門釋懷素依律集出。新編入録。

上三經，七卷，同袠。上六本羯磨，並出四分，然文有廣略、先後異耳。

大愛道比丘尼經二卷。亦云大愛道受戒經，或直云大愛道經。

失譯。僧祐録云安公凉土異經。今附北凉録〔二九〕，單本。

迦葉禁戒經一卷。一名摩訶比丘經，亦名真僞沙門經。

宋居士沮渠京聲譯。第二譯，兩譯一闕。

又〔三〇〕群録中，更有真僞沙門經一卷，云是宋代沙門惠簡所譯，與迦葉禁戒經同本。檢尋文句，與禁戒經首末全同，既無異文，故不雙出。

犯戒報應輕重經一卷。出目連問毗尼經，或云目連問經。

後漢安息三藏安世高譯。拾遺編入，單本。

戒銷灾經一卷。或名戒伏銷灾經。

吴月支優婆塞支謙譯。單本。

優婆塞五戒相經一卷。一名優婆塞五戒略論。

宋罽賓三藏求那跋摩譯。第一譯，二譯一闕。

右已上經、律，正調伏藏，已下論等，爲順前宗，故名眷屬。其戒心羯磨，但依文纂要，無增減故，列之於前；其律攝等，據其本文，屢〔三二〕有增減，輒編於後。

根本説一切有部毗柰耶頌五卷。尊者毗舍佉造。

大唐三藏義浄譯。新編入録〔三三〕，單本。

根本説一切有部毗柰耶雜事攝頌一卷。

大唐三藏義浄譯。新編入録〔三三〕，單本。

根本説一切有部毗柰耶尼陀那目得迦攝頌一卷。

大唐〔三四〕三藏義浄譯。新編入録，單本。

五百問事經一卷。

失譯。今附東晉録，拾遺編入。

上九經，十四卷，同袠。

根本薩婆多部律攝二十卷。尊者勝友集，或十四卷，二袠。

大唐〔三五〕三藏義浄譯。新編入録，單本。

毗尼摩得勒伽十卷。一袠。

宋天竺三藏僧伽跋摩譯。單本。

鼻柰耶律十卷。一名戒因緣經，一袠。

姚秦涼州沙門〔三六〕竺佛念於符秦代譯。單本。

善見律毗婆沙十八卷。或云毗婆沙律，亦直云善見律。

蕭齊外國沙門僧伽跋陀羅譯。單本。

佛阿毗曇經二卷。亦云佛阿毗曇論。

陳天竺三藏真諦譯。單本。

上二經，二十卷，二袠。其佛阿毗曇論，群録並云九卷，未詳所以，今只有二卷。舊録編在大乘論中。今者尋其文理，多説度人受戒等事，與〔三七〕此相應，故移編此。

毗尼母經八卷。亦云毗尼母論。

失譯。今附秦録[三八]，單本。

大比丘三千威儀經二卷。亦云大僧威儀經，或四卷。

後漢安息三藏安世高譯。單本。

上二經，十卷，同袠。其毗尼母經，大周録云東晉太安年符蘭譯，出法上録。謹按帝王代録，於東晉代無太安年。其太安年，乃[三九]西晉惠帝代。其法上録，尋之未獲。年代既錯，未可依憑。又檢文中有翻梵語處，皆曰秦言，故是秦時譯也。今爲失譯[四〇]，編於秦録。其三千威儀經，僧祐失譯録中分爲兩部，部[四一]各二卷。房等諸録，並云兩本，合之成其四卷。今只有二，餘二莫存。

薩婆多毗尼毗[四二]婆沙九卷。

失譯。今附秦録，單本。

律二十二明了論一卷。亦直云明了論。

陳天竺三藏真諦譯。單本。

上二經，十卷，同袠。其明了論，出正量部波羅提木叉論中。其大論未譯，凡有六千頌，彼部法師阿那含人，厥名覺護，依律毗婆沙及五足[四三]等造。於中與律相應者，略成一卷，謂明了論[四四]。此論解釋律藏中二十二條真實[四五]要義，能除正法人迷闇心，通達律義，故稱「明了」。隋沙門法經録及長房入藏録中，並分爲兩部，律二十二卷，編在律中，明了論一卷，載於論録。又「律二十二」，乃是明了論半題，彼存二十二卷，誤之甚也，誤之甚也！

校勘記

〔一〕不雜：原作「不離」，據金藏、高麗藏本改。

〔二〕佛陀跋陀羅：金藏本作「佛陁羅」。

〔三〕從：嘉興藏本無。

〔四〕大唐：金藏、高麗藏本作「大唐天后代」。

〔五〕大唐三藏義浄譯新編入録：永樂北藏、清藏、四庫本無。

〔六〕大唐三藏義浄譯新編入録：永樂北藏、清藏、四庫本無。

〔七〕大唐三藏義浄譯新編入録：永樂北藏、清藏、四庫本無。

〔八〕或八卷或十卷：金藏本作「十卷或八卷一帙」，高麗藏本作「十卷或八卷」。

〔九〕大唐：金藏、高麗藏本作「大唐天后代」，清藏、四庫本作「唐」。下同。

〔一〇〕弥沙塞：嘉興藏本作「沙彌塞」。

〔一一〕譯：金藏、高麗藏本作「等譯」。

〔一二〕卷：金藏、高麗藏本無。

〔一三〕比丘尼波羅提木叉僧祇戒本：金藏本作「摩訶僧祇尼戒本」，高麗藏本作「摩訶僧祇戒本」。

〔一四〕法穎：金藏、高麗藏本作「釋法穎」。

〔一五〕大唐三藏義浄譯新編入録：永樂北藏、清藏、四庫本無。

〔一六〕七經：原作「十經」，據金藏、高麗藏本改。

〔一七〕出：金藏、高麗藏本無。

〔一八〕題云：金藏、高麗藏本作「亦云」。

〔一九〕大唐西太原寺沙門懷素依律集出新編入録：清藏、四庫本無。

〔二〇〕分：嘉興藏本誤作「本」。

〔二一〕題云：金藏、高麗藏本作「亦云」。

〔二二〕大唐西太原寺沙門懷素依律集出：永樂北藏、清藏、四庫本於其前有「以上二經」四字。

〔二三〕本：永樂北藏、清藏、四庫本無。

〔二四〕律：金藏、高麗藏本作「僧」。

〔二五〕雜：金藏、高麗藏本作「離」。大正藏本沙彌尼離戒文卷末云：「按此戒名，國本、宋本及開元録皆云沙彌尼離戒文。丹本即云『沙彌尼雜戒文』。今檢正文，諸本皆非。何則？按此譯之『離』字，與他譯之『尼』字，但梵音楚夏耳。曾不是沙彌尼之離戒文，亦不是沙彌尼之雜戒文。並乖正文，故今可直云『沙彌離戒文』，乃正耳。然無所據，不敢即正。直書其意，以待好古雅正君子焉。」

〔二六〕失譯今附東晉録單本：原無，據金藏、高麗藏本補。

〔二七〕後漢録：金藏本作「後録」。

〔二八〕西太原寺：原無，據金藏、高麗藏本補。

〔二九〕録：原無，據金藏、高麗藏本補。
〔三〇〕又：永樂北藏、清藏、四庫本作「右」。
〔三一〕屢：資福藏本誤作「屬」。
〔三二〕大唐三藏義浄譯新編入録：永樂北藏、清藏、四庫本無。
〔三三〕大唐三藏義浄譯新編入録：永樂北藏、清藏、四庫本無。
〔三四〕大唐：永樂北藏、清藏、四庫本作「唐」。按：永樂北藏、清藏、四庫本在「唐」前冠以「已上三經」四字。
〔三五〕大唐：金藏、高麗藏本作「大唐天后代」。
〔三六〕沙門：原無，據金藏、高麗藏本補。
〔三七〕與：普寧藏本作「焉」，永樂北藏、嘉興藏、清藏、四庫本作「爲」。
〔三八〕録：原無，據諸校本補。
〔三九〕乃：金藏、高麗藏本作「乃在」。
〔四〇〕失譯：原作「失源」，金藏本作「夫原」，據高麗藏本改。
〔四一〕部：金藏本無。
〔四二〕毗：原無，據金藏、高麗藏本補。
〔四三〕五足：金藏本作「足」，高麗藏本作「是」。
〔四四〕謂明了論：原作「謂了論」，金藏本作「謂明了謂」，據高麗藏本改。
〔四五〕真實：金藏本作「貞實」。

聲聞對法藏，三十六部，六百九十八卷，七十二袠。

此對法藏，諸部不同[一]，流布此方，比諸爲衆。今者據其有部根本，身論爲初，足論居次，毗婆沙等支派編末。餘部既衆，難以科條，以俟將來，此無先後。

阿毗曇八揵度論三十卷。迦旃延子造，或二十卷[二]，三袠。

符秦罽賓三藏僧伽提婆共竺佛念譯。第一譯。

阿毗達磨發智論二十卷。迦多衍尼子造，二袠。

大唐三藏玄奘譯。出内典録，第二譯。

右上二論，同本異譯，即是説一切有部對法藏之根本，佛圓寂後三百年中，論師迦多衍尼子之所造也。後代傳人，本有廣略，此發智論，文義具足。傳習之者，号爲「身論」。以餘六論，各辯一支，有異於身，故名爲「足」。次編於後，諸部繼焉：

一、阿毗達磨法藴足論十二卷。尊者大采菽氏造，一袠。

大唐三藏玄奘譯。出内典録，單本[三]。

二[四]、阿毗達磨集異門足論二十卷。尊者舍利子説，二袠[五]。

大唐三藏玄奘譯[六]。出内典録，單本。

三[七]、施設足論，有一万八千頌。

尊者大迦多衍那造，迦多，此云「剪剃」，衍，此云「種」，那是男聲，婆羅門中一姓。其論未譯。上三足論〔八〕，並佛在世時造。

四、阿毗達磨識身足論十六卷。

大唐三藏玄奘譯。出内典録，單本。

右一論〔九〕，佛圓寂後一百年中，尊者提婆設摩唐云天寂。阿羅漢造。

五、阿毗達磨品類足論十八卷。

大唐三藏玄奘譯。出内典録，第二譯。

右一論〔一〇〕，佛圓寂後三百年中，尊者筏酥蜜多羅唐云世友。造。

衆事分阿毗曇論十二卷。

宋天竺三藏求那跋陀羅共菩提耶舍〔一一〕譯。第一譯。

右二論，同本異譯。

上二論〔一二〕，三十卷，三袠。

六、阿毗達磨界身足論三卷。

大唐三藏玄奘譯。出翻經圖，單本。

右一論〔一三〕，佛圓寂後三百年中，尊者世友造。與上識身足論共十九卷，二袠。

阿毗曇毗婆沙論六十卷，六袠。或八十四卷，或一百九卷。

北涼天竺沙門浮陀跋摩共道泰等譯。第二譯〔一四〕。

右此論創譯，百卷成部，沙門道挻製序。屬魏併涼，失四十卷，今唯六十卷在，但畢第三犍度，下五犍度，時闕其本。新譯之者，八藴並足。其八十四卷本及一百九卷者，後人分此六十卷成〔一五〕，非是元來不闕。又按梁僧祐法苑云：「天監十一年二月，敕僧伽婆羅更出婆沙，餘五犍度。」雖有此説，本仍未覩也〔一六〕。

阿毗達磨大毗婆沙論二百卷，二十袠。

大唐三藏玄奘譯。出内典録，第二譯。

右上二論，同本異譯，即釋上發智論，佛圓寂後四百年中，五百大阿羅漢等於迦濕弥羅國造。

阿毗達磨俱舍釋論二十二卷。婆藪槃豆造。

陳天竺三藏真諦譯。第一譯。

阿毗達磨俱舍論本頌一卷。尊者世親造，或二卷〔一七〕。

大唐三藏玄奘譯。出内典録，第二譯，真諦譯者闕本。

上二論，二十三卷，三袠。

阿毗達磨俱舍論三十卷。尊者世親造，三袠。

大唐三藏玄奘譯。出内典録，第二譯。

右二論及頌，同本異譯。

阿毗達磨順正理論八十卷。尊者衆賢造，八袠。

大唐三藏玄奘譯。出内典録，單本〔一八〕。

阿毗達磨顯宗論四十卷。尊者衆賢造，四袠。

大唐三藏玄奘譯〔一九〕。出内典録，單本。

右〔二〇〕二部論與俱舍論頌同釋異〔二一〕，並衆賢造。衆賢尊者先述正理，文廣難尋，後造顯宗，略而易曉，所以重釋〔二二〕。

阿毗曇心論四卷。尊者法勝造，或無「論」字。

東晉罽賓三藏瞿曇僧伽提婆譯。單本。

法勝阿毗曇心論〔二三〕六卷。大德優波扇多造，或七卷。

高齊天竺三藏那連提耶舍共法智譯。單本。

上二論〔二四〕，十卷，同袠。

雜阿毗曇心論十一卷。亦云雜阿毗曇毗婆沙，尊者法救造，或十四卷。

宋天竺三藏僧伽跋摩等譯。第四譯，四譯三闕。

右上三論，俱名阿毗曇心，然其所釋，廣略有異。雜阿毗曇心論第一卷初注云：「諸師釋法勝阿毗曇心義，廣略不同：法勝所釋，最爲略也；優波扇多有八千偈釋；又有一師，万二千偈釋此二論，名爲廣也；和修槃頭以六千偈釋。」又論初頌云：「敬礼尊法勝，所説我頂受。我達摩多羅，説彼未曾説。」故上三論，初四卷者，是法勝本論。次六卷者，是優波扇多釋。故彼論末云〔二五〕：「大德優波扇多爲利益弟子故，造此阿毗曇心論。」故知此即釋法勝論，非法勝造。而論外題有法勝字者，或恐不然。論卷中題，無此二字。群録皆云法勝阿毗曇，或云別譯法勝阿毗曇。後雜心論是法救造，比前二論，文義稍廣。

阿毗曇甘露味論二卷。或云甘露味阿毗曇，尊者瞿沙造。

曹魏代譯，失三藏名。單本。

隨相論一卷。或云求那摩諦隨相論，德惠法師造，或二卷。

陳天竺三藏真諦譯。單本。

上三論，十四卷，二袠。

尊婆須蜜菩薩所集論十卷。尊者婆須蜜造，十三卷，或十四卷〔二六〕。

符秦罽賓三藏僧伽跋澄等譯。單本。

三法度論二卷。或無「論」字，或云「經」。或三卷，或云一卷。

東晉罽賓三藏瞿曇僧伽提婆譯。第二譯，二譯〔二七〕一闕。

右此三法度論，有本有釋。本有三章〔二八〕九真度，釋亦有九品。廬山遠法師序云：「本是尊者山賢造，釋是天竺大乘居士僧伽先撰。」經後記云：「大乘比丘釋僧伽先撰。」二説少殊，未詳孰正也。

入阿毗達磨論二卷。塞建地羅阿羅漢造。

大唐三藏玄奘譯。出内典録，單本。

上三論，十四卷，二袠。

成實論二十卷。訶梨跋摩造，凡二百二品〔二九〕。或二十四卷，二袠。

姚秦三藏鳩摩羅什譯。單本。

立世阿毗曇論十卷。或無「論」字，或云十五卷。一袠。

陳天竺三藏真諦譯。單本。

解脱道論十二卷。或十三卷。一袠。

梁扶南三藏僧伽婆羅譯。單本。

舍利弗阿毗曇論二十二卷。或二十卷，或三十卷。

姚秦罽賓三藏曇摩耶舍共曇摩崛多譯。單本〔三〇〕。

五事毗婆沙論一卷。亦云阿毗達磨五事論，尊者法救造。

大唐〔三一〕三藏玄奘譯。出翻經圖，單本。

上二論，二十四卷，三袠。大周録中别載阿毗達摩五事論者，悮也。

鞞婆沙論十四卷。亦云鞞婆沙阿毗曇論，阿羅漢尸陀槃尼撰。

符秦罽賓三藏僧伽跋澄譯。單本。

三弥底部論三卷。或無「部」字，或云四卷。

失譯。三弥底者，此云正量，即正量部中論也。今附秦録，單本。

上二論，十七卷，二袠〔三二〕。

分别功德論四卷。或云分别功德經，或三卷，或五卷。

失譯。在後漢録，單本。

右此一論，釋增一阿含經義。從〔三三〕初序品至弟子品過半，釋王比丘即止〔三四〕。法上録云竺法護譯者，不然。此中牒經解釋文句，並同本經，似〔三五〕與增壹阿含同一人譯。而餘録並云失源，且依此定。僧祐録云迦葉、阿難撰者，此亦不然。如論第一卷中，引外國〔三六〕師及薩婆多説，故知非是二尊所撰。

四諦論四卷。婆藪跋摩造。

陳天竺三藏真諦譯。單本。

辟支佛因緣論二卷。

失譯。今附秦録，單本。

十八部論一卷。

新爲失譯。附三秦録〔三七〕，第一譯。

右十八部論，按〔三八〕尋群録，並云梁代三藏〔三九〕真諦所譯。今詳真諦三藏已譯十八部論，不合更譯部異執論。其十八部論初首引文殊問經分別部品，品〔四〇〕後次云羅什法師集，後方是論。若是羅什所翻，秦時未有文殊問〔四一〕經，不合引之置於初也。或可准〔四二〕別録中文殊問經，編爲失譯。秦時引證，此亦無疑。若是真諦再譯，論中子註，不合有秦言之字。詳其文理，多是秦時羅什譯出。諸録脱漏，致有疑焉。其真諦十八部疏，即部異執疏，是雖有斯理，未敢指南，後諸博聞，請求實録。

部執異論一卷。亦名部異執論。

陳天竺三藏真諦譯。第二譯。

異部宗輪論一卷。世友菩薩造。

大唐三藏玄奘譯。出翻經圖，第三譯。

右三論，同本異譯。

上六論，十三卷，同衮。

校勘記

〔一〕不同：原作「不問」，據諸校本改。
〔二〕二十卷：原作「二十一卷」，據金藏、高麗藏本改。
〔三〕大唐三藏玄奘譯出内典録單本：永樂北藏、清藏、四庫本無。
〔四〕二：金藏本作「一」。
〔五〕二袠：嘉興藏本作「一帙」。
〔六〕大唐三藏玄奘譯：永樂北藏、清藏、四庫本於其前有「已上二論」四字。
〔七〕三：原作「第三」，據金藏、高麗藏本改。
〔八〕三足論：原作「二足論」，據金藏、高麗藏本校改。
〔九〕右一論：永樂北藏、清藏、四庫本無。
〔一〇〕右一論：永樂北藏、清藏、四庫本無。
〔一一〕菩提耶舍：永樂北藏、清藏、四庫本作「菩提那舍」。
〔一二〕上二論：永樂北藏、嘉興藏、清藏、四庫本無。
〔一三〕右一論：永樂北藏、清藏本無。
〔一四〕第二譯：金藏、高麗藏本作「第一譯」。
〔一五〕成：資福藏本無。
〔一六〕又按梁僧祐法苑云天監十一年二月初敕僧伽婆羅更出婆沙餘五犍度雖有此説本仍未覩也：金藏本無。

又，梁，高麗藏本作「涼」。覩，嘉興藏本作「觀」。

〔一七〕二卷：金藏、資福藏本作「三卷」。

〔一八〕大唐三藏玄奘譯出内典録單本：永樂北藏、清藏、四庫本無。

〔一九〕大唐三藏玄奘譯：永樂北藏、清藏、四庫本於其前有「已上二論」四字。

〔二〇〕右：永樂北藏、清藏、四庫本作「上」。

〔二一〕異：資福藏、清藏本作「異名」。

〔二二〕釋：嘉興藏本作「譯」。

〔二三〕論：金藏、高麗藏本作「論經」。

〔二四〕上二論：永樂北藏、嘉興藏、清藏、四庫本作「右上二論」。

〔二五〕末云：原作「初云」，據金藏、高麗藏本改。

〔二六〕十三卷或十四卷：金藏、高麗藏本作「或十四卷或十二卷」。

〔二七〕二譯：清藏、四庫本誤作「一譯」。

〔二八〕章：資福藏本誤作「童」。

〔二九〕凡二百二品：原作「有二百三品」，資福藏本作「有二百二品」，據金藏、高麗藏本改。

〔三〇〕單本：金藏本無。

〔三一〕大唐：永樂北藏、嘉興藏、四庫本作「唐」。

〔三二〕上二論十七卷二袠：原無，據金藏、高麗藏、資福藏本補。

〔三三〕從：原作「後」，據金藏、高麗藏本改。

〔三四〕止：嘉興藏本誤作「正」。

〔三五〕似：原作「以」，據金藏、高麗藏本改。

〔三六〕外國：原作「外同」，據金藏、高麗藏本改。

〔三七〕三秦録：金藏、高麗藏本作「秦録」。

〔三八〕按：高麗藏本作「檢」。

〔三九〕三藏：金藏本誤作「二藏」。

〔四〇〕品：金藏、高麗藏本無。

〔四一〕問：金藏本作「門」。

〔四二〕准：永樂南藏、嘉興藏、清藏、四庫本作「唯」。

有譯有本録中聖賢傳記録第三 一百八部〔一〕，五百四十一卷，五十七袠。

右〔二〕傳記録者，佛圓寂後聖弟子〔三〕之所撰集。雖非三藏正典，然亦助揚玄化。於此之中，揔爲五類：一、讚揚佛德，二、明法真理，三、述僧行軌，四、摧〔四〕邪護法，五、外宗異執。讚佛德者，所行讚傳、釋迦譜等也。明法理者，修行道地經、經律異相等也。述僧行者，龍樹、馬鳴、法顯、玄奘等傳也。摧邪護法者，辯正、弘明、破邪、辯惑論等也。外宗異計者，數、勝二論是也。以類科分，莫過此五，五中所辯，通大、小乘。又於此中，更開一例，梵本翻譯者於先〔五〕，此土傳揚者於後，庶東西不雜，覽者除疑焉。

校勘記

〔一〕一百八部：永樂北藏、嘉興藏、清藏、四庫本作「合一百八部」。

〔二〕右：金藏、高麗藏本無。

〔三〕聖弟子：金藏、高麗藏本作「聖賢弟子」。

〔四〕摧：嘉興藏本誤作「催」。

〔五〕於先：金藏、高麗藏本作「居先」。

梵本翻譯集傳，六十八部，一百七十三卷，一十五袠。

佛所行讚經傳五卷。馬鳴菩薩撰，亦云佛本行經。

北涼天竺三藏曇無讖譯。單本。

佛本行經七卷。一名佛本行讚傳。

宋涼州沙門釋寶雲譯。單本。

右大周録編在大乘重譯經中，云與六十卷佛本行集經同本異譯者，誤也。

上二集，十二卷，同袠。

撰集百縁經十卷，一袠。

吴月支優婆塞支謙譯。出内典録，拾遺編入，單本。

出曜經二十卷。或云出曜論，或十九卷。

姚秦涼州沙門竺佛念於符秦代譯。單本。

賢愚經十三卷。或十五卷，或十六，或十七〔一〕。

元魏涼州沙門慧覺等在高昌郡譯。出翻經圖，單本。

謹按梁沙門僧祐賢愚序云：「河西慧覺等八僧遊方問道，到于闐大寺遇五年大會，八人分聽，各記所聞，還至高昌，乃集爲一部，即上賢愚經是。」上代群録皆編經藏。今以共集所聞，則非慶喜本誦，與餘集等亦復何殊？編入正經，理將未當，故今移附集傳録中。其出曜、百縁二經〔二〕，亦是别集，還非本誦，亦附此焉。

上二集，三十三卷，四袠。上三袠各八卷〔三〕，第四袠九卷。

道地經一卷。或加「大」字，是修行經抄，元外國略本。

後漢安息三藏〔四〕安世高譯。拾遺編入，第二譯。

右一經，是後修行道地經之少分異譯。准安法師序云：「沙門衆護撰述經要以爲一部，二十七章，世高析護所集者七章以爲漢文。」今以章名與〔五〕數二種皆同，故知即是安高所出。此經七章揔十八紙，群録皆云二卷者，誤也。

修行道地經六卷。或直云修行經，或七卷。

西晉三藏竺法護譯。第三譯，三譯一闕。

右二經，同本異譯，佛圓寂後七百年中，西域沙門衆護所撰。「衆護」者，是此方言，天竺梵音名僧伽羅刹。舊録編入經者，理不然也。與後僧伽羅刹集經撰人不殊，何得一載正經，一編集内？例既如此，故附此中。

僧伽羅刹所集經三卷。僧伽羅刹撰，或五卷。

符秦罽賓三藏僧伽跋澄等譯。第一譯，二譯一闕。

上三集，十卷，同袠。

百喻經四卷。僧伽斯那撰，或五卷。

蕭齊天竺三藏求那毗地〔六〕譯。單本。

菩薩本縁經三卷。僧伽斯那撰，或四卷，或二卷〔七〕。

吴月支優婆塞支謙譯。單本。

大乘修行菩薩行門諸經要集三卷。

大唐至相寺沙門釋智嚴譯。新編入録，單本。

上三集，十卷，同袠。

付法藏因緣傳六卷。或無「因緣」字，或四卷，或二卷〔八〕。

元魏西域三藏吉迦夜共曇曜譯。第三譯，三譯二闕〔九〕。

坐禪三昧經三卷。一名菩薩禪法經，或云禪經，或二卷。

姚秦三藏鳩摩羅什〔一〇〕譯。第一譯，二譯一闕。

又〔一一〕群録中，復有阿蘭若習禪法經二卷，云與坐禪三昧經同本異譯，亦云羅什法師所出。尋閱文句，首末全同，但爲殊名，分成兩部。既非别譯，未可雙行。

佛醫經一卷。亦云佛醫王經。

吴天竺沙門竺律炎共支越譯。拾遺編入，單本〔一二〕。

惟曰雜難經一卷。

吴月支優婆塞支謙譯。拾遺編入，單本。

佛般泥洹摩訶迦葉赴佛經一卷。亦云迦葉赴佛〔一三〕般涅槃經。

東晉西域沙門竺曇無蘭譯。單本。

菩薩呵色欲法一卷。亦云經。

姚秦三藏鳩摩羅什譯。第一譯，二譯一闕〔一四〕。

四品學法經一卷。或無「經」字。

宋天竺三藏求那跋陀羅譯。單本。

佛入涅槃密迹金剛力士哀戀經一卷。

失譯。今附秦録，單本。

迦栴延説法没盡偈經一卷。

僧祐録云安公失譯經。今附西晉録，單本〔一五〕。

佛治身經一卷。或云治身經〔一六〕。

僧祐録云安公失譯經。今附西晉録，拾遺編入，單本〔一七〕。

治〔一八〕意經一卷。或云佛治意〔一九〕。

僧祐録云〔二〇〕安公失譯經。今附西晉録，拾遺編入〔二一〕，單本。

上十一集，十八卷，同袠。

雜寶藏經八卷。或〔二二〕十三卷。

元魏西域三藏吉迦夜共曇曜譯。單本。

那先比丘經二卷。或直云那先經，或〔二三〕三卷。

失譯。在東晉録，第一本，兩譯一闕〔二四〕。

上二集，十卷，同袠。

五門禪經要用法一卷。大禪師佛陀蜜多撰。

宋罽賓三藏曇摩蜜多譯。拾遺編入，第二譯，二譯一闕。

達摩多羅禪經二卷。一名不浄觀禪經修行方便。

東晉天竺三藏佛陀跋陀羅譯。單本。

右達摩多羅及佛大先所造。先，罽賓人也，彼國禪匠佛陀跋陀羅之師。智嚴往遊西域，亦於先所學禪。從坐禪三昧下一十四經，周録之中編在經内。今以並非佛説，移之於此。其雜寶藏經，雖集佛語，兼雜餘緣，非全佛説，故編集内。

禪法要解二卷。一名禪要經。

姚秦三藏鳩摩羅什譯。第一譯，二譯一闕〔二五〕。

禪要呵欲經一卷。題云禪要經呵欲品。

後漢失譯。拾遺編入，單本〔二六〕。

内身觀章句經一卷。題云禪要經呵欲品〔二七〕。

後漢失譯。拾遺編入，單本。

法觀經一卷。

西晉三藏竺法護譯。拾遺編入，單本。

思惟略要〔二八〕法一卷。或加「經」字。

姚秦三藏鳩摩羅什譯。拾遺編入，第二譯，三譯二闕〔二九〕。

十二遊經一卷。

東晉西域沙門迦留陀伽譯。拾遺編入，第二譯，三譯二闕。

舊雜譬喻經二卷。亦云雜譬喻集經。

吴天竺三藏康僧會譯。拾遺編入，單本。

雜譬喻經一卷。

後漢月支三藏支婁迦讖譯。拾遺編入，單本。

上十集，十三卷，同袠。

雜譬喻經二卷。一名菩薩度人經。

失譯。在後漢録，拾遺編入，單本。

雜譬喻經二卷。比丘道略集〔三〇〕。

姚秦三藏鳩摩羅什譯。拾遺編入，單本。

阿育王譬喻經一卷。

失譯。今附東晉録，拾遺編入，單本。

阿育王經十卷。或加「大」字。

梁扶南三藏僧伽婆羅譯。拾遺編入，第二譯。

上四集，十五卷〔三〇〕，同袠。

阿育王傳七卷。亦云大阿育王經，或五卷。

西晉安息三藏安法欽譯。第一譯。

右二傳，同本異譯，佛圓寂後一百年餘〔三一〕，育王出世，方有此傳。大周録中，編在大乘經中者，誤也。長房等録，復云僧伽婆羅更出育王傳五卷者，誤也。前經即傳，不合重載。

阿育王息壞目因緣經一卷。一名王子〔三二〕法益壞〔三四〕目因緣經。

符秦天竺三藏曇摩難提於姚秦代譯。拾遺編入，第二譯，三譯二闕〔三五〕。

四阿含暮抄解二卷。阿羅漢婆素跋陀撰。

符秦〔三六〕西域沙門鳩摩羅什、佛提等譯。拾遺編入，單本。

法句經二卷。亦云法句集，尊者法救撰。

上三集，十卷，同袠。

吴天竺沙門維祇難等譯。第一譯〔三七〕，二譯一闕。

阿毗曇毗婆沙論第一云：「如法句經，世尊於處處方邑爲衆生故，種種演說。尊者達摩多羅此云法救。於佛滅後種種說中無常義者，立無常品。乃至梵志義者，立梵志品。」故知此經是法救撰。周入藏録編在大乘經中及集傳内，前後重載，誤之甚也。

法句譬喻經四卷。一名法句本末經，或五卷，或六卷。

西晉沙門釋法立共法炬〔三八〕譯。第二譯，二譯一闕。

右與前法句經明同異者，前經但纂偈句，不兼長行。今此後經，兼說偈之由起，有某因緣，世尊方說。比前偈文，此略不備。又前後偈文，互有增減。周録編在大乘經中者，誤也。

迦葉結經一卷。

後漢安息三藏安世高譯。拾遺編入，第一譯，三譯二闕〔三九〕。

撰集三藏及雜藏傳一卷。

失譯。今附東晉録，單本，拾遺編入。

三慧經一卷。

僧祐録云安公涼土〔四〇〕異經。今附北涼録，單本，拾遺編入。

阿毗曇五法行經一卷。亦云阿毗曇苦慧經，或無「行」字。

後漢安息三藏安世高譯。拾遺編入，單本。

阿含口解十二因緣經一卷。亦直云阿含口解經，亦名[四一]斷十二因緣經。

後漢安息優婆塞安玄共嚴佛調譯。單本。

小道地經一卷。

後漢西域三藏支曜譯。拾遺編入，單本。

文殊師利發願經一卷。或加「偈」字。

東晉天竺三藏佛陀跋陀羅譯。拾遺編入，單本。

六菩薩名一卷。房入藏録云：六菩薩名亦當誦持。

後漢失譯。拾遺編入，單本。

一百五十讚佛頌一卷。尊者摩咥利制吒撰[四二]。

大唐三藏義浄譯。新編入録，單本。

讚觀世音菩薩頌一卷。

大唐天后代佛授記寺沙門釋惠智譯。出大周録，單本，拾遺編入。

上十二集，十六卷，同帙。

無明羅刹集一卷。亦云無明〔四三〕羅刹經，或二卷。

失譯。拾遺編入，單本，今附秦録。

馬鳴菩薩傳一卷。

姚秦三藏鳩摩羅什譯。拾遺編入，單本〔四四〕。

龍樹菩薩傳一卷。

姚秦三藏鳩摩羅什譯。拾遺編入，單本〔四五〕。

提婆菩薩傳一卷。

姚秦三藏〔四六〕鳩摩羅什譯。拾遺編入，單本。

婆藪槃豆法師傳一卷。此曰天親。

陳天竺三藏真諦譯。拾遺編入，第二譯，兩譯一闕〔四七〕。

龍樹菩薩爲禪陁迦王説法要偈一卷。

宋罽賓三藏求那跋摩譯。出唐舊録，第一譯。

勸發諸王要偈一卷。龍樹菩薩撰。

宋天竺三藏僧伽跋摩譯。拾遺編入，第二譯。

龍樹菩薩勸誡王頌一卷。

大唐天后代三藏義浄譯。新編入録，第三譯。

右三集，同本異譯。前二本偈，諸經藏中連爲一卷，今分二軸。

賓頭盧突羅闍爲優陁延王説法經一卷。

宋天竺三藏求那跋陁羅譯。單本。

又有賓頭盧爲王説法經一卷，文與此同，故不復出〔四八〕。

請賓頭盧法一卷。或加「經」字。

宋沙門釋惠簡譯。第二譯，二譯一闕。

分別業報略一卷。大勇菩薩撰。或加「集」字。

宋天竺三藏僧伽跋摩譯。拾遺編入，單本。

迦丁比丘説當來變經一卷。

僧祐録中失譯經。今附宋録，拾遺編入，單本。

大阿羅漢難提蜜多羅所説法住記一卷。

大唐三藏玄奘譯。出内典録，單本。

金七十論三卷。亦名僧佉論，或二卷。

陳天竺三藏真諦譯。單本。

右一論，外道迦毗羅仙人造，明二十五諦，所謂數論，經中云迦毗羅論是也。長房、內典二録真諦譯中有金七十論二卷〔四九〕，復有僧佉論三卷，二目俱存者，誤也。

勝宗十句義論一卷。

大唐三藏玄奘譯。出翻經圖〔五〇〕，單本。

右一論，勝者慧月造，明十句義。鵂鶹仙人本所造論但六句義，慧月加四，足成十句。本末通論，故名勝宗十句論也。經中云衛世師論是也。

其數、勝二論，非是佛法。諸外道宗，此二爲上。欲令博學之者委悉異道之宗，故譯之耳。

上十五集，十七卷，同袠。

校勘記

〔一〕或十五卷或十六或十七：金藏、高麗藏本作「或十五或十六或十七」，嘉興藏本作「或十五卷或十六卷或十七卷」。

〔二〕二經：清藏、四庫本誤作「一經」。

〔三〕卷：金藏、高麗藏本無。

〔四〕安息三藏：永樂北藏、清藏、四庫本無。

〔五〕與：永樂北藏、嘉興藏、清藏、四庫本作「爲」。

〔六〕求那毗地：金藏、高麗藏本作「求那毗陀」。

〔七〕二卷：金藏、高麗藏本作「三卷」。

〔八〕二卷：高麗藏本作「三卷」。

〔九〕三譯二闕：永樂南藏本誤作「二譯二闕」，嘉興藏本誤作「二譯一闕」。

〔一〇〕鳩摩羅什：金藏本誤作「鳩摩羅付」。

〔一一〕又：原作「右」，據金藏、高麗藏本改。

〔一二〕單本：永樂北藏、清藏、四庫本無。

〔一三〕佛：金藏本無。

〔一四〕第一譯二譯一闕：金藏本無。

〔一五〕僧祐録云安公失譯經今附西晉録單本：金藏、高麗藏本作「僧祐録云安公失譯今附秦録單本」，永樂北藏、清藏、四庫本無。

〔一六〕或云治身經：金藏本作「或云身經」，高麗藏本作「或云治意經一」。

〔一七〕僧祐録云安公失譯經今附西晉録拾遺編入單本：永樂北藏、清藏、四庫本無。

〔一八〕治：原無，據諸校本補。

〔一九〕或云佛治意：金藏本作「或云佛治意經」，高麗藏本作「或云佛治身經」。

〔二〇〕僧祐録云：永樂北藏、清藏本於其前有「已上三經」四字。

〔二一〕入：金藏本脱。

〔二二〕或：金藏、高麗藏本作「或云」。

〔二三〕或：金藏、高麗藏本無。
〔二四〕一闕：原無，據金藏、高麗藏本補。
〔二五〕第一譯二譯一闕：金藏本脱作「第一譯一」。
〔二六〕後漢失譯拾遺編入單本：永樂北藏、清藏、四庫本無。
〔二七〕題云禪要經呵欲品：金藏、高麗藏本無。
〔二八〕略要：金藏、高麗藏本作「要略」。
〔二九〕三譯二闕：金藏、高麗藏本作「兩譯一闕」。
〔三〇〕道略集：原作「道略經」，資福藏本作「道毗集」，據金藏、高麗藏本改。
〔三一〕十五卷：原作「十四卷」，據金藏、高麗藏本改。
〔三二〕年餘：永樂北藏、清藏、四庫本作「餘年」。
〔三三〕王子：金藏本誤作「子」。
〔三四〕壞：高麗藏本誤作「懷」。
〔三五〕三譯二闕：金藏本作「二闕」，高麗藏本作「二譯一闕」。
〔三六〕符秦：嘉興藏本無。
〔三七〕第一譯：高麗藏本作「第二譯」。
〔三八〕法炬：金藏本作「炬」。
〔三九〕三譯二闕：金藏本無。

〔四〇〕涼土：原作「涼上」，據金藏、高麗藏、資福藏、清藏、四庫本改。
〔四一〕亦名：金藏、高麗藏本作「或名」。
〔四二〕撰：金藏、高麗藏本作「造」。
〔四三〕無明：嘉興藏本作「無名」。
〔四四〕姚秦三藏鳩摩羅什譯拾遺編入單本：永樂北藏、清藏、四庫本無。
〔四五〕姚秦三藏鳩摩羅什譯拾遺編入單本：永樂北藏、清藏、四庫本無。
〔四六〕姚秦三藏：永樂北藏、清藏、四庫本於其前有「已上三傳」四字。
〔四七〕一闕：金藏本誤作「一門」。
〔四八〕不復出：金藏、高麗藏本作「不雙出」。
〔四九〕二卷：高麗藏本作「三卷」。
〔五〇〕圖：資福藏本無。

此方撰述集傳，四十部，三百〔一〕六十八卷，四十二袠。

釋迦譜十卷。別有五卷本，與此廣略異。

蕭齊建初寺沙門僧祐〔二〕撰。出長房録，新編入藏。

釋迦氏略譜一卷。或無「略」字。

大唐西明寺沙門道宣撰。出内典録，新編入藏〔三〕。

釋迦方志二卷。

大唐西明寺沙門道宣撰。出内典録，新編入藏。

上三集，十三卷，二袠。上袠七，下袠六。

經律異相五十卷，五袠。

梁天監十五年敕沙門寶唱等撰。出長房録，新編入藏。

陁羅尼雜集十卷，一袠。未詳撰者，今附梁録。

右一呪集，大周録中爲大乘單本，復云失譯者，不然。尋檢其文，乃是此方抄集，而非梵本別翻。所以知者，如七佛神呪經及陀鄰尼鉢經等，並是晉朝所翻。護諸童子陀羅尼經，元魏菩提留支所譯。又陀鄰尼鉢經共最勝燈王經，二是同本。如此等經，並皆集入〔四〕。故非梵本所傳，必是此方撰集。未知的是何人所撰，故此述之〔五〕。

諸經要集二十卷。

大唐西明寺沙門釋玄惲〔六〕撰。新編入藏。

上一集，二十卷，分爲三袠。上下各七，中袠六卷。

出三藏記集十五卷。

梁建初寺沙門釋僧祐撰。出長房録，新編入藏。

衆經目録七卷。
隋開皇十四年敕翻經沙門法經等撰。出長房録，新編入藏。
上二集，二十二卷，二袠。上袠十卷，下袠十二。
開皇三寶録十五卷。内題云歷代三寶記。
隋開皇十七年〔七〕翻經學士成都費長房撰〔八〕。出内典録，新編入藏。
衆經目録五卷。
隋仁壽二年敕翻經沙門及學士等撰。出内典録，新編入藏。
上二集，二十卷，二袠〔九〕。
大唐内典録十卷。一袠〔一〇〕。
大唐西明寺沙門道宣撰。出内典録，新編入藏〔一一〕。
續大唐内典録一卷。
大唐西崇福寺沙門釋智昇撰。新編入藏。
古今譯經圖紀四卷。
大唐翻經沙門釋靖邁撰。新編入藏。
續古今譯經圖紀一卷。

大唐西崇福寺沙門釋智昇撰。新編入藏。

大周刊定衆經目録十五卷。

大唐天后敕佛授記寺沙門明佺等撰。新編入藏。

上四集，二十一卷〔一二〕，二袠。上袠十一〔一三〕，下袠十卷。

開元釋教録〔一四〕二十卷，二袠。

大唐西崇福寺沙門釋〔一五〕智昇撰。新編入藏。

一切經音義二十五卷。

大唐翻經沙門釋玄應撰。出内典録，新編入藏。

新譯大方廣佛華嚴經〔一六〕音義二卷。

大唐浄法寺沙門釋惠苑撰。新編入藏。

上二集，二十七卷，四袠。第一袠六卷，下三袠各七。

大唐西域記十二卷。

大唐三藏玄奘撰。出内典録，新編入藏。

集古今佛道論衡四卷。或三卷。

大唐西明寺沙門道宣撰。出内典録，新編入藏。

續集古今佛道論衡一卷。

大唐西崇福寺沙門智昇撰。新編入藏。

上三集，十七卷，二袠。上袠八，下袠九。

東夏〔一七〕三寶感通録三卷。

大唐西明寺沙門釋道宣撰。出内典録，新編入藏〔一八〕。

集沙門不拜俗議六卷。

大唐弘福寺沙門釋彦悰撰。出内典録，新編入藏。

上二集，九卷，同袠。

大唐慈恩寺三藏法師傳十卷，一袠。

大唐西太原寺沙門釋惠立等撰。新編入藏。

大唐西域求法高僧傳二卷。

大唐三藏義浄撰。新編入藏。

法顯傳一卷。亦云歷遊天竺記傳。

東晉沙門釋法顯自記遊天竺事。出長房録，新編入藏。

高僧傳十四卷。一卷是目録。

梁會稽嘉祥寺沙門釋惠皎撰。出長房録，新編入藏〔一九〕。

上三集，十七卷，二袠。上袠九，下袠八。

續高僧傳三十卷。

大唐西明寺沙門釋道宣撰。出内典録，新編入藏。

上一集，三十卷，分爲四袠。第一、第二各八，第三、第四各七〔二〇〕。

辯正論八卷，一袠。

大唐終南山龍田寺釋法琳〔二一〕撰。出内典録，新編入藏。

破邪論二卷。或一卷。

大唐終南山龍田寺釋法琳〔二二〕撰。出内典録，新編入藏。

甄正論三卷。

大唐天后代〔二三〕佛授記寺沙門釋玄嶷撰。新編入藏。

十門辯惑論二卷。或三卷。

大唐大興善寺沙門釋復禮撰。新編入藏。

弘明集十四卷。

梁建初寺沙門釋僧祐撰。出長房録，新編入藏。

廣弘明集三十卷。上四集，二十一卷，二袠。上袠十一，下袠十卷。

大唐西明寺沙門釋道宣撰。出内典録，新編入藏。

上二集，三十卷，分爲四袠。第一袠十，第二袠七，第三袠七，第四袠六。

集諸經禮懺儀二卷。

大唐西崇福寺沙門釋智昇撰。新編入藏〔二四〕。

大唐南海寄歸内法傳四卷。

大唐三藏義淨撰。新編入藏。

比丘尼傳四卷。

梁莊嚴寺沙門釋寶唱撰。新編入藏。

别説罪要行法一卷。或無「别」字。

大唐三藏義淨撰。新編入藏〔二五〕。

受用三水要法一卷。或云要行法。

大唐三藏義淨撰。新編入藏〔二六〕。

護命放生軌儀一卷。或云軌儀法。

大唐三藏義浄撰。新編入藏。

上六集，十三卷，同袠。

從釋迦譜下四十部，合三百六十八卷，並是此方賢德撰集。然於大法裨助光揚，季代維持，寔爲綱要，故編此録，繕布流行。若寫藏經，隨情取捨。諸餘傳記，雖涉釋宗，非護法者，此中不録。

都計小乘經、律、論及賢聖集傳見流行者，摠四百三十八部，合二千三百三卷，二百二十二袠。

開元釋教録卷第十三別録之三

漢法本内傳五卷。未詳撰者。

沙門〔二七〕法琳傳三卷。

沙門彦悰撰。

右二部傳，明敕禁斷，不許流行，故不編載〔二八〕。

校勘記

〔一〕三百：金藏本作「二百」。

〔二〕僧祐：金藏、高麗藏、資福藏本作「釋僧祐」。後二經撰者「道宣」，亦同此。

〔三〕大唐西明寺沙門道宣撰出内典録新編入藏：永樂北藏、清藏、四庫本無。

〔四〕入：金藏本無。

〔五〕之：金藏、高麗藏本作「也」。

〔六〕玄惲：永樂北藏、嘉興藏、清藏、四庫本作「道世」。

〔七〕十七年：金藏本誤作「七年」。

〔八〕撰：資福藏本作「録」。

〔九〕二袠：嘉興藏本作「同帙」。

〔一〇〕一袠：原無，據金藏、高麗藏本補。

〔一一〕入藏：原作「入録」，據金藏、高麗藏本改。

〔一二〕二十一卷：金藏本作「二十卷」。

〔一三〕十一：金藏本誤作「一十」。

〔一四〕開元釋教録：永樂北藏、清藏、四庫本作「開元釋教目録」。下同。

〔一五〕沙門釋：清藏、四庫本無，永樂北藏本無「釋」。

〔一六〕大方廣佛華嚴經：金藏、高麗藏本略作「花嚴」。

〔一七〕東夏：原無，據諸校本補。

〔一八〕入藏：資福藏本作「入録」。

〔一九〕入藏：金藏、高麗藏本作「入録」。

〔二〇〕各七：金藏本作「各十」。

〔二一〕釋法琳：金藏、高麗藏本作「釋氏」。

〔二二〕釋法琳：金藏、高麗藏本作「釋氏」。

〔二三〕大唐天后代：永樂北藏、清藏、四庫本作「唐」。

〔二四〕新編入藏：原無，四庫本作「新編入録」，據金藏、高麗藏本補。

〔二五〕大唐三藏義浄撰新編入藏：永樂北藏、清藏、四庫本無。

〔二六〕大唐三藏義浄撰新編入藏：永樂北藏、清藏、四庫本無。

〔二七〕沙門：原作「法門」，據高麗藏本改。

〔二八〕漢法本内傳五卷未詳撰者沙門法琳傳三卷沙門彦悰撰右二部傳明敕禁斷不許流行故不編載：金藏、四庫本無。

音　釋

脱屣：下所綺反，謂弃俗塵如脱鞋屣。　仙苑：下紆阮切，園也。　迄：許訖反，至也。　洎乎：上其器反，及也。　肇：音召。　濫：郎淡反。　鹹醎：二同音，鹽味。　嬈乱：上音遶。　弊魔：上毗祭反，惡也。　頞羅：上於割反。　哆：

丁可，丁賀二反。　鞞：步迷反。　斯匿：下尼力反。　坌：蒲悶反。　牧牛：上音目。　邠邸：上布巾反，下音底。諸經皆作直尼反。　態：他代反。　乖僻：下疋亦反。　蠱道：上音古。　遬達：上音速。　梯隥：上他兮反，下都鄧反。　錫杖：上先擊反。　木槍：下七羊反。　阿鋡：下音含。　忕惱：上烏考反。　猘狗：上居列反。　爍：詩若反。　釪鐐：上音烏，下音聊。　宰：音姑。　木櫘：下音患。　擐：音患。　暇：音夏。　長爪：下之巧反。　痔瘻：上直里反，下音陋。　潁：營領反。　璩：音渠。　採菽：下音叔。　挻：失然反。　軌：俱水反，則也。　譜：音補。　摩哇：下丁吉反，又丁結反。　突羅：上徒骨反。　足成：上子裕反，添也。　惲：於粉反。　佺：七全反。　論衡：上去声，下户庚反。　彥悰：上魚箭反，下在宗反。　會稽：上古外反，下音鷄。　琳：音林。　甄正：上居延反。　嶷：宜力反。　禆助：上音卑。　繕：時扇反，埋〔一〕也。

校勘記

〔一〕埋：或爲「理」之誤。

中國佛教典籍選刊

開元釋教録

三

〔唐〕智昇 撰

富世平 點校

中華書局

開元釋教録卷第十四 別録之四

唐庚午歲西崇福寺沙門智昇撰

別録中有譯無本録第二之一

有譯無本者，謂三藏教文及聖賢集傳名存本闕之類也。自聖教東移，殆乎千祀，質文亟改〔一〕，鍾鼎屢遷。重以周武陵夷，緇徒喪滅，致使法燈藏耀，慧日韜光，三藏要文，多從散缺，或東都近譯，未達西京，或創出本稀，尋求匪獲。詎聞精奥，空閲名題。引領既勞，撫膺奚及。今者討求諸録，備載遺亡，冀望名賢，共垂詢訪。合大、小乘經、律、論及聖賢集傳闕本者揔一千一百四十八部，一千九百八十卷。

大乘經闕本，四百八部，八百一卷。

大乘律闕本，二十二部，二十五卷。

大乘論闕本，二十部，四十八卷。

小乘經闕本，六百五部，八百一十五卷。

小乘律闕本，三十七部，四十二卷。

小乘論闕本，九部，六十五卷。

賢聖集傳闕本，四十七部，一百〔二〕八十四卷。

校勘記

〔一〕改：原作「故」，據高麗藏本改。

〔二〕一百：永樂南藏、永樂北藏、嘉興藏、清藏、四庫本誤作「二百」。

大乘經重譯闕本，二百部，四百八十四卷。

吳品經五卷。即是小品般若。

吳天竺三藏康僧會譯。第三譯。

新道行經十卷。亦名小品，或七卷，祐録名更出小品。

西晉三藏竺法護譯。第四譯。

又按長房等録，竺法護譯中更有小品經七卷者，不然。護公既有新道行經，不合別出小品。又道行脚注亦名小品。又義善寺録中，有大智度無極經四卷，亦云護公所出，既與道行同本，更亦不合別翻。既並繁重，此故不存〔一〕。

大智度經四卷。

東晉西域三藏祇多蜜譯。第五譯。

右三經，與大般若第四會同本，前後八譯，五本在藏，三本闕。長房等録，羅什經數復有放光般若二十卷者，不然。什公既譯大品，不合重出放光，有者誤也。

輭首菩薩無上清淨分衛經二卷。一名決了諸法如幻三昧經。

後漢臨淮沙門嚴佛調譯。第一譯。或一卷。

右一經，與大般若第八會同本，前後三譯，兩本在藏，一本闕。

仁王般若經一卷。或二卷，三十一紙。

西晉三藏竺法護譯。第一譯。

仁王般若經一卷。

梁天竺三藏真諦譯。第三譯〔二〕。

右前後三譯，一本在藏，二本闕。

般若波羅蜜多那經一卷。

大唐天后代天竺三藏菩提流志譯。新編入録，第三譯。

右與大明呪經等同本，前後三譯，兩本在藏，一本闕。

道行經一卷。安公云是般若抄，外國高明者所撰，安爲之製序。

後漢天竺沙門竺佛朔譯。

右一經，雖名道行，卷部全小，不可與前道行等以爲同本，且別記之。

摩訶般若波羅蜜呪經一卷。或無「摩訶」字。

吴月支優婆塞支謙譯。

摩訶般若隨心經一卷。

大唐天后代于闐三藏實叉難陀譯。新編入録。

從吴品經〔三〕下十部二十七卷，般若部中闕本。

無量壽經二卷。

後漢安息三藏安世高譯。第一譯。

無量清淨平等覺經二卷。

曹魏西域三藏白延〔四〕譯。第五譯。

又長房等録，白延譯中更有平等覺經一卷，即是前經，無繁重載。

無量壽經二卷。亦云〔五〕無量清淨平等覺經。

西晉三藏竺法護譯。第六譯。

無量壽至真等正覺經一卷。一名樂土樂經〔六〕，一名〔七〕極樂佛土經。

東晉外國沙門竺法力譯。第七譯。

新無量壽經二卷。

東晉天竺三藏佛陀跋陀羅譯。亦云宋永初二年出，第八譯。

新無量壽經二卷。

宋涼州沙門釋寶雲譯。第九譯。

新無量壽經二卷。

宋罽賓三藏曇摩蜜多譯。出真寂寺録，第十譯。

右七經，與大寶積第五無量壽會同本。此經前後經十一譯，四本在藏，七本闕。

阿閦佛刹諸菩薩學成品經二卷。

東晉沙門支道根譯。第二譯〔八〕。

右一經，與第六不動如來會同本，前後三譯，二存一闕。

法界體性無分別經二卷。

姚秦三藏鳩摩羅什譯。出法上録，第一譯。

右一經，與第八法界體性會同本，前後兩譯，一存一闕。

普門品經一卷。

東晉西域三藏祇多蜜譯。第二譯。

右一經，與第十文殊普門會同本，前後三譯，兩存一闕。

嚴浄佛土經二卷。亦云浄土經。

西晉河内沙門白法祖譯。第二譯〔九〕。

右一經，與第十五文殊授記會同本，前後三譯，二存一闕。

菩薩藏經三卷。

西晉三藏竺法護譯。第一譯。

右一經，與第十七富樓那會同本，前後兩譯，一存一闕。

法鏡經二卷。或一卷。

吴月支優婆塞支謙譯。第二譯。

又長房等録，支謙所譯更有郁伽長者經二卷，即法鏡經是，不繁重載。

郁伽羅越問菩薩經一卷。

西晉河内沙門白法祖譯。第五譯。

郁伽長者所問經一卷。

宋罽賓三藏曇摩蜜多譯。第六譯。

右三經，與第十九郁伽長者會同本，前後六譯，三存三闕。

妙慧童女所問經一卷。

大唐天后代天竺三藏菩提流志譯。新編入録，第三譯。

右一經，與第三十妙慧童女會同本，前後四譯，三存一闕。

阿闍世王女阿術達菩薩經一卷。

吴月支優婆塞支謙譯。第一譯。

阿術達經一卷。

東晉西域三藏祇多蜜譯。第三譯。

阿述達菩薩經一卷。

宋天竺三藏竺法眷譯。第四譯。

右三經，與第三十二無畏德菩薩會同本，前後五譯，二存三闕。又長房等録，竺法護〔一〇〕更有阿闍世王女無憂施經一卷。此乃梵晉音異，不合重上。「阿術達」是梵言，「無憂施」是晉語。二經雙載，録家誤也。

如幻三昧經二卷。或一卷。

後漢安息三藏安世高譯。第一譯。

如幻三昧經二卷。

東晉西域三藏祇多蜜譯。第三譯。

如幻三昧經二卷。

前涼月支優婆塞支施崙譯。出首楞嚴後記，第四譯，新編入。

聖善住意天子所問經四卷。

隋天竺三藏闍那崛多譯。第六譯。

右四經，與第三十六善住意天子會同本，前後七譯，三存四闕。

慧上菩薩問大善權經二卷。或無「菩薩」字，或一卷。

後漢臨淮沙門嚴佛調譯。第一譯。

大善權經二卷。

姚秦三藏鳩摩羅什譯。第四譯。

慧上菩薩問大善權經二卷。一名慧上菩薩經，一名大乘方便經，一直名大善權經。

北涼西域三藏僧伽陀譯。第五譯。

右三經，與第三十八大乘方便會同本，前後五譯，二存三闕。

彌勒所問本願經一卷。

東晉西域三藏祇多蜜譯。第二譯。

右一經，與第四十二彌勒所問會同本，前後三譯，二存一闕。

菩薩净行經二卷。亦云净律經。

吴天竺三藏康僧會譯。別品初譯。

右一經，與第四十七寶髻菩薩會同本。此是大集寶髻品，除其本經，前後兩譯，一存一闕。

勝鬘經一卷。亦云勝鬘師子吼一乘大方便經。

北涼天竺三藏曇無讖譯。第一譯。

右一經，與第四十八勝鬘夫人會同本，前後三譯，二存一闕。

寶積經三卷。

周宇文氏三藏禪師闍那耶舍譯。

右一經，雖云寶積，既無本可校，不知與何會同本，且記於末。

從無量壽經下三十部五十四卷，寶積部中闕本。

大方等大集經二十七卷。

後漢月支三藏支婁迦讖譯。第一譯。

大方等大集經三十卷。或有「新」字，或二十四卷。

姚秦三藏鳩摩羅什譯。第二譯。

右二經，同本，前後三譯，一本在藏，兩本闕。

虚空藏菩薩經一卷。

宋天竺三藏求那跋陀羅譯。第三譯〔一一〕。

右一經，前後四譯，三存一闕。

般舟三昧經二卷。或加「大」字，或一卷。

後漢天竺三藏竺佛朔譯。第二譯。

般舟三昧經一卷。是後十品重翻。祐有一卷，無三卷者。

後漢月支三藏支婁加讖譯。出静泰録，第三譯。

般舟三昧念佛章經一卷。是行品别翻。

後漢代失譯。第四譯。

般舟三昧經二卷。安公録云：「更出般舟三昧經。」

西晉三藏竺法護譯〔一二〕。第六譯。

右四經，同本，前後七譯，三存四闕。四是全本，三是抄譯。

阿差末菩薩經四卷。

吴天竺沙門維祇難譯。第一譯。

阿差末菩薩經四卷。

吴月支優婆塞支謙譯。第二譯。

無盡意經十卷。

宋天竺三藏竺法眷譯。第五譯。

右三經同本，前後五譯，二本藏中〔三〕，三本闕。又長房等録，竺法護譯中，更有無盡意經四卷。據其法護已出阿差末經，不合再出無盡意。其阿差末經題云：「晉曰無盡意。」録中脚注云：「或四卷。」此是梵晉名異，理實一經，録存二本，誤之甚也。

小阿差末經二卷。

吴月支優婆塞支謙譯。

右一經，既加「小」字，與前諸經應非同本。

方等主虚空藏經八卷。亦云虚空藏所問，或五卷。

乞伏秦沙門釋聖堅譯。

右一經，是大集虚空藏品異譯。藏中縱有，乃是别生。虚空藏品，無讖所翻，非異譯者。或即此經，是無讖譯，非聖堅出。

定意天子所問經三卷（一四）。出大集，今疑與善住意經同本。

周宇文氏三藏禪師闍那耶舍譯。

從大集經下一十三部，九十七卷，大集部中闕本。

入如來智不思議經三卷。

周宇文氏三藏禪師闍那耶舍譯。出翻經圖，第二譯。

右一經，前後四譯，三存一闕。

菩薩十地經一卷。亦云大方廣經，亦直云十地經。

西晉三藏竺法護譯。第一譯。

大方廣菩薩十地經一卷。

西晉清信士聶道真譯。第二譯。

十地經一卷。

東晉西域三藏祇多蜜譯。第三譯。

右三經同本，前後五譯，二存三闕。

大方廣不生不滅經一卷。

大唐天后代于闐三藏實叉難陀譯。新編入録，單本。

大方廣如來難思議境界經一卷。

大唐天后代于闐三藏實叉難陀譯。單本，新編入録。

佛藏大方〔一五〕等經一卷。亦名問明顯經。

宋沙門釋道嚴譯。

右一經，隋代沙門法經録云：是華嚴經明難品異譯。今闕此經。舊經在第六卷，新經在第十三。

菩薩本業經一卷。是華嚴浄行品，亦直云本業經。

東晉天竺三藏佛陀跋陀羅譯。第三譯。

右兼本品，前後五譯，四本在藏，一本闕。其舊華嚴經既是覺賢所譯，不合别出此本業經。以大周録入藏中有，未見其本，且此述之。又長房録中支謙再出浄行品經者，誤也。其浄行經脚注云：「一名菩薩本業經。」

菩薩十法住經一卷〔一六〕。是十住品。

西晉清信士聶道真譯。第三譯。

右兼本品，前後五譯，四本在藏，一本闕。長房等録更有菩薩十住(一七)一卷，云是東晉佛陀跋陀羅譯。詳其覺賢既譯大本，不合别出此經，房録誤也。

十住經十二卷。是十地品。

西晉清信士聶道真譯。第二譯。

右兼本品，前後五譯，四本在藏，一本闕。

羅摩伽經三卷。是入法界品少分。

曹魏西域三藏安法賢譯。第一譯。

羅摩伽經一卷。是入法界品少分。

北涼天竺三藏曇無讖譯。第四譯。

右兼本品，前後五譯，三本在藏，二本闕。

從入如來智不思議經下十二部，二十七卷，華嚴部中闕本。

梵般泥洹經二卷。舊録云「胡般」，今改爲「梵」字。或一卷。

後漢月支三藏支婁迦讖譯。第一譯。

大般涅槃經二卷。

曹魏外國三藏安法賢略前品爲二卷。第二譯。

大般泥洹經二卷。

吴優婆塞支謙譯序品、哀歎品爲二卷。第三譯〔一八〕。

般泥洹經二十卷。

北涼雍州沙門智猛於涼州譯。第六譯。

右兼涅槃大本及新譯後分，前後七譯，三本在藏，四本闕。又大周録中，指竺道祖録云：「東晉義熙十三年，佛陀跋陀羅於道場寺譯大般泥洹經〔一九〕一卷，或云十卷，是大本前分十卷，盡大衆問品。」今尋諸録及傳記等，其法顯譯大般泥洹，亦是義熙十三年於道場寺譯。其法顯所出諸經，並與覺賢共譯。諸録題注，多相參涉，時處既同，必非再出。今合爲一，更不别存。

從梵般泥洹經下四部二十六卷，涅槃部中闕本。

蜀〔二〇〕普曜經八卷。

失譯。似是蜀土所出，在魏吴録，第一譯。

普曜經八卷。或六卷，或四卷〔二一〕。

宋沙門智嚴共寶雲譯。第三譯。

右二經，與方廣莊嚴經同本，前後四譯，二在〔二二〕二闕。

無量義經一卷。

宋天竺三藏求那跋陀羅譯。第一譯。

右一經，前後兩譯，一存一闕。

法華三昧經六卷。一本加「正」字。

吴外國三藏支彊良接譯。出翻經圖，第一譯。

薩芸芬陀利經六卷。

西晉三藏竺法護太始年譯。第二譯〔二三〕。謹按長房録〔二四〕，其正法華是竺法護太康七年譯，見聶道真録。復云太始元年譯薩芸芬陀利經六卷，出竺道祖録。同是一經，不合再出。名目既殊，本復存没，未詳所以。或可薩芸芬陀利是梵語，正法花是晉名，梵晉俱存，録家誤也〔二五〕。

方等法華經五卷。

東晉沙門支道根譯。第四譯。

右三經，同本，兼及添品，前後六譯，三存三闕。

佛以三車唤經一卷。

吴月支優婆塞支謙譯。

右一經，出法華經中，異譯，應是譬喻品。

古維摩詰經二卷。

後漢臨淮沙門嚴佛調譯。第一譯。

異毗摩羅詰經三卷。祐云異維摩結經〔二六〕。或作「思」字。或二卷。

西晉西域優婆塞竺叔蘭譯。第三譯〔二七〕。

維摩詰所説法門經一卷。或云維摩詰經。

西晉三藏竺法護譯。第四譯。謹按僧祐録中，更有删維摩詰經一卷，亦云竺法護譯，下注云：「祐意謂先出維摩繁重，護删出逸偈也。」今意與前無〔二八〕異，故不別存。又周録中，更有毗摩羅詰經二卷，亦云吴黄武年支謙譯。出長房録。檢長房録，無此經名，周録誤也。

維摩詰經四卷。

東晉西域三藏祇多蜜譯。第五譯。

右四經，同本，前後七譯，三存四闕。其西〔二九〕晉沙門支敏度合一支兩竺三本共爲五卷者，以非別翻，又闕其本，故不存之。

大方等頂王經一卷。

姚秦三藏鳩摩羅什譯。第二譯。

右一經，前後四譯，三存一闕。

閑居經十卷。

西晉三藏竺法護譯。第一譯。

悲華經十卷。

北涼沙門釋道龔譯。第三譯。

右二經，同本，前後四譯，二存二闕。

佛昇忉利天爲母説法經一卷。

宋罽賓三藏曇摩蜜多譯。第三譯〔三〇〕。

右一經，前後三譯，二存一闕。

大乘寶雲經八卷。

陳扶南國沙門須菩提譯。第二譯。

右一經，前後三譯，二存一闕。

等集三昧經一卷。

西晉河内沙門白法祖〔三一〕譯。第二譯。

右一經，前後三譯，二存一闕。

持人菩薩經三卷。

姚秦涼州沙門竺佛念譯。第二譯。

右一經，前後三譯，二存一闕。

文殊師利現寶藏經二卷。亦云示現寶藏，或三卷。

西晉安息三藏安法欽譯。第二譯。

文殊師利現寶藏經二卷。

西晉沙門支法度譯。第三譯。

右二經，同本，前後四譯，二存二闕。

楞伽經四卷。

北涼天竺三藏曇無讖譯。第一譯。

右一經，前後四譯，三存一闕。

大方等無相經五卷。一名大方等大雲經，亦云大雲經，或四卷。

姚秦涼州沙門竺佛念譯。第一譯。

右一經，前後兩譯，一存一闕。

諸法無行經一卷。

宋天竺三藏求那跋陀羅譯。第二譯〔三三〕。

右一經，前後三譯，二存一闕。

阿闍世王經二卷。
西晉安息三藏安法欽譯。第三譯〔三三〕。
更出阿闍世王經二卷。
西晉三藏竺法護重譯。第四譯。
右竺法護太康七年譯普超經，此後再翻，故題更出。若准安録，但有更出阿闍世王經，無普超三昧。對彼支讖先譯，故云「更出」。祐録之中，二本俱載。
阿闍世經二卷。
姚秦三藏鳩摩羅什譯。第五譯。
右三經，同本，兼放鉢〔三四〕經，前後六譯，三存三闕〔三五〕。
月燈三昧經一卷。出大月燈經第七。
後漢安息三藏安世高譯。第一別譯。
右兼大本，前後三譯，二存一闕。
象腋經一卷。
後漢月支三藏支婁迦讖譯。出法上録，第一譯。
無所希望經一卷。

東晉西域三藏祇多蜜譯。第三譯。

右二經，同本，前後四譯，二存二闕〔三六〕。

上金光首經一卷。

前涼月支優婆塞支施崙譯。出首楞嚴後記。第二譯〔三七〕，新編入。

右一經，與大浄法門經等同本，前後三譯，二存一闕。

阿彌陀佛偈一卷。

失譯。在後漢録，第一譯。

右與後出阿彌陀偈同本，前後兩譯，一存一闕。

觀無量壽佛經一卷。

宋罽賓三藏曇摩蜜多譯。出寶唱録，第二譯。

右一經，前後兩譯，一存一闕。

小無量壽經一卷。一名阿弥陀經，或無「小」字。

宋天竺三藏求那跋陀羅譯。第三譯。

右與阿弥陀經等同本，前後三譯，二存一闕。大周入藏録中有小無量壽經，其文乃與阿弥陀不異，故爲闕本。

弥勒成佛經一卷。一名弥勒當來下生經，十七紙。

西晉三藏竺法護譯。第一譯。

右一經，前後兩譯，一存一闕。

弥勒當來生經一卷。

僧祐録云安公録中失譯經〔三八〕。今附西晉録，第一譯。

弥勒作佛時事經一卷。祐録無「事」字。

失譯。出寶唱録，八紙。今附東晉録，第二譯。

弥勒下生經一卷。

梁天竺三藏真諦譯。第五譯。

右三經，同本，前後六譯，三存三闕。

諸法勇王經一卷。

後漢月支三藏支婁迦讖譯。出法上録，第一譯。

右一經，前後三譯，二存一闕。

權方便經一卷。

吴天竺三藏康僧會譯。第一譯。

樂瓔珞莊嚴方便經一卷。一名大乘瓔珞莊嚴經，亦名轉女身菩薩經。

宋沙門法海譯。第四譯。

右二經同本，前後四譯，二存二闕。長房等録中，竺法護譯順權方便經二卷，又譯隨權女經二卷。其順權方便經下又注云：「亦名順權女經。」今以「隨權」、「順權」二義相似故，僧祐録云隨權女經，別録所載，安録中無，故知即〔三九〕順權經是。多是諸家造録，名差誤耳。隨權女經，今删不立。

睒本起經一卷。一名睒經，出六度經。

姚秦三藏鳩摩羅什譯。第三譯。

右兼六度本經，前後四譯，三存一闕。

無字寶篋經一卷。

元魏天竺三藏佛陀扇多譯。第二譯。

右一經，前後四譯，三存一闕。

失利越經一卷。

僧祐録云安公録中失譯經。今附西晉録，第二譯。

右一經，與月光童子經等同本，前後四譯，三存一闕。

長者子誓經一卷。

曹魏失譯。第二譯〔四〇〕。

菩薩誓經一卷。

宋居士沮渠京聲譯。第五譯。

右二經，同本，前後五譯，三存二闕。

犢牛經一卷。一云犢子經。

東晉西域沙門竺曇無蘭譯。第三譯。

浮光經一卷。或作「乳光」。

東晉西域三藏祇多蜜譯。第四譯。

右二經，同本，前後四譯，二存二闕。

不莊校女經一卷。

吴月支優婆塞支謙譯。第一譯。

腹中女聽經一卷。

蕭齊沙門釋法化誦出。第五譯。

右二經，同本，前後五譯，三存二闕。

十二因緣經一卷。亦云聞城十二因緣。

後漢安息三藏安世高譯。第一譯。

聞城十二因緣經一卷。

後漢西域三藏支曜譯。第二譯。

十二因緣經一卷。亦云貝多樹下思惟十二因緣。

西晉三藏竺法護譯。第四譯。

十二因緣經一卷。

蕭齊天竺三藏求那毗地譯。第五譯。

右四經，同本，前後六譯，二存四闕。其聞城經，藏中雖有，其文即與貝多樹下經同。又有十二因緣經一卷，乃出增一阿含第四十六卷。故此二經，不寫入藏，別求異本。

異了本生死經一卷。

僧祐緣云安公録中失譯經。今附西晉録。

右一經，前後三譯，二存一闕。

如來獨證自誓三昧經一卷。

東晉西域三藏祇多蜜譯。第三譯。

右一經，前後三譯，二存一闕。

八吉祥經一卷。

宋天竺三藏求那跋陀羅譯。第三譯。

右一經，前後五譯，四存一闕。

不空羂索呪心經一卷。

大唐天后代天竺三藏菩提流志譯。出大周録，第三譯。

右一經，新舊廣略，揔經四譯，三存一闕。

大孔雀王神呪經一卷。

東晉西域三藏帛尸梨蜜多羅譯。第一譯。

孔雀王雜神呪經一卷。

東晉西域三藏帛尸梨蜜多羅譯。第二譯〔四一〕。

孔雀王呪經一卷。

東晉西域沙門竺曇無蘭譯。第三譯。

右三經，同本，前後八譯，五存三闕。前六本略，後二本廣。其尸梨蜜再出雜神呪〔四二〕，應是異本。既未覩其經，難爲揩定。

無端底持經一卷。舊録云「揔持」。

魏吴失譯。第二譯〔四三〕。

阿難目佉經一卷。

西晉安息三藏安法欽譯。第三譯。

無量破魔陀羅尼經一卷。

西晉河内沙門白法祖譯。第四譯。

右三經，同本，前後十一譯，八存三闕。

無崖際持法門經一卷。

宋天竺三藏求那跋陀羅譯。第二譯。

右一經，前後三譯，二存一闕。

陀羅尼章句經一卷。祐無「章」字。

東晉失譯。第三譯。

右一經，與持句神呪經等同本，前後四譯，三存一闕。

離垢淨光陀羅尼經一卷。

大唐天后代于闐三藏實叉難陀譯。新編入録，第一譯。

右一經，前後兩譯，一存一闕。

請觀世音經一卷。
姚秦三藏鳩摩羅什譯。第一譯。
右一經，前後兩譯，一存一闕。
内藏經一卷。或云内藏百品經，或云内藏百寶經。
後漢安息三藏〔四四〕安世高譯。第二譯。
右一經，前後兩譯，一存一闕。
温室洗浴衆僧經一卷。或云温室經。
西晉三藏竺法護譯。第二譯。
右一經，前後兩譯，一存一闕。
叉須賴經一卷。或無「叉」字。
曹魏西域三藏白延譯。第一譯。
須賴經一卷。或名須賴菩薩經。
吴月支優婆塞支謙譯。第二譯。
貧子須賴經一卷。
宋天竺三藏求那跋陀羅譯。第四譯。

右三經，同本，前後四譯，一存三闕。

道樹三昧經二卷。安録云一卷。即應私呵昧經是。

失譯。出支敏度録。今附東晉録，第二譯。

右一經，與私呵三昧〔四五〕經同本，前後兩譯，一存一闕。又長房等録，吴代康僧會注道樹經一卷。今以僧會注者即是支謙所翻，此之注經，不可爲翻譯之數者〔四六〕。

菩薩所生地經一卷。一名摩竭所問。

乞伏秦沙門釋聖堅譯。第二譯。

右一經，前後兩譯，一存一闕。大周入藏録有，今尋求未獲。

四不可得經一卷。或無「可」字。

後漢安息三藏安世高譯。第一譯。

右一經，前後兩譯，一存一闕。

梵女首意經一卷。

宋沙門釋勇公譯。第二譯。

右一經，前後兩譯，一存一闕。

光明三昧經一卷。

後漢月支三藏支婁迦讖譯。出僧祐録，第一譯。

右一經，與成具光明定意經同本，前後兩譯，一存一闕。

寶網經一卷。

姚秦三藏鳩摩羅什譯。第二譯（四七）。

右一經，前後兩譯，一存一闕。

菩薩緣身五十事經一卷。

西晉清信士聶道真譯。第二譯。

右一經，前後兩譯，一存一闕。

菩薩修行經一卷。

吴月支優婆塞支謙譯。第一譯。

菩薩修行經一卷。一名長者威施所問菩薩修行經，一名長者修行經。

曹魏西域三藏白延譯。第二譯。

右二經，同本，前後三譯，一存二闕。

福田經一卷。一名（四八）諸德福田經。

西晉沙門釋法炬譯。第二譯。

右一經，前後兩譯，一存一闕。

大方等如來藏經一卷。一名佛藏方等經。

西晉沙門法立共法炬譯。第一譯。

大方等如來藏經一卷。

西晉河内沙門白法祖譯。第二譯。

右二經，同本，前後三譯，一存二闕。

佛語經一卷。

周宇文氏天竺三藏闍那崛多譯。第二譯。

右一經，前後兩譯，一存一闕。

金色王經一卷。

元魏天竺三藏曇摩流支譯。第一譯。

右一經，前後兩譯，一存一闕。

演道俗業經一卷。一云無「業」字。

吴月支優婆塞支謙譯。第一譯。

右一經，前後兩譯，一存一闕。

百佛名經一卷。
西晉三藏竺法護譯。第一譯。
右一經，前後兩譯，一存一闕。
稱揚諸佛功德經三卷。一名集華。
姚秦三藏鳩摩羅什譯。第一譯。
現在佛名經三卷。一名華敷現在佛名。
宋天竺三藏求那跋陀羅譯。第二譯。
右二經，同本，前後三譯，一存二闕。藏中一本，合是元魏代譯，中有「晉言」之字，未詳所以。
須真天子經一卷。
北涼天竺三藏曇無讖譯。第二譯。
右一經，前後兩譯，一存一闕。
大摩耶經一卷。或無「大」字，或二卷。
後漢西域三藏支曜譯。第一譯。
右一經，前後兩譯，一存一闕。
除災患經一卷。

曹魏西域三藏白延譯。第一譯。

右一經，前後兩譯，一存一闕。

孛本經二卷。

後漢月支三藏支婁迦讖譯。第一譯。

孛經一卷。

乞伏秦沙門釋聖堅譯。第三譯。

右二經，同本，前後三譯，一存二闕。

光世音大勢至受決經一卷。亦云觀世音受記。

西晉三藏竺法護譯。第一譯。

觀世音受記〔四九〕經一卷。

西晉清信士聶道真譯。第二譯。

右二經，同本，前後三譯，一存二闕。

海龍王經四卷。或加「新」字。

北涼天竺三藏曇無讖譯。第二譯。

右一經，前後兩譯，一存一闕。

首楞嚴經二卷。或三卷。

後漢月支三藏支婁迦讖譯。第一譯。

方等首楞嚴經二卷。

吴月支優婆塞支謙譯。第二譯。

蜀首楞嚴經二卷。似蜀土出。

曹魏失譯。第三譯。

後出首楞嚴經二卷。

曹魏失譯。第四譯。

首楞嚴經三卷。

曹魏西域三藏白延譯。第五譯。

勇伏定經二卷。安公云：「更出首楞嚴〔五〇〕。」

西晉三藏竺法護譯。第六譯。又僧祐、長房等録，竺法護更有首楞嚴經二卷。今以首楞嚴與勇伏定梵晉名異，二經不殊。故勇伏定經後記云：「元康元年四月九日燉煌菩薩支法護手執梵經，口出首楞嚴三昧〔五一〕，優婆塞聶承遠筆受。」以此證知，首楞嚴經與勇伏定不合分二。賢劫經亦然。首楞嚴經今廢不立。經後記言支法護者，據其本姓耳。

首楞嚴經二卷。
西晉西域優婆塞竺叔蘭譯。第七譯。
首楞嚴經二卷。
前涼月支優婆塞支施崙譯。出首楞嚴後記。第八譯，新編入録〔五二〕。
右八經，同本，前後九譯，第九本存，前八並闕。又按〔五三〕祐、房等録，西晉惠帝代沙門支敏度合兩支兩竺四本經共爲一部八卷者，既非梵本別翻，不合入傳譯正數，故不別存也。
普賢觀經一卷。一名觀普賢菩薩〔五四〕。
東晉西域三藏祇多蜜譯。第一譯。
觀普賢菩薩經一卷。
姚秦三藏鳩摩羅什譯。第二譯。
右二經，同本，前後三譯，一存二闕。
藥王藥上菩薩觀經一卷。
後漢安息三藏安世高譯。第一譯。
右一經，前後兩譯，一存一闕。
無思議光孩童菩薩經一卷。亦名〔五五〕無思議孩童經，亦名無思議兒〔五六〕經。舊録直云孩童經。

西晉三藏竺法護譯。第一譯。

右一經，前後兩譯，一存一闕。

十地斷結經八卷。或云「十住」，或四卷。

後漢天竺三藏竺法蘭於白馬寺譯。第一譯。

右一經，前後兩譯，一存一闕。又長房等録，竺佛念復譯十地斷結經十卷者，誤也，即十住斷結經是。「地」之與「住」，其義大同。僧祐録中，但有一本。今依祐録爲正。

諸佛要集經二卷。

西晉清信士聶道真譯。第二譯。

右一經，前後兩譯，一存一闕。

未曾有因緣經二卷。

姚秦三藏鳩摩羅什譯。出法上録，第一譯。

右一經，前後兩譯，一存一闕。

瓔珞經十二卷。一名現前報，或十四卷。

東晉西域三藏祇多蜜譯。第二譯。

右一經，前後兩譯，一存一闕。

超日明三昧經二卷。或直云超日明經，或三卷。

西晉三藏竺法護譯。第一譯。

右一經，前後兩譯，一存一闕。

賢劫經七卷。亦名賢劫定意，亦名賢劫三昧。祐録云新賢劫經。

姚秦三藏鳩摩羅什譯。第二譯。

右一經，前後兩譯，一存一闕。又長房等録，竺法護經中更有颰陁劫三昧經七卷。今詳此名，録家誤也。「颰陁」與「賢」，梵晉異耳，故賢劫經初云颰陁劫三昧經，晉曰賢劫定意。祐録之中，但有一本，存爲二經，誤之甚也，今合爲一也。

賢劫千佛名經一卷。

後漢〔五七〕失譯。房云：「唯有佛名，與曇無蘭所出四諦經千佛名異。」

右一佛名，出賢劫經中，異譯，闕本。

净度三昧經一卷。

宋沙門釋智嚴譯。第一譯。

净度三昧經二卷。

宋沙門釋寶雲譯。第二譯。

淨度三昧經三卷。
宋天竺三藏求那跋陀羅譯。第三譯。
淨度三昧經一卷。
元魏昭玄統釋曇曜譯。第四譯。
右四經，同本異譯，並闕。大周入藏録中有淨度三昧經三卷，尋其文詞踈淺，義理差違，事涉人謀，難爲聖典，故編疑録，別訪真經。
思意經一卷。亦云益意經。
後漢臨淮沙門嚴佛調譯。第一譯。
益意經三卷。
東晉三藏康道和譯。第二譯。
右二經，同本異譯，並闕。長房等録，並云蕭齊僧法尼譯益意經二卷者，多是録家相傳誤也。其南齊末年，大學博士江泌女小而出家，名爲僧法，閉目誦出二十一部，凡三十五卷，於中有益意經二卷。長房以爲熏習有由，編在正録。諸録以非梵本傳譯，置在僞中，存此一經，恐爲〔五八〕乖也。其名或云僧法尼，或云尼僧法，此之「尼」字，或上或下，故使然也。祐是齊人，録中不載，故知餘録並誤。周〔五九〕入藏中有益意經兩卷，尋其文義，亦涉人謀〔六〇〕。下卷初有一紙半許，文與前卷末文句全同。其益意菩薩，兩重受記，名字國土，各異不同。諸經之中，皆無此類。故編疑品，更訪真經。

照明三昧經一卷。

西晉三藏竺法護譯。第一譯。

照明三昧經一卷。

東晉西域三藏祇多蜜譯。第二譯。

右二經，同本異譯，並闕。

惟明二十偈經一卷。或無「經」字。

吴月支優婆塞支謙譯。第一譯。

惟明二十偈經一卷。或無「經」字。

西晉三藏竺法護譯。第二譯。

右二經，同本異譯，並闕。

空浄天感應三昧經一卷。亦云空浄三昧經。

後漢安息三藏安世高譯。第一譯。

空浄三昧經一卷。亦云空浄天感應三昧經。

宋沙門釋勇公譯。第二譯。

右二經，同本異譯，並闕。

法滅盡經一卷。亦云空寂菩薩所問，亦云法没盡。

吴月支優婆塞支謙譯。第一譯。

法没盡經一卷。或云空寂菩薩所問，或云法滅盡。

西晉三藏竺法護譯。第二譯。

右二經，同本異譯，並闕。

從蜀普曜經下一百三十一〔六一〕部，二百五十三〔六二〕卷，除五大部外，諸重譯經闕本。

校勘記

〔一〕此故不存：高麗藏本作「故不存也」。

〔二〕第三譯：原作「第二譯」，據高麗藏本改。

〔三〕吴品經：原作「吴小品經」，據高麗藏本改。

〔四〕白延：高麗藏本作「帛延」。下同。

〔五〕亦云：永樂北藏、嘉興藏、清藏、四庫本作「亦名」。

〔六〕樂土樂經：高麗藏本作「樂佛土樂經」。

〔七〕一名：永樂北藏、嘉興藏、清藏、四庫本作「亦名」。

〔八〕第二譯：高麗藏本作「第三譯」。
〔九〕第二譯：原作「第三譯」，據高麗藏本校改。
〔一〇〕竺法護：永樂北藏、嘉興藏、清藏本誤作「竺法譯」。據前新道行經後子注體例，應是漏一「護」字。
〔一一〕第三譯：原作「第二譯」，據高麗藏本改。
〔一二〕譯：嘉興藏本無。
〔一三〕藏中：高麗藏本作「在藏」。
〔一四〕三卷：高麗藏本作「五卷」，四庫本作「三藏」。
〔一五〕大方：高麗藏本作「方」。
〔一六〕一卷：高麗藏本作「二卷」。
〔一七〕菩薩十住：高麗藏本作「菩薩十住經」。
〔一八〕第三譯：原作「第二譯」，據高麗藏本改。
〔一九〕大般泥洹經：原作「大般泥涅經」，據高麗藏、永樂南藏、永樂北藏、嘉興藏、清藏、四庫本改。
〔二〇〕蜀：永樂北藏、嘉興藏、清藏、四庫本無。
〔二一〕或四卷：高麗藏本作「或五卷」。
〔二二〕二在：高麗藏本作「二存」。
〔二三〕第二譯：原作「第一譯」，據高麗藏本改。
〔二四〕長房録：高麗藏本作「長房等録」。

〔二五〕誤也：嘉興藏本誤作「語也」。

〔二六〕經：高麗藏本無。

〔二七〕第三譯：嘉興藏本作「第二譯」。

〔二八〕無：原無，據高麗藏本補。

〔二九〕西：嘉興藏本誤作「曰」。

〔三〇〕第三譯：普寧藏本作「第二譯」。

〔三一〕白法祖：高麗藏本作「帛法祖」。

〔三二〕第二譯：資福藏本作「第三譯」。

〔三三〕第三譯：嘉興藏、四庫本作「第二譯」。

〔三四〕鉢：原作「本」，據高麗藏、資福藏本改。

〔三五〕三闕：永樂南藏本作「二闕」。

〔三六〕二闕：原作「一闕」，據高麗藏、永樂北藏、嘉興藏、清藏、四庫本改。

〔三七〕第二譯：原作「第一譯」，據高麗藏、資福藏、嘉興藏、清藏、四庫本改。

〔三八〕經：原無，據高麗藏本補。

〔三九〕即：高麗藏本作「即是」。

〔四〇〕第二譯：原作「第二本」，據高麗藏本改。

〔四一〕第二譯：原作「第一譯」，據高麗藏本改。

〔四二〕雜神呪：高麗藏、永樂北藏、嘉興藏、清藏、四庫本作「雜神呪經」。
〔四三〕第二譯：永樂北藏、嘉興藏、四庫本作「第三譯」。
〔四四〕藏：嘉興藏本無。
〔四五〕三昧：高麗藏本作「昧」。
〔四六〕者：高麗藏本無。
〔四七〕第二譯：高麗藏本作「第三譯」。
〔四八〕一名：高麗藏本作「一云」。
〔四九〕受記：高麗藏、資福藏本作「授記」。
〔五〇〕首楞嚴：高麗藏本作「首楞嚴經」。
〔五一〕首楞嚴三昧：高麗藏本作「首楞嚴三昧經」。
〔五二〕録：原無，據高麗藏本補。
〔五三〕按：高麗藏本作「檢」。
〔五四〕觀普賢菩薩：高麗藏本作「觀普賢菩薩經」。
〔五五〕亦名：永樂北藏、嘉興藏、四庫本作「亦云」。
〔五六〕皃：原作「光」，據高麗藏本改。
〔五七〕後漢：原作「漢後」，據高麗藏、永樂南藏、永樂北藏、嘉興藏、清藏、四庫本校改。
〔五八〕爲：高麗藏本作「將」。

〔五九〕周：原作「同」，據高麗藏本改。
〔六〇〕謀：高麗藏本作「疑」。
〔六一〕一百三十一：永樂北藏、嘉興藏、清藏、四庫本作「一百二十一」。
〔六二〕二百五十三：原作「二百五十二」，據高麗藏本改。

大乘經單譯闕本，二百八部，三百一十七卷。

大方便報恩經一卷。
後漢月支三藏支婁迦讖譯。

卒逢賊結衣帶呪經一卷。
後漢安息三藏安世高譯。

呪賊經一卷。一名〔一〕除辟賊害呪。祐録更有一本呪賊經。
後漢安息三藏安世高譯。

十四意經一卷。一名菩薩十四意經。
後漢安息三藏安世高譯。

七佛神呪經一卷。云與「結縷」者異本，或無「經」字。祐録更有一〔二〕本，名與此同。

吴月支優婆塞支謙譯。

摩訶精進經一卷。一名大精進經。

吴月支優婆塞支謙譯。

十二門大方等經一卷。

吴月支優婆塞支謙譯。

佛從上所行三十偈經一卷。或無「經」字。

吴月支優婆塞支謙譯。

菩薩二百五十法經一卷。替大僧戒示孫皓者。或二卷。

吴西域三藏康僧會譯。

諸神呪經三卷。

西晉三藏竺法護譯。

文殊師利菩薩經一卷。

西晉三藏竺法護譯。

小郁伽經一卷。與大郁伽經不同。或作「迦」字。

西晉三藏竺法護譯。

諸方佛名功德經一卷。祐無「功德」字。
西晉三藏竺法護譯。
十方佛名經一卷。祐無「經」字。
西晉三藏竺法護譯。
慈仁問八十種好經一卷。或直云八十種好經。
西晉三藏竺法護譯。
三十二相因緣經一卷。或云菩薩三十二相經。
西晉三藏竺法護譯。
嚴淨定經一卷。一名序世經。
西晉三藏竺法護譯。
寶施女經一卷。一名須摩提法律三昧經。
西晉三藏竺法護譯。
金益長者子經一卷。
西晉三藏竺法護譯。
離垢蓋經一卷。

西晉三藏竺法護譯。

慧明經一卷。

西晉三藏竺法護譯。

衆祐經一卷。

西晉三藏竺法護譯。

三轉日明經一卷。

西晉三藏竺法護譯。

十等藏經一卷。

西晉三藏竺法護譯。

決道俗經一卷。

西晉三藏竺法護譯。

植衆德本經一卷。

西晉三藏竺法護譯。

小法没盡經一卷。

西晉三藏竺法護譯。

猛施經一卷。一名猛施道地經。

西晉三藏竺法護譯。

目連上淨居天經一卷。一云〔三〕出佛本行集，一本無「天」字。

西晉三藏竺法護譯。

惟逮菩薩經一卷。

西晉河内沙門白法祖譯。

檀持陀羅尼經一卷。

西晉河内沙門白法祖譯。

如來興顯經一卷。

西晉河内沙門白法祖譯。

善權經一卷。

西晉河内沙門白法祖譯。

海龍王經一卷。

西晉河内沙門白法祖譯。

持心梵志經一卷。

西晉河内沙門白法祖譯。

諸經菩薩名經二卷。

西晉沙門釋法炬譯。

正意經一卷。房録注云：「第二出。」未詳初出〔四〕何者是。

西晉沙門釋法炬譯。

明帝釋施經一卷。

西晉沙門釋法炬譯。

寂音菩薩願經一卷。

西晉清信士聶道真譯。

菩薩求五眼〔五〕法經一卷。祐無「經」字，或云「五眼文」。

西晉清信士聶道真譯。

菩薩道行六法經一卷。

西晉清信士聶道真譯。

菩薩初地經一卷。

西晉清信士聶道真譯。

菩薩十道地經一卷。

西晉清信士聶道真譯。

文殊師利與離意女論。議極似維摩經一卷。

西晉清信士聶道真譯。

菩薩雜行法一卷。

西晉清信士聶道真譯。

菩薩所行四法一卷。

西晉清信士聶道真譯。

菩薩宿命經一卷。

西晉清信士聶道真譯。

七〔六〕佛所結麻油述呪經一卷。祐失譯録重載兩本，一云異本。

東晉西域沙門竺曇無蘭譯。

大神母結誓呪經一卷。

東晉西域沙門竺曇無蘭譯。

伊洹法願神呪經一卷。

東晉西域沙門竺曇無蘭譯。

解日厄神呪經一卷。

東晉西域沙門竺曇無蘭譯。

六神名神呪經一卷。

東晉西域沙門竺曇無蘭譯。

檀持羅麻油述神呪經一卷。

東晉西域沙門竺曇無蘭譯。

麻油述呪經一卷。

東晉西域沙門竺曇無蘭譯。

摩尼羅亶神呪案摩經一卷。

東晉西域沙門竺曇無蘭譯。

醫王惟樓延神呪經一卷。一名阿難所問醫王惟樓延神呪經。

東晉西域沙門竺曇無蘭譯。

龍王呪水浴經一卷。

東晉西域沙門竺曇無蘭譯。

十八龍王神呪經一卷。
東晉西域沙門竺曇無蘭譯。
請雨呪經一卷。
東晉西域沙門竺曇無蘭譯。
止雨呪經一卷。
東晉西域沙門竺曇無蘭譯。
嚫水經一卷。
東晉西域沙門竺曇無蘭譯。
幻師阿夷鄒神呪經一卷。大周入藏録有，今闕。
東晉西域沙門竺曇無蘭譯。
呪水經一卷。
東晉西域沙門竺曇無蘭譯。
藥呪經一卷。
東晉西域沙門竺曇無蘭譯。
呪毒經一卷。

東晉西域沙門竺曇無蘭譯。

呪時氣病經一卷。

東晉西域沙門竺曇無蘭譯。

呪小兒經一卷。

東晉西域沙門竺曇無蘭譯。

呪齒經一卷。更有一本名與此同，云異出本。一云虫齒，二云齲齒。

東晉西域沙門竺曇無蘭譯。

呪牙痛經一卷。更有一本，名與此同，云異出本。或作「齒痛」。

東晉西域沙門竺曇無蘭譯。

呪眼痛經一卷。

東晉西域沙門竺曇無蘭譯。

五眼文經一卷。今疑是聶道真所出菩薩求五眼法異名。

東晉西域沙門竺曇無蘭譯。

浄六波羅蜜經一卷。

東晉天竺三藏佛陀跋陀羅譯。

禪經四卷。
東晉西域三藏祇多蜜譯。
法没盡經一卷。
東晉西域三藏祇多蜜譯。
菩薩普處經三卷〔七〕。
姚秦涼州沙門竺佛念譯。
善信摩訶神呪經二卷。
姚秦三藏鳩摩羅什譯。
持地經一卷。
姚秦三藏鳩摩羅什譯。
觀佛三昧經一卷。
姚秦三藏鳩摩羅什譯。
差摩經一卷。今疑與差摩婆帝受記經同本。
姚秦罽賓三藏曇摩耶舍於晉代譯。
功德寶光菩薩經一卷。

北涼天竺三藏曇無讖譯。
無憂王經一卷。
宋天竺三藏求那跋陀羅譯。
本〔八〕行六波羅蜜經一卷。
宋天竺三藏求那跋陀羅譯。
中陰經一卷。
宋居士沮渠京聲譯。
觀世音觀經一卷。
宋居士沮渠京聲譯。
海意經七卷。
宋天竺三藏竺法眷譯。
如來恩智不思議經五卷。
宋天竺三藏竺法眷譯。
寶頂經五卷。
宋天竺三藏竺法眷譯。

三蜜底耶經一卷。宋名賢人用律經。

宋天竺三藏竺法眷譯。

觀世音懺悔除罪呪經一卷。

蕭齊西域三藏達磨摩提譯。

菩薩四法經一卷。

元魏婆羅門瞿曇般若流支譯。

寶意猫兒經一卷。

元魏婆羅門瞿曇般若流支譯。

佛頂呪經并功能一卷。

周宇文氏天竺三藏闍那耶舍等譯。

右一經，大周録中編爲重譯，云與佛頂尊勝經同本。今以佛頂部中呪法極廣，未覩其經，不可懸配，故爲單本也。

金色仙人問經二卷。

周宇文氏天竺三藏闍那崛多譯。

諸佛護念經十卷。

隋天竺三藏闍那崛多譯〔九〕。

阿吒那智呪經〔一〇〕一卷。此一經名，出續高僧傳〔一一〕。

大唐天竺三藏那提龍朔年慈恩寺譯。周録中遺，今新編入〔一二〕。

妙德婆羅門女問佛轉何法輪經一卷。今疑有德女所問大乘經即是。新編入録〔一三〕。

大唐天后代天竺三藏菩提流志譯。新編入録。

智猛長者問經一卷。

大唐天后代天竺三藏菩提流志譯。新編入録。

佛入毗耶離除一切鬼病經一卷。

大唐天后代天竺三藏菩提流志譯。新編入録。

那耶經一卷。

大唐天后代天竺三藏菩提流志譯。新編入録。

大陀羅尼經一卷。

大唐天后代天竺三藏菩提流志譯。新編入録。

文殊師利呪法藏經一卷〔一四〕。今疑是重譯。

大唐天后代天竺三藏菩提流志譯。新編入録。

一字呪王經一卷。今疑與前呪法藏經共是一經。

大唐天后代天竺三藏菩提流志譯。新編入録。

無迦略曳菩薩造廣大摩尼秘密善住經一卷。

大唐天后代天竺三藏菩提流志譯。新編入録。

菩薩出生四法經一卷。今有一本，外題出生四法，内是修行四法。

大唐天后代于闐三藏實叉難陀譯。新編入録。

梵本經四卷。似長安中出。舊云「胡本」。

後漢失譯。

泥洹後千歲變記經四卷。一名千歲變經，祐録云一卷。

後漢失譯。

諸經佛名二卷。今疑不思議功德經是。

後漢失譯。

三千佛名經一卷。

後漢失譯。

稱揚百七十佛名經一卷。亦直名〔一五〕百七十佛名經〔一六〕，今疑出稱揚功德經。

後漢失譯。

南方佛名經一卷。舊云一名治城寺經者，誤也〔一七〕。

後漢失譯。

滅罪得福佛名經一卷。

後漢失譯。

觀世音所説行法經一卷。是呪經。

後漢失譯。

薩陀波崙菩薩求深般若圖像經一卷。

後漢失譯。

受持佛名不墮惡道經一卷。

後漢失譯。

五龍呪毒經一卷。

後漢失譯。

取血氣神呪一卷。舊録云血呪。

後漢失譯。

呪賊呪法一卷。異本。

後漢失譯。

七佛安宅神呪經一卷。

後漢失譯。

阿惟越致轉經十八卷。

魏吴失譯。

摩訶乘經十四卷。或云「摩訶衍」。

魏吴失譯。

摩訶衍優波提舍經五卷。

魏吴失譯。

三昧王經五卷。

魏吴失譯。

梵王請問經五卷。

魏吴失譯。

佛從兜率降中陰經四卷。

魏吴失譯。

四天王經四卷。房云疑一部四本。

魏吴失譯。

魔王請問經四卷。

魏吴失譯。

釋提桓因所問經三卷。

魏吴失譯。

大梵天王請轉法輪經三卷。

魏吴失譯。

法華光瑞菩薩現壽經三卷。今疑抄正法華。

魏吴失譯。

普賢菩薩答難二千經三卷。今疑抄度世品〔一八〕。

魏吴失譯。

梵天王請佛千首經二卷。又大梵天王經二卷似此。

魏吴失譯。

菩薩常行經一卷。
魏吴失譯。
熒火六度經一卷。舊録有明度經一卷，亦名〔一九〕熒火明度經。
魏吴失譯。
内禪波羅蜜經一卷。
魏吴失譯。
六波羅蜜經一卷。
魏吴失譯。
大揔持神呪經一卷。或無「神」字。
魏吴失譯。
方等陀羅尼經一卷。
西晉失譯。
寶嚴經一卷。
西晉失譯。
五福德經一卷。亦直云五福經。

西晉失譯。

内藏大方等經一卷。今疑是佛藏大方等經。

僧祐録云安公失譯經。附西晉録。

小阿闍世經一卷。

僧祐録云安公失譯經。附西晉録。

小須〔二〇〕賴經一卷。

僧祐録云安公失譯經。附西晉録。

目佉經一卷。安公云出方等部。今疑是阿難目佉經。

僧祐録云安公失譯經。附西晉録。

菩薩道地經一卷。安公云出方等部。

僧祐録云安公古典經。今附漢録。

菩薩本行經一卷。

僧祐録云安公關中異經。今附秦録。

大珍寶積惟日經一卷。

僧祐録云安公關中異經。今附秦録。

墮迦羅問菩薩經一卷。
僧祐録云安公關中異經。今附秦録。
菩薩等行經一卷。
僧祐録云安公涼土異經。今附涼録。
四無畏經一卷。
僧祐録云安公涼土異經。今附涼録。
權變經一卷。舊録云文殊師利權變三昧經，或直云權變三昧經。
僧祐録云安公涼土異經。今附涼録。
十漚和經一卷。
僧祐録云安公涼土異經。今附涼録。
七言禪利經一卷。舊録云漚和七言禪利經。
僧祐録云安公涼土異經。今附涼録。
菩薩十漚和經一卷。今疑與前十漚和同。
僧祐録云安公涼土異經。今附涼録。
大忍辱經十卷〔二〕。

北涼失譯。
金輪王經一卷〔三三〕。
北涼失譯。
賢劫五百佛名一卷。
北涼失譯。
十方佛名經一卷。一本作「千方」，疑錯。
華嚴淨經一卷。
三十七品經一卷。祐載兩本，並云異出。今且存一。
七佛各説偈一卷。
乳王如來經一卷。或云乳王經。今疑與乳光佛經同本。
現在十方佛名經一卷。
過去諸佛名一卷。
千五百佛名一卷。
五百七百佛名經一卷。或云「五百七十」。
觀世音成佛經一卷。

文殊因緣經一卷。
文殊本願經一卷。
文殊觀經一卷。
弥勒須河經一卷。
導師問佛經一卷。
颰陁菩薩百二千難經一卷。
持身菩薩經一卷。或云持身經。
賢首菩薩二百問經一卷。
金剛女菩薩經一卷。
善意菩薩經一卷。
菩薩行喜經一卷。
菩薩從兜率天降中陰經一卷。
菩薩浄本業經一卷。
菩薩初業經一卷。
菩薩四事經一卷。

菩薩十六願經一卷。
菩薩五十德行經一卷。
菩薩教法經一卷。
菩薩正行經一卷。
菩薩出入諸則經一卷。
菩薩母姓字經一卷。
菩薩家姓經一卷。
菩薩比丘經一卷。
菩薩經一卷。今疑本上脱字。
菩薩作六牙象本事經一卷。
菩薩師子王經一卷。
浴像功德經一卷。與新譯者梵本未詳同别。
浴僧功德經一卷。
陀鄰尼目佉經一卷。今疑即是阿難陁目佉尼經。
禮敬諸塔經一卷。

般若波羅蜜偈經一卷。

佛清浄偈經一卷。

太子出國二十偈一卷。

佛十力偈一卷。

十方佛神呪一卷。

四天王神呪一卷。

十二因緣結縷神呪一卷。

摩訶神呪一卷。

移山神呪一卷。

降魔神呪一卷。

威德陀羅神呪一卷。本作「成」字，錯也〔二三〕。

和摩結神呪一卷。

右〔二四〕十方佛名下五十二經，並是梁僧祐録中新集失譯經，今附宋録。從梵本經下失譯諸經，群録之中但題名目〔二五〕，久虧其本，無可披尋。大、小二乘，實難詮定。且粗分判，尚多參涉，幸諸明士，詳而定之。

校勘記

〔一〕一名：高麗藏本作「一云」。

〔二〕一：原無，據高麗藏本補。

〔三〕一云：原作「亦」，據高麗藏本改。

〔四〕初出：高麗藏本作「初本」。

〔五〕眼：高麗藏本作「明」。

〔六〕七：原作「十」，據諸校本改。

〔七〕三卷：高麗藏本作「一卷」。

〔八〕本：原作「大」，據高麗藏本改。

〔九〕譯：高麗藏本作「等譯」。又，此後高麗藏本著録一經，云：「清淨觀世音普賢陀羅尼經一卷。大唐總持寺沙門智通譯。大周入藏中有，今闕。西京縱有，非是本經。」

〔一〇〕智呪經：高麗藏本作「智經」。

〔一一〕此一經名出續高僧傳：續高僧傳卷四那提三藏傳云：「那提三藏，唐曰福生，具依梵言，則云布如烏代邪。以言煩多故，此但訛略而云那提也。本中印度人。（中略）以昔被勅往，理須返命。慈恩梵本，擬重尋研。龍朔三年，還返舊寺。所齎諸經，並爲奘將北出，意欲翻度，莫有依憑，惟譯八曼荼羅、禮佛法、阿吒那智等三經，要約精最，可常行學。」

〔一二〕今新編入：此後高麗藏本有大乘四法經、文殊師利所説不思議佛境界經二經及子注，云：「大乘四法經一卷。大唐永隆元年三藏地婆訶羅譯。大周入藏中有，今闕。」「文殊師利所說不思議佛境界經二卷。

或一卷。大唐天后代三藏菩提流志譯。大周入藏中有，今闕。西京縱有，非是本經。」

〔一三〕新編入録：原無，據高麗藏本補。

〔一四〕一卷：清藏、四庫本作「二卷」。

〔一五〕名：永樂北藏、嘉興藏、四庫本作「云」。

〔一六〕經：高麗藏本無。

〔一七〕者誤也：永樂南藏、永樂北藏、嘉興藏、清藏、四庫本作「有誤」。

〔一八〕今疑抄度世品：高麗藏本無。

〔一九〕亦名：高麗藏本作「一云亦名」，嘉興藏本作「亦明」。

〔二〇〕須：嘉興藏本作「阿」。

〔二一〕十卷：高麗藏本作「一卷」。

〔二二〕一卷：原作「十卷」，據高麗藏本改。

〔二三〕錯也：高麗藏本作「疑錯也」。

〔二四〕右：高麗藏本無。

〔二五〕名目：原作「名曰」，據高麗藏本改。

大乘律闕本，二十二部，二十五卷。

梵網經二卷。或三卷。

後漢西域三藏康孟詳譯。第一譯。

右前後兩譯，一本在藏，一本闕。

菩薩瓔珞本業經二卷〔一〕。

宋沙門釋智嚴譯。第二譯。

瓔珞本業經二卷。一名菩薩瓔珞經。

宋沙門釋道嚴譯。第三譯。

右前後三譯，一本在藏，二本闕。

菩薩戒本一卷。

姚秦三藏鳩摩羅什譯。第一譯。

右前後三譯，二存一闕。

文殊師利浄律經一卷。

西晉清信士聶道真譯。第二譯〔二〕。

右前後四譯，三存一闕。

菩薩齋法經一卷。或無「經」字，一名賢首菩薩齋法經，一名「正齋」，一名「持齋」。

西晉三藏竺法護譯。第一譯。

菩薩正齋經一卷。

東晉西域三藏祇多蜜譯。第三譯。

右與菩薩受齋經同本，前後三譯，一存二闕。

文殊悔過經一卷。亦云〔三〕文殊懺悔經。

姚秦三藏鳩摩羅什譯。第二譯。

右前後兩譯，一存一闕。

舍利弗悔過經一卷。亦直云〔四〕悔過經。

西晉三藏竺法護譯。第二譯。

舍利弗悔過經一卷。

姚秦三藏鳩摩羅什譯。出法上録，第三譯。

右前後三譯，一存二闕。

法律三昧經一卷。

後漢安息三藏安世高譯。出法上録，第一譯。

右前後兩譯，一存一闕。

佛悔過經一卷。
西晉三藏竺法護譯。單本。
菩薩戒獨受壇文一卷。
西晉清信士聶道真譯。單本。
菩薩懺悔法一卷。房録云異出本。
西晉清信士聶道真譯。單本。
離欲優婆塞優婆夷戒文一卷。亦云具行二十二戒文。
東晉西域沙門竺曇無蘭譯。單本。
菩薩戒壇文一卷。亦云優婆塞戒壇文。
北涼天竺三藏曇無讖〔五〕譯。單本。
善信二十二戒一卷。亦云離欲優婆塞優婆夷具行二十二戒文，亦名〔六〕三歸優婆塞戒。
宋罽賓三藏求那跋摩譯。單本。
菩薩受戒法經一卷。祐録無「經」字，房云異出本。
後漢失譯。
受菩薩戒次第十法一卷。

後漢失譯。

菩薩懺悔法一卷。

後漢失譯。

初發意菩薩常晝夜六時行五事一卷。

後漢失譯。

阿惟越致菩薩戒經一卷。舊録無「菩薩」字。

魏吴失譯。

校勘記

〔一〕二卷：高麗藏本作「一卷」。

〔二〕第二譯：嘉興藏本誤作「第二卷」。

〔三〕亦云：高麗藏本作「亦名」。

〔四〕云：嘉興藏本作「云殊」。

〔五〕曇無讖：嘉興藏本作「曇無蘭」。

〔六〕亦名：原作「不名」，據高麗藏本改。

大乘論闕本，二十部，四十八卷。

寶積經論四卷。

元魏天竺三藏勒那摩提譯。第二譯〔一〕。

右前後兩譯，一存一闕。周入藏中有，今尋本未獲。

金剛般若論一卷。莫知造者，單重未悉。

陳天竺三藏真諦譯。

法華論五卷。莫知造者，單重未悉。

大唐三藏義浄譯。新編入録，訪本未獲。

大般涅槃經論一卷。

陳天竺三藏真諦譯。第二譯。

右前後兩譯，一存一闕。已上四部，釋經論。

十七地論五卷。

梁天竺三藏真諦譯。重本。

右與瑜伽論同本異譯，既闕其本，十七地中，未知與何地相應。

中論一卷。未知造者，單重莫悉〔二〕。

梁天竺三藏真諦譯〔三〕。

寶性論四卷。或五卷。

元魏天竺三藏菩提留支譯。第一譯。

右前後兩譯，一存一闕。大周入藏録有，今尋本未獲。

大乘五陰論一卷。婆藪槃豆菩薩造。

失譯。出陳朝大乘寺藏録。第一譯，新附梁録。

右陳録云「陳太建四年五月沙門慧布北將來」，前後兩譯，一存一闕。

方便心論一卷。

東晉天竺三藏佛陀跋陀羅譯。第一譯。

右前後兩譯，一存一闕。

三世分別論一卷。

梁天竺三藏真諦譯。單本。

反質論一卷。今疑即藏中如實論是，故後題云如實論反質難品。

陳天竺三藏真諦譯。單本。

墮負論一卷。

陳天竺三藏真諦譯。單本。

成就三乘論一卷。

陳天竺三藏真諦譯。單本。

正説道理論一卷。

陳天竺三藏真諦譯。單本。

意〔四〕業論一卷。

陳天竺三藏真諦譯。單本。

大〔五〕空論三卷。

陳天竺三藏真諦譯。單本。

五明論合一卷。一、聲論，二、醫方論，三、工巧論，四、呪術論，五、符印論。

周宇文氏天竺沙門攘那跋陀羅譯。單本。

十住論十卷。龍樹菩薩造。

姚秦三藏鳩〔六〕摩羅什譯。單本。

右長房録云：「什公弘始年譯，未訖。」卷末似六度集，見二秦録。陳朝大乘寺藏録云：「一名十住毗婆沙。」今疑即是藏中十住毗婆沙也。

釋般若六字三句論一卷。

大唐天后代南天竺三藏菩提流志譯。新編入録，單本。

集量論四卷。

大唐三藏義浄譯。新編入録。單本。

又法上録云梁太清二年真諦三藏譯攝大乘論二十卷者，此應誤也，多是十二，傳寫者錯。今按長房等録，諦譯攝論在於陳代。梁録既無，故不在〔七〕也。

都計大乘經、律、論闕本者，揔四百五十部，八百七十四卷。

開元釋教録卷第十四別録之四

校勘記

〔一〕第二譯：原作「第三譯」，據高麗藏、四庫本改。

〔二〕莫悉：高麗藏本作「未悉」。

〔三〕譯：嘉興藏本無。

〔四〕意：嘉興藏本作「志」。

〔五〕大：嘉興藏本無。

〔六〕鳩：嘉興藏本無。

〔七〕不在：諸校本作「不存」。

音釋

殆乎：上音寺〔一〕。　祀：音似，年也。　亟：去記反，遽也。　鍾鼎：下音頂。
屢：力句反。　緇徒：上俱思反。　韜：土高反，藏也。　匪：芳尾反，不也。
詎：音巨，豈也。　撫膺：下於陵反。　撫膺，拍胷也。　詢訪：上息旬反，諮也。
濡首：上正作「軟」。　江泌：下音秘。　嚫：初近反。　齲齒：上丘羽反。
曳：羊逝反。　治城：上音稚。　波崙：下郎昆反，亦作「崙」。　漚和：上烏侯反。　粗：才古反，粗略也。　攘：而羊反。

校勘記

〔一〕寺：疑爲「待」。

開元釋教録卷第十五

唐庚午歲西崇福寺沙門智昇撰

别録中有譯無本録之二

小乘經重譯闕本，一百二十五部，二百六十五卷。

中阿含經五十九卷。

符秦天竺三藏曇摩難提譯。第一譯。

右一經，前後兩譯，一本在藏〔一〕，一本闕。

增壹阿含經五十卷。序云四十一卷〔二〕。祐云：「三十三卷，或爲二十四卷〔三〕。」

符秦天竺三藏曇摩難提譯。第一譯。

右一經，前後兩譯，一本在藏〔四〕，一本闕。

鳩摩迦葉經一卷。一名童迦葉解難經。

僧祐録中失譯經。法經録云出中阿含〔五〕第十六卷，異譯本。

童迦葉解難經一卷。亦名〔六〕童迦葉經，祐云出長阿含。

乞伏秦沙門聖堅譯。房云與羅什迦葉同本。什無迦葉經。

右二經，同本異譯，出長阿含第七卷，與蔽宿經同本，其本並闕。

大六向拜經一卷。一名尸迦羅越六向拜經，亦直云六向拜經。

西晉三藏竺法護譯。

右兼長阿含第十一中善生經，前後三譯，二存〔七〕一闕。

佛開解梵志阿颰經一卷。

東晉沙門釋法勇譯。

右兼長阿含第十三中阿摩晝經，前後三譯，二存一闕。

六十二見經一卷。亦云梵網〔八〕六十二見經。

西晉三藏竺法護譯。

右兼長阿含第十四中〔九〕梵動經，前後三譯，二存一闕。

樓炭經六卷。或五卷，或八卷。

西晉三藏竺法護譯。第一譯。

樓〔一〇〕炭經八卷。

西晉沙門釋法炬譯。第三譯。
右兼長阿含第四分中記世經，前後六譯，四存二闕。
道意發行經二卷。房録云出長阿含（一一），或一卷。
後漢安息三藏安世高譯。
大十二門經二卷。或一卷（一二），安公（一三）注解，房録云出長阿含。
後漢安息三藏安世高譯。
小十二門經一卷。房録云出長阿含。安公注解。
後漢安息三藏安世高譯。
七法經一卷。舊録云阿毗曇七法行經，或直云七法行經。房云出（一四）長阿含。
後漢安息三藏安世高譯。
多增道章經一卷。舊録無「道」字，異出十報法。房云出長阿含。
後漢安息三藏安世高譯。
義決律經一卷。或無「經」字，亦云義決律法行經。房云出長阿含。
後漢安息三藏安世高譯。
弥勒經一卷。安公云出長阿含。

僧祐録云安公失譯經。附西晉録。

鳩摩迦葉經下一十四部，二十八卷，並是長含部分闕本。

四諦經一卷。

後漢西域三藏康孟詳譯。

右兼中阿含〔一五〕第七卷中分别聖諦經，前後四譯，二存二闕。

魔王入目犍蘭腹經一卷。亦名〔一六〕弊魔試目連經，舊録云魔王入目連腹中經。

僧祐録云安公古典經。今附漢録。

右兼中含第三十卷中降魔經，前後五譯，三存二闕。

賴吒和羅經一卷。

後漢西域三藏支曜譯。

右兼中阿含〔一七〕第三十一中賴吒和羅經，前後四譯，二存二闕。

威革長者六向拜經一卷。或作「威華」。

東晉西域三藏祇多蜜譯。第二譯。

威革長者六向拜經一卷。

東晉天竺居士竺難提譯。第三譯。

善生子經一卷。亦云異出六向拜經。

宋沙門釋慧簡譯。第四譯。

右兼中阿含第三十三中善生經，前後六譯，二存四闕。

墮藍經一卷。安公云出中阿含。

祐録〔一八〕云安公失譯經。附西晉録。

七事經一卷。安公云出中阿含。

祐録〔一九〕云安公失譯經。附西晉録。

頼吒𧫷羅經一卷。安公云出中阿含。

祐録〔二〇〕云安公失譯經。附西晉録。

右一經，疑與第三十一中頼吒和羅經同本。

歡豫經一卷。法經録云「勸豫」，云出中含第十二。

祐録〔二一〕云安公失譯經〔二二〕。附西晉録。

佛有五百比丘經一卷。安公云出中阿含。

祐録〔二三〕云安公古典經。今附漢録。

凡人有三事愚癡不足經一卷。安公云出中阿含。

祐録〔二四〕云安公古典經。今附漢録。
佛誡諸比丘言我以天眼視天下人生死好醜尊者卑者經一卷。安公云出中阿含。
祐録〔二五〕云安公古典經。今附漢録。
普法義經一卷。亦云普義經。
西晉三藏竺法護譯。第二譯，三譯一闕。
四諦經下一十四部，一十四卷，並是中含部分闕本。
波斯匿王喪母經一卷。或云波斯匿王經，祐云波邪匿王經。
宋居士沮渠京聲譯。
右兼增一本經，前後四譯，二存二闕，出第十八卷。
頻婆娑羅王問佛供養經一卷。
元魏優禪尼國王子月婆首那譯。
右兼增一本經，前後四譯，二存二闕，出第二十六卷。
指髮經一卷。或作指髻經。
東晉西域三藏祇〔二六〕多蜜譯。
右兼增一本經，前後五譯，三存二闕，出第三十一卷。

舍利弗目連遊諸國經一卷。亦云「遊諸四衢」。

西晉三藏竺法護譯。

右兼增一本經，前後四譯，二存二闕，出第四十一卷。

佛母般泥洹經一卷。一名大愛道般泥洹經。

宋居士沮渠京聲譯。

右兼增一本經，前後五譯，三存二闕，出第五十卷。

雜四十四篇經二卷。安公云出增一阿含。或云一卷〔二七〕。

後漢安息三藏安世高譯。

右或云雜經四十四篇，既不顯别名，未詳出何卷中。

百六十品經一卷。舊録云增一阿含百六十章經。

後漢安息三藏安世高譯。

波斯匿王喪母經下七部八卷，並是增一阿含部分闕本〔二八〕。

異處七處三觀經一卷。或無「異處」字，出雜阿含。

宋天竺三藏求那跋陀羅譯。

佛涅槃後諸比丘經一卷。出雜阿含。

宋沙門釋惠簡譯。

自見自知爲能盡結經一卷。
僧祐録云安公古典經。今附漢録。

有四求經一卷。
僧祐録云安公古典經。今附漢録〔二九〕。

佛本行經一卷。
僧祐録云安公古典經。今附漢録。

河中大聚沫經一卷。或云水沫所飄經，或云聚沫譬經。
僧祐録云安公古典經。今附漢録。

便賢者坑經一卷。「坑」字，或作「㧉」。
僧祐録云安公古典經。今附漢録。

所非汝所經一卷。
僧祐録云安公古典經。今附漢録。

兩比丘得割經一卷。
僧祐録云安公古典經。今附漢録。

道德舍利日經一卷。
僧祐録云安公古典經。今附漢録。
舍利日在王舍國經一卷。
僧祐録云安公古典經。今附漢録。
獨居思惟自念止經一卷。
僧祐録云安公古典經。今附漢録。
問所明種經一卷。
僧祐録云安公古典經。今附漢録。
欲從本相有經一卷。或云欲從本經。
僧祐録云安公古典經。今附漢録。
獨坐思惟意中生念經一卷。
僧祐録云安公古典經。今附漢録。
佛説如是有諸比丘經一卷。
僧祐録云安公古典經。今附漢録。
比丘所求色經一卷。

僧祐録云安公古典經。今附漢録。

道有比丘經一卷。

僧祐録云安公古典經。今附漢録。

色爲非常念經一卷。

僧祐録云安公古典經。今附漢録。

安公本録從自見自知下有二十二經，云是阿含一卷，於中五經已備餘〔三〇〕録，不復重載。安公云是阿含一卷者，四種阿含之中而不的指何部，今且附此雜阿含〔三一〕之録。

色比丘念本起經一卷。

僧祐録云安公古典經。今附漢録。

善惡意經一卷。

僧祐録云安公古典經。今附漢録。

比丘一法相經一卷。

僧祐録云安公古典經。今附漢録。

有二力本經一卷。

僧祐録云安公古典經。今附漢録。

有三力經一卷。

僧祐録云安公古典經。今附漢録。

有四力經一卷。

僧祐録云安公古典經。今附漢録。

人有五力經一卷。

僧祐録云安公古典經。今附漢録。

不聞者類相聚經一卷。舊録云類相聚經。

僧祐録云安公古典經。今附漢録。

天上釋爲故世〔三二〕在人中經一卷。或作「無上釋」，錯也。

僧祐録云安公古典經。今附漢録。

爪頭土經一卷。

僧祐録云安公古典經。今附漢録。

身爲無有反復經一卷。

僧祐録云安公古典經。今附漢録。

師子〔三三〕畜生王經一卷。

僧祐録云安公古典經。今附漢録。

阿須倫子婆羅門〔三四〕經一卷。

僧祐録云安公古典經。今附漢録。

婆羅門〔三五〕子名不侵經一卷。

僧祐録云安公古典經。今附漢録。

生聞婆羅門〔三六〕經一卷。舊録云生聞梵志經。

僧祐録云安公古典經。今附漢録。

有㯓竭經一卷。

僧祐録云安公古典經。今附漢録。

署杜〔三七〕乘婆羅門〔三八〕經一卷。

僧祐録云安公古典經。今附漢録。

佛在拘薩國經一卷。

僧祐録云安公古典經。今附漢録。

佛在優墮國經一卷。經作「優隨〔三九〕」。

僧祐録云安公古典經。今附漢録。

是時自梵守經一卷。
僧祐録云安公古典經。今附漢録。
有三方便經一卷。舊録云三方便經，法經録云出七處三觀。
僧祐録云安公古典經。今附漢録。
婆羅門〔四〇〕不信重經一卷。
僧祐録云安公古典經。今附漢録。
佛告舍日經一卷。
僧祐録云安公古典經。今附漢録。
四意止經一卷。舊録云四意止本行經，法經録云出中阿含。
僧祐録云安公古典經。今附漢録。
説人自説人骨不知腐經一卷。
僧祐録云安公古典經。今附漢録。
色比丘念本起經下二十五經，安公云並出雜阿含。
雜阿含三十章經一卷。法經録云出雜阿含，異本。
僧祐録云安公古典經。今附漢録。

右(四二)異處三觀經下四十五部，四十五卷，並是雜阿含部分闕本。

舍(四二)頭諫經一卷。亦云舍頭諫太子明二十八宿經(四三)，亦云太子明星二十八宿經，亦云虎耳經。

後漢安(四四)息三藏安世高譯。第二譯(四五)。

右前後五譯，四存一闕。藏中摩鄧女經是世高譯，今復有舍頭諫經。其摩鄧女與舍頭諫既是同本，不合雙出，今二本俱載，未詳所以。或可此經即是藏中舍(四六)頭諫經法護譯者，録家錯上。

雜藏經一卷。

宋天竺三藏求那跋陀羅譯。第四譯(四七)。

右前後四譯，三存一闕。

弟子慢爲耆域述經一卷。亦云弟子爲耆域述慢或明弟子戲誕經。

宋居士沮渠京聲譯。第四譯。

右與阿難問事佛經等同本，前後四譯，三存一闕。

小本起經二卷。近加「小」字，或云修行本起，或云宿行本起(四八)。

後漢西域三藏支曜譯。第一譯。

太子本起瑞應經二卷。亦云瑞應本起。

後漢外國三藏康孟詳譯。第二譯(四九)。

過去因果經四卷。
東晉天竺三藏佛陀跋陀〔五〇〕羅譯。第三譯。
右前後六譯，三存三闕。
法海藏經一卷。或云法海經。
後漢天竺三藏竺法蘭譯。第一譯。
右前後三譯，二存一闕。
四十二章經一卷。房録云與摩騰譯者少異。
吴月支優婆塞支謙譯。第二譯。
右前後兩譯，一存一闕。
㮈女耆域經一卷。或云㮈女經。
西晉三藏竺法護譯。第二譯。
右前後兩譯，一存一闕。
罪業報應經一卷。
東晉西域沙門竺曇無蘭譯。第二譯。
右前後兩譯，一存一闕。

目連降龍王經一卷。或無「王」字，或云降龍經，或云降龍王經〔五一〕。

宋天竺三藏求那跋陀羅譯。第二譯。

右前後兩譯，一存一闕。

長者音悦經一卷。

宋居士沮渠京聲譯。第二譯。

右前後兩譯，一存一闕。

禪秘要經四卷。或無「經」字。

吴月支優婆塞支謙譯。第一譯。

禪秘要經五卷。一名禪法要，或無「經」字，或三卷。

宋罽賓三藏曇摩蜜多譯。第三譯。

右前後三譯，一存二闕。今有禪秘要經五卷，文極交錯，不可流行，如删繁録中具述。

七女本經一卷。

西晉三藏竺法護譯。第一譯。

七女本經一卷。亦名女本心明經，亦名七女經。

乞伏秦沙門釋聖堅譯。第三譯。

右前後三譯，一存二闕。

八師經一卷。

東晉西域沙門竺曇無蘭譯。第二譯。

右前後兩譯，一存一闕。

曰〔五二〕難經一卷。一名越難經。

東晉沙門釋嵩公譯。第二譯〔五三〕。

曰〔五四〕難經一卷。一名越難經。

宋天竺三藏求那跋陀羅譯。第三譯。

右前後三譯，一存二闕。

所欲致患經一卷。

東晉西域三藏祇多蜜譯。第二譯。

右〔五五〕前後兩譯，一存一闕。

阿〔五六〕闍世王問五逆經一卷。一名阿闍世王經。

後漢月支三藏支婁迦讖譯。第一譯。

右前後兩譯，一存一闕。

五苦章句經一卷。
宋居士沮渠京聲譯。第二譯。
右前後兩譯，一存一闕。
堅意經一卷。或云堅心經。
吴月支優婆塞支謙譯。第二譯。
右前後兩譯，一存一闕。
浄飯王般泥洹經一卷。
西晉沙門釋法炬譯。第一譯。
右前後兩譯，一存一闕。
勸進學道經一卷。一本無「勸」字。
吴月支優婆塞支謙譯。第一譯。
勸進學道經一卷。亦名勸進經。
宋沙門釋勇公譯。第三譯〔五七〕。
右前後三譯，一存二闕。
貧窮老公經一卷。

西晉沙門釋法炬譯。出法上録〔五八〕，第一譯。

右前後兩譯，一存一闕。

分和檀王經一卷。

宋居士沮渠京聲譯。第二譯。

右與三摩竭經同本，前後兩譯，一存一闕。

萍沙王五願經一卷。一名弗迦王經〔五九〕。

東晉西域沙門竺曇無蘭譯。第二譯。

萍沙王五願經一卷。一名〔六〇〕弗沙王經。

東晉沙門釋嵩公譯。第三譯。

右前後三譯，一存二闕。

琉璃王經一卷。

後漢安息三藏安世高譯。第一譯〔六一〕。

右前後兩譯，一存一闕。

生經五卷。

宋涼州沙門釋智嚴譯。第二譯。

右前後兩譯，一存一闕。

義足經二卷。

東晉西域沙門竺曇無蘭譯。第二譯。

右前後兩譯，一存一闕〔六二〕。

五蓋疑結失行經一卷。

西晉三藏竺法護譯。第一譯。

五蓋疑結失行經一卷。

東晉〔六三〕西域三藏祇多蜜譯。第二譯。

右二經，同本異譯，二本俱闕。

太子夢經一卷。

後漢安息三藏安世高譯。第一譯。

佛爲菩薩五夢經一卷。一名佛五夢經，一名太子五夢經，一名仙人五夢經。

西晉三藏竺法護譯。第二譯〔六四〕。

右二經，同本異譯，二本俱闕。

十善十惡經一卷。

西晉沙門支法度譯。第一譯。

十善十惡經一卷。安公云出阿毗曇。

東晉西域沙門竺曇無蘭譯。第二譯。

右二經，同本異譯，二本俱闕。

禪經一卷。

後漢月支三藏支婁迦讖譯。第一譯。

禪經二卷〔六五〕。

後漢安息三藏安世高譯。第二譯〔六六〕。

右二經，同本異譯，二本俱闕。

恒水經一卷。寶唱録云恒水誡經，亦云恒水不説戒經。

後漢安息三藏安世高譯。出法上録，第一譯。

恒水戒經一卷。或云恒水經。

吴月支優婆塞支謙譯。第二譯。

右二經，同本異譯，其本並闕。

從舍頭諫經下四十三部，六十一卷，除四阿含外，諸重譯經闕本。

校勘記

〔一〕藏：金藏本無。

〔二〕序云四十一卷：原作「房云四十二卷」，金藏、高麗藏本作「四十卷」，諸校本作「房云四十一卷」，據法隆寺本改。按：「序」即道安撰增壹阿含經序。序云：「歲在甲申夏出，至來年春乃訖，爲四十一卷，分爲上下部。上部二十六卷全無遺忘，下部十五卷失其録偈也。」歷代三寶紀卷七云：「或四十二，或三十三，無定。」

〔三〕或爲二十四卷：原無，據高麗藏、法隆寺本及出三藏記集補。

〔四〕藏：金藏本無。

〔五〕中阿含：高麗藏本作「中含」。

〔六〕亦名：永樂北藏、嘉興藏、清藏、四庫本作「亦云」。

〔七〕二存：資福藏本作「二在」。

〔八〕梵網：永樂北藏、嘉興藏、清藏、四庫本作「梵經」。

〔九〕中：金藏本無。

〔一〇〕樓：原作「楞」，據金藏、高麗藏、法隆寺本改。

〔一一〕長阿含：金藏、高麗藏、法隆寺本作「長含」。下同。

〔一二〕二卷或一卷：金藏、高麗藏本作「一卷或二卷」。

〔一三〕公：原無，據金藏、高麗藏、法隆寺本補。

〔一四〕出：原無，據金藏、高麗藏、法隆寺本補。

〔一五〕中阿含：金藏、高麗藏、法隆寺本作「中含」。

〔一六〕亦名：永樂北藏、嘉興藏、清藏、四庫本作「亦云」。

〔一七〕中阿含：金藏、高麗藏、法隆寺本作「中含」。

〔一八〕祐録：永樂北藏、嘉興藏、清藏、四庫本作「僧祐録」。

〔一九〕祐録：永樂北藏、嘉興藏、清藏、四庫本作「僧祐録」。

〔二〇〕祐録：永樂北藏、嘉興藏、清藏、四庫本作「僧祐録」。

〔二一〕祐録：永樂北藏、嘉興藏、清藏、四庫本作「僧祐録」。

〔二二〕經：原無，據金藏、高麗藏、永樂北藏、嘉興藏、清藏、四庫、法隆寺本補。

〔二三〕祐録：永樂北藏、嘉興藏、清藏、四庫本作「僧祐録」。

〔二四〕祐録：永樂北藏、嘉興藏、清藏、四庫本作「僧祐録」。

〔二五〕祐録：永樂北藏、嘉興藏、清藏、四庫本作「僧祐録」。

〔二六〕祇：金藏本誤作「祐」。

〔二七〕或云一卷：金藏本無。

〔二八〕闕本：此後高麗藏本著録有轉法輪經一經，云：「轉法輪經一卷。十紙。後漢安息三藏安世高譯。」並云：「右一經，群録並云出雜阿含。諸藏中者，非是本經，並是轉法輪論，其經闕本。」

〔二九〕録：金藏本誤作「譯」。

〔三〇〕餘：金藏本無。
〔三一〕雜阿含：金藏、高麗藏、法隆寺本作「雜含」。
〔三二〕世：金藏本無。
〔三三〕子：原作「爲」，據金藏、高麗藏、法隆寺本改。
〔三四〕婆羅門：金藏、資福藏、法隆寺本作「披羅門」。
〔三五〕婆羅門：金藏、資福藏、法隆寺本作「披羅門」。
〔三六〕婆羅門：金藏、資福藏、法隆寺本作「披羅門」。
〔三七〕署杜：原作「署社」，據金藏、高麗藏、法隆寺本改。
〔三八〕婆羅門：金藏、資福藏本作「披羅門」。
〔三九〕經作優隨：嘉興藏本無，四庫本作「一作優隨」。
〔四〇〕婆羅門：金藏、資福藏、法隆寺本作「披羅門」。
〔四一〕右：金藏、高麗藏、法隆寺本無。
〔四二〕舍：嘉興藏、四庫本誤作「含」。
〔四三〕經：原無，據金藏、高麗藏、法隆寺本補。
〔四四〕安息：嘉興藏本誤作「息」。
〔四五〕第二譯：金藏、高麗藏本作「第一譯」。
〔四六〕舍：高麗藏本誤作「含」。

〔四七〕第四譯：原作「第二譯」，據金藏、高麗藏、法隆寺本改。

〔四八〕或云宿行本起：原無，據金藏、高麗藏、法隆寺本補。

〔四九〕第二譯：金藏、高麗藏本作「第三譯」。

〔五〇〕陀：金藏本無。

〔五一〕或云降龍王經：原無，據金藏、高麗藏、法隆寺本補。

〔五二〕曰：原作「日」，據意校改。

〔五三〕第二譯：金藏本作「第三譯」。

〔五四〕曰：原作「日」，據意校改。

〔五五〕右：普寧藏、永樂南藏本無。

〔五六〕阿：金藏本誤作「何」。

〔五七〕第三譯：原作「第二譯」，據金藏、高麗藏、法隆寺本改。

〔五八〕法上録：金藏本誤作「法士録」。

〔五九〕弗迦王經：金藏、高麗藏、法隆寺本作「弗沙迦王經」。

〔六〇〕一名：金藏、高麗藏本作「亦名」。

〔六一〕第一譯：原作「第二譯」，據金藏、高麗藏、嘉興藏、清藏、四庫、法隆寺本改。

〔六二〕一存一闕：此後高麗藏本有五門禪要用法經、五門禪經要用法二經及子注，云：「五門禪要用法經一卷。後漢安息三藏安世高譯。第一譯。」「五門禪經要用法一卷。宋罽賓三藏曇摩蜜多譯。第二譯。其後並云：「右二經，同本異譯，二本俱闕。」

〔六三〕東晉：金藏本作「西晉」。
〔六四〕第二譯：資福藏、法隆寺本作「第一譯」。
〔六五〕二卷：金藏、高麗藏本作「一卷」。
〔六六〕第二譯：原作「第三譯」，據金藏、高麗藏、法隆寺本改。

小乘經單譯闕本，四百八十部，五百五十卷。

佛本行經五卷。
　後漢天竺三藏竺法蘭譯。
佛本生經一卷。
　後漢天竺三藏竺法蘭譯〔一〕。
悔過法經一卷。
　後漢安息三藏安世高譯。
五法經一卷。
　後漢安息三藏安世高譯。

五行經〔二〕一卷。

後漢安息三藏安世高譯。

小般泥洹經一卷。祐録云：或名泥洹後諸比丘經，或云泥洹後變記經，或云泥洹後比丘世變經，或云佛般泥洹後比丘世變經。

後漢安息三藏安世高譯。

正齊經一卷。

後漢安息三藏安世高譯。

分明罪福經一卷。

後漢安息三藏安世高譯。

難提迦羅越經一卷。

後漢安息三藏安世高譯。

禪定方便次第法經一卷。

後漢安息三藏安世高譯。

禪法經一卷。祐録無「經」字。

後漢安息三藏安世高譯。

當來變滅經一卷。

後漢安息三藏安世高譯〔三〕。

墮落優婆塞經一卷。或云「優披塞」。

後漢西域三藏支曜譯。

問地獄事經一卷。

後漢外國沙門康臣〔四〕譯。

報福經一卷。或云福報經。

後漢外國三藏康孟詳譯。

梵志經一卷。

吴天竺沙門竺律炎譯。

七漏經一卷〔五〕。安公古典中有，亦名七漏鈔，云出阿含。

吴月支優婆塞支謙譯。

悔過法經一卷。一名叙十方禮拜悔過文，或無「法」字。

吴月支優婆塞支謙譯。

賢者德經一卷。

吳月支優婆塞支謙譯。
梵志結淨經一卷。
吳月支優婆塞支謙譯。
阿質國王經一卷。祐録無「國」字。
吳月支優婆塞支謙譯。
惟婁王師子湩譬喻經一卷。一本無「譬喻」字。
吳月支優婆塞支謙譯。
藍達王經一卷。亦云目連因緣功德，亦云目連功德。
吳月支優婆塞支謙譯。
百喻經一卷。
吳月支優婆塞支謙譯。
五陰事經一卷。
吳月支優婆塞支謙譯。
魔化作比丘經一卷。
吳月支優婆塞支謙譯。

優多羅母經一卷。或無「母」字。
吴月支優婆塞支謙譯。
人民求願經一卷。
吴月支優婆塞支謙譯。
坐禪經一卷。
吴西域三藏康僧會譯。
摩目犍連本經一卷。一本有「訶」字，無「犍」字。
西晉三藏竺法護譯。
五福施經一卷。
西晉三藏竺法護譯。
觀行不移四事經一卷。
西晉三藏竺法護譯。
四婦喻經一卷。
西晉三藏竺法護譯。
盧夷亘經一卷。

西晉三藏竺法護譯。
盧羅王經一卷。
西晉三藏竺法護譯。
檀若經一卷。
西晉三藏竺法護譯。
龍施經一卷。今疑是龍施菩薩本起經。
西晉三藏竺法護譯。
給孤獨明德經一卷。亦云〔六〕給獨氏經。
西晉三藏竺法護譯。
龍王兄弟陀達誡王經一卷。
西晉三藏竺法護譯。
勸化王經一卷。
西晉三藏竺法護譯。
鴈王經一卷。
西晉三藏竺法護譯。

鴈王五百鴈俱經一卷。

西晉三藏竺法護譯。

解無常經一卷。

西晉三藏竺法護譯。

城喻經一卷。

西晉三藏竺法護譯。

降龍經一卷。

西晉三藏竺法護譯。

邪法經一卷。

西晉三藏竺法護譯。

犯罪經一卷。

西晉三藏竺法護譯。

苦應經一卷。

西晉三藏竺法護譯。

三品修行經一卷。一名三品悔過經。

西晉三藏竺法護譯。
夫那羅經一卷。
西晉三藏竺法護譯。
賈客經二卷。
西晉三藏竺法護譯。
沙門果證經一卷。今疑與寂志果經同本。
西晉三藏竺法護譯。
貧女爲國王夫人經一卷。
西晉三藏竺法護譯。
誡王經一卷。
西晉三藏竺法護譯。
誡具經一卷。
西晉三藏竺法護譯。
誡羅云經一卷。
西晉三藏竺法護譯。

危脆經一卷。
西晉沙門釋法炬譯。
大蛇譬喻經一卷。亦名大蛇經。
西晉沙門釋法炬譯。
羅漢迦留陀夷經一卷。或無「羅漢〔七〕」。
西晉沙門釋法炬譯。
爪甲擎土譬經一卷。一名爪甲取土經。
西晉沙門釋法炬譯。
衰利經一卷。
西晉沙門釋法炬譯。
衆生未然三界經一卷。
西晉沙門釋法炬譯。
求欲説法〔八〕經一卷。
西晉沙門釋法炬譯。
羅旬喻經一卷。今疑是別生中羅弥壽經異名。

西晉沙門釋法炬譯。
治禪法經一卷。
東晉〔九〕西域沙門竺曇無蘭譯。
梵天策數經一卷。一名諸天事經。
東晉西域沙門竺曇無蘭譯。
諸天地經一卷。
東晉西域沙門竺曇無蘭譯。
分衛經一卷。
東晉西域三藏祇多蜜譯。
檢諸罪福經十卷。
姚秦三藏鳩摩羅什譯。
十二因緣觀經一卷。
姚秦三藏鳩摩羅什譯。
善德優婆塞經一卷。
宋涼洲沙門釋智嚴譯。

阿那含經二卷。

宋涼州沙門釋智嚴譯。

釋六十二見經四卷。祐録云一卷。

宋天竺三藏求那跋陀羅譯。

請般特比丘經一卷。或作「般持〔一〇〕」，亦云「般時」。

宋天竺三藏求那跋陀羅譯。

十二頭陀經一卷。

宋天竺三藏求那跋陀羅譯。

阿那律七念章經一卷。

宋天竺三藏求那跋陀羅譯。

十報法三統略經一卷。

宋天竺三藏求那跋陀羅譯。

弟子事佛吉凶經一卷。祐云弟子問事佛吉凶經。

宋居士沮渠京聲譯。

生死變識經一卷。今疑是藏中見正經〔一一〕異名。

宋居士沮渠京聲譯。
譬喻經一卷。
宋沙門釋惠簡譯。
五百本生經一卷。
蕭齊西域三藏摩訶乘譯。
頂生王因緣經一卷。舊録云頂生王經。
後漢失譯。
長者賢首經一卷。
後漢失譯。
梵志喪女經一卷。
後漢失譯。
獼狗齧王經一卷。舊録云獼狗經。
後漢失譯。
勤苦泥黎經一卷。
後漢失譯。

地獄經一卷。
　後漢失譯。
十一因緣章經一卷。舊録云十一因緣經〔一三〕，或作「十二」。
　後漢失譯。
沙門爲十二頭陀經一卷。
　後漢失譯。
五十五法誡經一卷。或云五十五法行。
　僧祐録云安公古典經。今附漢録。
一切義要經一卷。
　僧祐録云安公古典經。今附漢録。
説善惡道經一卷。
　僧祐録云安公古典經。今附漢録。
愛欲聲經一卷。一本云愛欲一聲經〔一三〕。
　僧祐録云安公古典經。今附漢録。
摩訶遮曷淀經一卷。

僧祐録云安公古典經。今附漢録。

天王下作豬經一卷。

僧祐録云安公古典經。今附漢録。

始造浴佛時經一卷。

僧祐録云安公古典經。今附漢録〔一四〕。

十二賢者經一卷。舊録云十二賢經。

僧祐録云安公古典經。今附漢録。

佛併父弟調達經一卷。安公云：「上十經，出阿毗曇。」今移一本入重譯中〔一五〕。

僧祐録云安公古典經。今附漢録。

憂墮羅迦葉經一卷。

僧祐録云安公古典經。今附漢録。

四部本文經一卷。安公云：「上二經，出長阿含，一本云〔一六〕出阿毗曇。」

僧祐録云安公古典經。今附漢録。

讓德經一卷。

僧祐録云安公古典經。今附漢録。

有賢者法經一卷。

僧祐録云安公古典經。今附漢録。

摩訶厥弥難問經一卷。或云大厥弥經。

僧祐録云安公古典經。今附漢録。

大本藏經一卷。

僧祐録云安公古典經。今附漢録。

説阿難持戒經一卷。

僧祐録云安公古典經。今附漢録。

阿難問何因緣持戒見世間貧示現〔一七〕道貧經一卷。

僧祐録云安公古典經。今附漢録。

給孤獨四姓家問應受施經一卷。

僧祐録云安公古典經。今附漢録。

曉所諍不解經者經一卷。今疑上「經」字錯。

僧祐録云安公古典經。今附漢録。

奇異道家難問住處經一卷。

僧祐録云安公古典經。今附漢録。

奇異道家難問法本經一卷。

僧祐録云安公古典經。今附漢録。

賢者手力經一卷。

僧祐録云安公古典經。今附漢録。

八法行經一卷。

僧祐録云安公古典經。今附漢録。

憂多羅經一卷。或作「夏」字。

僧祐録云安公古典經。今附漢録。

栴檀調〔一八〕佛經一卷。

僧祐録云安公古典經。今附漢録。

惡人經一卷。

僧祐録云安公古典經。今附漢録。

難提和難經一卷。或云難提和羅經。

僧祐録云安公古典經。今附漢録。

四姓長者難經一卷。舊録云四姓長者經。
僧祐録云安公古典經。今附漢録。
折佛經一卷。
僧祐録云安公古典經。今附漢録。
雜數經二十卷。
魏吴失譯〔一九〕。
那先譬喻經四卷。
魏吴失譯。
太子試藝本起經二卷。
魏吴失譯。
深斷連經二卷。
魏吴失譯。
摩訶目犍連與佛捔能經二卷。
魏吴失譯。
阿難得道經一卷。

魏吴失譯。
阿難般泥洹經一卷。
魏吴失譯。
阿那律念復生經一卷。
魏吴失譯。
沙門分衛見怪異經一卷。
魏吴失譯。
弟子本行經一卷。高僧傳云白法祖譯。
魏吴失譯。
爲壽盡天子説法經一卷。舊録云命盡天子經。
魏吴失譯。
魔試佛經一卷。
魏吴失譯。
阿須倫問八事經一卷。舊録云阿須倫所問八事經。
魏吴失譯。

魔竭王經一卷。舊録云摩竭國王經。
魏吴失譯。
薩波達王經一卷。
魏吴失譯。
年少王經一卷。
魏吴失譯。
是光太子經一卷。
魏吴失譯。
長者難提經一卷。
魏吴失譯。
女利行經一卷。
四婦因緣經一卷。
魏吴失譯。
須多羅經一卷。舊録云須多羅入胎經。
魏吴失譯。

魏吴失譯。

憻迦經一卷。晉言「堅强」，合在晉録。

魏吴失譯。

槃達龍王經一卷。

魏吴失譯。

牛米自供養經一卷。舊録無「養」字。

魏吴失譯。

行牧食牛經一卷。或作「放」字。

魏吴失譯。

墮釋迦牧牛經一卷。或作「隨」字。

魏吴失譯。

法嚴經一卷。疑即是等入法嚴經。

魏吴失譯。

譬〔二〇〕四經一卷。

魏吴失譯。

止寺中經一卷。

魏吴失譯。

安般行道經一卷。

魏吴失譯。

解慧微妙經一卷。

魏吴失譯。

失道得道經一卷。

魏吴失譯。

心情心識經一卷。云有注。

魏吴失譯。

檢意向正經一卷。

魏吴失譯。

道得果證經一卷。

魏吴失譯。

父子因緣經一卷。

魏吴失譯。
小觀世樓炭經一卷。
魏吴失譯。
大四諦經一卷。
魏吴失譯。
五方便經一卷。
魏吴失譯。
五惟越羅名解説〔二〕經一卷。
魏吴失譯。
五陰經一卷。
魏吴失譯。
中五濁世經一卷。
魏吴失譯。
大七車經一卷。
魏吴失譯。

八正邪經一卷。祐云八正八邪經〔二二〕。
魏吴失譯。
八揔持經一卷。
魏吴失譯。
八輩經一卷。
魏吴失譯。
大十二因緣經一卷。
魏吴失譯。
十八難經一卷。
魏吴失譯。
五十二章經一卷。别有孝明四十二章經。
魏吴失譯。
百八愛經一卷。似〔二三〕抄五蓋疑結經。
魏吴失譯。
小安般舟三昧經一卷。

魏吴失譯。
禪數經一卷。
魏吴失譯。
群生偈經一卷。
魏吴失譯〔二四〕。
十二死生〔二五〕經一卷。今疑是十二品生死經。
僧祐録云安公失譯經。今〔二六〕附西晉録〔二七〕。
七婦經一卷。
僧祐録云安公失譯經〔二八〕。今附西晉録〔二九〕。
阿難邠坻四時施經一卷。舊録云阿難邠祁四時布施經。
僧祐録云安公失譯經。附西晉録。
七車經一卷。今疑是中阿含中七車〔三〇〕譬喻經。
僧祐録云安公失譯經。附西晉録。
海有八事經一卷。
僧祐録云安公失譯經。附西晉録。

難等各第一經一卷。舊録云阿難迦葉各説〔三一〕第一經。

僧祐録云安公失譯經〔三二〕。附西晉録〔三三〕。

惟留經一卷。舊録云惟留王經。

僧祐録云安公失譯經。附西晉録。

理家難經一卷。

僧祐録云安公失譯經。附西晉録。

迦留多王經一卷。

僧祐録云安公失譯經。附西晉録。

梵志闍孫經一卷。祐録〔三四〕云梵志闍遜經。

僧祐録云安公失譯經。附西晉録。

波達王經一卷。

僧祐録云安公失譯經。附西晉録。

悲心悒悒〔三五〕經一卷。

僧祐録云安公失譯經。附西晉録。

趣度世道經一卷。

僧祐録云安公失譯經。附西晉録。

長者威勢經一卷。

僧祐録云安公失譯經。附西晉録。

癡注經一卷。

僧祐録云安公失譯經。附西晉録。

調達經一卷。

僧祐録云安公失譯經。附西晉録。

和達經一卷。

僧祐録云安公失譯經。附西晉録。

鉢呿沙經一卷。

僧祐録云安公失譯經。附西晉録。

分八舍利經一卷。或作「分身」。

僧祐録〔三六〕云安公失譯經。附西晉録。

薩和薩王經一卷。

三秦失譯〔三七〕。

阿多三昧經一卷。或作「阿陁」。

三秦失譯。

陀[三八]賢王經一卷。

三秦失譯。

颰陀悔過經一卷。

三秦失譯。

方等決經一卷。

三秦失譯。

比丘二事經一卷。祐録云「三事」。

三秦失譯[三九]。

阿難爲蠱道呪經一卷。舊録云阿難爲蠱道所呪經。今疑是藏中摩鄧女經。

僧祐録云安公關中異經。今附秦録[四〇]。

王舍城靈鷲山經一卷。舊録云王舍城靈鷲山要直經。

僧祐録云安公關中異經。今附秦録[四一]。

思道經一卷。

僧祐録云安公關中異經。今附秦録。

佛在竹園經一卷。

僧祐録云安公關中異經。今附秦録。

法爲人經一卷。

僧祐録云安公關中異經。今附秦録。

道意經一卷。

僧祐録云安公關中異經。今附秦録。

阿夷比丘經一卷。

僧祐録云安公關中異經。今附秦録。

八德經一卷。今疑是海八德經。

僧祐録云安公關中異經。今附秦録。

善德經一卷。

僧祐録云安公關中異經。今附秦録。

摩訶揵陀惟衛羅盡信比丘等度經一卷。舊録云盡信比丘經。

僧祐録〔四二〕云安公關中異經。今附秦録。

瓶沙王經一卷。

僧祐録云安公涼土異經。今附涼録(四三)。

有無經一卷。

僧祐録云安公涼土異經。今附涼録(四四)。

五百偈經一卷。

僧祐録云安公涼土異經。今附涼録。

須耶越國貧人經一卷。舊録云須耶越國貧人賃剔頭經。

僧祐録云安公涼土異經。今附涼録。

浮木經一卷。

僧祐録云安公涼土異經。今附涼録。

坏喻經一卷。

僧祐録云安公涼土異經。今附涼録。

妖怪經一卷。

僧祐録云安公涼土異經。今附涼録。

阿般計泥洹(四五)經一卷。一本作陶(四六)射計泥洹經。

僧祐録云安公涼土異經。今附涼録。
四非常經一卷。
僧祐録云安公涼土異經。今附涼録。
五失蓋經一卷。
僧祐録云安公涼土異經。今附涼録。
要真經一卷。
僧祐録云安公涼土異經。今附涼録。
本無經一卷。
僧祐録云安公涼土異經。今附涼録。
勸德經一卷。
僧祐録云安公涼土異經。今附涼録。
十五德經一卷。
僧祐録云安公涼土異經。今附涼録。
父母因緣經一卷。今疑與父子因緣同。
僧祐録云安公涼土異經。今附涼録。

慧行經一卷。
僧祐録云安公涼土異經。今附涼録。
未生王經一卷。今疑是未生怨經。
僧祐録云安公涼土異經。今附涼録。
内外無爲經一卷。
僧祐録云安公涼土異經。今附涼録。
道淨經一卷。
僧祐録云安公涼土異經。今附涼録。
七事本末經一卷。舊録云七事行本經。
僧祐録云安公涼土異經。今附涼録。
百寶三昧經一卷。
僧祐録云安公涼土異經。今附涼録。
三乘經一卷。
僧祐録云安公涼土異經。今附涼録。
耆域術經一卷。舊録云耆域四術經。

僧祐録云安公涼土異經。今附涼録。

五蓋離疑經一卷。今疑是五蓋疑結失行經。

僧祐録云安公涼土異經。今附涼録。

太子智止經一卷。

僧祐録云安公涼土異經。今附涼録。

道德章經〔四七〕一卷。

僧祐録云安公涼土異經。今附涼録。

苦相經一卷。

僧祐録云安公涼土異經。今附涼録。

須佛得度經一卷。

僧祐録云安公涼土異經。今附涼録。

由經一卷。

僧祐録云安公涼土異經。今附涼録。

分然洹國迦羅越經一卷。

僧祐録云安公涼土異經。今附涼録。

五陰事經一卷。
僧祐録云安公涼土異經。今附涼録。
義決法事經一卷。
僧祐録云安公涼土異經。今附涼録。
十思惟經一卷。
僧祐録云安公涼土異經。今附涼録。
分別六情經一卷。
僧祐録云安公涼土異經。今附涼録。
三失蓋經一卷。
僧祐録云安公涼土異經。今附涼録。
佛寶三昧經一卷。
僧祐録云安公涼土異經。今附涼録。
法志女經一卷。
僧祐録〔四八〕云安公涼土異經。今附涼録。
出要經二十卷。

行道經七卷。

長阿含經三卷。祐云疑是殘缺長阿含經。

弘道經二卷。

四天王經一卷。祐云:「後有呪,似人所附。」

諸天阿須倫鬬經一卷。

金色女經一卷。雜〔四九〕譬喻中有,祐云異出本。

治禪鬼魅不安經一卷。

瞻波國佛說戒經一卷。

佛在〔五〇〕誓枝山說法經一卷。

佛三毒事經一卷。

佛七事〔五一〕經一卷。

佛開和伏經一卷。

佛意行〔五二〕經一卷。

因佛生三心經一卷。

佛聚經一卷。

七佛本緣經一卷。

釋迦文枝(五三)鉢經一卷。

佛袈裟經(五四)一卷。

佛大衣經一卷。

迦葉解經一卷。

迦葉因緣經一卷。

舍利弗問署(五五)經一卷。

迦葉獨證自誓經一卷。

舍利弗歎度女人經一卷。

舍利弗生西方經一卷。

舍利弗目連泥洹經一卷。今疑是生經中舍利弗般泥洹經。

目連所問經一卷。

目連因緣經一卷。

阿難見變經一卷。

難陀經一卷。

阿那含七念經一卷。
羅漢菩子〔五六〕經一卷。
賓頭盧取鉢經一卷。
愛行比丘經一卷。
愛身比丘經一卷。
栴比丘經一卷。
善星比丘經一卷。
六群比丘經一卷。
自在王比丘經一卷。
羅邪達比丘經一卷。
比丘和須蜜經一卷。
玄戒未來比丘經一卷。今疑「玄」字錯。
比丘法相經一卷。
釋種子經一卷。
尊者婆蹉律經一卷。

罽賓二沙弥經一卷。
沙彌持戒經一卷。
海洲優婆塞會經一卷。
賢者雜事經一卷。
弟子修學經一卷。
弟子行澤中遇賊劫經一卷。
弟子精進經一卷。
迦提羅越問五戒經一卷。
那羅延天王經一卷。
毗沙門天王經一卷。
四大天王經一卷。
諸天壽經一卷。
魔現成佛經一卷。
魔王誡疑是「試」字。經一卷。
净飯王經一卷。

佛葬閲頭檀王經一卷。

阿育王作小兒時經一卷。今疑出育王傳。

小阿育王經一卷。

優填王照逝心女經一卷。今疑是大乘藏中優填王經。

迦夷王頭布施經一卷。

果尊王經一卷。

佛居士經一卷。

降恐王經一卷。今疑「恐」字錯。

摩羅王經一卷。

摩登王經一卷。

舍夷國經一卷。

羅提坻王經一卷。或作國王羅提揮〔五七〕經。

摩訶惟越王經一卷。

流沙王經一卷。

十四王經一卷。

王以竹施經一卷。
勸王持五戒經一卷。
太子旃舍羅差經一卷。
長者盛德經一卷。
長者法心經一卷。
長者仁賢經一卷。
長者洹羅越經一卷。
佛問淳陀長者受〔五八〕樂浄行經一卷。
婆羅門問事經一卷。
婆羅門等争説經一卷。
六師詣波斯匿王經一卷。
尼犍齋經一卷。
明星梵志經一卷。
兜率梵志經一卷。
梵志拔陀經一卷。

梵志計火浄經一卷。
梵志問疑經一卷。
梵志意經一卷。
梵志好母經一卷。
梵志淫女經一卷。
梵志六師經一卷。
天后賢女經一卷。
德女問經一卷。
貧女少施獲弘〔五九〕報經一卷。
弥家女經一卷。
二人作沙門弟斷兄舌經一卷。
氣嘘殺旃陀羅經一卷。
眼能視殺人經一卷。
孤獨三兄弟經一卷。
阿劍他經一卷。

不蘭伽經一卷。
小申曰經一卷。
波羅柰婶四姓經一卷。或作「婦」字。
大姓家三叩書不經一卷。
提謂經一卷。
强羅經一卷。
金轉龍王經一卷。
蘇曷龍王經一卷。
三龍王經一卷。
虎王經一卷。
蠍王經一卷。
毒龍蛇施經一卷。
放牛法經一卷。今疑是藏中放牛經。
養牛經一卷。
閻羅王經一卷。今疑是藏中閻羅王五天使者經。

餓鬼經一卷。
鐵杵泥犁經一卷。
緣經一卷。
藥經一卷。
苦慧經一卷。
慧達經一卷。
法足經一卷。
身數經一卷。
選福經一卷。
布施經一卷。
助善經一卷。
古來經一卷。今疑是藏中古來世時經。
孝順經一卷。
緣本經一卷。今疑是藏中緣本致經。
度世經一卷。

法藏經一卷。

明住經一卷。

善憩經一卷。

植質經一卷。

名相經一卷。

怪異經一卷。

滅怪經一卷。

本鉢經一卷。

案鉢經一卷。

諸法經一卷。

與脱經一卷。

伏願經一卷。

寶見〔六〇〕經一卷。

真提經一卷。

明義經一卷。

見在經一卷。
釋論一卷。祐云疑是大智度論抄之一卷。
雜事經一卷。
旨解經一卷。祐云疑即義旨雜解。
釋學經一卷。
度道俗經一卷。
諸福德經一卷。
說人身經一卷。
施色力經一卷。
色入施經一卷。
戒法律經一卷。
未生火經一卷。
未生災經一卷。
念佛品經一卷。
須彌山經一卷。

成敗品〔六一〕一卷。經目或云成敗品第四，似是樓炭經之一品。今檢樓炭，無此品。
世間珍寶經一卷。舊録云世間所望珍寶經。
現道神〔六二〕足經一卷。
成行無想經一卷。
悔過除罪經一卷。
深自僥倖經一卷。
布施持戒經一卷。
生西方齋經一卷。
造浴室法經一卷。
有疑往解經一卷。
長阿含方法經一卷。
令人孝有德經一卷。
人於出家者經一卷。
心應深貪慕經一卷。
地水火風空經一卷。

求欲者除意經一卷。
持戒教人不殺生經一卷。
七月十五日臘法經一卷。
功高憍慢有二輩經一卷。
歡喜布施有五事經一卷。本作「勸〔六三〕」字，誤。
三夢經一卷。
三悔處經一卷。
三乘無當經一卷。
四署〔六四〕經一卷。
四等意經一卷。
四正斷經一卷。
四厚經一卷。
五署〔六五〕經一卷。
五穀世經一卷。
五亂經一卷。

五邪經一卷。
六禪經一卷。
六度六十行經一卷。
六輩阿惟越致經一卷。
七衆經一卷。
七流經一卷。
七使經一卷。
七輩人横死經一卷。
七歲作善經一卷。
八方萬物無常經一卷。
八雙經一卷。
九結經一卷。
九惱經一卷。
九道觀身經一卷。
十部僧經一卷。

十二意經一卷。
十二阿練若高行經一卷。
十二部經名一卷。
三十二僧那經一卷。
三十四意經一卷。
五十德相經一卷。
六十品經一卷。
六十二疑經一卷。
七十二觀經一卷。
百法經一卷。
惟日三昧經一卷。
月電三昧經一卷。
無言三昧經一卷。
阿和三昧經一卷。
禪行法經一卷。今疑是藏中禪行法想經。

須弥山譬經一卷。

日月譬經一卷。

海水譬經一卷。

藥草喻經一卷。

功德天譬經一卷。

賢劫譬經一卷。

金剛譬經一卷。

寶藏譬經一卷。

明珠譬經一卷。

聚木〔六六〕譬經一卷。

四大譬經一卷。

出要經下〔六七〕一百三十七經，並是〔六八〕梁僧祐録中新集失譯經〔六九〕。今附宋録。

從頂生王因緣經下諸失譯經，群録之中，但題名目，久虧其本，無可披尋，大、小二乘，實難詮定。且粗分判，尚多參涉，幸諸明士，詳而正之。

校勘記

〔一〕竺法蘭譯：金藏、高麗藏本此後有分別善惡所起經一經，云：「分別善惡所起經一卷。」並云：「後漢安息三藏安世高譯。」

〔二〕五行經：嘉興藏本作「五法經」。

〔三〕譯：該字下原有子注「第三譯」。既屬單譯闕本，故據金藏、高麗藏、法隆寺本刪。

〔四〕臣：金藏、高麗藏本作「巨」。

〔五〕一卷：金藏本無。

〔六〕亦云：金藏本作「有云」。

〔七〕羅漢：金藏、高麗藏、法隆寺本作「羅漢字」。

〔八〕説法：永樂北藏、嘉興藏、清藏、四庫本無。

〔九〕東晉：金藏本作「西晉」。

〔一〇〕持：原作「特」，據金藏、高麗藏、法隆寺本改。

〔一一〕見正經：金藏本作「見王經」。

〔一二〕經：金藏、高麗藏本無。

〔一三〕一本云愛欲一聲經：金藏本無。

〔一四〕今附漢録：金藏本無。後二十一經，子注中「今附漢録」金藏本皆無。

〔一五〕中：金藏、高麗藏本作「經」。

〔一六〕云：嘉興藏、清藏本無。
〔一七〕示現：金藏、高麗藏本作「亦現」。
〔一八〕調：原作「凋」，據金藏、高麗藏、資福藏、法隆寺本改。
〔一九〕魏吴失譯：永樂北藏、嘉興藏、清藏、四庫本無。後五十一經同。
〔二〇〕譬：金藏、高麗藏本及法隆寺本作「壁」。
〔二一〕解説：永樂北藏、嘉興藏、清藏、四庫本作「解脱」。
〔二二〕經：金藏、高麗藏本無。
〔二三〕似：原作「以」，據資福藏、永樂北藏、嘉興藏、四庫、法隆寺本改。
〔二四〕魏吴失譯：永樂北藏、嘉興藏、清藏本作「已上魏吴失譯」。
〔二五〕死生：金藏、高麗藏、法隆寺本作「死」。
〔二六〕今：金藏、高麗藏、法隆寺本無。下同。
〔二七〕僧祐録云安公失譯經今附西晉録：永樂北藏、嘉興藏、清藏、四庫本無。下同。
〔二八〕僧祐録云安公失譯經：永樂北藏、嘉興藏、清藏、四庫本無。後八經同。
〔二九〕附西晉録：金藏本無。
〔三〇〕七車：金藏、高麗藏本誤作「七重」。
〔三一〕各説：原作「名説」，據金藏、高麗藏、法隆寺本改。
〔三二〕經：金藏本無。

〔三三〕僧祐録云安公失譯經附西晉録：永樂北藏、嘉興藏、四庫本無。
〔三四〕祐録：金藏本作「右録」，高麗藏、法隆寺本作「古録」。按：出三藏記集卷三引作「古録云」。
〔三五〕悒悒：金藏、資福藏、法隆寺本作「邑邑」。
〔三六〕僧祐録：永樂北藏、嘉興藏、清藏、四庫本作「已上僧祐録」。
〔三七〕三秦失譯：永樂北藏、嘉興藏、清藏、四庫本無。後四經同。
〔三八〕陀：原作「阿」，據金藏、高麗藏、法隆寺本改。
〔三九〕三秦失譯：永樂北藏、嘉興藏、清藏、四庫本作「已上三秦失譯」。
〔四〇〕僧祐録云安公關中異經今附秦録：金藏本作「僧祐録云安公關中異譯今附吴録」，永樂北藏、嘉興藏、清藏、四庫本無。
〔四一〕僧祐録云安公關中異經今附秦録：永樂北藏、嘉興藏、清藏、四庫本無。
〔四二〕僧祐録：永樂北藏、嘉興藏、清藏、四庫本作「已上僧祐録」。
〔四三〕僧祐録云安公涼土異經今附涼録：永樂北藏、嘉興藏、清藏、四庫本無。又，「涼土」，金藏、高麗藏本作「關中」。
〔四四〕僧祐録云安公涼土異經今附涼録：永樂北藏、嘉興藏、清藏、四庫本無。後三十四經同。
〔四五〕洹：嘉興藏本無。
〔四六〕陶：永樂北藏、嘉興藏、四庫本作「淘」。
〔四七〕經：金藏、高麗藏、法隆寺本無。

〔四八〕僧祐録：永樂北藏、嘉興藏、清藏、四庫本作「已上僧祐録」。
〔四九〕雜：原作「離」，據金藏、高麗藏、法隆寺本改。
〔五〇〕在：資福藏本作「詣」，法隆寺本作「説」。
〔五一〕七事：原作「意事」，據金藏、高麗藏、法隆寺本改。
〔五二〕意行：原作「七行」，據金藏、高麗藏、法隆寺本改。
〔五三〕枝：高麗藏本作「�」。
〔五四〕經：金藏、高麗藏本作「緣」，四庫本作「緣經」。
〔五五〕署：金藏、高麗藏本作「暑」。
〔五六〕菩子：原作「菩薩」，據金藏、高麗藏、法隆寺本及出三藏記集改。
〔五七〕揮：金藏、高麗藏本作「捍」。
〔五八〕受：原作「愛」，據金藏、高麗藏、法隆寺本及出三藏記集改。
〔五九〕弘：金藏、資福藏本作「彌」。
〔六〇〕見：金藏本作「脱」。
〔六一〕成敗品：金藏、高麗藏本作「成敗品經」。
〔六二〕神：原作「訷」，據諸校本改。
〔六三〕勸：金藏、高麗藏、法隆寺本作「歡」。
〔六四〕署：金藏本作「暑」。

〔六五〕署：金藏本作「暑」。
〔六六〕聚木：原作「聚禾」，據金藏、高麗藏、法隆寺本及出三藏記集改。
〔六七〕下：金藏本誤作「中」。
〔六八〕並是：金藏本作「經是」。
〔六九〕經：原無，據金藏、高麗藏、法隆寺本補。

小乘律闕本，三十七部，四十二卷。

僧祇戒本一卷。

曹魏天竺沙門曇柯迦羅譯。第一譯〔一〕。

右前後兩譯，一本在藏，一本闕。

十誦比丘戒本一卷。或云十誦大比丘戒。

苻秦西域沙門曇摩持共竺佛念譯。第一譯。

十誦比丘戒本一卷。

東晉西域沙門竺曇無蘭合出。第二譯〔二〕。

右長房録云太元六年曇無蘭合僧純、曇摩持、竺僧舒三家〔三〕本以爲一卷，見寶唱録。謹按群録，僧純於拘夷國得十誦尼戒梵本將來，令曇摩持等譯出，准此〔四〕，僧純與曇摩持同是一本。其竺僧舒，群録無名，不知合本從何而得，未詳所以也。

右兼合本，前後三譯，一存二闕。

比丘尼戒一卷。或云比丘尼戒經，出十誦律。

西晉三藏竺法護譯。第一譯。

比丘尼大戒一卷。亦云十誦比丘尼戒。

符秦西域沙門曇摩持共佛念等譯。第二譯。

十誦比丘尼戒所出本末一卷。

姚秦涼州沙門竺佛念譯。第三譯。

右長房録云：「僧純於拘夷國得梵本，佛念爲譯，文煩〔五〕，後竺法汰删改正之。見寶唱録。」今疑佛念譯者，與曇摩持同是尼戒所出，何異而别存之？

前後三譯，其本並闕。

彌沙塞羯磨一卷。出弥沙塞律。

宋罽賓三藏佛陀什等譯。單本。

弥沙塞律抄一卷。亦名提阿波檀那眷屬鼻藏經〔六〕。

師子國沙門僧伽跋彌譯。不知年代，出寶唱録。單本，附宋録〔七〕。

迦葉禁戒經一卷。一名摩訶比丘經，一名真僞沙門經。

東晉沙門釋退公譯。第一譯。

右前後兩譯，一存一闕。

優婆塞五戒經一卷。一名五相經。

宋居士沮渠京聲譯。第二譯。

右前後兩譯，一存一闕。

雜問律事二卷。

東晉西域沙門曇摩譯。第一譯。

雜問律事二卷。

東晉罽賓沙門卑摩羅叉譯。第二譯。

右二雜事，同本異譯，其本並闕。靜泰録云：「後秦曇摩蜱譯十誦律〔八〕、釋雜事問二卷。」寶唱録云：「後秦罽賓沙門曇摩耶舍譯十誦律雜事一卷。」此之二説，多是録家人名差謬〔九〕，或即是前第一譯者。長房、内典二録，並云東晉所翻，非秦代譯。依此二録爲正。房録又云曇摩譯者，明佛法僧物互相交涉，分齊差殊甚要，須善防護。今藏中有五百問事經一卷，有三十三紙，亦明佛法僧物不得參涉事，然名目不同，莫知所以。餘録云出十誦律者，即五百問經中明三十九〔一〇〕夜受日等事，即與十誦符〔一一〕同，但以名目〔一二〕有殊，未爲剋定，後諸博見，詳而正之。

教授比丘尼法一卷。

東晉罽賓三藏瞿曇僧伽提婆譯。單本。

教授比丘尼二歲壇文一卷。或無「尼」字。

符秦西域沙門曇摩持共竺佛念譯。單本。

二百〔二〕六十戒三部合異二卷。序加「大比丘」字。

東晉西域沙門竺曇無蘭撰。

右合戒序云：「晉太元六年辛巳六月二十五日，比丘竺曇無蘭在謝鎮西寺合此三戒，到七月十八日訖，故記之。」又長房、内典二録及靖邁經圖之中，並云漢明帝時沙門竺法蘭譯二百六十戒合異二卷。今詳此説，理定不然。當佛法初興，戒律未備，戒之合異，從何而來？今愚見所裁，只是竺曇無蘭所合之者。二人名姓俱同，録家誤上曇無即法還是法蘭，故高僧傳法蘭所譯，但標餘部，無此戒名。今此録中，廢之不立。其曇無所合，非是正翻，此録之中，亦不合載。但以二説差誤，故存而記之。

他毗利律一卷。齊言宿德律。

蕭齊西域三藏摩訶乘譯。單本。

僧澀多律一卷。陳言「摠攝」。

陳天竺三藏真諦譯。單本。

遺教法律經三卷。或云遺教法律三昧，亦云遺教三昧，或二卷。

西晉沙門釋法炬譯。單本。

六齋八戒經一卷。

宋天竺三藏求那跋陀羅譯。單本。

賢者律儀經一卷。亦云「威儀」。

宋居士沮渠京聲譯。單本。

僧名數事行一卷。

後漢失譯〔一四〕。

比丘諸禁律一卷。

後漢失譯。

摩訶僧祇律比丘要集一卷。一名摩訶僧祇部比丘隨用要集法。

後漢失譯。

沙弥十戒經一卷。舊録云沙弥戒。

後漢失譯。

比丘尼十戒經一卷。
後漢失譯。
賢者五戒經一卷。
後漢失譯。
優婆塞威儀經一卷。
後漢失譯〔一五〕。
大戒經一卷。
魏吴失譯〔一六〕。
衣服制經一卷。
魏吴失譯。
沙弥離威儀一卷。
魏吴失譯。
道本五戒經一卷。
魏吴失譯。
威儀經一卷。法經録中無「經」字。

魏吴失譯[一七]。

應行律一卷。

僧祐録云安公失譯經。附西晉録。

五部威儀所服經一卷。或云五部僧服經，高僧傳云白法祖[一八]譯。

僧祐録中失譯經。今附宋録[一九]。

結界文經[二〇]一卷。

僧祐録中失譯經。今附宋録。

沙弥離戒一卷。

僧祐録中失譯經。今附宋録。

五戒報應經一卷。

僧祐録[二一]中失譯經。今附宋録。

校勘記

〔一〕第一譯：金藏本脱作「第譯」。

〔二〕第二譯：金藏、法隆寺本作「第二本」。

〔三〕三家：金藏本作「二家」。

〔四〕准此：金藏、高麗藏、法隆寺本作「唯此」。
〔五〕煩：金藏、高麗藏本作「繁」。
〔六〕亦名提阿波檀那眷屬鼻藏經：金藏、高麗藏、法隆寺本無。
〔七〕附宋録：金藏、高麗藏、法隆寺本作「附宋」，永樂北藏、嘉興藏、清藏、四庫本作「今附宋録」。
〔八〕十誦律：嘉興藏本誤作「十論律」。
〔九〕謬：金藏、高麗藏、法隆寺本作「誤」。
〔一〇〕三十九：金藏本誤作「三十力」。
〔一一〕符：金藏本誤作「狀」。
〔一二〕目：金藏本誤作「甘」。
〔一三〕二百：嘉興藏、清藏、四庫本作「三百」。
〔一四〕後漢失譯：永樂北藏、嘉興藏、清藏、四庫本無。後五經同。
〔一五〕後漢失譯：永樂北藏、嘉興藏、清藏、四庫本作「已上後漢失譯」。
〔一六〕魏吴失譯：永樂北藏、嘉興藏、清藏、四庫本無。後三經同。
〔一七〕魏吴失譯：永樂北藏、嘉興藏、清藏、四庫本作「已上魏吴失譯」。
〔一八〕白法祖：金藏本誤作「月法祖」。
〔一九〕僧祐録中失譯經今附宋録：永樂北藏、嘉興藏、清藏、四庫本無。後二經同。
〔二〇〕結界文經：永樂北藏、嘉興藏本作「結戒文經」。

〔二〕僧祐録：永樂北藏、嘉興藏、清藏、四庫本作「已上僧祐録」。

小乘論闕本，九部，六十五卷。

俱舍論偈一卷。

陳天竺三藏真諦譯。第二譯。

右前後兩譯，一存一闕。

俱舍論本十六卷。

陳天竺三藏真諦譯。

右據俱舍本論，即前偈是。今復言論本一十六卷，未詳所以。

阿毗曇心十六卷。或十三卷。

符秦罽賓三藏僧伽提婆譯。第一譯。

雜阿毗曇心十三卷。

東晉沙門法顯共覺賢譯。第二譯。

雜阿毗曇心十三卷。根本十卷，續成十三卷〔一〕，或十四卷。

宋外國沙門伊葉波羅等譯。第三譯。

右長房録云：「宋文帝代外國沙門伊葉波羅譯，至擇品，緣礙未竟，遂輟。後求那跋摩續譯都訖〔二〕，成十三卷，見高僧傳。」房録之中，伊葉波羅及求那跋摩各存其本。唐内典録及翻經圖同此。今以求那跋摩但續前闕，更不再翻，前後俱存，理爲未當，今合〔三〕爲一本。其第四譯，見流行者，長房録〔四〕云：「宋文帝代天竺沙門僧伽跋摩元嘉十年届自建業，善律藏，明雜心，道場〔五〕慧觀以跋摩妙解雜心〔六〕，諷誦通利，先三藏等雖復譯出，未及繕寫，更請重翻，寶雲傳語，觀自筆受，一周乃訖。」故知見行之者，是其後本。

前後四譯，一存三闕。

三法度論二卷。或云三法度，無「論」字。

符秦天竺三藏曇摩難提譯。第一譯。

右前後兩譯，一存一闕。

犢子道人問論一卷。

元魏婆羅門瞿曇般若流支〔七〕譯。單本。

須跋陀羅因緣論二卷。

周宇文氏天竺三藏耶舍崛多等譯。單本。

六足阿毗曇一卷。

僧祐録中失譯論。今附宋録。

校勘記

〔一〕成十三卷：原作「或十三卷」，永樂北藏、四庫本作「或十三」，據金藏、高麗藏、法隆寺本改。

〔二〕訖：金藏、高麗藏本作「計」。

〔三〕合：金藏本誤作「令」。

〔四〕長房録：原作「見房録」，據金藏、高麗藏、法隆寺本改。

〔五〕道場：嘉興藏本誤作「道諹」。

〔六〕以跋摩妙解雜心：嘉興藏本誤作「以跋藏等雖雜心」。

〔七〕瞿曇般若流支：原作「瞿曇般若波流支」，據金藏、高麗藏、法隆寺本改。

聖賢集傳闕本，四十七部，一百八十四卷。

修行道地經七卷。或云順道行經，或六卷。

後漢安息三藏安世高譯。第一譯。

右前後三譯，二存一闕。

僧伽羅刹集二卷。

符秦天竺三藏曇摩難提譯。第二譯。

右前後兩譯，一存一闕。

付法藏經六卷。

宋涼州沙門釋寶雲譯。第一譯。

付法藏傳四卷。

元魏昭玄統〔一〕釋曇曜譯。第二譯。

右前後三譯，一存二闕。

阿蘭若習禪經二卷。

宋天竺三藏求那跋陀羅譯。第二譯。

右與坐禪三昧經同本，前後兩譯，一存一闕。

菩薩呵欲經一卷。

宋天竺三藏求那跋陀羅譯。第二譯。

右前後兩譯，一存一闕。

那先經一卷。

宋天竺三藏求那跋陀羅譯。第二譯。

右前後兩譯，一存一闕。

禪法要解二卷。

北涼安陽侯沮渠京聲譯。第二譯。

右前後兩譯，一存一闕。

修行方便經二卷。亦云修行方便禪經。

吴月支優婆塞支謙譯。單本。

右此修行方便經，詳其名目，與達摩多羅禪經合是同本，而彼禪經，亦名修行方便經，是東晉代覺賢所譯，佛大先造。先，罽賓人也，覺賢之師。賢與支謙相去一百四十餘年，恐佛大先彼時未出，配爲同本，或將未當，故爲單譯。

五門禪要用法經一卷。

後漢安息三藏安世高譯。第一譯。

右前後兩譯，一存一闕。

思惟要略經一卷。或直云思惟經。

後漢安息三藏安世高譯。第一譯。

右前後兩譯，一存一闕。

十二遊經一卷。

西晉西域沙門彊梁婁至譯。第一譯。

十二遊經一卷。

宋天竺三藏求那跋陀羅譯。第三譯〔二〕。

右前後三譯，一存二闕〔三〕。

阿育王太子壞目因緣經一卷。或無「經」字。

後漢月支三藏支婁迦讖譯。第一譯。

王子法益壞目因緣經一卷。或云阿育王息〔四〕壞目因緣經。

姚秦涼州沙門竺佛念譯。第三譯。

右前後三譯，一存二闕。姚秦建初六年辛卯佛念共難提出壞目因緣經〔五〕，二人共出，合是一本，二處俱存，或恐誤也。

法句經二卷。或云〔六〕法句集。

吴月支優婆塞支謙譯。第二譯。

右前後兩譯，一存一闕。

法句經四卷。

後漢安息三藏安世高譯。第一譯。

右與法句喻經同本，前後兩譯，一存一闕。

迦葉結集傳經一卷。或無「傳」字，亦云迦葉結經，或云結集戒經〔七〕。

西晉三藏竺法護譯。第二譯。

迦葉結集戒經一卷。

東晉沙門釋嵩公譯。第三譯。

右前後三譯，一存二闕。

婆藪槃豆傳一卷。

後秦三藏鳩摩羅什譯。出翻經圖，第一譯。

右前後兩譯，一存一闕。

請賓頭盧法一卷。

後漢安息三藏安世高譯。出内典録，第一譯〔八〕。

右前後兩譯，一存一闕。

阿毗曇九十八結經一卷。

後漢安息三藏安世高譯。單本。

耆闍崛山解一卷。

西晉三藏竺法護譯。單本。

佛遊天竺記一卷。
東晉沙門釋法顯譯。出僧祐録。單本〔九〕。
經律分異記一卷。或云戒律。
宋罽賓三藏求那跋摩譯。單本。
請聖僧浴文一卷。
宋天竺三藏僧伽跋摩譯。單本〔一〇〕。
第一義五相略集一卷。
宋天竺三藏求那跋陀羅譯。單本。
雜譬喻三百五十首經二十五卷。祐云〔一一〕譬喻三百首經。
西晉三藏竺法護譯。單本。
翻外國語七卷。一名倶舍論因緣事，一名雜事。
陳天竺三藏真諦譯。單本。
修禪定法一卷。
陳天竺三藏真諦譯。單本〔一二〕。
庾伽三磨斯經一卷。譯言「修行略」，一名達磨多羅禪法，或云達磨多羅菩薩撰禪經要集。

後漢失譯〔一三〕。

梵音偈本一卷。舊云「胡音」。

後漢失譯。

讚七佛偈一卷。

後漢失譯。

恒和〔一四〕尼百句一卷。

後漢失譯。

五言詠頌本起一卷。一百四十二首。

後漢失譯。

道行品諸經梵音解一卷。舊云「胡音」。

後漢失譯。

法句譬喻經一卷。祐録云凡十七事，或無「喻」字。

後漢失譯〔一五〕。

雜譬喻經八十卷。

魏吴失譯。

道地經中要語章一卷。或云小道〔一六〕地經。

僧祐録云安公古典經。今附漢録〔一七〕。

數諫〔一八〕意章一卷。舊録云數練經。

僧祐録〔一九〕云安公古典經。今附漢録。安公云：「上二經，出生經。」祐按，今生經無此章名。

悉曇慕二卷。

僧祐録云安公失譯經。附西晉録。

吉法驗一卷。

僧祐録云安公失譯經。附西晉録。

口傳劫起盡一卷。

僧祐録云安公失譯經。附西晉録。

打犍稚〔二〇〕法一卷。

僧祐録〔二一〕云安公失譯經。附西晉録。

雜譬喻經六卷。或云諸雜譬喻。

僧祐録中失譯經。今附宋録〔二二〕。

譬喻經一卷。祐云異出，更有一本，今且存一〔二三〕。

僧祐録中失譯經。今附宋録〔二四〕。

雜譬喻經一卷。凡十一事。

僧祐録〔二五〕中失譯經。今附宋録。

都計小乘經、律、論及聖賢集傳闕本者，揔六百九十八部，一千一百六卷。

開元釋教録卷第十五別録之五

校勘記

〔一〕昭玄統：金藏本誤作「照玄統」。

〔二〕第三譯：金藏本作「第一譯」。

〔三〕二闕：嘉興藏、四庫本誤作「一闕」。

〔四〕息：原無，金藏本作「自」，據高麗藏、法隆寺本補。

〔五〕壞目因緣經：金藏本作「壞因緣經」。

〔六〕或云：金藏本作「或一云」。

〔七〕結集戒經：金藏本誤作「經集戒經」。

〔八〕譯：原作「出」，據金藏、高麗藏、法隆寺本改。

〔九〕單本：金藏本無。

〔一〇〕單本：嘉興藏本無。
〔一一〕祐云：金藏、高麗藏本作「祐録云」。
〔一二〕單本：此後高麗藏本有「一百五十讚一經及子注，云：「一百五十讚一卷。大唐三藏義浄譯。新編入録，單本。」
〔一三〕後漢失譯：永樂北藏、嘉興藏、清藏、四庫本無。後五經同。
〔一四〕恒和：金藏、高麗藏、法隆寺本作「怛和」。
〔一五〕後漢失譯：永樂北藏、嘉興藏、清藏、四庫本作「已上後漢失譯」。
〔一六〕小道：清藏、四庫本作「出道」。
〔一七〕僧祐録云安公古典經今附漢録：永樂北藏、嘉興藏、清藏、四庫本無。
〔一八〕數諫：金藏、高麗藏本及法隆寺本作「數練」。
〔一九〕僧祐録：永樂北藏、嘉興藏、清藏、四庫本作「已上僧祐録」。
〔二〇〕稚：金藏、高麗藏本作「㐂」，法隆寺本作「栢」，資福藏本作「推」。
〔二一〕僧祐録：永樂北藏、嘉興藏、清藏、四庫本作「已上僧祐録」。
〔二二〕僧祐録中失譯經今附宋録：永樂北藏、嘉興藏、清藏、四庫本無，金藏、高麗藏本「今附宋録」作「今附安録」，法隆寺本作「附西晉録」。
〔二三〕一：金藏本無。
〔二四〕僧祐録中失譯經今附宋録：永樂北藏、嘉興藏、清藏、四庫本無。金藏、高麗藏本「今附宋録」作「今附安録」，法隆寺本作「附西晉録」。

〔二五〕僧祐録：永樂北藏、嘉興藏、清藏、四庫本作「已上僧祐録」。

音釋

蔽：必祭反。　謣羅：上音于。　飃：疋苗反。　隟竭：上音桑。　腐：音父。　戲誕：下音但。　嵩：息弓反。　湩：音凍，乳也。　亘：古鄧反。　盧：烏塔反。　賈客：上音古。　危脆：下取歲反。　猘狗：上居例反。　齧：魚結反。　曷漩：下似宣反。　邠坻：上布巾反，下音遲。　邠祁：下渠移反。　呿：丘迦反，一音去。　賃：尼禁反。　剔頭：上他的反。　坏：疋回反。　婆蹉：下七何反。　閱頭：上音悦。　噓：音虛。　叩：音口。　蝎：許謁反。　揌：丘例反。　植：常力反。　僥倖：上古堯反，下音幸。　柯：音哥。　汰：音太。　差謬：上楚加反，下苗幼反。　分齊：二字並去聲。　澀多：上俗作「澁」。　輟：知劣反。　庾伽：上於王反。　犍坻：上音乾，下音遲，正云犍稚，今云犍。

開元釋教録卷第十六

唐庚午歲西崇福寺沙門智昇撰

別録中支派別行經〔一〕第三六百八十二部，八百一十二卷〔二〕。

支派經者，謂大部之中抄出別行，大般若第二會之類是也。夫法門浩廣，罕究津涯。典籍紛綸，靡窮邊際。故有隨宜化誘，應物施緣，多於大部之中，隨時略用。披尋者莫知〔三〕所出，翫習者將義不終。今統集多端，會歸當部，仍删夷舊録，增減有無，具載名題，備詳差互，庶使將來學者覽派知源。或恐未周，用希來哲。

大乘別生經，二百九部，三百二十八卷。

大般若第二會經七十八卷。時俗題云新譯大品放光般若，新編上。

大般若第四會經一十八卷。時俗題云新譯道行小品般若，新編上。

最勝天王般若經八卷。亦云新譯勝天王般若，是大般若第六會，新編上。

曼殊般若經二卷。亦云新譯文殊般若，是大般若第七會，新編上。

理趣般若經一卷。是大般若第十會，新編上。

第二會下五經，並出大般若。

大智度無極經四卷。非藏中者。

智度無極譬經三卷。或云無極譬經，或四卷，或加「大」字。

揔攝無盡義經二卷。

般若波羅蜜神呪經一卷。

大智度無極下四經，隋衆經録云並出〔四〕大品。

摩訶般若波羅蜜道行經二卷。亦直云道行經，新編上。

右一經，長房等録並云：「西晉惠帝代優婆塞衛士度略出，從舊道行中删改，亦是小品及放光等要別名耳。」撰録者曰：既從大經略出，即類別生。編正經中，恐將乖〔五〕誤，故附斯録。

大般若第二會經下一十部，一百一十九卷，般若部中別生經。

密迹金剛力士經二卷。出密迹力士會下文，内典等録編入正經中者，誤也。新編上。

菩薩見實三昧經二卷。出菩薩見實會，抄六界差別品中重文，新編上。

具善根經一卷。出富樓那會下卷，即舊三卷菩薩藏經抄。

善肩品經一卷。出善臂菩薩會。

抄寶積經一卷。出普明菩薩會，即舊單卷寶積經抄〔六〕。

密迹下五經，並出大寶積經。

菩薩奉施詣塔作願經一卷。或作諸塔抄上卷。

往古性和佛國願行法典經一卷。或作「生和」。祐録云抄上卷。新編上。

師子步雷音菩薩問文殊師利發心經一卷。抄上卷。

師子步雷音菩薩問文殊師利成〔七〕佛時事經一卷。抄下卷。

菩薩三法經一卷。

棄惡長者問菩薩法經一卷。

菩薩奉施下六經，出文殊佛土嚴浄經。

三十五佛名經一卷。出決定毗尼經。

菩薩布施懺悔法一卷。亦出決定毗尼經。

密迹力士經下一十三部，一十五卷，寶積部中別生經。

佛入三昧以一毛放大光明經一卷。抄第一卷。

菩薩瓔珞莊嚴經一卷。僧祐録云菩薩莊嚴瓔珞經，抄第一卷。

自在王菩薩問如來警戒經一卷。或云菩薩戒身自在經，抄第一卷，新編上。

佛讐欬徹十方經一卷。抄第二卷。

八光經一卷。抄第二卷。

不與婆羅門等諍訟經一卷。抄第三卷。

調伏衆生業經一卷。抄第三卷。

大慈無減經一卷。抄第三卷。

諸天問如來境界不可思議經一卷。抄第四卷。或作「讐」字。

舍利弗問寶女經一卷。出寶女品。

舍利弗歎寶女説不思議經一卷。出寶女品，亦云歎寶女經。

菩薩導示行經一卷。出寶女品。

寶女問三十二相經一卷。或云「明三十二相」。一云問惠經，一云三十二事經，一云寶女問經，出寶女品。

寶施女經一卷。出寶女品，或〔八〕云寶女施。

寶女問慧經一卷。抄別譯四卷寶女經，亦云抄寶女品。

見水世界經一卷。抄第八卷。

穿菩提心經一卷。抄第九卷海慧品，三紙。新編上〔九〕。

功德寶〔一〇〕光菩薩問護持經一卷。祐録云抄，陳録云抄大集第九，新編上。

菩薩初發心時經一卷。抄第九卷，或作「持」字。

佛臍化出菩薩經一卷。抄無言品。

無言菩薩流通法經一卷。抄無言品〔一一〕。

無言菩薩經一卷。抄無言品。

魔業經一卷。抄第十一卷。

過去無邊光淨佛土經一卷。抄第十一卷。

菩薩本願經一卷。抄第十一卷，出海慧品。

佛問四童子經一卷。抄第十二卷。

菩薩出要行無礙法門經一卷。抄第十二卷虚空藏品。

虚空藏菩薩問持經得幾福經一卷。抄第十六卷虚空藏品，新編上〔一二〕。

過魔法界經一卷。抄第十六卷虚空藏品。新編上。

虚空藏所問經八卷。亦云方等主虚空藏經〔一三〕，或五卷，或六卷。是大集經虚空藏品一品，新編上。

太白魔王堅信經一卷。出寶幢分，抄第十七卷。

佛弟子化魔子誦偈經一卷。出第二十卷寶幢分。

魔女聞佛説法得男身經一卷。出寶幢分。

開化魔經一卷。出寶幢分。

魔王入苦宅經一卷。出寶幢分，抄第十九卷。

寶幢呪經一卷〔一四〕。出寶幢分。

魔王變身經一卷。是寶幢分中授記一品，出第二十二卷，四紙，新編上。

光味仙人覩佛身經一卷。出寶幢分。

光味菩薩造七寶梯經一卷。出寶幢分。

梵王變身經一卷。出寶幢分。

波斯匿王蒙佛神力到寶坊經一卷。抄第二十三卷。

明星天子問慈經一卷。抄第二十三卷。

調伏王子道心經一卷。抄第二十六卷。

功德莊嚴王八萬四千歲請佛經一卷。

法心呪經一卷。

十八不共品經一卷。云抄異譯寶女品。

申越長者悔過供佛經一卷。亦云由起〔一五〕長者悔過經。「申越」、「由起」，未詳何正。新編上〔一六〕。

偈經一卷。僧祐録云抄大集經。新編上。

已上四十八經，並出大集。
菩薩如意神通經一卷。出自在王經上卷。舊云出大集，非也。
四自在神通經一卷。出自在王〔一七〕經上卷。
菩薩戒自在經一卷。出自在王經上卷。
佛入三昧經下五十一部，五十八卷，大集部中別生經。
大方廣如來性起微密藏經二卷。是舊華嚴經如來性起全一品，新編上。
華嚴經十種生法經一卷。
佛名經一卷。
菩薩名經一卷。
淨行品經一卷。
抄〔一八〕華嚴經一卷。
菩薩十地經一卷。抄出〔一九〕。
已上七經，並出舊華嚴經。
曇昧摩提菩薩説經一卷。法經録云出菩薩十住行道品。
金剛藏問菩薩行經一卷。出漸備一切智德經。

漸備經一卷。出漸備一切智德經。

大方廣如來性起經下一十部，一十一卷，華嚴部中別生經。

名字功德品經一卷。出大般涅槃經〔二〇〕。

還國品經一卷。出普曜經，亦云〔二一〕抄中本起經上卷。

提婆達多品經一卷。出〔二二〕妙法蓮華經第五卷。

藥王菩薩經一卷。陳録云抄妙法華經第七卷，新編上。

觀世音經一卷。是妙法華經普門品，出第七卷〔二三〕。

光世音經一卷。出正法華經。

陀羅尼法門六種動經一卷。抄第一卷，或無「種」字。

彌勒菩薩本願待時成佛經一卷。抄第一卷。

寶日光明菩薩問蓮華國相貌經一卷。亦云寶日光明菩薩經，抄第一卷〔二四〕。

梵志向佛説夢經一卷。抄第二卷。

寶海梵志請如來經一卷。抄第二卷〔二五〕。

寂意菩薩問五濁經一卷。抄第二卷，或云「寂音」。

梵志勸〔二六〕轉輪王發菩提心經一卷。抄第二卷。

轉輪聖王發心求淨土經一卷。抄第二卷。
樹提摩納發菩提心誓願經一卷。抄第五卷。
寶海梵志成就大悲經一卷。抄第七卷〔二七〕。
佛變時會身經一卷。抄第十卷。
當來選擇諸惡世界經一卷。抄第十卷。
一音演正法經一卷。抄第十卷，或云「顯正法」。
五百王子作淨土願經一卷。
過去行檀波羅蜜經一卷。
觀世音求十方佛各爲受記經一卷。
東方善華世界佛坐震動經一卷。
文殊師利授記〔二八〕經一卷。
大悲比丘本願經一卷。
過去香蓮華佛世界經一卷。
陀羅尼法門經下二十部，二十卷，並出悲華經。
寶雲經一卷。出寶雲經，抄禪行。

不退轉法輪經一卷。出阿惟越致遮經第一。

等御諸法經一卷。出持心梵天經第一。

楞伽阿跋多羅經一卷。僧祐録云楞伽阿跋多羅寶一切佛語斷肉章經，一卷，或云楞伽抄經。

右一經，出入楞伽經斷肉品。勘文，出四卷楞伽第四卷。

人弘法經一卷。

善得婆羅門求舍利經一卷。

善得婆羅門問提婆達經一卷。

大雲密藏菩薩問大海三昧經一卷。

大雲密藏菩薩請雨經一卷。

四百三昧名經一卷。

人弘法經下六部，六卷，並出大方等大雲經。

三歸五戒帶佩護身呪經一卷。

三歸五戒神王名經一卷。亦云三歸五戒三十六善神王名經，陳朝大乘寺藏〔二九〕録云抄灌頂經，新編上。

龍王結願五龍神呪經一卷。

五龍呪經一卷。

大將軍神呪經一卷。
隨願往生經一卷。亦云灌頂隨願往生十方浄土經，亦云普廣菩薩經，新編上。
藥師琉璃光經一卷。亦云灌頂拔除拔罪生死得度經，新編上。
三歸五戒帶佩下七部，七卷，並出大灌頂經。
無吾我經一卷。
三幼童經一卷。或作「幻童」，非也。
往古造行經一卷。
舉鉢經一卷。
心本浄經一卷。
溥首童真經一卷。或作「普首」。
無吾我經下六部，六卷，並出普超三昧經。
布施度無極經一卷。出第一卷。
菩薩爲魚王經一卷。出第一卷。
乾夷王經一卷。出第一卷。
仙歎經一卷。出第一卷。

波耶王經一卷。出第二卷。

一切施王所行檀波羅蜜經一卷。亦云薩和檀王經。出第二卷。

右〔三〇〕此一切施王經，群録並云羅什所譯。别生録中，名薩和檀王經，漢後失譯亦有此經，經云薩和檀者，一切施也。將〔三一〕彼經勘，文同不異，故編於此。

和默王經一卷。出第三卷。新編上〔三二〕。

維藍經一卷。舊録云隨藍本經，出第三卷。

戒度無極經一卷。出第四卷。新編上〔三三〕。

象王經一卷。舊録云出生經中，誤也。新編上〔三四〕。

太子法施經一卷。或云「法惠」。出第四卷。

太子暮魄經一卷。或云「沐魄」。出第四卷。在藏中者，是别譯本。

彌蘭經一卷。或云「弥連」，亦云「弥蓮」。出第四卷。

普明王經一卷。出第四卷。

忍度無極經一卷。出第五卷〔三五〕。

羼提和經一卷。出第五卷。

摩天羅王經一卷。或云「國王」。出第五卷。

槃達龍王經一卷。出第五卷。
雀王經一卷。出第五卷。
釋家畢罪經一卷。出第五卷。
菩薩爲鹿王經一卷。亦云佛昔爲鹿王經，出第六卷，新編上。
九色鹿經一卷。出第六卷。在藏中者，是別譯本。
馬〔三六〕王經一卷。安公云出六度集〔三七〕第六卷，新編上。
菩薩作龜本事經一卷。出第六卷。
菩薩身爲鴿王經一卷。出第六卷。
蜜蜂王經一卷。出第六卷。
佛以三事笑經一卷。出第六卷。
小兒聞法即解經一卷。出第六卷。
殺身濟賈人經一卷。出第六卷。
以金貢太山贖罪經一卷。出第六卷。
調達教人爲惡經一卷。出第六卷。
殺龍濟一國經一卷。出第六卷。

彌勒爲女身經一卷。出第六卷。

禪度無極經一卷。出第七卷。

尸呵遍王經一卷。出第八卷。

又舊録中，有車匿本末經一卷，亦云出第八卷。今檢其文，即是尸呵遍王經，更無有異。尸呵遍王經，約〔三八〕初緣立，名車匿本末經，據後文立稱。既是一緣，不可分二，今存一名耳。

遮羅國王經一卷。或無「國」字。出第八卷。

菩薩以明離鬼妻經一卷。出第八卷。

儒童經一卷。出第八卷。

摩調王經一卷。事同中阿含大天經，出第八卷。或無「王」字。

阿難念彌經一卷。或云阿難念經。出第八卷。

鏡面王經一卷。與義足經中鏡面王經大同，出第八卷，新編上。

察微王經一卷。出第八卷。

梵皇經一卷。或云梵皇王經，亦云梵魔皇經，出第八卷。

明度無極經一卷。陳録云抄六度經合，出第八卷，新編上。

右施度無極經下四十四部，四十四卷，並出六度集經。舊録中有忠心正行經一卷，亦云〔三九〕出六度經。文中檢無，故闕之耳。其和默王經、象王經、菩薩爲鹿王經、馬王經、鏡面王經，此之〔四〇〕五經，雖載群録，名與此同，並新編上。

能滅諸罪千囀陀羅尼經一卷。此是奘法師所譯呪五首中一首之呪，既類別生，故載斯録。新編上。

寶鬘品抄經一卷。出寶網經。

稱揚諸佛功德經一卷。僧祐録云抄三卷稱揚諸佛〔四一〕功德經。或與後經二文無別。新編上。

寶海如來等十方百七十佛名經〔四二〕一卷。陳録云抄稱揚功德經，亦云禮佛功德經。新編上。

德内豐嚴王佛名經一卷。祐録云抄，今檢稱揚功德經上卷，有此佛名，即出彼經上卷也。新編上。

過去五十三佛名經〔四三〕一卷。亦云五十三佛名經，出觀藥王藥上經。

定意三昧經一卷。出十住斷結經第四。

賢劫千佛名經一卷。出賢劫經。僧祐録云東晉沙門竺曇無蘭抄出。千佛名初序云：「賢劫經説二千一百諸度無極，以拘樓孫佛爲首。」此經有別譯本，以拘那提佛爲首者是。

觀佛相好經一卷。出觀佛三昧海經，新編上。

央崛魔羅母因緣經一卷。抄第一卷，新編上。

無量樂佛土經一卷。或云「國土」，抄第三卷。

有稱十方佛名得多福經一卷。祐録云抄，陳録云抄央崛經第三卷，新編上。

佛降央崛魔羅人民歡喜經一卷。抄第四卷。

帝釋施央崛魔羅法服經一卷。

央崛魔羅歸化經一卷。或云「婦死」，應誤。

央崛魔羅悔過法經一卷。或無「法」字。

波斯匿王欲伐央崛魔羅經一卷。祐録云抄，新編上。

央崛魔羅母下八部，八卷，並出央崛魔羅經。

七佛八菩薩所説神呪經一卷。陳録云抄七佛經，新編上〔四四〕。

三十七品經一卷。安公云出律經，新編上。

僧祐録云：「東晉沙門竺曇無蘭太元二十一年六月謝鎮西寺撰。蘭序自記而不標所出。」

大光明菩薩百四十八願經一卷。祐録云抄，新編上。

菩薩六法行經一卷。祐録云抄，新編上。

菩薩本願行品一卷。祐録云抄，新編上〔四五〕。

菩薩苦行〔四六〕經一卷。祐録云抄，或無「諸」字。四紙餘少許，新編上。

菩薩訶睡眠經一卷。祐録云抄，新編上。

菩薩訶家過經一卷。祐録云抄，新編上。

阿難見水光瑞經一卷。祐録云抄，新編上。

棄惡長者問菩薩法經一卷。祐録云抄，新編上。

陀羅尼偈經一卷。祐録云抄，新編上。

六浄經一卷。安公云出律經，失譯中載〔四七〕。八紙半，新編上。

菩薩等入法嚴經一卷。或無「菩薩」字，安録失譯中載。五紙，新編上。

菩薩本願行品經一卷。祐録云抄，新編上。

同号佛名經一卷。三紙，新編上。

散侍法經一卷。或作「持」字。二紙，新編上。

三十七品等十經，祐録云抄，而不指所出。於中菩薩諸苦行經，檢見其本，是抄不疑，亦未知出何經律。其六浄等四經，今並〔四八〕見其本，還是抄經。又隋仁壽衆經録中，大乘别生抄經揔有一百一十七部，一百三十七卷，亦不指陳所出。今檢諸代録中，多已載訖。彼以護諸童子經、陀鄰鉢經等爲别生抄者，理不然也。既無的據，難可依憑，略述如前，餘删不載。

校勘記

〔一〕經：諸校本作「録」。

〔二〕八百一十二卷：原作「八百二十二卷」，據金藏、高麗藏本改。
〔三〕莫知：金藏本誤作「莫不知」。
〔四〕出：金藏本無。
〔五〕乖：原作「來」，據金藏、高麗藏本改。
〔六〕即舊單卷寶積經抄：金藏本無。
〔七〕成：金藏本無。
〔八〕或：原無，據金藏、高麗藏、資福藏本補。
〔九〕新編上：金藏、高麗藏本無。
〔一〇〕寶：原無，據金藏、高麗藏本補。
〔一一〕抄無言品：此後嘉興藏本有云「無言菩薩經流通法經一卷」及子注「抄無言品」。
〔一二〕新編上：金藏本無。
〔一三〕方等主虚空藏經：高麗藏本作「方等虚空藏經」。
〔一四〕卷：金藏本無。
〔一五〕由起：嘉興藏本誤作「由越」。
〔一六〕新編上：金藏、高麗藏本無。
〔一七〕王：嘉興藏本作「上」。
〔一八〕抄：原作「妙」，據金藏、高麗藏本改。

〔一九〕抄出：金藏、高麗藏本無。
〔二〇〕經：原無，據金藏、高麗藏本補。
〔二一〕亦云：原作「云」，金藏本作「亦」，據高麗藏本改。
〔二二〕出：嘉興藏本作「本」。
〔二三〕七卷：金藏、高麗藏本作「八卷」。
〔二四〕抄第一卷：金藏、高麗藏本無。
〔二五〕第二卷：高麗藏本作「第一卷」。
〔二六〕勸：嘉興藏本作「觀」。
〔二七〕第七卷：金藏本作「第十卷」。
〔二八〕授記：原作「所説」，據金藏、高麗藏、出三藏記集改。
〔二九〕藏：金藏、高麗藏本作「等」。
〔三〇〕右：原作「有」，據金藏、高麗藏、資福藏本改。
〔三一〕將：資福藏本作「時」。
〔三二〕新編上：金藏、高麗藏本無。
〔三三〕新編上：金藏、高麗藏本無。
〔三四〕新編上：金藏、高麗藏本作「或第四卷」。
〔三五〕五卷：原作「四卷」，據金藏、高麗藏本及貞元新定釋教目録改。

〔三六〕馬：原作「爲」，據諸校本改。
〔三七〕集：原作「出」，據金藏、高麗藏本改。
〔三八〕經約：原作「約經」，據金藏、高麗藏本改。
〔三九〕云：原無，據金藏、高麗藏本補。
〔四〇〕此之：嘉興藏本誤作「北之」。
〔四一〕諸佛：金藏、高麗藏本無。
〔四二〕經：金藏本無。
〔四三〕過去五十三佛名經：金藏本作「過去五十三名經」，無「佛」字。
〔四四〕新編上：金藏本無。
〔四五〕菩薩本願行品一卷祐録云抄新編上：金藏、高麗藏本無。
〔四六〕苦行：金藏、高麗藏本作「諸苦行」。
〔四七〕載：原作「義」，據金藏、高麗藏本改。
〔四八〕今並：資福藏本誤作「金並」。

大乘律別生，七部，七卷。

菩薩地持戒經一卷。法經録云出菩薩地持。

菩薩戒要義經一卷。僧祐録云抄菩薩戒，即地持是。法經録同。

菩薩善戒受戒經一卷。法經録云出善戒經。

浄除業障經一卷。僧祐録云抄浄業障經，法經録同。

優婆塞戒本一卷。法經録云出優婆塞戒經。

勸德經一卷。法經録云出舍利弗悔過經。

在家菩薩戒〔一〕一卷。新編上〔二〕。

右一戒，法經録中編爲失譯，今親見其本，雖未知出處，是抄不疑，乃取五分戒序置之於初，後方是戒。此是人集，非翻譯出也。法經録中更有十經，云衆律抄。既不陳所出，故不存之。諸代録中，或有載者，此中故闕。

校勘記

〔一〕戒：嘉興藏本作「戒經」。

〔二〕新編上：金藏本無。

大乘論別生，七部，一十一卷。

大乘優波提舍論五卷。真寂寺録云是衆論抄，法經録同。

摩訶衍精進〔一〕度中罪報品經一卷。陳録云抄智度論第十七，新編上。

菩薩悔過法經一卷。出龍樹十住論，或無「經」字。新編上。

菩薩五法行經一卷。祐録云抄，陳録云抄十住論，新編上。

初發意菩薩行易行法〔二〕一卷。僧祐録云出十住論易行品，新編上。

十住毗婆沙經一卷。僧祐録云抄十住論，新編上。

易行品諸佛名經一卷。法經録云出十住毗婆沙，或即與前易行法同。

法經録中，更有十經，云衆論抄。既不陳所出，故不存之。諸代録中，或有載者，此中故闕。

校勘記

〔一〕進：原作「集」，據金藏、高麗藏本改。

〔二〕初發意菩薩行易行法：高麗藏本作「初發意菩薩行易行法經」。

小乘別生經，二百八十三部，二百八十三卷。

大迦葉遇尼乾子經一卷。陳録云抄第四卷〔一〕。

三劫經一卷。陳録云抄第五卷。

韋提希子月夜問夫人經一卷。或作「天人」。祐録云抄，陳録云抄長含第七，新編上。

三因緣經一卷。陳録云抄第二十卷。

天地成敗經一卷。陳録云抄世記經，祐録云是抄衆經。

大迦葉下五經，並出長阿含經。

阿難惑〔二〕經一卷。出人本欲生經。

人從所來經一卷。長房録云出人本欲生經，亦云人所從來，新編上。

閻浮利經一卷。僧祐失譯録中載，今檢是樓炭經初品，新編上。

三小劫經一卷。是樓炭經三小劫品，出第五卷。陳録云抄長含第二十一卷，新編上。

變化本起經一卷。出中本起經，亦云即中本起上卷。

第一四門經一卷。抄十二門經，三乘通教明定，新編上。

第二四門經一卷。抄十二門經，與前同，新編上〔三〕。

第三四門經一卷。即是甘露道律經，祐云：「檢雜目録，或有不稱第三四門而直〔四〕云甘露道律經者〔五〕。」新編上。

甘露正意經一卷。亦云佛入甘露調正意經明定，祐云佛入甘露調意經。

第一四門下四經，並出十二大門經。祐云從第一四門至甘露調意，凡四品，並是大十二門經一部，後人分品寫出，遂成四經。

大迦葉遇尼乾子經等一十四部，一十四卷，並是長阿含部分別生經。

福行經一卷。出第二卷。

婆拘羅答異學問經一卷。真寂寺録云尊者薄拘羅經，一直云〔六〕薄拘羅經，出第八卷。

佛問阿須倫大海有減經一卷。一名海有八事經，出第八卷。

佛爲呵利曠野鬼説法經一卷。祐録云「訶到」，出第九卷。

麼夷比丘經一卷。一名摩夷經，出第十卷。

惡道經一卷。一名惡意經，出第十五卷，亦云出〔七〕第四十九卷。

四意止經一卷。一名四意止本行經，出第二十四卷。

息恚經一卷。或云自〔八〕恚經，出第二十七卷。

貧窮經一卷。出第二十九卷。

柔軟經一卷。出第二十九卷。

優婆塞五法經一卷。出第三十卷。

受持經一卷。出第三十卷，亦云出雜阿含第三十五。

福經一卷〔九〕。出第三十四卷。

商人求財經一卷。出第三十四卷。
名稱經一卷。出第三十六卷。
何苦經一卷。出第三十六卷。
婆羅門行經一卷。出第三十九卷。
阿蘭那經一卷。出第四十卷。
浮彌經一卷。出第四十卷〔一〇〕，祐録云抄增一。
瞿曇弥經一卷。出第四十七卷。
中阿含本文經一卷。出第六十卷。
七車譬喻經一卷。
長者梨師達多兄弟二人往佛所經一卷。亦云長者兄弟詣佛經，亦云抄雜阿含第三十。
柰〔一一〕女經一卷。祐録云抄中阿含，新編上。
福行經下二十四部，二十四卷，並出中阿含經。准隋開皇、仁壽二衆經録中，更有七知經、離睡經、受歲經、梵志計水浄經、苦陰經、苦陰因事經、樂想經、阿耨風經、伏婬經、黄竹園經、尊上經、意經、應法經、鞞摩肅經、邪見經、箭喻經。上十六經，亦云出中阿含。今與本經文勘，乃是異譯，非是別生也，已編入正録訖。其父母恩難報經，亦云別生，今勘文不同，且編見録。

飛鳥喻經一卷。抄第十五卷。

三十三天園觀經一卷。抄第十五卷。

五戰闘人經一卷。抄第十八卷。

波斯匿王何欲最樂經一卷。抄第十九卷。

舍衛城人喪子狂經一卷。一名梵志喪女經，抄第二十卷。

大枯樹經一卷。一名枯樹經，無「大」字；一名積木燒然經，抄第二十二卷，亦云出中阿含第一卷。

鷹鷂獵經一卷。抄第二十三卷。

毗羅斯那居士五欲娱樂經一卷。抄第二十四卷。

長者詣佛説子婦不恭敬〔一三〕經一卷。祐録云抄阿含，陳録云抄增一三十四卷〔一三〕，新編上。

比丘成就五法入地獄經一卷。祐録云抄阿含，陳録云抄增一三十八卷〔一四〕，新編上。

波斯匿王詣佛有五威儀經一卷。抄第四十一卷。

調達入地獄經一卷。或云調達入地獄事經，祐云抄中阿含。

掃地經一卷。

世間强盜〔一五〕布施經一卷。

羅閲城人民請佛經一卷。

梵天詣婆羅門講堂經一卷。

郁伽居士見佛聞法醒悟經一卷。亦云修伽陀居士佛爲説法得性悟經。

水喻經一卷。

七寶經一卷。

鵄鳥事經一卷。

學人意亂經一卷。一名母子作僧尼意亂經，亦名「亂意」。

六衰事經一卷。祐録失譯中有。今見其本，云出增一。四紙半〔一六〕，新編上。

弥勒下生經一卷。出第四十四卷，佛在舍衛國因阿難請説。七紙，新編上。

增一阿含經一卷。出第二十一卷，三紙。新編上。

行七行現報經一卷。出第三十四卷，一紙。新編上。

十二因緣經一卷。出第四十六卷，舊在大乘藏中，誤〔一七〕。三紙。新編上。

飛鳥喻經下二十六部，二十六卷，並出增一阿含經。准隋開皇、仁壽二衆經録〔一八〕中，更有三經，謂四人出現世間經、婆羅門避死經、四泥犁經，亦云出增一阿含。今檢是異譯，本非別生者，已編入正録訖，故此除之，其增一阿含、行七行現報二經，舊云出〔一九〕增一中，言是異譯，編入見録。今檢是別生經，非異譯者。其十二因緣經及弥勒下生經、六衰事經，亦出增一，故附斯録也。

佛爲婆羅門説四法經一卷。出第二卷。
佛跡見千輻輪相經一卷。出第四卷。
普施經一卷。出第四卷。
佛爲事火婆羅門説悟道經一卷。出第四卷。
佛爲婆羅門説耕田經一卷。或無「田」字。出第四卷。
佛爲老婆羅門説偈經一卷。出第四卷。
佛爲憍慢婆羅門説偈經一卷。出第四卷。
差摩比丘喻重病經一卷。出第五卷。
佛爲比丘説燒頭喻經一卷。出第七卷。
優陀夷坐樹下寂静調伏經一卷。出第九卷。
色無常經一卷。出第十卷。
諸漏盡經一卷。或云諸盡經，出第十卷。
恒河譬經一卷。祐録云抄，出第十卷，新編上。
佛爲比丘説大力經一卷。出第十一卷。
佛爲頻頭婆羅門説像類經一卷。出第十卷。

四大色身生猒離經一卷。出第十二卷。

佛爲阿支羅迦葉説自他作苦經一卷。祐録云抄，陳録云抄雜含，出第十三卷，新編上。

異信異欲經一卷。出第十四卷。

佛爲比丘説三法經一卷。出第十四卷。

葉喻多少經一卷。出第十四卷。

四食經一卷。出陳朝大乘寺藏録〔二〇〕，出第十五卷〔二一〕。新編上。

醫王經一卷。出第十五卷。

佛爲比丘説極深險處經一卷。出第十六卷。

佛爲諸比丘説莫思惟世間思惟經一卷。或無下〔二二〕「思惟」字。出第十六卷。

佛爲比丘説大熱地獄經一卷。出第十六卷。

舍利弗等比丘得身作證經一卷。出第十八卷。

釋提桓因詣目連放光經一卷。出第十九卷。

目連見大身衆生然鐵纏身經一卷。出第十九卷〔二三〕。

目連見衆生身毛如箭經一卷。出第十九卷。

見一衆生舉體糞穢塗身經一卷。亦名衆生身穢經，出第十九卷。

阿那律思惟目連神力經一卷。出第十九卷。
衆生頂有鐵磨盛火〔二四〕熾然經一卷。出第十九卷。
三行經一卷。出第二十一卷。
眼色相繫經一卷。出第二十一卷。
無畏離車白阿難經一卷。出第二十一卷。
質多羅長者請比丘經一卷。出第二十一卷。
外道誘質多長者經一卷。出第二十一卷，新編上。
世尊繫念經一卷。出第二十二卷。
商人脱賊難經一卷。出第二十二卷。
長者命終生兜率天經一卷。出第二十二卷。
如來神力經一卷。出第二十三卷。
大力士出家得道經一卷。亦云力士䟦陀經，出第二十三卷。
阿育王獲果報經一卷。出第二十三卷。
阿育王於佛所生大敬信經一卷。出第二十三卷〔二五〕。
二童子見佛説偈供養經一卷。出第二十三卷。

羅婆鳥爲鷹所捉經一卷。此言「半雉」。出第二十四卷。
世間言美色經一卷。出第二十四卷。
純陀沙彌經一卷。或云「沙門」，或作「淳」字。出第二十四卷。
雪山無獼猴經一卷。或作「猨猴」。出第二十四卷。
商人子作佛事經一卷。出第二十五卷。
婆羅門通達經論經一卷。出第二十五卷。
比丘於色猒離經一卷。出第二十六卷。
捨諸世務經一卷。出第二十六卷。
嬰兒譬經一卷。亦云嬰兒喻，出第二十六卷。
外道出家經一卷。出第二十七卷。
轉輪聖王七寶現世間經一卷。出第二十七卷。
無母子經一卷。出第二十八卷。
婆羅門服白經一卷。出第二十八卷。
向邪違〔二六〕法經一卷。出第二十八卷。
精勤四念處經一卷。出第二十九卷。

田夫喻經一卷。出第二十九卷。
不浄觀經一卷。出第二十九卷。
信人者生五種過患經一卷。出第三十卷。
婆羅門虚僞經一卷。出第三十卷。
轉輪聖王七寶具足經一卷。祐録云抄，陳録云抄雜含，出第三十卷，新編上。
三種良馬經一卷。出第三十二卷〔二七〕。
佛將比丘優婆塞乞人遊行遇外道説法經一卷。出第三十二卷。
外道進問佛生歡喜天因緣經一卷。出第三十二卷。
佛爲調馬聚落主説法經一卷。出第三十二卷〔二八〕。
外道問佛鬭戰〔二九〕生天因緣經一卷。出第三十二卷。
少多制戒經一卷。出第三十三卷。
四種良馬經一卷。出第三十三卷。
釋種問優婆塞經一卷。出第三十三卷。
無始本際經一卷。出第三十四卷。
一切行不恒安住經一卷。或無「住」字。出第三十四卷。

婆羅門問世尊將來有幾佛經一卷。出第三十四卷。

悉鞞梨天子詣佛説偈經一卷。出第三十六卷。

長壽童子病見世尊經一卷。出第三十七卷。

婆羅門問佛布施得福經一卷。出第三十七卷。

十法成就惡業入地獄經一卷。出第三十七卷。

蛇行法經一卷。出第三十七卷。

羅漢遇瓶沙王經一卷。祐録云抄阿含，陳録云抄〔三〇〕雜含。出第三十八卷，新編上〔三一〕。

佛見牧牛者示道經一卷。出第三十八卷。

比丘浴遇天子放光經一卷。出第三十八卷。

魔作不浄色欲嬈亂經一卷。出第三十九卷。

尊者瞿低迦獨一思惟經一卷。出第三十九卷。

人民疾疫受三歸〔三二〕經一卷。出第三十九卷。

仙人説阿修羅王歸化經一卷。出第三十九卷。

魔化年少詣佛説偈經一卷。出第三十九卷。

壽命促經一卷。出第三十九卷。

天於阿修羅欲戰鬬經一卷。出第四十卷。
天帝釋受戒經一卷。出第四十卷。
比丘問佛釋提桓因因緣經一卷。出第四十卷。
四天王案行世間經一卷。出第四十卷。
帝釋禮三寶供養經一卷。或無「供養」字。出第四十卷。
四種人經一卷。出第四十一卷。
豆遮婆羅門論議出家經一卷。出第四十二卷。
佛化火與婆羅門出家經一卷。或作「大興」。出第四十二卷。
二老男女見佛出家得道經一卷。出第四十二卷。
河中草龜經一卷。出第四十三卷。
四蛇經一卷。一名四虺喻經，或云四虺經。出第四十三卷〔三三〕。
恒水流樹經一卷。一名浮木〔三四〕譬喻經，或作「流澍」。出第四十三卷。
灰河經一卷。一名塵灰河譬喻經。出第四十三卷。
四吒婆羅門出家得道經一卷。出第四十四卷。
佛見梵天頂經一卷。出第四十四卷。

帝釋慈心戰勝經一卷。出第四十六卷。
波斯匿王祖母命終經一卷。出第四十六卷。
鑄金喻經一卷。出第四十七卷。
離車不放逸經一卷。出第四十七卷。
木杵喻經一卷。出第四十七卷。
金師精舍尊者病經一卷。出第四十七卷。
過去鳴鼓人經一卷。出第四十七卷。
過去彈琴人經一卷。出第四十八卷。
天神禁寶經一卷。出第五十卷。
羊群喻經一卷。或云群羊喻。
處中行道經一卷。
阿育王供養道場樹經一卷。
長者命終生無熱天經一卷。
不壞浄經一卷。
勸行有證經一卷。

婆羅門解知〔三五〕衆術經一卷。陳録云出增一第二十二。
波斯匿王女命過詣佛經一卷。陳録云出增一第三十四。
國王成就五法久存於世經一卷。陳録云前譯出〔三六〕增一第三十八。
三時過經一卷。陳録云抄出曜第十二。
戒相應法經一卷。或云戒相應經。出第三十卷〔三七〕，新編上。
比丘問佛多優婆塞命終經一卷。出第三十卷〔三八〕，新編上。
獨富長者經一卷。亦云獨富〔三九〕長者財物無付經，亦云長者命終無子付囑經。出第四十六卷，亦云出增一第十二。
佛爲年少婆羅門説知善不善經一卷。出第四卷，新編上。
佛爲那拘羅長者説根熟經一卷。或無「羅」、「根」、「熟」三字。出第五卷，新編上。
佛爲外道須深説離欲經一卷。出第十四卷，新編上。
阿育王施半阿摩勒果經一卷。出第二十五卷〔四〇〕。
禪思滿足經一卷。出〔四一〕第二十九卷，新編上。
　佛爲婆羅門説四法經下一百三十二經，並出雜〔四二〕阿含經。准隋開皇、仁壽二本衆經録中，更有八經，謂七處三觀經、滿願子經、水沫所漂經、馬有八態經、相應相可經，此之五經，勘文乃是異譯，非是別生。又有數經、十一相思念如來經、身觀經，其數經出中阿含，是異譯本；十一相經出增一中，亦是異譯；其身觀經，文中檢無。上之八經，並編見録，故此除之。其戒相應法下三經，大周録中編單本内，今檢並出雜阿含中。其年少婆羅門下五經，周録之中編闕本内，今檢得其本，勘與雜阿含同。於中獨富長者經、半阿摩勒果經，隋衆經録別生經中已載，今並相從，編之於此也。

三方便經一卷。

積骨經一卷。

地獄讚經一卷。經後有地獄讚，非〔四三〕此經出，勘本不同，未詳所以。

三方便下三經，並出七處三觀經。

禪秘要經一卷。僧祐等録，並云抄禪要秘密治病經，即是治禪〔四四〕病秘要法中出，新編上。

佛爲婆羅門説四法經下一百三十六部，一百三十六卷，並是雜阿含部分別生經。

那賴經一卷。出第一卷。

分衛比丘經一卷。亦云比丘分衛經。出第一卷。

和難經一卷。出第一卷。

邪業自活經一卷。出第一卷。

是我所經一卷。出第一卷。

野鷄經一卷。出第一卷。
前世諍女經一卷。出第一卷。
墮珠海水中經一卷。出第一卷。
旃闍摩暴志謗佛經(四五)一卷。出第一卷。
鼈獼猴經一卷。出第一卷。
五仙人經一卷。出第一卷。
舅甥經一卷。出第一卷。
閑居經一卷。出第二卷。
舍利弗般泥洹經一卷(四六)。出第二卷。
子命過經一卷。出第二卷。
比丘各言志經一卷。出第二卷。
迦旃延無常經一卷。出第二卷。
和利長者問事經一卷。出第二卷。
佛心摠持經一卷。或云摠持經。出第二卷。
護諸比丘呪經一卷。出第二卷,新編上。

吉祥呪經一卷。出第二卷。
和難釋經一卷。出第三卷。
國王五人經一卷。一名五福德子經。出第三卷。
蠱狐烏經一卷。或作「烏」字。出第三卷。
比丘疾病經一卷。出第三卷。
審裸形子經一卷。一名佛覆裸形子經。出第三卷。
腹使經一卷。出第三卷。
弟子命過經一卷。出第三卷。
水牛王經一卷。出第四卷。
兔〔四七〕王經一卷。出第四卷。
無懼經一卷。出第四卷，新編上。
五百幼童經一卷。亦云五百童子。出第四卷。
毒草喻經一卷。出第四卷。
鼈喻經一卷。出第四卷，新編上。
菩薩曾爲鼈王經一卷。祐云失譯，出第四卷，新編上。

毒喻經一卷。舊録雜〔四八〕譬喻中亦有，今彼中除。出第四卷。
誨子經一卷。出第四卷，新編上。
負爲牛者經一卷。亦云負責爲牛。出第四卷。
光華梵志經一卷。出第四卷。
毒悔喻經一卷。出第四卷。
馬喻經一卷。出第四卷，新編上。
比丘尼現變經一卷。出第四卷。
梵志經一卷。出第五卷。
驢駞經一卷。出第五卷。
君臣經一卷。出第五卷。
拘薩羅國烏王經一卷。或無「羅」字。出第五卷。
蜜具經一卷。出第五卷。
雜讚經一卷。出第五卷。
孔雀經一卷。出第五卷。
仙人撥劫經一卷。僧祐録云仙人撥劫喻經。出第五卷。

清信士阿夷扇持父子經一卷。或無「父子」字。出第五卷。

夫婦經一卷。出第五卷。

薩和達王經一卷。出第五卷，新編上。

首〔四九〕達經一卷。亦云惟先首達經。出第五卷，新編上。

那賴經下五十四部，五十四卷，並出生經。此生經上下揔有五十五經。其第五十五名譬喻經，於中離出薩和達及首達二經，合五十六。此五十六中，除揔持經、孤獨經。除二經外，有五十四經上別生録。又隋衆經録別生經中，更有四經，謂命過神經、象王經、猘狗經、八陽神呪經，並云出生經中。今檢生經之内，揔無此經。檢本既無，除之不上。此五十四經〔五〇〕中，有護諸比丘呪經、無懼經、鼈喻經、菩薩曾爲鼈王經、誨子經、馬喻經、薩和達經、首達經，上之八經，新編此録。於中無懼、鼈喻、誨子、馬喻、首達等五經，衆經録云出雜譬喻。護諸比丘呪、薩和達二經，衆經録云是大、小乘抄，未知所出。今以並與生經之中經名目同，編之於此。菩薩曾爲〔五一〕鼈王經，祐云失譯者，誤也。既與此同，故編斯録也。

梵志觀無常得解脱經一卷。與桀貪王同是一經，約緣分二，出上卷。

桀貪王經一卷。出上卷。

須陀利經一卷。祐云失譯。出上卷，新編上。

摩竭梵志經一卷。祐云出義足。出上卷，新編上。

梵志疑争得解脱經一卷。與鏡面王同是一經，約緣分二，出上卷。

鏡面王經一卷。六度集中亦有此經，與此大同，出上卷。

老少俱死經一卷。祐云失譯。出上卷，新編上。

弥勒難經一卷。祐云失譯。出上卷，新編上。

䤈䛐梵志經一卷。出上卷。

婬人曳踵行經一卷。房云失譯，六度集中亦有，與此大同。出上卷，新編上。

猛觀梵志經一卷。出下卷。

法觀梵志經一卷。出下卷。

兜勒梵志經一卷。出下卷。

蓮華色比丘尼經一卷。祐云失譯。出下卷，新編上。

桀貪王經下一十四部，一十四卷，並出義足經。其摩竭梵志經，僧祐録云出義足經。其須陁利經、老少俱死經、弥勒難經、蓮華色比丘尼經，此之四經，祐云失譯。其婬人曳踵行經，房云失譯，今〔五二〕勘並與此同，故編斯録。檢其義足上下，揔有一十六經。今除優填王經、異學掬飛經、子父共會經〔五三〕、維樓勒誅釋經，除此四外，餘十二〔五四〕經，離爲十四，具載斯録。

善時鵝王經一卷。出正法念處經。

木槍〔五五〕刺脚因緣經一卷。出興起行經。

譬喻六人經一卷。亦云六人喻經，出罵意經。

阿闍世王問瞋恨從何生經一卷。祐録云抄，新編上。

不與婆羅門等争訟經一卷。祐録云抄，新編上。

摩訶比丘經一卷。祐録云抄，新編上。

外道仙尼説度經一卷。祐録云抄，新編上。

度梵志經一卷。祐録云抄，新編上。

祭亡人不得食經一卷。祐録云抄，新編上。

三毒經一卷。祐録云抄，新編上。

四食經一卷。祐録云抄，新編上。

調達喻經一卷。祐録云抄，新編上。

二十八天經一卷。祐録云〔五六〕失譯中載，八紙半。新編上。

首至問佛十四事經一卷。亦云「十四意」，亦云「十四章」。兩紙半。新編上。

數息事經〔五七〕一卷。祐云「説數息事〔五八〕」。兩紙。新編上。

阿闍世王等九經，祐録云抄而不指所出，其二十八天等三經，檢見其本，並是抄經，而未的知出何經律。又隋仁壽衆經録中，小乘別生抄經揔二百一十三部，二百一十七卷，亦不指陳所出。今檢諸代録，多已載訖。彼録以受十善戒經、迦丁比丘經等爲別生抄者，理不然也。既無的據，難可依憑，略述如前，餘删不載。

校勘記

〔一〕四卷：嘉興藏本作「五卷」。
〔二〕惑：原作「成」，金藏本作「或」，據高麗藏本改。
〔三〕同：原無，據金藏、高麗藏本補。又，金藏本後無「新編上」三字。
〔四〕直：金藏本作「且」。
〔五〕者：金藏本無。
〔六〕云：金藏、高麗藏本作「名」。
〔七〕出：金藏本無。
〔八〕自：金藏本作「息」。
〔九〕一卷：其下原有子注「雜阿含第三十五」幾字，當爲涉上經子注而衍，據金藏、高麗藏本删。
〔一〇〕出第四十卷：今檢中阿含經，此卷在卷四五。
〔一一〕柰：金藏本作「捺」。
〔一二〕敬：金藏、高麗藏本無。

〔一三〕三十四卷：原作「二十四卷」，金藏、高麗藏本及貞元新定釋教目録皆作「三十四」，據改。
〔一四〕三十八卷：原作「三十四卷」，金藏、高麗藏本及貞元新定釋教目録皆作「三十八」，據改。
〔一五〕强盜：金藏、高麗藏本作「强益」。
〔一六〕四紙半：原作「五紙」，據諸校本及貞元新定釋教目録改。
〔一七〕誤：金藏本誤作「設」。
〔一八〕録：原無，據金藏、高麗藏本補。
〔一九〕出：金藏本無。
〔二〇〕藏録：金藏、高麗藏本作「等録」。
〔二一〕十五卷：原作「十四卷」，據金藏、高麗藏本及貞元新定釋教目録改。
〔二二〕下：金藏本作「上」。
〔二三〕十九卷：原作「十卷」，據金藏、高麗藏本及貞元新定釋教目録改。
〔二四〕盛火：金藏本作「風火」。
〔二五〕二十三卷：金藏本作「三十三卷」，永樂北藏本作「二十二卷」。
〔二六〕違：金藏、高麗藏本作「達」。
〔二七〕三十二卷：原作「三十三卷」，據金藏、高麗藏本及貞元新定釋教目録改。
〔二八〕三十二卷：原作「三十卷」，據金藏、高麗藏本及貞元新定釋教目録改。
〔二九〕戰：嘉興藏本作「戰經」。

〔三〇〕抄：原無，據高麗藏本補。

〔三一〕出第三十八卷新編上：原無，據金藏、高麗藏本及貞元新定釋教目録補。

〔三二〕三歸：金藏本作「三師」。

〔三三〕四十三卷：嘉興藏本作「四十八卷」。

〔三四〕浮木：嘉興藏、四庫本誤作「浮水」。

〔三五〕解知：金藏、高麗藏本作「解知惡」。

〔三六〕出：原無，據高麗藏本補。

〔三七〕三十卷：清藏、四庫本作「二十卷」。

〔三八〕三十卷：金藏本作「十卷」，高麗藏本作「二十卷」。

〔三九〕富：金藏、高麗藏本作「付」。

〔四〇〕二十五卷：金藏本作「一十五卷」。

〔四一〕出：原無，據金藏、高麗藏、資福藏本補。

〔四二〕雜：金藏本誤作「新」。

〔四三〕非：金藏、高麗藏本無。

〔四四〕禪：原無，據金藏、高麗藏本補。

〔四五〕經：資福藏本無。

〔四六〕一卷：原無，據金藏、高麗藏、永樂北藏、嘉興藏、清藏、四庫本補。

〔四七〕兔：金藏本作「菟」，高麗藏本作「免」。
〔四八〕雜：原作「新」，據金藏、高麗藏本改。
〔四九〕首：資福藏本作「道」。
〔五〇〕並云出生經中今檢生經之内揔無此經檢本既無除之不上此五十四經：金藏本無。
〔五一〕曾爲：金藏本作「爲」。
〔五二〕今：金藏本誤作「令」。
〔五三〕子父共會經：高麗藏本作「父子共會經」，嘉興藏本作「子父其會經」。
〔五四〕十二：高麗藏本作「十四」。
〔五五〕槍：金藏本作「鏘」。
〔五六〕云：金藏、高麗藏本無。
〔五七〕經：金藏、高麗藏本無。
〔五八〕説數息事：金藏、高麗藏本作「新説數息事」。

小乘律別生，四十二部，四十九卷。

摩竭魚因縁經一卷。出第九卷，新編上。

尊者鄔陀夷引導諸人禮佛僧〔一〕經一卷。出第十一卷，新編上。

還本國度父王經一卷。出第十七卷末、第十八卷初，新編上。
水生太子經一卷。出第十九卷，新編上。
施物〔三〕法非法經一卷。出第二十四卷，新編上。
教誡羅怙羅經一卷。出第二十五卷，新編上。
五趣生死輪轉經一卷。出第三十四卷，新編上。
善來苾芻因緣經一卷。出第四十二卷，新編上。
七有事無事福業經一卷。出第四十六卷，新編上。
摩竭魚下九經，並出根本説一切有部毗柰耶中。
火生長者受報經二卷。出第二、第三卷〔三〕，新編上。
尊者善和好聲經一卷。出第四卷，新編上。
五種水羅經一卷。出第五卷，新編上。
勝鬘夫人本緣經一卷。出第七卷，新編上。
勝光王信佛經一卷。出第八卷，新編上。
誅釋種受報經二卷〔四〕。出第八、第九卷，新編上。
大世主苾芻尼入涅槃經一卷。出第十卷，新編上。

佛爲難陀説出家入胎經二卷。編入寶積第十四會，出第十一、十二卷，新編上。
敬法捨身經一卷。出第十四卷初，新編上。
度二邪見童子得果經一卷。出第十四卷，新編上。
清浄威儀經一卷。或作「洗浄」。出第十六卷，新編上。
大目連受報經一卷。出第十八卷，新編上。
初誕生現大瑞應經一卷。出第二十卷，新編上。
度迦多演那經一卷。出第二十一卷，新編上。
醫羅鉢龍王業報因緣經一卷。出第二十一卷〔五〕，新編上。
安樂夫人因緣經一卷。出第二十一卷，新編上。
增養因緣經三卷。出第二十二、二十三、二十四卷，新編上。
妙光因緣經一卷。出第二十五卷，新編上。
降伏外道現大神通經一卷。出第二十六卷，新編上。
大藥善巧〔六〕方便經二卷。出第二十七、二十八卷，新編上。
佛從天下贍部洲經一卷。出第二十九卷，新編上。
度瘦瞿答彌經一卷。出第三十卷，新編上。

訶利底母因緣經一卷。出第三十一卷〔七〕，新編上。
法與尼在家得果經一卷。出第三十二卷，新編上。
樹生婆羅門憍慢經一卷。出第三十四卷末〔八〕、第三十五卷初，新編上。
弟子事師經一卷。出第三十五卷，新編上。
七種不退轉經一卷。出第三十五卷，新編上。
佛爲長者説放逸經一卷。出第三十六卷，新編上。
地動因緣經一卷。出第三十六卷，新編上。
四種黑白法印經一卷。出第三十七卷，新編上。
佛般涅槃行雨大臣告王經一卷。出第三十八卷〔九〕，新編上。
佛將入涅槃度善賢經二卷。出第三十七卷半後、三十八卷半前，新編上。
八大國王分舍利經一卷。出第三十八卷末、第三十九卷初，新編上。

火生長者〔一〇〕下三十三經，並出根本説一切有部毗柰耶雜事中。又有給孤長者請畫寺因緣一卷，出雜事第十七及毗柰耶頌第五卷。

從摩竭魚因緣經下四十二部，四十九卷，並是説一切有部律中緣起，三藏義淨鈔出流行。既是別生，故編斯録。

校勘記

〔一〕僧：高麗藏本無。
〔二〕物：嘉興藏、四庫本作「佛」。
〔三〕第二第三卷：原作「第三卷第四卷」，據金藏、高麗藏本改。
〔四〕二卷：金藏、高麗藏本作「一卷」。
〔五〕二十一卷：金藏、高麗藏本作「二十卷」。
〔六〕巧：原作「功」，據金藏、高麗藏本改。
〔七〕三十一卷：金藏、高麗藏本作「三十卷」，永樂北藏、四庫本作「二十一卷」。
〔八〕末：金藏本誤作「未」。
〔九〕三十八卷：清藏本誤作「二十八卷」。
〔一〇〕火生長者：金藏、高麗藏本作「火生長者經」。

聖賢集別生，一百三十四部，一百三十四卷：

羅彌壽經一卷。一名羅旬〔一〕喻，一名那弥壽，一名羅貧〔二〕壽。

栴檀塗塔經一卷。

右上二經，出撰集百緣經。

無常經一卷。非新譯者，出第一卷。
阿難見伎樂啼哭無常經一卷。出第一卷。
比丘求證人經一卷。出第一卷。
群牛千頭經一卷。出第一卷。
竊爲沙門經一卷。出第一卷。
瓦師逃走經一卷。出第一卷。
七老婆羅門請爲弟子經一卷。出第一卷。
瞎鼈經一卷。出第一卷。
阿梵和利比丘無常經一卷。出第二卷。
集修行士經一卷。或云修士行〔三〕。出第二卷。
比丘問佛何故捨世學道經一卷。出第二卷。
梵志問世間減損經一卷。出第二卷。
梵志避死經一卷。出第二卷。
佛看比丘病不受長者請經一卷。出第二卷。
童子善射術經一卷。出第二卷。

孤母喪一子經一卷。出第二卷。

三魚失水經一卷。出第三卷〔四〕。

慳貪長者經一卷。出第三卷。

斫毒樹復生經一卷。亦云「更生」，出第三卷。

女人欲熾荒迷經一卷。出第三卷。

獵師捨家學道〔五〕經一卷。出第三卷。

坐禪比丘命過生天經一卷。出第三卷。

貧子得財發狂經一卷。出第三卷。

放逸經一卷。出第四卷。

甘露道經一卷。出第四卷。

多聞經一卷。出第四卷。

求離牢獄經一卷。出第四卷。

深淺學比丘經一卷。出第五卷。

降千梵志經一卷。出第五卷。

暴象經一卷。出第五卷。

拘提比丘經一卷。出第五卷。
良時難遇經一卷。出第五卷。
梵志子死稻敗經一卷。出第六卷。
歡喜過差天經一卷。出第六卷。
昔有二人相愛敬經一卷。出第六卷。
佛往慰迦葉病經一卷。出第六卷。
護口意經一卷。出第七〔六〕卷。
波利比丘謗梵行經一卷。出第七卷。
慈仁不殺經一卷。出第七卷。
摩耶祇女人謗佛生身入地獄經一卷。出第七卷。
佛命阿難詣最勝長者經一卷。出第八卷。
最勝長者受呪願經一卷。或直云受呪願經。出第八卷。
北方世利經一卷。出第八卷。
佛神力救長者子經一卷。出第八卷。
流離王攻釋子經一卷。出第八卷。

信能渡河經一卷。出第八卷。
有衆生三世作惡經一卷。出第八卷。
昔爲鹿王經一卷。出第九卷。
梵志誡火恩經一卷。或作「試」，出第十卷。
二僑士經一卷。出第十卷。
聰明比丘經一卷。出第十卷。
寤意經一卷。出第十卷。
長壽王經一卷。出第十卷。
説法難值經一卷。出第十一卷。
調達問佛顔色經一卷。出第十一卷。
無害梵志執志經一卷。出第十二卷。
國王猒世典經一卷。出第十二卷。
佛度栴陀羅兒出家經一卷。或無「出家」字，出第十三卷。
出曜華經一卷。出第十三卷。
承事勝己經一卷。出第十四卷。

梵志問佛師經一卷。出第十四卷。

善唄比丘經一卷。出第十四卷。

六師結誓經一卷。出第十四卷。

無病第一利經一卷。出第十五卷。

法施勝經一卷。出第十五卷。

水上泡經一卷。出第十六卷。

流離王生身入地獄經一卷。或無「生身」字。出第十六卷。

目連弟布施望即報經一卷。出第十六卷。

調達生身入地獄經一卷。出第十六卷。

童子問佛乞食事經一卷。出第十六卷。

多倒見衆生經一卷。或無「多」字。出第十六卷。

乞兒發惡心經一卷。出第十八卷。

長者夜輸得非常觀經一卷。亦直云得〔七〕非常觀經，出第十九卷。

八歲沙彌降伏外道經一卷。舊録云八歲沙弥折外異學經。

鍾磬貧乏經一卷。

無常經下七十五部，七十五卷，並出出曜經中〔八〕。其有衆生三世作惡經，周録云是異本，編在藏録者，誤也。

優波斯那優婆夷經一卷。陳録云抄賢愚經，出第三卷，新編上。

出家功德經一卷。抄出家功德品初，無福增因緣〔九〕，出第七卷，二紙，新編上。

出家功德度福增因緣經一卷。抄出家功德品初，兼福增因緣，少分顛倒安置，加證信序，并度人儀，五紙，新編上。

叔離比丘尼本緣經一卷。陳録云抄賢愚經，出第七卷，新編上。

沙弥守戒自殺經一卷。出第七卷。

二鸚鵡聞四諦經一卷。出第十二卷。

鳥聞比丘法生天經一卷。出第十二卷。

五百鴈聞佛法生天經一卷。出第十三卷。

堅誓師子經一卷。出第十三卷。

優波斯那經下九部，九卷，並出賢愚經。

人受身入陰經一卷。出第一卷。

人身八十種虫經一卷。出第一卷。

人身四百四病經一卷。出第一卷。

五陰成敗經一卷。出第一卷。

除恐怖品經一卷。出第一卷。

修行慈經一卷。出第一卷。

修行勸意經一卷。祐録云抄〔一〇〕中阿含。出第二卷。

忍辱經一卷。陳録云抄修行道地。出第三卷。

曉食經一卷。抄曉了食品。出第三卷。

地獄罪人衆苦經一卷。或云「衆苦事」。出第三卷。

地獄衆生相害經一卷。出第三卷。

歡悦品經一卷。或作「勸悦」。出第四卷。

人病醫不能治經一卷。或云「不能自治」。

人受身入陰經下一十三經，並出修行道地經。

阿練若習禪法經一卷。即是抄菩薩禪法第一卷。其菩薩禪法，即坐禪三昧經是。新編上。

禪經偈一卷。祐云抄禪經中偈，即是禪法要解抄，新編上。

形疾三品風經一卷。祐云抄思惟略要法。新編上〔一一〕。

諸法實相觀經一卷。亦抄思惟略要法，新編上。
阿恕伽王本緣經一卷。出阿育王傳第二卷，新編上。
蓮華女經一卷。是法句喻經別抄，出第二卷〔一二〕。
初受道經一卷。
賣智慧經一卷。
福子經一卷。
國王癡夫人經一卷。
八歲沙弥開解國王經一卷。
化譬經一卷。一名化喻經。
猕猴與婢共戲致變經一卷。
居士殁故爲婦鼻中虫經一卷。
度脱狗子經一卷。或無「脱」字。
俱夷懷羅云本經一卷。
須河〔一三〕譬喻經一卷。或無「譬」字。陳録云抄雜含第十。
流離王入地獄經一卷。出曜中亦有，未詳所以。

福報經一卷。法經録中重上。

教子經一卷。祐云一名須達教子經，舊録云須達訓子經。

迦葉詰阿難經一卷。亦云〔一四〕迦葉責阿難雙度羅漢喻經。隋衆經録存爲二經者，誤。

人詐名爲道經一卷。

貧女人聽經爲毒虵所齧命終生天經一卷。

明宿願果報經一卷。

聽四因譬喻經一卷。

王后爲蜣蜋經一卷。

金色女經一卷。安公云〔一五〕出阿毗曇。

赤觜烏喻經一卷。

神通應化經一卷。一名羅漢比丘答問。

阿難多桓羅云母經一卷。一名羅云母經。

種田經一卷。

覺福經一卷。或云「學福〔一六〕」。

四飯聖法章一卷。

八部僧行名經一卷。

阿難邠祁四時布施經一卷。

初受道下二十九經，並出雜譬喻經。准隋仁壽衆經録中，有三十九經。今以罵意經一卷，檢諸代録云安世高〔一七〕譯，今編入藏，此中故闕。其六人喻經，云出罵意，前已編上，故此除之。其得道梯橙〔一八〕經，亦云出雜譬喻，今以大本既無，且編入藏。其無懼經、鼈喻經、毒喻經、誨子經、馬〔一九〕喻經、首達經已上六經，並出生經之中，舊云出雜譬喻者，誤也。今編彼録，此亦除之。其迦葉責阿難雙度羅漢喻經，即迦葉詰阿難經異名，不合雙出〔二〇〕。除此十經之外，有二十九經，如前所列。既云出雜譬喻，未知的〔二一〕出何者。其〔二二〕雙卷譬喻二本，檢並無此等經，應出八十卷者。或可出護公所譯雜譬喻三百五十首經，其經並在闕本録内也。

開元釋教録卷第十六別録之六

校勘記

〔一〕旬：原作「句」，據金藏、高麗藏本改。

〔二〕貧：金藏本作「賢」。

〔三〕修土行：金藏本作「修士行」。

〔四〕三：原作「二」，據金藏、高麗藏本改。

〔五〕道：嘉興藏本無。

〔六〕七：嘉興藏本作「十」。

〔七〕直云得：金藏、高麗藏本作「直云」，永樂北藏、嘉興藏、清藏、四庫本作「云得」。
〔八〕中：永樂北藏、嘉興藏、清藏、四庫本無。
〔九〕無福增因緣：原作「兼福增因經」，金藏、高麗藏本作「無福增因緣」，資福藏本作「兼福增因緣」，四庫本作「兼福增因緣經」，結合下經，本經應不包括福增因緣，故據金藏、高麗藏本改。
〔一〇〕抄：原無，據金藏、高麗藏、資福藏、永樂北藏、清藏、四庫本補。
〔一一〕法新編上：金藏、高麗藏本作「經」。
〔一二〕經別抄出第二卷：原無，據金藏、高麗藏本補。
〔一三〕河：資福藏本作「阿」。
〔一四〕亦云：金藏、高麗藏本作「亦名」。
〔一五〕云：原無，據金藏、高麗藏本補。
〔一六〕學福：金藏、高麗藏本作「學福經一卷」。
〔一七〕安世高：金藏、高麗藏本作「安高」。
〔一八〕橙：永樂北藏、嘉興藏、清藏本作「隥」，四庫本作「登」。
〔一九〕馬：原作「罵」，據金藏、高麗藏本改。
〔二〇〕合雙出：原作「名雙上」，四庫本作「必雙上」，據金藏、高麗藏本改。
〔二一〕的：金藏、高麗藏本作「止的」。
〔二二〕其：金藏、高麗藏本無。

音釋

浩廣：上胡道反，大也。　津涯：下音宜，又吾佳反。　典籍：下才亦反。　靡：母彼反，莫也。　警戒：上音景。　謦欬：上苦項反，下苦愛反。　相貌：上去聲，下皃字。　佩：蒲妹反。　溥首：上音普，諸經作「溥濡」，音軟，皆文殊之別號也。　默：亡北反。　羼提：上初鴈、初眼二反。　囀：知戀反。　麼夷：上「摩」字。　阿耨：下奴毒反。　鷹鷂：上於陵反，下余照反。　獵獦：二同良輒反。　娛樂：上音愚。　鴟鳥：上尺夷反。　輪輻：下音福。　雉：直旨反。　流澍：下音注。　鑄：音注。　舅甥：下音生。　蠱狐：二字音野胡。　裸形：上玄卦反，篇韻只云魯果反，赤體也。　負責：下正作「債」。　猘狗：上居例反。　桀貪：上渠列反。　戠辭：上音勇字，應師作勇字用。　曳踵：上羊逝反，下之勇反。　曳踵，拖脚行也。　捔飛：上音角，比也。　木鏘：下七下反。　鄔陀：上一古反。　瞖：烏兮反。　躲：時夜反，與「射」同。　僑士：上巨遙反。　寤：音悟。　唄：音敗。　泡：音抛。　蜣蜋：上苦香反，下音良。　嶲：子委反，下作觜，柴也。

開元釋教録卷第十七

唐庚午歲西崇福寺沙門智昇撰

别録中删略繁重録第四 一百四十七部，四百八卷。

删繁録者，謂同本異名，或廣中略出，以爲繁賸，今並删除。但以年歲久淹，共傳訛替，徒盈卷袠，有費功勞。今者詳校異同，甄明得失，具爲條目，有可觀焉。

新括出别生經，六十七部，一百八十五卷。

虚空藏所問經八卷。亦云方等王虚空藏經，或直云（一）虚空藏經，或五卷。

右一經，是大集經中虚空藏菩薩品别抄流行。大周録云乞伏秦代沙門聖堅譯者，謬也。彼聖堅譯者，闕本。

虚空藏菩薩問持經得幾福經一卷。

右一經，亦是大集虚空藏品中别文抄出。諸録皆云姚秦三藏鳩摩羅什譯者，謬也。

一切施王所行檀波羅蜜經一卷。

右一經，出六度集經施度無極中。諸録皆云姚秦三藏鳩摩羅什譯者，謬也〔二〕。

大方廣如來性起微密藏經二卷。

右一經，即是舊華嚴經寶王如來性起品別出流行，初加證信序及取第二會初緣起置之於首。長房等録並云西晉失譯者，謬也。

隨願往生經一卷。亦名灌頂隨願往生十方浄土經，亦云普廣菩薩經。

右一經，是大灌頂經第十一卷普廣品。或有經本在第十二。長房等録皆云吴代優婆塞支謙譯，或云西晉三藏竺法護譯者，二俱謬。

藥師瑠璃光經一卷。亦名灌頂拔除過罪生死得度經。

右一經，是大灌頂經第十二卷，或有經本在第十一〔三〕。長房等録皆云宋代鹿野寺沙門慧簡譯者，謬也〔四〕。

大般若第二會經七十八卷。時俗題云新譯大品放光般若。

大般若第四會經一十八卷。時俗題云新譯道行小品般若。

右二經，時俗共傳云是三藏義浄所譯，別改題目，抄寫流行。檢尋浄公經目，不曾別譯此經。及勘其文，乃與大般若無異。恐不知委，故此述之。

最勝天王般若經八卷。亦云新譯勝天王般若。

右一經，即大般若第六會，與舊勝天王般若同本異譯。

曼殊般若經一卷。亦云新譯文殊般若。

右一經，即大般若第七會曼殊室利分，與舊文殊般若同本異譯。

理趣般若經一卷。

右一經，即大般若第十會般若理趣分。

密迹金剛力士經二卷。

右一經，内典録云失譯者，非也。今尋其本，乃出五卷密迹力士經中，從第四卷初第四紙五言偈後第五行第五字下生起至第五卷末，文句全同〔五〕。

增壹阿含經一卷。三紙。

右一經，出增壹阿含經第二十一卷。抄出三經〔六〕，初明四梵福，次明四食，後明四辯。長房録云西晉沙門法炬譯者，謬也〔七〕。

行七行現報經一卷。一紙。

右一經，出增壹阿含經第三十四卷。

十二因緣經一卷。三紙。

右一經，出增壹阿含經第四十六卷。周録編在大乘藏中，云與貝多樹下思惟十二因緣經同本異譯者，謬也。

戒相應法經一卷。

右一經，出雜阿含經第三十卷。長房録云東晉西域沙門竺曇無蘭譯者，謬也。

比丘問佛多優婆塞命終經一卷。

右一經，亦出雜阿含經第三十卷。長房録云西晉沙門法炬譯者，謬也。

獨富長者經一卷。

右一經，出雜阿含經第四十六卷。長房録云後漢三藏安世高譯者，謬也。

有衆生三世作惡經一卷。

右一經，出出曜經第八卷。長房録云西晉沙門法炬譯者，謬也。

出家功德經一卷。

右一經，出賢愚經出家功德品初。長房録云吴代優婆塞支謙譯者，謬也。

佛爲年少婆羅門説知善不善〔八〕經一卷。出雜阿含經第四卷。長房録云後漢三藏安世高譯者，謬也。

佛爲那拘羅長者説根熟經一卷。出雜阿含經第五卷。長房録云後漢三藏安世高譯者，謬也。

佛爲外道須深説離欲經一卷。出雜阿含經第十四卷。長房録云吴代優婆塞支謙譯者，謬也。

阿育王施半阿摩勒果經一卷。出雜阿含經第二十五卷。

禪思滿足經一卷。出雜阿含經第二十九卷。據長房録，前後兩譯者，並〔九〕謬也。

右上五經，周録之中，編在闕本經内。今檢得其本，並出雜阿含中。既是別生，除之不録。

摩竭魚因緣經一卷。出第九卷。

尊者鄔陀夷引導諸人禮佛僧經一卷。出第十一卷。

還本國度父王經一卷。出第十七卷末、第十八卷初。

水生太子經一卷。出第十九卷。

施物法非法經一卷。出第二十四卷。

教誡羅怙羅經一卷。出第二十五卷。

五趣生死輪轉經一卷。出第三十四卷。

善來苾芻因緣經一卷。出第四十二卷。

七有事無事福業經一卷。出第四十六卷。

摩竭魚因緣下九經，並出根本說一切有部毗柰耶中。

火生長者受報經二卷〔一〇〕。出第二、第三卷。

尊者善和好聲經一卷。出第四卷。

五種水羅經一卷。出第五卷。

勝鬘夫人本緣經一卷。出第七卷。

勝光王信佛經一卷。出第八卷。

誅釋種受報經二卷。出第八、第九卷。

大世主苾芻尼入涅槃經一卷。出第十卷。

佛爲難陀説出家入胎經二卷。編入寶積第十四會，出第十一、十二卷。

敬法捨身經一卷。出第十四卷初。

度二邪見童子得果經一卷。出第十四卷。

清浄威儀經一卷。或云「浄威儀」〔一二〕，出第十六卷。

大目連受報經一卷。出第十八卷。

初誕生現大瑞應經一卷。出第二十卷。

度迦多演那經一卷。出第二十一卷〔一三〕。

毉羅鉢龍王業報因緣經一卷。出第二十一卷。

此毉羅鉢龍王經，與度迦多演那經明同異者，但前經初文，別朥四紙，緣起下文並同〔一三〕，何煩鈔〔一四〕分爲二經？

安樂夫人因緣經一卷。出第二十一卷。

增養因緣經三卷。出第二十二、二十三、二十四卷〔一五〕。

妙光因緣經一卷。出第二十五卷。

降伏外道現大神通經一卷。出第二十六卷。

大藥善巧方便經二卷。出第二十七卷〔一六〕、二十八卷。

佛從天下贍部洲經一卷。出第二十九卷。

度瘦瞿答弥經一卷。出第三十卷。

訶利底母因緣經一卷。出第三十一卷。

法與尼在家得果經一卷。出第三十二卷。

樹生婆羅門憍慢經一卷。出第三十四卷末、第三十五卷初〔一七〕。

弟子事師經一卷。出第三十五卷。

七種不退轉經一卷。出第三十五卷。

佛爲長者説放逸經一卷。出第三十六卷。

地動因緣經一卷。出第三十六卷。

四種黑白法印經一卷。出第三十七卷。

佛將入涅槃度善賢經一卷。出第三十七卷半後、三十八卷半前〔一八〕。

佛般涅槃行雨大臣告王經一卷。出第三十八卷。

八大國王分舍利經一卷。出第三十八卷末、第三十九卷初〔一九〕。

此上三經，文相錯涉，其大臣告王經比於後經，前文賸兩紙餘。其分舍利經比於前經，後文可賸三紙餘，並無異，鈔爲二經，繁而不當〔二〇〕。

火生長者下三十三經，並出根本説一切有部毗柰耶雜事中。又有給孤長者請畫寺因緣一卷，出雜事第十七及毗柰耶頌第五卷〔二一〕。

從摩竭魚因緣經下四十二經，四十九卷，並是説一切有部律中緣起，三藏義净鈔出流行。既類別生，故並删削。於中施物法非法經、弟子事師經，比於廣文，雖少增減，義既不異於本，豈繁別爲部卷？類諸別生，亦並删也。

校勘記

〔一〕或直云：永樂北藏、嘉興藏、清藏、四庫本作「或云」。

〔二〕謬也：高麗藏本作「誤也」。

〔三〕第十一：永樂南藏本作「第十」。

〔四〕也：金藏本無。
〔五〕文句全同：金藏、資福藏本作「句全同」。
〔六〕三經：高麗藏本作「二經」。
〔七〕謬也：金藏、高麗藏本作「誤也」。
〔八〕不善：嘉興藏本作「不知善」。
〔九〕並：永樂北藏、嘉興藏、清藏、四庫本無。
〔一〇〕二卷：金藏、高麗藏本作「一卷」。
〔一一〕净威儀：金藏、高麗藏本作「洗净威儀」。
〔一二〕二十一卷：原作「二十卷」，永樂南藏本作「一十卷」，據本書卷一六及貞元新定釋教目録改。
〔一三〕並同：金藏、高麗藏本作「並同無別」。
〔一四〕何煩鈔：金藏、高麗藏本作「何繁重鈔」。
〔一五〕出第二十二二十三二十四卷：原作「出第二十四卷」，據金藏、高麗藏本及本書卷一六、貞元新定釋教目録等改。
〔一六〕卷：金藏、高麗藏本無。
〔一七〕出第三十四卷末第三十五卷初：原作「出第三十五卷初」，嘉興藏本作「一出第三十五卷」，四庫本作「出第三十五卷」，據金藏、高麗藏本及本書卷一六、貞元新定釋教目録改。
〔一八〕出第三十七卷半後三十八卷半前：原作「出第三十八卷半前」，四庫本作「出第三十八半」，據金藏、高麗藏本及本書卷一六、貞元新定釋教目録改。

〔一九〕出第三十八卷末第三十九卷初：原作「出第二十八卷末第二十九卷初」，據金藏、高麗藏本及本書卷一六、貞元新定釋教目録改。

〔二〇〕不當：金藏、高麗藏本作「未當」。

〔二一〕又有給孤長者請畫寺因緣一卷出雜事第十七及毗柰耶頌第五卷：金藏、高麗藏本無。又「一卷」，四庫本作「二經」。

新括出名異文同經，二十部，五十二卷。

菩薩境界奮迅法門經十卷。

元魏三藏菩提留支譯。出寶唱録。

右一經，即薩遮尼乾子經之異名。周録別載，復云闕本者，誤也。

新道行經七卷。或十卷。

西晉三藏竺法護譯。出長房等録。

右一經，檢諸藏本，並與小品般若文句全同者，其本錯也。護公所譯新道行經，時無其本。承聞東都有護譯本，尋之未獲。

大方等大集經八卷。

右一經，唐内典録及大周録二録俱載。今檢其文，即是合部大集經第六袠也。初之二卷，名十方菩薩品，即是明度五十校計經。後之六卷，乃是無盡意經。其明度五十校計經，不知何故，編入大集，以有差殊，今存別部之者。此既重載，今故删除。

阿耨達龍王經二卷。

右一經，與弘道廣顯三昧經文句全同，但名別異，今存一本〔一〕。

合道神足經三卷。

右一經，與道神足無極變化經文同名異。

哀泣經三卷。或二卷，六品。

右一經，與方等般泥洹經文同名異。其方等泥洹，初品名爲哀泣，乃取此品名目以作經題。比於方等泥洹，後闕三品，文不足矣。

寶田慧印三昧經一卷。

右一經，與慧印三昧經文句全同，名廣略異。長房録云：「慧印三昧經，亦名寶田慧印三昧經。」周入藏録二本俱載，一單一重，誤之甚也。

鹿子經一卷。

右一經，與鹿母經文同名異。據其文義，合從母立名。長房録云鹿子經，吴代優婆塞支謙譯者，謬也。

小無量壽經一卷。

右一經，與阿弥陀經文同名異。其宋代三藏求那跋陀羅所譯小無量壽經，時無其本。

胎藏經一卷。出長房録。

右一經，與無垢賢女經文同名異。

聞城十二因緣經一卷。

右一經，與貝多樹下思惟十二因緣經文同名異。此聞城經，合有異本，尋之未獲。

大安般經一卷。或二卷，内典録云二卷，長房録云一卷。

右一經，與大安般守意經文句全同，名廣略異。群録之中，存其二本者，誤之甚也。

申曰經一卷。

右一經，與大乘藏中月光童子經文同名異。父名申曰，子号月光，約此不同，立經名別。長房録云申曰經吴代優婆塞支謙譯者，謬也。

輪轉〔二〕五道罪福報應經一卷。

右一經，與罪福報應經文句全同，名廣略異。

栴陀越經一卷。

右一經，與栴陀越國王經文句全同，名廣略異。周入藏中栴陀越經編在單本，栴陀越國王經在於重譯。二處載者，誤之甚也。

眞僞沙門經一卷。長房録云一名摩訶比丘經，亦名迦葉禁戒經。

右一經，即迦葉禁戒經之異名，文句全同。或云宋代鹿野寺沙門慧簡譯者，謬也。

轉法輪經一卷。

右一經，檢無其本。諸經藏内，皆以轉法輪論〔三〕替之者，誤也。近於東都尋得正本，編入藏訖。

賓頭盧爲王説法經一卷。

右一經，與賓頭盧突羅闍〔四〕爲優陀延王説法經〔五〕文句全同，名廣略異。

阿蘭若習禪法經二卷。

右一經，與坐禪三昧經文同名異。

禪秘要經五卷。

右一經，云是宋代三藏曇摩蜜多譯，云與姚秦三藏鳩摩羅什所譯禪秘要法同本異出。今檢尋上下，文極交錯，非是本經。初之一卷，乃是治禪病秘要法，文仍不盡，至半而止。第二卷已去，即是羅什所譯禪秘要法。從第一卷過半生起至第三卷末，文亦不盡，欠十餘紙，均爲四卷，通前成五。其曇摩蜜多譯者，時闕其本。

校勘記

〔一〕今存一本：原作「今存一在」，據金藏、高麗藏本校改。

〔二〕輪轉：嘉興藏本誤作「轉輪」。

〔三〕論：嘉興藏本誤作「倫」。

〔四〕闡：金藏本作「聞」。

〔五〕經：金藏本無。

新括出重上録經，八部，三十卷。

菩薩地持經十卷。或八卷〔一〕，亦名菩薩戒經，又名菩薩地經。

右一經，亦名菩薩地持論。今此録中，編之爲律，存其經名，除其論録。周録中云菩薩地持經闕本者，誤也。又周録中此一本經，既有多名，前後差互，凡六處重上，錯之甚也。大乘經中一處上，大乘律中二處上，大乘論中一處上，闕本録中二處上。餘經重載，其數非一，恐繁紙墨，故略述之。

無畏德女經一卷。今編入寶積。

第一義法勝經一卷。

弥勒菩薩所問本願經一卷。

右三經，大周〔二〕入藏録中單本、重譯二處俱載者，誤也。今除單本，編重譯中。

發菩提心經二卷。亦云〔三〕發菩提心論。

右一經，周入藏録大乘經中及大乘論二處俱載者，誤也。今以菩薩所造，除其經名，存於論録。

諫王經一卷。亦名大小諫王經。

右一經，周入藏、闕本二録俱載者，誤也。

法句經二卷。亦云法句集。

右一經，周入藏録大乘重譯及集傳内二處俱載者，誤也。尋文並同，不可分二。雖曾再譯，一本闕無。今經中除，編於集内。

攝大乘釋論十二卷。

右一論，隋開皇、仁壽年〔四〕衆經録及唐内典、大周録等皆存二本，云與十五卷攝論同本異出，俱是陳朝三藏真諦所譯者，誤也。今勘文句，首末全同，卷雖多少有殊，不可分爲二部，但存十五卷本，十二成者除之。

校勘記

〔一〕或八卷：嘉興藏本誤作「戒八卷」。

〔二〕大周：永樂北藏、嘉興藏、清藏、四庫本作「周」。

〔三〕亦云：金藏、高麗藏本作「亦名」。

〔四〕年：金藏本作「二」，高麗藏本作「中」。

新括出合入大部經，五十二部，一百四十一卷：

金光明經四卷。一十八品。

　北涼三藏曇無讖譯。

金光明經七卷。二十二品，或六卷。

　陳三藏真諦全譯。四品，合成七卷〔一〕。

金光明經更廣壽量大辯陀羅尼經五卷。續四卷本。

周宇文氏三藏耶舍崛多續壽量、大辯二品。

右隋興善寺沙門寶貴取前三本及闍那崛多所譯銀主、囑累二品，摠二十四品，合成八卷。前之三本，並合入中，一無增減。其八卷成者，留之入藏。上之三本，既重故略。

密迹金剛力士經七卷。

西晉三藏竺法護譯。

在第三會〔二〕。或四卷，或五卷，或八卷〔三〕。

菩薩夢經二卷。

西晉三藏竺法護譯。

在第四會。新改名淨居天子會。

法界體性無分別經二卷。

梁三藏曼陀羅仙譯。

在第八會。

十法經一卷。

元魏三藏佛陀扇多譯。

在第九會。改名〔四〕大乘十法會。

大菩薩藏經二十卷。

大唐三藏玄奘譯。

在第十二會。

佛爲難陀説出家入胎經二卷。出説一切有部律。

大唐三藏義浄譯。

在第十四會。改名入胎藏會。

文殊師利授記經三卷。

大唐三藏實叉難陀譯。

在第十五會。

菩薩見實三昧經十六卷。

高齊三藏那連提耶舍譯。

在第十六會。或十四卷，或十卷。

菩薩藏經三卷。一名富那問經〔五〕。

姚秦鳩摩羅什譯。

在第十七會。亦名大悲心經，改名富樓那會，或二卷。
護國菩薩經二卷。
隋三藏闍那崛多譯。
在第十八會。
郁伽長者所問經一卷。
曹魏三藏康僧鎧譯。
在第十九會。或二卷。
迦葉經二卷〔六〕。
元魏外國王子月婆首那譯。
在第二十三會〔七〕。
善臂菩薩所問經二卷。
姚秦三藏鳩摩羅什譯。
在第二十六會。或一卷。
無畏德女經一卷。
元魏三藏佛陀扇多譯。

在第三十二會。

無垢施菩薩分別應辯經一卷。

西晉清信士聶道真譯。

在第三十三會。或二卷。

大方等善住意天子問經四卷。

隋三藏達摩笈多譯。

在第三十六會。

大乘方便經三卷。

東晉外國居士竺難提譯。

在第三十八會。

移識經二卷。

隋三藏闍那崛多譯。

在第三十九會。改名賢護長者會。

弥勒菩薩所問經一卷。

元魏三藏菩提留支譯。

在第四十一會。改名弥勒問八法會。

大寶積經一卷。

失譯。

在第四十三會。改名普明菩薩會〔八〕。

寶梁經二卷。

北凉沙門道龔譯。

在〔九〕第四十四會。

文殊般若波羅蜜經一卷。

梁三藏曼陀羅仙譯。或二卷。

在第四十六會。般若部中重出一本。此以〔一〇〕在次不可偏除，故存其目。

寶髻菩薩所問經二卷。亦名菩薩浄行經。

西晉三藏〔一一〕竺法護譯。

在第四十七會〔一二〕。

右密迹力士經下合二十三部，共八十一卷，並是大寶積經諸會舊譯，三藏菩提流志勘梵本同，更不重翻，直編會次。既合入大部，別者删之。

三律儀經三卷。與舊大方廣三戒經同本。
在第一會。
無邊莊嚴經四卷。
在第二會。
無量壽如來經二卷。與舊大阿弥陀經等同本。
在第五會。
不動如來經二卷。與舊阿閦佛國經同本。
在第六會。
被甲莊嚴經五卷。
在第七會。
文殊師利普門經一卷。與舊普門品經同本。
在第十會。
出現光明經五卷。
在第十一會。
佛爲阿難説處胎經一卷。與舊胞胎經同本。

在第十三會。

無盡伏藏經二卷。

在第二十會。

授幻師跋陀羅記經一卷。與舊幻士仁賢經同本。

在第二十一會。

大神變經二卷。

在第二十二會。

優波離問經一卷。與舊決定毗尼經同本。

在第二十四會。

發勝志樂經二卷〔一三〕。與舊發覺浄心經同本。

在第二十五會。

善順菩薩經一卷。

在第二十七會。

勤授長者經一卷。

在第二十八會。

優陀延王經一卷。與舊優填王經同本〔一四〕。
在第二十九會。
妙慧童女經一卷。與舊須摩提經同本〔一五〕。
在第三十會。
恒河上優婆夷經一卷。
在第三十一會。
功德寶華敷菩薩經一卷。
在第三十四會。
善德天子經〔一六〕一卷。與舊文殊不思議境界經〔一七〕同本。
在第三十五會。
阿闍世王太子經一卷。與舊太子刷護經等同本。
在第三十七會。
浄信童女經一卷。
在第四十會。
弥勒菩薩所問經一卷。與舊弥勒所問本願經同本。

在第四十二會。

無盡慧菩薩經一卷。

在第四十五會。

勝鬘夫人經一卷。與舊勝鬘經同本。

在第四十八會。

廣博仙人問經一卷。與舊毗耶娑問經同本。

在第四十九會。

右三律儀經下，合二十六部，共四十四卷，大唐先天二年南印度三藏沙門菩提流志唐云覺愛。於西崇福寺譯，並是寶積諸會，編在大部之中。亦有鈔寫，別部流行，恐不知根源，故具條示。若新舊相合，共成一百二十卷。若各別〔一八〕分之，則成一百二十五卷。

校勘記

〔一〕合成七卷：永樂北藏、嘉興藏、清藏本作「合成十卷」，四庫本作「合成爲十卷」。

〔二〕在第三會：嘉興藏本作「在第二會」。

〔三〕或八卷：永樂北藏、嘉興藏、清藏、四庫本作「八卷」。

〔四〕改名：金藏、高麗藏本誤作「加名」。
〔五〕富那問經：金藏、高麗藏本作「富樓那問經」。
〔六〕二卷：永樂南藏本作「一卷」。
〔七〕二十三會：清藏、四庫本作「二十二會」。
〔八〕普明菩薩會：原作「普明會」，嘉興藏本作「普名會」，據金藏、高麗藏本改。
〔九〕在：嘉興藏本無。
〔一〇〕以：金藏、高麗藏本無。
〔一一〕三藏：金藏、高麗藏本無。
〔一二〕在第四十七會：原作「在四十七會」，金藏本作「在第十七會」，據高麗藏、永樂北藏、嘉興藏、清藏、四庫本改。
〔一三〕發勝志樂經二卷：原作「發勝志樂經一卷」，嘉興藏本作「發勝智樂經一卷」，據金藏、高麗藏本改。
〔一四〕本：原無，據諸校本補。
〔一五〕同本：嘉興藏本作「同卷」。
〔一六〕善德天子經：金藏本作「善德天經」。
〔一七〕經：原無，據金藏、高麗藏本補。
〔一八〕各別：金藏本作「分別」。

別録中補闕拾遺録第五三百六部，一千一百一十一卷。

補拾録者，謂舊録闕題、新翻未載之類，今並詳而具之也。所冀法輪無玷，慧日增暉，永燭幽途，恒霑沃潤者矣。

文殊師利問菩薩署經一卷。
後漢三藏支婁迦讖譯。

自誓三昧經一卷。
後漢三藏安世高譯。

温室洗浴衆僧經一卷。
後漢三藏安世高譯。

佛印三昧經一卷。
後漢三藏安世高譯。

菩薩内習六波羅蜜經一卷。
後漢沙門嚴佛調譯。

老女人經一卷。

吴優婆塞支謙譯〔一〕。

持句神呪經一卷。

吴優婆塞支謙譯。

孛經一卷。

吴優婆塞支謙譯。

菩薩十住行道品一卷。

西晉三藏竺法護譯。

太子沐魄經一卷。

西晉三藏竺法護譯。

優填王經一卷。

西晉沙門釋法炬譯。

灌洗佛形像經一卷。

西晉沙門釋法炬譯。

文殊師利般涅槃經一卷。

西晉居士聶道真譯。

異出菩薩本起經一卷。
西晉居士聶道真譯。
採蓮違王上佛授決号妙華經一卷。
東晉沙門竺曇無蘭譯。
陀鄰尼鉢經一卷。
東晉沙門竺曇無蘭譯。
摩尼羅亶經一卷。
東晉沙門竺曇無蘭譯。
玄師跋陀所説神呪經一卷。
東晉沙門竺曇無蘭譯。
摩訶般若波羅蜜大明呪經一卷。
姚秦三藏鳩摩羅什譯。
須摩提菩薩經一卷。
姚秦三藏鳩摩羅什譯。
申曰兒本經一卷。

宋三藏求那跋陀羅譯。
阿難陀目佉尼呵離陀經一卷。
宋三藏求那跋陀羅譯。
弥勒菩薩所問經一卷。今編入寶積。
元魏三藏菩提留支譯。
文殊師利所説般若波羅蜜經一卷。
梁三藏僧伽婆羅譯。
大乘十法經一卷。
梁三藏僧伽婆羅譯。
種種雜呪經一卷。
周三藏闍那崛多譯。
大集譬喻王經二卷。
隋三藏闍那崛多譯。
入法界體性經一卷。
隋三藏闍那崛多譯。

離垢慧菩薩所問禮佛法經一卷。
大唐三藏那提譯。
大乘遍照光明藏無字法門經一卷。
大唐三藏地婆訶羅譯。
大乘百福莊嚴相經一卷。
大唐三藏地婆訶羅譯。
菩薩修行四法經一卷。
大唐三藏地婆訶羅譯。
佛頂最勝陀羅尼經一卷。
大唐三藏地婆訶羅譯。
最勝佛頂陀羅尼浄除業障經一卷。
大唐三藏地婆訶羅譯。
造塔功德經一卷。
大唐三藏地婆訶羅譯。
千手千眼觀世音菩薩廣大圓滿無礙大悲心陀羅尼經一卷。

西晉[三]天竺沙門伽梵達磨譯。

千手千臂觀世音菩薩陀羅尼神呪經二卷。或一卷。

大唐沙門釋智通譯。

千囀陀羅尼觀世音菩薩呪經一卷。

大唐沙門釋智通譯。

觀自在菩薩隨心呪經一卷。

大唐沙門釋智通譯。

大方廣圓覺修多羅了義經一卷。

大唐罽賓沙門佛陀多羅譯。

不空羂索陀羅尼自在王呪經三卷。

大唐三藏寶思惟長壽二年譯。

薩曇分陀利經一卷。

失譯。

不思議功德諸佛所護念經二卷。

失譯。

菩薩本行經三卷。

失譯。

大金色孔雀王呪經一卷。

失譯。

佛説大金色孔雀王呪經一卷。

失譯。

天王太子辟羅經一卷。

失譯。

金剛三昧經二卷。

失譯。

摩利支天經一卷。

失譯。

六字神呪王經一卷。

失譯。

虚空藏菩薩問佛經一卷。或云問七佛陁羅尼經。

失譯。

三劫三千佛名經三卷。

失譯。

牟梨曼陀羅呪經一卷。

失譯。

阿弥陀鼓音聲王陀羅尼經一卷。

失譯。

阿吒婆拘鬼神大將上佛陀羅尼經一卷。

失譯。

大普賢陀羅尼經一卷。

失譯。

大七寶陀羅尼經一卷。

失譯。

六字大陀羅尼經一卷。

失譯。

長者女菴提遮師子吼了義經一卷。

失譯。

已上大乘經，五十九部，拾遺編入。

校勘記

〔一〕吴優婆塞支謙譯：永樂北藏、嘉興藏、清藏、四庫本無。按：後一經同。第三經後，曰：「右三經，吴優婆塞支謙譯。」

〔二〕西晉：金藏、高麗藏本無。

菩薩戒本一卷。

北涼三藏曇無讖譯。

受十善戒經一卷。

失譯。

已上大乘律，二部，拾遺編入。

法華經論二卷。或一卷。

元魏三藏菩提留支譯。

遺教經論一卷。

陳三藏真諦譯。

唯識三十論一卷。

大唐三藏玄奘譯。

已上大乘論，三部，拾遺編入。

婆羅門子命終愛念不離經一卷。

後漢三藏安世高譯。

婆羅門避死經一卷。

後漢三藏安世高譯。

罵意經一卷。

後漢三藏安世高譯。

分别善惡所起經一卷。

後漢三藏安世高譯。

父母恩難報經一卷。
後漢三藏安世高譯。
弊魔試目連經一卷。
吴優婆塞支謙譯。
齋經一卷。
吴優婆塞支謙譯。
須摩提女經一卷。
吴優婆塞支謙譯。
黑氏梵志經一卷。
吴優婆塞支謙譯。
猘狗經一卷。
吴優婆塞支謙譯。
離睡經一卷。
西晉三藏竺法護譯。
受歲經一卷。

西晉三藏竺法護譯。

樂想經一卷。

西晉三藏竺法護譯。

尊上經一卷。

西晉三藏竺法護譯。

意經一卷。

西晉三藏竺法護譯。

應法經一卷。

西晉三藏竺法護譯。

鴦崛摩經一卷。

西晉三藏竺法護譯。

分别經一卷。

西晉三藏竺法護譯。

身觀經一卷。

西晉三藏竺法護譯。

苦陰因事經一卷。
西晉沙門釋法炬譯。
瞻波比丘經一卷。
西晉沙門釋法炬譯。
伏婬經一卷。
西晉沙門釋法炬譯。
數經一卷。
西晉沙門釋法炬譯。
相應相可經一卷。
西晉沙門釋法炬譯。
慢法經一卷。
西晉沙門釋法炬譯。
法海經一卷。
西晉沙門釋法炬譯。
阿闍世王問五逆經一卷。

西晉沙門釋法炬譯。

善生子經一卷。

西晉沙門支法度〔一〕譯。

鐵城泥犁經一卷。

東晉沙門竺曇無蘭譯。

阿耨風經一卷。

東晉沙門竺曇無蘭譯。

梵志頞羅延問種尊經一卷。

東晉沙門竺曇無蘭譯。

四泥犁經一卷。

東晉沙門竺曇無蘭譯。

水沫所漂經一卷。

東晉沙門竺曇無蘭譯。

中心經一卷。

東晉沙門竺曇無蘭譯。

海八德經一卷。
姚秦三藏鳩摩羅什譯。
文陀竭王經一卷。
北涼三藏曇無讖譯。
鞞摩肅經一卷。
宋三藏求那跋陀羅譯。
四人出現世間經一卷。
宋三藏求那跋陀羅譯。
十一想思念如來經一卷。
宋三藏求那跋陀羅譯。
進學經一卷。
宋居士沮渠京聲譯。
八關齋經一卷。
宋居士沮渠京聲譯。
弟子死復生經一卷。

宋居士沮渠京聲譯。

佛母般泥洹經一卷。

宋沙門釋慧簡譯。

起世因本經十卷。

隋三藏達摩笈多譯。

苦陰經一卷。

失譯。

阿鳩留經一卷。

失譯。

兜調經一卷。

失譯。

舍衛國王夢見十事經一卷。

失譯。

玉耶女經一卷。

失譯。

孝子經一卷。
失譯。
鬼子母經一卷。
失譯。
梵摩難國王經一卷。
失譯。
梵志計水浄經一卷。
失譯。
三歸五戒慈心厭離功德經一卷。
失譯。
箭喻經一卷。
失譯。
滿願子經一卷。
失譯。
出家功德經一卷。

失譯。

佛爲黄竹園老婆羅門説學經一卷。

失譯。

邪見經一卷。

失譯。

已上小乘經，五十九部〔二〕，拾遺編入。

校勘記

〔一〕沙門支法度：金藏本作「沙門釋度」。

〔二〕部：原作「卷」，據金藏、高麗藏、永樂北藏、嘉興藏、清藏、四庫本改。

五分比丘尼戒本一卷。

梁沙門釋明徽集出。

四分雜羯磨一卷。以結戒場爲首。

曹魏〔一〕三藏康僧鎧譯。

犯戒報應輕重經一卷。

後漢三藏安世高譯。

沙弥尼戒經一卷。

失譯。

五百問事經一卷。

失譯。

已上小乘律，五部，拾遺編入〔二〕。小乘論無遺。

校勘記

〔一〕曹魏：金藏、高麗藏本誤作「東魏」。

〔二〕五部拾遺編入：原作「二部拾遺編入」，金藏本作「五部拾遺編」，據高麗藏、永樂南藏、永樂北藏、嘉興藏、清藏、四庫本改。

道地經一卷。

後漢三藏安世高譯。

迦葉結經一卷。

後漢三藏安世高譯。

阿毗曇五法行經一卷。
後漢三藏安世高譯。
小道地經一卷。
後漢三藏支曜譯。
雜譬喻經一卷。
後漢三藏支婁迦讖譯。
舊雜譬喻經二卷。
吴三藏康僧會譯。
佛醫經一卷。
吴沙門竺律炎譯。
撰集百緣經十卷。
吴優婆塞支謙譯。
惟曰雜難經一卷。
吴優婆塞支謙譯。
法觀經一卷。

西晉三藏竺法護譯。

十二遊經一卷。

東晉沙門迦留伽陀譯。

文殊師利發願經一卷。

東晉三藏佛陀跋陀羅譯。

五門禪經要用法一卷。

宋三藏曇摩蜜多譯。

勸發諸王要偈一卷。

宋三藏僧伽跋摩譯。

分別業報略一卷。或加「集」字。

宋三藏僧伽跋摩譯。

阿育王經十卷。

梁三藏僧〔一〕伽婆羅譯。

阿育王息壞目因緣經一卷。

符秦三藏曇摩難提譯。

四阿含暮抄解二卷。
　符秦三藏鳩摩羅佛提。
思惟略要法一卷。
　姚秦三藏鳩摩羅什譯。
雜譬喻經一卷。
　姚秦三藏鳩摩羅什譯。
馬鳴菩薩傳一卷。
　姚秦三藏鳩摩羅什譯。
龍樹菩薩傳一卷。
　姚秦三藏鳩摩羅什譯。
提婆菩薩傳一卷。
　姚秦三藏鳩摩羅什譯。
婆藪盤豆法師傳一卷。
　梁三藏真諦譯。
讚觀世音菩薩頌一卷。

大唐沙門釋惠智譯。
禪要呵欲經一卷。
失譯。
内身觀章句經一卷。
失譯。
雜譬喻經二卷。
失譯。
六菩薩名一卷。
失譯。
佛治身經一卷。
失譯。
治意經一卷。
失譯。
阿育王譬喻經一卷。
失譯。

撰集三藏及雜藏傳一卷。

失譯。

無明羅刹集一卷。

失譯。

三慧經一卷。

失譯。

迦丁比丘説當來變經一卷。

失譯。

已上賢聖集〔二〕傳，三十六部，拾遺編入。

右文殊問署經下一百六十四部，合二百五卷，並是舊譯經、律、論等，大周廣録有目、入藏之内並無，闕本録中有載、不載，或有周録遺漏、諸録有者，今並拾遺，編入藏録。

校勘記

〔一〕僧：原無，據金藏、高麗藏、資福藏、普寧藏、永樂北藏、清藏、四庫本補。

〔二〕集：原無，據金藏、高麗藏本補。

大方廣佛華嚴經八十卷。
大唐三藏實叉難陀譯。
文殊師利授記經三卷。今編入寶積。
大唐三藏實叉難陀譯。
大方廣入如來智德不思議經一卷。
大唐三藏實叉難陀譯。
大方廣如來不思議境界經〔一〕一卷。
大唐三藏實叉難陀譯。
大方廣普賢菩薩所説經一卷。
大唐三藏實叉難陀譯。
大乘入楞伽經七卷〔二〕。
大唐三藏實叉難陀譯。
觀世音菩薩秘密藏神呪經一卷。
大唐三藏實叉難陀譯。
妙臂印幢陀羅尼經一卷。

大唐三藏實叉難陀譯。
百千印陀羅尼經一卷。
大唐三藏實叉難陀譯。
救面然餓鬼陀羅尼神呪經一卷。
大唐三藏實叉難陀譯。
右遶佛塔功德經一卷。
大唐三藏實叉難陀譯。
大乘四法經一卷。
大唐三藏實叉難陀譯。
不空羂索陀羅尼經一卷。
大唐婆羅門李無諂譯。
無垢浄光大陀羅尼經一卷。
大唐三藏弥陀山等譯。
文殊師利根本一字陀羅尼經一卷。
大唐三藏寶思惟譯。

六字神呪經一卷。
大唐三藏菩提流志譯。
金光明最勝王經十卷。
大唐三藏義净譯。
能斷金剛般若波羅蜜多〔三〕經一卷。
大唐三藏義净譯。
入定不定印經一卷。
大唐三藏義净譯。
弥勒下生成佛經一卷。
大唐三藏義净譯。
曼殊室利一字呪王經一卷。
大唐三藏義净譯。
莊嚴王陀羅尼經一卷。
大唐三藏義净譯。
善夜經一卷。

大唐三藏義浄譯。
大乘流轉諸有經一卷。
大唐三藏義浄譯。
妙色王因縁經一卷。
大唐三藏義浄譯。已上並於天后代譯。
浴像功德經一卷。
大唐三藏寶思惟譯。
校量數珠功德經一卷。
大唐三藏寶思惟譯。
觀世音菩薩如意摩尼陀羅尼經一卷。
大唐三藏寶思惟譯。
大陀羅尼末法中一字心呪經一卷。
大唐三藏寶思惟譯。
藥師瑠璃光七佛本願功德經二卷。
大唐三藏義浄譯。

佛爲勝光天子説王法經一卷。
大唐三藏義浄譯。
浴像功德經一卷。
大唐三藏義浄譯。
數珠功德經一卷。
大唐三藏義浄譯。
觀自在菩薩如意心陀羅尼呪經一卷。
大唐三藏義浄譯。
稱讃如來功德神呪經一卷。
大唐三藏義浄譯。
大孔雀呪王經三卷。
大唐三藏義浄譯。
佛頂尊勝陀羅尼經一卷。
大唐三藏義浄譯。
香王菩薩陀羅尼呪經一卷。

大唐三藏義淨譯。

一切功德莊嚴王經一卷。

大唐三藏義淨譯。

拔除罪障呪王經一卷。

大唐三藏義淨譯。

佛爲海龍王説法印經一卷。

大唐三藏義淨譯。

大寶積經一百二十卷。

大唐三藏菩提流志等〔四〕譯。

不空羂索神變真言經三十卷。

大唐三藏菩提流志譯。

千手千眼觀世音菩薩姥陀羅尼身經一卷。

大唐三藏菩提流志譯。

如意輪陀羅尼經一卷。

大唐三藏菩提流志譯。

廣大寶樓閣善住秘密陀羅尼經三卷。
大唐三藏菩提流志譯。
一字佛頂輪王經五卷。
大唐三藏菩提流志譯。
文殊師利寶藏陀羅尼經一卷。
大唐三藏菩提流志譯。
金剛光焰止風雨〔五〕陀羅尼經一卷。
大唐三藏菩提流志譯。
大毗盧遮那成佛神變加持經七卷。
大唐三藏輸波迦羅譯。
蘇婆呼童子經三卷。
大唐三藏輸波迦羅譯。
蘇悉地羯羅經三卷。
大唐三藏輸波迦羅譯。
虚空藏菩薩能滿諸願最勝心陀羅尼求聞持法一卷。

大唐三藏輸波迦羅譯。
七俱胝佛母准泥大明陀羅尼經一卷。
大唐三藏金剛智譯。
金剛頂瑜伽中略出念誦法四卷。
大唐三藏金剛智譯。
金剛頂經曼殊室利菩薩五字心陀羅尼品一卷。
大唐三藏金剛智譯。
觀自在如意輪菩薩瑜伽法要一卷。
大唐三藏金剛智譯。
大佛頂如來密因修證了義諸菩薩萬行首楞嚴經十卷。
大唐沙門懷迪於廣州譯。
説妙法決定業障經一卷。
大唐沙門釋智嚴譯。
出生無邊門陀羅尼經一卷。
大唐沙門釋智嚴譯。

師子素馱娑王斷肉經一卷。

大唐沙門釋智嚴譯。

已上大乘經〔六〕六十一部，新譯，補闕編入。

校勘記

〔一〕大方廣如來不思議境界經：金藏本作「大方廣如來不思議界經」。

〔二〕七卷：高麗藏本作「一卷」。

〔三〕多：金藏、高麗藏本無。

〔四〕等：金藏、高麗藏本作「集」。

〔五〕止風雨：金藏、高麗藏本無。

〔六〕經：金藏本無。

十善業道經一卷。

大唐三藏實叉難陀譯。

已上大乘律一部〔一〕，新譯，補闕編入。

校勘記

〔一〕一部：原作「二部」，據諸校本改。
大乘起信論二卷。
大唐三藏實叉難陀譯。
掌中論一卷。
大唐三藏義浄譯。
取因假設論一卷。
大唐三藏義浄譯。
六門教授習定論一卷。
大唐三藏義浄譯。十善經下，天后代譯〔一〕。
能斷金剛般若波羅蜜多經論頌一卷。
大唐三藏義浄譯。
能斷金剛般若波羅蜜多經論釋三卷。
大唐三藏義浄譯。

因明正理門論一卷。
大唐三藏義浄譯。
成唯識寶生論五卷。
大唐三藏義浄譯。
觀所緣論釋一卷。
大唐三藏義浄譯。
觀揔相論頌一卷。
大唐三藏義浄譯。
止觀門論頌一卷。
大唐三藏義浄譯。
手杖論一卷。
大唐三藏義浄譯。
已上大乘論，十二部，新譯，補闕編入。

校勘記

〔一〕十善經下天后代譯：原作「十善經二天后代一」，永樂南藏本作「十善經日下天后代」，永樂北藏、嘉興藏、清藏、四庫本作「十善經以下天后代譯」，據金藏、高麗藏本改。

無常經一卷。大唐三藏義浄譯。

八無暇有暇經一卷。大唐三藏義浄譯。

長爪梵志請問經一卷。大唐三藏義浄譯。無常等三經，天后代譯。

五蘊皆空經一卷。大唐三藏義浄譯。

三轉法輪經一卷。大唐三藏義浄譯。

譬喻經一卷。大唐三藏義浄譯。

療痔病經一卷。亦云「痔瘻」。

大唐三藏義浄譯。

略教誡經一卷。

大唐三藏義浄譯。

已上小乘經，八部，新譯，補闕編入。

根本説一切有部毗柰耶五十卷。

大唐三藏義浄譯。天后代譯。

根本説一切有部苾芻尼毗柰耶二十卷。

大唐三藏義浄譯。

根本説一切有部毗柰耶雜事四十卷。

大唐三藏義浄譯。

根本説一切有部尼陀那目得迦八卷〔一〕。或十卷〔二〕。

大唐三藏義浄譯。天后代譯。

根本説一切有部戒經一卷。

大唐三藏義浄譯。

根本説一切有部苾芻尼戒經一卷。

大唐三藏義浄譯。

根本説一切有部百一羯磨十卷。

大唐三藏義浄譯。天后代譯。

根本薩婆多部律攝二十卷。或十四卷。

大唐三藏義浄譯。天后代譯。

根本説一切有部毗柰耶頌五卷。

大唐三藏義浄譯。

根本説一切有部毗柰耶雜事攝頌一卷。

大唐三藏義浄譯。

根本説一切有部毗柰耶尼陀那目得迦攝頌一卷。

大唐三藏義浄譯。

已上小乘律，十一部，新譯，補闕編入。

校勘記

〔一〕八卷：金藏、高麗藏本作「十卷」。

〔二〕或十卷：金藏、高麗藏本作「或八卷」。

一百五十讚佛頌一卷。

大唐三藏義浄譯。

龍樹菩薩勸誡王頌一卷。

大唐三藏義浄譯。

大乘修行菩薩行門諸經要集三卷。

大唐沙門釋智嚴譯。

已上賢聖集傳，三部新譯，補闕編入。

右華嚴經下九十六部，合五百二十八卷，並是大周刊定録後新譯，所以前録未載，今並補闕，編入藏録。小乘〔一〕論録後無新譯。

四分比丘戒本一卷。

校勘記

〔一〕小乘：原作「乘」，永樂南藏、永樂北藏、嘉興藏、清藏、四庫本作「大乘」，據金藏、高麗藏、資福藏本改。

大唐沙門懷素依律集。

四分比丘尼戒本一卷。

大唐沙門懷素依律集。

四分僧羯磨三卷。

大唐沙門懷素依律撰。

四分尼羯磨三卷。

大唐沙門懷素依律撰。

四分律删補隨機羯磨一卷。

大唐沙門釋道宣撰。

五分羯磨一卷。亦云弥沙塞羯磨。

大唐沙門釋愛同撰。

右四分戒本下，並小乘律，合六部，十卷，然並撰述有據，時代盛行，故補先闕，編之見録。

釋迦譜十卷。

蕭齊沙門釋僧祐撰。

釋迦氏略譜一卷。或無「略」字。

大唐沙門釋道宣撰。

釋迦方志二卷。

大唐沙門釋道宣撰。

經律異相五十卷。

梁勑〔一〕沙門寶唱等撰。

陀羅尼雜集十卷。

未詳撰者，舊録亦載。

諸經要集二十卷。

大唐沙門釋玄惲撰。

出三藏記集十五卷。

梁沙門釋僧祐撰。

衆經目録七卷。

隋勑〔二〕沙門法經等撰。

開皇三寶録十五卷。內題云歷代三寶記。
隋翻經學士費長房撰。
衆經目録五卷。
隋敕〔三〕翻經沙門學士等撰。
大唐内典録十卷。
大唐沙門釋道宣撰。
續大唐内典録一卷。
大唐沙門釋智昇撰。
古今譯經圖紀四卷。
大唐沙門釋靖邁撰。
續古今譯經圖紀一卷。
大唐沙門釋智昇撰。
大周刊定衆經目録十五卷。
大唐天后敕沙門明佺〔四〕等撰。
開元釋教録二十卷。

大唐沙門釋智昇撰。
一切經音義二十五卷。
大唐沙門釋玄應撰。
新譯大方廣佛華嚴經〔五〕音義二卷。
大唐沙門釋慧苑撰。
大唐西域記十二卷。
大唐三藏玄奘撰。
集古今佛道論衡四卷。或三卷。
大唐沙門釋道宣撰。
續集古今佛道論衡一卷。
大唐沙門釋智昇撰。
東夏三寶感通録三卷。
大唐沙門釋道宣撰。
集沙門不拜俗議六卷。
大唐沙門釋彦悰撰。

大唐慈恩寺三藏法師傳十卷。
大唐沙門慧立等撰。
大唐西域求法高僧傳二卷。
大唐三藏義浄撰。
法顯傳一卷。亦云歷遊〔六〕天竺記傳。
東晉沙門法顯自述。
高僧傳十四卷。一卷是目録〔七〕。
梁沙門釋惠皎撰。
續高僧傳三十卷。
大唐沙門釋道宣撰。
辨正論八卷。
大唐龍田寺釋氏撰。
破邪論二卷。或一卷。
大唐龍田寺釋氏撰。
甄正論三卷。

大唐沙門釋玄嶷撰。
十門辯惑論二卷。或三卷。
大唐沙門釋復禮撰。
弘明集十四卷。
梁沙門釋僧祐撰。
廣弘明集三十卷。
大唐沙門釋道宣撰。
集諸經禮懺儀二卷。
大唐沙門釋智昇撰。
大唐南海寄歸内法傳四卷。
大唐三藏義浄撰。
比丘尼傳四卷。
梁沙門釋寶唱撰。
別説罪要行法一卷。
大唐三藏義浄撰。

受用三水要法一卷。
大唐三藏義浄撰。
護命放生軌儀一卷。
大唐三藏義浄撰。
右釋迦譜下，合四十部，三百六十八卷，並是此方所撰傳記，然於大法裨助光揚，故補先闕，編之見録。

開元釋教録卷第十七別録之七

校勘記

〔一〕勑：永樂北藏、嘉興藏、清藏、四庫本無。
〔二〕勑：永樂北藏、嘉興藏、清藏、四庫本無。
〔三〕敕：永樂北藏、嘉興藏、清藏、四庫本無。
〔四〕天后勑沙門明佺：金藏、高麗藏本作「天后勑沙門儉」，永樂北藏、嘉興藏、清藏、四庫本作「沙門明佺」。
〔五〕大方廣佛華嚴經：金藏、高麗藏本作「花嚴」。
〔六〕歷遊：原作「遊歷」，據金藏、高麗藏本改。
〔七〕一卷是目録：原作「二卷是目録」，金藏本作「一卷是録目」，據高麗藏本改。

開元釋教録卷第十八

唐庚午歲西崇福寺沙門智昇撰

別録中疑惑再詳録第六 一十四部，一十九卷。

疑惑録者，自梵經東闡，年將七百。教有興廢，時復遷移。先後翻傳，卷將萬計。部袠既廣，尋閲難周。定録之人，隨聞便上，而不細尋宗旨，理或疑焉。今恐真僞交參，是非相涉〔一〕，故爲別録，以示將來，庶明達高人，重爲詳定。

毗羅三昧經二卷。

決定罪福經一卷。

慧定普遍國土神通菩薩經一卷。余親〔二〕見其本，全非聖言。

救護身命濟人病苦厄經一卷。與救疾經文勢相似，一真一僞，將爲未可。

最妙勝定經一卷。與最妙初教經文勢相似，一真一僞，亦將未可。

觀世音三昧經一卷。

清浄法行經一卷。記説孔、老、顔回事。

五百梵志經一卷。亦名五百婆羅門問有無經，經云人身從五穀生。

右毗羅三昧經下八部九卷，古、舊録中皆編僞妄，大周刊定附入正經。尋閲宗徒，理多乖舛。論量義句，頗涉凡情。且附疑科，難從正録。或云貶量聖教，罪有所歸。佛有誠言，此非責難。經云：「於我所説若生疑者，尚不應受，況如是等。」准斯道理，須簡是非，仍俟諸賢，共詳真僞。上之八經，舊録編僞。今此僞録之次，亦存而不削。舊録僞經，周録刊爲正者更有數部，余未見本，故此不論。

法社經二卷。内題云業報輪轉償債引導地獄慈善莊嚴法社經。

右一經，大周録〔三〕云西晉三藏竺法護譯。謹按長房等録，竺法護所譯有法社經一卷，脚下注云：「世注僞疑，此應多是舊僞録中小法社經。」前經初題復云：「皇鹵三藏翻胡經出。」然尋此文意，狀涉人情，題注參差，難爲指准，且編疑録，待更詳之。

浄度三昧經三卷。蕭子良抄撰中有浄度三昧經三卷，疑此經是。

益意經二卷。僧法尼誦中有益意經二卷，疑此經是。

右二部，五卷，大周録〔四〕中編之入藏。尋閲文句，亦涉人情，事須重詳，且編疑録。

優婁頻經一卷。僧法尼誦中有名，疑此經是。

右一經，長房、内典二録直云梁天監十五年木道賢獻上，更不辨委曲〔五〕。既無其本，真僞難定，且附疑録。

浄土盂蘭盆經一卷。五紙。

右一經，新舊之録皆未曾載。時俗傳行，將爲正典。細尋文句，亦涉人情，事須審詳，且附疑録。

三廚經一卷。

右一經，新舊諸録並未曾載。然尋文理，亦涉人謀，依而行之，獲驗非一，復須詳審，且附疑科。

校勘記

〔一〕相涉：原作「根涉」，據高麗藏本改。

〔二〕親：永樂北藏、嘉興藏、清藏、四庫本無。

〔三〕大周録：永樂北藏、嘉興藏、清藏、四庫本作「周録」。

〔四〕大周録：永樂北藏、嘉興藏、清藏、四庫本作「周録」。

〔五〕曲：原作「典」，據金藏、高麗藏、永樂北藏、嘉興藏、清藏、四庫本改。

別録中僞妄亂真録第七三百九十二〔一〕部，一千五十五卷。

僞經者，邪見所造，以亂真經者也。自大師韜影，向二千年，魔教競興，正法衰損。自有頑愚之輩，惡見迷心，僞造諸經，誑惑流俗，邪言亂正，可不哀哉。今恐真僞相參，是非一概，譬如〔二〕崑山寶玉，與瓦石而同流，贍部真金，共鉛鐵而齊價。今爲件別，真僞可分，庶涇渭殊流，無貽後患。

佛名經十六卷。或三十二卷〔三〕。本經雖真，以有僞雜，編之於此。

右一經，時俗号爲馬頭羅刹佛名，似是近代所集，乃取留支所譯十二卷者錯綜而成。於中取諸經名目，取後辟支佛名及菩薩名、諸經阿羅漢名，以爲三寶次第，摠有三十二件。禮三寶後，皆有懺悔，懺悔之下，仍引馬頭羅刹僞經置之於後。乃以凡俗鄙語雜於聖言。經言「抄前著後，抄後著前，前後著中，中著前後」，此正當也。尋其所集之者，全是庸愚，只如第四卷中云「南無法顯傳經」，在法寳中列此傳，乃是東晉平陽沙門法顯往遊天竺自記行迹，元非是經，置法寶中，誤謬之甚！又如第九卷云「南無富樓那、南無弥多羅尼子」，此是一人之名，分爲二唱。次云「南無阿難羅睺羅」，此乃二人之名，合之爲一。如斯謬妄，其數寔繁，不能廣陳，略指如右〔四〕。群愚倣習，邪黨共傳，若不指明，恐穢真教，故述之也。

要行捨身經一卷。三紙餘，後有捨身願文，共有五紙。

右一經，不知何人所造，邪黨盛行〔五〕。經初〔六〕題云：「三藏法師玄奘譯。」按法師所譯，無有此經，僞謬之情，昭然〔七〕可見。且述四件，用曉愚心。一，僞經初云「王舍城靈鷲山」者，靈鷲山名，古譯經有。奘法師譯，皆曰鷲峰。今言靈鷲，一僞彰也。一，僞經初又云「靈鷲山屍陀林側」者，按諸傳記，其鷲峰山在摩伽陀國山城之内，宫城東北十四五里。豈有都城之内〔八〕而安棄屍之處？事既不然，二僞彰也。一，僞經中又云「佛説過去然燈佛時初願捨身」者，然燈如來是釋迦牟尼佛第二無數劫滿授記之師，豈有得記當成方能死捨？事與理乖，三僞彰也。一，僞經中又云「若有人殺害有情、遍索訶界、四重五逆、謗方等經，及盜常住、現前僧物，如是等罪，合墮地獄。若能捨身，罪必消滅」者，謗經造逆，合墮阿鼻，死捨得除，便無重報。如外道妄計殑伽河浴，罪垢消除，輕命自沈，生天受福。此〔九〕言死捨除罪，與彼妄計何殊？愚夫造惡，用此除愆。智者審思，勿被欺誑。永淪〔一〇〕惡趣，無解脱期。事與理乖，四僞彰也。訛舛極多，不能備記。

瑜伽法鏡經二卷。或一卷，兼有僞序。

右一經，即舊僞録中像法決疑經。前文增加二品，共成一經。初云「佛臨涅槃〔一一〕，爲阿難説法住滅品」，此品乃取奘法師所譯佛臨涅槃記法住經，改换增減，置之於首。次是地藏菩薩讚歎法身觀行品，後是常施菩薩所問品，此品即是舊經，據其文勢，次第不相聯貫。景龍元年，三階僧師利僞造，序中妄云：「三藏菩提流志、三藏寶思惟等於崇福寺同譯。」師利云有梵夾，流志曾不見聞。以舊編入僞中，再造望𪇬疑録。僞上加僞，訛舛尤多，目閲可知，不勞廣叙。撰録者曰：余曾以此事親問流志三藏，三藏口云：「吾邊元無梵夾，不曾翻譯此經。」三藏弟子般若丘多識量明敏，具委其事。恐時代縣遠，謬濫真詮，故此指明，以誡於後。其僧師利因少鬬訟，聖躬親慮，時[一二]令還俗。豈非上天不祐，降罰斯人？又臨終之時，腹大如瓮，惡徵遄及，可不懼歟！

弥勒下生遣觀世音大勢至勸化衆生捨惡作善壽樂經一卷。亦直云壽樂經，十紙。

光愍菩薩問如來出世當用何時普告經一卷。八紙。

隨身本宫[一三]弥勒成佛經一卷。賢樹菩薩問佛品。

金剛蜜要論[一四]一卷。亦名萬明王緣起經，兼説弥勒下生事。或無「論」字。十四紙。

右上四經，並是妖徒僞造。其中説弥勒如來即欲下生等事，謹按正經，從釋迦滅後，人明經五十七俱胝六十百千歲，贍部洲人壽增八萬，弥勒如來方始出世。豈可壽年減百而有弥勒下生性？以斯妖妄，誘惑凡愚，淺識之流，多從信受。因斯墜没，可謂傷哉！故此甄明[一五]，特希詳鑒耳。
佛昇忉利天後阿難爲諸四部衆說禮佛持齋儀式經一卷。亦云佛昇忉利天持齋儀式經。七紙〔一六〕。
弥勒摩尼佛說開悟佛性經一卷。經後題云人身因緣開悟佛性經，或直云開悟佛性經。九紙。
淨行優婆塞戒經一卷。或云淨行優婆塞戒經感應品〔一七〕第十三，改遺教經作。六紙〔一八〕。
甲申年洪災大水經一卷。與彼佛鉢記中甲申年水事不同。二紙〔一九〕。
蝦蟇經青蛙品〔二〇〕一卷。半紙〔二一〕。
自省經一卷。二紙〔二二〕。
父母恩重經一卷。經引丁蘭、董黯、郭巨等，故知人造。三紙〔二三〕。
如來正教秘要藏經一卷。十紙。
毗尼藏經一卷。八紙。
頂蓋經一卷。內題云佛說深妙法義論說深義生死道，七紙。
天地八陽經一卷。卷末題云八陽神呪經，與正經中八陽神呪義理全異。此說陰陽吉凶禳災除禍法。八紙〔二四〕。
禪門經一卷。五紙。
嫉妬新婦經一卷。亦云妬婦經。

右一經，近代人造，忘其人名。緣妻嫉妬，僞造此經以誑之。於中説嫉妬之人，受報極重。

央崛摩羅經二卷。亦直云央崛經，與真經名同，中有央崛摩羅經二卷，疑此經是〔二五〕蕭子良抄撰。

重樓戒經一卷。

清浄居士子度人經一卷。亦云清浄士經。

摩登耆經一卷。

譬喻經一卷。宋惠簡〔二六〕譯中有譬喻經一卷，時問〔二七〕無本，與此名同，真僞相濫，故兩存之。

目連問經一卷。與真經名同，語意全異。

小法滅盡經一卷。與真經中法滅盡經文意全異。

鳴鍾經一卷。

持戒法經一卷。

金鞞決口經一卷。

地獄經一卷。漢代失譯有地獄經一卷，疑即此是，且兩存之。

優鉢祇王經一卷。

阿難請福報論一卷。

阿難請問毗尼論一卷。或即阿難請問戒律論是。
決正二部毗尼論一卷〔二八〕。或即毗尼決正論是。
沙門論一卷。
獨乞辟支迦論一卷。
毗尼請問論一卷。
地獄傳一卷。

央崛經下一十九部，合二十卷〔二九〕，並義理乖背，僞妄昭然。章疏共引，靡知虚僞，故載斯録，傳示後賢，儻悟非真，希同革弊。又僞經之類，其數寔繁，更待尋求，續編此例。

從佛名經下三十七部〔三〇〕，五十四卷，承前諸録，皆未曾載。今開元新録，搜集編上。

定行三昧經一卷。一名摩訶目犍〔三一〕所問經，或云佛遺〔三二〕定行經。
真諦比丘慧明經一卷。或云惠明比丘經，或云清浄真諦經。
尼吒國王經一卷。或云尼吒黄羅國王經，或云黄羅王經。
胸有萬字經一卷。或云胸現萬字經。

薩和菩薩〔三三〕經一卷。舊録云國王薩和菩薩〔三四〕經，或云薩和薩經。法經録云一名國〔三五〕一切度經。

善信女經一卷〔三六〕。或云善信經〔三七〕。

護身主妙經一卷。一名度世護世經，有云「十二妙」者，誤〔三八〕。

度護經一卷。或云度護法經，法經録云度法護經。

毗羅三昧經二卷。

善王皇帝經二卷。或云善王皇帝功德尊經，或爲一卷。

惟務三昧經一卷。或作「惟無三昧」。

阿羅呵公經一卷。或作〔三九〕相國阿羅訶公經。

慧定普遍神通菩薩經一卷。舊録云惠定普遍國土神通菩薩經。

陰馬藏經一卷。或云陰馬藏光明經，法經録云：「一名身土王所問治國經」。

大阿育王經一卷。云佛在波羅柰者。

四事解脱經一卷。或云四事解脱度人經。

大阿那律經一卷。非是八念者。

貧女人經一卷。名難陀者。舊録云貧女難陀經。謹案賢愚經第十一卷有貧女難陀緣起，若與彼同，即非是僞。

鑄金像經一卷。

四身經一卷。

普慧三昧經一卷。

阿秋那經一卷。舊録云阿秋那三昧經。

兩部〔四〇〕獨證經一卷。

法本齋經一卷。云西涼州來。

覓歷所傳大比丘尼戒一卷。周録云異比丘尼戒本，尸梨蜜弟子覓歷所傳。

右定行三昧經下二十五部，二十八卷，符秦沙門弥天釋道安録中僞疑經。安公僞録本有二十六經，今以寶如來三昧經翻譯有源，以曾兩譯，編之正録，故此除之。安公云：「外國僧法，學皆跪而口受。同師所受，若十、二十轉以授後學。若有一字異者，共相推核〔四一〕，得便擯之，僧法無縱也。經至晉土〔四二〕，其年未遠，而喜事者以沙糅〔四三〕金，斌斌如也，而無括正，何以別真僞乎？農者禾草俱存，后稷爲之歎息；金匱玉石同緘，卞和爲之懷恥。安敢豫學次，見涇渭淆雜，龍蛇並進，豈不恥之？今列意謂非佛經者如右，以示將來學士，共知鄙倍〔四四〕焉。」

比丘應供法行經一卷。亦云如來初度五比丘即説應供行經。

僧祐録云：「此經前題云羅什出。祐按〔四五〕經卷，舊無譯名。兼羅什所出，又無此經，故入疑録。」

居士請僧福田經一卷。祐云：「此經前題云曇無讖出。按讖所出無此經，故入疑録。」

灌頂度星招魂斷絶復連經一卷。法經録云：「此經更有一小本，盡是人作。」

無爲道經二卷。長房等録云無讖譯，復云世注爲疑。隋法經録及仁壽録並云大乘抄經〔四六〕。

右一經，余親見其本，似是漢魏之代此方撰集，非梵本翻。周録之中編之入正。今以名濫真經，依祐編之僞録。

決定罪福經一卷。法經録云：「一名惠法經。」仁壽録云二卷。

情離有罪經一卷。題云情離有罪經品下。

燒香呪願經一卷。一名〔四七〕呪願經。

安墓呪〔四八〕經一卷。法經録云安墓神呪經，長房録云蕭齊道備撰。

觀月光菩薩記一卷。或有「經」字。

佛鉢記一卷。或云佛鉢記甲申年大水及月光菩薩事。

弥勒下教經一卷。或在〔四九〕鉢記後。

九十六種道經一卷。法經録云九十五〔五〇〕種道經，仁壽録云二卷，具〔五一〕題云除去九十五種邪道雜類神呪經。

右一十二部經記，僧祐録云：「或義理乖背，或文偈淺鄙，故入疑録。庶耘蕪穢，以顯法寶。」祐録又有灌頂藥師經一卷，云宋代惠簡依經抄撰。今以此經合〔五二〕出灌頂，新舊已經四譯，所以僞録除之。

提謂波利經二卷。宋武時北國比丘曇靖撰，舊别有提謂經一卷，與此真僞全異。

寶車經一卷。或云妙好寶車經，北國淮州沙門曇辯撰，青州比丘道侍〔五三〕改治。

右比丘應供經下一十四部，一十六卷，梁僧祐録中僞經。祐録略云：「祐校閲群經，廣集同異，約以經律，頗見所疑。夫真經體趣融然深遠，假託之文辭意淺雜，玉石〔五四〕朱紫，無所逃形也。今區别所疑，注之於録，并近世妄撰，亦標于末。並依倚雜經而自製名題，進不聞遠適西域，退不見承譯西〔五五〕賓，『我聞』興於户牖，印可出於胸懷，誑誤後學，良足寒心。既躬所見聞，寧敢默已。嗚呼來葉，慎而察焉！」祐録又有菩提福藏法化三昧經一卷，衆經要覽法偈二十一首一卷，並云沙門道歡所撰。准〔五六〕長房等録，道歡更有僞經，故從於後一處編上。

九傷經一卷。房云見别録。

菩提福藏法化三昧經一卷。房云武帝世出，見三藏記及寶唱録。

七佛各説偈經一卷。房云見吴録。
深自知身偈經一卷。房云見吴録，祐云失譯。
衆經要覽法偈二十一首一卷。梁天監三年撰，見三藏記及長房録。
右五部，五卷，長房録云：「蕭齊沙門釋道備撰。」備後改名道歡。雖見衆録，然並注入疑經，今依舊編。長房録中，道備更有安墓呪經一卷，祐録雖不題造人，以顯〔五七〕僞録，此不重載。
浄土經七卷。
蕭齊永元元年出，時年九歲〔五八〕。
寶頂經一卷。
永元元年出，時年九歲〔五九〕。
正頂經一卷。
永元元年出，時年九歲。
法華經一卷。
永元元年出，時年九歲。
勝鬘經一卷。
永元元年出，時年九歲。

藥草經一卷。
永元二年出，時年十歲〔六〇〕。
太子經一卷。
永元二年出，時年十歲〔六一〕。
伽耶波經一卷。
永元二年出，時年十歲〔六二〕。
波羅柰經一卷。
中興元年出，時年十二〔六三〕。
優婁頻經一卷。
中興元年出，時年十二〔六四〕。
益意經二卷。
梁天監元年出，時年十三。智遠承旨〔六五〕。
般若得經一卷〔六六〕。
天監元年出，時年十三。智遠承旨。
華嚴瓔珞經一卷。

天監元年出，時年十三。智遠承旨〔六七〕。

出乘師子吼經一卷。

天監三年出，時年十五。

踰陀衛經一卷。

天監四年臺内華光殿出，時年十六。

阿那含經二卷。

天監四年出，時年十六〔六八〕。

妙音師子吼經三卷。

天監四年出，時年十六〔六九〕。

優曇經一卷。

妙莊嚴經四卷。

維摩經一卷。

序七世經一卷。

右二十一種經，凡三十五卷，如前所列。筭〔七〇〕得三十四卷。梁僧祐録云：「齊末太學博士江泌處女尼子所出。初尼子年在齠齔，有時閉目静坐〔七一〕，誦出此經。或説上天，或稱神授，發言通利，如有宿習。令人寫出，俄而還止。經歷旬朔，續復如前。京都道俗，咸傳其異。今上勑見，面問所以，其依事奉答，不異常人。然篤信正法，少修梵行，父母欲嫁之，誓而弗許。後遂出家，名僧法，住青園寺。祐既收集正典，檢括異聞，事接耳目，就求省視。其家秘隱，不以見示。唯得妙音師子吼經三卷，以備疑經之録。此尼天監年三月亡。有好事者得其文疏，前後所出，定二十餘卷。厥舅孫質以爲真經，行疏勸化，收拾〔七二〕傳寫。既染毫牘，必在〔七三〕於世。昔漢建安末，濟陰丁氏之妻忽如中疾，便能胡語，又求紙筆，自爲胡書。復有西域胡人見其此書，云是經莂〔七四〕。推尋往古，不無此事。但義非金口，又無師譯，取捨〔七五〕兼懷，附之疑例。」長房以爲熏習有由，置之正目。仁壽録及内典等録，以非梵本翻傳，編於僞録。今依仁壽等録定，亦編僞中也〔七六〕。

高王觀世音經一卷。亦云小觀世音經，半紙餘。

右一經，昔元魏天平年中，定州募士孫敬德在防造觀世音像，年滿將還，在家禮事。後爲賊所引，不堪考楚，遂妄承罪，明日將刑。其夜禮懺流淚，忽如夢睡，見一沙門，教誦救生觀世音經。經有諸佛名，令誦千遍，得免苦難。敬德覺〔七七〕，如夢所緣，了無參錯，遂誦一百遍。有司執縛向市，且行且誦，臨刑滿千。刀下斫之，折爲三段，皮肉不傷。易刀又斫，凡經三换，刀折如初。監司問之，具陳本末。以狀聞承相高歡，乃爲表請免死。因此廣行于世，所謂高王觀世音經也。敬德還，設齋迎像，乃見項上有三刀痕。見齊書及辨正論、内典録等。撰録者曰：此經周録之内，編之入藏。今則不然。此雖冥授，不因傳譯，與前僧法所誦〔七八〕何殊？何得彼入僞中，此編正録？例既如此，故附此中。

薩婆若陀眷屬莊嚴經一卷。二十餘紙。

右一經，僧祐録云：「梁天監九年，郢州頭陀道人妙光，戒歲七〔七九〕臘，矯以勝相，諸尼嫗人僉稱聖道。彼州僧正議欲驅擯，遂潛下都，住普弘寺，造作此經。又寫在屏風，紅紗映覆，香花供養，雲集四部，嚫供煙塞。事源顯發，勑付建康辯覈款狀〔八〇〕。云抄略諸經，多有私意妄造，倩〔八一〕書人路琰屬辭潤色。獄牒：『妙光巧詐，事應斬刑。路琰同謀，十歲謫戍。』即以其年四月二十一日，勑僧正慧超，令喚京師能講大法師、宿德如僧祐、曇准等二十人共至建康，前辨妙光事。超即奉旨與曇准、僧祐、法寵、慧令、慧集、智藏、僧旻、法雲等二十人於縣辯問。妙光伏罪，事事如牒。衆僧詳議，依律擯治。天恩免死，恐於偏地復爲惑亂，長繫東治。即收拾此經，得二十餘本及屏風，於縣燒除。然猶有零散，恐亂後生，故復略記〔八二〕。薩婆若陀長者，是妙光父名。妙光弟名金剛德體，弟子名師子。」撰録者曰：餘録之中，略述由委。今具明者，欲使委悉根源，共同監勗。

阿那含經二卷。余親見一本，一卷成部。亦是人造〔八三〕。

右按長房等代録及失譯録，俱有此經。僧法尼誦中復有阿那含經二卷。既並無本詮定，真僞難分，且各存其目。

像法決疑經一卷。

清淨法行經一卷。

龍種尊國變化經一卷。與安公僞録中四事解脱經大同。

觀世音十大願經一卷。仁壽録云一名大悲觀世音經，具題云〔八四〕「大悲觀世音弘猛惠海十大願品第七百」。

觀世音三昧經一卷。

大乘蓮華馬頭羅刹經一卷。亦云寶達〔八五〕菩薩問報應〔八六〕沙門經。

空淨三昧經一卷。一名空靜天感應三昧經。謹案代録，已經兩譯，恐濫竊真名，故兩存其目。

初波羅耀經二卷。

大法尊王經三十一卷。

十方佛決狐疑經一卷。

八方根原八十六佛名經一卷。亦云「根本〔八七〕」。

普賢菩薩説此證明經一卷。

弥勒成佛本起經一十七卷。仁壽録云七十卷。

弥勒下生觀世音施珠寶經一卷。

弥勒成佛伏魔經一卷。一云救度衆生經。

妙法蓮華度量天地經一卷。亦云妙法蓮華經〔八八〕度量天地品第二十九。

觀世音詠託生經一卷。

滅七部莊嚴成佛經一卷。

空寂菩薩所問經一卷。一名法滅盡經，亦云法没盡經。法經録云此經僞妄炳然，固非竺護所譯。

右空寂所問經，謹按群録，已經兩譯。恐濫竊真名，故兩存其目。又有法滅盡經一卷，即此異名，不復重載。其法滅盡經，大、小二乘僞録皆載者，誤也。

照明菩薩經一卷。一加「頭陀」字。

照明菩薩方便譬喻治病經一卷。

首羅比丘見月光童子經一卷。

阿難現變經一卷。

般若玄記經一卷。

幽深玄記經一卷。

玄記經二卷。周録云一卷。

大契經四卷。周録云一名弥勒下生結大善契經，或三卷〔八九〕。
發菩提心經一卷。今有兩卷者，是其真經。此雖名同，卷多少異。
菩薩求五眼經一卷。聶道真所譯有此經名，此中復載，應僞竊真名〔九〇〕，所以真僞俱有。
般泥洹後諸比丘經一卷。按僧祐録，即小般泥洹異名。
小般泥洹經一卷。一名大法滅盡經。
右按安世高譯處有小般泥洹經，此既名同，復無本可定，且二處俱載。
五濁惡世經一卷。又有大五濁經，應即此是。
妙法蓮華天地變異經一卷。
華嚴十惡經一卷。
觀世樓炭經一卷。
小樓炭經一卷。
須弥四域經一卷。
正化内外經二卷〔九一〕。一名老子化胡經。傳録云晉時祭酒王浮作。
魔化比丘經一卷〔九二〕。支謙録内有此經名，恐僞竊真名，且〔九三〕兩存其目。
善信神呪經二卷〔九四〕。羅什録内有善信摩訶神呪經二卷，名目相濫〔九五〕，真僞〔九六〕未分，且兩存其目。

五濁經一卷。又有小五濁經，應此經是。

華鮮經中説罪福經一卷。亦直云華鮮經。

五龍悔過經一卷。一名五龍〔九七〕悔過護法經，一名空惠悔過經。

戒具三昧道門經一卷。

最妙勝定經一卷。

天竺沙門經一卷。

救護身命濟人病苦厄經一卷。亦直云救護身命經〔九八〕，亦云護身經。

右此經，更有一本，題云大佛頂陀羅尼經，初云婆羅門三藏流支譯，加呪一首，餘文大同。撰録者曰：經題流支，未詳何者。若其流支再譯經，語與舊全殊。今乃〔九九〕呪異餘同，未能令人除惑。推尋無據，不可妄編，故依舊録，列之於此。

大那羅經一卷。

慧明正行經一卷。

天皇梵摩經一卷。

安墓經一卷。

安冢經一卷。

安宅經一卷。正録中安宅神呪經〔一〇〇〕與此異。
天公經一卷。
度生死海神船經一卷。
救蟻沙弥經一卷。謹按雜寶藏經第四卷有沙弥救蟻事，如與彼同，即非是僞。此既未覩，且復存之〔一〇一〕。
北方禮佛呪經一卷。
敬福經一卷。具題云如來在金棺囑累清浄莊嚴敬福經。
阿羅訶條國王經一卷。
五百梵志經一卷。一名亦有亦無經。
修行方便經一卷。
偈令經一卷。
度世不死經一卷。
齋法清浄經一卷。
無爲法道經一卷。
呪媚經一卷。
正齋經一卷。安世高譯中有正齋經，竺法護録中亦有，恐濫竊真名，故各存〔一〇二〕其目。

屍陀林經一卷。

招魂魄經一卷。亦云招魂經，周録云招魄經。

法社經一卷。法經録〔一〇三〕云：「披尋古録，更應别有法社制度，但未見此經，無暇〔一〇四〕具顯。」

右此單卷法社經，曾見三本，説處雖同，文辭乃異〔一〇五〕。尋其義理，並是人造。一本三紙，名爲法社罪福報應經。一本兩紙，一本一紙餘〔一〇六〕少許。

太子讚經一卷。

比丘法藏見地獄變經一卷。

人民求願經一卷。

閻羅王東太山經一卷。

七寶經一卷。

字論經一卷。

救護衆生惡疾經一卷。亦云救疾經。

五果譬喻經一卷。

孤兒孤女經一卷。

庶人王并庶民受五戒正信除邪經一卷。

遺教法律三昧經二卷。

右案長房等代録及失譯録，俱有此經。既並無本，詮定寔難，且各存其目。撰録者曰：此經余雖不覩全本，見所引者，多是人造。

二百五十戒經一卷。法經録云：「諸録並云有六七種，異先所出，故入疑〔一〇七〕。」

毗跋律一卷。法經録云：「此律乃南齊永明年沙門法度於楊州作，以濫律名及録注譯，故附僞。」

右案梁僧祐録、隋費長房録、唐道宣録等，並云齊武帝時沙門釋法度出，而不言譯，未詳「出」字其意云何，爲是集出？爲是僞出？其本復闕，詮定寔難，且依法經録中，載之〔一〇八〕僞録。

異威儀一卷。法經録云：「宋元嘉世曇摩耶舍弟子法度造，違反正律，誑耀僧尼，楊州于今尚有行者，故指明〔一〇九〕。」

五凡夫論一卷。

右阿那含經下八十六部，一百四十一卷，隋開皇十四年勑沙門法經等所撰衆經録内僞疑經録云：「並名号乖真，或首標〔一一〇〕金言而末申謡讖，或初論世術後託法詞，或引陰陽吉凶，或明神鬼禍福，諸如此比，僞妄灼然。今宜秘寑，以救世患。」然法經録中，以隨願往生經、藥師經、梵天神策經、仁王經、寶如來三昧〔一一一〕經、占察經、梵網經、五苦章句經、安宅神呪經、遺教論等並編疑僞者，不然。其隨願往生等三經〔一一二〕，出大灌頂。仁王等七經，並翻譯有源，編爲〔一一三〕疑僞，將爲未可。今編正録，此中〔一一四〕不載。

金剛藏經三十卷。周録或云三十一卷。

隨葉佛説須菩提經二卷。一名須菩提經。

般若得道經一卷。法經録云：「般若得經，或可般若得經，即是〔一一五〕僧法尼所誦者。」

造天地經一卷。

蒺蔾園經一卷。

危脆經一卷。竺曇無蘭譯中有此經名，既未見本，實難詮定，且兩存也〔一一六〕。

墮落優婆塞經一卷。後漢支曜譯中有名〔一一七〕，既無本定，且各存也〔一一八〕。

銀蹄金角犢子經一卷。或云孝順子應變破惡業修行經。

後母經一卷。

應行律一卷。或云應律行，或有「經」字。

大空般若論一卷。

右金剛藏經下一十一部，四十一卷，隋仁壽二年勑請興善寺大德與翻經沙門及學士等共定衆經録内僞疑經。撰録者曰：此僞録中，復有大光明菩薩百四十八願經，僧祐録内注云抄經，今別生録載，僞録除之。

諸佛下生大法王經六十卷。宣律師云：「余於汾部，親見此文。」

方廣滅罪成佛經三卷。亦云大通方廣懺悔滅罪莊嚴成佛經，亦直云大〔一一九〕通方廣經。

法句經二卷。下卷寶明〔一二〇〕菩薩時間〔一二一〕多有一卷流行，與集傳中法句經名同〔一二二〕文異，此是人造。

罪福決疑經一卷。

五辛經一卷。周録云大乘般若五辛經。

初教經一卷。亦云最妙〔一二三〕初教經，與最妙勝定經文勢相似。

罪報經一卷。與正經罪報輕重全異。

日輪供養經一卷。

乳光經一卷。其文全異於正經，云不得服乳，服之獲罪。

福田報應經一卷。

寶印經一卷。

究竟大悲經四卷。或三卷，亦云八卷。

獨覺論一卷。

毗尼決正論一卷。

優波離論一卷。或云優波離經。
普決論一卷。或云惟識普決論。
阿難請問戒律論一卷。
迦葉問論一卷。或云迦葉問毗尼論。
大威儀請問論一卷。或云大威儀請問經。
寶鬘論一卷。
沙弥論一卷。或云弥沙論〔一二四〕。
文殊請問論一卷。

右大法王經下二十二部，八十七卷，大唐〔一二五〕麟德元年京師西明寺沙門道宣所撰內典録中僞經。宣云〔一二六〕：「諸僞經論，人間經藏往往有之，其本尚多，待見更録。」撰録者曰：內典中復有金棺囑累經一卷，即是法經録中敬福經是，故不重載。又有占察經、遺教論，並翻傳有據，文義可觀，編之僞録，將爲未可。已編正録，其〔一二七〕僞中不載。

諸佛下生經二十卷。
善惡因果經一卷。
內三十七品經一卷。或無「內」字。

戒正信邪經一卷。
達空道士分別善惡度苦經一卷。
老子教人服藥修常住經一卷。
佛道定行經一卷。今疑是佛遺定行經。
決定要慧經一卷。
須弥像圖山經一卷。今疑與法經録中須弥四域經文同名異。
滿子經卷下一卷。
法王經一卷。具〔一二八〕題云蹬刀梯解脱道甘露藥流渌泉如來智心造服〔一二九〕者除煩惱法王經，一名涅槃般〔一三〇〕若波羅蜜經。
決疑經一卷。
不死經一卷。
大辨邪正法門經一卷。
佛性海藏經二卷。具題云佛性海藏智慧解脱破心相經。
心王菩薩説頭陀經一卷。
新像法決疑經一卷。

護身經一卷。今疑是救護身命經。

勝德長者所問菩薩觀行經一卷。

内天兄弟五人得天品經一卷。

反流盡源經一卷。

師子鳩摩羅所問經一卷。

大方廣不謗佛經一卷。

本事經一卷。

無量門浄除三障陀羅尼經一卷。

三昧經童子菩薩四重問品一卷。

天地圖像經一卷。

大乘無盡藏經一卷。

梵天王經二卷。

側土經一卷。或云「惻土」，亦云「勑土」。

弥勒下生〔三〕經一卷。

聖水經一卷。

弥勒下生救度苦厄經一卷。
菩薩決定經一卷。
新觀世音經一卷。
延壽經一卷。或云延年益壽經。
閻羅王經一卷。
續命經一卷。
益筭經一卷。亦云七佛神符經，亦云益筭神符經。大周〔一三〕僞録分爲三經者，誤也。
四讃偈及七佛名字禮懺經一卷。
閻羅王説免地獄經一卷。
華光經一卷。
三塗累劫不竟經一卷。
慈教經一卷。
去惡除病經一卷。
慈力王經一卷。
寶登王太子經一卷。

勇意菩薩將僧忍見弥勒并示地獄經一卷。

天宮經一卷。

析〔一三三〕刀經一卷。或作「折〔一三四〕」字。

五戒本行經一卷。

修善行經一卷。

大通菩薩普利廣度經一卷。

佛悲海中勇出一如無二行經一卷。

流炭經一卷。

如來成道經一卷。

阿弥陀佛覺諸大衆觀身經一卷。

十往生阿弥陀佛國經一卷。撰録者曰：此上二經，余親見本，但前廣後略，餘並無異。

律藏經一卷。

日藏觀世音經一卷。一紙半。

救度大劫燒三災起經一卷。

一乘不假羊鹿經一卷。

聞善生信迴惡經一卷。
弥勒下生甄别罪福經一卷。
大薩若經一卷。
摩訶薩埵經一卷。
秘要經一卷。
五無經一卷。
清净精進無上真諦大比丘慧法經一卷。
佛初置塔經一卷。今疑是法經録中天公經異名。
太子成道經一卷。
恒伽達緣經一卷。
寶圖經卷下一卷。
譬喻折羅漢經一卷。
降棄魔菩薩經一卷。
蜜多三昧經一卷。
發問罪福應報經一卷。

五戒經一卷。

現報當受經一卷。

觀音無畏論一卷。隋日有人僞造，釋高王觀世音經。

右諸佛下生經下八十部，一百一卷，大唐天后天册萬歲元年，勑東都佛授記寺沙門明佺等刊定衆經録中僞經。周録云：「古來相傳，皆云僞謬。觀其文言冗雜(一三五)，義理澆浮，雖偷佛説之名，終露人謀之狀，迷墜群品，罔不由斯，故具疏條，列之如上。」撰録者曰：此八十經，自古僞録皆未曾載，周録獨編，雖云「古來相傳，皆云僞謬」，而不别顯出何録中，且依(一三六)周録，件之如上。

三階佛法四卷。内典録云三階别集四卷者，即此是(一三七)。

十大段明義三卷。長房録云三階别集三卷者，即(一三八)此是。

根機普藥法二卷。大周録中除此之外，更(一三九)有三階集録二卷者，誤。

三十六種對面不識錯法一卷。明一切三十六(一四〇)種對面不識錯。

右三階法，都有四部。初是四卷三階，次是三卷三階，三是兩卷三階，後是一卷三階。後之三本，入集録數。

大乘驗人通行法一卷。

對根淺深發菩提心法一卷。上加「明諸經中」四字。

對根淺深同異法一卷。同前加四字。

末法衆生於佛法内廢興所由法一卷。上加「明諸經中對根〔一四一〕淺深」八字。

學求善知識發菩提心法一卷。明世間五濁惡世界、末法惡時十惡衆生，福德下行，於此種種〔一四二〕具足人中，謂當三乘器人。依諸大乘經論，學求善知識學發菩提心一卷〔一四三〕。

廣明法界衆生根機法一卷。廣明法界衆生〔一四四〕根機上下起行淺深法。

略明法界衆生根機法一卷。略明法界衆生根機上下起行淺深法。

世間出世間兩階人發菩提心法一卷。明諸大乘修多羅内世間出世間〔一四五〕兩階人發菩提心同異法。

世間十種惡〔一四六〕具足人迴心入道法一卷。明十種惡具足人内最惡人迴心入道斷惡修善法〔一四七〕。

行行同異法一卷。明世間出世間人行行同異法。

當〔一四八〕根器所行法一卷。明佛滅度第二五百年已後一切最大顛倒最大邪見最大惡衆生當根器所行法。

明善人惡人多少法一卷。明佛滅度一千五百年已後善人惡人多少法〔一四九〕。

就佛法内明一切佛法一切六師外道法二卷。就一切佛法内明一切佛法六師外道法同異。

明大乘無盡藏法一卷。

明諸經中發願法一卷。

略發願法一卷。

明人情行法〔二五〇〕一卷。

敬三寶法一卷。明諸經中對根起行淺深敬三寶法。

大衆制法一卷。

對根起行法一卷。明一切衆生對根上下起行法，於内有五段。

頭陀乞食法一卷。依諸經論，略〔二五一〕頭陀乞食法。

明乞食八門法一卷。

諸經要集二卷。

十輪依義立名二卷。大方廣十輪經學依義立名。

十輪略抄一卷。大方廣十輪經人〔二五二〕集録略抄出。

大集月藏分依義立名一卷。大集月藏分經明像法中要行法人集録略抄依義立名。

大集月藏分抄一卷。大集月藏〔二五三〕分經明像法中要行法人集録略抄出。

月燈經要略一卷。

迦葉佛藏抄一卷。明一切出家人内最惡出家人斷惡修善法，如迦葉佛藏經説。

廣七階佛名一卷。觀藥王藥上菩薩經佛名一卷。

略七階佛名一卷。已上三階法等，於中多題「人集録」字。其廣題目，具〔一五四〕如脚注。

右三階法及雜集録，揔三十五部，四十四卷，隋真寂寺沙門信行撰。長房録云揔三十五卷，内典録中〔一五五〕都四十卷，大周僞録但載二十二部二十九卷，並收不盡。其三階興〔一五六〕教碑云四十餘卷，而不別列部卷篇目。今細搜括，具件如上。

信行所撰，雖引經文，皆黨其偏見，妄生穿鑿，既乖反聖旨，復冒真宗。開皇二十年，有勅禁斷，不聽傳行。而〔一五七〕其徒既衆，蔓莚弥廣，同習相黨，朋援〔一五八〕繁多。即以信行爲教主，別行異法，似同天授，立邪三寶。隋文雖斷流行，不能杜其根本。我唐天后證聖之元，有制令定僞經及〔一五九〕雜符録，遣送祠部進内〔一六〇〕。前件教門既違背佛意，別構〔一六一〕異端，即是僞雜符録之限。又准天后聖曆二年勅，其有學三階者，唯得乞食，長齋絶穀，持戒坐禪。此外輒行，皆是違法。逮我開元神武皇帝，聖德光被，普洽黎元，聖日麗天，無幽不燭，知彼〔一六二〕反真構妄，出制斷之。開元十三年乙丑歲六月三日，勅諸寺三階院，並令除去隔障，使與大院相通，衆僧錯居，不得別住。所行集録，悉禁斷除毀。若綱維縱其行化誘人而不糾者，勒還俗。幸承明旨，使革往非，不敢妄編在於正録，並從刊削，以示將來。其廣略七階，但依經集出，雖無異義，即是信行集録之數，明制除廢，不敢輒存，故載斯録。

佛法有六義第一應知經一卷。祐無「經」字，房録中有。

六通無礙六根浄業義門經一卷。祐無「經」字，房録中有。

右二部，二卷，梁僧祐録云：「齊武帝時比丘釋法願抄集經義所出。雖弘經義，異於僞造，然既立名号，則別成部卷，懼後代疑亂，故明注于録。」長房録云：「世皆共列〔一六三〕，用爲疑經，故復載傳，後葉識源，幸同鑒勗。」

佛所制名數經五卷。

右一部，五卷，梁僧祐録云：「齊武帝時比丘釋王宗所撰。抄集衆經，有似數林，但題稱佛制，懼亂名實，故注于録。」長房録中〔一六四〕云：「首題經名，編預於録。既非正經，世所疑惑也〔一六五〕。」

戒果莊嚴經一卷。或無「經」字，有八章頌。

右一部一卷，隋翻經學士費長房録云：「蕭齊武帝代永明五年，常侍庾頡採經意撰。」撰録者曰：採意爲頌，不同僞造。既別立經名，恐濫於聖典〔一六六〕。隋仁壽録及大周録編在僞中，今亦同彼，編於僞録。

抄華嚴經一十四卷。長房録云十三卷〔一六七〕。

抄方等大集經一十二卷。

抄菩薩地經一十二卷。長房録云抄地〔一六八〕持。

抄法句譬經三十八卷。長房録云抄百喻。

抄阿差末經四卷。仁壽録云十四卷。

抄淨度三昧經四卷。仁壽録云三卷〔一六九〕。

抄摩訶摩耶經三卷。

抄胎經三卷。

抄央崛摩羅經二卷。

抄報恩經二卷。

抄頭陀經〔一七〇〕二卷。抄律中事，長房録云抄律頭陀事經。

抄義足經二卷。

抄法華藥王品一卷。

抄維摩所説佛國品一卷。

抄維摩方便品一卷。

抄維摩問疾品一卷。内典録中佛國、方便、問疾三品，共爲二卷〔一七一〕。

抄安般守意經一卷。

抄菩薩本業經一卷。
抄菩薩本業願行品一卷。
抄四諦經要數一卷。
抄法律三昧經一卷。
抄照明三昧不思議事經一卷。
抄諸佛要集經一卷。
抄大乘方等要慧經一卷。
抄普賢觀懺悔法一卷。
抄樂瓔珞莊嚴方便經一卷。
抄未曾有因緣經一卷。
抄阿毗曇五法行經一卷。
抄諸法無行經一卷。
抄無爲道經一卷。
抄分别經一卷。
抄德光太子經一卷。

抄魔化比丘經一卷。

抄優婆塞受戒品一卷。

抄優婆塞受戒法一卷。

抄貧女爲國王夫人經一卷〔一七二〕。

梁僧祐録云：「從華嚴經至貧女爲國王夫人經，凡三十六部，並齊竟陵文宣王所抄。凡抄字在題上者，皆文宣所抄也。」

抄妙法蓮華經五十九卷。

抄阿毗曇毗婆沙五十九卷。

抄維摩經二十六卷。

抄菩薩決定要行經十卷。亦云淨行優婆塞經，法經録云菩薩決定經。

抄成實論九卷。長房録云八卷。

右成實論，梁僧祐録云：「永明七年，文宣王請定林上寺釋僧柔、小莊嚴寺釋慧次等於普弘寺共抄出。」

抄勝鬘經七卷。

法華經下六部，長房録云是文宣抄出。

抄爲法捨身經六卷。仁壽録云三卷。

已上一經，内典録云：「是文宣所抄。」

右華嚴經下四十三部，一百九十八卷，勘校群録，並是南齊司徒竟陵文宣王蕭子良所抄。長房録云：「王愛好博〔一七三〕尋，躬自緝撰。備〔一七四〕忘擬歷，不謂傳行。後代〔一七五〕學人相踵抄讀，世人參雜，惑乱正文，故舉本綱，庶知由委。但上題抄字者，悉是其流，類例細尋，始末自別。」内典録云：「既異本經，題『抄』顯別，令後尋者知有所因。然風味弘通〔一七六〕，義理愜附，接蒙俗之繁博，考性欲〔一七七〕之殊途，有道存焉，義非疑妄。而僧祐、長房等諸録，並注疑經，莫不恐涉澆浮，餘波失本故也。」

淨度三昧抄一卷。

律經雜抄一卷。

本起〔一七八〕抄經一卷。

睒抄經一卷。祐云舊録所載〔一七九〕。

五百梵律經抄一卷。祐云舊録所載。

大海深嶮抄經一卷。祐云上六經，並是舊抄。

法苑經一百八十九卷。祐云：「此一經，近代抄集撮撰。群經以類相從，雖立号法苑經，入抄數。」

右從佛法六義下五十四部，五百一卷，並名濫真經，文句增減，或雜糅異義，別立名題。若從正收，恐玉石斯濫；若一例爲僞，而推本有憑。進退二途，實難詮定。且依舊録，編之僞末。後學尋覽，幸詳得失耳。

開元釋教録卷第十八 別録之八

校勘記

〔一〕三百九十二：原作「三百九十」，據本書卷一一及金藏、高麗藏本改。

〔二〕譬如：金藏、高麗藏本作「譬夫」。

〔三〕或三十二卷：高麗藏本作「或十二卷」。

〔四〕如右：原作「如古」，據金藏、高麗藏、資福藏、永樂北藏、嘉興藏、清藏、四庫本改。

〔五〕盛行：嘉興藏本作「甚行」。

〔六〕初：金藏本無。

〔七〕昭然：原作「召然」，普寧藏本作「照然」，據金藏、高麗藏、資福藏、永樂南藏、永樂北藏、嘉興藏、清藏、四庫本改。

〔八〕内：金藏本作「側」。

〔九〕此：金藏、高麗藏本作「也」。若作「也」，當屬前。

〔一〇〕淪：嘉興藏本作「倫」，四庫本作「論」。

〔一一〕佛臨涅槃：金藏本作「佛涅槃」。

〔一二〕時：金藏、高麗藏本作「特」。
〔一三〕本宫：金藏、高麗藏本作「本官」。
〔一四〕論：金藏、高麗藏本作「論經」。
〔一五〕明：金藏本誤作「朋」。
〔一六〕佛昇忉利天後阿難爲諸四部衆説禮佛持齋儀式經一卷亦云佛昇忉利天持齋儀式經七紙：原作「佛昇忉利天後阿難爲諸四部衆説禮佛持齋亦云佛昇忉利天持齋儀式經一卷七紙」，據金藏、高麗藏本改。
〔一七〕感應品：原作「滅應品」，金藏本作「應品」，據高麗藏本改。
〔一八〕六紙：金藏本無。
〔一九〕二紙：金藏本無。
〔二〇〕青蛙品：金藏、高麗藏本作「青口爪品」。
〔二一〕半紙：金藏、高麗藏本作「半紙許」。
〔二二〕二紙：金藏本無。
〔二三〕三紙：金藏本作「向三紙」。
〔二四〕「天地八陽經一卷」及後子注「卷末題云八陽神呪經，與正經中八陽神呪義理全異。此説陰陽吉凶禳災除禍法，八紙」，金藏、高麗藏本無。
〔二五〕央崛摩羅經二卷疑此經是：原在下文「蕭子良抄撰」之後，據諸校本及文意改。又，「二卷」，永樂北藏本作「一卷」，清藏、四庫本作「三卷」。

〔二六〕惠簡：金藏、高麗藏本作「慧蘭」。
〔二七〕問：金藏、高麗藏本作「聞」。
〔二八〕「決正二部毗尼論一卷」及後子注「或即毗尼決正論是」，金藏、高麗藏本無。
〔二九〕一十九部合二十卷：金藏、高麗藏本作「一十八部合一十九卷」。
〔三〇〕三十七部：實有三十九部。若據金藏、高麗藏本，則爲三十七部。
〔三一〕目犍：金藏、高麗藏本作「目犍連」。
〔三二〕遺：金藏、高麗藏本作「遣」。
〔三三〕薩：原無，據金藏、高麗藏本補。
〔三四〕薩：原無，據金藏、高麗藏本補。
〔三五〕國：原無，據金藏、高麗藏本補。
〔三六〕二卷：高麗藏本作「一卷」。
〔三七〕善信經：金藏本作「善住經」。
〔三八〕者誤：原作「音娱」，四庫本作「音誤」，據金藏、高麗藏本改。
〔三九〕或作：金藏、高麗藏本作「或云」。
〔四〇〕兩部：金藏本誤作「雨部」。
〔四一〕推核：高麗藏本作「推劾」。
〔四二〕晉士：原作「晉土」，據金藏、高麗藏、資福藏、永樂北藏、嘉興藏、清藏、四庫本改。

〔四三〕糅：金藏本作「揉」。
〔四四〕倍：金藏本作「陪」。
〔四五〕按：金藏本脱。
〔四六〕並云大乘抄經：金藏、高麗藏本作「並云大乘妙經」，永樂北藏、嘉興藏、清藏、四庫本作「云大乘抄經」。
〔四七〕一名：金藏、高麗藏本作「一云」。
〔四八〕呪：該字下原有一「願」字，據金藏、高麗藏本删。
〔四九〕或在：原作「或作」，據金藏、高麗藏本改。
〔五〇〕九十五：普寧藏本作「九十六」。
〔五一〕具：原作「且」，據金藏、高麗藏本改。
〔五二〕合：金藏、高麗藏本作「本」。
〔五三〕道侍：原作「道持」，據金藏、高麗藏、資福藏本改。
〔五四〕玉石：金藏本作「瓦玉」。
〔五五〕西：原作「東」，據金藏、高麗藏本及出三藏記集改。
〔五六〕准：永樂北藏、嘉興藏、清藏、四庫本作「唯」。
〔五七〕顯：原無，據金藏、高麗藏本補。
〔五八〕蕭齊永元元年出時年九歲：永樂北藏、嘉興藏、清藏、四庫本無。
〔五九〕永元元年出時年九歲：永樂北藏、嘉興藏、清藏、四庫本無。後三經同。

〔六〇〕永元二年出時年十歲：原作「永元元年出時年九歲」，永樂北藏、嘉興藏、清藏、四庫本作「右六經蕭齊永元元年出時年九歲」，據金藏、高麗藏本及出三藏記集改。

〔六一〕永元二年出時年十歲：永樂北藏、嘉興藏、清藏、四庫本無。

〔六二〕永元二年出時年十歲：永樂北藏、嘉興藏、清藏、四庫本於其前冠以「右二經」三字。

〔六三〕中興元年出時年十二：永樂北藏、嘉興藏、清藏、四庫本無。

〔六四〕中興元年出時年十二：永樂北藏、嘉興藏、清藏、四庫本於其前冠以「右二經」三字。

〔六五〕梁天監元年出時年十三智遠承旨：永樂北藏、嘉興藏、清藏、四庫本無。後一經同。

〔六六〕一卷：金藏、高麗藏本作「二卷」。出三藏記集卷五中，亦作一卷，但前波羅柰經作二卷。

〔六七〕天監元年出時年十三智遠承旨：永樂北藏、嘉興藏、清藏、四庫本作「右三經梁天監元年出時年十三歲智遠承旨」。

〔六八〕天監四年出時年十六：永樂北藏、嘉興藏、清藏、四庫本無。

〔六九〕天監四年出時年十六：永樂北藏、嘉興藏、清藏、四庫本前冠以「右二經」。

〔七〇〕筭：高麗藏本作「并」。

〔七一〕静坐：資福藏、普寧藏、嘉興藏本作「浄坐」。

〔七二〕拾：金藏、高麗藏本作「合」。

〔七三〕在：金藏、高麗藏本作「存」。

〔七四〕葥：原作「别」，據金藏、高麗藏本改。

〔七五〕取捨：原作「所捨」，據金藏、高麗藏、永樂北藏、嘉興藏、清藏、四庫本改。
〔七六〕等録定亦編僞中也：金藏、高麗藏本作「等定亦編僞中」。
〔七七〕覺：高麗藏本作「驚覺」。
〔七八〕誦：永樂北藏、嘉興藏、四庫本作「調」。
〔七九〕七：原作「士」，據金藏、高麗藏、資福藏本改。
〔八〇〕款狀：原作「款伏」，據金藏、高麗藏本改。
〔八一〕倩：金藏、高麗藏、資福藏本作「借」。
〔八二〕略記：金藏、高麗藏本作「略説」。
〔八三〕亦是人造：原無，據金藏、高麗藏本補。
〔八四〕具題云：原作「其題云」，據諸校本改。
〔八五〕寶達：原作「寶遠」，據金藏、高麗藏本改。
〔八六〕報應：嘉興藏本作「寶應」。
〔八七〕根本：金藏本作「根大」。
〔八八〕妙法蓮華經：原作「沙法蓮華」，資福藏、普寧藏、嘉興藏本作「妙法蓮華」，據金藏、高麗藏本改。
〔八九〕或三卷：原作「或二卷」，據諸校本改。
〔九〇〕真名：金藏本作「具名」。
〔九一〕二卷：金藏、高麗藏本作「一卷」。按：隋兩衆經目録、大唐内典録著録，皆云「二卷」。貞元新定釋教目録則云「一卷」。

〔九二〕一卷：原作「三卷」，據金藏、高麗藏本改。

〔九三〕且：嘉興藏本作「兩」。

〔九四〕二卷：高麗藏本作「一卷」。

〔九五〕相濫：金藏本作「相監」。

〔九六〕僞：原作「二」，據金藏、高麗藏、永樂北藏、嘉興藏、清藏、四庫本改。

〔九七〕龍：原無，據金藏、高麗藏本及貞元新定釋教目録補。

〔九八〕經：金藏本無。

〔九九〕全殊今乃：原作「合殊今力」，金藏本作「合殊今乃」，資福藏本作「全未今乃」，永樂北藏、嘉興藏、清藏、四庫本作「今殊今乃」，據高麗藏本改。

〔一〇〇〕安宅神呪經：原作「安寶神呪經」，據諸校本改。

〔一〇一〕之：金藏本無。

〔一〇二〕各存：金藏、高麗藏本作「亦存」。

〔一〇三〕法經録：金藏、高麗藏本作「法録」。

〔一〇四〕無暇：金藏、高麗藏、資福藏本作「無假」。

〔一〇五〕乃異：金藏、高麗藏本作「全異」。

〔一〇六〕餘：金藏本無。

〔一〇七〕疑：永樂北藏、嘉興藏、清藏、四庫本作「疑録」。

〔一〇八〕之：永樂南藏本無。

〔一〇九〕故指明：高麗藏本作「故指明耳」。

〔一一〇〕標：金藏、高麗藏本誤作「掠」。

〔一一一〕三昧：嘉興藏本作「三時」。

〔一一二〕三經：原作「五經」，據諸校本改。

〔一一三〕編爲：金藏、高麗藏本作「編載」。

〔一一四〕此中：嘉興藏本誤作「比中」。

〔一一五〕即是：原作「見是」，據諸校本改。

〔一一六〕也：金藏、高麗藏本作「之」。

〔一一七〕有名：原作「有經」，據金藏、高麗藏本改。

〔一一八〕也：金藏、高麗藏本作「之」。

〔一一九〕大：金藏本無。

〔一二〇〕實明：資福藏本作「實明」。

〔一二一〕時間：金藏、高麗藏本作「時聞」。

〔一二二〕名同：金藏本誤作「名目」。

〔一二三〕妙：金藏本誤作「抄」。

〔二四〕或云弥沙論：金藏本作「或云彌沙論經」，高麗藏本作「或云沙彌論經」。
〔二五〕大唐：永樂北藏、嘉興藏、清藏、四庫本無。
〔二六〕宣云：嘉興藏本作「宣公」。
〔二七〕其：金藏、高麗藏本無。
〔二八〕具：嘉興藏本誤作「且」。
〔二九〕服：原作「眼」，據金藏、高麗藏、資福藏本改。
〔三〇〕般：原無，據金藏、高麗藏本補。
〔三一〕下生：金藏本誤作「下山」。
〔三二〕大周：永樂北藏、嘉興藏、清藏、四庫本作「周」。
〔三三〕析：金藏、高麗藏本作「折」。
〔三四〕折：高麗藏本作「析」。
〔三五〕冗雜：原作「糅雜」，據金藏、高麗藏本及大周刊定衆經目録改。
〔三六〕且依：原作「具依」，據諸校本改。
〔三七〕是：金藏本無。
〔三八〕即：原無，據金藏、高麗藏本補。
〔三九〕更：原作「更六」，據金藏、高麗藏本改。
〔四〇〕三十六：金藏本誤作「二十六」。

〔四一〕對根：原作「對相」，據金藏、高麗藏本改。
〔四二〕種種：金藏、高麗藏、資福藏本作「四種」。
〔四三〕一卷：永樂南藏本無。
〔四四〕衆生：金藏本誤作「衆主」。
〔四五〕出世間：金藏本無。
〔四六〕惡：金藏本無。
〔四七〕入道斷惡修善法：金藏本作「入道者斷修善法也」，高麗藏本作「入道者斷惡修善法也」，資福藏本作「入道者斷惡修善行」。
〔四八〕當：金藏本無。
〔四九〕多少法：原作「多法少」，金藏、高麗藏本作「多」，據資福藏本改。
〔五〇〕行行法：高麗藏本作「行法」。
〔五一〕略：金藏、高麗藏本作「略抄」。
〔五二〕人：金藏、高麗藏本作「入」。
〔五三〕月藏：原作「日藏」，據金藏、高麗藏、永樂北藏、嘉興藏、清藏、四庫本改。
〔五四〕具：金藏本無。
〔五五〕内典録中：金藏本誤作「内與録云」，高麗藏本作「内典録云」。
〔五六〕興：原作「與」，據金藏、高麗藏、資福藏本改。

〔一五七〕而：原無，據金藏、高麗藏本補。
〔一五八〕援：金藏本誤作「授」。
〔一五九〕及：原作「乃」，據諸校本改。
〔一六〇〕進内：金藏、高麗藏本作「集内」。
〔一六一〕别構：金藏、高麗藏本作「别稱」。
〔一六二〕彼：金藏本無。
〔一六三〕共列：金藏、高麗藏本作「共引」。
〔一六四〕中：金藏、高麗藏本無。
〔一六五〕於録既非正經世所疑惑也：金藏本無。又，高麗藏本無句尾「也」字。
〔一六六〕既别立經名恐濫於聖典：金藏本作「既並經名恐濫於聖」。
〔一六七〕長房録云十三卷：金藏本無。
〔一六八〕地：金藏本無。
〔一六九〕三卷：金藏本作「二卷」。
〔一七〇〕經：金藏、高麗藏本無。
〔一七一〕問疾三品共爲二卷：金藏本無。又高麗藏本無「爲」字。
〔一七二〕卷：資福藏本於此後有「抄照明三昧不思議事經一卷」一條。
〔一七三〕博：原作「傳」，據金藏、高麗藏本及歷代三寶紀改。

〔一七四〕備：高麗藏本誤作「儉」。
〔一七五〕後代：金藏、高麗藏本誤作「後怠」。
〔一七六〕風味弘通：原作「諷味弘通」，金藏、高麗藏本作「風味彌通」，據大唐内典録改。
〔一七七〕考性欲：金藏本誤作「者住欲」。
〔一七八〕本起：原作「大起」，據金藏、高麗藏本及出三藏記集改。
〔一七九〕舊録所載：金藏本誤作「舊所或」。

音釋

闡：昌演反。　皇鹵：下音魯。　揩准：上口買反。　韜：土刀反。　一概：下古愛反。　鉛鐵：上音沿。　涇渭：經謂二音，並水名。　貽：余之反。　傲：吾告反。　錯綜：上七落反，下子宋反。　鄙：碑美反。　庸愚：上音容，凡也。　殑伽：上其凌反。　傶：去乾反，罪也。　訛舛：上愚和反，下昌軟反。　訛，謬也；舛，差也。　聯貫：上音連。　蠲：俱玄反，除也。　緜遠：上「綿」字。　遄：市元反。遄，速也。　蝦蟇：遐麻二音。　青蛙：下或作呱，烏瓜反，小蝦蟇也。　董黯：下烏減反。　金鞞：下必迷反。　薩和：下音和。　推核：

下胡得反，又正作「劾」，考實事也。　擯之：上必刃反，逐也。　糅：尼勑反，雜
也。　斌斌：布巾反，文質相半也。　金匱：下求位反，匣也。　卞和：上皮变
反。　耘：音云。耘，除草也。　蕪穬：下俱猛反。蕪，草穢也；穬，稻穰也。
户牖：下音酉。　攬：魯敢反。　齠齔：上音条，亦作「髫」。下昌謹反。齠，小兒長
髮之年；齔，换齒之歲也。　郢州：上盈領反〔一〕。　臘：郎答反。　矯：居小
反，詐也。　嫗：紆句反，老婦也。　僉：七廉反，皆也，咸也。　辯覈：下閑鬲
反，考覈。　琰：以檢反。　謫戍：上音摘，責罰也；下尸注反，边戍也。　鑒勗：
下許玉反。　旻：音閩。　炳然：上音丙。　呪媚：下眉二反。　謡讖：上音
遥，下楚禁反。謌謡未萌之事也。　汾：音文。　蹬：都鄧反。　惻：昌力
反。　薩埵：下丁果反。　穿鑿：下音昨。　蔓莛：上音万，下羊羨反。蔓莛，連
續之皃。　援：音院，助也。　杜：徒户反，塞也。　構：古候反。　洽：侯夾
反。　糺：俱又反，又借声。　庾顗：上於主反，下胡結反。　緝：七入反。
睒：失染反。

校勘記

〔一〕反：原無，據體例補。

開元釋教録卷第十九 入藏録上

唐庚午歲西崇福寺沙門智昇撰

合大小乘經、律、論及聖賢集傳見入藏者，揔一千七十六部，合五千四十八卷，四百八十袠。

大乘入藏録上

大乘經律論，揔六百三十八部，二千七百四十五卷，二百五十八袠。此直列經名及標紙數，餘如廣目録。

大乘經，五百一十五部，二千一百七十三卷，二百三袠。

大乘律，二十六部，五十四卷，五袠。

大乘論，九十七部，五百十八卷，五十袠。

大乘經重單合譯，三百八十四部，一千八百八十卷，一百七十九袠。

大般若波羅蜜多經六百卷。十六會説。六十袠，一萬三百三十一〔二〕紙。

大唐〔三〕三藏玄奘於玉華宫寺譯。出翻經圖。

放光般若波羅蜜經三十卷。亦云放光摩訶般若經，亦云摩訶般若放光經，三袠。或二十一卷。四百六十六紙。

西晉三藏無羅叉共竺叔蘭譯。

摩訶般若波羅蜜經四十卷。亦云大品般若經。僧祐録云新大品經，四帙。或二十四、或二十七、或三十卷。六百二十三紙。

姚秦三藏羅什共僧叡等譯。

光讚般若波羅蜜經十五卷。亦云光讚摩訶般若經。二百二十一紙。

西晉三藏竺法護譯。

摩訶般若波羅蜜鈔經五卷。或無「鈔」字。亦名長安品經，一名須菩提品經。或七卷。九十紙。

符秦天竺沙門曇摩蜱共竺佛念譯。

上二經，二十卷，二袠。

道行般若波羅蜜經十卷。一袠。題云摩訶般若波羅蜜道行經。或八卷。亦云般若道行品經。一百六十七紙。

後漢月支三藏支婁迦讖譯。

小品般若波羅蜜經十卷。一袠，題云摩訶般若波羅蜜，無「小品」字。僧祐録云新小品經。或八卷，或七卷。一百五十紙。

姚秦三藏鳩摩羅什譯。

大明度無極經四卷。亦直名大明度經，或六卷。九十紙。

吴月支優婆塞支謙譯。

勝天王般若波羅蜜經七卷。一百二十五紙。

陳優禪尼國王子月婆首那譯。

上二經，十一卷，同袠。

文殊師利所説摩訶般若波羅蜜經二卷。亦直云文殊般若波羅蜜經，或一卷。二十一紙。

梁扶南三藏曼陀羅仙譯。

文殊師利所説般若波羅蜜經一卷。二十紙。

扶南三藏僧伽婆羅譯。

轘首菩薩無上清浄分衛經二卷。一名決了諸法如幻化三昧，二十八紙。

宋沙門翔公於南海郡譯。

金剛般若波羅蜜經一卷。一十一紙。
舍衛國姚秦羅什譯。
金剛般若波羅蜜經一卷。婆伽婆。十四〔三〕紙。
元魏天竺三藏菩提留支譯。
金剛能斷般若波羅蜜經一卷。
隋大業年中三藏笈多譯。第四譯。
金剛般若波羅蜜經一卷。祇樹林。一十四紙。
陳天竺三藏真諦譯。
能斷金剛般若波羅蜜多經一卷。室羅筏。一十九紙。
大唐三藏玄奘譯。
實相般若波羅蜜經一卷。八紙。
大唐天后代三藏菩提流志譯。
仁王護國般若波羅蜜經二卷。亦云仁王般若經，或一卷。二十八〔四〕紙。
摩訶般若波羅蜜大明呪經一卷。亦云摩訶大明呪經。二紙〔五〕。
已上二經，舍衛國姚秦羅什譯。

般若波羅蜜多心經一卷。亦云般若心經。一紙。

大唐三藏玄奘譯。

上十二經，十五卷，同袠。

大寶積經一百二十卷。四十九會説合成一部。十二袠，一千九百九十一紙。

大唐南天竺三藏菩提流志等譯。

大方廣三戒經三卷。四十六紙。

北涼天竺三藏曇無讖譯。

無量清浄平等覺經二卷。亦云無量清浄經。六十一紙。

後漢月支三藏支婁迦讖譯。

阿弥陀經二卷。上卷題云佛説諸佛阿弥陀三耶三佛薩樓佛檀過度人道經，亦名無量壽經。五十五紙。

吴月支優婆塞支謙譯。

無量壽經二卷。二十九紙。

曹魏天竺三藏康僧鎧譯。

上四經，九卷，同袠。

阿閦佛國經二卷。一名阿閦佛刹諸菩薩學成品，或一卷。四十紙。

後漢月支三藏支婁迦讖譯。

大乘十法經一卷。佛住王舍城〔六〕者。二十紙。

梁扶南三藏僧伽婆羅譯。

普門品經一卷。亦云普門經。二十二紙。

胞胎經一卷。一名胞胎受身經。一十五紙。

文殊師利佛土嚴浄經二卷。或直云嚴浄佛土經，亦直云佛土嚴浄經。三十四紙。

已上三經，西晉竺法護譯。

法鏡經二卷。或一卷，二十五紙。

後漢安息優婆塞安玄〔七〕共嚴佛調譯。

上六經，九卷，同袠。

郁迦羅越問菩薩行經一卷。或云郁迦長者問居家菩薩行經。或二卷。二十五紙。

幻士仁賢經一卷。或云仁賢幻士〔八〕經。一十八紙。

已上二經，西晉竺法護譯。

決定毗尼經一卷。一名破壞一切心識。一十七紙。

群録皆云燉煌譯。不顯人名。

發覺淨心經二卷。二十八紙。
隋天竺三藏闍那崛多等譯。
優塡王經一卷。五紙。
西晉沙門法炬譯。
須摩提經一卷。有加「菩薩」字，亦云非應經。八紙〔九〕。
西晉竺法護譯。
須摩提菩薩經一卷。九紙。
羅什譯。
阿闍世王女阿術達菩薩經一卷。亦名阿闍世女經，亦直名阿述達經，一十七紙。
離垢施女經一卷。二十三紙。
上二經，竺法護譯。
上九經，十卷，同袠。
得無垢女經一卷。一名論議辯才法門，或云無垢女經。二十五紙。
元魏婆羅門般若流支譯。
文殊師利所說不思議佛境界經二卷。或一卷。又有一本，乃是僞經佛性海藏，題爲「文殊所說」，應審觀也。二十四紙〔一〇〕。

大唐天后代天竺三藏菩提流志譯。

如幻三昧經四卷。或三卷。五十七紙。

西晉竺法護譯。

聖善住意天子所問經三卷。或四卷。五十七紙。

元魏婆羅門瞿曇般若流支譯。

太子刷護經一卷。五紙。

西晉竺法護譯。

太子和休經一卷。或云和休，四紙。

失譯。

上六經，十二卷〔一一〕，同袠。

慧上菩薩問〔一二〕大善權經二卷。或一卷，直云大善權經，或云慧上菩薩經，或云善權方便經，或云方便所度無極經，三十二紙。

西晉竺法護譯。

大乘顯識經二卷。二十五紙。

大唐中天竺三藏地婆訶羅譯。
大乘方等要慧經一卷。一紙。
安世高譯。
弥勒菩薩所問本願經一卷。或無「所問」字。亦云弥勒本願經，一名弥勒難經。八紙。
西晉竺法護譯。
佛遺日摩尼寶經一卷。一名古品遺日説般若經，一名大寶積經，一名摩訶衍寶嚴經。一十六紙。
支婁迦讖譯。
摩訶衍寶嚴經一卷。一名大迦葉品。二十紙。
晉譯，失三藏名。
勝鬘師子吼一乘大方便方廣經一卷。亦直名勝鬘經。或一卷。一十九紙。
宋求那跋陀羅譯。
毗耶婆問經二卷。三十四紙〔一三〕。
瞿曇般若流支譯。
上八經，十一卷〔一四〕，同袠。
大方等大集經三十卷。三袠，或二十九卷，或三十一卷，或三十二卷，或四十二卷。六百二十一紙。

北涼天竺三藏曇無讖於姑臧譯。

大方等大集日藏經十卷。一袠。題云大乘大方等日藏分經。或十二卷，或十五卷。二百六紙。

隋三藏那連提耶舍譯。

大集月藏經十卷。一袠。題云大集經月藏分第十二。或十二卷，或十五卷。二百一十九紙。

高齊天竺三藏那連提耶舍譯。

大乘大集地藏十輪經十卷。一袠，一百六十五紙。

大唐三藏玄奘譯。

大方廣十輪經八卷。一百九紙。

失譯，今附北涼録。

大集須弥藏經二卷。內題云大乘大集經須弥藏分第十五。三十八紙。

高齊天竺三藏那連提耶舍共法智譯。

上二經，十卷，同袠。

虚空藏菩薩經一卷。一名虚空藏經。二十七紙。

姚秦罽賓三藏佛陀耶舍譯。

虚空藏菩薩神咒經一卷。一十七紙。

宋罽賓三藏曇摩蜜多譯。

虚空孕菩薩經二卷。三十一紙。

隋〔一五〕天竺三藏闍那崛多等譯。

觀虚空藏菩薩經一卷。亦名虚空藏觀經，或無「觀」字。三紙。

宋罽賓三藏曇摩蜜多譯。

菩薩念佛三昧經六卷。或無「菩薩」字。或五卷。九十八紙。

宋天竺沙門功德直共玄暢譯。

上五經，十一卷，同帙。

大方等大集菩薩念佛三昧經十卷。一帙。題云大方等大集經菩薩念佛三昧分。一百三十四紙。

笈多譯。

般舟三昧經三卷。一名十方現在佛悉在前立定經，或云大般舟三昧經，或二卷。五十紙。

支婁迦讖譯。

拔陂菩薩經一卷。亦名拔陂，安録云颰拔陀菩薩經。一十四紙。

僧祐録〔一六〕云安公古典經，今附漢録。

大方等大集賢護經五卷。或六卷，題云大方等大集經賢護分，亦云賢護菩薩，亦直云賢護經。八十二紙。

闍那崛多等譯。

上三經，九卷，同袠。

阿差末經七卷。晉曰「無盡意」。或四卷，或五卷，或云阿差末菩薩經。九十二紙。

西晉竺法護譯。

無盡意菩薩經六卷。初題云大集經中無盡意所説不可盡義品第三十二，亦云阿差末經，或直云無盡意經，八十九紙。

智嚴、寶雲等譯。

上二經，十三卷，同袠。

大集譬喻王經二卷。或無「大集」字。大集别品。三十四紙。

隋天竺三藏闍那崛多等譯。

大哀經八卷。或云如來大哀經，或六卷，或七卷。一百一十七紙。

西晉竺法護譯。

上二經，十卷，同袠。

寶女所問經三卷。或直云寶女經，亦云寶女問慧經，亦云寶女三昧經，或四卷。六十四紙。

無言童子經二卷。或言無言菩薩經。或一卷。四十一紙。

已上二經，西晉竺法護譯。

自在王菩薩經二卷。或無「菩薩」字。三十四紙。

羅什譯。

奮迅王問經二卷。四十一紙。

瞿曇般若流支譯。

上四經，九卷，同袠。

寶星陀羅尼經十卷。或八卷。一袠，一百三十三紙。

大唐天竺三藏波頗蜜多羅譯。

大方廣佛華嚴經六十卷。八會說，舊譯，六袠。或五十卷。一千七十九紙。

東晉天竺三藏佛陀羅等譯。

大方廣佛華嚴經八十卷。九會說，新譯。八袠，一千三百二十七紙。

大唐天后代于闐三藏實叉難陀等譯。

信力入印法門經五卷。九十五紙。

元魏三藏曇摩流支譯。

度諸佛境界智光嚴經一卷。一十一紙。

失譯，今附秦録。

佛華嚴入如來德智不思議境界經二卷。二十二紙。

隋天竺三藏闍那崛多等譯。

大方廣入如來智德不思議經一卷。一十四紙。

唐天后代于闐三藏實叉難陀譯。

大方廣佛華嚴經不思議佛境界分一卷。或二卷。一十二紙。

天后〔一七〕代于闐三藏提雲般若譯。

大方廣如來不思議境界經一卷。一十一紙。

天后代于闐三藏實叉難陀譯。

大乘金剛髻珠菩薩修行經〔一八〕一卷。亦名金剛髻菩薩加行品。一十八紙。

天后代菩提流志譯。

大方廣佛華嚴經修慈分一卷。七紙。

天后代于闐三藏提雲般若譯。

上八經，十三卷，同袠。

大方廣普賢所説經一卷。別有一本，向三十紙，非是本經，應須簡擇。五紙。

實叉難陀譯。
莊嚴菩提心經一卷。七紙。
姚秦羅什譯。
大方廣菩薩十地經一卷。七紙。
元魏西域三藏吉迦夜共曇曜譯。
兜沙經一卷。五紙。
後漢月支三藏支婁迦讖譯。
菩薩本業經一卷。亦直名〔一九〕本業經，亦名浄行品經。一十二紙。
吴月支優婆塞支謙譯。
諸菩薩求佛本業經一卷。或無「諸」字。一十一紙。
西晉清信士聶道真譯。
菩薩十住行道品一卷。亦直云菩薩十住。八紙。
西晉竺法護譯。
菩薩十住經一卷。五紙。
東晉西域三藏祇多蜜譯。

漸備一切智德經五卷。或十卷，一名十住，又名大慧光三昧。一百五紙。

西晉竺法護譯。

上九經，十三卷，同袠。

十住經四卷。或五卷，九十七紙。

姚秦羅什共佛陀耶舍譯。

等目菩薩所問三昧經二卷。或三卷。一名普賢菩薩入定，或直云等目菩薩經。五十二紙。

西晉竺法護譯。

顯無邊佛土功德經一卷。二紙。

大唐玄奘譯。

如來興顯經四卷。一名興顯如幻經。六十六紙。

西晉竺法護譯。

上四經，十一卷，同袠。

度世品經六卷。或五卷，或無「品」字。一百二十紙〔二〇〕。

西晉竺法護譯。

羅摩伽經三卷。七十二紙。

乞伏秦沙門釋聖堅譯。

大方廣佛華嚴經續入法界品一卷。或無「續」字。八紙。

大唐地婆訶羅譯。

上三經，十卷，同袠。

大般涅槃經四十卷。或三十六卷。四袠，七百三十紙。

北涼天竺三藏曇無讖於姑臧譯。

大般涅槃經後譯荼毗分二卷。亦云闍維分，亦云後分。

大唐南海波淩國沙門若那跋陀羅共唐國沙門會寧於彼國譯。三十九紙。

大般泥洹經六卷。記云方等大般泥洹經。一百四十一紙。

東晉平陽沙門釋法顯共覺賢譯。

上二經，八卷，同袠。

方等般泥洹經二卷。亦云大般泥洹經，或三卷。四十五紙。

西晉竺法護譯。

四童子三昧經三卷。或無「三昧」字。四十四紙。

隋天竺三藏闍那崛多等譯。

大悲經五卷。八十七紙。

高齊天竺三藏那連提耶舍共法智譯。

上三經，十卷，同袠。

方廣大莊嚴經十二卷。一名神通遊戲，或云大方廣。二百十四紙。

大唐中天竺三藏地婆訶羅譯。

普曜經八卷。一名方等本起。一百四十三紙。

西晉三藏竺法護譯。

上二經，二十卷，二袠。

法華三昧經一卷。一十一紙。

宋涼州沙門釋智嚴譯。

無量義經一卷。一十七紙。

蕭齊天竺沙門曇摩伽陀耶舍譯。

薩曇分陀利經一卷。舊録云薩芸芬陀利經，亦直云分陀利經。三紙。

僧祐録云安公失譯經，今附西晉録。

妙法蓮華經七卷。僧祐録云新法華經。一百五十二紙。

姚秦羅什譯。

上四經，十卷，同袠。

正法華經十卷。或云方等正法華，或七卷。一袠，一百九十紙。

西晉三藏竺法護譯。

添品妙法蓮華經七卷。二十七品，寶塔、天授連之爲一。或八卷。一百五十八紙。

隋天竺三藏崛多、笈多共譯。

維摩詰所説經三卷。一名不可思議解脱，或直云維摩詰經。僧祐録云新維摩詰經。六十紙。

姚秦三藏羅什譯。

上二經，十卷，同袠。

維摩詰經二卷。維摩詰説(二)不思議法門之稱，一名佛法普入道門三昧經。或三卷。五十五紙。

吳月支優婆塞支謙譯。

説無垢稱經六卷。九十七紙。

大唐三藏玄奘譯。

大方等頂王經一卷。一名維摩詰子問經，亦名善思童子經，亦直云頂王經。二十紙。

西晉三藏竺法護譯。

大乘頂王經一卷。亦云維摩兒經。一十六紙。

梁優禪尼國王子月婆首那譯。

上四經，十一卷，同袠。

善思童子經二卷。二十一紙。

隋天竺三藏闍那崛多等譯。

大悲分陀利經八卷。亦云大乘悲分陀利經。一百六十八紙。

失譯，今附秦録。

上二經，十卷，同袠。

悲華經十卷。一袠，一百九十紙。

北涼天竺三藏曇無讖於姑臧譯。

金光明最勝王經十卷。一袠，一百四十九紙。

大唐天后代三藏義净譯。

合部金光明經八卷。二十四品，一百二十紙。

隋大興善寺寶貴合出。

伅真陀羅所問經二卷。初云伅真陀羅所問寶如來三昧經，或云伅真陀羅尼王經，或三卷。五十八紙。

後漢支婁迦讖譯。

上二經，十一卷，同袠。

大樹緊那羅王所問經四卷。亦名説不可思議品，或直云大樹緊那羅經。六十七紙。

姚秦羅什譯。

佛昇忉利天爲母説法經二卷。亦云佛昇忉利天品經，或三卷。三十七紙。

西晉三藏竺法護譯。

道神足無極變化經四卷。一名合道神足經。或二卷，或三卷。四十九紙。

西晉安息三藏安法欽譯。

上三經，十卷，同袠。

寶雨經十卷。一袠，一百四十一紙。

大唐天后代南印度三藏達磨流支等譯。

寶雲經七卷。一百二紙〔一二〕。

梁扶南三藏曼陀羅仙共僧伽婆羅譯。

阿惟越致遮經三卷。或無「遮」字。或四卷，六十六紙。

西晉三藏竺法護譯。

上二經，十卷，同袠。

不退轉法輪經四卷。一名不退轉經。七十三紙。

僧祐録云安公涼土異經，在北涼録。

廣博嚴淨不退轉法輪經四卷。或六卷。或直云廣博嚴淨經，亦直云不退轉法輪經，七十八紙。

宋涼州沙門智嚴共寶雲譯。

不必定入定入印經一卷。二十一紙。

元魏婆羅門瞿曇般若流支譯。

入定不定印經一卷。一十六紙。

大唐天后代三藏義淨譯。

上四經，十卷，同袠。

等集衆德三昧經三卷。或二卷。或無「三昧」字，或直云等集經。五十紙。

西晉三藏竺法護譯。

集一切福德三昧經三卷。五十紙。

姚秦三藏羅什譯。

持心梵天經四卷。亦云持心梵天所問經，一名莊嚴佛法經，又名等御諸法經，九十七品，或六卷。九十一紙。

西晉三藏竺法護譯。
上三經，十卷，同袠。
思益梵天所問經四卷。或直云思益經。僧祐録云思益義經。八十三紙。
姚秦三藏羅什譯。
勝思惟梵天所問經六卷。一百一紙。
元魏天竺三藏菩提留支譯。
上二經，十卷，同袠。
持人菩薩經四卷。初云持人菩薩所問陰種諸入以了道慧經，或三卷。五十四紙。
西晉三藏竺法護譯。
持世經四卷。一名法印經，或三卷。七十八紙。
姚秦三藏羅什譯。
濟諸方等學經一卷。天竺和鞞曰僧迦，無「學」字。一十五紙。
西晉三藏竺法護譯。
大乘方廣揔持經一卷。或無「乘」字。一十四紙。
隋天竺三藏毗尼多流支譯。

上四經，十卷，同帙。

文殊師利現寶藏經三卷。或二卷。或無「現」字，或直云寶藏經。四十二紙。

西晉三藏竺法護譯。

大方廣寶篋經三卷。或二卷。四十三紙。

宋天竺三藏求那跋陀羅譯。

大乘同性經二卷。亦名一切佛行入智毗盧遮那藏説經，一名佛十地經，或四卷。三十八紙。

周宇文氏天竺三藏闍那耶舍等譯。

證契大乘經二卷。亦名入一切佛境智毗盧遮那藏。二十二紙。

大唐中天竺三藏地婆訶羅譯。

上四經，十卷，同帙。

深密解脱經三卷。七十一紙。

元魏天竺三藏菩提留支譯。

解深密經五卷。七十五紙。

大唐三藏玄奘譯。

上二經，十卷，同帙。

解節經一卷。一十紙。
陳天竺三藏真諦譯。
相續解脱地波羅蜜了義經一卷。或二卷。亦名解脱了義經，亦直云相續解脱經。一十八紙。
宋求那跋陀羅譯。
緣生初勝分法本經二卷。亦直云緣生經。二十三紙。
隋天竺三藏達磨笈多譯。
分別緣起初勝法門經二卷。亦直云分別緣起經。二十二紙。
大唐三藏玄奘譯。
楞伽阿跋多羅寶經四卷。九十二紙。
宋天竺三藏求那跋陀羅譯。
上五經，十卷，同帙。
入楞伽經十卷。一帙〔二三〕，一百七十四紙。
元魏三藏菩提留支譯。
大乘入楞伽經七卷。一百二十七紙。
大唐天后代于闐三藏實叉難陀譯。

菩薩行方便境界神通變化經三卷。四十七紙。

宋天竺三藏求那跋陀羅譯。

上二經，十卷，同帙。

大薩遮尼乾子所説經十卷。一帙。或加「受記」，無「所説」字。或七卷，或八卷。一名菩薩境界奮迅法門經。一百三十九紙。

元魏留支譯。

大方等大雲經六卷。一名大方等無相大雲經，一名大雲無相經，一名大雲蜜藏經，或五卷。九十紙。

北涼曇無讖譯。

大雲請雨經一卷。内題云大雲經請雨品第六十四。二十三紙。

周宇文氏天竺三藏闍那耶舍等譯。

大雲輪請雨經二卷。三十七紙。

隋天竺三藏那連提耶舍譯。

大方等大雲請雨經一卷。内題云大方等大雲經請雨品第六十四。二十紙。

隋天竺三藏闍那崛多等譯。

上四經，十卷，同帙。

諸法無行經二卷。或一卷。三十一紙。
姚秦三藏羅什譯。
諸法本無經三卷。三十九紙〔二四〕。
隋天竺三藏闍那崛多等譯。
無極寶三昧經一卷。或無「三昧」字。三十紙。
西晉三藏竺法護譯。
寶如來三昧經二卷。一名無極寶三昧經。或一卷。三十八紙。
東晉西域三藏祇多蜜譯。
慧印三昧經一卷。一名寶田惠印三昧經，亦直云〔二五〕惠印經。二十紙。
吴月支優婆塞支謙譯。
如來智印經一卷。一名諸佛法身。一十九紙。
僧祐録中失譯經，今附宋録。
上六經，十一卷，同帙。
大灌頂經十二卷。一帙，或無「大」字。録云九卷，未詳。一百十八紙。
東晉西域三藏帛尸梨蜜多羅譯。

藥師如來本願經一卷。一十二紙〔二六〕。
隋天竺三藏達磨笈多譯。
藥師瑠璃光如來本願功德經一卷。一十一紙〔二七〕。
大唐三藏玄奘譯。
藥師瑠璃光七佛本願功德經二卷。三十一紙。
大唐三藏義浄譯。
阿闍世王經二卷。五十五紙。
後漢月支三藏支婁迦讖譯。
普超三昧經三卷。或四卷。或上加「文殊師利」字，亦直云普超經，一名阿闍世王品。安公録云更出阿闍世王經。六十八紙。
西晉三藏竺法護譯。
放鉢經一卷。七紙。
僧祐録云安公録中失譯經，今附西晉録。
上六經，十卷，同袠。
月燈三昧經十一卷。或〔二八〕十卷。一袠，百九十八紙。

高齊天竺三藏那連提耶舍譯。
月燈三昧經一卷。一名文殊師利菩薩十事〔二九〕行經，一名逮〔三〇〕慧三昧經。一十紙。
宋沙門釋先公譯。
無所希望經一卷。一名象步經。二十紙。
西晉三藏竺法護譯。
象腋經一卷。一十六紙。
宋罽賓三藏曇摩蜜多譯。
大浄法門經一卷。題云大浄法門經上金光首女所問溥首童真所開化經。二十四紙。
西晉三藏竺法護譯。
大莊嚴法門經二卷。亦云文殊師利神通力經，亦名勝金色光明德女經。二十六紙。
隋天竺三藏那連耶舍譯。
如來莊嚴智慧光明入一切佛境界經二卷。亦名如來入一切佛境界經。三十四紙。
元魏曇摩流支譯。
度一切諸佛境界智嚴經一卷。一十二紙。
梁扶南三藏僧伽婆羅等譯。

後出阿弥陀佛偈經一卷。或無「經」字。一紙。

後漢失譯。

觀無量壽佛經一卷。亦云無量壽觀。一十六紙。

宋西域三藏畺良耶舍譯。

阿弥陀經一卷。亦名無量壽經。五紙。

姚秦三藏羅什譯。

稱讚浄土佛攝受經一卷。亦直云稱讚浄土經。一十紙。

大唐三藏玄奘譯。

上十一經，十三卷，同袠。

觀弥勒菩薩上生兜率天經一卷。亦云弥勒上生經。八紙。

宋居士沮渠京聲譯。

弥勒成佛經一卷。十七紙。

姚秦三藏羅什譯。

弥勒來時經一卷。三紙。

失譯，今附東晉録。

弥勒下生經一卷。一名弥勒受决經，亦云弥勒成佛經，或云當下成佛，又云生成佛。初云大智舍利弗。七紙。

姚秦三藏羅什譯。

弥勒下生成佛經一卷。五紙。

唐義浄三藏新譯。

諸法勇王經一卷。一十八紙。

宋罽賓三藏曇摩蜜多譯。

一切法高王經一卷。一名一切義王經，二十紙。

元魏婆羅門瞿曇般若流支譯。

第一義法勝經一卷。一十四紙。

元魏婆羅門瞿曇般若流支譯。

大威燈光仙人問疑經一卷。一十五紙。

隋天竺三藏闍那崛多譯。

順權方便經二卷。一名轉女身菩薩經，亦云順方便經，或云順權女經，亦云隨權女經，或〔三〕一卷，二十八紙。

西晉三藏竺法護譯。

樂瓔珞莊嚴方便品經一卷。亦云轉女身菩薩問答經。

姚秦罽賓三藏曇摩耶舍譯。

上十一經，十二卷，同袠。

六度集經八卷。亦名六度無極經，亦云度無極集，亦云雜無極經，或九卷，二百四十七紙〔三二〕。

吴天竺三藏康僧會譯。

太子須大拏經一卷。或云須達拏，二十六紙。

乞伏秦沙門釋聖堅譯。

菩薩睒子經一卷。亦云孝子睒經，亦直云睒經，七紙。

僧祐録云安公録中失譯經，今附西晉録。

睒子經一卷。一名孝子睒經，一名菩薩睒經，一名佛説睒經，一名睒本經，一名孝子隱經。六紙。

乞伏秦沙門釋聖堅譯。

太子墓魄經一卷。六紙。

後漢安息三藏安世高譯。

太子沐魄經一卷。或作「墓魄」，三紙。

西晉三藏竺法護譯。

九色鹿經一卷。三紙。

吴月支優婆塞支謙譯。

上七經，十四卷，同袠。

無字寶篋經一卷。六紙。

元魏天竺三藏菩提留支譯。

大乘離文字普光明藏經一卷。五紙。

唐中天竺三藏地婆訶羅於太原寺譯。

大乘遍照光明藏無字法門經一卷。亦直云大乘遍照光明藏經，六紙。

唐中天竺三藏地婆訶羅重譯。

老女人經一卷。亦云老母經，或云老女經，二紙。

吴月支優婆塞支謙譯。

老母經一卷。二紙。

僧祐録中失譯，今附宋録。

申曰經一卷。五紙。

老母女六英經一卷。亦云老母經。一紙。
右(三)宋天竺三藏求那跋陀羅譯。
月光童子經一卷。一名月明童子經，或名申曰經。九紙。
西晉三藏竺法護譯。
申曰兒本經一卷。或云申兒本經，録作「兜本」，誤也。三紙。
宋天竺三藏求那跋陀羅譯。
德護長者經二卷。一名尸利崛多長者經。二十八紙。
隋天竺三藏那連提耶舍譯。
文殊師利問菩提經一卷。一名伽耶山頂經，一名菩提無行經，亦直云菩提經。七紙。
姚秦三藏羅什譯。
伽耶山頂經一卷。亦云伽耶頂經。一十紙。
元魏天竺三藏菩提留支譯。
象頭精舍經一卷。九紙。
隋天竺沙門毗尼多流支譯。
大乘伽耶山頂經一卷。九紙。

唐天后代天竺三藏菩提流志譯。

長者子制經一卷。一直名〔三四〕制經。四紙。

漢世高譯。

菩薩逝經一卷。亦云誓童子經，或直名逝經。四紙。

西晉沙門白法祖譯。

逝童子經一卷。亦名長者制經，亦直云制經，亦名菩薩逝經，亦直云逝經。三紙。

西晉沙門支法度譯。

犢子經一卷。三紙〔三五〕。

吴月支優婆塞支謙譯〔三六〕。

乳光佛經一卷。亦云乳光經。六紙〔三七〕。

無垢賢女經一卷。或名胎藏經。三紙。

已上二經，西晉三藏竺法護譯。

腹中女聽經一卷。一名不莊校女經。三紙。

北涼天竺三藏曇無讖譯。

轉女身經一卷。一十九紙。

宋罽賓三藏曇摩蜜多譯。
上二十一經，二十二卷，同袠。

無上依經二卷。三十一紙。
梁天竺三藏真諦譯。

未曾有經一卷。三紙。
後漢失譯。

甚希有經一卷。五紙。
唐三藏玄奘譯。

決定摠經一卷。或云決定摠持經，亦云決摠持經。八紙。
西晉三藏竺法護譯。

謗佛經一卷。七紙。
元魏天竺三藏菩提流支譯。

寶積三昧文殊問法身經一卷。一名遺日寶積三昧文殊師利菩薩問法身經。六紙。
後漢世高譯。

入法界體性經一卷。或云入法界經。十紙。

隋天竺三藏闍那崛多等譯。
如來師子吼經一卷。六紙。
元魏天竺三藏佛陀扇多譯。
大方廣師子吼經一卷。五紙。
大乘百福相經一卷。七紙。
已上二經，唐中天竺三藏地婆訶羅譯。
大乘百福莊嚴相經一卷。九紙。
唐中天竺三藏地婆訶羅再譯。
大乘四法經一卷。與單本中實叉難陀譯者二名雖同，多少全異。一紙。
唐中天竺三藏地婆訶羅於東太原寺譯。
菩薩修行四法經一卷。一紙。
唐中天竺三藏地婆訶羅於弘福寺譯。
希有希有校量功德經一卷。或直云希有校量功德經。六紙。
隋天竺三藏闍那崛多等譯。
最無比經一卷。十二紙。

大唐三藏玄奘譯。

前世三轉經一卷。六紙。

西晉沙門釋法炬譯。

銀色女經一卷。七紙。

元魏天竺三藏佛陀扇多譯。

阿闍世王受決經一卷。四紙。

西晉沙門釋法炬譯。

採蓮違王上佛授決号妙華經一卷。亦直云採華違王經。二紙。

東晉西域沙門竺曇無蘭譯。

正恭敬經一卷。一名威德陀羅尼中説經，或云正法恭敬經。五紙。

元魏天竺三藏佛陀扇多譯。

善敬經一卷。亦名善恭敬經，一名善恭敬師經。七紙。

隋天竺三藏闍那崛多等譯。

稱讚大乘功德經一卷。五紙。

大唐三藏〔三八〕玄奘譯。

說妙法決定業障經一卷。三紙。
大唐至相寺沙門釋智嚴譯。
上二十三經，二十四卷，同袠。
諫王經一卷。亦云大小諫王經，四紙。
宋居士沮渠京聲譯。
如來示教勝軍王經一卷。亦云勝軍王經。十紙。
大唐三藏玄奘譯。
佛爲勝光天子説王法經一卷。亦直云勝光天子經。七紙。
大唐三藏義浄譯。
大方等修多羅王經一卷。或無「王」字。二紙。
元魏天竺三藏菩提留支譯。
轉有經一卷。二紙〔三九〕。
元魏天竺三藏佛陀扇多譯。
文殊師利巡行經一卷。五紙。
元魏天竺三藏菩提留支譯。

文殊尸利行經一卷。八紙。

隋天竺三藏闍那崛多等譯。

貝多樹下思惟十二因緣經一卷。亦云聞城十二因緣經。四紙。

吴月支優婆塞支謙譯。

緣起聖道經一卷。八紙。

唐三藏玄奘譯。

稻芉經一卷。七紙。

失譯，今附東晉録。

了本生死經一卷。五紙。

吴月支優婆塞支謙譯。

自誓三昧經一卷。題下注云：「獨證品第四，出比丘浄行中。」八紙。

後漢三藏安世高譯。

如來獨證自誓三昧經一卷。亦云獨證自誓三昧經，亦云如來自誓三昧經。七紙。

西晉三藏竺法護譯。

灌洗佛形像經一卷。亦云四月八日灌經，亦直云灌經。三紙。

西晉沙門釋法炬譯。

摩訶刹頭經一卷。亦名灌佛形像經。三紙。

乞伏秦沙門釋聖堅譯。

造立形像福報經一卷。三紙。

失譯，今附東晉録。

作佛形像經一卷。亦云優填王作佛形像因緣經。四紙。

失譯，今在漢録。周録在小乘單本，云法炬譯。

龍施女經一卷。或無「女」字。二紙。

吴月支優婆塞支謙譯。

龍施菩薩本起經一卷。或云龍施女經，亦云龍施本經。四紙。

西晉三藏竺法護譯。

八吉祥神呪經一卷。或無「神」字。三紙。

吴月支優婆塞支謙譯。

八陽神呪經一卷。亦直云八陽經。别有一本〔四〇〕，亦云八陽神呪，可半紙許，初有七佛名者，非也。四紙。

西晉三藏竺法護譯。

八吉祥經一卷。亦云八方世界八佛名号經。二紙。
梁扶南三藏僧伽婆羅譯。
八佛名号經一卷。四紙。
隋天竺三藏闍那崛多等譯。
盂蘭盆經一卷。亦云盂蘭經。二紙。
西晉三藏竺法護譯。
報恩奉盆經一卷。一紙。
失譯，今附東晉録。
佛説浴像功德經一卷。三紙。
大唐三藏寶思惟譯。
浴像功德經一卷。四紙。
大唐三藏義浄譯。
校量數珠功德經一卷。二紙。
大唐三藏寶思惟譯。
數珠功德經一卷。内云曼殊室利呪藏中校量數珠功德法。二紙。

大唐三藏義浄譯。

上二十九經，二十九卷，同袠。

不空羂索神變真言經三十卷。三袠，五百二十六紙〔四一〕。

大唐南天竺三藏菩提流志譯。

不空羂索呪經一卷。亦云不空羂索觀世音心呪經。十一紙。

隋天竺三藏闍那崛多等譯。

不空羂索神呪心經一卷。一十三紙。

大唐三藏玄奘譯。

不空羂索陀羅尼自在王呪經三卷。亦云不空羂索心呪王經。二十四紙。

大唐天后代天竺三藏寶思惟譯。

不空羂索陀羅尼經一卷。一名普門。三十七紙。

大唐天后代北天竺婆羅門李無諂譯。

千眼〔四二〕千臂觀世音菩薩陀羅尼神呪經二卷。或一卷。十九紙。

大唐揔持寺沙門釋智通譯。

千手千眼觀世音菩薩姥陀羅尼身經一卷。或云千臂千眼。二十二紙。

大唐南天竺三藏菩提流志譯。

千手千眼觀世音菩薩廣大圓滿無礙大悲心陀羅尼經一卷。十九紙。

大唐西天竺沙門伽梵達摩譯(四三)。

觀世音菩薩秘密藏神呪經一卷。八紙。

大唐天后代于闐三藏實叉難陀譯。

觀世音菩薩如意摩尼陀羅尼經一卷。七紙。

大唐天竺三藏寶思惟譯。

上九經,十二卷,同袠。

觀自在菩薩如意心陀羅尼呪經一卷。四紙。

大唐三藏義浄譯。

如意輪陀羅尼經一卷。此經出大蓮華金剛三昧耶加持秘密無障礙經,二十四紙。

大唐天竺三藏菩提流志譯。

文殊師利根本一字陀羅尼經一卷。題云大方廣菩薩藏中文殊師利根本一字陀羅尼法,亦云一字呪王經。三紙。

唐天后代寶思惟譯。

曼殊室利菩薩呪藏中一字呪王經一卷。三紙。

大唐天后代三藏義淨譯。

十二佛名神呪經一卷。題云十二佛名神呪校量功德除障滅罪經。六紙。

隋天竺三藏闍那崛多等譯。

稱讚如來功德神呪經一卷。三紙。

大唐三藏義淨譯。

孔雀王呪經一卷。亦名大金色孔雀王經，并結界場法具。八紙。

姚秦三藏羅什譯。

大金色孔雀王呪經一卷。五紙。

失譯，今附秦録。拾遺編入。

佛説大金色孔雀王呪經一卷。八紙。

失譯，入附秦録。

孔雀王呪經二卷。亦云孔雀王陀羅尼經。四十三紙。

梁扶南三藏僧伽婆羅譯。

大孔雀呪王經三卷。六十紙。

大唐三藏義浄於東都内道場譯。

上十一經，十四卷，同衺。

陀羅尼集經十二卷。三百四十三紙。

大唐中天竺三藏阿地瞿多譯。

十一面觀世音神呪經一卷。一十紙。

周宇文氏天竺三藏耶舍崛多等譯。

十一面神呪心經一卷。一十紙。

大唐三藏玄奘譯。

摩利支天經一卷。或上加「小」字。二紙。

失譯，今附梁録。

呪五首經一卷。或無「經」字。二紙。

大唐三藏玄奘譯。

千囀陀羅尼觀世音菩薩呪經一卷。或無「經」字。三紙。

大唐揔持寺沙門釋智通譯。

六字神呪經一卷。或云六字呪法。六紙。

大唐天后代天竺三藏菩提流志譯。

七俱胝佛大心准提陀羅尼經一卷。亦直云七俱胝佛母心經。四紙。

大唐中天竺三藏地婆訶羅譯。

七俱胝佛母准泥大明陀羅尼經一卷。十六紙。

大唐南天竺三藏金剛智譯。

上九經，二十卷，二袠〔四四〕。上袠七卷，下袠十三。

觀自在菩薩隨心呪經一卷。亦名多利心經。十九紙。

大唐揔持沙門釋智通譯。

種種雜呪經一卷。或無「經」字。六紙。

周宇文氏天竺三藏闍那崛多譯。

佛頂尊勝陀羅尼經一卷。七紙。

唐杜行顗奉制譯。

佛頂最勝陀羅尼經一卷。八紙。

唐日照三藏譯。亦名地婆訶羅，中天竺人。

佛頂尊勝陀羅尼經一卷。七紙。

唐佛陀波利譯。

最勝佛頂陀羅尼浄除業障經一卷。

唐日照三藏再譯。十三紙。亦名地婆訶羅，中天竺人，於東都再譯。

佛頂尊勝陀羅尼經一卷。或加「呪」字。八紙。

唐義浄三藏譯。

無量門微密持經一卷。一名成道降魔得一切智經。六紙。

吴月支優婆塞支謙譯。

出生無量門持經一卷。或云新微密持經。七紙。

東晉天竺三藏佛陀跋陀羅譯。

阿難陀目佉尼呵(四五)離陀經一卷。或云出無量門持經。十紙。

宋天竺三藏求那跋陀羅譯。

無量門破魔陀羅尼經一卷。或直云破魔陀羅尼經。十一紙。

宋西域沙門功德直共玄暢譯。

阿難陀目佉尼訶離陀鄰尼經一卷。一十紙。

元魏天竺三藏佛陀扇多譯。

舍利弗陀羅尼經一卷〔四六〕。八紙。
梁扶南三藏僧伽婆羅譯。
一向出生菩薩經一卷。一十二紙。
隋天竺三藏闍那崛多譯。
出生無邊門陀羅尼經一卷。十四紙。
大唐至相寺沙門釋智嚴譯。
勝幢臂印陀羅尼經一卷。二紙。
大唐三藏玄奘譯。
妙臂印幢陀羅尼經一卷。别有一本，十六七紙，非是本經，不可流布。二紙。
大唐天后代于闐三藏實叉難陀譯〔四七〕。
上十七經，十七卷，同袠。
無崖際持法門經一卷。一名無際經。十五紙。
乞伏秦沙門釋聖堅譯。第一譯〔四八〕。
尊勝菩薩所問一切諸法入無量門陀羅尼經一卷。或直云尊勝菩薩所問經，亦直云入無量門陀羅尼經。一十七紙。

高齊居士万天懿譯。

金剛上味陀羅尼經一卷。一十四紙。

元魏天竺三藏佛陀扇多譯。第一譯。

金剛場陀羅尼經一卷。一十四紙。

隋天竺三藏闍那崛多等譯。第二譯。

師子奮迅菩薩所問經一卷。二紙。

失譯，今附東晉録〔四九〕。

華聚陀羅尼呪經一卷。三紙。

失譯〔五〇〕，今附東晉録。

華積陀羅尼神呪經一卷。三紙。

吴月支優婆塞支謙譯。

六字呪王經一卷。五紙，第一譯。

失譯，今附東晉録。

六字神呪王經一卷。六紙。

失譯，今附梁録。拾遺編入，第二譯。

虛空藏菩薩問佛經一卷。亦云虛空藏菩薩問七佛陀羅尼呪經，亦云七佛神呪經。一十二紙。

失譯，今附梁録。拾遺編入，第一譯。

如來方便善巧呪經一卷。一十紙。

隋天竺三藏闍那崛多等譯。第二譯〔五一〕。

持句神呪經一卷。亦云陀羅尼句。三紙。

吴月支優婆塞支謙譯。拾遺編入，第一譯。

陀鄰尼鉢經一卷。亦云陀鄰鉢呪，三紙。

東晉西域沙門竺曇無蘭譯。拾遺編入，第二譯。

東方最勝燈王如來經一卷。題云東方最勝燈王如來遣二〔五二〕菩薩送呪奉釋迦如來助護持世間經。一十三〔五三〕紙。

隋天竺三藏闍那崛多等譯。出内典録，第四譯。

善法方便陀羅尼呪經一卷。六紙。

失譯，今附東晉録。

金剛秘密善門陀羅尼經一卷。五紙。

失譯，今附東晉録。出大周録〔五四〕，第三譯。

護命法門神呪經一卷。一十一紙。
大唐〔五五〕天后代天竺三藏菩提流志譯。出大周録，第三譯。
無垢浄光大陀羅尼經一卷。十二〔五六〕紙。
大唐天后代西域沙門弥陀山等譯。新編入録。
請觀世音菩薩消伏毒害陀羅尼呪經一卷。亦直云請觀世音經。一十二紙。
東晉外國居士竺難提譯。兩譯一闕。
上十九經，十九卷，同袠。
内藏百寶經一卷。亦云内藏百品經。八紙。
後漢月支三藏支婁迦讖譯。第一譯，兩譯一闕。
温室洗浴衆僧經一卷。亦直云温室經。三紙。
後漢安息三藏安世高譯。拾遺〔五七〕編入，第一譯。前後兩譯，一闕。
須賴經一卷。一十八紙。
前涼月支優婆塞支施崙譯。出經後記，第三譯。前後四譯，三本闕。
私訶三昧經一卷。或云私訶末經〔五八〕，一名菩薩道樹經，亦名道樹三昧經。一十一紙。
吴月支優婆塞支謙譯。周爲單本譯，第一譯，前後兩譯，一本闕。

菩薩生地經一卷。一名差摩竭經。三紙。
吴月支優婆塞支謙譯。周爲單本，誤。第一譯，兩譯，一本闕〔五九〕。
四不可得經一卷。五紙。
西晉三藏竺法護譯。第二譯。兩譯，一本闕〔六〇〕。
梵女首意經一卷。一名首意女經。五紙。
西晉三藏竺法護譯。第一譯。兩譯一闕。
成具光明定意經一卷。或云成具光明三昧經，或直云成具光明經。二十三紙。
後漢西域三藏支曜譯。第二譯，兩譯，一闕。
寶網經一卷。亦云寶網童子經。二十三〔六一〕紙。
西晉三藏竺法護譯。第一譯，兩譯一闕。
菩薩行五十緣身經一卷。亦云菩薩緣身五十事經，亦云五十緣身行經。六紙。
西晉三藏竺法護譯。第一譯，兩譯一闕。
菩薩修行經一卷。亦云威施長者問觀身行經，亦云長者修行經。七紙。
西晉河内沙門白法祖譯。第三譯〔六二〕，二闕。
諸德福田經一卷。或直云福田經，或云諸福田經。五紙。

西晉沙門法立、法炬共譯。第一譯，兩譯一闕。

大方等如來藏經一卷。或直云如來藏經。九紙。

東晉天竺三藏佛陀跋陀羅譯。第三譯，三譯二闕。

佛語經一卷。四紙。

元魏天竺三藏菩提留支譯。第一譯，兩譯一闕。

金色王經一卷。九紙。

元魏婆羅門瞿曇般若流支譯。第二譯，兩譯一闕。

演道俗業經一卷。九紙。

乞伏秦沙門釋聖堅譯。第三譯，一闕。

百佛名經一卷。六紙。

隋天竺三藏那連提耶舍譯。第二譯，兩譯一闕。

上十七經，十七卷，同袠。

稱揚諸佛功德經三卷。亦名集諸佛華經，一名集華經，一名現在佛名經。或四卷。五十七紙。

元魏西域三藏吉迦夜共曇曜譯。第三譯，三譯兩闕。

須真天子經三卷。亦云須真天子所問經，亦云問四事經。或二卷。四十六紙。

西晉三藏竺法護譯。第二譯，兩譯一闕。
摩訶摩耶經一卷。一名佛昇忉利天爲母説法，亦直云摩耶經。或二卷。二十六紙。
蕭齊沙門釋曇景譯。第二譯，兩譯一闕。
除恐災患經一卷。一十七紙。
乞伏秦沙門釋聖堅譯。第二譯，兩譯一闕。
孛經一卷。或云孛經抄〔六三〕。十八紙。
吴月支優婆塞支謙譯。拾遺編入，第二譯。前後三譯，兩本闕。
觀世音菩薩受記經一卷。一名觀世音受決經。一十三紙。
宋黄龍沙門釋曇無竭譯。第三譯，三譯二闕。
上六經，十卷，同帙。
海龍王經四卷。或三卷。七十三紙。
西晉三藏竺法護譯。兩譯一闕。
首楞嚴三昧經三卷。或二卷〔六四〕，亦直云首楞嚴經，僧祐録云新首楞嚴經。五十二紙。
姚秦三藏鳩摩羅什譯〔六五〕。第九譯，八闕〔六六〕。
觀普賢菩薩行法經一卷。亦云出深功德經中，或無「行法」字，亦云普賢觀經。一十六紙。

宋罽賓三藏曇摩蜜多譯。第三譯，二闕〔六七〕。

觀藥王藥上二菩薩經一卷。一十九〔六八〕紙。

宋西域三藏畺良耶舍譯。第三譯，兩譯一闕。

不思議光菩薩所問經一卷。亦云不思光菩薩所説經，亦云無思光孩童菩薩經。一十二紙。

姚秦三藏鳩摩羅什譯。第二譯，兩譯一闕。

上五經，十卷，同袠。

十住斷結經十卷。最勝問菩薩十住除垢斷結經，一名十千日光三昧定，亦云十地斷結經。或十一卷，或十四卷。二百五十四紙。

姚秦涼州沙門竺佛念譯。第二譯，兩譯一闕。

諸佛要集經二卷。亦直云要集經，天竺曰佛陀僧祇提。四十三紙。

西晉三藏竺法護譯。第一譯，兩譯一闕。

未曾有因緣經三卷〔六九〕。或無〔七〇〕「因緣」字。度羅睺羅沙弥序。四十紙。

蕭齊沙門釋曇景譯。第二譯，兩譯一闕。

上三經，十四卷，同袠。

菩薩瓔珞經十二卷。一名現在報。或十四卷，或十六卷，或十三卷。三百三十一〔七一〕紙。

姚秦涼州沙門竺佛念譯。第二譯，兩譯一闕。

超日明三昧經二卷。或直云超日明經。或三卷。四十八紙。

西晉清信士聶承遠譯。第二譯，兩譯一闕。

上二經，十四卷，二袠。

賢劫經十三卷。題云颰陀劫三昧，晉曰賢劫定意經，舊録云賢劫三昧經，或十卷，或七卷。一袠，一百九十二紙。

西晉三藏竺法護譯。第一譯，兩譯一闕。

校勘記

〔一〕三十一：清藏、四庫本作「三十二」。

〔二〕大唐：永樂南藏、永樂北藏、嘉興藏、清藏、四庫本作「唐」。

〔三〕十四：嘉興藏本作「十一」。

〔四〕二十八：清藏、四庫本作「一十八」。

〔五〕二紙：資福藏、普寧藏、永樂南藏本作「一紙」。

〔六〕城：原無，據永樂南藏、永樂北藏、嘉興藏、清藏、四庫本補。

〔七〕安玄：原無，據永樂南藏、永樂北藏、嘉興藏、清藏、四庫本補。

〔八〕士：清藏、四庫本誤作「十」。

〔九〕八紙：原作「六紙」，據諸校本及大唐内典録、貞元新定釋教目録改。
〔一〇〕二十四紙：清藏本作「一十四紙」。
〔一一〕卷：嘉興藏本誤作「紙」。
〔一二〕問：資福藏、普寧藏、嘉興藏、清藏、四庫本作「門」。
〔一三〕三十四紙：永樂南藏本作「二十四紙」。
〔一四〕十一卷：嘉興藏本作「十卷」。
〔一五〕隋：原作「宋」，據永樂南藏、永樂北藏、嘉興藏、清藏、四庫本改。
〔一六〕録：原無，據永樂北藏、嘉興藏、清藏、四庫本補。
〔一七〕天后：資福藏、永樂北藏、嘉興藏、清藏、四庫本於其前有一「唐」字。後三經同。
〔一八〕修行經：原作「修行」，資福藏、普寧藏本作「修行分」，據永樂南藏、永樂北藏、嘉興藏、清藏、四庫本改。
〔一九〕亦直名：嘉興藏本作「一直云」，永樂北藏、清藏、四庫本作「亦直云」。
〔二〇〕字一百二十紙：清藏本作「七一百一十紙」，四庫本作「字一百一十紙」。
〔二一〕説：原作「訛」，據資福藏本改。
〔二二〕一百二紙：永樂南藏本作「一百一紙」。
〔二三〕一袠：永樂南藏本無。
〔二四〕三十九紙：原作「二十九紙」，據諸校本及貞元新定釋教目録改。

〔二五〕亦直云：嘉興藏本作「一直云」。

〔二六〕一十二紙：原作「二十二紙」，據諸校本及貞元新定釋教目録改。

〔二七〕一十一紙：原作「二十一紙」，據諸校本及貞元新定釋教目録改。

〔二八〕或：原作「二」，據諸校本改。

〔二九〕菩薩十事：原作「菩薩牛事」，清藏、四庫本作「牛事」，據資福藏本改。

〔三〇〕逮：原作「建」，據文意校改。

〔三一〕或：原無，據資福藏本補。

〔三二〕二百四十七紙：原作「一百四十七紙」，據諸校本及貞元新定釋教目録校改。

〔三三〕右：原無，據永樂北藏、嘉興藏、清藏、四庫本補。

〔三四〕名：永樂北藏、嘉興藏、清藏、四庫本作「云」。

〔三五〕三紙：嘉興藏本無。

〔三六〕吴月支優婆塞支謙譯：嘉興藏本無。

〔三七〕乳光佛經一卷亦云乳光經六紙：嘉興藏本無。

〔三八〕三藏：嘉興藏本無。

〔三九〕二紙：永樂南藏、永樂北藏、嘉興藏、清藏、四庫本作「三紙」。

〔四〇〕一本：原作「一十」，據諸校本改。

〔四一〕五百二十六紙：嘉興藏本作「五百六十二紙」。

〔四二〕千眼：永樂北藏、嘉興藏、清藏、四庫本作「千手」。
〔四三〕大唐西天竺沙門伽梵達摩譯：原無，據永樂南藏、永樂北藏、嘉興藏、清藏、四庫本補。
〔四四〕表：原無，據資福藏、永樂北藏、嘉興藏、清藏、四庫本補。
〔四五〕呵：清藏、四庫本作「可」。
〔四六〕一卷：原作「一十卷」，據諸校本改。
〔四七〕譯：原作「釋」，據諸校本改。
〔四八〕乞伏秦沙門釋聖堅譯第一譯：原無，據永樂北藏、嘉興藏、清藏、四庫本補，永樂南藏本作「秦聖堅譯」。
〔四九〕失譯今附東晉録：永樂北藏、嘉興藏、清藏、四庫本無。
〔五〇〕失譯：永樂北藏、嘉興藏、清藏、四庫本於此前有「已上二經」四字。後經名相聯、譯者相同者，皆同此例，不一一出校。
〔五一〕第二譯：清藏本脱「二」，作「第譯」。四庫本作「一譯」。
〔五二〕二：嘉興藏本作「三」。
〔五三〕一十三：原作「一十二」，據諸校本改。
〔五四〕大周録：永樂北藏、嘉興藏、清藏、四庫本作「周録」。下同。
〔五五〕大唐：永樂北藏、嘉興藏、清藏、四庫本作「唐」。下同。
〔五六〕十二：永樂北藏、清藏、四庫本作「十一」。

〔五七〕拾遺：原作「十遺」，據諸校本改。下同。
〔五八〕私訶末經：永樂北藏、嘉興藏、清藏、四庫本作「私訶未經」。
〔五九〕一本闕：永樂北藏、嘉興藏、清藏、四庫本作「一闕」。
〔六〇〕一本闕：資福藏、普寧藏本作「一本」，永樂北藏、嘉興藏、清藏、四庫本作「一闕本」。
〔六一〕二十三：永樂北藏、嘉興藏、清藏、四庫本作「二十二」。
〔六二〕第三譯：永樂南藏本作「第一譯」。
〔六三〕抄：原作「紙」，據諸校本改。
〔六四〕或二卷：原作「或三卷」，據諸校本改。
〔六五〕鳩摩羅什譯：永樂北藏、嘉興藏、清藏、四庫本作「鳩摩蜜多譯」。
〔六六〕八闕：原作「一闕」，據諸校本改。
〔六七〕二闕：原作「一闕」，據諸校本改。
〔六八〕一十九：原作「二十九」，據諸校本改。
〔六九〕三卷：原作「一卷」，據諸校本改。
〔七〇〕或無：永樂北藏、嘉興藏、清藏、四庫本作「如無」。
〔七一〕三百三十一：清藏、四庫本作「二百三十一」。

大乘經單譯，一百三十一部，二百九十三卷，二十四袠〔一〕。

大法炬陀羅尼經二十卷。二袠，三百九十八紙。

隋天竺三藏闍那崛多等譯。

大威德陀羅尼經二十卷。二袠，三百六十八紙。

隋天竺三藏闍那崛多等譯。

佛名經十二卷。或云十三卷，或分爲二十卷。二百五十三紙。

元魏天竺三藏菩提留支譯。

三劫三千佛名經三卷。莊嚴劫上，賢劫中，星宿劫下。五十九紙。

失譯，今附梁録。

上二經，十五卷，二袠。上袠七，下袠八。

五千五百佛名經八卷。一百三十一紙。

隋天竺三藏闍那崛多等譯。

不思議功德諸佛所護念經二卷。或直云不思議功德經。或四卷。三十七紙。

曹魏代譯，失三藏名。拾遺編入。

上二經，十卷，同袠。

華手經十三卷。一名攝諸善根經。亦名攝諸福德經。或十一卷，或十二卷，或十卷。一袠，二百二十九紙。

姚秦三藏鳩摩羅什譯。
大方等陀羅尼經四卷。一名方等檀持陀羅尼經，或無「大」字。六十三紙。
北涼沙門法衆〔二〕於高昌郡譯。出寶唱録。
僧伽吒經四卷。五十一紙。
元魏優禪尼國王子月婆首那譯。
力莊嚴三昧經三卷。三十八紙。
隋天竺三藏那連提耶舍譯。
大方廣圓覺修多羅了義經一卷。二十七紙。
大唐罽賓沙門佛陀多羅譯。
上四經，十二卷，同袠。
觀佛三昧海經十卷。或云觀佛三昧經。或八卷。一袠，一百五十六紙。
東晉天竺三藏佛陀跋陀羅譯。
大方便佛報恩經七卷。一百二十六紙。
失譯，在後漢録。
菩薩本行經三卷。四十七紙。

失譯，今附東晉録。拾遺編入。

上二經，十卷，同帙。

法集經六卷。或七卷，或八卷。一百二十七紙。

元魏天竺三藏菩提留支譯。

觀察諸法行經四卷。六十三紙。

隋天竺三藏闍那崛多等譯。

上二經，十卷，同帙。

菩薩處胎經五卷。初云菩薩從兜術天降神母胎説普廣經。亦直云胎經。或八卷，或四卷。一百一十五紙。

姚秦涼州沙門竺佛念譯。

弘道廣顯三昧經四卷。一名阿耨達龍王所問決諸狐疑清淨，亦名入金剛問定意經，凡十二品。或二卷。五十五紙。

西晉三藏竺法護譯。

施燈功德經一卷。一名然燈經。一十五紙。

高齊天竺三藏那連提耶舍譯。

上三經，十卷，同帙。

央崛魔羅經四卷。七十八紙。
宋天竺三藏求那跋陀羅譯。
無所有菩薩經四卷。六十二紙。
隋天竺三藏闍那崛多等譯。出内典録。
明度五十校計經二卷。或無「明度」字，或無「五十」字。四十紙。
後漢安息三藏安世高譯。
上三經，十卷，同袠。
中陰經二卷。二十八紙。
姚秦涼州沙門竺佛念譯。
大法鼓經二卷。三十一紙。
宋天竺三藏求那跋陀羅譯。
文殊師利問經二卷。亦直云文殊問經。五十一紙。
梁扶南三藏僧伽婆羅譯。
月上女經二卷。維摩詰之女。一十九紙。
隋天竺三藏闍那崛多等譯。

大方廣如來秘密藏經二卷。二十四紙。

失譯，今附秦録。

大乘密嚴經三卷。五十六紙。

上五經，十卷，同衺。

三藏地婆訶羅譯。

占察善惡業報經二卷。亦名大乘實義經，出六根聚經。亦直云占察經，亦名地藏菩薩經。二十八紙。

外國沙門菩提登譯。

蓮華面經二卷。二十三紙。

隋天竺三藏那連提耶舍譯。

文殊師利問菩薩署經一卷。亦云文殊問署經。二十紙。

支婁迦讖譯。

大乘造像功德經二卷。或一卷。二十一紙。

于闐提雲般若譯。

上五經，十卷，同衺。

廣大寶樓閣善住秘密陀羅尼經三卷。四十紙。

菩提留志譯。
一字佛頂輪王經五卷。亦云五佛頂經。或四卷。二百二十一紙。
菩提留志譯。
大陀羅尼末法中一字心呪經一卷。一十四紙。
寶思惟譯。
上三經，九卷，同袠。
大佛頂如來密因修證了義諸菩薩萬行首楞嚴經十卷。一袠，一百四十三紙。
沙門懷迪譯。
大毗盧遮那成佛神變加持經七卷。亦云大毗盧遮那成佛經。一百三十五紙。
沙門一行譯。
蘇婆呼童子經三卷。亦云蘇婆呼請問經，或云蘇婆呼律，或云蘇婆呼。或二卷。四十九紙。
三藏輸波迦羅譯。
上二經，十卷，同袠。
蘇悉地羯羅經三卷。九十一紙。
三藏輸波迦羅譯。

牟梨曼陀羅呪經一卷。或無「經」字。三十三紙。

失譯。

金剛頂瑜伽中略出念誦法四卷。亦云經。八十一紙。

三藏金剛智譯。

上三經，八卷，同袠。

七佛所説神呪經四卷。初卷云七佛十一菩薩説大陀羅尼神呪經。七十三紙。

晉代譯，失三藏名。

大吉義神呪經二卷。或四卷。三十九紙。

曇曜譯。

文殊師利寶藏陀羅尼經一卷。

菩提流志譯。

金剛光焰止風雨陀羅尼經一卷。三十一紙。

菩提流志譯。

阿吒婆拘鬼神大將上佛陀羅尼經一卷。亦直云阿吒婆拘呪經。五紙。

阿弥陀鼓音聲王陀羅尼經一卷。四紙。

大普賢陀羅尼經一卷。三紙〔三〕。
大七寶陀羅尼經一卷。一紙。
六字大陀羅尼呪經一卷。二紙。
已上五經，失譯，今附梁録。
安宅神呪經一卷。亦云安宅呪法。四紙。
後漢失譯。
摩尼羅亶經一卷。亦云摩尼羅亶神呪經。四紙。
玄師〔四〕颰陀所説神呪經一卷。録云「幻師」，無「所説」字，或作「跋」字，亦云「波陀」，古録云〔五〕幻王跋陀經。二紙。
已上二經，沙門竺曇無蘭譯。
護諸童子陀羅尼呪經一卷。亦云護諸童子請求男女陀羅尼經。四紙。
元魏菩提留志譯。
諸佛心陀羅尼經一卷。三紙。
拔濟苦難陀羅尼經一卷。三紙。
八名普密陀羅尼經一卷。二紙〔六〕。

持世陀羅尼經一卷。四紙。

六門陀羅尼經一卷。一紙。

已上五經，唐玄奘譯。

清浄觀世音普賢陀羅尼經一卷。此經有一錯本，應須審之。五紙。

唐釋智通譯。

上十九經，二十三卷，同袠。

智炬陀羅尼經一卷。三紙。

諸佛集會陀羅尼經一卷。四紙。

已上二經，唐提雲般若譯。

隨求即得大自在陀羅尼神呪經一卷。亦云「隨求所得」。一十四紙。

唐寶思惟譯。

百千印陀羅尼經一卷。二紙。

救面然餓鬼陀羅尼神呪一卷。亦云施餓鬼食呪經，後根有施水呪。四紙。

已上二經，唐實叉難陀譯。

莊嚴王陀羅尼呪經一卷。四紙。

香王菩薩陀羅尼呪經一卷。二紙。
一切功德莊嚴王經一卷。一十四紙。
拔除罪障呪王經一卷。三紙。
善夜經一卷。三紙。
已上五經，唐義淨譯。
虚空藏菩薩能滿諸願最勝心陀羅尼求聞持法經一卷。亦云虚空藏菩薩求聞持法經。四紙。
唐輸波迦羅譯。
金剛頂經曼殊室利菩薩五字心陀羅尼品一卷。一十一紙。
觀自在如意輪菩薩瑜伽法要一卷。九紙。
已上二經，唐金剛智譯。
佛地經一卷。一十三紙。
唐玄奘譯。
佛垂般涅槃略説教誡經一卷。亦云佛臨般涅槃，一名遺教經。六紙。
姚秦三藏羅什譯。
出生菩提心經一卷。一十一紙。

隋闍那崛多等譯。

佛印三昧經一卷。三紙。

漢世高譯。

文殊師利般涅槃經一卷。四紙。

西晉居士聶道真譯。

異出菩薩本起經一卷。或無「起」字。一十一紙。

西晉聶道真譯。

千佛因緣經一卷。一十八紙。

姚秦羅什譯。

賢首經一卷。一名賢首夫人經。三紙。

乞伏秦釋聖堅譯。

月明菩薩經一卷。或加「三昧」字，或云月明童子經，亦云月明童男經。三紙。

吴月支優婆塞支謙譯。

心明經一卷。一名心明女梵志婦飯汁〔七〕施經。三紙。

滅十方冥經一卷。或云十方滅冥經。六紙。

鹿母經一卷。別有鹿子經一卷，與此全同。三紙。

魔逆經一卷。一十九紙。

已上四經，西晉竺法護譯。

上二十六經，二十六卷，同袠。

德光太子經一卷。一名賴吒和羅所問德光太子經。一十九紙。

西晉竺法護譯。

大意經一卷。五紙。

宋求那跋陀羅譯。

堅固女經一卷。一名牢固女經。六紙。

隋那連提耶舍譯。

商主天子所問經一卷。或無「所問」字。一十七（八）紙。

諸法最上王經一卷。二十三紙。

已上二經，隋闍那崛多等譯。

師子莊嚴王菩薩請問經一卷。一名八曼荼羅。五紙。

離垢慧菩薩所問禮佛法經一卷。六紙。

已上二經，唐那提譯。

受持七佛名号所生功德經一卷。四紙。

佛臨涅槃記法住經一卷。或加「般」字。五紙。

寂照神變三摩地經一卷。一十六紙。

已上三經，唐玄奘譯。

差摩婆帝受記經一卷。三紙。

不增不減經一卷。或云二卷者，誤。七紙。

已上二經，元魏菩提留支譯。

造塔功德經一卷。二紙。

唐地婆訶羅譯。

右遶佛塔功德經一卷。亦云繞塔功德經。三紙。

大乘四法經一卷。與重譯中日照出者，名字雖同，經體全異。八紙。

已上二經，唐實叉難陀譯。

有德女所問大乘經一卷。時有一本，可八九紙，文錯不堪。四紙。

唐菩提流志譯。

大乘流轉諸有經一卷。三紙。

妙色王因緣經一卷。四紙。

佛爲海龍王說法印經一卷。一紙。

已上三經，唐義浄譯。

師子素馱娑王斷肉經一卷。四紙。

唐釋智嚴譯。

般泥洹後灌臘經一卷。一名般泥洹後四輩灌臘經，亦直云灌臘經。二紙。

西晉竺法護譯。

八部佛名經一卷。亦云〔九〕八佛名經。三紙。

元魏般若流支譯。

上二十二經，二十二卷，同袠。

菩薩内習六波羅蜜經一卷。或云内六波羅蜜經。安公云出方等部。三紙〔一〇〕。

漢嚴佛調譯。

菩薩投身餓虎起塔因緣經一卷。僧祐録云以身施餓虎經。一十一紙。

北涼釋法盛譯。

金剛三昧本性清淨不壞不滅經一卷。亦名金剛清淨經。八紙。

失譯，今附秦録。

師子月佛本生經一卷。七紙。

失譯，今附秦録。

長者法志妻經一卷。三紙。

失譯，今附梁録。

薩羅國經一卷。或云薩羅國王經。四紙。

失譯，今附東晉録。

十吉祥經一卷。二紙。

失譯，今附秦録。

長者女菴提遮師子吼了義經一卷。六紙。

失譯，今附梁録。

一切智光明仙人慈心因緣不食肉經一卷。五紙。

失譯，今附秦録。

金剛三昧經二卷。或一卷。二十七紙。

北涼失譯。

法滅盡經一卷。三紙〔一一〕。

甚深大迴向經一卷。四紙。

已上二經，失譯，今附宋録。

天王太子辟羅經一卷。亦云太子辟羅經，或無「天王」字。二紙。

僧祐録云〔一二〕安公關中異經。

優婆夷淨行法門經二卷。亦直云淨行經，或無「經」字。三十二紙。

僧祐録云安公涼土異經。

八大人覺經一卷。一紙。

漢世高譯。

三品弟子經一卷。亦云弟子學有三輩經。三紙。

吴月支支謙〔一三〕譯。

四輩經一卷。或云四輩弟子經，或云四輩學經。三紙。

當來變經一卷。或云當來變識經。一紙〔一四〕。

過去佛分衛經一卷。或云「過世〔一五〕」。二紙。

已上三經，西晉竺法護譯。

十二頭陀經一卷。一名沙門頭陀經。五紙。

樹提伽經一卷。三紙。

已上三經，宋求那跋陀羅譯。

長壽王經一卷。六紙。

法常住經一卷。二紙。

已上二經，失譯，今附西晉録。

上二十三經，二十五卷，同袠。

校勘記

〔一〕二百九十三卷二十四袠：原作「一百九十三卷一十四袠」，據諸校本改。

〔二〕法譔：永樂南藏本作「法衆」。

〔三〕三紙：原作「二紙」，據資福藏、永樂北藏、嘉興藏、清藏、四庫本改。

〔四〕玄師：資福藏、永樂北藏、嘉興藏、清藏、四庫本作「幻師」。

〔五〕録云：永樂北藏、嘉興藏、清藏、四庫本作「云録」。

〔六〕二紙：原作「三紙」，據諸校本改。

〔七〕飯汁：原作「飯十」，據諸校本改。
〔八〕一十七：原作「一十二」，據諸校本改。
〔九〕亦云：永樂北藏、嘉興藏、清藏、四庫本作「亦名」。
〔一〇〕三紙：原作「二紙」，據諸校本改。
〔一一〕三紙：永樂北藏、嘉興藏、清藏、四庫本作「或一卷二十七紙」。
〔一二〕二紙僧祐録云：原作「僧祐録云二紙」，據文意改。
〔一三〕月支支謙：原作「月支謙」，據校本補一「支」字。
〔一四〕一紙：永樂北藏、嘉興藏、清藏、四庫本作「一卷」，資福藏、普寧藏本作「二紙」。
〔一五〕「過世」，原作「過出」，據校本及前文改。

大乘律，二十六部，五十四卷，五袠。

菩薩地持經十卷。或無「經」字，亦云「論」，亦云菩薩戒經，又名菩薩地。或八卷。一袠，一百八十六紙。

北涼曇無讖譯。

菩薩善戒經九卷。一名菩薩地，十卷。一百八十紙。

宋求那跋摩等譯。

净業障經一卷。一十五紙。

失譯，今附秦録。

上二〔一〕經，十卷，同袠。

優婆塞戒經七卷。或五卷，或六卷，或十卷。是在家菩薩〔二〕戒。一百三十一紙。

北涼曇無讖譯。

梵網經二卷。三十六紙。

姚秦羅什譯。

受十善戒經一卷。一十六紙。

漢失譯。

上三經，十卷，同袠。

菩薩瓔珞本業經二卷。或直云瓔珞本業經。三十九紙。

姚秦竺佛念譯。

佛藏經四卷。一名選擇諸法經。或三卷，或二卷。七十紙。

姚秦羅什譯。

菩薩戒本一卷。一十一紙。

北涼無讖譯。

菩薩戒本一卷。一十八紙。

菩薩戒羯磨文一卷。六紙。

已上二經，唐玄奘譯。

菩薩善戒經一卷。優波離問菩薩受戒法。一十五紙。

宋求那跋摩譯。

上六經，十卷，同袠。

菩薩内戒經一卷。十八紙。

優婆塞五戒威儀經一卷。一十五紙。

已上二經，宋求那跋摩譯。

文殊師利浄律經一卷。或直名浄律經。十三紙。

西晉竺法護譯。

清浄毗尼方廣經一卷。一十七紙。

姚秦羅什譯。

寂調音所問經一卷。一名如來所説清浄調伏經。十八紙。

宋釋法海譯。

大乘三聚懺悔經一卷。一十三紙。

隋闍那崛多等譯。

菩薩五法懺悔文一卷。亦名菩薩五法懺悔經。二紙。

失譯，今附梁録。

菩薩藏經一卷。一十紙。

梁僧伽婆羅譯。

三曼陀颰陀羅菩薩經一卷。三紙。

菩薩受齋經一卷。三紙。

已上二經，西晉聶道真譯。

文殊悔過經一卷。一名文殊五體悔過〔三〕經。二十一紙。

西晉竺法護譯。

舍利弗悔過經一卷。亦直名悔過經。五紙。

漢世高譯。

法律三昧經一卷。亦直名法律經。七紙。

吴支謙譯。

十善業道經一卷。六紙。

唐實叉難陀譯。

上十四經，十四卷，同袠。

校勘記

〔一〕二：原作「三」，據諸校本改。

〔二〕薩：原無，據資福藏、永樂北藏、嘉興藏、清藏、四庫本補。

〔三〕悔過：嘉興藏本誤作「海過」。

大乘論九十七部，五百一十八卷，五十袠。二十一部，一百五十五卷釋經論；七十六部，三百六十三卷集義論。

大智度論一百卷。或云大智度論。亦云摩訶般若釋論。或一百一十卷，或七十卷。十袠，二千〔一〕八十五紙。

十地經論十二卷。或十五卷。一袠，二百四十六紙。

姚秦羅什譯。

弥勒菩薩所問經論五卷。或六卷，或七卷，或八卷。一百二十八紙。

大乘寶積經論四卷。八十四紙。

已上三經，元魏菩提留支譯。

寶髻菩薩四法經論一卷。題云寶髻經四法優波提舍。一十二紙〔二〕。

元魏毗目智先譯。

上三論，十卷，同袠。

佛地經論七卷。一百一十七紙。

唐玄奘譯。

金剛般若論二卷。無著菩薩造。三十紙。

隋笈多譯。

能斷金剛般若波羅蜜多經論頌一卷。亦云能斷金剛論頌。四紙。

唐義浄論。

上三論，十卷，同袠。

金剛般若波羅蜜經論三卷。天親菩薩造。四十八紙。

元魏菩提留支譯。

能斷金剛般若波羅蜜多經論釋三卷。亦云能斷金剛論釋。三十三紙。

唐義浄譯。

金剛般若波羅蜜經破取著不壞假名論二卷。亦名功德施論。三十三紙。
唐地婆訶羅譯。
文殊師利菩薩問菩提經論二卷。亦云文殊問菩提經論，一名伽耶山頂經論。三十紙。
元魏菩提留支譯。
妙法蓮華經論一卷。題云妙法蓮華經優波提舍。二十五紙。
元魏勒那摩提共僧朗等譯。
上五論，十一卷，同袠。
法華經論二卷。初有歸敬頌者是。或一卷。題亦云妙法蓮華經優波提舍。三十〔三〕紙。
元魏留支共曇琳等譯。
勝思惟梵天所問經論四卷。或三卷。五十九紙。
元魏菩提留支譯。
涅槃論一卷。或云大般涅槃經論。一十紙。
沙門達磨菩提譯。
涅槃經本有今無偈論一卷。亦直云本有今無論。六紙。
梁真諦譯。

遺教經論一卷。二十六紙。
陳真諦譯。
無量壽經論一卷。題云無量壽經優波提舍願生偈。七紙（四）。
元魏菩提留支譯。
三具足經論一卷。題云三具足優波提舍。一十八紙。
元魏毗目智仙譯。
轉法輪經論一卷。題云轉法輪經優波提舍。一十紙。
元魏毗目智仙等譯。
上八論，十二卷，同袠。已上釋經論，已下集義論。
瑜伽師地論一百卷。十袠，一千八百十七紙。
顯揚聖教論二十卷。二袠，三百二十七紙。
瑜伽師地論釋一卷。一十九紙。
顯揚聖教論頌一卷。一十九紙。
王法正理論一卷。二十紙。
大乘阿毗達磨集論七卷。一百三（五）紙。

已上六經，唐玄奘譯。

上四論，十卷，同袠。

大乘阿毗達磨雜集論十六卷。亦呼爲對法論。二百五十五紙。

唐玄奘譯。

中論四卷。亦云中觀論。或八卷。九十八紙。

姚秦羅什譯。

上二論，二十卷，二袠。

般若燈論釋十五卷。二百五十一紙。

唐波羅頗蜜多羅譯。

十二門論一卷。二十四紙。

姚秦羅什譯。

十八空論一卷。二十紙。

陳真諦譯。

百論二卷。四十三紙。

姚秦羅什譯。

廣百論本一卷。八紙。

唐玄奘譯。

大乘廣百論釋論十卷。一袠，一百九十紙。

上五論，二十卷，二袠。

唐玄奘譯。

十住毗婆沙論十四卷。或無「論」字。或十二卷，或十五卷。二百七十六紙。

姚秦羅什譯。

菩提資糧論六卷。六十七紙。

隋笈多譯。

上二論，二十卷，二袠。

大乘莊嚴經論十三卷。或十五卷。一袠，二百五紙。

唐波羅頗蜜多羅譯。

大莊嚴經論十五卷。或無「經」字。或十卷。二百九紙。

姚秦羅什譯。

順中論二卷。題云順中論義入大〔六〕般若波羅蜜經初品法門。三十二紙。

元魏般若流支譯。

攝大乘論三卷。五十九紙。

真諦三藏譯。

上三論，二十卷，二袠。

攝大乘論二卷〔七〕。四十四紙。

佛陀扇多譯。

攝大乘論本三卷。六十一紙。

三藏玄奘譯。

攝大乘論釋十五卷。亦云「釋論」。或十二卷。三百二十七紙。

天親釋，真諦譯。

上三論，二十卷，二袠。

攝大乘論釋論十卷。一袠，一百五十六紙。

世親釋，笈多譯。

攝大乘論釋十卷。一袠，一百七十六紙。

世親釋，玄奘譯。

攝大乘論釋十卷。一袠，二百十六紙。

無性釋，玄奘譯。

佛性論四卷。八十三紙。

陳真諦譯。

決定藏論三卷。五十二紙。

梁真諦譯。

辯中邊論頌一卷。五紙。

唐玄奘譯。

中邊分別論二卷。或三卷。五十八紙。

陳真諦譯。

上四論，十卷，同袠。

辯中邊論三卷。三十九紙。

唐玄奘譯。

究竟一乘寶性論四卷。亦云寶性分別一乘增上論。或三卷，或五卷。八十紙。

元魏勒那摩提譯。

業成就論一卷。一十二〔八〕紙。

元魏毗目智仙等譯。

大乘成業論一卷。一十七紙。

唐玄奘譯。

因明正理門論本一卷。一十五紙。

三藏玄奘譯。

上五論，十卷，同袠。

因明正理門論一卷。一十六〔九〕紙。

三藏義浄譯。

因明入正理論一卷。六紙。

唐玄奘譯。

顯識論一卷。題云顯識品，從無相論出。一十九紙。

陳真諦譯。

轉識論一卷。三紙。

隋真諦譯。

唯識論一卷。一名破色心，初云唯識無境界，或云唯識無境界論。一十九紙。
元魏般若流支譯。
唯識論一卷。初云〔一〇〕修道不共他。一十紙。
陳真諦譯。
唯識三〔一一〕十論一卷。一十紙。
唐玄奘譯。
成唯識寶生論五卷。一名二十唯識順釋論。六十五紙。
唐義浄譯。
唯識三十論一卷。二紙。
唐玄奘譯。
上九論，十三卷，同袠。
成唯識論十卷。一袠，一百七十五紙。
唐玄奘譯。
大丈夫論二卷。三十四紙。
入大乘論二卷。四十一紙。

上二經，北涼釋道泰譯。

大乘掌珍論二卷。三十三紙。

唐玄奘譯。

大乘五蘊論一卷。八紙。

世親造，玄奘譯。

大乘廣五蘊論一卷。與前論異本，或無「廣」字。安慧造。一十三紙。

唐地婆訶羅譯。

寶行王正論一卷。一十九紙。

陳真諦譯。

大乘起信論一卷。二十五紙。

真諦三藏譯。

上七論，十卷，同袠。

大乘起信論二卷。二十四紙。

實叉難陀譯。

發菩提心論二卷。或云發菩提心經論。二十八紙。

姚秦羅什譯。

三無性論二卷。題云三無性論品，出無相論。三十五紙。

陳真諦譯。

方便心論一卷。或二卷，凡四品。十七紙。

元魏吉迦夜共曇曜譯。

如實論一卷。題云如實論反（二）質難品。二十三紙。

梁真諦譯。

無相思塵論一卷。或直云思塵論。三紙。

陳真諦譯。

觀所緣緣論一卷。三紙。

唐玄奘譯。

觀所緣論釋一卷。一十三紙。

唐義浄譯。

上八論，十一卷，同袠。

迴諍論一卷。二十五紙。

元魏毗目智仙等譯。

緣生論一卷。一十一紙。

隋〔一三〕笈多譯。

十二因緣論一卷。四紙。

元魏菩提留支譯。

壹輸盧迦論一卷。或云「壹書」。三紙。

元魏般若流支譯。

大乘百法明門論一卷。題云大乘百法明門論，本事分中，略録名數。二紙〔一四〕。

唐玄奘譯。

百字論一卷。八紙。

元魏菩提留支譯。

解捲論一卷。三紙。

陳真諦譯。

掌中論一卷。三紙。

取因假設論一卷。九紙。

觀揔相論頌一卷。二紙。

止觀門論頌一卷。四紙。

手杖論一卷。七紙。

六門教授習定論一卷。九紙。

已上六經，唐義浄譯。

大乘法界無差別論一卷。六紙。

唐提雲般若譯。

破外道小乘四宗論一卷。六紙。

元魏菩提留支譯。

破外道小乘涅槃論一卷。五紙。

元魏菩提留支譯。

上十六論，十六卷，同袠。

都計大乘經、律、論見入藏者揔六百三十八部，合二千七百四十五卷，二百五十八袠。

與前廣録部數不同者，前廣録中以大寶積經諸部合成，分爲四十九部上録，此合爲一部，故欠四十八，不同。

開元釋教録卷第十九入藏録上

校勘記

〔一〕二千：嘉興藏本作「二百」。
〔二〕題云寶髻經四法優波提舍一十二紙：嘉興藏本無。
〔三〕三十：清藏本作「二十」。
〔四〕七紙：嘉興藏本誤作「七卷」。
〔五〕一百三：原作「一百二」，據資福藏、永樂北藏、嘉興藏、清藏、四庫本及貞元新定釋教目録改。
〔六〕大：嘉興藏本作「天」。
〔七〕二卷：普寧藏本作「三卷」。
〔八〕一十二：原作「二十二」，據諸校本改。
〔九〕一十六：原作「二十六」，據諸校本改。
〔一〇〕初云：原作「或云」，據諸校本改。
〔一一〕三：原作「二」，據諸校本改。
〔一二〕反：永樂南藏本誤作「及」。
〔一三〕隋：原作「陳」，據永樂南藏本改。
〔一四〕二紙：原作「一紙」，據諸校本改。

音釋

濡首：上音軟。　燉煌：屯、皇二音。　刷護：上所劣反。　姑臧：下則郎反。　拔陂：上蒲末反，下音碑。或云「拔陀」。　颰：蒲末反。　伅真：上音屯。　姥：莫補反。　顗：語豈反。　迪：徒的反。　亶：丁罕反。

中國佛教典籍選刊

開元釋教録

四

〔唐〕智昇 撰

富世平 點校

中華書局

開元釋教録卷第二十 入藏録下

唐庚午歲西崇福寺沙門智昇撰

小乘入藏録下

小乘經、律、論〔一〕，揔三百三十部，一千七百六十二卷，一百六十五袠。賢聖集傳，附此卷末。此直列經名及標紙數，餘如廣録。

小乘經，二百四十部，六百十八卷，四十八袠。

小乘律，五十四部，四百四十六卷，四十五袠。

小乘論，三十六部，六百九十八卷，七十二袠。

校勘記

〔一〕論：原無，據文意補。

小乘經重單合譯，一百五十三部，三百九十四卷，三十一袠。

長阿含經二十二卷。二袠，四百三十一紙。

姚秦佛陀耶舍共竺佛念譯。

中阿含經六十卷。或五十八卷。六袠，一千一百四十六紙。

東晉僧伽提婆譯〔一〕。

增壹阿含經五十一卷。或五十卷，或四十二卷，或六十卷，或三十三卷。五袠，八百一十紙〔二〕。

東晉僧伽提婆譯。

雜阿含經五十卷。五袠，一千六十九紙。

宋求那跋陀羅譯。

別譯雜阿含經二十卷。二袠，三百九紙。

失譯，今附秦録。

佛般泥洹經二卷。或直云泥洹經。四十七紙〔三〕。

西晉白法祖譯。

大般涅槃經三卷。或二卷。五十一紙。

東晉釋法顯譯。

般泥洹經二卷。或直云泥洹經，亦云大般泥洹經。諸藏中，一卷者唯是上卷，欠下卷。四十五紙。

失譯，附東晉録。

人本欲生經一卷。一十五紙。

漢世高譯。

尸迦羅越六向拜經一卷。或云尸迦羅越六方禮經。四紙。

漢世高譯。

梵志阿颰經一卷。一名阿颰摩納經。安録直云阿颰經，名佛開解梵志阿颰經。一十四紙。

吴支謙譯。

梵網六十二見經一卷。一名梵網經。二十一紙。

吴支謙譯。

寂志果經一卷。一十六〔四〕紙。

東晉竺曇無蘭譯。

上八經，十二卷，同袠。

起世經十卷。一袠，一百六十七紙。

隋闍那崛多等譯。

起世因本經十卷。恐二本相濫，題下别云起世因本經。一袠。諸藏多是前本，此本稍稀。一百七十紙。

隋達磨笈多譯。

樓炭經六卷。或八卷，或五卷。一百三紙。

西晉釋法立共法炬譯。

長阿含十報法經二卷。亦名多增道章經，或直云十報經。廿七紙。

漢世高譯。

中本起經二卷。或云太子中本起經。四十七紙。

漢曇果共康孟詳譯。

上三經，十卷，同袠。

七知經一卷。或云七智經。二紙。

吴支謙譯。

鹹水喻經一卷。或云鹹水譬喻經。二紙。

失譯，今附西晉録。

一切流攝守因經一卷。或直云流攝經，或云一切流攝經，亦云一切流攝守經，亦云流攝守因經，亦云一切流攝守經。五紙。

漢世高譯。

四諦經一卷。九紙。

漢世高譯。

恒水經一卷。亦云恒河喻經。四紙。

西晉釋法炬譯。

本相倚致經一卷。亦云大相倚致，或作「猗」字。二紙。

漢世高譯。

緣本致經一卷。三紙。

失譯，今附東晉録。

頂生王故事經一卷。亦直云頂生王經。六紙。

西晉釋法炬譯。

文陀竭王經一卷。四紙。

北涼曇無讖譯。

閻羅王五天使者經一卷。一名鐵城泥犁經。三紙〔五〕。

宋釋慧簡譯。

鐵城泥犁經一卷。五紙。

東晉竺曇無蘭譯。

古來世時經一卷。五紙。

失譯，今附東晉録。

阿那律八念經一卷。或直云八念經，一名禪行斂意經。舊録云禪行檢意。四紙。

漢支曜譯。

離睡經一卷。三紙。

西晉竺法護譯。

是法非法經一卷。四紙。

漢世高譯。

求欲經一卷。十紙。

西晉釋法炬譯。

受歲經一卷。四紙。

西晉竺法護譯。

梵志計水浄經一卷。二紙。

失譯，今附東晉録。

苦陰經一卷。五紙。

失譯，在後漢録。

釋摩男本經一卷。一名〔六〕五陰因事經。四紙。

吴支謙譯。

苦陰因事經一卷。六紙。

西晉釋法炬譯。

樂想經一卷。二紙。

西晉竺法護譯。

漏分布經一卷。七紙。

漢世高譯。

阿耨颰經一卷。晉言「依次」。六紙〔七〕。

東晉竺曇無蘭譯。

諸法本經一卷。一紙。

吴支謙譯。

瞿曇弥記果經一卷。七紙。

宋釋慧簡譯。

瞻婆比丘經一卷。或云「瞻波」。四紙。
西晉釋法炬譯。
伏婬經一卷。三紙。
西晉釋法炬譯。
魔嬈亂經一卷。一云魔王入目連蘭腹經，一名弊魔試目連經。八紙。
失譯，在漢録。
弊魔試目連經一卷。一名魔嬈亂經。五紙。
吴支謙譯。
上三十經，三十卷，同衮。
賴吒和羅經一卷。一名羅漢賴吒和羅經。十一紙。
吴支謙譯。
善生子經一卷。四紙。
西晉支法度譯〔八〕。
數經一卷。四紙。
西晉釋法炬譯。

梵志頞羅延問種尊經一卷。或云頞羅延。七紙。
東晉曇無蘭譯。
三歸五戒慈心猒離功德經一卷。一紙。
失譯，今附東晉録。
須達經一卷。亦云須達長者經。四紙。
蕭齊天竺三藏求那毗地譯。
佛爲黄竹園老婆羅門説學經一卷。四紙。
失譯，今附宋録。
梵摩喻經一卷。九紙。
吴支謙譯。
尊上經一卷。四紙。
西晉竺法護譯。
鸚鵡經一卷。亦云兜調經，或作「兇」者，誤也。九紙。
宋求那跋陀羅譯。
兜調經一卷。四紙。

失譯，附西晉録。

意經一卷。三紙。

西晉竺法護譯。

應法經一卷。四紙。

西晉竺法護譯。

泥犁經一卷。或云中阿含泥犁經。十二紙。

東晉竺曇無蘭譯。

優陂夷墮舍迦經一卷。

失譯，今附宋録。

齋經一卷。一名持齋經。四紙。

吴支謙譯。

鞞摩肅經一卷。四紙。

宋求那跋陀羅譯。

婆羅門子命終愛念不離經一卷。四紙。

漢世高譯。

十支居士八城人經一卷。亦直云十支經。三紙。

漢世高譯。

邪見經一卷。三紙。

失譯，今附宋録。

箭喻經一卷。四紙。

失譯，今附東晉録。

普法義經一卷。一名具法行經，亦名普義經。九紙。

漢世高譯。

廣義法門經一卷。九紙。

陳真諦譯。

戒德香經一卷。或云戒德經。二紙。

東晉竺曇無蘭譯。

四人出現世間經一卷。四紙。

宋求那跋陀羅譯。

波斯匿王太后崩塵土坌身經一卷。三紙。

西晉釋法炬譯。
須摩提女經一卷。十六紙。
吴支謙譯。
婆羅門避死經一卷。一紙。
漢世高譯。
食施獲五福報經一卷。一名施色力經，一名福德經。二紙。
失譯，今附東晉録。
頻毗娑羅王詣佛供養經一卷。亦云「頻婆」。五紙。
西晉釋法炬譯。
長者子六過出家經一卷。三紙。
宋釋慧簡譯。
鴦崛摩經一卷。或有作「魔」字，或云指鬘經，或作指髻經。六紙。
西晉竺法護譯。
上三十二經，三十二卷，同袠。
鴦崛髻經一卷。六紙。

西晉釋法炬譯。

力士移山經一卷。亦直云移山經。六紙。

西晉竺法護譯。

四未曾有法經一卷。亦云四未曾有經，或無「法」字。二紙。

西晉竺法護譯。

舍利弗摩訶目揵連遊四衢經一卷。

漢康孟詳譯。

七佛父母姓字經一卷。或云七佛姓字經。四紙。

曹魏失譯。

放牛經一卷。亦云牧牛經。四紙。

姚秦羅什譯。

緣起經一卷。亦云十二緣起經。三紙。

唐玄奘譯。

十一想思念如來經一卷。或云十一思惟念如來經。一紙。

宋求那跋陀羅譯。

四泥犁經一卷。或云四大泥犁經。二紙。

東晉竺曇無蘭譯。

阿那邠邸化七子經一卷。四紙。

漢世高譯。

大愛道般泥洹經一卷。或作「涅槃」。七紙〔九〕。

西晉白法祖譯。

佛母般泥洹經一卷。四紙。

宋釋慧簡譯。

國王不犁先尼十夢經一卷。或作「泥」。五紙。

東晉竺曇無蘭譯。

舍衛王夢見十事經一卷。或直云十夢經，或云舍衛國王十夢經，或云波斯匿王十夢經。四紙。

失譯，今附西晉録。

阿難同學經一卷。三紙。

漢世高譯。

五蘊皆空經一卷。一紙。

唐義浄譯。
七處三觀經一卷。或二卷。十七紙。
漢世高譯。
聖法印經一卷。亦直云聖印經，亦云慧印經。天竺名阿遮曇摩文圖。二紙。
西晉竺法護譯。
雜阿含經一卷。二十一紙。
失譯，在魏吴録。
五陰譬喻經一卷。或無「譬」字，一名水沫所漂經。二紙。
漢世高譯。
水沫所漂經一卷。一名河中大聚沫經，一名聚沫譬經。二紙。
東晉竺曇無蘭譯。
不自守意經一卷。或云自守亦不自守經，或云不自守經。一紙。
吴支謙譯。
滿願子經一卷。二紙。
失譯，今附東晉録。

轉法輪經一卷。或云法輪轉經，京中諸藏並是轉法輪論，非是本經，應須簡擇。二紙。

漢世高譯。

三轉法輪經一卷。五紙。

唐義浄譯。

八正道經一卷。三紙〔一〇〕。

漢世高譯。

難提釋經一卷。四紙。

西晉法炬譯。

馬有三相經一卷。亦云善馬有三相經。一紙。

漢支曜譯。

馬有八態譬人經一卷。一名馬有八弊惡態經，亦直云馬有八態經。一紙。

漢支曜譯。

相應相可經一卷。二紙。

西晉釋法炬譯。

治禪病秘要經一卷。或云治禪病秘要治，無「經」字；或云禪要秘密治病經。或二卷。二十八紙。

宋居士沮渠京聲譯。

上三十一經，三十一卷，同袠。

摩鄧女經一卷。一名阿難爲蠱道女惑經，亦云摩鄧女。三紙。

漢世高譯。

摩鄧女解形中六事經一卷。三紙。

失譯，今附東晉録。

摩登伽經三卷。或二卷。三十四紙。

吴竺律炎共支謙譯。

舍頭諫經一卷。題云舍頭諫，晉曰太子二十八宿經，一名虎耳經，一名虎意經。二十六紙。

西晉竺法護譯。

鬼問目連經一卷。四紙。

漢世高譯。

雜藏經一卷。九紙。

東晉釋法顯譯。

餓鬼報應經一卷。一名目連説地獄餓鬼因緣經。五紙。

失譯，今附東晉録。

阿難問事佛吉凶經一卷。或名阿難問事經，亦云事佛吉凶經。五紙。

漢世高譯。

慢法經一卷。二紙。

西晉釋法炬譯。

阿難分别經一卷。亦云阿難問事佛吉凶經，或直云分别經。五紙。

乞伏秦釋聖堅譯。

五母子經一卷。二紙。

吴支謙譯。

沙弥羅經一卷。二紙。

西晉失譯。

玉耶女經一卷。或云玉瑘經。三紙。

失譯，今附西晉録。

玉耶經一卷。一名長者詣佛説子婦無敬經，或云玉耶女經。五紙。

東晉竺曇無蘭譯。

阿遬達經一卷。二紙。
宋求那跋陀羅譯。
修行本起經二卷。一名宿行本起經。三十二紙。
漢竺大力共康孟詳(二)譯。
上十六經，十九卷，同袠。
太子瑞應本起經二卷。亦云太子本起瑞應經(三)，亦直云瑞應本起經。三十一紙。
吴支謙譯。
過去現在因果經四卷。九十五紙。
宋求那跋陀羅譯。
法海經一卷。三紙。
西晉釋法炬譯。
海八德經一卷。三紙。
姚秦羅什譯。
四十二章經一卷。七紙。
漢迦葉摩騰共竺法蘭譯。

柰女耆域因緣經一卷。或云柰女耆域經，或直云柰女經。有云〔一三〕「柰女耆域國」者，誤也。一十七紙。

漢世高譯。

罪業應報教化地獄經一卷。或云地獄報應經。六紙。

漢世高譯。

龍王兄弟經一卷。一名難龍王經，亦名降龍王經。二紙。

吴支謙譯。

長者音悦經一卷。或云長者音悦不蘭迦葉經，亦直云音悦經。五紙。

吴支謙譯。

上九經，十三卷，同袠。

禪秘要經三卷。或云禪秘要法，無「經」字。或四卷。八十四紙。

姚秦羅什譯。

七女經一卷。一名七女本經。六紙。

吴支謙譯。

八師經一卷。四紙。

吴支謙譯。

越難經一卷。二紙。
西晉居士聶承遠譯。
所欲致患經一卷。六紙。
西晉竺法護譯。
阿闍世王問五逆經一卷。五紙。
西晉釋法炬譯。
五苦章句經一卷。一名諸天五苦經，一名五道章句經，一名淨除罪蓋娛樂佛法。十三〔一四〕紙。
東晉竺曇無蘭譯。
堅意經一卷。一名堅心正意經，一名堅心經。二紙。
漢世高譯。
淨飯王涅槃經一卷。或加「般」字。七紙。
宋京聲譯。
進學經一卷。或云勸進學道經。一紙。
宋京聲譯。
得道梯橙錫杖經一卷。題云得道梯橙經錫杖品第十二，亦直云錫杖經。三紙。

失譯，今附東晉録。

貧窮老公經一卷。一名貧老經。三紙。

宋釋慧簡譯。

三摩竭經一卷。一名須摩提女經，一名難國王經，一名恕和檀王經。八紙。

吴竺律炎譯。

蓱沙王五願經一卷。一名弗沙迦王經，或作「瓶」字。七紙。

吴支謙譯。

瑠璃王經一卷。或作「瓶」字，或作「流離」。七紙。

西晉竺法護譯。

上〔二五〕十五經，十七卷，同袠。

生經五卷。或四卷。一百九紙。

西晉竺法護譯。

義足經二卷。四十紙。

吴支謙譯。

上二經，七卷，同袠。

校勘記

〔一〕東晉僧伽提婆譯：永樂北藏、嘉興藏、清藏、四庫本無。本卷凡相連諸經譯者相同者，永樂北藏、嘉興藏、清藏、四庫本皆在最後一經著録譯者，前冠以「右二經」等。後皆同此例，不一一出校。
〔二〕八百一十紙：嘉興藏本作「八百二十紙」。
〔三〕四十七紙：永樂北藏、嘉興藏、清藏、四庫本作「計四十七紙」。
〔四〕一十六：原作「二十六」，據諸校本改。
〔五〕三紙：嘉興藏本作「四紙」。
〔六〕一名：嘉興藏、清藏、四庫本作「或云」，永樂北藏本作「或」。
〔七〕六紙：原無，據資福藏本補。
〔八〕支法度譯：原作「支譯」，資福藏、普寧藏本作「支度譯」，據永樂南藏、永樂北藏、嘉興藏、四庫本改。
〔九〕七紙：原作「十紙」，據諸校本改。
〔一〇〕三紙：資福藏、永樂南藏、永樂北藏、嘉興藏、清藏本作「二紙」，四庫本作「四紙」。
〔一一〕康孟詳：原作「孟詳」，據永樂南藏、永樂北藏、嘉興藏、清藏、四庫本改。
〔一二〕太子本起瑞應經：嘉興藏本作「大力本起瑞應經」。
〔一三〕有云：嘉興藏本作「或云」。
〔一四〕十三：嘉興藏本作「一十一」。
〔一五〕上：嘉興藏本作「上上」。

小乘經單譯，八十七部，二百二十四卷，一十七袠。

正法念處經七十卷。七袠，一千二百五紙。

元魏般若流支譯。

佛本行集經六十卷。或名皆集經。六袠，八百七十七(一)紙。

隋闍那崛多等譯。

本事經七卷。九十五紙。

唐玄奘譯。

興起行經二卷。亦名嚴誡(二)宿緣經。三十一紙。

漢康孟詳譯。

業報差別經一卷。一十五紙。

隋瞿曇法智譯。

上三經，十卷，同袠。

大安般守意經二卷。亦直云大安般經，或無(三)「大」字，安公云小安般經，或一卷。三十紙。

漢世高譯。

陰持入經二卷。或云除持入，誤也。或一卷。亦云住陰持入。三十二紙。

漢世高譯。

處處經一卷。一十五紙。

漢世高譯。

罵意經〔四〕一卷。一十五〔五〕紙。

漢世高譯。

分別善惡所起經一卷。一十五紙。

漢世高譯。

出家緣經一卷。一名出家因緣經。二紙。

漢世高譯。

阿鋡正行經一卷。一名正意。四紙。

漢世高譯。

十八泥犁經一卷。或云十八地獄經。六紙。

漢世高譯。

法受塵經一卷。一紙。

漢世高譯。

禪行法想經一卷。一紙。

漢世高譯。

長者子懊惱三處經一卷。一名長者夭惱三處經，亦云三處惱經。三紙。

漢世高譯。

犍陀國王經一卷。或無「國」字。二紙。

漢世高譯。

須摩提長者經一卷。一名會諸佛前，亦名如來所説示現衆生。八紙。

吴支謙譯。

阿難四事經一卷。四紙。

吴支謙譯。

未生怨經一卷。四紙。

吴支謙譯。

四願經一卷。三紙。

吴支謙譯。

黑氏梵志經一卷。三紙。

吴支謙譯。

猘狗經一卷。祐云與獗狗同。三紙〔六〕。

吴支謙譯。

分別經一卷。五紙。

西晉竺法護譯。

八關齋經一卷。二紙。

宋京聲譯。

阿鳩留經一卷。四紙。

失譯，今附漢録。

孝子經一卷。亦云孝子報恩經，二紙。

失譯，今附西晉録。

上二十二經，二十四卷，同袠。

五百弟子自説本起經一卷。或云佛五百弟子自説本起經，亦云五百弟子自説本末經，亦云五百弟子本起經。二十一紙。

西晉竺法護譯。

大迦葉本經一卷。或無「大」字。五紙。
西晉竺法護譯。
四自侵經一卷。五紙。
西晉竺法護譯。
羅云忍辱經一卷。或直云忍辱經。三紙。
西晉釋法炬譯。
佛爲年少比丘説正事經一卷。二紙。
西晉釋法炬譯。
沙曷比丘功德經一卷。三紙。
西晉釋法炬譯。
時非時經一卷。亦直云時經。二紙〔七〕。
外國法師若羅嚴譯。莫知帝代。
自愛經一卷。或云自愛不自愛經。五紙。
東晉竺曇無蘭譯。
中心經一卷。亦云中心正行經，或大忠心經，亦云小忠心經。五紙。

東晉竺曇無蘭譯。
見正經一卷。一名生死变識經。八紙。
東晉竺曇無蘭譯。
大魚事經一卷。二紙。
東晉竺曇無蘭譯。
阿難七夢經一卷。亦云七夢經。二紙。
東晉竺曇無蘭譯。
呵鵰阿那含經一卷。一名荷鵰，或作「苛」字。二紙。
東晉竺曇無蘭譯。
燈指因緣經一卷。九紙。
姚秦羅什譯。
婦人遇辜經一卷。一名婦遇對經。二紙。
乞伏秦釋聖堅譯。
四天王經一卷。三紙。
宋涼州釋智嚴共寶雲譯。

摩訶迦葉度貧母經一卷。四紙。
宋求那跋陀羅譯。
十二品生死經一卷。一紙。
宋求那跋陀羅譯。
罪福報應經一卷。一名轉輪五道罪福報應經，亦云轉五道經，亦云五道輪經。四紙。
宋求那跋陀羅譯。
五無返復經一卷。一名五反覆大義經，或作「附」字。二紙。
宋京聲譯。
佛大僧大經一卷。二兒名。七紙。
宋京聲譯。
耶祇經一卷。二紙。
宋京聲譯。
末羅王經一卷。二紙。
宋京聲譯。
摩達國王經一卷。或無「國」字。二紙。

宋京聲譯。
旃陀越國王經一卷。或無「國王」字。二紙。
宋京聲譯。
五恐怖世經一卷。或云五恐怖經〔八〕。二紙。
宋京聲譯。
弟子死復生經一卷。或云死亡更生經。六紙。
宋京聲譯。
懈怠耕者經一卷。或云懈怠耕兒經。二紙。
宋釋慧簡譯。
辯意長者子經一卷。或云長者辯意經，或加「所問」字。九紙。
元魏釋法場譯。
無垢優婆夷問經一卷。三紙。
元魏般若流支譯。
上三十經，三十卷，同袠。
賢者五福經一卷。一紙。

西晉白法祖譯。

天請問經一卷。二紙。

唐玄奘譯。

僧護經一卷。或云僧護因緣經，亦云因緣僧護經。二十紙。

失譯，今附東晉録。

護浄經一卷。二紙。

失譯，今附東晉録。

木槵子經。或作「患」字，亦作「櫰」。二紙。

失譯，今附東晉録。

無上處經一卷。一紙。

失譯，今附東晉録。

盧志長者因緣經一卷。十紙。

失譯，今附東晉録。

五王經一卷。五紙。

失譯，今附東晉録。

出家功德經一卷。非是賢愚中抄出者。五紙。
失譯，今附秦録。
栴檀樹經一卷。三紙。
安公古典經，附漢録。
頞多和多耆經一卷。二紙。
安公失譯經，今附西晉録。
普達王經一卷。四紙。
安公失譯經，今附西晉録。
佛滅度後棺殮葬送經一卷。一名比丘師經，亦名師比丘經。三紙。
安公失譯經，今附西晉録。
鬼子母經一卷。四紙。
安公失譯經，今附西晉録。
梵摩難國王經一卷。二紙。
安公失譯經，今附西晉録。
父母恩難報經一卷。亦云「勤報」。二紙。

漢世高譯。

孫多耶致經一卷。或云梵志孫多邪致經。三紙。

吴支謙譯。

新歲經一卷。六紙。

東晉竺曇無蘭譯。

群牛譬經一卷。二紙。

西晉釋法炬譯。

九横經一卷。二紙。

漢世高譯。

禪行三十七經一卷。或云禪行三十七品經。三紙。

漢世高譯。

比丘避女惡名欲自殺經一卷。一紙。

西晉釋法炬譯。

比丘聽施經一卷。一名聽施比丘經。三紙。

東晉竺曇無蘭譯。

身觀經一卷。二紙。
西晉竺法護譯。
無常經一卷。亦名三啓經。三紙。
唐義浄譯。
八無暇有暇經一卷。七紙。
唐義浄譯。
長爪梵志請問經一卷。三紙。
唐義浄譯。
譬喻經一卷。二紙。
唐義浄譯。
略教誡經一卷。二紙。
唐義浄譯。
療痔病經一卷。亦名療痔瘻經。二紙。
唐義浄譯。
上三十經，三十卷，同袠。

校勘記

〔一〕八百七十七：嘉興藏本作「八百八十七」。
〔二〕誡：原作「誠」，據諸校本改。
〔三〕或無：永樂南藏、嘉興藏、四庫本誤作「或作」。
〔四〕罵意經：原作「馬意經」，據諸校本改。
〔五〕一十五：永樂北藏、清藏、四庫本作「一十三」。
〔六〕三紙：諸校本作「二紙」。按：貞元新定釋教目録亦作「三紙」。
〔七〕二紙：原作「一紙」，據諸校本及貞元新定釋教目録改。
〔八〕五恐怖經：原作「五恐而經」，據資福藏、永樂北藏、嘉興藏、清藏、四庫本改。

小乘律，五十四部，四百四十六卷，四十五袠。

摩訶僧祇律四十卷。或云三十卷。四袠，九百九十七紙。

東晉佛陀跋陀羅共法顯譯。

十誦律六十一卷。六袠，一千四百三十紙。

姚秦弗若多羅共羅什譯。

根本説一切有部毗柰耶五十卷。五袠，八百七十五紙。

唐義浄譯。

根本説一切有部苾芻尼毗奈耶二十卷。二袠，三百五十九紙。

唐義浄譯。

根本説一切有部毗奈耶雜事四十卷。四袠，六百一十一紙。

唐義浄譯。

根本説一切有部尼陀那目得迦十卷。前五卷尼陀那，後五卷目得迦〔一〕。或八卷。一袠，一百二十五紙。

唐義浄譯。

五分律三十卷。亦云弥沙塞律，或云四卷〔二〕。三袠，五百九十七紙。

宋佛陀什共竺道生譯。

四分律六十卷。或四十五卷，或七十卷，或云四十卷，或云四十四卷。六袠，一千三百一十五紙。

姚秦佛陀耶舍共竺佛念譯。

僧祇比丘戒本一卷。亦云摩訶僧祇戒本。二十紙。

東晉佛陀跋陀羅譯。

僧祇比丘尼戒本一卷。亦云比丘尼波羅提木叉僧祇戒本。三十五紙。

東晉法顯共覺賢譯。
十誦比丘戒本一卷。亦云十誦波羅提木叉戒本。二十六紙。
姚秦羅什譯。
十誦比丘尼戒本一卷。亦云十誦比丘尼波羅提木叉戒本。二十六紙。
姚秦羅什譯。
根本説一切有部戒經一卷。二十八紙。
唐義浄譯。
根本説一切有部苾芻尼戒經一卷。三十四紙。
唐義浄譯。
五分比丘戒本一卷。亦云弥沙塞戒本。一十八紙。
宋佛陀什等譯。
上七經，七卷，同袠。
五分比丘尼戒本一卷。亦云弥沙塞尼戒本。二十九紙。
宋罽賓三藏佛陀什等譯。
四分比丘戒本一卷。沙門懷素依律集，題云四分戒本。二十四紙。

唐沙門懷素集出。

四分比丘尼戒本一卷。沙門懷素依律集，題云四分尼戒本。三十紙。

唐沙門懷素集出。

四分僧戒本一卷。或無「僧」字，或云曇無德戒本。三十三紙。

姚秦佛陀耶舍譯。

解脱戒本一卷。出迦葉毗部。三十二紙。

元魏般若流支譯。

沙彌十戒法并威儀一卷。亦云沙弥威儀戒本。二十一紙。

失譯，今附東晉録。

沙彌威儀一卷。或云沙弥威儀經。九紙。

宋求那跋摩譯。

沙彌尼雜戒文一卷。四紙。

失譯，今附東晉録。

沙彌尼戒經一卷。或無「經」字。五紙。

失譯，在漢録。

舍利弗問經一卷。十一紙。

失譯，今附東晉録。

上十經，十卷，同袠。

根本説一切有部百一羯磨十卷。一袠，一百四十六紙。

唐義浄譯。

大沙門百一羯磨法一卷。出十誦律，或云大沙門羯磨法。二十四〔三〕紙。

失譯，今附宋録。

十誦羯磨比丘要用一卷。出十誦律，或云略要羯磨法，或二卷。僧祐録云〔四〕二十四紙。

宋沙門僧璩〔五〕集出。

優波離問佛經一卷。或云優波離律。三十三紙。

失譯，在後漢録。

五分羯磨一卷。題云弥沙塞羯磨本。三十一紙。

唐沙門愛同集出。

四分雜羯磨一卷。題云曇無德律部雜羯磨，以結戒場爲首。二十四紙。

曹魏康僧鎧譯。

曇無德羯磨一卷。題云羯磨一卷，出曇無德律，以結大界爲首。三十七紙。

曹魏沙門曇諦譯。

四分比丘尼羯磨法一卷。祐云曇無德羯磨，或云雜羯磨。一十五紙。

宋求那跋摩譯。

上七經，七卷，同帙。

四分律删補隨機羯磨一卷。序題云曇無德部四分律删補隨機羯磨。四十七紙。

唐釋道宣集。

四分僧羯磨三卷。題云羯磨卷上，出四分律。八十紙。

唐釋懷素集出。

四分尼羯磨三卷。題云尼羯磨卷上，出四分律。七十紙。

唐釋懷素集出。

上三經，七卷，同帙。

大愛道比丘尼經二卷。亦云大愛道受戒經，或直云大愛道經。三十一紙。

失譯，今附北凉録。

迦葉禁戒經一卷。一名摩訶比丘經，亦云真僞沙門經。三紙。

宋京聲譯。

犯戒報應輕重經一卷。出目連問毗尼經，亦云罪報，或云目連問經。二紙。

漢世高譯。

戒銷災經一卷。或云戒伏銷災經。四紙。

吴支謙譯。

優婆塞五戒相經一卷。一名優婆塞五戒略論。一十四紙。

宋求那跋摩譯。

根本説一切有部毗奈耶頌五卷。或三卷。七十一紙。

唐義浄譯。

根本説一切有部毗奈耶雜事攝頌一卷。六紙〔六〕。

唐義浄譯。

根本説一切有部毗奈耶尼陀那目得迦攝頌一卷。尼陀那頌在先，目得迦頌在後。八紙。

唐義浄譯。

五百問事經一卷。三十三紙。

失譯，今附東晉録。

上九經，十四卷，同袠。

根本薩婆多部律攝二十卷。或十四卷。二帙，二百七十七紙。

唐義浄譯。

毗尼摩得勒伽十卷。初卷云薩婆多部毗尼摩得勒伽。一帙，一百八十八紙。

宋僧伽跋摩譯。

鼻柰耶律十卷。一名誡因緣經，亦名戒果因緣經，亦云鼻柰耶經。一帙，一百五十五紙。

姚秦竺佛念譯。

善見律毗婆沙十八卷。或云毗婆沙律，亦直云善見律。三百五十八紙。

蕭齊僧伽跋陀羅譯。

佛阿毗曇經二卷。亦云佛阿毗曇論。四十五紙。

陳真諦譯。

上二經，二十卷，二袠。

毗尼母經八卷。亦云毗尼母論。一百五十六紙。

失譯，今附秦録。

大比丘三千威儀經二卷。亦云大僧威儀經，或四卷。四十二紙。

漢世高譯。

上二經，十卷，同袠。

薩婆多毗尼毗婆沙九卷。一百八十七紙。

失譯，今附秦録。

律二十二明了論一卷。亦云明了論。二十四紙。

陳真諦譯。

上二經，十卷，同袠。

校勘記

〔一〕尼陀那後五卷目得迦：原作「尼那後五卷目得迦」，資福藏本作「尼陀那後五卷目得加」，據改。

〔二〕四卷：資福藏本作「三十四卷」。

〔三〕二十四：資福藏本作「二十二」。

〔四〕僧祐録云：原作「僧祐録云卷」，四庫本作「祐録云」，據永樂北藏、嘉興藏、清藏本改。

〔五〕僧璩：原作「僧琥」，據諸校本改。

〔六〕六紙：原無，據諸校本補。

小乘論，三十六部，六百九十八卷，七十二袠。

阿毗曇八犍度論三十卷。或無「論」字，或云迦栴延阿毗曇，或云阿毗曇經八犍度，或二十卷。三袠，四百六十二紙。

符秦僧伽提婆共竺佛念譯。

阿毗達磨發智論二十卷。二袠，迦多衍尼子造。三百五十八紙。

唐玄奘譯。

阿毗達磨法藴足論十二卷。一袠，大目犍連〔一〕造。一百八十九紙。

唐玄奘譯。

阿毗達磨集異門足論二十卷。二袠〔二〕，舍利弗造。一百七十八紙。

唐玄奘譯。

阿毗達磨識身足論十六卷。二百六十五〔三〕紙。

唐玄奘譯。

阿毗達磨界身足論三卷。三十九紙。

唐玄奘譯。

上二論，一十九卷，二袠。

阿毗達磨品類足論一十八卷。三百五十五紙。

唐玄奘譯。

衆事分阿毗曇論十二卷。或無「論」字。二百八紙。

宋求那跋陀羅譯。

上二論，三十卷，三袠。

阿毗曇毗婆沙論六十卷。六袠，或加「八犍度」字，或八十四卷，或一百九卷。一千二百九十三紙。

北涼沙門浮陀跋摩共道泰〔四〕譯。

阿毗達磨大毗婆沙論二百卷。或云阿毗達磨發智大毗婆沙。三千六十九紙。

唐玄奘譯。

阿毗達磨俱舍釋論二十二卷。或無「釋」字。四百七十一紙。

陳真諦譯。

阿毗達磨俱舍論本頌一卷。或三卷。二十三紙。

唐玄奘譯。

上二論，二十三卷，三袠。上袠七卷，中、下各八卷。

阿毗達磨俱舍論三十卷。三袠，四百六十五紙。

唐玄奘譯。

阿毗達磨順正理論八十卷。八袠，一千三百九十四紙。

唐玄奘譯。

阿毗達磨顯宗論四十卷。四袠，六百一十四紙。

唐玄奘譯。

阿毗曇心論四卷。或無「論」字。六十九紙。

東晉瞿曇僧伽提婆譯。

法勝阿毗曇心論經六卷。或無「經」字，或無「法勝」字。或七卷。或云法勝阿毗曇論，或加「別譯」字。一百五紙。

高齊那連提耶舍共法智譯。

上二論，十卷，同袠。

雜阿毗曇心論十一卷。或無「論」字，亦云雜阿毗曇經，亦云雜阿毗曇婆沙。或十四卷。二百七十九紙。

宋僧伽跋摩等譯。

阿毗曇甘露味論二卷。或云甘露味阿毗曇，或無「論」字。四十六紙。

曹魏代譯，失三藏名。

隨相論一卷。或云求那摩諦隨相論。三十四紙。

陳真諦譯。

上三論，十四卷，二袠。

尊婆須蜜菩薩所集論十卷。或十二卷，或十四卷。亦云婆須密經。三百六十二紙。

符秦僧伽跋澄等譯。

三法度論〔五〕二卷。或無「論」字，或云「論」，或云「經」。或三卷，或云十卷〔六〕。四十九紙。

東晉瞿曇僧伽提婆譯。

入阿毗達磨論〔七〕二卷。二十八紙。

唐玄奘譯。

上三論，十四卷，一袠。

成實論二十卷。凡二百二品。或二十七卷，或十四卷，或十六卷。二袠，三百九十八紙。

姚秦羅什譯。

立世阿毗曇論十卷。一袠，或無「論」字。題云立世毗曇藏，或云十五卷，亦名天地記經。一百六十四紙。

陳真諦譯。

解脱道論十二卷。或十三卷。一百九十七紙。

梁僧伽婆羅譯。

舍利弗阿毗曇論二十二卷。或無「論」字。或二十卷，或三十卷。六百四紙。

姚秦曇摩耶舍共曇摩崛多譯。

五事毗婆沙論二卷。亦云阿毗達磨五事論。二十四紙。

唐玄奘譯。

上二論，二十四卷，三袠。

鞞婆沙論十四卷。亦云鞞婆沙阿毗曇論，下云〔八〕廣説，或十五卷、十九卷，或無「論」字。三百三十五〔九〕紙。

符秦僧伽跋澄譯。

三彌底部論三卷。或無「部」字，或云四卷。三十六紙。

失譯，今附秦録。

上二論，十七卷，二袠。上袠八，下袠九。

分別功德論四卷。或云分別功德經，或三卷，或五卷。七十一紙。

失譯，在漢録。

四諦論四卷。七十五紙。

陳真諦譯。

辟支佛因緣論二卷。二十紙。
失譯，今附秦録。
十八部論一卷。八紙。
失譯，今附秦録。
部執異論一卷。亦名部異執論。九紙。
陳真諦譯。
異部宗輪論一卷。八紙。
唐玄奘譯。
上六論，十三卷，同袠。

校勘記

〔一〕大目犍連：清藏、四庫本作「大目連」。
〔二〕二袠：原作「一袠」，據諸校本改。
〔三〕二百六十五：原作「二百六十一」。按：貞元新定釋教目録作「一百六十五」。
〔四〕道泰：原作「道秦」，據諸校本改。
〔五〕三法度論：清藏、四庫本作「三法度論」。

〔六〕或云十卷：資福藏、普寧藏本作「或云一卷」。

〔七〕入阿毗達磨論：原作「大阿毗達磨論」，據諸校本改。

〔八〕下云：資福藏、普寧藏本作「亦云」。

〔九〕三百三十五：資福藏、普寧藏本作「三百三十四」。

賢聖集，一百八部，五百四十一卷，五十七袠。六十八部，一百七十三卷，梵本翻出；四十部，三百六十八卷，此方所〔一〕撰集。

佛所行讚經傳五卷。或云「經」，無「傳」字；或云「傳」，無「經」字，亦云佛本行經。九十紙。

北涼曇無讖譯。

佛本行經七卷。一名佛本行讚傳。一百一十三紙。

宋釋寶雲譯。

上二集，十二卷，同袠。

撰集百緣經十卷。一袠，一百五十紙。

吳支謙譯。

出曜經二十卷。亦云出曜論，或十九卷。四百八十四紙。

姚秦竺佛念譯。

賢愚經十三卷。或云十五卷，或十六卷，或十七卷。亦云賢愚因緣經。二百八十三紙。

元魏沙門惠覺等譯。

上二集，三十三卷，四袠。上三袠，各八卷。第四袠，九卷。

道地經一卷。或云大道地經。是修行經抄。元外國略，十一本〔二〕八紙。

漢世高譯。

修行道地經六卷。初卷題云揄遮伽復弥經，晉曰〔三〕修行道地，或直云修行經。或七卷。一百三十五紙。

西晉竺法護譯。

僧伽羅刹所集經三卷。或云僧伽羅刹集。或五卷。八十五紙。

符秦僧伽跋澄等譯。

上三集，十卷，同袠。

百喻經四卷。或五卷，或云十卷，未詳。亦云百句譬喻經。四十六紙。

蕭齊求那毗地譯。

菩薩本緣經三卷。亦云菩薩本緣集經，或二卷，或四卷。五十四紙。

吴支謙譯。

大乘修行菩薩行門諸經要集三卷。八十一紙。

唐釋智嚴譯。

上三集，十卷，同袠。

付法藏因緣傳六卷。或無「因緣」字，亦云付法藏經。或四卷，或三卷。八十二紙。

元魏吉迦夜共曇曜譯。

坐禪三昧經三卷。一名菩薩禪法經。或直云禪經，或云阿蘭若習禪法經。或二卷。五十紙。

姚秦羅什譯。

佛醫經一卷。亦云佛醫王經〔四〕，五紙。

吴竺律炎共支越譯。

惟曰雜難經一卷。一十五〔五〕紙。

吴支謙譯。

佛般泥洹摩訶迦葉赴佛經一卷。亦云迦葉赴佛般涅槃經。二紙。

東晉竺曇無蘭譯。

菩薩呵色欲法一卷。一紙。

姚秦羅什譯。

四品學法經一卷。或無「經」字。二紙。

宋求那跋陀羅譯。

佛入涅槃密迹金剛力士哀戀經一卷。六紙。

失譯，今附秦録。

迦旃延説法没盡偈經一卷。題云佛比丘迦旃延説法没盡偈一百二十章，亦直云迦旃延偈。五紙。

失譯，今附西晉録。

佛治身經一卷。或云治身經。一紙。

失譯，今附西晉録。

治意經一卷。或云佛治意經。一紙。

失譯，今附西晉録。

上十一集，十八卷，同袠。

雜寶藏經八卷。或云十三卷。百五十三（六）紙。

元魏吉迦夜共曇曜譯。

那先比丘經二卷。或云那先經，或三卷。三十一紙。

失譯，今附東晉録。

上二集，十卷，同袠。

五門禪經要用法一卷。三十一紙。

宋曇摩蜜多譯。

達摩多羅禪經二卷。一名庾伽遮羅浮述譯言修行道地，一名不浄觀經，亦名修行方便禪經。祐云禪經修行方便。五十一紙。

東晉佛陀跋陀羅譯。

禪法要解二卷。一名禪要經。三十四紙。

姚秦羅什譯。

禪要呵欲經一卷。題云禪要經呵欲品。四紙。

漢失譯。

内身觀章句經一卷。或云無「句」字。二紙。

漢失譯。

法觀經一卷。六紙。

西晉竺法護譯。

思惟略要法一卷。或云思惟要略法經，或直云思惟經。十紙。

姚秦羅什譯。

十二遊經一卷。六紙。

東晉迦留陀伽譯。

舊雜譬喻經二卷。亦云雜譬喻集經。三十七紙。

吴康僧會譯。

雜譬喻經一卷。九紙。

漢支婁迦讖譯。

上十集，十三卷，同袠。

雜譬喻經二卷。一名菩薩度人經。二十五紙。

失譯，在漢録。

雜譬喻經一卷。二十八紙。

姚秦羅什譯。

阿育王譬喻經一卷。題云天尊説阿育王譬喻經。古經呼佛爲天尊，即佛説也。七紙。

失譯，附東晉録。

阿育王經十卷。一百一十一紙。

梁三藏僧伽婆羅譯。

上四集，十四卷，同袠。

阿育王傳七卷。或加「大」字，或五卷，亦云大阿育王經。一百紙。

西晉安法欽譯。

阿育王息壞目因緣經一卷。序題云阿育王太子法益壞目因緣經，亦云阿育王太子壞目因緣，無「經」字。二十六紙。

符秦曇摩難提譯。

四阿含暮抄解二卷。亦云四阿含暮抄經。四十六紙。

符秦鳩摩羅佛提等譯。

上三集，十卷，同袠。

法句經二卷。亦云法句集法〔七〕。三十四紙。

吴沙門維祇難等譯。

法句譬喻經四卷。一名法句本末經，亦云法句喻經。或五卷，或六卷。九十五紙。

西晉釋法立共法炬譯。

迦葉結經一卷。八紙。

漢世高譯。

撰集三藏及雜藏傳一卷。亦云撰三藏經及雜藏經。八紙。

失譯，今附東晉録。

三慧經一卷。安公涼土異經。十二紙。

今附北涼録。

阿毗曇五法行經一卷。亦云阿毗曇苦慧經，亦云阿毗曇五法經。十一紙。

漢世高譯。

阿含口解十二因緣經一卷。亦名斷十二因緣經，亦云阿含口解經。八紙。

漢安玄共嚴佛調譯。

小道地經一卷。四紙。

漢支曜譯。

文殊師利發願經一卷。或加「偈」字。二紙。

東晉佛跋陀羅譯。

六菩薩名一卷。房入藏云六（八）菩薩名亦當誦持。一紙。

漢失譯。

一百五十讃佛頌一卷。六紙。
唐義浄譯。
讃觀世音菩薩頌一卷。四紙。
唐釋慧智譯。
上十二集，十六卷，同袠。
無明羅刹集一卷。亦云無明羅刹經，或二卷。二十三紙。
失譯，今附秦録。
馬鳴菩薩傳一卷。二紙。
姚秦羅什譯。
龍樹菩薩傳一卷。三紙。
姚秦羅什譯。
提婆菩薩傳一卷。四紙。
姚秦羅什譯。
婆藪盤豆法師傳一卷。此曰「天親」。十紙。
陳真諦譯。

龍樹菩薩爲禪陀迦王説法要偈一卷。九紙。

宋求那跋摩譯。

勸發諸王要偈一卷。六紙。

宋僧伽跋摩譯。

龍樹菩薩勸誡王頌一卷。六紙。

唐義浄譯。

賓頭盧突羅闍爲優陀延王説法經一卷。亦云賓頭盧爲王説法經。八紙。

宋求那跋陀羅譯。

請賓頭盧法一卷。或云請賓頭盧法經。二紙。

宋沙門慧簡譯。

分別業報略一卷。或云大勇菩薩分別業報經，或云分業報略集。八紙。

宋僧伽跋摩譯。

迦丁比丘説當來變經一卷。或直云迦丁比丘經。九紙。

失譯，今附宋録。

大阿羅漢難提蜜多羅所説法住記一卷。七紙。

唐玄奘譯。

金七十論三卷。亦名僧佉論，或二卷。五十三〔九〕紙。

陳真諦譯。

勝宗十句義論一卷。十一紙。

唐玄奘譯。

上十五集，十七卷，同袠。已上梵本翻譯，已下此方撰集。

釋迦譜十卷。別有五卷本，與此廣略異。二百三十八紙。

蕭齊釋僧祐撰。

釋迦氏略譜一卷。或無「略」字。四十三紙。

唐釋道宣撰。

釋迦方志二卷。八十四紙。

唐釋道宣撰。

上三集，十三卷，二袠。上袠七卷，下袠六卷。

經律異相五十卷。五袠，八百二十七紙。

梁沙門寶唱等撰。

陀羅尼雜集十卷。一袠，一百一十八〔〇〕紙。

未詳撰者。

諸經要集二十卷。五百八十二紙。

唐沙門玄惲撰。

上一集，二十卷，分爲三袠。上、下各七卷，中袠六卷。

出三藏記集十五卷。三百一十四紙。

梁沙門釋僧祐撰。

衆經目録七卷。六十三紙。

隋沙門法經等撰。

上二集，二十二卷，二袠。上袠十卷，下袠十二卷。

開皇三寶録十五卷。内題云歷代三寶紀。三百八紙。

隋學士費長房撰。

衆經目録五卷。隋仁壽二年勑翻經沙門及〔二〕學士等撰。八十四紙。

上二集，二十卷，二袠。

大唐内典録十卷。一袠，三百二十紙。

唐釋道宣撰。
續大唐内典録一卷。二十二紙。
唐釋智昇撰。
古今譯經圖紀四卷。六十紙。
唐釋靖邁撰。
續古今譯經圖紀一卷。十六紙。
唐釋智昇撰。
大周刊定衆經目録十五卷。三百九十七紙。
唐沙門釋明佺等撰。
上四集，二十一卷，二袠。上袠十一卷，下袠十卷。
開元釋教録二十卷。二袠，五百四十五紙。
唐釋智昇撰。
一切經音義二十五卷。或三十卷。七百六十八紙。
唐釋玄應撰。
新譯大方廣佛華嚴經音義二卷。四十九紙。

唐釋慧苑撰。

上二集，二十七卷，四袠。第一袠六卷，下三袠各七卷。

大唐西域記十二卷。二百三十四紙。

唐玄奘譯。

集古今佛道論衡四卷。或三卷。九十九紙。

唐釋道宣撰。

續集古今佛道論衡一卷。二十三〔三〕紙。

唐釋智昇撰。

上三集，十七卷，二袠。上袠八卷，下袠九卷。

東夏三寶感通録三卷。亦云集神州三寶感通録。九十七紙。

唐釋道宣撰。

集沙門不拜俗儀六卷。九十七紙。

唐沙門釋彦琮撰。

上二集，九卷，同袠。

大唐慈恩寺三藏法師傳十卷。一袠，一百七十紙。

唐釋慧立等撰。
大唐西域求法高僧傳二卷。三十五〔一三〕紙。
唐義浄撰。
法顯傳一卷。亦云歷遊天竺記傳。二十九紙。
法顯撰。
高僧傳十四卷。一卷是目録。三百一十一紙。
梁釋慧皎撰。
上三集，十七卷，二袠。上袠九卷，下袠八卷。
續高僧傳三十卷。八百三十紙。
大唐〔一四〕京兆西明寺沙門釋道宣撰。
上一集，三十卷，分爲四袠。第一、第二各八卷，第三、第四各七卷。
辯正論八卷。一袠，一百七十八紙。
唐釋法琳撰。
破邪論二卷。或一卷。四十五紙。
唐釋法琳撰。

甄正論三卷。三十六紙。

唐釋玄嶷撰。

十門辯惑論二卷。或三卷。二十七紙。

唐沙門釋復禮撰。

弘明集十四卷。二百八十九紙。

梁釋僧祐撰。

上五集，二十一卷，三袠。紙數論可知也。

廣弘明集三十卷。一百七十紙。

唐釋道宣撰。

上一集，三十卷，分爲四袠。第一袠十卷，第二袠七卷，第三袠七卷，第四袠六卷。

集諸經禮懺儀二卷。五十七紙。

唐釋智昇撰。

大唐南海寄歸内法傳四卷。八十七紙。

唐釋義浄撰。

比丘尼傳四卷。四十二紙。

梁沙門寶唱撰。

別説罪要行法一卷。或無「別」字。四紙〔一五〕。

唐釋義浄撰。

受用三水要法一卷。或云要行法。四紙。

唐釋義浄撰。

護命放生軌儀一卷。或云軌儀法。二紙。

唐釋義浄撰。

上六集，十三卷，同袠。

都計小乘經、律、論及賢聖傳見入藏者，摠四百三十八部，合二千三百三卷，二百二十二袠。

開元釋教録卷第二十入藏録下

校勘記

〔一〕所：資福藏本無。

〔二〕十一本：資福藏本作「元外國本一十」，永樂南藏本作「本一本」。

〔三〕晉曰：資福藏、普寧藏、永樂北藏、嘉興藏、清藏本作「此曰」。

〔四〕佛醫王經：清藏本作「佛醫土經」，四庫本作「佛醫上經」。
〔五〕一十五：原作「二十五」，據諸校本改。
〔六〕百五十三：資福藏、普寧藏、嘉興藏、四庫本作「百五十二」。
〔七〕法句集法：原作「法句經法」，資福藏、普寧藏本作「去句集法」，據永樂南藏、永樂北藏、嘉興藏、清藏、四庫本改。
〔八〕六：原無，據文意從歷代三寶紀補。
〔九〕二卷五十三：原作「一卷五十三」，永樂北藏、嘉興藏、清藏、四庫本作「二卷五十二」，據資福藏、普寧藏本改。
〔一〇〕一百一十八：資福藏、普寧藏本作「一百八十八」。
〔一一〕及：原作「乃」，據永樂南藏、永樂北藏、嘉興藏、清藏、四庫本改。
〔一二〕二十三：原作「二十二」，據諸校本改。
〔一三〕三十五：原作「三十三」，四庫本作「二十五」，據永樂南藏、永樂北藏、嘉興藏、清藏本改。
〔一四〕大唐：諸校本作「唐」。
〔一五〕四紙：永樂北藏、嘉興藏、清藏、四庫本作「計四紙」。

附録一　高麗藏本開元釋教録入藏録

卷第十九入藏録上〔一〕

唐庚午歲西崇福寺沙門智昇撰

合大小乘經律論及聖賢集傳見入藏者，總一千七十六部，合五千四十八卷，成四百八十帙。

大乘入藏録上〔二〕大乘經、律、論總六百三十八部，二千七百四十五卷，二百五十八帙。此直列經名及標紙數，餘如廣録〔三〕。

大乘經，五百一十五部，二千一百七十三卷，二百三帙。

大乘律，二十六部，五十四卷，五帙。

大乘論，九十七部，五百一十八卷，五十帙。

校勘記

〔一〕入藏録上：金藏本無。

〔二〕入藏録上：金藏本作「入藏目録上」。
〔三〕及標紙數餘如廣録：金藏本作「標紙數餘如廣目録」。

大乘經重單合譯，三百八十四部，一千八百八十卷，一百七十九帙。

大般若波羅蜜多經六百卷，十六會説，六十帙。一萬五百八十一紙。

放光般若波羅蜜經三十卷，亦云放光摩訶般若經，三帙，或二帙。亦云摩訶般若放光。四百六十六紙。

摩訶般若波羅蜜經四十卷，亦名大品般若經。僧祐録云新大品。或二十四卷，或二十七卷、三十卷。六百二十三紙。

光讚般若波羅蜜經十五卷，亦云光讚摩訶般若經。或十卷。二百二十一紙。

摩訶般若波羅蜜鈔經五卷，或無「鈔」字。亦名長安品經，一名須菩提品經。或七卷。九十紙。

上二經，二十卷，二帙。

道行般若波羅蜜經十卷，一帙。題云摩訶般若波羅蜜道行經。或八卷。亦云般若道行品經。一百七十紙。

小品般若波羅蜜經十卷，題云摩訶般若波羅蜜經，無「小品」字。一帙。一百五十紙。

大明度無極經四卷，亦直名大明度經。或六卷。九十四紙。
勝天王般若波羅蜜經七卷，一百二十五紙。
上二經，十一卷，同帙。
文殊師利所説摩訶般若波羅蜜經二卷。亦直云文殊般若波羅蜜經。或一卷。二十一紙。
文殊師利所説般若波羅蜜經一卷，二十紙。
濡首菩薩無上清浄分衛經二卷，一名決了諸法如幻化三昧經。二十八紙。
金剛般若波羅蜜經一卷，舍衛國第一譯。一十二紙。
金剛般若波羅蜜經一卷，婆伽婆第二譯。一十四紙。
金剛般若波羅蜜經一卷，祇樹林第三譯。一十四紙。
能斷金剛般若波羅蜜多經一卷，室羅筏第四譯。一十九紙。
能斷金剛般若波羅蜜多〔一〕經一卷，名稱城戰勝林第五譯。一十二紙。
實相般若波羅蜜經一卷，八紙。
仁王護國般若波羅蜜經二卷，亦云仁王般若經。或一卷。二十八紙。
摩訶般若波羅蜜大明呪經一卷，亦云摩訶大明呪經。一紙。
般若波羅蜜多心經一卷。亦云般若心經。一紙。

上十二經，十五卷，同帙。

大寶積經一百二十卷，四十九會說合成一部，十二帙。一千九百九十一紙。

大方廣三戒經三卷，四十六紙。

無量清淨平等覺經二卷。亦直云無量清淨經。或四卷。六十一紙。

阿彌陀經二卷。上卷題云佛說諸佛阿彌陀三耶三佛薩樓佛檀過度人道經，亦名無量壽經。五十五紙。

無量壽經二卷，三十九紙。

上四經，九卷，同帙。

阿閦佛國經二卷，一名阿閦佛刹諸菩薩學成品經。四十紙。

大乘十法經一卷，佛住王舍城者。二十紙。

普門品經一卷，亦云普門經。二十二紙。

胞胎經一卷，一名胞胎受身經。一十五紙。

文殊師利佛土嚴淨經二卷，或直云嚴淨佛土經〔二〕，亦經直云〔三〕佛土嚴淨經。二十五紙。

法鏡經二卷，或一卷。二十五紙。

上六經，九卷，同帙。

郁迦羅越問菩薩行經一卷，或云郁迦長者問居家菩薩行經。二十五紙。

幻士仁賢經一卷。或云仁賢幻士經。一十八紙。
決定毗尼經一卷。一名破壞一切心識。一十七紙。
發覺浄心經二卷，二十八紙。
優填王經一卷，五紙。
須摩提經一卷，有加「菩薩」字。亦云須摩經。八紙。
須摩提菩薩經一卷，九紙。
阿闍貰王女阿術達菩薩經一卷，亦名阿闍貰女經，亦直名阿述達經〔四〕。一十九紙。
離垢施女經一卷，二十三紙。
　上九經，十卷，同帙。
得無垢女經一卷。一名論議辯才法門，或云無垢女經。二十五紙。
文殊師利所説不思議佛境界經二卷。或一卷。有一本乃是僞經佛性海藏，題爲文殊所説，應審觀也〔五〕。二十四紙。
如幻三昧經二卷。或三卷，或四卷。五十七紙。
聖善住意天子所問經三卷。或四卷。五十七紙。
太子刷護經一卷，五紙。

大子和休經一卷，或云「私休」。四紙。

上六經，十卷，同帙。

慧上菩薩問大善權經二卷，或一卷。或直云大善權經，或云方便所度无極經，或云慧上菩薩經，或云善權方便經。三十一紙。

大乘顯識經二卷，二十五紙。

大乘方等要慧經一卷，一紙。

彌勒菩薩所問本願經一卷，或無「所問」字。亦云彌勒本願經，一名彌勒難經。八紙。

佛遺日摩尼寶經一卷，一名古品遺日說般若經，一名大寶積經，一名摩訶衍寶嚴經。一十六紙。

摩訶衍寶嚴經一卷，一名大迦葉品。二十紙。

勝鬘師子吼一乘大方便方廣經一卷，亦直名勝鬘經。或二卷。十九紙。

毗耶娑問經二卷，三十四紙。

上八經，十一卷，同帙。

大方等大集經三十卷，三帙。或二十九卷，或三十一卷，或三十二卷，或四十卷。六百二十一紙。

大方等大集日藏經十卷，一帙。題云大乘大方等日藏分。或十二卷，或十五卷。二百六紙。

大集月藏經十卷，一帙，題云大集經月藏分第十二。或十二卷，或十五卷。二百一十九紙。

大乘大集地藏十輪經十卷，一帙。一百六十五紙。

大方廣十輪經八卷，一百九紙。

大集〔六〕須彌藏經二卷，内題云大乘大集經須彌藏分第十五。或一卷。三十八紙。

上二經，十一卷，同帙。

虚空藏菩薩經一卷，一名虚空藏經。二十七紙。

虚空藏菩薩神呪經一卷，一十七紙。

虚空孕菩薩經二卷，三十一紙。

觀虚空藏菩薩經一卷，亦名虚空藏觀經。或無「觀」字。三紙。

菩薩念佛三昧經六卷，或無「菩薩」字。或五卷。九十八紙。

上五經，十一卷，同帙。

大方等大集菩薩念佛三昧經十卷，題云大方等大集經菩薩念佛三昧分，一帙。一百三十四紙。

般舟三昧經三卷，一名十方現在佛悉在前立定經，或云大般舟三昧經。或二卷。五十紙。

拔陂菩薩經一卷，亦云「拔波」。安録云颰披陀菩薩經。一十四紙。

大方等大集賢護經五卷，或六卷。題云大方等大集經賢護分，亦云賢護菩薩經，亦直云賢護經。八十二紙。

上三經，九卷，同帙。

阿差末經七卷。晉曰「無盡意」。或四卷，或五卷。或云阿差末菩薩經〔七〕。九十一紙。

無盡意菩薩經六卷。初題云大集經中無盡意所説不可盡義品第二十二，亦云阿差末經，或直云無盡意經。

八十九紙。

上二經，十三卷，同帙。

大集譬喻王經二卷，或無「大集」字。三十四紙。

大哀經八卷，或云如來大哀經。或六卷，或七卷。一百一十七紙。

上二經，十卷，同帙。

寶女所問經三卷，或直云寶女經，亦云寶女問慧經，亦云寶女三昧經。或四卷。六十四紙。

無言童子經二卷，或云無言菩薩經。或一卷。四十一紙。

自在王菩薩經二卷，或無「菩薩」字。三十四紙。

奪迅王問經二卷，四十一紙。

上四經，九卷同帙。

寶星陀羅尼經十卷，或八卷。一帙。一百三十三紙。

大方廣佛華嚴經六十卷。八會説，舊譯。六帙。或五十卷。一千七十九紙。

大方廣佛花嚴經八十卷。九會説，新譯。八帙。一千三百二十九紙。
信力入印法門經五卷，九十五紙。
度諸佛境界智光嚴經一卷，或二卷。一十七紙。
佛花嚴入如來德智不思議境界經二卷，二十二紙。
大方廣入如來智德不思議經一卷，一十四紙。
大方廣佛華嚴經不思議佛境界分一卷，或二卷。一十二紙。
大方廣如來不思議境界經一卷，一十一紙。
大乘金剛髻珠菩薩修行分一卷，亦名金剛鬘菩薩加行品。一十八紙。
大方廣佛花嚴經修慈分一卷，七紙。
上八經，十三卷，同帙。
大方廣普賢所説經一卷，別有一本，向三十紙，非是本經，應須揀擇。五紙。
莊嚴菩提心經一卷，七紙。
大方廣菩薩十地經一卷，七紙。
兜沙經一卷，五紙。
菩薩本業經一卷，亦直名本業經，亦名浄行品經。一十二紙。

諸菩薩求佛本業經一卷，或無「諸」字。一十一紙。

菩薩十住行道品一卷，亦直云菩薩十住。八紙。

菩薩十住經一卷，五紙。

漸備一切智德經五卷，或十卷。一名十住，又名大慧光三昧。一百五紙。

上九經，十三卷，同帙。

十住經四卷，或五卷〔八〕。九十七紙。

等目菩薩所問三昧經二卷，或三卷。一名普賢菩薩定意〔九〕，或直云等目菩薩經〔一〇〕。五十二紙。

顯無邊佛土功德經一卷，二紙。

如來興顯經四卷，一名興顯如幻經。六十六紙。

上四經，十一卷，同帙。

度世品經六卷，或五卷。或無「品」字。一百二十紙。

羅摩伽經三卷，或四卷。七十三紙。

大方廣佛花嚴經續入法界品一卷，或無「續」字。八紙。

上三經，十卷，同帙。

大般涅槃經四十卷，或三十六卷。四帙。七百三十紙。

大般涅槃經後譯荼毗分二卷，亦云闍維分〔二〕，亦云後分。三十九紙。

大般泥洹經六卷，記云方等大般泥洹經。或七卷。一百四十一紙。

上二經，八卷，同帙。

方等般泥洹經二卷，亦名大般泥洹經。或三卷。四十五紙。

四童子三昧經三卷，或無「三昧」字。四十四紙。

大悲經五卷，八十七紙。

上三經，十卷，同帙。

方廣大莊嚴經十二卷，一名神通遊戲，或云大方廣。二百一十四紙。

普曜經八卷，一名方等本起。一百四十三紙。

上二經，二十卷，兩帙。

法花三昧經一卷，一十一紙。

無量義經一卷，一十七紙。

薩曇分陀利經一卷，舊録云薩芸芬陀利經，亦直云分陀利經。三紙。

妙法蓮花經八卷，或七卷，二十八品。僧祐録云新法花經。一百五十二紙。

上四經，十一卷，同帙。

正法花經十卷，或云方等正法花。或七卷。一帙。一百九十紙。
添品妙法蓮花經七卷，二十七品，寶塔、天授連爲一品。或八卷〔二三〕。一百五十八紙。
維摩詰所説經三卷，一名不可思議解脱，或直云維摩詰經。僧祐録云新維摩詰經。六十一紙。
上三經，十卷，同帙。
維摩詰經二卷，維摩詰説不思議法門之稱，一名佛法普入道門三昧經。或三卷。五十五紙。
説無垢稱經六卷，九十七紙。
大方等頂王經一卷，一名維摩詰子問經，亦名善思童子經，亦直云頂王經。二十紙。
大乘頂王經一卷，亦云維摩呪經。一十六紙。
上四經，十卷，同帙。
善思童子經二卷，二十一紙。
大悲分陀利經八卷，亦云大乘悲分陀利經。一百六十八紙。
上二經，十卷，同帙。
悲華經十卷，一帙。一百九十九紙。
金光明最勝王經十卷，一帙。一百四十九紙。
合部金光明經八卷，二十四品。一百二十紙。

佉真陀羅所問經二卷，初云佉真陀羅所問寶如來三昧經，或云佉真陀羅尼王經。或三卷。五十八紙。

上二經，十卷，同帙。

大樹緊那羅王所問經四卷，亦名説不可思議品，或云大樹緊那羅經。六十七紙。

佛昇忉利天爲母説法經二卷，亦云佛昇忉利天品經。或三卷。三十七紙。

道神足無極變化經四卷，一名合道神足經。或二卷，或五卷。四十九紙。

上三經，十卷，同帙。

寶雨經十卷，一帙。一百四十一紙。

寶雲經七卷，一百二紙。

阿惟越致遮經三卷，或無「遮」字。或四卷。六十六紙。

上二經，十卷，同帙。

不退轉法輪經四卷，一名不退轉經。七十三紙。

廣博嚴浄不退轉法輪經四卷，或六卷。或直云廣博嚴浄經，亦直云不退轉法輪經。七十八紙。

不必定入印經一卷，或不必定入定入印經〔一三〕。二十一紙。

入定不定印經一卷，一十六紙。

上四經，十卷，同帙。

等集衆德三昧經三卷，或二卷。或無「三昧」字，或直云等集經。五十紙。
集一切福德三昧經三卷，五十紙。
持心梵天經四卷，亦云持心梵天所問經，一名莊嚴佛法經，又名等御諸法經。凡十七品。或六卷。九十一紙。
上三經，十卷，同帙。
思益梵天所問經四卷，或直云思益經。僧祐録云思益義經。八十三紙。
勝思惟梵天所問經六卷，一百一紙。
上二經，十卷，同帙。
持人菩薩經四卷，初云持人菩薩所問陰種諸入以了道慧經。或三卷。五十四紙。
持世經四卷，一名法印經。或三卷。七十八紙。
濟諸方等學經一卷，天竺薩和鞞曰僧迦，或無「學」字。一十五紙。
大乘方廣總持經一卷，或無「乘」字。一十四紙。
上四經，十卷，同帙。
文殊師利現寶藏經三卷，或二卷。或無「現」字，或直云寶藏經。四十二紙。
大方廣寶篋經三卷，或二卷。四十三紙。

大乘同性經二卷，亦名一切佛行入智毗盧遮那藏説經〔一四〕，一名佛十地經。或四卷。三十八紙。
證契大乘經二卷，亦名入一切佛境智陪盧遮那藏。三十二紙。
上四經，十卷，同帙。
深密解脱經五卷，七十一紙。
解深密經五卷，七十五紙。
上二經，十卷，同帙。
解節經一卷，一十紙。
相續解脱地波羅蜜了義經一卷，或二卷。亦名解脱了義經，亦直云相續解脱經。一十八紙。
緣生初勝分法本經二卷，亦直云緣生經。二十三紙。
分別緣起初勝法門經二卷，亦直云分別緣起經。二十三紙。
楞伽阿跋多羅寶經四卷，九十二紙。
上五經，十卷，同帙。
入楞伽經十卷，一帙。一百七十四紙。
大乘入楞伽經七卷，一百三十七紙。
菩薩行方便境界神通變化經三卷，四十七紙。

上二經，十卷，同帙。

大薩遮尼乾子所説經十卷，一帙。或加「授記」字，無「所説」字。或七卷，或八卷。一名菩薩境界奮迅法門經。一百三十九紙。

大方等大雲經六卷，一名大方等無相大雲經，一名大雲無相經，一名大雲蜜藏經。或四卷，或五卷。九十紙。

大雲請雨經一卷，内題云大雲經請雨品第六十四。二十三紙。

大雲輪請雨經二卷，二十七紙。

大方等大雲請雨經一卷，内題云大方等大雲經請雨品第六十四。二十紙。

上四經，十卷，同帙。

諸法無行經二卷，或一卷。三十一紙。

諸法本無經三卷，十九紙。

無極寶三昧經一卷，或無「三昧」字。三十紙。

寶如來三昧經二卷，一名無極寶三昧經。或一卷。三十八紙。

慧印三昧經一卷，一名寶田慧印三昧經，亦直云慧印經。二十紙。

如來智印經一卷，一名諸佛法身。一十九紙。

上六經，十一卷，同帙。

大灌頂經十二卷，一帙。或無「大」字。録云九卷，未詳。一百一十八紙。

藥師如來本願經一卷，隋笈多譯。一十二紙。

藥師琉璃光如來本願功德經一卷，一十一紙。

藥師琉璃光七佛本願功德經二卷，三十一紙。

阿闍世王經二卷，五十五紙。

普超三昧經三卷，或四卷。或上加「文殊師利」字。亦直云普超經，一名阿闍世王品。安公録云更出阿闍世王經。六十八紙。

放鉢經一卷，七紙。

上六經，十卷，同帙。

月燈三昧經十一卷，或十卷。一帙。一百九十八紙。

月燈三昧經一卷，一名文殊師利菩薩行十事行經（一五），一名逮慧三昧經。一十紙。

無所希望經一卷，一名象步經。二十紙。

象腋經一卷，一十六紙。

大淨法門經一卷，題云大淨法門品上金光首女所問溥首童真所開化經。二十四紙。

大莊嚴法門經二卷，亦名文殊師利神通力經，亦名勝金色光明德女經。二十六紙。

如來莊嚴智慧光明入一切佛境界經二卷，亦云如來入一切佛境界經。三十四紙。

度一切諸佛境界智嚴經一卷，一十二紙。

後出阿彌陀佛偈經一卷，或無「經」字。一紙。

觀無量壽佛經一卷，亦云無量壽觀經。一十六紙。

阿彌陀經一卷，亦名無量壽經。五紙〔一六〕。

稱讚浄土佛攝受經一卷，亦直云稱讚浄土經。一十紙。

上十一經，十三卷，同帙。

觀彌勒菩薩上生兜率天經一卷，亦云彌勒上生經。八紙。

彌勒成佛經一卷，一十七紙。

彌勒來時經一卷，三紙。

彌勒下生經一卷，一名彌勒授決經，亦云彌勒成佛經，亦云當下成佛，亦云下生成佛，初云大智舍利弗。七紙。

彌勒下生成佛經一卷，義浄三藏新譯。五紙。

諸法勇王經一卷，一十八紙。

一切法高王經一卷，一名一切法義王經。二十紙。
第一義法勝經一卷，二十四紙。
大威燈光仙人問疑經一卷，一十五紙。
順權方便經二卷，一名轉女身菩薩經，亦云惟權方便經，或云順權女經，亦云隨權女經，或一卷。二十八紙。
樂瓔珞莊嚴方便品經一卷，亦云轉女身菩薩問答經。二十六紙。
上十一經，十二卷，同帙。
六度集經八卷，亦名六度無極經，亦云度無極集，亦云雜無極經。或九卷。一百四十七紙。
太子須大拏經一卷，或云須達拏。一十六紙。
菩薩睒子經一卷，亦云孝子睒經，亦直云睒經。七紙。
睒子經一卷，一名孝子睒經，一名菩薩睒經，一名佛説睒經，一名睒本經，一名孝子隱經。六紙。
太子慕魄經一卷，六紙。
太子沐魄經一卷，或作「慕魄」。三紙。
九色鹿經一卷，三紙。
上七經，十四卷，同帙。

無字寶篋經一卷，六紙。

大乘離文字普光明藏經一卷，五紙。

大乘遍照光明藏無字法門經一卷，亦直云大乘遍照光明藏經。六紙。

老女人經一卷，亦云老母經，或云老女經。二紙。

老母經一卷，二紙。

申曰經一卷，五紙。

老母女六英經一卷〔一七〕，亦云老母經。一紙。

月光童子經一卷，一名月明童子經，或名申曰經。九紙。

申曰兒本經一卷，亦云申兒本經，録作「兜本」，誤也。三紙。

德護長者經二卷，一名尸利崛多長者經。二十八紙。

文殊師利問菩提經一卷，一名伽耶山頂經，一名菩提無行經，亦直云菩提經。七紙。

伽耶山頂經一卷，亦云伽耶頂經。十紙。

象頭精舍經一卷，九紙。

大乘伽耶山頂經一卷，九紙。

長者子制經一卷，亦直名制經。四紙。

菩薩逝經一卷，亦云誓童子經，或直名逝經。四紙。

逝童子經一卷，亦名長者制經，亦直云制經，亦名菩薩逝經，亦直云逝經。三紙。

犢子經一卷，二紙。

乳光佛經一卷，亦云乳光經。六紙。

無垢賢女經一卷，或名胎藏經。三紙。

腹中女聽經一卷，一名不莊校女經。三紙。

轉女身經一卷，一十九紙。

上二十二經，二十三卷，同帙。

無上依經二卷，三十一紙。

未曾有經一卷，三紙。

甚希有經一卷，五紙。

決定總經一卷，或云決定總持經，亦云決總持經。八紙。

謗佛經一卷，七紙。

寶積三昧文殊問法身經一卷，一名遺日寶積三昧文殊師利菩薩問法身經。六紙。

入法界體性經一卷，或云入法界經。十紙。

如來師子吼經一卷，六紙。

大方廣師子吼經一卷，五紙。

大乘百福相經一卷，七紙。

大乘百福莊嚴相經一卷，九紙。

大乘四法經一卷，與單本中實叉難陀譯者二名雖同，多少全異。一紙。

菩薩修行四法經一卷，一紙。

希有希有校量功德經一卷，或直云希有校量功德經〔一八〕。六紙。

最無比經一卷，十二紙。

前世三轉經一卷，六紙。

銀色女經一卷，七紙。

阿闍世王受決經一卷，四紙。

採蓮違王上佛授決號妙華經一卷，亦直云採蓮違王經。二紙。

正恭敬經一卷，一名威德陀羅尼中説經，或名正法恭敬經。五紙。

善敬經一卷，亦名善恭敬經，一名善恭敬師經。七紙。

稱讚大乘功德經一卷，五紙。

說妙法決定業障經一卷，三紙。
上二十三經〔一九〕，二十四卷，同帙。
諫王經一卷，亦云大小諫王經。四紙。
如來示教勝軍王經一卷，亦直云勝軍王經。十紙。
佛爲勝光天子說王法經一卷，亦直云勝光天子經。七紙。
大方等修多羅王經一卷，或無「王」字。二紙。
轉有經一卷，二紙。
文殊師利巡行經一卷，五紙。
文殊尸利行經一卷，八紙。
貝多樹下思惟十二因緣經一卷，亦云聞城〔二〇〕十二因緣經。四紙。
緣起聖道經一卷，八紙。
稻芉經一卷，七紙。
了本生死經一卷，五紙。
自誓三昧經一卷，題下注云獨證品第四，出比丘淨行中。八紙。
如來獨證自誓三昧經一卷，亦云獨證自誓三昧經，亦云如來自誓三昧經。七紙。

灌洗佛形像經一卷，亦云四月八日灌經，亦直云灌經。二紙。

摩訶刹頭經一卷，亦名灌佛形像經。三紙。

造立形像福報經一卷，三紙。

作佛形像經一卷，亦云優填王作佛像經，一名作像因緣經。四紙。

龍施女經一卷，或無「女」字。二紙。

龍施菩薩本起經一卷，或云龍施女經，或云龍施本經〔二〕。四紙。

八吉祥神呪經一卷，或無「神」字。三紙。

八陽神呪經一卷，亦云八陽經。別有一本，亦〔三〕云八陽神呪，可半紙許，初有七佛名號者，非也。四紙。

八吉祥經一卷，亦云八方八世界八佛名號經。二紙。

八佛名號經一卷，四紙。

盂蘭盆經一卷，亦云盂蘭經。二紙。

報恩奉盆經一卷，一紙。

佛説浴像功德經一卷，三藏寶思惟譯。三紙。

浴像功德經一卷，三藏義淨譯。四紙。

挍量數珠功德經一卷，二紙。

數珠功德經一卷，內云曼殊室利呪藏中校量數珠功德法。二紙。

上二十九經，二十九卷，同帙。

不空羂索神變真言經三十卷〔二三〕，三帙〔二四〕。五百二十六紙。

不空羂索呪經一卷，亦云不空羂索觀世音心呪經。一十一紙。

不空羂索神呪心經一卷，一十三紙。

不空羂索陀羅尼自在王呪經三卷〔二五〕，亦名不空羂索心呪王經。三十四紙。

不空羂索陀羅尼經一卷，一名普門。三十七紙。

千眼千臂觀世音菩薩陀羅尼神呪經二卷，或一卷。一十九紙。

千手千眼觀世音菩薩姥陀羅尼身經一卷，或云「千臂千眼」。二十二紙。

千手千眼觀世音菩薩廣大圓滿無礙大悲心陀羅尼經一卷，一十九紙。

觀世音菩薩秘密藏神呪經一卷，八紙。

觀世音菩薩如意摩尼陀羅尼經一卷，七紙。

上九經，十二卷，同帙。

觀自在菩薩如意心陀羅尼呪經一卷，四紙。

如意輪陀羅尼經一卷，此經出大蓮花金剛三昧耶加持秘密無障礙經。二十四紙。

文殊師利根本一字陀羅尼經一卷，題云大方廣菩薩藏中文殊師利根本一字陀羅尼法，亦名一字呪王經。三紙。

曼殊室利菩薩呪藏中一字呪王經一卷，三紙。

十二佛名神呪經一卷，題云十二佛名神呪校量功德除障滅罪經。六紙。

稱讚如來功德神呪經一卷，三紙。

孔雀王呪經一卷，亦名大金色孔雀王經并結界場法〔二六〕具。八紙。

大金色孔雀王呪經一卷，五紙。

佛説大金色孔雀王呪經一卷，八紙。

孔雀王呪經二卷，亦云孔雀王陀羅尼經。四十二紙。

大孔雀呪王經三卷，六十紙。

上十一經，十四卷，同帙。

陀羅尼集經十二卷，三百四十三紙。

十一面觀世音神呪經一卷，二十紙。

十一面神呪心經一卷，一十紙。

摩利支天經一卷，或上加「小」字。二紙。

呪五首經一卷，或無「經」字。二紙。
千囀陀羅尼觀世音菩薩呪經一卷，或無「經」字。三紙。
六字神呪經一卷，或云〔二七〕六字呪法。六紙。
七俱胝佛大心准提陀羅尼經一卷，亦直云七俱胝佛母心經。五紙。
七俱胝佛母准泥大明陀羅尼經一卷，一十六紙。
上九經，二十卷，二帙。上帙七卷，下帙十三卷。
觀自在菩薩隨心呪經一卷，亦名多唎心經。十九紙。
種種雜呪經一卷，或無「經」字。六紙。
佛頂尊勝陀羅尼經一卷，杜行顗奉制譯。七紙。
佛頂最勝陀羅尼經一卷，日照三藏譯。八紙。
佛頂尊勝陀羅尼經一卷，佛陀波利譯。七紙。
最勝佛頂陀羅尼浄除業障經一卷，日照三藏再譯。十三紙。
佛頂尊勝陀羅尼經一卷，義浄三藏譯，或加「呪」字。八紙。
無量門微密持經一卷，一名成道降魔得一切智經。六紙。
出生無量門持經一卷，或云新微密持經。七紙。

阿難陀目佉尼呵離陀經一卷，或云出無量門持經。一十紙。
無量門破魔陀羅尼經一卷，或直云破魔陀羅尼經。一十一紙。
阿難陀目佉尼訶離陀鄰尼經一卷，一十紙。
舍利弗陀羅尼經一卷，八紙。
一向出生菩薩經一卷，一十二紙。
出生無邊門陀羅尼經一卷，一十四紙。
勝幢臂印陀羅尼經一卷，二紙。
妙臂印幢陀羅尼經一卷，別有一本，十六七紙，非是本經，不可流布。二紙。
　上十七經，十七卷，同帙。
無崖際持法門經一卷，一名無際經。一十五紙。
尊勝菩薩所問一切法入無量門陀羅尼經一卷，或直云尊勝菩薩所問，亦云入無量門陀羅尼。十七紙。
金剛上味陀羅尼經一卷，一十五紙。
金剛場陀羅尼經一卷，一十四紙。
師子奮迅菩薩所問經一卷，二紙。

華聚陀羅尼呪經一卷，三紙。
華積陀羅尼神呪經一卷，三紙。
六字呪王經一卷，五紙。
六字神呪王經一卷，六紙。
虛空藏菩薩問佛經一卷，亦云虛空藏菩薩問七佛陀羅尼呪經，亦云七佛神呪經。十二紙。
如來方便善巧呪經一卷，十紙。
持句神呪經一卷，亦云陀羅尼句。三紙。
陀鄰尼鉢經一卷，亦云陀鄰鉢呪。三紙。
東方最勝燈王如來經一卷，題云東方最勝燈王如來遣二菩薩送呪奉釋迦如來助護持世間經。十三紙。
善法方便陀羅尼經一卷，六紙。
金剛秘密善門陀羅尼經一卷，五紙。
護命法門神呪經一卷，一十一紙。
無垢淨光大陀羅尼經一卷，一十二紙。
請觀世音菩薩消伏毒害陀羅尼呪經一卷，亦直云請觀世音經。十二紙。

上十九經，十九卷，同帙。

内藏百寶經一卷，亦云内藏百品，八紙。

温室洗浴衆僧經一卷，亦直云温室經。三紙。

須賴經一卷，十八紙。

私訶昧經一卷，或云私訶末經，一名菩薩道樹經，亦名道樹三昧經。十一紙。

菩薩生地經一卷，一名差摩竭經。三紙。

四不可得經一卷，五紙。

梵女首意經一卷，一名首意女經。五紙。

成具光明定意經一卷，或云成具光明三昧經，或直云成具光明經。二十二紙。

寶網經一卷，亦云寶網童子經。二十三紙。

菩薩行五十緣身經一卷，亦云菩薩緣身五十事經，亦云五十緣身行經。六紙。

菩薩修行經一卷，亦云威施長者問觀身行經，亦云長者修行經。七紙。

諸德福田經一卷，或直云福田經，或云諸福田經。五紙。

大方等如來藏經一卷，或〔二六〕直云如來藏經。九紙。

佛語經一卷，四紙。

金色王經一卷，九紙。

演道俗業經一卷，九紙。

百佛名經一卷，六紙。

上十七經，十七卷，同帙。

稱揚諸佛功德經三卷，亦名集諸佛花經，一名集花經，一名現在佛名經。或四卷。五十七紙。

須真天子經三卷，亦云須真天子所問經，亦云問四事經。或二卷。四十六紙。

摩訶摩耶經一卷，一名佛昇忉利天爲母説法經，亦云摩耶經。或二卷。二十六紙。

除恐災患經一卷，一十七紙。

孛經一卷，或云孛經鈔。一十八紙。

觀世音菩薩受記經一卷，一名觀世音受決經。一十三紙。

上六經，十卷，同帙。

海龍王經四卷，或三卷。七十三紙。

首楞嚴三昧經三卷，或二卷，亦直云首楞嚴經。僧祐録云新首楞嚴經。五十二紙。

觀普賢菩薩行法經一卷，云出深〔二九〕功德經，或無「行法」字，亦云普賢觀經。一十六紙。

觀藥王藥上二菩薩經一卷，一十九紙。

不思議光菩薩所問經一卷，亦云不思議光菩薩所説經，亦云無思光孩童菩薩經。一十二紙。

上五經，十卷，同帙。

十住斷結經十卷，最勝問菩薩十住除垢斷結經，一名十千日光三昧定，亦云十地斷結經。或十一卷，或十四卷〔三〇〕。二百五十四紙。

諸佛要集經二卷，亦直云要集經。天竺曰佛陀僧祇提。四十三紙。

未曾有因緣經二卷，或無「因緣」字，度羅睺羅沙彌序。四十紙。

上三經，十四卷，二帙。

菩薩瓔珞經十二卷，一名現在報。或十四卷，或十六卷，或十三卷。三百三十七紙。

超日明三昧經二卷，或直云超日明經。或三卷。四十八紙。

上二經，十四卷，二帙。

賢劫經十三卷，題云颰陀劫三昧，晉曰賢劫定意經。舊録云賢劫三昧經。或十卷，或七卷。一帙。一百九十二紙。

校勘記

〔一〕多：金藏本無。

〔二〕嚴浄佛土經：金藏本作「嚴浄佛云經」。

〔三〕亦經直云：金藏本作「亦直云」。

〔四〕亦名阿闍貰女經亦直名阿述達經：金藏本無。
〔五〕佛性海藏題爲文殊所説應審觀也：金藏本無。
〔六〕大集：金藏本作「大乘」。
〔七〕經：金藏本無。
〔八〕或五卷：金藏本無。
〔九〕定意：金藏本無。
〔一〇〕經：金藏本無。
〔一一〕分：金藏本無。
〔一二〕或八卷：金藏本無。
〔一三〕或不必定入定入印經：金藏本無。
〔一四〕經：金藏本無。
〔一五〕經：金藏本無。
〔一六〕五紙：金藏本作「三紙」。
〔一七〕老母女六英經一卷：此處至決定總經二十經及子注，金藏本與之迴異。今將金藏本該部分文字列示於此（括號内爲子注）：

一具光明定意經一卷。

三千諸佛功德經一部三卷。（一云集二經。六十七紙。）

央崛摩羅經一部四卷。(十二紙。)

右四經,十卷,同帙。

超日明三昧經一部一卷。(或一名超日明經。或三卷。五十紙。)

孔雀王呪經一卷。

孔雀王陁羅尼經一部二卷。(三十一。)

須賴經一卷。(或名須賴菩薩。二十紙。)

德光太子經一卷。

須真天子經一部二卷。(或名須真天子問四事經。)

月燈三昧經(整理者按:「三昧」,原作「二昧」,據文意校改)一卷。(一名文殊十事行經,一名逮慧三昧經(整理者按:「一名逮慧三昧經」,原作「一名逮」,據文意校補)。)

右七經,十卷,同帙。

請觀世音經一卷。

大净法門經一卷。

二莊嚴法門經一部二卷。(大二法門。二十六紙。)

菩薩睒子。

睒子經。

右二經,同卷。

觀世音菩薩受記經一卷。（一名觀世音受記。）
菩薩修行經。（一名威施長者所問觀身行經，一名長者修行經。）
菩薩行五十緣身經。（亦云五十緣身經，亦云菩薩身五十事經。七紙。）
福田經。（一名諸德福田經，一名福田地經。六紙。）

〔一八〕或直云希有校量功德經：金藏本無。
〔一九〕上二十三經：金藏本作「上一十三經」。
〔二〇〕聞城：金藏本作「問城」。
〔二一〕龍施本經：金藏本作「一施本經」。
〔二二〕亦：金藏本無。
〔二三〕三十卷：金藏本作「一十卷」。
〔二四〕三帙：金藏本作「二帙」。
〔二五〕三卷：金藏本作「二卷」。
〔二六〕法：金藏本無。
〔二七〕云：金藏本無。
〔二八〕或：金藏本無。
〔二九〕深：金藏本無。
〔三〇〕亦云十地斷結經或十一卷或十四卷：金藏本作「或十一卷」。

大乘經單譯，一百三十一部(二)，二百九十三卷，二十四帙。

大法炬陀羅尼經二十卷，二帙(三)。二百九十八紙。

大威德陀羅尼經二十卷，二帙。二百六十八紙。

佛名經十二卷，或云十三卷，或分爲二十卷。二百五十三紙。

三劫三千佛名經三卷，莊嚴劫上、賢劫中、星宿劫下。五十九紙。

上二經，十五卷，二帙。上帙七卷，下帙八卷。

五千五百佛名經八卷，一百三十一紙。

不思議功德諸佛所護念經二卷，或直云不思議功德經。或四卷。三十七紙。

上二經，十卷，同帙。

華手經十三卷，一名攝諸善根經，亦名攝諸福德經。或十一卷，或十二卷，或十卷。一帙。二百二十九紙。

大方等陀羅尼經四卷，一名方等檀特陀羅尼經，或無「大」字。六十三紙。

僧伽吒經四卷，五十一紙。

力莊嚴三昧經三卷，三十八紙。

大方廣圓覺修多羅了義經一卷，二十七紙。

上四經，十二卷，同帙。

觀佛三昧海經十卷，或云觀佛三昧經。或八卷。一帙。一百五十六紙。

大方便佛報恩經七卷，一百二十六紙。

菩薩本行經三卷，四十七紙。

上二經，十卷，同帙。

法集經六卷，或七卷，或八卷。一百二十七紙。

觀察諸法行經四卷，六十三紙。

上二經，十卷，同帙。

菩薩處胎經五卷，初云菩薩從兜術天降神母胎説廣普經，亦直云胎經。或八卷，或四卷。一百十五紙。

弘道廣顯三昧經四卷，一名阿耨達龍王所問決諸狐疑清淨品，亦名入金剛問定意經，凡十二品。或二卷。五十五紙。

施燈功德經一卷，一名然燈經。一十五紙。

上三經，十卷，同帙。

央崛魔羅經四卷，七十八紙。

無所有菩薩經四卷，六十二紙。

明度五十校計經二卷，或無「明度」字，或無「五十」字。四十紙。

上三經，十卷，同帙。

中陰經二卷，二十八紙。

大法鼓經二卷，三十一紙。

文殊師利問經二卷，亦直云文殊問經。五十一紙。

月上女經二卷，維摩詰之女。二十九紙。

大方廣如來秘密藏經二卷，二十四紙。

上五經，十卷，同帙。

大乘密嚴經三卷，五十六紙。

占察善惡業報經二卷，亦名大乘實義經，出六根聚經。亦直云占察經，亦名地藏菩薩經。二十八紙。

蓮華面經二卷，二十三紙。

文殊師利問菩薩署經一卷，亦云文殊問署經。二十紙。

大乘造像功德經二卷，或一卷。二十一紙。

上五經，十卷，同帙。

廣大寶樓閣善住秘密陀羅尼經三卷，四十一紙。

一字佛頂輪王經五卷，亦名五佛頂經。或四卷。一百二十一紙。
大陀羅尼末法中一字心呪經一卷，一十四紙。
上三經，九卷，同帙。
大佛頂如來密因修證了義諸菩薩萬行首楞嚴經十卷，一帙。一百四十三紙。
大毗盧遮那成佛神變加持經七卷，亦云大毗盧遮那成佛經。一百三十五紙。
蘇婆呼童子經三卷，亦云蘇婆呼請問經，或云蘇婆呼律，或云蘇磨呼。或二卷。四十九紙。
上二經，十卷，同帙。
蘇悉地羯羅經三卷，九十一紙。
牟梨曼陀羅呪經一卷，或無「經」字。三十三紙。
金剛頂瑜伽中略出念誦法四卷，亦云經。八十一紙。
上三經，八卷，同帙。
七佛所説神呪經四卷，初卷云七佛十一菩薩説大陀羅尼神呪經。七十三紙。
大吉義神呪經二卷，或四卷。三十九紙。
文殊師利寶藏陀羅尼經一卷，一十七紙。
金剛光焰止風雨陀羅尼經一卷，二十一紙。

阿吒婆拘鬼神大將上佛陀羅尼經一卷。亦直云阿吒婆拘呪經。五紙。

阿彌陀鼓音聲王陀羅尼經一卷，四紙。

大普賢陀羅尼經一卷，三紙。

大七寶陀羅尼經一卷，一紙。

六字大陀羅尼呪經一卷，二紙。

安宅神呪經一卷。亦云安宅呪經。四紙。

摩尼羅亶經一卷。亦云摩尼羅亶神呪經。四紙。

玄師颰陀所説神呪經一卷。録云「幻師」，無「所説」字。或作「跋」字。亦云「波陀」。古録云幻士跋陀經〔三〕。二紙。

護諸童子陀羅尼呪經一卷，亦云護諸童子請求男女陀羅尼經。四紙。

諸佛心陀羅尼經一卷，三紙。

拔濟苦難陀羅尼經一卷，二紙。

八名普密陀羅尼經一卷，二紙。

持世陀羅尼經一卷，四紙。

六門陀羅尼經一卷，一紙。

清淨觀世音普賢陀羅尼經一卷，此經有一錯本，應須審之。五紙。
上十九經，二十三卷，同帙。
智炬陀羅尼經一卷，三紙。
諸佛集會陀羅尼經一卷，四紙。
隨求即得大自在陀羅尼神呪經一卷，亦云「隨求所得」。一十四紙。
百千印陀羅尼經一卷，二紙。
救面燃餓鬼陀羅尼神呪經一卷，亦云施餓鬼食呪經，後兼有施水呪。四紙。
莊嚴王陀羅尼呪經一卷，四紙。
香王菩薩陀羅尼呪經一卷，二紙。
一切功德莊嚴王經一卷，一十四紙。
拔除罪障呪王經一卷，三紙。
善夜經一卷，三紙。
虛空藏菩薩能滿諸願最勝心陀羅尼求聞持法一卷，亦云虛空藏菩薩求聞持法經。四紙。
金剛頂經曼殊室利菩薩五字心陀羅尼品一卷，一十一紙。
觀自在如意輪菩薩瑜伽法要一卷，九紙。

佛地經一卷，一十三紙。
佛垂般涅槃略説教誡經一卷，亦云佛臨般涅槃，一名遺教經。六紙。
出生菩提心經一卷，一十一紙。
佛印三昧經一卷，三紙。
文殊師利般涅槃經一卷，四紙。
異出菩薩本起經一卷，或無「起」字〔四〕。一十一紙。
千佛因緣經一卷，一十八紙。
賢首經一卷。一名賢首夫人經。三紙。
月明菩薩經一卷。或加「三昧」字，或云月明童子經，亦云月明童男經。三紙。
心明經一卷，一名心明女梵志婦飯汁施經。三紙。
滅十方冥經一卷，或云十方滅冥經。六紙。
鹿母經一卷，別有鹿子經一卷，與此全同。三紙。
魔逆經一卷，一十三紙。

上二十六經，二十六卷，同帙。

德光太子經一卷，一名賴吒和羅所問光德太子經。一十九紙。

大意經一卷，五紙。

堅固女經一卷，一名牢固女經。六紙。

商主天子所問經一卷，或無「所問」字。一十七紙。

諸法最上王經一卷，二十三紙。

師子莊嚴王菩薩請問經一卷，一名八曼荼羅經。五紙。

離垢慧菩薩所問禮佛法經一卷，六紙。

受持七佛名號所生功德經一卷，四紙。

佛臨涅槃記法住經一卷，或加「般」字。五紙。

寂照神變三摩地經一卷，一十六紙。

差摩婆帝受記經一卷，三紙。

不增不減經一卷。或云二卷者，誤。七紙。

造塔功德經一卷，二紙。

右繞佛塔功德經一卷，亦云繞塔功德經。三紙。

大乘四法經一卷，與重譯中日照出者名字雖同，經〔五〕體全異。八紙。

有德女所問大乘經一卷，時有一本，可八九紙，文錯不堪。四紙。

大乘流轉諸有經一卷，三紙。
妙色王因縁經一卷，四紙。
佛爲海龍王説法印經一卷，一紙。
師子素駄娑王斷肉經一卷，四紙。
般泥洹後灌臘經一卷，一名般泥洹後四輩灌臘經，亦直云灌臘經。二紙。
八部佛名經一卷，亦云八佛經。三紙。
上二十二經，二十二卷(六)，同帙。
菩薩内習六波羅蜜經一卷，或云内六波羅蜜經。安公云出方等部。三紙。
菩薩投身餓虎起塔因縁經一卷，僧祐録云以身施餓虎經。十一紙。
金剛三昧本性清浄不壞不滅經一卷，亦名金剛清浄經。八紙。
師子月佛本生經一卷，七紙。
長者法志妻經一卷，三紙。
薩羅國經一卷，或云薩羅國王經。四紙。
十吉祥經一卷，二紙。
長者女菴提遮師子吼了義經一卷，六紙。

一切智光明仙人慈心因緣不食肉經一卷，五紙。

金剛三昧經二卷，或一卷。二十七紙。

法滅盡經一卷，三紙。

甚深大迴向經一卷，四紙。

天王太子辟羅經一卷，亦云太子譬羅經，或無「天王」字。二紙。

優婆夷淨行法門經二卷，亦直云淨行經，或無「經」字。三十二紙。

八大人覺經一卷，一紙。

三品弟子經一卷，亦云弟子學有三輩經。三紙。

四輩經一卷，或云四輩弟子經，或云四輩學經。三紙。

當來變經一卷，或云當來變識經。二紙。

過去佛分衛經一卷，或云「過世」。二紙。

十二頭陀經一卷，一名沙門頭陀經。五紙。

樹提伽經一卷，三紙。

長壽王經一卷，六紙。

法常住經一卷，二紙。

上二十三經，二十五卷，同帙。

校勘記

〔一〕一百三十一部：金藏本無。

〔二〕二帙：金藏本作「一帙」。

〔三〕亦云波陀古録云幻士跋陀經：金藏本無。

〔四〕或無起字：金藏本無。

〔五〕經：金藏本無。

〔六〕二十二卷：金藏本誤作「二十一卷」。

大乘律，二十六部，五十四卷，五帙。

菩薩地持經十卷，或無「經」字，亦云論，亦名菩薩戒經，又名菩薩經。或八卷。一帙。　一百八十六紙。

菩薩善戒經九卷，一名菩薩地，或十卷。　一百八十紙。

浄業障經一卷，一十五紙。

上二經，十卷，同帙。

優婆塞戒經七卷，或五卷，或六卷，或十卷，是在家菩薩戒。　一百三十一紙。

梵網經二卷，三十六紙。
受十善戒經〔一〕一卷，一十六紙。
上三經，十卷，同帙。
菩薩瓔珞本業經二卷，或直云瓔珞本業經。三十九紙。
佛藏經四卷，一名選擇諸法經。或三卷，或二卷。七十紙。
菩薩戒本一卷，曇無讖譯。一十一紙。
菩薩戒本一卷，三藏玄奘譯。一十八紙。
菩薩戒羯磨文一卷，六紙。
菩薩善戒經一卷。優波離問菩薩受戒法。一十五紙。
上六經，十卷，同帙。
菩薩内戒經一卷，一十八紙。
優婆塞五戒威儀經一卷，一十五紙。
文殊師利淨律經一卷，或直名淨律經。一十三紙。
清淨毗尼方廣經一卷，一十七紙。
寂調音所問經一卷，一名如來所説清淨調伏經。一十八紙。

大乘三聚懺悔經一卷，十三紙。

菩薩五法懺悔文一卷，二紙。

菩薩藏經一卷，一十紙。

三曼陀颰陀羅菩薩經一卷，七紙。

菩薩受齋經一卷，三紙。

文殊悔過經一卷，一名文殊五體悔過經。二十一紙。

舍利弗悔過經一卷，亦直名悔過經〔二〕。五紙。

法律三昧經一卷，亦直云法律經。七紙。

十善業道經一卷，六紙。

上十四經，十四卷，同帙。

校勘記

〔一〕經：金藏本無。

〔二〕亦直名悔過經：金藏本無。

大乘論，九十七部，五百一十八卷，五十帙。二十一部，一百五十五卷釋經論；七十六部，三百六十三卷集義論。

大智度論一百卷，或云大智度經論，亦云摩訶般若釋論。或一百一十卷，或七十卷。十帙。二千八十五紙。

十地經論十二卷，或一十五卷。一帙。二百四十六紙。

彌勒菩薩所問經論五卷，或六卷，或七卷，或十卷。一百二十八紙。

大乘寶積經論四卷，八十四紙。

寶髻菩薩四法經論一卷，題云寶髻經四法優波提經。一十二紙。

上三論，十卷，同帙。

佛地經論七卷，一百一十七紙。

金剛般若論二卷，無著菩薩造。三十紙。

能斷金剛般若波羅蜜多經論頌一卷，亦云能斷金剛論頌〔一〕。四紙。

金剛般若波羅蜜經論三卷，天親菩薩造。四十八紙。

能斷金剛般若波羅蜜多經論釋三卷，亦云能斷金剛論釋。三十三紙。

金剛般若波羅蜜經破取著不壞假名論二卷，亦名功德施論。三十三紙。

上三論，十卷，同帙。

文殊師利菩薩問菩提經論二卷，一云文殊問菩提經論，一云伽耶山頂論經。三十紙。

妙法蓮華經論一卷，題云妙法蓮華經優波提舍。二十五紙〔二〕。

上五論，十一卷，同帙。

法華經論一卷，初有歸敬頌〔三〕者是。或一卷，題亦云妙法蓮華經優波提舍。三十紙。

勝思惟梵天所問經論四卷，或三卷。五十九紙。

涅槃論一卷，或云大般涅槃經論。一十紙。

涅槃經本有今無偈論一卷，亦直云本有本無論。六紙。

遺教經論一卷，二十六紙。

無量壽經論一卷，題云無量壽經優波提舍願生偈。七紙。

三具足經論一卷，題云三具足經優波提舍。一十八紙。

轉法輪經論一卷，題云轉法輪經優波提舍。一十紙。

上八論，十一卷，同帙。已上釋經論，已下集義論。

瑜伽師地論一百卷，十帙。一千八百十七紙。

顯揚聖教論二十卷，二帙。三百三十七紙。

瑜伽師地論釋一卷，最勝子等諸菩薩造。十九紙。

顯揚聖教論頌一卷，無著造，凡十一品。一十三紙。
王法正理論一卷，二十紙。
大乘阿毗達磨集論七卷，一百三紙。
上四論，十卷，同帙。
大乘阿毗達磨雜集論十六卷，二百五十五紙。
中論四卷，亦云中觀論，或八卷。九十八紙。
上二論，二十卷，二帙。
般若燈論釋十五卷，二百五十二紙。
十二門論一卷，二十四紙。
十八空論一卷，二十二紙。
百論二卷，四十三紙。
廣百論本一卷，八紙。
上五論，二十卷，二帙。
大乘廣百論釋論十卷，一帙。一百九十七紙。
十住毗婆沙論十四卷，或無「論」字。或十二卷，或十五卷。二百七十六紙。

菩提資糧論六卷，六十七紙。

上二論，二十卷，二帙。

大乘莊嚴經論十三卷，或十五卷。一帙。二百五紙。

大莊嚴論經十五卷，或無「經」字。或十卷。二百九紙。

順中論二卷，題云順中論義入大般若波羅蜜經初品法門。三十二紙。

攝大乘論三卷，真諦三藏譯。五十九紙。

上三論，二十卷，二帙。

攝大乘論二卷，佛陀扇多譯。四十四紙。

攝大乘論本三卷，三藏玄奘譯。六十一紙。

攝大乘論釋十五卷，天親釋，真諦譯。或十二卷。亦云釋論。三百二十七紙。

上三論，二十卷，二帙。

攝大乘論釋論十卷，世親釋，笈多譯。一帙。一百五十六紙。

攝大乘論釋十卷，世親釋，玄奘譯。一帙。一百七十六紙。

攝大乘論釋十卷，無性釋，玄奘譯。一帙。二百十六紙。

佛性論四卷，八十三紙。

決定藏論三卷，五十三紙。
辯中邊論頌一卷，五紙。
中邊分別論二卷，或三卷。三十八紙。
上四論，十卷，同帙。
辯中邊論三卷，三十九紙。
究竟一乘寶性論四卷，亦云寶性分別一乘〔四〕增上論。或三卷，或二卷〔五〕。八十紙。
業成就論一卷，一十二紙。
大乘成業論一卷，一十七紙。
因明正理門論本一卷，三藏玄奘譯。一十五紙。
上五論，十卷，同帙。
因明正理門論一卷，三藏義淨譯。一十六紙。
因明入正理論一卷，六紙。
顯識論一卷，題云顯識品，從無相論出。一十九紙。
轉識論一卷，三紙。
唯識論一卷，一名破色心，初云唯識無境界，或云唯識無境界論。一十九紙。

唯識論一卷，初云修道不共他。一十紙。
唯識寶生論五卷，一名二十唯識順釋論。六十五紙。
唯識三十論一卷，二紙。
唯識二十論一卷，十紙。
上九論，十三卷，同帙。
成唯識論十卷，一帙。一百七十五紙。
大丈夫論二卷，三十四紙。
入大乘論二卷，四十一紙。
大乘掌珍論二卷，三十三紙。
大乘五蘊論一卷，世親造，玄奘譯。八紙。
大乘廣五蘊論一卷，與前論異本。或無「廣」字。安慧造，日照譯。一十三紙。
寶行王正論一卷，一十九紙。
大乘起信論一卷，真諦三藏譯。二十五紙。
上七論，十卷，同帙。
大乘起信論二卷，實叉難陀譯。二十四紙。

發菩提心論二卷，或云發菩提心經，亦云經論。二十八紙。
三無性論二卷，題云三無性論品，出無相論。或一卷〔六〕。三十五紙。
方便心論一卷，或二卷，凡四品。一十七紙。
如實論一卷，題云如實論反質難品。二十三紙。
無相思塵論一卷，或直云思塵論。三紙。
觀所緣論一卷，三紙。
觀所緣論釋一卷，一十三紙。
上八論，十一卷，同帙。
迴諍論一卷，二十五紙。
緣生論一卷，一十一紙。
十二因緣論一卷，四紙。
一輪盧迦論一卷，或云「一書」。三紙。
大乘百法明門論一卷，題云大乘百法明門論本事分，中略録名數。二紙。
百字論一卷，八紙。
解拳論一卷，二紙。

掌中論一卷，三紙。

取因假設論一卷，九紙。

觀總相論頌一卷，一紙。

止觀門論頌一卷，四紙。

手杖論一卷，七紙。

六門教授習定論一卷，九紙。

大乘法界無差別論一卷，六紙。

破外道小乘四宗論一卷，六紙。

破外道小乘涅槃論一卷，五紙。

上十六論，十六卷，同帙。

都計大乘經、律、論見入藏者，總六百三十八部，合二千七百四十五卷，二百五十八帙。與前廣録部數不同者，前廣録中以大寶積經諸部合成分爲四十九部上録，此合爲一部，故欠四十八部不同。

開元釋教録卷第十九入藏録卷上

校勘記

〔一〕頌：金藏本無。

〔二〕二十五紙：金藏本作「三十五紙」。

〔三〕頌：金藏本無。

〔四〕一乘：金藏本作「七乘」。

〔五〕或二卷：金藏本作「或五卷」。

〔六〕或一卷：金藏本無。

卷第二十 入藏録下

唐庚午歲西崇福寺沙門智昇撰

小乘入藏録下 小乘經、律、論總三百三十部，一千七百六十二卷，一百六十五帙。賢聖集傳附此卷末。

此直列經名及標紙數，餘如廣録。

小乘經，二百四十部，六百一十八卷，四十八帙。

小乘律，五十四部，四百四十六卷，四十五帙。

小乘論，三十六部，六百九十八卷，七十二帙。

小乘經重單合譯，一百五十三部，三百九十四卷，三十一帙。

長阿含經二十二卷，二帙。四百三十一紙。

中阿含經六十卷，或五十八卷，六帙，九十九品。一千一百四十六紙。

增壹阿含經五十一卷，或五十卷，或四十二卷，或六十卷，或三十三卷，五帙。八百一十紙。

雜阿含經五十卷，五帙，凡四品。一千六十九紙。

別譯雜阿含經二十卷，二帙。三百九紙。

佛般泥洹經二卷，或直云泥洹經。四十七紙。

大般涅槃經三卷，或二卷，或云「涅槃」。五十一紙。

般泥洹經二卷，或直云泥洹經，亦云大般泥洹經。諸藏中一卷者，唯是上卷，欠下卷。四十四紙。

人本欲生經一卷，一十五紙。

尸迦羅越六向拜經一卷，或云尸迦羅越六方禮經。四紙。

梵志阿颰經一卷，一名阿颰摩納經。安公録〔一〕直云阿拔經，亦名佛開解梵志阿颰經。一十四紙。

梵網六十二見經一卷，一名梵網經。二十一紙。

寂志果經一卷，二十六紙。

上八經，十二卷，同帙。

起世經十卷，一帙。一百六十七紙。

起世因本經十卷，恐二本相濫，題下别云起世因本經。一帙。諸藏多是前本，此本稍稀。一百七十紙。

樓炭經六卷，或云大樓炭經，凡十三品。或八卷，或五卷。一百三紙。

長阿含十報法經二卷，亦名多增道章經，或直云十報經。二十七紙。

中本起經二卷，或云太子中本起經。四十七紙。

上三經，十卷，同帙。

七知經一卷，或云七智經。二紙。

鹹水喻經一卷，或云鹹水譬喻經。二紙〔二〕。

一切流攝守因經一卷，或直云流攝經，或云一切流攝經，亦云一切流攝守經，亦云流攝守因經。五紙。

四諦經一卷，九紙。

恒水經一卷，亦云恒河喻經。四紙。

本相倚致經一卷，亦云大相倚致。或作「猗」字。三紙。

緣本致經一卷，三紙。

頂生王故事經一卷，亦直云頂生王經。六紙。
文陀竭王經一卷，四紙。
閻羅王五天使者經一卷，一名鐵城泥犁經。三紙。
鐵城泥犁經一卷，五紙。
古來世時經一卷，五紙。
阿那律八念經一卷，或云八念經，一名禪行歛意，舊録云禪行撿意。四紙。
離睡經一卷，三紙。
是法非法經一卷，四紙。
求欲經一卷，十紙。
受歲經一卷，四紙。
梵志計水淨經一卷，二紙。
苦陰經一卷，五紙。
釋摩男本經一卷，一名五陰因事經。四紙。
苦陰因事經一卷，六紙。
樂想經一卷，二紙。

漏分布經一卷，七紙。
阿耨風經一卷，晉言「衣次」。六紙。
諸法本經一卷，一紙。
瞿曇彌記果經一卷，七紙。
瞻婆比丘經一卷，或云「瞻波」。四紙。
伏婬經一卷，三紙。
魔嬈亂經一卷，一名魔王入目連蘭腹經，一名弊魔試目連經。八紙。
弊魔試目連經一卷，一名魔嬈亂經〔三〕。五紙。

上三十經，三十卷，同帙。

賴吒和羅經一卷，一名羅漢賴吒和羅經。十一紙。
善生子經一卷，七紙。
數經一卷，四紙。
梵志頞羅延問尊重經一卷，或云頞波羅延。七紙。
三歸五戒慈心厭離功德經一卷，一紙。
須達經一卷，亦云須達長者經。四紙。

佛爲黄竹園老婆羅門説學經一卷，四紙。

梵摩喻經一卷，九紙。

尊上經一卷，四紙。

鸚鵡經一卷，亦云兜調經。或作「兒」者，誤也（四）。九紙。

兜調經一卷，四紙。

意經一卷，三紙。

應法經一卷，四紙。

泥犁經一卷，或云中阿含泥犁經。十二紙。

優波夷墮舍迦經一卷，三紙。

齋經一卷，一名持齋經。四紙。

鞞摩肅經一卷，四紙。

婆羅門子命終愛念不離經一卷，四紙。

十支居士八城人經一卷，亦直云十支經。三紙。

邪見經一卷，二紙。

箭喻經一卷，四紙。

普法義經一卷，一名具法行經，亦名普義經。九紙。
廣義法門經一卷，九紙。
戒德香經一卷，或云戒德經。二紙。
四人出現世間經一卷，四紙。
波斯匿王太后崩塵土坌身經一卷，三紙。
須摩提女經一卷，六紙。
婆羅門避死經一卷，一紙。
施食獲五福報經一卷，一名施色力經，一名福德經。二紙。
頻毗娑羅王詣佛供養經一卷，亦云「頻婆」。五紙。
長者子六過出家經一卷，三紙。
鴦崛摩經一卷。或有作「魔」字。或云指鬘經，亦云指髻經。六紙。
上三十二經，三十二卷，同帙。
鴦崛鬘經一卷，六紙。
力士移山經一卷，亦直云移山經。六紙。
四未曾有法經一卷，亦云四未曾有經。或無「法」字。二紙。

舍利弗摩訶目揵連遊四衢經一卷，三紙。

七佛父母姓字經一卷，或云七佛姓字經。四紙。

放牛經一卷，亦云牧牛經〔五〕。四紙。

緣起經一卷，亦云十二緣起經。三紙。

十一想思念如來經一卷，或云十一思惟念如來經。一紙。

四泥犁經一卷，或云四大泥犁經。二紙。

阿那邠邸化七子經一卷，四紙。

大愛道般泥洹經一卷，或作「涅槃」。七紙。

佛母般泥洹經一卷，四紙。

國王不犁先尼十夢經一卷，或作「泥」。五紙。

舍衛國王夢見十事經一卷，或直云十夢經，或云舍衛國王十夢經，或云波斯匿王十夢經。四紙。

阿難同學經一卷，三紙。

五蘊皆空經一卷，一紙。

七處三觀經一卷，或二卷。一十七紙。

聖法印經一卷，亦直云聖印經，亦云慧印經。二紙。

雜阿含經一卷，二十一紙。

五陰譬喻經一卷，或無「譬」字。一名水沫所漂經。二紙。

水沫所漂經一卷，一名河中大聚沫經，一名聚沫譬經。二紙。

不自守意經一卷，或云自守亦不自守經，或云不自守經。一紙。

滿願子經一卷，二紙。

花積陀羅尼雜須經一卷，此經在藏見闕，無處訪本。二紙〔六〕。

轉法輪經一卷，或云法輪轉經。京中諸藏，並是轉法輪論，非是本經，應須簡擇〔七〕。二紙。

三轉法輪經一卷，五紙。

八正道經一卷，三紙。

難提釋經一卷，四紙。

馬有八態譬人經一卷，一名馬有八弊惡態經，亦直云馬有八態經。一紙。

馬有三相經一卷，亦云善馬有三相經。一紙。

相應相可經一卷，二紙。

治禪病秘要經一卷，或云治禪病秘要法，無「經」字。或云禪要秘密治病經，或二卷。二十八紙。

上三十一經，三十一卷，同帙。

摩鄧女經一卷，一名阿難爲蠱道女惑經，亦云「摩鄧女」。三紙。

摩登女解形中六事經一卷，三紙。

摩登伽經三卷，或二卷。三十四紙。

舍頭諫經一卷，題云舍頭諫，晉曰太子二十八宿經，一名虎耳經，一名虎意經。二十六紙。

鬼問目連經一卷，四紙。

雜藏經一卷，九紙。

餓鬼報應經一卷，一名目連説地獄餓鬼因緣經。五紙。

阿難問事佛吉凶經一卷，或云阿難問事經，亦云事佛吉凶經。五紙。

慢法經一卷，二紙。

阿難分別經一卷，亦云阿難問事佛吉凶經，或直名分別經。五紙。

五母子經一卷，二紙。

沙彌羅經一卷，二紙。

玉耶女經一卷，或云玉耶經。三紙。

玉耶經一卷，一名長者詣佛説子婦無敬經，或云玉耶女經〔八〕。五紙。

阿速達經一卷，二紙。

修行本起經二卷，一名宿行本起經。三十二紙〔九〕。

上十六經，十九卷，同帙。

太子瑞應本起經二卷，亦名太子本起瑞應經，亦名瑞應本起經。三十一紙。

過去現在因果經四卷，或五卷〔一〇〕。九十五紙。

法海經一卷，三紙。

海八德經一卷，三紙。

四十二章經一卷，七紙。

奈女耆域因緣經一卷，或云柰女耆域經，或直云奈女經。有云「柰女耆域國」者，誤也。一十七紙。

罪業應報教化地獄經一卷，或云地獄報應經。六紙。

龍王兄弟經一卷，一名難龍王經，亦名降龍王經。二紙。

長者音悅經一卷，或云長者音悅不蘭迦葉經，亦直云音悅經。五紙。

上九經，十三卷，同帙。

禪秘要經三卷，或云禪閟要法，無「經」字。或四卷。八十四紙。

七女經一卷，一名七女本經〔一一〕。六紙。

八師經一卷，四紙。

越難經一卷，一名越難長者經，一名難經。二紙。

所欲致患經一卷，六紙。

阿闍世王問五逆經一卷，五紙。

五苦章句經一卷，一名諸天五苦經，一名五道章句經，一名浄除罪蓋樂佛法經。十三紙。

堅意經一卷，一名堅心正意經，一名堅心經。二紙。

浄飯王涅槃經一卷，或加「般」字。六紙。

進學經一卷，或云勸進學道經。一紙。

得道梯橙錫杖經一卷，題云得道梯橙經錫杖品第十二，亦直云錫杖經。三紙。

貧窮老公經一卷，一名貧老經。三紙。

三摩竭經一卷，一名須摩提女經，一名難國王經，一名恕和檀王經。八紙。

蓱沙王五願經一卷，一名弗沙迦王經。或作「瓶」字。七紙。

琉璃王經一卷，或作「流離」字〔三〕。七紙。

上十五經，十七卷，同帙。

生經五卷，或四卷。一百九紙。

義足經二卷，四十紙。

上二經，七卷，同帙。

校勘記

〔一〕安公録：金藏本作「安録」。
〔二〕二紙：金藏本無。
〔三〕經：金藏本無。
〔四〕或作兕者誤也：金藏本無。
〔五〕亦云牧牛經：金藏本無。
〔六〕花積陁羅尼雜須經一卷此經在藏見闕無處訪本二紙：金藏本無。
〔七〕或云法輪轉經京中諸藏並是轉法輪論非是本經應須簡擇：金藏本無。
〔八〕無敬經或云玉耶女經：金藏本作「無教經或云耶女」。
〔九〕三十二紙：金藏本作「二十二紙」。
〔一〇〕或五卷：金藏本無。
〔一一〕一名七女本經：金藏本作「一名七本經」。
〔一二〕字：金藏本無。

小乘經單譯，八十七部，二百二十四卷，一十七帙。

正法念處經七十卷，七帙。一千二百五十紙。

佛本行集經六十卷，或名皆集經。六帙。八百七十七紙。

本事經七卷，九十五紙。

興起行經二卷，亦名嚴誡宿緣經，一名十緣經。題云出雜藏。三十一紙。

業報差別經一卷，一十五紙。

上三經，十卷，同帙。

大安般守意經二卷，亦直云大安般經，或無「大」字。安公云小安般經。或一卷。三十紙。

陰持入經二卷，或云「除持入」，誤也。或一卷。亦云住陰持入。三十二紙。

處處經一卷，一十五紙。

罵意經一卷，一十五紙。

分別善惡所起經一卷，一十五紙。

出家緣經一卷，一名出家因緣經。二紙。

阿鋡正行經一卷，一名正意經。四紙。

十八泥犁經一卷，或云十八地獄經。六紙。

法受塵經一卷，一紙。

禪行法想經一卷，一紙。
長者子懊惱三處經一卷，一名長者夭惱三處經，亦云三處惱經。三紙。
捷陀國王經一卷，或無「國」字。二紙。
須摩提長者經一卷，一名會諸佛前，亦名如來所説示現衆生。八紙。
阿難四事經一卷，四紙。
未生怨經一卷，四紙。
四願經一卷，三紙。
黑氏梵志經一卷，三紙。
猘狗經一卷，祐云與獼狗同。二紙。
分別經一卷，五紙。
八關齋經一卷，二紙。
阿鳩留經一卷，四紙。
孝子經一卷，亦云孝子報恩經。二紙。
上二十二經，二十四卷，同帙。
五百弟子自説本起經一卷，或云佛五百弟子自説本起經，亦云五百弟子自説本末經，亦云五百弟子本起經。二十一紙。

大迦葉本經一卷，或無「大」字。五紙。

四自侵經一卷，五紙。

羅云忍辱經一卷，或直云忍辱經。三紙。

佛爲年少比丘説正事經一卷，二紙。

沙曷比丘功德經一卷，三紙。

時非時經一卷，亦直云時經。二紙。

自愛經一卷，或云自愛不自愛經。五紙。

中心經一卷，亦云中心正行經，或云大忠心經，亦云小中心經。五紙。

正見經一卷，一名生死變識經。八紙。

大魚事經一卷，二紙。

呵雕七夢經一卷，亦直云七夢經。二紙。

阿鵰阿那含經一卷，一名「荷鵰」，或作「苛」字。二紙。

燈指因緣經一卷，九紙。

婦人遇辜經一卷，一名婦遇對經。二紙〔一〕。

四天王經一卷，三紙。
摩訶迦葉度貧母經一卷，四紙。
十二品生死經一卷，一紙。
罪福報應經一卷，一名輪轉五道罪福報應經，亦云輪轉五道經，亦云五道輪經。四紙。
五無返復經一卷，一名五反覆大義經。或作「附」字。二紙。
佛大僧大經一卷，二兒名。七紙。
邪祇經一卷，二紙。
末羅王經一卷，二紙。
摩達國王經一卷，或無「國王」字。二紙。
旃陀越國王經一卷，或無「國王」字。二紙〔二〕。
五恐怖世經一卷，或云五恐怖經。二紙。
弟子死復生經一卷，或云死亡更生經。六紙。
懈怠耕者經一卷，或云懈怠耕兒經。二紙。
辯意長者子經一卷，或云長者辯意經，或加「所問」字。九紙。
無垢優婆夷問經一卷，三紙。

療痔病經一卷，亦名療痔瘺經。二紙。

上三十經，三十卷，同帙。

校勘記

〔一〕三紙：金藏本作「一紙」。

〔二〕二紙：金藏本作「三紙」。

〔三〕師比丘經：金藏本作「師比丘」。

〔四〕志：金藏本無。

小乘律，五十四部，四百四十六卷，四十五帙。

摩訶僧祇律四十卷，或云三十卷。四帙。九百九十七紙。

十誦律六十一卷，六帙。一千四百三十紙。

根本説一切有部毗奈耶五十卷，五帙。八百七十五紙。

根本説一切有部苾芻尼毗奈耶二十卷，二帙。三百五十九紙。

根本説一切有部毗奈耶雜事四十卷，四帙。六百四十四紙。

根本説一切有部尼陁那目得迦十卷，前五卷尼陁那，後五卷目得迦。或八卷。一帙。一百二十五紙。
五分律三十卷，亦云彌沙塞律〔一〕，或三十四卷。三帙。五百九十七紙。
四分律六十卷，或四十五卷，或七十卷，或四十卷，或云四十四卷。六帙。一千三百一十五紙。
僧祇比丘戒本一卷，亦云摩訶僧祇戒本。二十紙。
僧祇比丘尼戒本一卷，亦云比丘尼波羅提木叉僧祇戒本。三十五紙。
十誦比丘戒本一卷，亦云十誦波羅提木叉戒本。二十六紙。
十誦比丘尼戒本一卷，亦云十誦比丘尼波羅提木叉戒本。二十六紙。
根本説一切有部戒經一卷，二十八紙。
根本説一切有部苾芻尼戒經一卷，二十八紙。
五分比丘戒本一卷，亦云彌沙塞戒本。二十二紙。
上七經，七卷，同帙。
五分比丘尼戒本一卷，亦云彌沙塞尼戒本。二十九紙。
四分比丘戒本一卷，沙門懷素依律集，題云四分戒本。二十四紙。
四分比丘尼戒本一卷，沙門懷素依律集，題云四分尼戒本。三十紙。
四分僧戒本一卷，或無「僧」字。或云曇無德戒本，姚秦佛陀耶舍譯。二十三紙。

解脱戒本一卷，出迦葉毗部。二十二紙。

沙彌十戒法并威儀一卷，亦云沙彌威儀戒本。二十一紙。

沙彌威儀一卷，或云沙彌威儀經。九紙。

沙彌尼離戒文一卷，四紙。

沙彌尼戒經一卷，或無「經」字。五紙。

舍利弗問經一卷，十一紙。

上十經，十卷，同帙。

根本説一切有部百一羯磨十卷，一帙。一百四十六紙。

大沙門百一羯磨法一卷，出十誦律，或云大沙門羯磨法。二十二紙。

十誦羯磨比丘要用一卷，出十誦律，或云毗尼要羯磨法。或二卷，僧祐録云一卷。二十四紙。

優波離問佛經一卷，或云優波離律。二十三紙。

五分羯磨一卷，題云彌沙塞羯磨本。三十一紙。

一分雜羯磨四卷〔二〕，題云曇無德律部雜〔三〕羯磨，以結戒場爲首。三十四紙。

曇無德羯磨一卷，題云羯磨一卷，出曇無德律，以結大戒爲首。三十七紙。

四分比丘尼羯磨法一卷，祐云曇無德羯磨，或云雜羯磨。一十五紙。

上七經，七卷，同帙。

四分律删補隨機羯磨一卷，序題云曇無德部四分律删補隨機羯磨。四十七紙。

四分僧羯磨三卷，題云羯磨卷上，出四分律。八十紙。

四分尼羯磨三卷，題云尼羯摩卷上，出四分律。七十紙。

上三經，七卷，同帙。

大愛道比丘尼經二卷，或云大愛道受戒經，或直云大愛道經。三十一紙。

迦葉禁戒經一卷，一名摩訶比丘經，亦名真爲沙門經。三紙。

犯戒報應輕重經一卷，出目連問毗尼經，亦云「罪報」，或云目連問經。二紙。

戒銷災經一卷，或云戒銷伏災經。四紙。

優婆塞五戒相經一卷，一名優婆塞五戒略論。十四紙。

根本説一切有部毗奈耶頌五卷，或三卷。七十一紙。

根本説一切有部毗奈耶雜事攝頌一卷，六紙。

根本説一切有部毗奈耶尼陀那目得迦攝頌一卷。尼陀那頌在先，目得迦頌在後〔四〕。八紙。

五百問事經一卷，三十三紙。

上九經，十四卷，同帙。

根本薩婆多部律攝二十卷，或十四卷。二帙。二百七十七紙。

毗尼摩得勒伽十卷，初卷云薩婆多部毗尼摩得勒伽。一帙。一百八十八紙。

鼻奈耶律十卷，一名戒因緣經，或名戒果因緣經，亦名鼻奈耶經。一帙。一百五十五紙。

善見律毗婆沙十八卷，或云毗婆沙律，亦直云善見律。三百五十八紙。

佛阿毗曇經二卷，亦云佛阿毗曇論。四十五紙。

上三經，二十卷，二帙。

毗尼母經八卷，亦云毗尼母論。一百五十六紙。

大比丘三千威儀經二卷，亦云大僧威儀經。或四卷。四十二紙。

上二經，十卷，同帙。

薩婆多毗尼毗婆沙九卷，一百八十七紙。

律二十二明了論一卷，亦直云明了論。二十四紙。

上二經，十卷，同帙。

校勘記

〔一〕彌沙塞律：金藏本作「沙彌塞律」。

〔二〕一分雜羯磨四卷：金藏本作「四分雜羯磨一卷」。

〔三〕雜：金藏本無。
〔四〕尼陀那頌在先目得迦頌在後：金藏本作「尼陁頌在先目得迦在後」。

小乘論，三十六部，六百九十八卷，七十二帙。
阿毗曇八揵度論三十卷，三帙。或無「論」字，或云迦栴延阿毗曇，或云阿毗曇經八揵度。或二十卷。四百六十二紙。
阿毗達磨發智論二十卷，二帙，迦多衍尼子造。三百五十八紙。
阿毗達磨法蘊足論十二卷，一帙，大目揵連造。一百八十九紙。
阿毗達磨集異門足論二十卷，二帙，舍利弗造。二百七十八紙。
阿毗達磨識身足論十六卷，二百六十五紙。
阿毗達磨界身足論三卷，三十九紙。
上二論，一十九卷，二帙。
阿毗達磨品類足論十八卷，二百五十五紙。
衆事分阿毗曇論十二卷，或無「論」字。二百八紙。
上二論，三十卷，三帙。

阿毗曇毗婆沙論六十卷，或加「八揵度」字。或八十四卷，六帙。一千二百六十九紙。

阿毗達磨大毗婆沙論二百卷，或云阿毗達摩發智大毗婆沙，二十帙〔一〕。三千一百六十九紙〔二〕。

阿毗達磨俱舍釋論二十二卷，或無「釋」字。四百七十一紙。

阿毗達磨俱舍論本頌一卷，或三卷。二十三紙。

上二論，二十三卷，三帙。上帙七卷〔三〕，中、下各八卷。

阿毗達磨俱舍論三十卷，三帙。四百六十五紙。

阿毗達磨順正理論八十卷，八帙。一千三百九十四紙。

阿毗達磨顯宗論四十卷，四帙。六百一十四紙。

阿毗曇心論四卷，或無「論」字。六十九紙。

法勝阿毗曇心論經六卷，或無「經」字，或無「法勝」字。或七卷。或云法勝阿毗曇論，或加「别譯」字〔四〕。一百五紙。

上二論，十卷，同帙。

雜阿毗曇心論十一卷，或無「論」字，或云雜阿毗曇經，亦云雜阿毗曇毗婆沙。或十四卷〔五〕。二百七十九紙。

阿毗曇甘露味論二卷，或云甘露味阿毗曇，或無「論」字。四十六紙。

隨相論一卷，或云求那摩諦隨相論。三十四紙。

上三論，十四卷，二帙。

尊婆須蜜菩薩所集論十卷，或十二卷，或十四卷。亦云婆須蜜經〔六〕。二百六十二紙。

三法度論二卷，或無「論」字，或云經。或一卷，或三卷。四十九紙。

入阿毗達磨論二卷，二十八紙。

上三論，十四卷，二帙。

成實論二十卷，凡二百二品。或二十四卷，或二十七卷，或十四卷，或十六卷。二帙〔七〕。三百九十八紙。

立世阿毗曇論十卷，一帙〔八〕。或無「論」字，亦名天地記。或十五卷。題云立世毗曇藏。一百六十四紙。

解脱道論十二卷，或十三卷〔九〕。一帙。一百九十七紙。

舍利弗阿毗曇論二十二卷，或無「論」字。或二十卷，或三十卷。六百四紙。

五事毗婆沙論二卷，亦云阿毗達磨五事論〔一〇〕。二十四紙。

上二論，二十四卷，三帙。

鞞婆沙論十四卷，亦云鞞婆沙阿毗曇論，亦〔一一〕云廣説。或十五卷，或十九卷。或無「論」字。三百三十四紙。

三彌底部論三卷，或無「部」字。或〔二〕四卷。三十六紙。

上二論，十七卷，二帙。上帙八，下帙九〔三〕。

分別功德論四卷，或云分別功德經。或三卷，或五卷。七十一紙。

四諦論四卷，七十五紙。

辟支佛因緣論二卷，二十紙。

十八部論一卷，八紙。

部執異論一卷，亦名部異執〔四〕論。九紙。

異部宗輪論一卷，八紙。

上六論，十三卷，同帙。

校勘記

〔一〕二十帙：金藏本無。

〔二〕三千一百六十九紙：金藏本作「三千六十九紙」。

〔三〕上帙七卷：金藏本作「上七卷」。

〔四〕字：金藏本無。

〔五〕或十四卷：金藏本無。
〔六〕經：金藏本無。
〔七〕二帙：金藏本無。
〔八〕一帙：金藏本無。
〔九〕卷：金藏本無。
〔一〇〕論：金藏本無。
〔一一〕亦：金藏本無。
〔一二〕或：金藏本無。
〔一三〕上帙八下帙九：金藏本無。
〔一四〕執：金藏本作「釋」。

賢聖集，一百八部，五百四十一卷，五十七帙。六十八部，出四十部一百七十三卷，三百六十八卷梵本翻、此方撰。

佛所行讚經傳五卷，或云「經」，無「傳」字；或云「傳」，無「經」字。亦云佛本行經。九十紙。

佛本行經七卷，一名佛本行讚傳〔一〕。一百一十三紙。

上二集，十二卷，同帙。

撰集百緣經十卷，一帙。一百五十紙。

出曜經二十卷，亦云出曜論。或十九卷。四百八十四紙。

賢愚經十三卷，或十五卷，或十六卷，或十七卷。亦云賢愚因緣經〔二〕。二百八十三紙。

上二集，三十三卷，四帙。上三帙各八卷，第四帙九卷〔三〕。

道地經一卷，或云大道地經，是修行經抄，元外國略本。十八紙。

修行道地經六卷，初卷題云榆遮伽復彌經，或直云修行經。或七卷〔四〕。一百三十五紙。

僧伽羅刹所集經三卷，或五卷。八十五紙。

上三集，十卷，同帙。

百喻經四卷，或五卷，或十卷，未詳。亦云百句譬喻經。四十六紙。

菩薩本緣經三卷，亦云菩薩本緣集經。或二卷〔五〕，或四卷。五十四紙。

大乘修行菩薩行門諸經要集三卷，八十一紙。

上三集，十卷，同帙。

付法藏因緣傳六卷，或無「因緣」字，亦云付法藏經。或二卷，或四卷。八十二紙。

坐禪三昧經三卷，一名菩薩禪法經，或直云禪經，或云〔六〕阿蘭若習禪法經。或二卷。五十紙。

佛醫經一卷，亦云佛醫王經。五紙。

惟曰雜難經一卷，一十五紙。
佛般泥洹摩訶迦葉赴佛經一卷，亦云迦葉赴佛般涅槃經〔七〕。二紙。
菩薩呵色欲法一卷，亦云經。一紙。
四品學法一卷，或有「經」字。二紙。
佛入涅槃密跡金剛力士哀戀經一卷，六紙。
迦旃延説法没盡偈經一卷，題云佛使比丘迦旃延説法没盡偈百二十章。五紙。
佛治身經一卷，或云治意經。一紙。
治意經一卷，或云治身經。一紙。
上十一集，十八卷，同帙。
雜寶藏經八卷，或十三卷。一百五十三紙。
那先比丘經二卷，或云那先經。或三卷。三十一紙。
五門禪經要用法一卷，二十三紙。
上二集，十卷，同帙。
達摩多羅禪經二卷，一名庾伽遮羅浮迷譯言修行道地，一名不淨觀經。五十一紙。
禪法要解二卷，一名禪要經。三十四紙。

禪要呵欲經一卷，題云禪要經呵欲品。四紙。

内身觀章句經一卷，或無「句」字〔八〕。二紙。

法觀經一卷，六紙。

思惟略要法一卷，或云思惟要略法經，或直云〔九〕思惟經。十紙〔一〇〕。

十二遊經一卷，六紙。

舊雜譬喻經二卷，亦云雜譬喻集。三十七紙。

雜譬喻經一卷，九紙。

上十集，十三卷，同帙。

雜譬喻經二卷，一名菩薩度人經。二十五紙。

雜譬喻經一卷，二十八紙。

阿育王譬喻經一卷，題云天尊説阿育王譬喻經。古經呼佛以爲天尊，即佛説也。七紙。

阿育王經十卷，一百一十一紙。

上四集，十四卷，同帙。

阿育王傳七卷，或加「大」字。或五卷。亦云大阿育王經。一百紙。

阿育王息壞目因緣經一卷，序〔一一〕題云阿育王太子法益壞目因緣經，或云阿育王太子壞目因緣，無「經」

字。二十六紙。

四阿含暮抄解二卷，亦云四阿含暮抄經。三十六紙。

上三集，十卷，同帙。

法句經二卷，亦云法句集。三十四紙。

法句譬喻經〔一二〕四卷，一名法句本末經，亦云法句喻經。或五卷，或六卷。九十五紙。

迦葉結經一卷，八紙。

撰集三藏及雜藏傳一卷，亦云撰三藏及雜藏經。八紙。

三慧經一卷，十二紙。

阿毗曇五法行經一卷，亦云阿毗曇苦慧經，亦云阿毗曇五法經〔一三〕。十一紙。

阿含口解十二因緣經一卷，亦云斷十二因緣經，亦云阿含口解經〔一四〕。八紙。

小道地經一卷，四紙。

文殊師利發願經一卷，或加「偈」字。二紙。

六菩薩名一卷，房入藏録云六菩薩名亦當誦持。一紙。

一百五十讚佛頌一卷，六紙。

讚觀世音菩薩頌一卷，四紙。

上十二集，十六卷，同帙。

無明羅刹集一卷，亦云無明羅刹經。或二卷(一五)。二十三紙。

馬鳴菩薩傳一卷，三紙。

龍樹菩薩傳一卷，三紙。

提婆菩薩傳一卷，四紙。

婆藪盤豆法師傳一卷，此曰天親。十紙。

龍樹菩薩爲禪陀迦王説法要偈一卷，九紙。

勸發諸王要偈一卷，六紙。

龍樹菩薩勸誡王頌一卷，六紙。

賓頭盧突羅闍爲優陀延王説法經一卷，亦云賓頭盧爲王説法經(一六)。八紙。

請賓頭盧法一卷，或云請賓頭盧法經。二紙。

分别業報略一卷，或云大勇菩薩分别業報略，或云分别業報略集。八紙。

迦丁比丘説當來變經一卷，或直云迦丁比丘經。九紙。

大阿羅漢難提蜜多羅所説法住記一卷，七紙。

金七十論三卷，亦名僧佉論。或二卷(一七)。五十三紙。

勝宗十句義論一卷，十一紙。

上十五集，十七卷，同帙。已上梵本翻譯，已下此方撰集。

釋迦譜十卷，別有五卷本，與此廣略異。二百三十八紙。

釋迦氏略譜一卷，或無「略」字。四十三紙。

釋迦方誌二卷，八十四紙。

上三集，十三卷，二帙。上帙七，下帙六〔一八〕。

經律異相五十卷，五帙。八百二十七紙。

陀羅尼雜集十卷，一帙。一百八十八紙。

諸經要集二十卷，五百八十二紙。

上一集〔一九〕，二十卷，分爲三帙。上下各七，中帙六。

出三藏記集十五卷，三百十四紙。

衆經目録七卷，六十三紙。

上二集，二十二卷，二帙。上帙十卷，下帙十二〔二〇〕。

開皇三寶録十五卷，内題云歷代三寶紀。三百八紙。

衆經目録五卷，八十四紙。

上二集，二十卷，二帙。

大唐内典録十卷，一帙。二百二十紙〔二二〕。

續大唐内典録一卷，二十五紙。

古今譯經圖紀四卷，六十紙。

續古今譯經圖紀一卷，十六紙。

大周刊定衆經目録十五卷，二百九十七紙。

上四集，二十一卷，二帙。上帙十一，下帙十卷〔二三〕。

開元釋教録二十卷，三帙。五百四十五紙。

一切經音義二十五卷，七百六十八紙。

新譯大方廣佛花嚴經〔二三〕音義二卷，四十九紙。

上二集，二十七卷，四帙。第一帙六卷，下三帙各七卷〔二四〕。

大唐西域記十二卷，二百三十四紙。

集古今佛道論衡四卷，或三卷〔二五〕。九十九紙。

續集古今佛道論衡一卷，三十紙。

上三集，十七卷，二帙。上帙八，下帙九〔二六〕。

東夏三寶感通録三卷，亦云集神州三寶感通録。　九十七紙。

集沙門不拜俗議六卷，九十七紙。

上二集，九卷，同帙。

大唐慈恩寺三藏法師傳十卷，一帙。　一百七十紙。

大唐西域求法高僧傳二卷，三十五紙。

法顯傳一卷，亦云歷遊天竺傳。　二十九紙。

高僧傳十四卷，内〔二七〕一卷是目録。　二百九十紙。

上三集，十七卷，二帙。　上帙九，下帙八〔二八〕。

續高僧傳三十卷，七百三十紙。

上一集，三十卷，分爲四帙。　第一、第二各八，第三、第四各七〔二九〕。

辯正論八卷，一帙〔三〇〕。　一百七十一紙。

破邪論二卷，或一卷〔三一〕，四十五紙。

甄正論三卷，三十六紙。

十門辯惑論二卷〔三二〕，或三卷〔三三〕。　二十七紙。

弘明集十四卷，二百八十九紙。

上四集，二十一卷，二帙〔三四〕。上帙十一，下帙十卷〔三五〕。

廣弘明集三十卷，七百七十紙。

上一集，三十卷，分爲四帙。第一帙十，第二帙七，第三帙七，第四帙六〔三六〕。

集諸經禮懺儀二卷，五十紙。

大唐南海寄歸内法傳四卷，八十七紙。

比丘尼傳四卷，四十二紙。

別説罪要行法一卷，或無「別」字。四紙。

受用三水要法一卷，或云要行法。四紙。

護命放生軌儀一卷，或云「儀法」。二紙。

上六集，十三卷，同帙。

都計小乘經、律、論及賢聖傳見入藏者，總四百三十八部，合二千三百三卷，二百二十二帙。

開元釋教録卷第二十入藏録卷下〔三七〕

校勘記

〔一〕一名佛本行讚傳：金藏本作「一名本行讚傳」。

〔二〕賢愚因緣經：金藏本作「因緣經」。
〔三〕上三帙各八卷第四帙九卷：金藏本無。
〔四〕或七卷：金藏本作「或十卷」。
〔五〕卷：金藏本無。
〔六〕云：金藏本無。
〔七〕般：金藏本無。
〔八〕字：金藏本作「經」。
〔九〕云：金藏本無。
〔一〇〕十紙：金藏本無。
〔一一〕序：金藏本作「字」。
〔一二〕經：金藏本無。
〔一三〕亦云阿毗曇五法經：金藏本無。
〔一四〕亦云阿含口解經：金藏本無。
〔一五〕或二卷：金藏本作「或三卷」。
〔一六〕經：金藏本無。
〔一七〕或二卷：金藏本無。
〔一八〕上帙七下帙六：金藏本無。

〔一九〕上一集：金藏本作「上三集」。

〔二〇〕上帙十卷下帙十三：金藏本無。

〔二一〕二百二十紙：金藏本作「一百二十紙」。

〔二二〕上帙十一下帙十卷：金藏本無。

〔二三〕經：金藏本無。

〔二四〕第一帙六卷下三帙各七卷：金藏本無。

〔二五〕或三卷：金藏本作「或二卷」。

〔二六〕上帙八下帙九：金藏本無。

〔二七〕內：金藏本無。

〔二八〕上帙九下帙八：金藏本無。

〔二九〕第一第二各八第三第四各七：金藏本無。

〔三〇〕一帙：金藏本無。

〔三一〕或一卷：金藏本無。

〔三二〕二卷：金藏本作「三卷」。

〔三三〕或三卷：金藏本無。

〔三四〕上四集二十一卷二帙：金藏本作「上五集三十卷三帙」。

〔三五〕上帙十一下帙十卷：金藏本無。

〔三六〕第一帙十第二帙七第三帙七第四帙六：金藏本無。
〔三七〕入藏録卷下：金藏本作「入藏卷下」。

密跡金剛力士經七卷。或五卷。
菩薩夢經二卷。改名浄居天子會。
法界體性無分別經二卷。
十法經一卷。加名大乘十法會。
大菩薩藏經二十卷。
佛爲難陀説出家入胎經二卷。改名入胎藏會〔一〕。
文殊師利授記經三卷。
菩薩見實三昧經十六卷。或十四卷。
菩薩藏經三卷。改名富樓那會。
護國菩薩經二卷。
郁伽長者所問經一卷。
迦葉經二卷。改名摩訶迦葉會。

善臂菩薩所問經二卷。

無畏德女經一卷。

無垢施菩薩分別應辯經一卷。

大方等善住意天子問經四卷。

大乘方便經三卷。

移識經二卷。改名賢護長者會。

彌勒菩薩所問經一卷。改名彌勒問八法會。

大寶積經一卷。改名普明菩薩會。

寶梁經二卷。

寶髻菩薩所問經二卷。

右密跡力士經下二十二部，合八十卷，並編入大寶積經藏中，故無別本。

金光明經四卷。一十八品。

金光明經七卷。或六卷。二十二品。

右二部，一十一卷，與藏中八卷者文句不異。其八卷本品數備足，故留入藏，此二〔二〕皆闕，故不存之。其八卷本，有二十四品。

新道行經七卷。或十卷。檢諸藏本，皆與小品文同而題目異，故不別寫。其道行正本，尋之未獲。

大方等大集經八卷。即是合大集經第六帙。今存别本，初兩卷是明度五十校計經，下六卷是無盡意。

阿耨達龍王經二卷。與藏中弘道廣顯三昧經文句全同。

合道神足經三卷〔三〕。與藏中道神足無極變化經文句全同。三卷，或二卷。

哀泣經二卷。或一卷，與藏中方等般泥洹文句全同。

寶田慧印三昧經一卷。與藏中慧印三昧經文句全同。

鹿子經一卷。與藏中鹿母經文句全同。

小無量壽經一卷。與藏中阿彌陀經文句全同。

胎藏經一卷。與藏中無垢賢女經文句全同。

聞城十二因緣經一卷。與藏中貝多樹下思惟十二因緣經文句全同。

大安般經一卷。與藏中大安般守意經上卷文句全同。

申曰經一卷。與藏中月光童子經文句全同。

輪轉五道罪福報應經一卷。與藏中罪福報應經文句全同。

旃陀越經一卷。與藏中旃檀越國王經文句全同。

真僞沙門經一卷。與藏中迦葉禁戒經文句全同。

轉法輪經一卷。檢諸藏本〔四〕，並是轉法輪論。其轉法輪經，與此全同。

賓頭盧爲王説法經一卷。與藏中賓頭盧突羅闍爲優陀延王〔五〕説法經文句全同。

阿蘭若習禪法經二卷。與藏中坐禪三昧經文句全同。

禪秘要經五卷。檢諸藏本，文極交錯，非是本經，不堪流布。其經正本，尋之未獲。

右新道行等一十九部，共四十二卷，或是一經兩名，或可時無正本，故存一經，重者不録。

無畏德女經一卷。

第一義法勝經一卷。

彌勒菩薩所問本願經一卷。

發菩提心經一卷。亦云論〔六〕。

法句經二卷。亦云集。

攝大乘釋論十二卷。或十五卷。

右六部，二十八卷，周録入藏重載兩本，今但存一。

虚空藏所問經八卷。或五卷，是大集經虚空藏品全一品。

虚空藏菩薩問持經得幾福經一卷。即抄前虚空藏品。

一切施王所行檀波羅蜜經一卷。抄六度集中施度中出。

大方廣如來性起微密藏經二卷。是舊花嚴經寶王如來性起品全一品。

隨願往生經一卷。是灌頂經第十一卷。

舊藥師經一卷。佛遊維耶離者，是灌頂經第十二卷。

密跡金剛力士經二卷。出五卷密跡經第四、第五卷。

增一阿含經一卷。出增一阿含經第二十一卷。

行七行現報經一卷。出增一阿含經第三十四卷。

十二因緣經一卷。出增一阿含經第四十六卷。

戒相應法經一卷。出雜阿含經第三十卷。

比丘問佛多優婆塞命終經一卷。亦出雜阿含經第三十卷。

獨富長者經一卷。出雜阿含經第四十六卷。

有衆生三世作惡經一卷。出出曜經第八卷。

出家功德經一卷。佛在迦蘭陀竹林園者，抄賢愚經出家功德品。

從虚空藏下一十五部，二十四卷，既從大經流出，即是別生。准衆經録，別生之經不須抄寫，故入藏録除之不載。

摩竭魚因緣經一卷。
尊者鄔陀夷引導諸人禮佛僧經一卷。
還本國度父王經一卷。
水生太子經一卷。
施物法非法經一卷。
教誡羅怙羅經一卷。
五趣生死輪轉經一卷。
善來苾芻因緣經一卷。
七有事無事福業經一卷。摩羯魚因緣下九經，並出根本説一切有部毗柰耶中。
火生長者受報經二卷。
尊者善和好聲經一卷。
五種水羅經一卷。
勝鬘夫人本緣經一卷。
勝光王信佛經一卷。
誅釋種受報經二卷。

大世主苾芻尼入涅槃經一卷。
敬法捨身經一卷。
度二邪見童子得果經一卷。
清淨威儀經一卷。或云「法淨〔七〕」。
大目連受報經一卷。
初誕生現大瑞應經一卷。
度迦多演那經一卷。
淨堅羅鉢龍王業報因緣經一卷。
安樂夫人因緣經一卷。
增養因緣經三卷。
妙光因緣經一卷。
淨大藥善巧方便經二卷。
降伏外道現大神通經一卷。
淨度瘦瞿答彌經一卷。
佛從天下贍部洲經一卷。

浄法與尼在家得果經一卷。

訶利底母因緣經一卷。

弟子事師經一卷。

樹生婆羅門憍慢經一卷。

佛爲長者説放逸經一卷。

七種不退轉經一卷。

四種黑白法印經一卷。

地動因緣經一卷。

佛般涅槃行雨大臣告王經一卷。

佛將入涅槃度善賢經二卷。

八大國王分舍利經一卷。火生長者下三十二經，並出根本説一切有部毗奈耶雜事中。

從摩竭魚因緣經下四十一部，四十七卷，並是説一切有部律中緣起，三藏義浄鈔出流行。既類別生，亦不編載。

幻師阿夷鄒呪經一卷。

寶性論四卷。

寶積經論四卷。

幻師下三部，九卷，並是周録入藏見經，今尋本未獲，所以録中不載。其新譯經，未得本者，不能繁記。

淨度三昧經三卷。
法社經二卷。
毗羅三昧經二卷。
決定罪福經一卷。
益意經二卷。
救護身命濟人病苦厄經一卷。
最妙勝定經一卷。
觀世音三昧經一卷。
清淨法行經一卷。
高王觀世音經一卷。或云折刀經。

淨度經下十部，一十五卷，並是古、舊録中僞疑之經，周録雖編入正，文理並涉人謀，故此録中，除之不載。

已上都有一百一十八部二百四十七卷，多是諸録見入藏經，今以皆是繁重，或有尋求未獲，故並不爲定見之數。恐不知委，且略述之。若欲委知根由，並如刪繁録中廣述。

開元釋教録卷第二十入藏録下〔八〕

校勘記

〔一〕入胎藏會：金藏本作「胎藏會」。
〔二〕此二：金藏本作「此三」。
〔三〕三卷：金藏本無。
〔四〕本：金藏本作「中」。
〔五〕優陀延王：金藏本作「優陁王」。
〔六〕亦云論：金藏本無。
〔七〕或云法浄：金藏本無。
〔八〕入藏録下：金藏本作「入藏録」。

大唐不空三藏新譯衆經論及念誦儀軌法等目録，總一百三卷，爲八帙。經目一卷，三紙，入第八帙。

虛空藏經八卷，一百一十五紙。

仁王般若經二卷，三十四紙。

上二經，十卷，同帙。

大乘密嚴經三卷，五十四紙。

大寶陀羅尼經三卷，四十五紙。

大孔雀明王經三卷，五十紙。

出生無邊門陀羅尼經一卷，十紙。

上四經，十卷，同帙。

菩提場莊嚴陀羅尼經一卷，二十三紙。

菩提場一字頂輪王經五卷，八十一紙。

一字奇特佛頂經三卷，六十八紙。

大雲請雨經二卷，二十五紙。

上四經，十一卷，同帙。

七俱知佛母經一卷，十九紙。

阿唎多陀羅尼經一卷，二十一紙。
救拔焰口餓鬼陀羅尼經一卷，四紙。
毗沙門天王經一卷，五紙。
除一切疾病陀羅尼經一卷，二紙。
大方廣曼殊室利經一卷，十三紙。
大聖文殊佛刹經三卷，五十二紙。
金剛頂大教王經三卷，三十七紙。
　上八經，十二卷，同帙。
大隨求陀羅尼經二卷，三十紙。
十一面觀世音菩薩經三卷，二十四紙。
八大菩薩曼荼羅經一卷，三紙。
金剛壽命念誦經一卷，三紙。
觀自在菩薩説陀羅尼經一卷，五紙。
葉衣觀自在菩薩經一卷，八紙。
般若波羅蜜多理趣經一卷，三紙。

一切如來全身寶篋經一卷，五紙。
慈氏菩薩稻喻經一卷，八紙。
金剛頂瑜伽念珠經一卷，二紙。
浄眼陀羅尼經一卷，二紙。
雨寶陀羅尼經一卷，四紙。
蘘麌梨童女經一卷，二紙。
吉祥天女經一卷，一紙。
大吉祥天女一百八名無垢經一卷，九紙。
金剛頂恐怖最勝心明王經一卷，二十一紙。
上十六經，十九卷，同帙。
甘露軍荼利念誦儀軌一卷，十九紙。
金剛頂蓮華部心念誦儀軌一卷，二十六紙。
新譯仁王般若念誦軌儀一卷，二十紙。
無量壽如來觀行儀軌一卷，十二紙。
阿閦如來念誦儀一卷，十紙。

金剛頂五秘密修行念誦儀一卷，十二紙。
金剛頂瑜伽千手千眼觀自在菩薩修行儀一卷，二十七紙。
金剛王菩薩念誦儀一卷，十二紙。
普賢金剛薩埵念誦儀一卷，十二紙。
一字頂輪王念誦儀一卷，十四紙。
上十經，十卷，同帙。
如意輪念誦儀一卷，八紙。
金剛頂瑜伽護摩儀一卷，八紙。
金剛頂經瑜伽五字念誦儀一卷，十二紙。
佛頂尊勝念誦儀一卷，八紙。
金剛頂經多羅菩薩念誦儀一卷，十紙。
金剛頂勝初瑜伽略出念誦儀一卷，十紙。
觀自在真言觀行儀一卷，五紙。
底哩三昧耶不動使者念誦儀一卷，十四紙。
瑜伽蓮華部念誦儀一卷，七紙。

略述金剛頂瑜伽修證法門儀一卷，十三紙。
金剛頂降三世大儀一卷，四紙。
大孔雀明王壇儀一卷，五紙。
大虛空藏菩薩念誦儀一卷，六紙。
大樂金剛理趣一卷，七紙。
大方廣佛華嚴經入法界品四十二字觀門一卷，十紙。
文殊師利菩薩問字母一卷，七紙。
上十六經，十六卷，同帙。
文殊師利讚佛法身禮一卷，三紙。
三十五佛名禮懺文一卷，二紙。
最上乘教受戒懺悔文一卷二紙。
金剛頂道場禮懺文一卷，四紙。
蘘麌梨成就法一卷，一紙。
訶利帝母真言法一卷，三紙。
瑜伽指歸一卷，十紙。

普賢菩薩行願讚一卷，五紙。
地藏菩薩請問法身讚一卷，五紙。
大樂金剛理趣釋一卷，三十二紙。
陀羅尼門目一卷，五紙。
新譯論目録〔一〕：
王法政理論一卷，九紙。
大乘起信論二卷，二十七紙。
大乘緣生論一卷，十紙。
上三十經，三十一卷，二帙。
興元元年八月一日，於正覺寺新寫入藏，便作此目録。
已上并目一百四卷，用紙總一千二百一十紙。
開元釋教録卷第二十

校勘記

〔一〕新譯論目録：金藏本作「新譯經論目録」。

附録二　開元釋教録略出

開元釋教録略出卷第一

唐西崇福寺沙門智昇撰

般若部摠二十二部。

大般若波羅蜜多經六百卷。

大唐〔一〕三藏玄奘法師於玉華宮寺譯。

計一萬六百四十九紙。六十帙。

○從【天】、【地】、【玄】、【黄】起

○至【果】、【珍】、【李】、【柰】字〔二〕。

放光般若波羅蜜經三十卷。

西晉三藏無羅叉共竺叔蘭譯。

計六百二十六紙。

摩訶般若波羅蜜經三十卷。亦名大品般若經。

○【菜】【重】【芥】

姚秦三藏鳩摩羅什共僧叡等譯。

計四百八十三紙。

○【薑】【海】【鹹】

光讚般若波羅蜜經十卷。

西晉三藏竺法護譯。

摩訶般若波羅蜜經五卷。一名須菩提品，一名長安品。

符秦天竺沙門曇摩蜱共竺佛念譯。

計三百一十三紙。

上三經，十五卷，二帙。

○【河】【淡】

道行般若波羅蜜經十卷。亦名般若道行品。

後漢月支三藏支婁迦讖譯。

自一帙。
計一百七十一紙。
○【鱗】
小品般若波羅蜜經十卷。
姚秦三藏鳩摩羅什譯。
自一帙。
計一百六十二紙。
○【潛】
大明度無極經六卷。亦名大明度經。
吴月支優婆塞支謙譯。
勝天王般若波羅蜜經七卷。
陳優禪尼國王子月婆首那譯。
計二百二十一紙。
上二經，十三卷，同帙。
○【羽】

文殊師利所説摩訶般若波羅蜜經一卷。
梁扶南三藏曼陀羅仙譯。
文殊師利所説般若波羅蜜經一卷。
梁扶南三藏僧伽婆羅譯。
濡首菩薩無上清浄分衛經二卷。
宋沙門翔公於南海郡譯。
金剛般若波羅蜜經一卷。
姚秦三藏鳩摩羅什譯。
金剛般若波羅蜜經一卷。婆伽婆。
元魏天竺三藏菩提留支譯。
金剛般若波羅蜜經一卷。祇樹林。
陳天竺三藏真諦譯。
金剛能斷般若波羅蜜經一卷。
隋大業中三藏笈多譯。
能斷金剛般若波羅蜜多經一卷。室羅筏。

大唐三藏玄奘譯。出内典録。

能斷金剛般若波羅蜜多經一卷。名稱城。

大唐天后代沙門義浄譯。第五譯，新編入録。

實相般若波羅蜜經一卷。

大唐天后代三藏菩提流志譯。

仁王護國般若波羅蜜經二卷。

姚秦三藏鳩摩羅什譯。

般若波羅蜜多心經一卷。

大唐三藏玄奘譯。

摩訶般若波羅蜜大明呪經一卷。

姚秦三藏鳩摩羅什譯。

上十三經，十五卷，同帙。

計一百九十九紙。

○【翔〔三〕】

校勘記

〔一〕大唐：高麗藏、嘉興藏、清藏本作「唐」。後同。

〔二〕從天地玄黄起至果珍李柰字：高麗藏、嘉興藏、清藏本作「天字起至柰字止」。

〔三〕翔：原無，據高麗藏、資福藏、嘉興藏、清藏本補。

寶積部揔〔一〕八十二部。

大寶積經一百二十卷。

大唐南天竺三藏菩提流志等譯。

計二千四十七紙。

十二帙。

○【龍】【師】【火】【帝】【鳥】【官】

○【人】【皇】【始】【制】【文】【字】

大方廣三戒經三卷。

北涼天竺三藏曇無讖譯。

無量清浄平等覺經二卷。
後漢月支三藏支婁迦讖譯。
阿弥陀經二卷。
呉月支優婆塞支謙譯。
無量壽經二卷。
曹魏天竺三藏康僧鎧譯。
上四經，九卷，同帙。
計二百九紙。

○【乃】

阿閦佛國經二卷。
後漢月支三藏支婁迦讖譯。
大乘十法經一卷。初云佛住王舍城。
梁扶南三藏僧伽婆譯。
普門品經一卷。亦云普門經。
西晉三藏竺法護譯。

胞胎經一卷。一名胞胎受身經。

西晉三藏竺法護譯。

文殊師利佛土嚴淨經二卷。

西晉三藏竺法護譯。

法鏡經一卷。

後漢安息優婆塞安玄共沙門嚴佛調譯。

上六經，八卷，同帙。

計一百四十四紙。

○【服】

郁迦羅越問菩薩行經二卷。

西晉三藏竺法護譯。

幻士仁賢經一卷。

西晉三藏竺法護譯。

決定毗尼經一卷。

群録皆云燉煌，竟不顯人名年代。

發覺浄心經二卷。
隋天竺三藏闍那崛多譯。
優填王經一卷。
西晉沙門法炬譯。
須摩提經一卷。
西晉三藏竺法護譯。
須摩提菩薩經一卷。
姚秦三藏鳩摩羅什譯。
阿闍世王女阿術達菩薩經一卷。
西晉三藏竺法護譯。
離垢施女經一卷。
西晉三藏竺法護譯。
上九經，十卷，同帙。
計一百五十一紙。
○【衣】

得無垢女經一卷。
元魏婆羅門瞿曇般若流支譯。
文殊師利所説不思議佛境界經二卷。
天后代〔三〕三藏菩提流志譯。
如幻三昧經三卷。
西晉三藏竺法護譯。
聖善住意天子所問經三卷。
元魏婆羅門瞿曇般若流支譯。第三譯，七譯四闕。
太子刷護經一卷。
西晉三藏竺法護譯。
太子和休經一卷。
僧祐録云安公録中失譯。
上六經，十一卷，同帙。
計一百七十五紙。
○【裳】

慧上菩薩問大善權經二卷。
西晉三藏竺法護譯。
大乘顯識經二卷。
大唐中天竺三藏地婆訶羅譯。
大乘方等要慧經一卷。
後漢安息三藏安世高譯。
弥勒菩薩所問本願經一卷。
西晉三藏竺法護譯。
佛遺日摩尼寶經一卷。
後漢月支三藏支婁迦讖譯。
摩訶衍寶嚴經一卷。
晉代譯，失三藏名。
勝鬘師子吼一乘大方便方廣經一卷。
宋天竺三藏求那跋陀羅譯。
毗耶娑問經二卷。

元魏婆羅門瞿曇般若流支譯。

上八經，十一卷，同帙。

計一百五十八紙。

○【推】

校勘記

〔一〕捴：原作「秦捴」，據資福藏本改。

〔二〕天后代：高麗藏、嘉興藏本作「唐」。按：高麗藏、嘉興藏本於「唐三藏菩提流支譯」後有「南多天后代三字」。

大集部捴二十四部，一百四十二卷。

大方等大集經三十卷。

北涼天竺三藏曇無讖於姑臧譯。

自四帙。

計八百四十九紙。

○【位】【讓】【國】【有】

大方等大集日藏經十卷。
隋天竺三藏那連提耶舍譯。
自一帙。
計二百一十三紙。
○【虞】
大集月藏經十卷。
高齊天竺三藏那連提耶舍譯。
自一帙。
計二百二十八紙。
○【陶】
大乘大集地藏十輪經十卷。
大唐三藏玄奘譯。
自一帙。
計一百七十二紙。
○【唐】

大方廣十輪經八卷。

失譯。

大集須弥藏經二卷。

高齊天竺三藏那連提耶舍共法智譯。

上二經，十卷，同帙。

計一百五十三紙。

○【弔】

虚空藏菩薩經一卷。

姚秦罽賓三藏佛陀耶舍歸罽賓譯。

虚空藏菩薩神呪經一卷。

宋罽賓三藏曇摩蜜多譯。

虚空孕菩薩經二卷。

隋天竺三藏闍那崛多等譯。

觀虚空藏菩薩經一卷。

宋罽賓三藏曇摩蜜多譯。

菩薩念佛三昧經六卷。

宋天竺沙門功德直共玄暢譯。

上五經，十一卷，同帙。

計一百六十二紙。

○【民】

大方等大集菩薩念佛三昧經十卷。

隋天竺三藏達摩笈多譯。第二譯。

自一帙。

計一百三十八紙。

○【伐】

般舟三昧經三卷。

後漢月支三藏支婁迦讖譯。

拔陀〔一〕菩薩經一卷。亦名拔陀經。

僧祐録云：「安公古典經，是般舟經初四品異。」

大方等大集賢護經五卷。

隋天竺三藏闍那崛多等譯。

上三經，九卷，同帙。

計一百五十五紙。

○【罪】

阿差末經七卷。

西晉三藏竺法護譯。

無盡意菩薩經四卷。

宋涼州沙門智嚴共寶雲譯。

上二經，十一卷，同帙。

計一百八十八紙。

○【周】

大集譬喻王經二卷。

隋天竺闍那崛多等譯。

大哀經八卷。

西晉三藏竺法護譯。

上二經，十卷，同帙。
計一百五十五紙。
○【發】
寶女所問經四卷。
西晉三藏竺法護譯。
無言童子經二卷。
西晉三藏竺法護譯。
自在王菩薩經二卷。
姚秦三藏鳩摩羅什於逍遥園譯。
奮迅王問經二卷。
元魏婆羅門瞿曇般若流支等譯。
上四經，十卷，同帙。
計一百八十八紙。
○【殷】
寶星陀羅尼經十卷。

大唐天竺三藏波羅頗蜜多羅譯。

自一帙。

計一百三十三紙。

○【湯】

校勘記

〔一〕拔陀：資福藏、嘉興藏、清藏本作「拔陂」。

華嚴部揔二十六部，一百八十七卷。

大方廣佛華嚴經五十卷。

東晉天竺三藏佛陀羅等譯。

自五帙。

計一千一百紙。

○【坐】【朝】【問】【道】【垂】

大方廣佛華嚴經八十卷。

大唐天后代〔一〕于闐三藏實叉難陀等譯。

自八帙。

計一千三百七十二紙。

○【拱】【平】【章】【愛】【育】【黎】【首】【臣】

信力入印法門經五卷。

元魏天竺三藏曇摩流支譯。

度諸佛境界智光嚴經一卷。

失譯。

佛華嚴入如來德智不思議境界經二卷。

隋天竺三藏闍那崛多等譯。

大方廣入如來智德不思議經一卷。

大唐天后代于闐實叉難陀譯。

大方廣佛華嚴經不思議佛境界分一卷。

天后代于闐三藏提雲般若譯。

大方廣如來不思議境界經一卷。

于闐〔二〕三藏實叉難陀譯。

大乘金剛髻珠菩薩修行分一卷。

大唐天后代三藏菩提流志譯。

大方廣佛華嚴經修慈分一卷。

唐天后代三藏提雲般若譯。

上八經，十三卷，同帙。

計二百紙。

○【伏】

大方廣普賢所説經一卷。

唐天后代于闐三藏實叉難陀譯。

莊嚴菩提心經一卷。

姚秦三藏鳩摩羅什譯。

大方廣菩薩十地經一卷。

元魏西域三藏吉迦夜共曇曜譯。

兜沙經一卷。

後漢月支三藏支婁迦讖譯。
菩薩本業經一卷。
吳月支優婆塞支謙譯。
諸菩薩求佛本業經一卷。
西晉清信士聶道真譯。
菩薩十住行道品一卷。或直云菩薩十住。
西晉三藏竺法護譯。
菩薩十住經一卷。
東晉西域三藏祇多蜜譯。
漸備一切智德經五卷。
西晉三藏竺法護譯。
上九經，十三卷，同帙。
計一百七十紙。
○【戎】
十住經四卷。

姚秦三藏鳩摩羅什共佛陀耶舍譯。
等目菩薩所問三昧經二卷。
西晉三藏竺法護譯。
顯無邊佛土功德經一卷。
大唐三藏玄奘譯。
如來興顯經四卷。
西晉三藏竺法護譯。
上四經，十一卷，同帙。
計二百二十三紙。
○【羌】
度世品經六卷。
西晉三藏竺法護譯。
羅摩伽經四卷。
乞伏秦沙門釋聖堅譯。
大方廣佛華嚴經續入法界品一卷。

大唐中天竺三藏地婆訶羅譯。

上三經，十一卷，同帙。

計二百一十紙。

○【遐】

校勘記

〔一〕大唐天后代：高麗藏、嘉興藏、清藏本作「唐」。後同。按：高麗藏、嘉興藏本此句後有「南多大唐天后代三字」。

〔二〕于闐：高麗藏、嘉興藏、清藏本作「唐于闐」。

涅槃部揔六部，五十八卷。

大般涅槃經四十卷。

北涼天竺三藏曇無讖於姑臧譯。

自四帙。

計七百八十紙。

○【邇】【壹】【體】【率】

大般涅槃經後譯荼毗分二卷。

大唐南海波淩國沙門若那跋陀羅共唐國沙門會寧於彼國共譯。出大周録，單本。

大般涅槃經六卷。

東晉平陽沙門釋法顯共覺賢譯。

上二經，八卷，同帙。

計一百八十五紙。

○【賓】

方等般泥洹經二卷。

西晉三藏竺法護譯。

四童子三昧經三卷。

隋天竺三藏闍那崛多等譯。

大悲經五卷。

高齊天竺三藏那連提耶舍共法智譯。

上三經，十卷，同帙。

計一百八十二紙。

○【歸】

五大部外諸重譯經二百七十三部，五百八十八卷。

方廣大莊嚴經十二卷。

大唐中天竺三藏地婆訶羅譯。出大周録，第四譯。

普曜經八卷。

西晉三藏竺法護譯。

上二經，二十卷，二帙。

計三百七十一紙。

○【王】【鳴】

法華三昧經一卷。

宋涼州沙門釋智嚴譯。

無量義經一卷。

蕭齊天竺沙門曇摩伽陀耶舍譯。

薩曇分陀利經一卷。
僧祐録云安公録中失譯。
妙法蓮華經七卷。
姚秦三藏鳩摩羅什譯。
上四經，十卷，同帙。
計一百九十紙。
〇【鳳】
正法華經十卷。
西晉三藏竺法護譯。
自一帙。
計一百九十六紙。
〇【在】
妙法蓮華經八卷。
隋天竺三藏崛多、笈多二法師添品。
維摩詰所説經三卷。

姚秦三藏鳩摩羅什譯。
上二經，十一卷，同帙。
計二百三十七紙。
○【樹】
維摩詰經三卷。
吴月支優婆塞支謙譯。
説無垢稱經六卷。
大唐三藏玄奘譯。
大方等頂王經一卷。
西晉三藏竺法護譯。
大乘頂王經一卷。
梁優禪尼國王子月婆首那譯。
上四經，十一卷，同帙。
計一百九十六紙。
○【白】

善思童子經二卷。
隋天竺三藏闍那崛多等譯。
大悲分陀利經八卷。
失譯。
上二經，十卷，同帙。
計二百紙。
○【駒】
悲華經十卷。
北涼天竺三藏曇無讖於姑臧譯。
自一帙。
計二百三紙。
○【食】
金光明最勝王經十卷。
大唐天后代三藏義浄譯。
自一帙。

計一百五十三紙。

○【場】

金光明經八卷。

隋大興善寺沙門寶貴合出。

伅真陀羅所問經三卷。

後漢月支三藏支婁迦讖譯。

上二經，十一卷，同帙。

計一百八十六紙。

○【化】

大樹緊那羅王所問經四卷。

姚秦三藏鳩摩羅什譯。

佛昇忉利天爲母説法經三卷。

西晉三藏竺法護譯。

道神足無極變化經四卷。

西晉安息三藏安法欽譯。

上三經，十一卷，同帙。

計一百五十七紙。

○【被】

寶雨經十卷。

大唐天后代南印度三藏達摩流支[一]等譯。

自一帙。

計一百六十一紙。

○【草】

寶雲經七卷。

梁扶南三藏曼陀羅仙共僧伽婆羅等譯。

阿維越致遮經四卷。

西晉三藏竺法護譯。

上三經，十一卷，同帙。

計二百一十三紙。

○【木】

不退轉法輪經四卷。

僧祐録云：「安公涼土異經，在北涼録。第二譯。」

廣博嚴浄不退轉輪經四卷。

宋涼州沙門智嚴共寶雲譯。

不必定入定印經一卷。

元魏婆羅門瞿曇般若流支譯。

入定不定印經一卷。

大唐天后代三藏義浄譯。

上四經，十卷，同帙。

計一百八十七紙。

○【賴】

等集衆德三昧經三卷。

西晉三藏竺法護譯。

集一切福德三昧經三卷。

姚秦三藏鳩摩羅什譯。

持心梵天經四卷。
西晉三藏竺法護譯。
上三經，十卷，同帙。
計一百九十八紙。
○【及】
思益梵天所問經四卷。
姚秦三藏鳩摩羅什譯。
勝思惟梵天所問經六卷。
元魏三藏菩提留支譯。
上二經，十卷，同帙。
計一百八十八紙。
○【萬】
持人菩薩經三卷。或四卷。
西晉三藏竺法護譯。
持世經四卷。

姚秦三藏鳩摩羅什譯。
濟諸方等學經一卷。
西晉三藏竺法護譯。
大乘方廣揔持經一卷。
隋天竺三藏毗尼流支譯。
上四經，十卷，同帙。
計一百六十二紙。
○【方】
文殊師利現寶藏經二卷。
西晉三藏竺法護譯。
大方廣寶篋經二卷。
宋天竺三藏求那跋陀羅譯。
大乘同性經二卷。
周宇文氏〔三〕天竺三藏闍那耶舍等譯。
證契大乘經二卷。

大唐天竺三藏地婆訶羅譯。出大周録，第三譯。

上四經，八卷，同帙。

計一百六十紙。

○【蓋】

深密解脱經五卷。

元魏天竺三藏菩提留支譯。

解深密經五卷。

大唐三藏玄奘譯。

上二〔三〕經，十卷，同帙。

計一百五十紙。

○【此】

解節經一卷。

陳天竺三藏真諦譯。

相續解脱地波羅蜜了義經一卷。

宋天竺三藏求那跋陀羅譯。

緣生初勝分法本經二卷。
隋天竺三藏達摩笈多譯。
分別緣起初勝法門經二卷。
大唐三藏玄奘譯。
楞伽阿跋多羅寶經四卷。
宋天竺三藏求那跋陀羅譯。
上五經，十卷，同帙。
計一百六十七紙。
○【身】
入楞伽經十卷。
元魏天竺三藏菩提留支譯。
自一帙。
計一百七十九紙。
○【髮】
大乘入楞伽經七卷。

大唐天后代于闐三藏實叉難陀譯。
菩薩行方便境界神通變化經三卷。
宋天竺三藏求那跋陀羅譯。
上三經，十卷，同帙。
計一百七十九紙。
○【四】
大薩遮尼乾子所説經十卷。
元魏天竺三藏菩提留支譯。
自一帙。
計一百四十四紙。
○【大】
大方等大雲經四卷。亦名大方等無相經。
北涼天竺三藏曇無讖譯。
大雲請雨經一卷。
宇文氏天竺三藏闍那耶舍等譯。

大雲輪請雨經二卷。
隋天竺三藏那連提耶舍譯。
大方等大雲請雨經一卷〔四〕。
隋天竺三藏闍那崛多譯。
上四經，八卷，同帙。
計一百五十八紙。
○【五】
諸法無行經二卷。
姚秦三藏鳩摩羅什譯。
諸法本無經三卷。
隨天竺三藏闍那崛多等譯。
無極寶三昧經一卷。
西晉三藏竺法護譯。
寶如來三昧經二卷。
東晉西域三藏祇多蜜譯。

慧印三昧經一卷。

吴月支優婆塞支謙譯。

如來智印經一卷。

僧祐録中失譯。

上六經，十卷，同帙。

計一百八十紙。

○【常】

大灌頂經十二卷。

東晉西域三藏帛尸梨蜜多羅譯。

自一帙。

計一百二十一紙。

○【恭】

藥師如來本願經一卷。

隋天竺三藏達摩笈多譯。

藥師瑠璃光如來本願功德經一卷。

大唐三藏玄奘譯。

藥師瑠璃光七佛本願功德經二卷。

大唐三藏義浄於大内佛光殿譯。

阿闍世王經二卷。

後漢月支三藏支婁迦讖譯。

普超三昧經四卷。

西晉三藏竺法護譯。

放鉢經一卷。

僧祐録云安公録失譯。

上六經，十一卷，同帙。

計一百八十三紙。

○【惟】

月燈三昧經十一卷。

高齊天竺三藏那連提耶舍譯。

自一帙。

計二百四紙。

○【鞠】

月燈三昧經一卷。

宋沙門釋先公譯。

無所希望經一卷。

西晉三藏竺法護譯。

象腋經一卷。

宋罽賓國三藏曇摩蜜多譯。

大浄法門經一卷。

西晉三藏竺法護譯。

大莊嚴法門經二卷。

隋天竺三藏那連提耶舍譯。

如來莊嚴智慧光明入一切佛境界經二卷。

元魏天竺三藏曇摩流支譯。

度一切諸佛境界智嚴經一卷。

梁扶南三藏僧伽婆羅等譯。
後出阿弥陀佛偈經一卷。
後漢失譯。
觀無量壽佛經一卷。
宋西域三藏畺良耶舍譯。兩譯。
阿弥陀經一卷。
姚秦三藏鳩摩羅什譯。
稱讚淨土佛攝受經一卷。
大唐三藏玄奘譯。
上十一經，十三卷，同帙。
計一百九十紙。
○【養】
觀弥勒菩薩上生兜率天經一卷。
宋居士沮渠京聲譯。
弥勒成佛經一卷。

姚秦三藏鳩摩羅什譯。

弥勒來時經一卷。

失譯。

弥勒下生經一卷。

姚秦三藏鳩摩羅什譯。

弥勒下生成佛經一卷。

大唐天后代三藏義浄譯。

諸法勇王經一卷。

宋罽賓三藏曇摩蜜多譯。

一切法高王經一卷。

元魏婆羅門瞿曇般若流支譯。

第一義法勝經一卷。

元魏婆羅門瞿曇流支譯。

大威燈光仙人問疑經一卷。

隋天竺三藏闍那崛多等譯。

順權方便經二卷。

西晉三藏竺法護譯。

樂瓔珞莊嚴方便品經一卷。

姚秦罽賓三藏曇摩耶舍譯。

上十一經，十二卷，同帙。

計一百四十八紙。

○【豈】

六度集經八卷。

吴天竺三藏康僧會譯。

太子須大拏經一卷。

乞伏秦沙門釋聖堅譯。

菩薩睒子經一卷。

僧祐録云安公録中失譯。

睒子經一卷。

乞伏秦沙門聖堅譯。

太子慕魄經一卷。
後漢安息三藏安世高譯。
太子沐魄經一卷。
西晉三藏竺法護譯。
九色鹿經一卷。
吴月支優婆塞支謙譯。
上七經，十四卷，同帙。
計一百九十二紙。
○【敢】
無字寶篋經一卷。
元魏天竺三藏菩提留支譯。
大乘離文字普光明藏經一卷。
大唐中天竺三藏地婆訶羅於西太原寺譯。
大乘遍照光明藏無字法門經一卷。
三藏地婆訶羅重譯。

老女人經一卷。
吴月支優婆塞支謙譯。
老母人經一卷。
僧祐録中失譯。
老母女六英經一卷。
宋天竺三藏求那跋陀羅譯。
月光童子經一卷。
西晉三藏竺法護譯。
申日兒〔五〕本經一卷。
宋天竺三藏求那跋陀羅譯。
德護長者經二卷。
隨天竺三藏那連耶舍譯。
文殊師利問菩提經一卷。
姚秦三藏鳩摩羅什譯。
伽耶山頂經一卷。

元魏天竺三藏菩提留支譯。
象頭精舍經一卷。
隋天竺沙門毗尼多流支譯。
大乘伽耶山頂經一卷。
唐天后代三藏菩提流支譯。
長者子制經一卷。
漢安息三藏安世高譯。
菩薩逝經一卷。
西晉沙門白法祖譯。
逝童子經一卷。
西晉沙門支法度譯。
犢子經一卷。
吴月支優婆塞支謙譯。
乳光佛經一卷。
西晉三藏竺法護譯。

無垢賢女經一卷。
西晉三藏竺法護譯。
腹中女聽經一卷。
北涼天竺三藏曇無讖譯。
轉女身經一卷。
宋罽賓三藏曇摩蜜多譯。
上二十一經，二十二卷，同帙。
計一百四十五紙。
○【毀】
無上依經二卷。
梁天竺三藏真諦譯。
未曾有經一卷。
漢失譯。
甚希有經一卷。
大唐三藏玄奘譯。

決定摠持經一卷。
西晉三藏竺法護譯。
謗佛經一卷。
元魏天竺三藏菩提留支譯。
寶積三昧文殊問法身經一卷。
後漢安息三藏安世高譯。
入法界體性經一卷。
隋天竺三藏闍那崛多等譯。
如來師子吼經一卷。
元魏天竺三藏佛陀扇多譯。
大方廣師子吼經一卷。
唐中天竺三藏地婆訶羅譯。
大乘百福相經一卷。
地婆訶羅譯。
大乘百福莊嚴相經一卷。

地婆訶羅再譯。
大乘四法經一卷。
地婆訶羅於東太原寺譯。
菩薩修行四法經一卷。
地婆訶羅於弘福寺譯。
希有校量功德經一卷。
隋三藏闍那崛多等譯。
最無比經一卷。
大唐三藏玄奘譯。
前世三轉經一卷。
西晉沙門釋法炬譯。
銀色女經一卷。
元魏天竺三藏佛陀扇多譯。
阿闍世王受決經一卷。
西晉沙門釋法炬譯。

採蓮違王上佛授決号妙華經一卷。亦直云採蓮違王經。
西晉沙門竺曇無蘭譯。
正恭敬經一卷。
元魏三藏佛陀扇多譯。
善恭敬經一卷。
隋天竺三藏闍那崛多等譯。
稱讚大乘功德經一卷。
大唐三藏玄奘譯。
説妙法決定業障經一卷。
大唐至相寺沙門釋智嚴譯。
上三十三經，二十四卷，同帙。
計一百六十五紙。
○【傷】
諫王經一卷。
宋居士沮渠京聲譯。

如來示教勝軍王經一卷。
大唐三藏玄奘譯。
佛爲勝光天子説王法經一卷。
大唐三藏義淨譯。
大方等修多羅王經一卷。
元魏三藏菩提流支譯。
轉有經一卷。
元魏天竺三藏佛陀扇多譯。
文殊師利巡行經一卷
元魏三藏菩提留支譯。
文殊尸利行經一卷。
隋天竺三藏闍那崛多等譯。
貝多樹下思惟十二因緣經一卷。
吴優婆塞支謙譯。
緣起聖道經一卷。

大唐三藏玄奘譯。

稻稈經一卷。

失譯〔六〕。

了本生死經一卷。

吴月支優婆塞支謙譯。

自誓三昧經一卷。

後漢安息三藏安世高譯。

如來獨證自誓三昧經一卷。

西晉三藏竺法護譯。

灌佛形像經一卷。

西晉沙門釋法炬譯。

摩訶刹頭經一卷。一名灌洗佛〔七〕。

乞伏秦沙門釋聖堅譯。

造立形像福報經一卷。

失譯。

作佛形像經一卷。
失譯。
龍施女經一卷。
吴月支優婆塞支謙譯。
龍施菩薩本起經一卷。
西晉三藏竺法護譯。
八吉祥神呪經一卷。
吴月支優婆塞支謙譯。
八陽神呪經一卷。
西晉三藏竺法護譯。
八吉祥經一卷。
梁扶南三藏僧伽婆羅譯。
八佛名号經一卷。
隋天竺三藏闍那崛多等譯。
盂蘭盆經一卷。

西晉三藏竺法護譯。
報恩奉盆經一卷。
失譯。
浴像功德經一卷。
大唐天竺三藏寶思惟譯。
浴像經一卷。
大唐三藏義浄譯。
校量數珠功德經一卷。
大唐天竺三藏寶思惟譯。
數珠功德經一卷。
大唐三藏義浄譯。
上三十九經，二十九卷，同帙。
計一百三十紙。
○【女】
不空羂索神變真言經三十卷。

大唐天竺三藏菩提流志譯。

自三帙。

計五百一十六紙。

○【慕】【貞】【潔】

不空羂索呪經一卷。

隋天竺三藏闍那〔八〕崛多等譯。

不空羂索神呪心經一卷。

大唐三藏玄奘譯。

不空羂索陀羅尼自在王呪經三卷。

大唐天后代天竺三藏寶思惟譯。

不空羂索陀羅尼經一卷。或二卷。

大唐天后代天竺婆羅門李無諂譯。

千眼千臂觀世音菩薩陀羅尼神呪經二卷。

大唐揔持寺沙門釋智通譯。

千手千眼觀世音菩薩姥陀羅尼身經一卷。

大唐南天竺三藏菩提留志譯。

千手千眼觀世音菩薩廣大圓滿無礙大悲心陀羅尼經一卷。

大唐西天竺沙門伽梵達摩譯。

觀世音菩薩秘密藏神呪經一卷。

大唐天后代于闐三藏實叉難陀譯。

觀世音菩薩如意摩尼陀尼經一卷。

大唐天竺三藏寶思惟譯。

上九經，十二卷，同帙。或十三卷。

計一百六十一紙。

○【男】

校勘記

〔一〕流支：原無，據諸校本補。

〔二〕周宇文氏：高麗藏、嘉興藏本作「宇文周」。

〔三〕二：原作「三」，據諸校本改。

〔四〕一卷：高麗藏、嘉興藏本作「二卷」。

〔五〕兒：原作「兜」，據高麗藏、嘉興藏本改。
〔六〕失譯：高麗藏、嘉興藏、清藏本作「失譯人名」。
〔七〕灌洗佛：高麗藏、嘉興藏本作「灌洗佛形象經」。
〔八〕那：原作「郡」，據諸校本改。

開元釋教録略出卷第二

唐西崇福寺沙門智昇撰

如意輪陀羅尼經一卷。

大唐〔一〕天竺三藏菩提流志譯。

文殊師利根本一字陀羅尼經一卷。

大唐三藏寶思惟譯。

曼殊室利菩薩呪藏中一字呪王經一卷。

大唐天后代三藏義浄譯。

十二佛名神呪經一卷。

隋天竺三藏闍那崛多等譯。

稱讚如來功德神呪經一卷。

大唐三藏義淨譯。

觀自在菩薩如意陀羅尼經一卷。

大唐三藏義淨譯。

孔雀王呪經一卷。

姚秦三藏鳩摩羅什譯。

大金色孔雀王呪經一卷。

失譯。

佛説大金色孔雀王呪經一卷。

失譯。

孔雀王呪經二卷。

梁扶南三藏僧伽婆羅第七譯。

大孔雀王經三卷。

大唐三藏義淨於東都内道場譯。

上十一經，十四卷，同帙。

計一百七十一紙。

○【效】

陀羅尼集經十二卷。數内前七卷是「才」字函〔二〕。

大唐中天竺三藏阿地瞿多譯。

十一面觀世音神呪經一卷。

周宇文氏天竺三藏耶舍崛多等譯。

十一面神呪心經一卷。

大唐三藏玄奘譯。

摩利支天經一卷。

失譯。

呪五首經一卷。

大唐三藏玄奘譯。

千轉陀羅尼觀世音菩薩呪經一卷。

大唐摠持寺沙門智通譯。

六字神呪經一卷。

大唐天后代〔三〕天竺三藏菩提流志譯。

七俱胝佛大心准提陀羅尼經一卷。

大唐中天竺三藏地婆訶羅譯。

七俱胝佛母准提大明陀羅尼經一卷。

大唐三藏金剛智譯。

上九經，二十卷，二帙。

計三百八十九紙。

○【才】【良】

觀自在菩薩隨心呪經一卷。

大唐摠持寺沙門智通譯。

種種雜呪經一卷。

周宇文氏天竺三藏闍那崛多譯。

佛頂勝陀羅尼經一卷。

大唐朝散郎杜行顗奉勅譯。
佛頂最勝陀羅尼經一卷。
大唐中天竺三藏地婆訶羅譯。
佛頂尊勝陀羅尼經一卷。
大唐罽賓沙門佛陀波利譯。
最勝佛頂陀羅尼淨除業障經一卷。
大唐中天竺三藏地婆訶羅於東都再譯。
佛頂尊勝陀羅尼經一卷。
大唐三藏義淨譯。
無量門微密持經一卷。
吴月支優婆塞支謙譯。
出生無量門持經一卷。
東晉天竺三藏佛陀跋陀羅譯。
阿難陀目佉尼呵離陀經一卷。
宋天竺三藏求那跋陀羅譯。

無量門破魔陀羅尼經一卷。
　宋西域沙門功德直共玄暢譯。
阿難陀目佉訶離陀鄰尼經一卷。
　元魏天竺三藏佛陀扇多譯。
舍利弗陀羅尼經一卷。
　梁扶南三藏僧伽婆羅譯。
一向出生菩薩經一卷。
　隋天竺三藏闍那崛多等譯。
出生無邊門陀羅尼經一卷。
　大唐至相寺沙門智嚴譯。
勝幢臂印陀羅尼經一卷。
　大唐三藏玄奘譯。
妙臂印幢陀羅尼經一卷。
　大唐天后〔四〕于闐三藏實叉難陀譯。
　　上十七經，十七卷，同帙。

計一百六十一紙。

○【知】

無崖際持法門經一卷。

乞伏秦沙門聖堅譯。

尊勝菩薩所問一切諸法入無量門陀羅尼經一卷。

高齊居士萬天懿譯。

金剛上味陀羅尼經一卷。

元魏天竺三藏佛陀扇多譯。

金剛場陀羅尼經一卷。

隋天竺三藏闍那崛多等譯。

師子奮迅菩薩所問經一卷。

失譯。

華聚陀羅尼呪經一卷。

失譯。

華積陀羅尼神呪經一卷。

吴月支優婆塞支謙譯。
六字呪王經一卷。
失譯〔五〕。
六字神呪王經一卷。
失譯。
虚空藏菩薩問七佛經一卷。
失譯〔六〕。
如來方便善巧呪經一卷。
隋天竺三藏闍那崛多等譯。
持句神呪經一卷。
吴月支優婆塞支謙譯。
陀鄰尼鉢經一卷。
東晉西域沙門竺曇無蘭譯。
東方最勝燈王如來經一卷。
隋天竺三藏闍那崛多等譯。

善法方便陀羅尼呪經一卷。

失譯。

金剛秘密善門陀羅尼經一卷。

失譯。

護命法門神呪經一卷。

大唐天后代天竺三藏菩提流志譯。

無垢浄光大陀羅尼經一卷。

大唐天后代西域沙門弥陀山譯。

請觀世音菩薩消伏毒害陀羅尼呪經一卷。

東晉外國居士竺難提譯。

上十六經，十九卷，同帙。

計一百六十七紙。

○【過】

内藏百寶經一卷。

後漢月支三藏支婁迦讖譯。

温室洗浴衆僧經一卷。

後漢安息三藏安世高譯。

須賴經一卷。

前涼月支優婆塞支施崙譯。

須賴經一卷。

曹魏西域三藏帛延譯。

私訶三昧經一卷。

吴月支優婆塞支謙譯。

菩薩生地經一卷。

支謙譯。

四不可得經一卷。

西晉三藏竺法護譯。

梵女守意經一卷。

西晉三藏竺法護譯。

成具光明定意經一卷。

後漢西域三藏支曜譯。
寶網經一卷。
西晉三藏竺法護譯。
菩薩行五十緣身經一卷。
西晉三藏竺法護譯。
菩薩修行經一卷。
西晉河内沙門白法祖譯。
諸德福田經一卷。
西晉沙門法立、法炬共譯。
大方等如來藏經一卷。
東晉天竺三藏佛陀跋陀羅譯。
佛語經一卷。
元魏天竺三藏菩提留支譯。
金色王經一卷。
元魏婆羅門瞿曇般若留支譯。

演道俗業經一卷。

乞伏秦沙門聖堅譯。

百佛名經一卷。

隋三藏那連提耶舍譯。

上十八經，十八卷，同帙。

計一百五十六紙。

○【必】

稱揚諸佛功德經三卷。

元魏西域三藏吉迦夜共曇曜譯。

須真天子經二卷。

西晉三藏竺法護譯。

摩訶摩耶經二卷。

蕭齊沙門釋曇景譯。

除恐災患經一卷。

乞伏秦沙門聖堅譯。

孛經一卷。
吴月支優婆塞支謙譯。
觀世音菩薩授記經一卷。
宋黄龍沙門釋曇無竭譯。
上六經，十卷，同帙。
計一百八十六紙。
〇【改】
海龍王經四卷。
西晉三藏竺法護譯。
首楞嚴三昧經三卷。
姚秦三藏鳩摩羅什譯。
觀普賢菩薩行法經一卷。
宋罽賓三藏曇摩蜜多譯。
觀藥王藥上菩薩經一卷。
宋西域三藏畺良耶舍譯。

不思議光菩薩所問經一卷。
姚秦三藏鳩摩羅什譯。
上五經，十卷，同帙。
計一百七十七紙。
○【得】
十住斷結經十四卷。
姚秦涼州沙門竺佛念譯。
諸佛要集經二卷。
西晉三藏竺法護譯。
未曾有因緣經二卷。
蕭齊沙門釋曇景譯。
上三經，一十八卷，二帙。
計二百七十二紙。
○【能】【莫】
菩薩瓔珞經十三卷。

姚秦涼州沙門竺佛念譯。
超日明三昧經二卷。
西晉清信士聶承遠譯。
上二經，一十五卷，二帙。
計二百九十四紙。
○【忘】【罔】
賢劫經十卷。
西晉三藏竺法護譯。
自一帙。
計二百一紙〔七〕。
○【談】

校勘記

〔一〕大唐：高麗藏、嘉興藏、清藏本作「唐」。後同。
〔二〕數内前七卷是才字函：高麗藏、嘉興藏本無。
〔三〕大唐天后代：高麗藏、嘉興藏本作「唐」。後同。

〔四〕大唐天后：高麗藏、嘉興藏本作「唐」。
〔五〕失譯：高麗藏、嘉興藏本無。後一經同。
〔六〕失譯：高麗藏、嘉興藏本作「三經俱失譯」。
〔七〕二百一紙：高麗藏、嘉興藏本於其下有「南藏作二百一紙」幾字。

大乘經單譯一百三十部，二百九十三卷，二十四帙。

大法炬陀羅尼經二十卷。
隋天竺三藏闍那崛多等譯。
自二帙。
計三百六紙。
〇【彼】【短】
大威德陀羅尼經二十卷。
隋天竺三藏闍那崛多譯。
自二帙。

計二百七十四紙〔一〕。

○【靡】【恃】

佛名經十二卷。

元魏天竺三藏菩提留支譯。

三劫三千佛名經三卷。過去莊嚴劫千佛名經一卷〔二〕、現在賢劫千佛名經一卷〔三〕、未來星宿劫千佛名經一卷〔四〕。

失譯。出長房録。

上二部，二帙，十五卷。

計三百六十七紙。

○【己】【長】

五千五百佛名經八卷。

隋天竺闍那崛多等譯。

不思議功德諸佛所護念經二卷。

曹魏代譯，失三藏名。

上二經，十卷，同帙。

計一百六十六紙。

○【信】

華手經十卷。一名攝諸善根經。

姚秦三藏鳩摩羅什譯。

自一帙，十卷。

計一百三十六紙。

○【使】

大方等陀羅尼經四卷。

北涼沙門法衆於高昌郡譯。

僧伽吒經四卷。

元魏優禪尼國王子月婆首那譯。

力莊嚴三昧經三卷。

隋天竺三藏那連提耶舍譯。

大方廣圓覺修多羅了義經一卷。

大唐罽賓沙門佛陀多羅譯。

上四經，十二卷，同帙。

計一百八十一紙。

○【可】

觀佛三昧海經十卷。

東晉天竺三藏佛陀跋陀羅譯。

計一百六十七紙。

自一帙。

○【覆】

大方便佛報恩經七卷。

失譯。

菩薩本行經三卷。

失譯。

上二經，十卷，同帙。

計一〔五〕百八十一紙。

○【器】

法集經六卷。
　元魏天竺三藏菩提留支譯。
觀察諸法行經四卷。
　隋天竺三藏闍那崛多等譯。
　　上二經，十卷，同帙。
　計一百九十五紙。
○【欲】
菩薩處胎經五卷。
　姚秦涼州沙門竺佛念譯。
弘道廣顯三昧經四卷。
　西晉三藏竺法護譯。
然燈功德經一卷。
　高齊天竺三藏那連提耶舍譯。
　　上三經，十卷，同帙。
　計一百九十一紙。

○【難】

央崛魔羅經四卷。

宋天竺三藏求那跋陀羅譯。

無所有菩薩經四卷。

隋天竺三藏闍那崛多等譯。

明度五十校計經二卷。

後漢安息三藏安世高譯。

上三經、十卷，同帙。

計一百八十三紙。

○【量】

中陰經二卷。

姚秦涼州沙門竺佛念譯。

大法鼓經二卷。

宋天竺三藏求那跋陀羅譯。

文殊師利問經二卷。

梁扶南三藏僧伽那羅譯。

月上女經二卷。

隋天竺闍那崛多等譯。

大方廣如來秘密藏經二卷。

失譯。

上五經，十卷，同帙。

計一百九十四紙。

○【墨】

大乘密嚴經三卷。

唐中天竺三藏地婆訶羅譯。

占察善惡業報經二卷。

外國沙門菩提登譯。

蓮華面經二卷。

隋天竺三藏那連提耶舍譯。

文殊師利問菩薩署經一卷。

後漢月支三藏支婁迦讖譯。
大乘造像功德經二卷。
大唐天后代于闐三藏提雲般若譯。
上五經，十卷，同帙。
計一百五十四紙。
○【悲】
廣大寶樓閣善住秘密陀羅尼經三卷。
大唐南天竺三藏菩提流志譯。
一字佛頂輪王經五卷。
大唐三藏菩提流志譯。
大陀羅尼末法中一字心呪經一卷。
大唐北天竺三藏寶思惟譯。
上三經，九卷，同帙。
計一百八十八紙。
○【絲】

大佛頂如來密因修證了義諸菩薩萬行首楞嚴經十卷。
大唐循州沙門懷迪共梵僧於廣州譯。
自一帙。
計一百五十七紙。
○【染】
大毗盧遮那成佛神變加持經七卷。
大唐中天竺三藏輸波迦羅共沙門一行譯。
蘇婆呼童子經三卷。
大唐天竺三藏輸波迦羅譯。
上二經，十卷，同帙。
計一百六十三紙。
○【詩】
蘇悉地羯羅經三卷。
大唐中天竺三藏輸波迦羅譯。
牟梨曼陀羅呪經一卷。

失譯。

金剛頂瑜伽中略出念誦法四卷。

大唐南天竺三藏金剛智譯。

上三經，八卷，同帙。

計一百八十六紙。

○【讚】

七佛所説神呪經四卷。

晉代譯，失三藏名，今附東晉録。

大吉義神呪經四卷。

元魏昭玄統沙門曇曜譯。

文殊師利寶藏陀羅尼經一卷。

大唐南天竺三藏菩提流志譯。

金剛光焰止風雨陀羅尼經一卷。

大唐三藏菩提流志譯。

阿吒婆拘鬼神大將上佛陀羅尼經一卷。

失譯。

阿弥陀鼓音聲王陀羅尼經一卷。

失譯。

大普賢陀羅尼經一卷。

失譯。

大七寶陀羅尼經一卷。

失譯。

六字大陀羅尼經一卷。

失譯。

安宅神呪經一卷。

後漢失譯。

已上六經，同卷。

摩尼羅亶經一卷。

東晉西域沙門竺曇無蘭譯。

玄師子颰陀所説神呪經一卷。或云「幻師」。

東晉竺曇無蘭譯。
護諸童子陀羅尼經一卷。
元魏天竺三藏菩提留支譯。
諸佛心陀羅尼經一卷。
大唐三藏玄奘譯。
拔濟苦難陀羅尼經一卷。
大唐三藏玄奘譯。
八名普密陀羅尼經一卷。
大唐三藏玄奘譯。
持世陀羅尼經一卷。
大唐三藏玄奘譯。
六門陀羅尼經一卷。
大唐三藏玄奘譯。
已上七經，同卷。
清浄觀世音普賢陀羅尼經一卷。

大唐揔持寺沙門智通譯。

上十九經，二十五卷，同帙。

計二百一十二紙。

○【羔】

智炬陀羅尼經一卷。

大唐天后代于闐三藏提雲般若譯。

諸佛集會陀羅尼經一卷。

大唐天后代于闐三藏提雲般若譯。

隨求即得大自在陀羅尼神呪經一卷。

大唐天后代北天竺三藏寶思惟譯。

百千印陀羅尼經一卷。

大唐天后代于闐三藏實叉難陀譯。

救面燋餓鬼陀羅尼神呪經一卷。或云施餓鬼食呪經。

大唐于闐三藏實叉難陀譯。

莊嚴王陀羅尼呪經一卷。

大唐天后代三藏義浄譯。
香王菩薩陀羅尼呪經一卷。
大唐三藏義浄譯。
一切功德莊嚴王經一卷。
大唐三藏義浄譯。
拔除罪障呪王經一卷。
大唐三藏義浄譯。
善夜經一卷。
大唐三藏義浄譯。
虚空藏菩薩能滿諸願最勝心陀羅尼求聞持法經一卷。
大唐中天竺三藏輸波迦羅譯。
金剛頂經曼殊室利菩薩五字心陀羅尼品一卷。
大唐南天竺三藏金剛智譯。
觀自在如意輪菩薩瑜伽法要一卷。
唐三藏金剛智譯。

佛地經一卷。

大唐三藏玄奘譯。

佛垂般涅槃略説教誡經一卷。亦云「臨般〔六〕」，亦云「遺教」。

姚秦三藏鳩摩羅什譯。

出生菩提心經一卷。

隋天竺三藏闍那崛多等譯。

佛印三昧經一卷。

後漢安息三藏安世高譯。

文殊師利般涅槃經一卷。

西晉居士聶道真譯。

異出菩薩本起經一卷。或無「起」字〔七〕。

西晉居士聶道真譯。

千佛因緣經一卷。

姚秦三藏鳩摩羅什譯。

賢首經一卷。一名賢首夫人經。

乞伏秦沙門釋聖堅譯。
月明菩薩經一卷。或云「月明童子」，或云「月明童男」。
吴月支優婆塞支謙譯。
心明經一卷。一名心明女梵志婦飯汁〔八〕施經。
西晉三藏竺法護譯。
滅十方冥經一卷。或云十方滅冥經。
西晉三藏竺法護譯。
鹿母經一卷。
西晉三藏竺法護譯。
魔逆經一卷。
西晉三藏竺法護譯。
上二十六經，二十六卷，同帙。
計一百八十四紙。
○【羊】
德光太子經一卷。一名賴吒和羅所問光太子經。

西晉三藏竺法護譯。

大意經一卷。

宋天竺三藏求那跋陀羅譯。

堅固女經一卷。一名牢固女經。

隋天竺三藏那連提耶舍譯。

商主天子所問經一卷。或無「所問」字。

隋天竺三藏闍那崛多等譯。

諸法最上王經一卷。

隋天竺三藏闍那崛多等譯。

師子莊嚴王菩薩請問經一卷。一名八曼荼維經。

大唐天竺三藏那提譯。

離垢慧菩薩所問禮佛法經一卷。

大唐天竺三藏那提譯。

受持〔九〕七佛名號所生功德經一卷。

大唐三藏玄奘譯。

佛臨涅槃記法住經一卷。
大唐三藏玄奘譯。
寂照神變三摩地經一卷。
大唐三藏玄奘譯。
差摩婆帝受記經一卷。
元魏天竺三藏菩提留支譯。
不增不減經一卷。
元魏天竺三藏菩提留支譯。
造塔功德經一卷。
大唐中天竺三藏地婆訶羅〔一〇〕譯。
遶佛塔功德經一卷。
大唐天后代于闐三藏實叉難陀譯。
大乘四法經一卷。
大唐天后代于闐三藏實叉難陀譯。
有德女所問大乘經一卷。

大唐天后代天竺三藏菩提流志譯。
大乘流轉諸有經一卷。
大唐天后代三藏義浄譯。
妙色王因縁經一卷。
大唐三藏義浄譯。
佛爲海龍王説法印經一卷。
大唐三藏義浄譯。
師子素馱娑王斷肉〔二〕經一卷。
大唐至相寺沙門智嚴譯。
般泥洹後灌臘經一卷。
西晉三藏竺法護譯。
八部佛名經一卷。
元魏婆羅門瞿曇般若留支譯。
上二十二經，二十二卷，同帙。
計一百四十八紙。

○【景】

菩薩内習六波羅蜜經一卷。

後漢臨淮沙門嚴佛調譯。

菩薩投身餓虎起塔因緣經一卷。

北涼高昌沙門法盛譯。

金剛三昧本性清浄不壞不滅經一卷。

新爲〔一二〕失譯。

師子月佛本生經一卷。

新爲〔一三〕失譯。

長者法志妻經一卷。

失譯。

薩羅國經一卷。

失譯〔一四〕。

十吉祥經一〔一五〕卷。

失譯。

長者女菴提遮師子吼了義經一卷。

失譯。

一切智光明仙人慈心因緣不食肉經一卷。

失譯〔一六〕。

金剛三昧經二卷。

北涼失譯。

法滅盡經一卷。

僧祐録中失譯。

甚深大回向經一卷。

僧祐録中失譯。

天王太子辟羅經一卷。

僧祐録中云安公關中異經。

優波夷净行法門經二卷。

僧祐録中異經，安公涼土出。

八大人覺經一卷。

後漢安息三藏安世高譯。
三品弟子經一卷。
吴月支優婆塞支謙譯。
四輩經一卷。
西晉三藏竺法護譯。
當來變經一卷。
西晉三藏竺法護譯。
過去佛分衛經一卷。
西晉三藏竺法護譯。
十二頭陀經一卷。
宋天竺三藏求那跋陀羅譯。
樹提伽經一卷。
求那跋陀羅譯。
長壽王經一卷。
僧祐録云安公失譯。

法常住經一卷。

僧祐録云安公失譯。

上二十三經，二十五卷，同帙。

計一百四十三紙。

○【行】

校勘記

〔一〕自二帙計二百七十四紙：原作「計二百七十四紙二帙」，據高麗藏、嘉興藏本改。

〔二〕卷：原無，據高麗藏、嘉興藏本補。

〔三〕經一卷：原無，據高麗藏、嘉興藏本補。

〔四〕經一卷，原無，據高麗藏、嘉興藏本補。

〔五〕一：原無，據高麗藏、嘉興藏本補。

〔六〕臨般：高麗藏、嘉興藏本作「臨般涅槃」。

〔七〕起字：原作「字起」，據高麗藏、嘉興藏本改。

〔八〕汁：原作「汗」，據高麗藏、嘉興藏本改。

〔九〕持：原作「特」，據諸校本改。

〔一〇〕羅：原無，據諸校本改。

〔一一〕肉：原作「害」，據高麗藏、嘉興藏本改。
〔一二〕新爲：高麗藏、嘉興藏本無。
〔一三〕新爲：高麗藏、嘉興藏本無。
〔一四〕失譯：高麗藏、嘉興藏本無。後三經同。
〔一五〕一：原作「二」，據諸校本改。
〔一六〕失譯：高麗藏、嘉興藏本作「四經俱失譯」。

菩薩調伏藏二十六部，五十四卷，五帙。

菩薩地持經八卷。或名地持論。或八卷〔一〕。
北涼天竺三藏曇無讖於姑臧譯。
自一帙，八卷。
計一百九十一紙。
○【維】
菩薩善戒經十卷。一名菩薩地。

宋罽賓三藏求那跋摩等譯。
淨業障經一卷。
失譯。
上二經，十一卷，同帙。
計二百七紙。
○【賢】
優婆塞戒經七卷。是在家菩薩戒。
北涼天竺三藏曇無讖於姑臧譯。
梵網經二卷。
姚秦三藏鳩摩羅什譯。
受十善戒經一卷。
後漢失譯。
上三經，十卷，同帙。
計一百九十四紙。
○【剋】

菩薩瓔珞本業經二卷。或無「菩薩」字。
姚秦涼州沙門竺佛念譯。
佛藏經四卷。一名釋諸法。
姚秦三藏羅什譯。
菩薩戒本一卷。出地持品中慈氏菩薩説。
北涼天竺三藏曇無讖譯。
菩薩戒本一卷。出瑜伽論本地分中菩薩地，弥勒説。
大唐三藏玄奘譯。
菩薩戒羯磨文一卷。出瑜伽論本地分中菩薩地，弥勒菩薩説。
大唐三藏玄奘譯。
菩薩善戒經一卷。優波離〔二〕問菩薩受戒法。
宋罽賓三藏求那跋摩譯。
上六經，十卷，同帙。
計一百七十四紙。
○【念】

菩薩内戒經一卷。
宋罽賓三藏求那跋摩譯。
優婆塞五戒威儀經一卷。
宋罽賓三藏求那跋摩譯。
文殊師利浄律經一卷。或云浄律經。
西晉三藏竺法護譯。
清浄毗尼方廣經一卷。
姚秦三藏鳩摩羅什譯。
寂調音所問經一卷。一名如來所説清浄調伏經。
宋沙門釋法海譯。
大乘三聚懺悔經一卷。
隋天竺三藏闍那崛多等譯。
菩薩五法懺悔文一卷。或云菩薩五法懺悔經。
失譯。
菩薩藏經一卷。

梁扶南三藏僧伽波羅譯。
三曼陀颰陀羅菩薩經一卷。
西晉清信士聶道真譯。
菩薩受齋經一卷。
西晉清信士聶道真譯。
文殊悔過經一卷。一名文殊五體悔過經。
西晉三藏竺法護譯。
舍利弗悔過經一卷。亦直云悔過經。
後漢安息三藏安世高譯。
法律三昧經一卷。亦直云法律經。
吴月支優婆塞支謙譯。
十善業道經一卷。
大唐天后代于闐三藏實叉難陀羅譯。
上十四經，十四卷，同帙。
計一百五十五紙。

○【作】

校勘記

〔一〕或八卷：高麗藏、嘉興藏、清藏本無。

〔二〕優波離：高麗藏、嘉興藏本作「南藏注優婆離」。

菩薩對法藏九十七部，五百一十八卷，五十帙。

大乘釋經論〔一〕，二十一部，一百五十五卷，一十五帙。

大智度論一百卷。或一百一十，或七十。

姚秦三藏鳩摩羅什譯。

自一十帙。

計二千一百五十五紙。

○【聖】【德】【建】【名】【立】【形】【端】【表】【正】【空】

十地經論十二卷。或十五卷。

元魏天竺三藏菩提留支等譯。

自一帙。

計二百五十紙。

○【谷】

弥勒菩薩所問經論六卷。或六卷，或七卷，或十卷。

元魏三藏菩提留支譯。

大乘寶積經論四卷。

元魏三藏菩提留支譯。

寶髻菩薩四法經論一卷。

天親菩薩造，元魏天竺三藏毗目智仙等譯。

上三論，十一卷，同帙。

計二百二十四紙。

○【傳】

能斷金剛般若波羅蜜多經論頌一卷。亦云能斷金剛論。

大唐三藏義浄譯。

金剛般若論三卷。

隋三藏達摩笈多譯。

佛地經論七卷。

大唐三藏玄奘譯。

已〔三〕上三論，十一卷，同帙。

計一百七十紙。

○【聲】

金剛般若波羅蜜經論三卷。

天親菩薩造，元魏菩提留支譯。

能斷金剛般若波羅蜜多經論三卷。

無著菩薩頌，世親菩薩釋，大唐三藏義淨譯。

金剛般若波羅蜜經破取著不壞假名論二卷。亦云功德論。

功德施菩薩造，大唐中天竺三藏地婆訶羅譯。

文殊師利菩薩問菩提經論二卷。一名伽耶山頂經。

婆藪槃豆菩薩造，元魏天竺三藏菩提留支譯。

妙法蓮華經論一卷。

婆藪槃豆菩薩造，元魏中天竺三藏勒那摩提共僧朗等譯。

上五論，十一卷，同帙。

計一百七十九紙。

○【虛】

法華經論二卷。初有歸敬頌者。或一卷。

元魏北天竺三藏菩提留支共曇林等譯。

勝思惟梵天所問經論四卷。或三卷成。

元魏菩提留支譯。

涅槃論一卷。略釋涅槃。

婆藪槃豆菩薩造，元魏沙門達磨菩提譯。

涅槃經本有今無偈論一卷。釋涅槃一頌。

梁天竺三藏真諦譯。

遺教經論一卷。新遺教經。

陳天竺三藏真諦譯。

無量壽經論一卷。

婆藪槃豆釋，元魏天竺三藏菩提留支譯〔三〕。

三具足經論一卷。有釋論，無經本。

天親菩薩造，元魏天竺三藏毗目智仙等譯。

轉法輪經論一卷。有釋論，無本經。

天親菩薩造，元魏天竺三藏毗目智仙等譯。

上八論，十一〔四〕卷，同帙。

計一百六十五紙。

○【堂】

校勘記

〔一〕論：高麗藏、嘉興藏、清藏本無。

〔二〕已：高麗藏、嘉興藏、清藏本無。

〔三〕譯：原作「釋」，據諸校本改。

〔四〕十一：高麗藏、嘉興藏、清藏本作「十二」。

大乘集義論，七十六部，三百六十三卷，十五〔一〕帙。

瑜伽師地論一百卷。
弥勒菩薩説，大唐三藏玄奘譯。
計一千八百七十五紙。
一十帙。
○【習】【聽】【禍】【因】【惡】【積】【福】【緣】【善】【慶】
顯揚聖教論二十卷。
無著菩薩造，大唐三藏玄奘譯。
二帙。
計三百三十八紙。
○【尺】【璧】
瑜伽師地論釋一卷。
最勝子等菩薩造，大唐三藏玄奘譯。
顯揚聖教論頌一卷。
無著菩薩造，大唐三藏玄奘譯。
王法正理論一卷。

彌勒菩薩造，大唐三藏玄奘譯。

大乘阿毗達磨集論七卷。

無著菩薩造，大唐三藏玄奘譯。

上四論，十卷，同帙。

計一百四十九紙。

○【非】

大乘阿毗達磨雜集論十六卷。

安慧菩薩糅釋上集論，大唐三藏玄奘譯。

中論四卷。

龍樹菩薩本，梵志青目釋，姚秦三藏鳩摩羅什譯。

上二論，二十卷，二帙。

計三百五十九紙。

○【寶】【寸】

般若燈論釋十五卷。

龍樹菩薩本，分别明菩薩釋，大唐天竺三藏波羅頗蜜多羅譯。

十二門論一卷。

龍樹菩薩造，姚秦三藏鳩摩羅什譯。

十八空論一卷。

陳天竺三藏真諦譯。

百論二卷。

提婆菩薩造，婆藪開士釋，姚秦三藏鳩摩羅什譯。

廣百論一卷。

聖天菩薩造，大唐三藏玄奘譯。

上五論，二十卷，二帙。

計三百六十六紙。

○【陰】【是】

大乘廣百論釋論十卷。

聖天本，護法釋，大唐三藏玄奘譯。

自一帙。

計二百〔二〕一十三紙。

○【鏡】

十住毗婆沙論十五卷。

龍樹菩薩造，姚秦三藏鳩摩羅什譯。

菩提資粮論六卷。

聖者龍樹本，比丘自在釋，隋〔三〕天竺三藏達摩笈多譯。

上三論，二十一卷，二帙。

計三百七十五紙。

○【資】【父】

大乘莊嚴經論十三卷。或十五卷。

無著，唐天竺三藏波羅頗蜜多羅譯。

自一帙。

計二百一十一紙。

○【事】

大莊嚴經論十五卷。

姚秦三藏鳩摩羅什譯。

順中論二卷。
元魏婆羅門瞿曇般若流支譯。
攝大乘論三卷。
陳天竺三藏真諦譯。
上三論，二十卷，二帙。
計三百一紙。
○【君】【曰】
攝大乘論二卷。
元魏天竺三藏佛陀扇多譯。
攝大乘論本三卷。
大唐三藏玄奘譯。
攝大乘論釋十五卷。
陳天竺三藏真諦譯。梵云拘羅他，陳曰親依。或云波羅末陀，此云真諦。
上三論，二十卷，二帙。
計五百二十三紙。

○【嚴】【與】

攝大乘釋論十卷。

隋天竺三藏達摩笈多譯。

自一帙。

計一百五十九紙。

○【敬】

攝大乘論釋論十卷。

大唐三藏玄奘譯。

自一帙，十卷。

計一百八十四紙。

○【孝】

攝大乘論釋十卷。

大唐三藏玄奘譯。

自一帙。

計二百二十七紙。

○【當】

佛性論四卷。

陳天竺三藏真諦譯。

決定藏論三卷。

梁天竺三藏真諦譯。

辯中邊論頌一卷。

大唐三藏玄奘譯。

中邊分别論二卷。

陳天竺三藏真諦譯。

上四論，十卷，同帙。

計一百八十六紙。

○【竭】

辯中邊論頌三卷。

大唐三藏玄奘譯。

究竟一乘寶性論五卷。

元魏天竺三藏勒那摩提譯。

業成就論一卷。

元魏天竺三藏毗目智仙等譯。

大乘成業論一卷。

大唐三藏玄奘譯。

因明正理門論本一卷。

大域龍菩薩造，出内典録。大唐三藏玄奘譯。

上五論，十一卷，同帙。

計一百七十五紙。

○【力】

因明正理門論一卷。新編入録，第二譯。舊理門論，周録單本，新勘爲重譯。

大域龍菩薩造，大唐三藏義浄譯。

因明入正理論一卷。

大唐三藏玄奘譯。

顯識論一卷。

陳天竺三藏真諦譯。

轉識論一卷。

陳三藏真諦譯。

大乘唯識論一卷。

元魏婆羅門瞿曇般若流支譯。

大乘唯識論一卷。

陳天竺三藏真諦譯。

唯識二十論一卷。

大唐三藏玄奘譯。

成唯識寶生論五卷〔四〕。

大唐三藏義净譯。

唯識三十論一卷。

大唐三藏玄奘譯。

上九論，十三卷，同帙。

計一百四十九紙。

成唯識論十卷。〇【忠】

大唐三藏玄奘譯。

自一帙。

計一百八十五紙。

〇【則】

大丈夫論二卷。

北涼沙門釋道泰譯。

入大乘論二卷。

北涼沙門釋道泰譯。

大乘掌珍論二卷。

大唐三藏玄奘譯。

大乘五蘊論一卷。

大唐三藏玄奘譯。

大乘廣五蘊論一卷。

唐中天竺三藏地婆訶羅譯。
寶行王正論一卷。
陳三藏真諦譯。
大乘起信論一卷。
梁天竺三藏真諦譯。
上七論，十卷，同帙。
計一百八十五紙。
○【盡】
大乘起信論二卷。
大唐于闐三藏實叉難陀譯。
發菩提心論二卷。
姚秦三藏鳩摩羅什譯。
三〔五〕無性論二卷。
陳三藏真諦譯。
方便心論一卷。

元魏沙門吉迦夜共曇曜譯。

如實論一卷。

梁三藏真諦譯。

無相思塵論一卷。

陳三藏真諦譯。

觀所緣緣論一卷。

大唐三藏玄奘譯。

觀所緣論釋一卷。

大唐三藏義净譯。

上八論，十一卷，同帙。

計一百五十一紙。

○【命】

迴諍論一卷。

元魏三藏毗目智仙等譯。

緣生論一卷。

隋三藏達摩笈多譯。
十二因緣論一卷。
元魏三藏菩提留支譯。
壹輸盧迦論一卷。
元魏婆羅門瞿曇般若流支譯。
大乘百法明門論一卷。
大唐三藏玄奘譯。
百字論一卷。
元魏三藏菩提留支譯。
解捲論〔六〕一卷。
陳三藏真諦譯。
掌中論一卷。
大唐三藏義浄譯。
取因假設論一卷。
大唐天后代三藏義浄譯。

觀揔相論頌一卷。
大唐三藏義浄譯。
止觀門論頌一卷。
大唐三藏義浄譯。
手杖論一卷。
大唐三藏義浄譯。
六門教授習定論一卷。
大唐三藏義浄譯。
大乘法界無差别論一卷。
大唐天后代于闐三藏提雲般若譯。
破外道小乘四宗論一卷。
元魏天竺三藏菩提留支譯。
破外道小乘涅槃論一卷。
元魏三藏菩提留支譯。
上十六論，十六卷，同帙。

計一百一十一〔七〕紙。

○【臨】

都〔八〕計合大乘經、律、論見流行者總〔九〕六百三十八部，二千七百四十五卷，二百五十八帙。

校勘記

〔一〕十五：資福藏本作「三十五」。

〔二〕二百：高麗藏、嘉興藏、清藏本作「一百」。

〔三〕隋：高麗藏、嘉興藏、清藏本無。

〔四〕五卷：高麗藏、嘉興藏、清藏本作「一卷」。

〔五〕三：高麗藏、嘉興藏、清藏本誤作「二」。

〔六〕論：高麗藏、嘉興藏、清藏本作「經」。

〔七〕一百一十一：高麗藏、嘉興藏、清藏本作「一百一十二」。

〔八〕都：高麗藏、嘉興藏、清藏本作「總」。

〔九〕總：高麗藏、嘉興藏、清藏本作「凡」。

開元釋教録略出卷第三

唐西崇福寺沙門智昇撰

長阿含經二十二卷。

姚秦罽賓三藏佛陀耶舍共竺法念譯。

自二帙。

計四百四十八紙。

〇【深】【履】

中阿含經六十卷。或五十八卷。

東晉罽賓三藏瞿曇僧伽提婆譯。

自六帙。

計一千一百八十一紙。

〇【薄】【夙】【興】【温】【清】【似】

增一阿含經五十一卷。

東晉罽賓三藏瞿曇僧伽提婆譯。

自五帙。

計八百四十一紙。

○【蘭】【斯】【馨】【如】【松】

雜阿含經五十卷。

宋天竺三藏求那跋陀羅譯。

自五帙。

計一千八十四紙。

○【之】【盛】【川】【流】【不】

別譯雜阿含經二十卷。

失譯。

自二帙。

計三百一十八紙。

○【息】【淵】

佛般泥洹經二卷。或直云泥洹經。

西晉河内沙門白法祖譯。
般泥洹經二卷。或無「般」字。
新爲失譯，附東晉録。
大般涅槃經三卷。
東晉平陽沙門釋法顯譯。
人本欲生經一卷。
後漢安息三藏安世高譯。
尸迦羅越六向拜經一卷。或云尸迦羅越六方禮經。
後漢安息三藏安世高譯。
梵志阿颰經一卷。一名佛開解字，一名阿颰摩納經。
吴月支優婆塞支謙譯。
梵網六十二見經一卷。一名梵網經。
吴月支優婆塞支謙譯。
寂志果經一卷。
東晉西域沙門竺曇無蘭譯。

上八經，十二卷，同帙。

計二百二十四紙。

○【澂】

起世經十卷。

隋天竺三藏闍那崛多等譯。

自一帙。

計一百七十四紙。

○【取】

起世因本經十卷。

隋天竺三藏達摩笈多譯。

自一帙。

計一百七十六紙。

○【映】

樓炭經六卷。或云大樓炭經。

西晉沙門釋法炬共法立譯。

長阿含十法報經二卷。一名多增道章經，或直云十報經。

後漢安息三藏安世高譯。

中本起經二卷。或云太子中本起經。

後漢西域沙門曇果共沙門康孟詳譯。

上三經，十卷，同帙。

計一百七十八紙。

〇【容】

七知經一卷。或云七智經。

吴月支優婆塞支謙譯。

鹹水喻經一卷。或云鹹水譬經。

僧祐録云安公失譯經。今附西晉録。

一切流攝守因經一卷。

後漢安息三藏安世高譯。

四諦經一卷。

後漢安息三藏安世高譯。

恒水經一卷。亦云恒水喻經。
西晉沙門釋法炬譯。
本相倚致經一卷。亦云大相倚致經。
後漢安息三藏安世高譯。
緣本致經一卷。
失譯，今附〔一〕東晉録。
頂生王故事經一卷。或云頂生王經。
西晉沙門釋法炬譯。
文陀竭王經一卷。
北涼天竺三藏曇無讖譯。
閻羅王五天使者經一卷。一名鐵城泥犁經。
宋沙門釋惠簡譯。
鐵城泥犁經一卷。
東晉西域沙門竺曇無蘭譯。
古來世時經一卷。

失譯，今附東晉録。

阿那律八念經一卷。或直云八念經，亦名禪行斂意經。

後漢西域三藏支曜譯。

離睡經一卷。亦名菩薩訶睡眠經。

西晉三藏竺法護譯。

是法非法經一卷。

後漢安息三藏安世高譯。

求欲經一卷。

西晉沙門釋法炬譯。

受歲經一卷。

西晉沙門竺法護譯。

梵志計水浄經一卷。

失譯，今附東晉録，拾遺編入。

苦陰經一卷。一名陰因事經。

失譯，在後漢録，拾遺編入。

釋摩男本經一卷。
吴月支優婆塞支謙譯。
苦陰因事經一卷。
西晉沙門釋法炬譯。
樂想經一卷。
西晉三藏竺法護譯。
漏分布經一卷。
後漢安息國三藏安世高譯。
阿耨颰經一卷。
東晉西域沙門竺曇無蘭譯。
諸法本經一卷。
吴月支優婆塞支謙譯。
瞿曇弥記果經一卷。
宋沙門釋惠簡譯。
瞻婆比丘經一卷。或云瞻波經。

西晉沙門釋法炬譯。

伏婬經一卷。

西晉沙門釋法炬譯。

魔嬈亂經一卷。一名魔王入目揵蘭腹經，亦云弊魔試目連經。

失譯，在漢録。

弊魔試目連經一卷。一名魔嬈亂經。

吴月支優婆塞支謙譯。

上三十經，三十卷，同帙。

計一百三十五紙。

○【止】

賴吒和羅經一卷。一名羅漢賴吒和羅經。

吴月支優婆塞支謙譯。

善生子經一卷。

西晉沙門支法度譯。

數經一卷。

西晉沙門法炬譯。

梵志頞羅延問種尊經一卷。

東晉沙門竺曇無蘭譯。

三歸五戒慈心厭離功德經一卷。

失譯，今附東晉録。

須達經一卷。一名須達長者經。

蕭齊天竺三藏求那毗地譯。

佛爲黄竺園老婆羅門説學經一卷。

僧祐録失譯，今附宋録。

梵魔喻經一卷。

吴月支優婆塞支謙譯。

尊上經一卷。

西晉三藏竺法護譯。

鸚鵡經一卷。亦名兜調經。

宋天竺三藏求那跋陀羅譯。

兜調經一卷。
僧祐録云安公失譯經，今附西晉録。
意經一卷。
西晉三藏竺法護譯。
應法經一卷。
西晉三藏竺法護譯。
泥犁經一卷。或云阿泥犁經。
東晉西域沙門竺曇無蘭譯。
優婆夷墮舍迦經一卷。
僧祐録中失譯經，今附宋録。
齋經一卷。一名持齋經。
吴月支優婆塞支謙譯。
鞞摩肅經一卷。
宋天竺三藏求那跋陀羅譯。
婆羅門子命終愛念不離經一卷。

後漢安息三藏安世高譯。

十支居士八城人經一卷。亦直云十支經。

後漢安息三藏安世高譯。

邪見經一卷。

僧祐録中失譯，今附宋録。

箭喻經一卷。

失譯，今附東晉録。

普法義經一卷。一名具法行經，亦名普義，第一譯〔二〕。

後漢安息三藏安世高譯。

廣義法門經一卷。第三譯。

陳天竺三藏真諦譯。

戒德香經一卷。或云戒德經。

東晉西域沙門竺曇無蘭譯。

四人出現世間經一卷。

宋天竺三藏求那跋陀羅譯。

波斯匿王太后崩塵土坌身經一卷。
西晉沙門釋法炬譯。
須摩提女經一卷。
吴月支優婆塞支謙譯。
婆羅門避死經一卷。
後漢安息三藏安世高譯。
食施獲五福報經一卷。一名施色力經，一名福德經。
失譯，今附東晉録。
頻毗娑羅王詣佛供養經一卷。亦云「頻婆」。
西晉沙門釋法炬譯。
長者子六過出家經一卷。
宋沙門釋法簡譯。
鴦崛摩經一卷。或有作「魔」字，一名指鬘經。
西晉三藏竺法護譯。
上三十二經，三十二卷，同帙。

計一百六十一紙。

○【若】

鴦崛髻經一卷。

西晉沙門釋法炬譯。

力士移山經一卷。或直云移山經，亦云四未有經。

西晉三藏竺法護譯。

四未曾有法經一卷。亦云四未曾有經，無「法」字。

西晉三藏竺法護譯。

舍利弗摩目揵連遊四衢經一卷。

後漢外國三藏康孟詳譯。

七佛父母姓字經一卷。一名七佛姓字經。

曹魏失譯。

放牛經一卷。亦云牧牛經。

姚秦三藏鳩摩羅什譯。

緣起經一卷。亦云十二緣起。

大唐〔三〕三藏玄奘譯。

十一想思念如來經一卷。或云「十二思惟」。

宋天竺三藏求那跋陀羅譯。

四泥犁經一卷。或云「四大泥犁」。

東晉西域沙門竺曇無蘭譯。

阿那邠邸化七子經一卷。

後漢安息三藏安世高譯。

大愛道般泥洹經一卷。

西晉河内沙門白法祖譯。

佛母般泥洹經一卷。

宋沙門釋惠簡譯。

國王不犁先尼十夢經一卷。

東晉西域沙門竺曇無蘭譯。

舍衛國王夢見十事經一卷。

僧祐録中云安公失譯經，今附西晉録。

阿難同學經一卷。
後漢安息國〔四〕三藏安世高譯。
五蘊皆空經一卷。
大唐三藏義净〔五〕譯。
七處三觀經二卷。
後漢安息三藏安世高譯。
聖法印經一卷。亦直云聖印經，亦云惠印經。
西晉三藏竺法護譯。
雜阿含經一卷。
失譯，在魏吴録。
五陰譬喻經一卷。一〔六〕名水沫所漂經，亦名五陰喻。
後漢安息三藏安世高譯。
水沫所漂經一卷。亦云河中大聚沫，或云聚沫譬經。
東晉西域沙門竺曇無蘭譯。
不自守意經一卷。或無「意」字。

吴月支優婆塞支謙譯。

滿願子經一卷。

晉代失譯，今附東晉録。

轉法輪經一卷。或云法輪轉經。

後漢安息三藏安世高譯。

三轉法輪經一卷。

大唐三藏義浄譯。

八正道經一卷。

後漢安息三藏安世高譯。

難提釋經一卷。

西晉沙門釋法炬譯。

馬有三相經一卷。亦云善馬有三相〔七〕。

後漢西域三藏支曜譯。

馬有八態譬人經。亦直云馬有八態經。

後漢三藏支曜譯。

相應相可經一卷。
西晉沙門釋法炬譯。
治禪病秘要經二卷。或云法，無「經」字。
宋居士沮渠京聲譯。
上三十一經，三十三卷，同帙。
計一百六十四紙。
○【思】
摩鄧女經一卷。一名阿難爲蠱道女惑經。
後漢安息三藏安世高譯。
摩鄧女解形中六事經一卷。
失譯，今附東晉録。
摩登伽經三卷。
吴天竺沙門竺律炎共支謙譯。
舍頭諫經一卷。一名太子二十八宿經。
西晉三藏竺法護譯。

鬼問目連經一卷。
後漢安息三藏安世高譯。
雜藏經一卷。與前後經文理稍別。
東晉平陽沙門釋法顯譯。
餓鬼報應經一卷。一名説地獄餓鬼因緣經。
失譯，今附東晉録。
阿難問事佛吉凶經一卷。或云阿難問事經，亦云事佛吉凶經。
後漢安息三藏安世高譯。
慢法經一卷。
西晉沙門釋法炬譯。
阿難分別經一卷。
乞伏秦沙門釋聖堅譯。
五母子經一卷。
吴月支優婆塞支謙譯。
沙弥羅經一卷。

僧祐録中安公關中異譯經，在三秦録。

玉耶女經一卷。或云玉耶經。

僧祐録云安公失譯經，今附西晉録。

玉〔八〕耶經一卷。一云長者詣佛説子婦無敬經。

東晉西域沙門竺曇無蘭譯。

阿遬達經一卷。

宋天竺三藏求那跋陀羅譯。

修行本起經二卷。一名宿行本起經。

後漢西域沙門竺大力共康孟詳譯。

上十六經，十九卷，同帙。

計一百五十紙。

○【言】

太子瑞應本起經二卷。

吴月支優婆塞支謙譯。亦名本起瑞應，亦直云瑞應本起。

過去現在因果經四卷。

宋天竺三藏求那跋陀羅譯。
法海經一卷。
西晉沙門釋法炬譯。
海八德經一卷。
姚秦三藏鳩摩羅什譯。
四十二章經一卷。
後漢天竺沙門迦葉摩騰共竺法蘭譯。
柰女耆域因緣經一卷。或無「因緣」字，或直云柰女經。
後漢安息三藏安世高譯。
罪業應報教化地獄經一卷。或云地獄報應經。
後漢安息三藏安世高譯。
龍王兄弟經一卷。一名難龍王經，一名降龍王經。
吳月支優婆塞支謙譯。
長者音悦經一卷。或云長者音悦不蘭迦葉經。
吳月支優婆塞支謙譯。

上九經，十三卷，同帙。

計一百七十二紙。

○【辭】

禪秘要經三卷。或云禪秘要法經。

姚秦三藏鳩摩羅什譯。

七女經一卷。一名七女本經。

吴月支優婆塞支謙譯。

八師經一卷。

吴月支優婆塞支謙譯。

越難經一卷。一名曰難長者經，一名難經。

西晉清信士聶承遠譯。

所欲致患經一卷。

西晉三藏竺法護譯。

阿闍世王問五逆經一卷。

西晉沙門釋法炬譯。

五苦章句經一卷。一名五道章句經。

東晉西域沙門竺曇無蘭譯。

堅意經一卷。一名堅心正意經，一名堅心經。

後漢安息三藏安世高譯。

浄飯王涅槃經一卷。

宋居士沮渠京聲譯。

進學經一卷。或云勸進學經。

宋居士沮渠京聲譯。

得道梯橙〔九〕錫杖經一卷。亦云錫杖經。

失譯，今附東晉録。

貧窮老翁經一卷。一名貧老經。

宋沙門釋惠簡譯。

三摩竭經一卷。一名恕和檀王經，一名難國王經。

天竺沙門竺律炎譯。

蓱沙王五願經一卷。一名佛沙迦王經。

吴月支優婆塞支謙譯。
瑠璃王經一卷。
西晉三藏竺法護譯。
上十五經，十七卷，同帙。
計一百四十紙。
〇【安】
生經五卷。有云五十五經。
西晉三藏竺法護譯。
義足經二卷。
吴月支優婆塞支謙譯。
上二經，七卷，同帙。
計一百五十五紙。
〇【定】

校勘記

〔一〕附：原作「問」，據諸校本改。

〔二〕譯：高麗藏、嘉興藏、清藏本作「經」。
〔三〕大唐：高麗藏、嘉興藏、清藏本作「唐」。後同。
〔四〕國：高麗藏、嘉興藏、清藏本無。
〔五〕浄：原誤作「浮」，據高麗藏、嘉興藏、清藏本改。
〔六〕一：資福藏本無。
〔七〕三相：資福藏本作「二相」，高麗藏、嘉興藏、清藏本作「三相經」。
〔八〕玉：原作「王」，據諸校本改。
〔九〕欖：高麗藏、嘉興藏、清藏本作「隥」。

小乘經單譯八十七部，二百一十四卷，一十七帙。

正法念處經七十卷。

元魏婆羅門瞿曇般若流支譯。

自七帙。

計一千二百四十紙。

○【篤】【初】【誠】【美】【慎】【終】【宜】

佛本行集經六十卷。

隋天竺三藏闍那崛多等譯。

自六帙。

計九百一十四紙。

○【令】【榮】【業】【所】【基】【藉】

本事經七卷。

大唐三藏玄奘譯。出内典録。

興起行經一卷。亦名嚴誡宿緣經，題云出雜藏。

後漢外國三藏康孟詳譯。

業報差別經一卷。

隋洋川郡守瞿曇法智譯。

上三經，十卷，同帙。

計一百四十七紙。

○【甚】

大安般守意經二卷。亦直云大安般經，安公云小安般。

後漢安息三藏安世高譯。

陰持入經二卷。或作「除」字，誤也。

後漢安息三藏安世高譯。

處處經一卷。

後漢安息三藏安世高譯。

分別善惡所起經一卷。

後漢安息三藏安世高譯。

出〔一〕家緣經一卷。一名出家因緣經。

後漢安息國三藏安世高譯。

阿含正行經一卷。一名正意經。

後漢安息三藏安世高譯。

十八泥犁經一卷。或云十八地獄經。

後漢安息三藏安世高譯。

罵意經一卷。

後漢安息三藏安世高譯。

法受塵經一卷。
後漢安息三藏安世高譯。
禪行法想經一卷。
後漢安息三藏安世高譯。
長者子懊惱三處經一卷。亦名〔二〕長者懊惱經，亦名三處惱處。
後漢安息三藏安世高譯。
揵陀國王經一卷。或無「國」字。
後漢安息三藏安世高譯。
須摩提長者經一卷。
吴月支優婆塞支謙譯。
阿難四事經一卷。
吴月支優婆塞支謙譯。
未生怨經一卷。
吴月支優婆塞支謙譯。
四願經一卷。

吴月支優婆塞支謙譯。
黑氏梵志經一卷。
吴月支優婆塞支謙譯。
猘狗經一卷。祐云與「㺜狗」同。
吴月支優婆塞支謙譯。
分别經一卷。舊云與阿難分别經等同本者，非也。
西晉三藏竺法護譯。
八關齋經一卷。
宋居士沮渠京聲譯。
阿鳩留經一卷。
僧祐録中云安公古典經，今附漢録。
孝子經一卷。亦云孝子報恩經。
僧祐録云安公失譯經，今附西晉録。
上二十二經，二十四卷，同帙。
計一百五十五紙。

○【無】

五百弟子自説本起經一卷。或云「自説」，亦云本末經。

西晉三藏竺法護譯。

大迦葉本經一卷。或無「本」字。

西晉三藏竺法護譯。

四自侵經一卷。

西晉三藏竺法護譯。

羅云忍辱經一卷。或直云忍辱經。

西晉沙門釋法炬譯。

佛爲年少比丘説正事經一卷。

西晉沙門釋法炬譯。

沙曷比丘功德經一卷。

西晉沙門釋法炬譯。

時非時經一卷。或直云時經。

外國法師若羅嚴譯。莫知年代，出經後記。

自愛經一卷。或云自愛〔三〕不自愛經。

東晉西域沙門竺曇無蘭譯。

中心經一卷。亦云中心正行經。

東晉西域沙門竺曇無蘭譯。

見正經一卷。名生死變識經。

東晉西域沙門竺曇無蘭譯。

大魚事經一卷。

東晉西域沙門竺曇無蘭譯。

阿難七夢經一卷。或直云七夢經。

東晉西域沙門竺曇無蘭譯。

訶〔四〕鵰阿那含經一卷。一名「荷鵰」，或作「苛」字。

東晉西域沙門竺曇無蘭譯。

燈指因緣經一卷。

姚秦三藏鳩摩羅什譯。

婦人遇辜經一卷。一名婦遇對經。

乞伏秦沙門釋聖堅譯。
四天王經一卷。
宋涼州沙門釋智嚴共寶雲譯。
摩訶迦葉度貧母經一卷。
宋天竺三藏求那跋陀羅譯。
十二品生死經一卷。
宋天竺三藏求那跋陀羅譯。
罪福報應經一卷。一名轉輪五道罪福報應經。
宋天竺三藏求那跋陀羅譯。
五無返復經一卷。一名五返復大義經。
宋居士沮渠京聲譯。
佛大僧大經一卷。
宋居士沮渠京聲譯。
耶祇經一卷。
宋居士沮渠京聲譯。

末〔五〕羅王經一卷。

宋居士沮渠京聲譯。

摩達國王經一卷。

宋居士沮渠京聲譯。

旃陀越國王經一卷。或無「國王」字。

宋居士沮渠京聲譯。

五恐怖世經一卷。或無「世」字。

宋居士沮渠京聲譯。

弟子死復生經一卷。或云死亡更生經。

宋居士沮渠京聲譯。

懈怠耕者經一卷。或云「耕兒」。

宋沙門釋惠簡譯。

辯意長者子經一卷。或云長者子辯意經，或加「所問」字。

元魏沙門釋法暢〔六〕譯。

無垢優婆夷問經一卷。

元魏婆羅門瞿曇般若流支譯。

上三十經，三十卷，同帙。

計一百二十九紙。

○【竟】

賢者五福經一卷。

西晉河内沙門白法祖譯。

天請問經一卷。

大唐三藏玄奘譯。

僧護經一卷。或有「因緣」字。

失譯，今附東晉録〔七〕。

護浄經一卷。

失譯，今附東晉録。

木槵子經一卷。或作「患」字，又作「櫰」。

失譯，今附東晉録。

無上處經一卷。

失譯，今附東晉録。
盧志長者因緣經一卷。
失譯，今附東晉録。
五王經一卷。
失譯，今附東晉録。
出家功德經一卷。
失譯〔八〕，今附東晉録。
栴檀樹經一卷。
僧祐録云安公古典經，今附漢録。
頞多和多耆經一卷。
僧祐録云安公失譯經，今附西晉録〔九〕。
普達王經一卷。
僧祐録云安公失譯經，今附西晉録。
佛滅度後棺斂葬送經一卷。亦云〔一〇〕比丘師經，亦名師比丘經。
僧祐録云安公失譯經，今附西晉録。

鬼子母經一卷。

僧祐録云安公失譯經，今附西晉録。

梵摩難國王經一卷。

僧祐録云〔一〕安公失譯經，今附西晉録。

父母恩難報經一卷。亦云勤〔二〕報經。

後漢安息三藏安世高譯。

孫多耶致經一卷。或上加「梵志」字。

吴月支優婆塞支謙譯。

新歲經一卷。

東晉西域沙門竺曇無蘭譯。

群牛譬經一卷。

西晉沙門釋法炬譯。

九横經一卷。

後漢安息三藏安世高譯。

禪行三十七經一卷。或加「品」字。

後漢安息三藏安世高譯。
比丘避女惡名欲自殺身經一卷。
西晉沙門釋法炬譯。
比丘聽施經一卷。一名聽施比丘經。
東晉西域沙門竺曇無蘭譯。
身觀經一卷。
西晉三藏竺法護譯。
無常經一卷。亦名三啓經。
大唐天后代三藏義浄譯〔三〕。
八無暇有暇經一卷。
大唐天后代三藏義浄譯。
長爪梵志請問經一卷。
大唐天后代三藏義浄譯。
譬喻經一卷。
大唐天后代三藏義浄譯。

略教誡經一卷。
大唐天后代三藏義浄譯。
療痔病經一卷。亦云痔瘻經。
大唐〔一四〕天后代三藏義浄譯。
上〔一五〕三十經，三十卷，同帙。
計一百八紙。
○【學】

校勘記

〔一〕出：原作「山」，據諸校本改。
〔二〕名：高麗藏、嘉興藏、清藏本作「云」。
〔三〕愛：原無，據高麗藏、嘉興藏、清藏本補。
〔四〕訶：原作「阿」，據諸校本改。
〔五〕末：原作「木」，據諸校本改。
〔六〕法暢：高麗藏、嘉興藏、清藏本作「法場」。
〔七〕失譯今附東晉録：高麗藏、嘉興藏、清藏本無。後五經同。

〔八〕失譯：高麗藏、嘉興藏、清藏本作「以上七經俱失譯」。
〔九〕僧祐録云安公失譯經今附西晉録：高麗藏、嘉興藏、清藏本無。後三經同。
〔一〇〕云：高麗藏、嘉興藏、清藏本作「名」。
〔一一〕僧祐録云：高麗藏、嘉興藏、清藏本作「以上五經僧祐録云」。
〔一二〕勤：原作「勒」，據高麗藏、嘉興藏、清藏本改。
〔一三〕大唐天后代三藏義浄譯：高麗藏、嘉興藏、清藏本無。後四經同。
〔一四〕大唐：高麗藏、嘉興藏、清藏本作「以上六經俱唐」。
〔一五〕上：高麗藏、嘉興藏本作「右南作上」。

聲聞調伏藏五十四部，四百四十六卷，四十五帙。

摩訶僧祇律四十卷。東晉天竺三藏佛陀羅共法顯譯。單本。
自四帙。
計一千一十五紙。
○【優】【登】【仕】【攝】

十誦律六十一卷。内五十八卷。

姚秦三藏弗若多羅等共羅什譯。

後毗尼序三卷。

東晉三藏卑摩羅叉續譯。

自六帙。

計一千四百七十四紙。

○【職】【從】【政】【存】【以】【甘】

根本説一切有部毗奈耶五十卷。

唐天后代三藏義浄譯。

自五帙。

計九百三紙。

○【棠】【去】【而】【益】【詠】

根本説一切有部苾芻尼毗奈耶二十卷。

大唐三藏義浄譯。

自二帙。

計三百七十九紙。

○【樂】【殊】

根本説一切有部毗奈耶雜事四十卷。

大唐三藏義浄譯。

自四帙。

計六百六十六紙。

○【貴】【賤】【禮】【别】

根本説一切有部尼陀那目得迦十卷。

唐天后代三藏義浄譯。

自一帙。

計一百三十四紙。

○【尊】

五分律三十卷。亦云彌沙塞律。

宋罽賓三藏佛陀什共竺道生等譯。

自三帙。

計六百四十紙。

○【卑】【上】【和】

四分律六十卷。

姚秦罽賓三藏佛陀耶舍共竺佛念等譯。

自六帙。

計一千三百六十紙。

○【下】【睦】【夫】【唱】【婦】【隨〔一〕】

僧祇比丘戒本一卷。亦云摩訶僧祇戒本。

東晉天竺三藏佛陀跋陀羅譯。

僧祇比丘尼戒本一卷。亦云比丘尼波羅提木叉僧祇戒本。

東晉平陽沙門法顯共覺賢譯。

十誦比丘戒本一卷。亦云十誦波羅提木叉戒本。

姚秦三藏鳩摩羅什譯。

十誦比丘尼戒本一卷。亦云十誦比丘尼波羅提木叉戒本。

宋長干寺沙門法顯集出。

根本説一切有部戒一卷。

大唐三藏義浄譯。

根本説一切有部苾芻尼戒一卷。

大唐三藏義浄譯。

五分比丘戒本一卷。亦云弥沙塞戒本。

宋罽賓三藏佛陀什等譯。

上七經，七卷，同帙。

計一百七十八紙。

○【外】

五分比丘尼戒本一卷。亦云弥沙塞尼戒。

宋罽賓三藏佛陀什等譯。出寳唱録。

四分比丘戒本一卷。題云四分戒本。

大唐西太原寺沙門懷素依律集出。

四分比丘尼戒本一卷。題云四分尼戒本。

大唐西太原寺沙門懷素依律集出。

四分僧戒本一卷。或無「僧」字，或云曇無德戒本。
姚秦罽賓三藏佛陀耶舍譯。
解脱戒本一卷。出迦葉毗部。
元魏婆羅門瞿曇般若流支譯。
沙弥十戒法并威儀一卷。亦名沙弥威儀。
失譯，今附東晉録。
沙弥威儀一卷。或有「經」字，與前威儀大同小異。
宋罽賓三藏求摩跋摩譯。
沙弥尼雜戒文一卷。
失譯，今附東晉録。
沙弥尼戒經一卷。
失譯，在後漢録。
舍利弗問經一卷。
失譯。
上十經，十卷，同帙。

計一百七十二紙。

○【受】

根本説一切有部百一羯磨十卷。

大唐天后代〔三〕三藏義浄譯。

自一帙。

計一百五十一紙。

○【傳】

大沙門百一羯磨法一卷。出十誦律。

僧祐録中失譯經，今附宋録。

十誦羯磨比丘要用一卷。出十誦律。

宋沙門釋僧璩於揚都中興寺依律撰出。

優波離問佛經一卷。或云優波離律。

失譯，在後漢録。

五分羯磨一卷。題云弥沙塞羯磨本。

大唐大開業寺沙門釋愛同集。

四分雜羯磨一卷。題云曇無德律部雜羯磨，以結戒場爲首。

曹魏天竺三藏康僧鎧譯。

曇無德羯磨一卷。以結大界爲首。

曹魏安息沙門曇諦譯。

四分比丘尼羯磨法一卷。祐云曇無德羯磨，或云雜羯磨。

宋罽賓三藏求那跋摩譯。

上七經，七卷，同帙。

計二百二紙。

○【訓】

校勘記

〔一〕隨：原無，據諸校本改。

〔二〕大唐天后代：高麗藏、嘉興藏、清藏本作「唐」。

開元釋教録略出卷第四

唐西崇福寺沙門智昇撰

四分律删補隨機羯磨一卷。

大唐〔一〕崇義寺沙門釋道宣集。

四分僧羯磨三卷。題云羯磨卷上等出四分律。

大唐西太原寺沙門釋懷素依律集。

四分尼羯磨三卷。題云尼羯磨卷上等出四分律。

大唐西太原寺沙門釋懷素依律集出。

上三經，七卷，同帙。

計一百八十五紙。

○【入】

大愛道比丘尼經二卷。亦云大愛受誡〔二〕經，或直云大愛道經。

失譯，今僧祐録云安公涼土異經，今附北涼録。

迦葉禁戒經一卷。一名〔三〕摩訶比丘經，亦直云真僞沙門經。

宋居士沮渠京聲譯。

犯戒報應輕重經一卷。出目連問毗尼經，或云目連問經。

後漢安息三藏安世高譯。

戒銷災經一卷。或云戒伏銷災經。

吴月支優婆塞支謙譯。

優婆塞五戒相經一卷。一名優婆塞五戒略論。

宋罽賓三藏求那跋摩譯。

根本説一切有部毗奈耶頌三卷。

尊者毗舍佉造，大唐三藏義浄譯。

根本説一切有部毗奈耶雜事攝頌一卷。

大唐三藏義浄譯。

根本説一切有部毗柰耶尼陀那目得迦攝頌一卷。

大唐三藏義浄譯。

五百問事經一卷。

失譯，今附東晉録〔四〕。

上九經，十二卷，同帙。

計一百七十九紙。

○【奉】

根本薩婆多部律攝十四卷。

尊者勝友集，大唐天后代三藏義浄譯。

自二帙。

計二百七十五紙。

○【母】【儀】

毗尼摩得勒伽一十卷。

宋天竺三藏僧伽跋摩譯。

自一帙。

計二百四紙。

○【諸】

鼻柰耶律十卷。一名戒因緣經。

姚秦涼州沙門竺佛念於符秦代譯。單本。

自一帙。

計一百六十一紙。

○【姑】

善見律毗婆沙十八卷。或云毗婆娑律，亦直云善見律。

蕭齊外國沙門僧伽跋陀羅譯。單本。

佛阿毗曇經二卷。亦云論。

陳天竺三藏真諦譯。

上二經，二十卷，二帙。

計四百三十六紙。

○【伯】【叔】

毗尼母經八卷。亦云論。

失譯，今附秦録。單本。

大比丘三千威儀經二卷。亦云大僧威儀。

後漢安息三藏安世高譯。

上二經，十卷，同帙。

計二百八紙。

○【猶】

薩婆多〔五〕毗尼婆沙九卷。

失譯，今附三秦録。單本。

律二十二明了論一卷。亦直云明了論。

陳天竺三藏真諦譯。

上二經，十卷，同帙。

計二百二十三紙。

○【子】

校勘記

〔一〕大唐：高麗藏、嘉興藏、清藏本作「唐」。後同。

〔二〕誡：高麗藏、嘉興藏、清藏本作「戒」。

〔三〕名：高麗藏、嘉興藏、清藏本作「云」。

〔四〕録：高麗藏、嘉興藏、清藏本無。

〔五〕多：原作「名」，據諸校本改。

聲聞對法藏三十六部，七十二〔一〕帙。

此對法藏，諸部不同，流布此方，比言爲衆。今者據其有部根本，身論爲初，足論居次，毗婆沙等支派編末。餘部既衆，難以科條，以俟將來，無先後。

阿毗曇八揵度論三十卷〔二〕。

迦旃延子造，符秦罽賓三藏僧伽提婆共竺佛念譯。

自三帙。

計四百七十一紙。

○【比】【兒】【孔】

阿毗達磨發智論二十卷。

迦多衍尼子造，大唐三藏玄奘譯。出内典録。

自二帙。

計三百七十四紙。

○【懷】【兄】

阿毗達磨法蘊足論十二卷。

尊者大採菽氏造，大唐三藏玄奘譯。出内典録〔三〕，單本。

自一帙。

計二百七紙。

○【弟】

阿毗達磨集異門足論二十卷。

尊者舍利子説，大唐三藏玄奘譯。出内典録，單本。

自二帙。

計二百八十四紙。

○【同】【氣】

施設足論，有一萬八千頌，尊者大迦多衍那造。迦多，此云翦剃；衍，此云蘇；那是男，婆羅門中一種。其論未譯。

上三足論，並佛在世時造。

阿毗達磨識身足論十六卷。

大唐三藏玄奘譯。出内典録，單本。
阿毗達磨界身足論三卷。
大唐三藏玄奘譯。
上三論，十九卷，二帙。
計三百一十三紙。
○【連】【枝】
阿毗達磨品類足論十八卷。
大唐三藏玄奘譯。出内典録。
衆事分阿毗曇論十二卷。
右二論，同本異譯。
宋天竺三藏求那跋陀羅共菩提耶舍譯。第一譯。
上二論，三十卷，三帙。
計四百七十九紙。
○【交】【友】【投】
阿毗曇毗婆沙論八十二卷。或六十卷。

北涼浮陀跋摩共道泰譯。

自八帙。

計一千四百四紙。

○【分】【切】【磨】【箴】【規】【仁】【慈】【隱】

阿毗達磨大毗婆沙論二百卷。

大唐三藏玄奘譯。

自二十帙。

計三千一百六十八紙。

○【惻】【造】【次】【弗】【離】【節】【義】【廉】【退】【顛】【沛】【匪】【虧】【性】【静】

【情】【逸】【心】【動】【神】

阿毗達磨倶舍釋論二十二卷。

婆藪槃豆造，陳天竺三藏真諦譯。第一譯。

阿毗達磨倶舍本論頌一卷。

尊者世親造，大唐三藏玄奘譯。出内典録，第一譯。真諦譯者闕本。

上〔四〕三論，二十三卷，二帙。

計五百一十八紙。

○【疲】【守】

阿毗達磨俱舍論三十卷。

尊者世親造，大唐三藏玄奘譯。出内典録，第二譯。

自三帙。

計四百七十九紙。

○【真】【志】【滿】

阿毗達磨順正理論八十卷。

尊者衆賢造，大唐三藏玄奘譯。出内典録，單本。

自八帙。

計一千四百二十三紙。

○【逐】【物】【意】【移】【堅】【持】【雅】【操】

阿毗達磨顯宗論四十卷。

尊者衆賢造，大唐三藏玄奘譯。出内典録。

自四帙。

計六百四十四紙。

○【好】【爵】【自】【縻〔五〕】

阿毗曇心論四卷。或無「論」字。

尊者法勝造，東晉罽賓三藏瞿曇僧伽提婆譯。

法勝阿毗曇心論六卷。

大德優波扇多造，高齊天竺三藏那連提耶舍共法智譯。

上二論，十卷，同帙。

計一百八十一紙。

○【都】

雜阿毗曇心論十一卷。亦云雜毗曇毗婆沙。

尊者法救造，宋天竺三藏僧伽跋摩等譯。

阿毗曇甘露味論一卷〔六〕。或云甘露味阿毗曇。

尊者瞿沙造，曹魏代譯，失三藏名。

隨相論二卷。或云求那摩諦隨相論。

德惠法師造，陳天竺三藏真諦譯。

上三論，一十五卷，二帙。

計三百七十二紙。

○【邑】【華】

尊婆須蜜菩薩所集論十卷。

尊者婆須蜜造，符秦罽賓三藏僧伽跋澄等譯。

三法度論三卷。或云經，或二卷。

東晉罽賓三藏瞿曇僧伽提婆譯。

入阿毗達磨論二卷。

塞建地羅漢造，大唐三藏玄奘譯。出内典録。

上三論，十五卷，二帙。

計三百四十九紙。

○【夏】【東】

成實論二十卷。有二百三品。

阿梨跋摩造，姚秦三藏鳩摩羅什譯。

自二帙。

計四百一十一紙。

立世阿毗曇論十卷。或無「論」字。

陳天竺三藏真諦譯。

自一帙。

計一百七十紙。

〇【西】【二】

解脱道論十二卷。

梁扶南三藏僧伽婆羅譯。

自一帙。

計一百一紙。

〇【京】

舍利弗阿毗曇論二十二卷。

姚秦罽賓三藏曇摩耶舍共曇摩崛多譯。

〇【背】

五事毗婆沙論二卷。亦云阿毗達磨五事論。

尊者法救造，大唐三藏玄奘譯。出翻經圖。
上二論，二十五卷，自二帙。
計四百七十八紙。
鞞婆沙論十四卷。亦名鞞婆沙阿毗曇論。
○【邙】【面】
阿羅漢尸陀槃尼撰，符秦罽賓三藏僧伽跋澄譯。
三弥底部論三卷。或無「部」字，或四卷。三弥底，此云正量，即正量部中論也。
失譯，今附秦録。
上二論，十七卷，二帙。
計三百八十五紙。
○【洛】【浮】
分別功德論三卷。或云經。
失譯，在後漢録。
四諦論四卷。
婆藪跋摩造，陳天竺三藏真諦譯。

辟支佛因緣論一卷。或二卷。

失譯，今附秦録。

十八部論一卷。

新爲失譯，附三秦録。第一譯。

部執異論一卷。亦名部異執論。

陳天竺三藏真諦譯。第二譯。

異部宗輪論一卷。

世友菩薩造，大唐三藏玄奘譯。出翻經圖。

上六論，十一卷，同帙。

計一百九十七紙。

○【渭】

校勘記

〔一〕七十二：原作「七十三」，據諸校本改。

〔二〕卷：高麗藏、嘉興藏、清藏本無。

〔三〕出内典録：高麗藏、嘉興藏本作「南藏云出内典録」。

〔四〕上：原無，據資福藏、高麗藏、嘉興藏、清藏本補。
〔五〕縻：原作「糜」，據高麗藏、嘉興藏、清藏本校改。
〔六〕一卷：資福藏本作「二卷」。

有譯有本録中聖賢傳記録第二 一百八部，五百四十一卷，五十七帙。

梵本翻譯集傳，六十八部，一百七十三卷。

佛所行讚經傳五卷。亦云佛本行經。

馬鳴菩薩撰，北涼天竺三藏曇無讖譯。

佛本行經七卷〔一〕。一名佛本行讚傳。

宋涼州沙門釋寶雲譯。

上二集，十二卷，同帙。

計二百一十五紙。

○【據】

撰集百緣經十卷。

吴月支優婆塞支謙譯。出内典録。

自一帙。

計一百五十二紙。

○【涇】

出曜經二十卷。或云論。

姚秦涼州沙門竺佛念於符秦代譯。

賢愚經十三卷。出翻經圖，或十五卷，或六卷，或十卷〔二〕。

元魏涼州沙門惠覺等在高昌郡譯。

上二經，三十三卷，四帙。

計七百九十七紙。

○【宫】【殿】【盤】【欝】

道地經一卷。或加「大」字，是修行〔三〕經抄，元外國略本。

後漢安息三藏安世高譯。

修行道地經七卷。或云修行經。

西晉三藏竺法護譯。第三譯，三譯一闕。

僧伽羅刹所集經五卷。
僧伽羅刹撰，符秦三藏僧伽跋澄等譯。
上三集經，十四卷，同帙。
計二百三十一紙。
○【樓】
百喻經二卷。
僧伽斯那撰，蕭齊天竺三藏求那毗地譯。
菩薩本緣經四卷。
僧伽斯那撰，吴月支優婆塞支謙譯。
大乘修行菩薩行門諸經要集三卷。
大唐至相寺沙門釋智嚴譯。
上三集，九卷，同帙。
計一百九十一紙。
○【觀】
付法藏因緣傳六卷。或無「因緣」字。

元魏西域三藏吉迦夜共曇曜譯。

坐禪三昧經二卷。一名菩薩禪法經，或云禪經。

姚秦三藏鳩摩羅什譯。

佛醫譯一卷。亦〔四〕云佛醫王經。

吴天竺沙門竺律炎共支越譯。

惟曰雜難經一卷。

吴月支優婆塞支謙譯。

佛般泥洹摩訶迦葉赴佛經一卷。亦云迦葉赴佛涅槃經。

東晉西域沙門竺曇無蘭譯。

菩薩呵色欲法一卷。亦云經。

姚秦三藏鳩摩羅什譯。

四品學法經一卷。或無「經」字。

宋天竺三藏求那跋陀羅譯。

佛入涅槃密跡金剛力士哀戀經一卷。

失譯，今附秦録。

迦旃延説法没盡偈經一卷。

僧祐録云安公失譯，今附西秦録。

佛治身經一卷。或云治身經。

僧祐録云安公失譯經，今附西晉録。

治意經一卷。或云佛治意經。

僧祐録云安公失譯，今附西晉録。

上十一集，十七卷，同帙。

計一百七十二紙。

○【飛】

雜寶藏經八卷。

元魏西域三藏吉迦夜共曇曜譯。

那先比丘經三卷。或二卷，或直云那先經。

失譯，附東晉録。

上二集，十一卷，同帙。

計一百八十八〔五〕紙。

○【驚】

五門禪要用經一卷。

大禪師佛陀蜜多撰，宋罽賓三藏曇摩蜜多譯。

達摩多羅禪經二卷。一名不浄觀禪經修行方便。

東晉天竺三藏佛陀跋陀羅譯。

禪法要解二卷。一名禪要經。

姚秦三藏鳩摩羅什譯。

禪要訶欲經一卷。題云禪要經呵欲品。

後漢失譯。

内身觀章句經一卷。

後漢失譯。

法觀經一卷。

西晉三藏竺法護譯。

思惟略要法一卷。或加「經」字。

姚秦三藏鳩摩羅什譯。

十二遊經一卷。
東晉西域沙門迦留陀伽譯。
舊雜譬喻經二卷。亦云雜譬喻集經。
吳天竺三藏康僧會譯。
雜譬喻經一卷。
後漢月支三藏支婁迦讖譯。
上十集，十三卷，同帙。
計一百九十一紙。
○【圖】
雜譬喻經二卷。一名菩薩度人經。
失譯，在後漢録。
雜譬喻經二卷。
比丘道略集，姚秦三藏鳩摩羅什譯。
阿育王譬喻經一卷。
失譯，今〔六〕附東晉録。

阿育王經十卷。或加「大」字。

梁扶南三藏僧伽婆羅譯。

上四集，十五卷，同帙。

計一百八十六紙。

○【寫】

阿育王傳五卷。亦云大阿育王經，或七卷。

西晉安息三藏安法欽譯。

阿育王息壞目因緣經一卷。一名王子法益壞目因〔七〕緣經。

符秦天竺三藏曇摩難提於姚秦代譯。

四阿含暮抄解二卷。

阿羅漢婆素跋陀撰，符秦西域沙門鳩摩羅佛提等譯。

上三集，九卷，同帙。

計一百七十紙。

○【禽】

法句經二卷。亦云法句集。

尊者法救撰，吴天竺沙門維祇難等譯。

法句譬喻經四卷。一名法句本末經。

西晉沙門釋法炬共法立譯。

迦葉詰經一卷。

後漢安息三藏安世高譯。

撰集三藏及雜藏傳一卷。

失譯，今附東晉録。

三慧經一卷。

僧祐録云安公異經，今附北涼録。

阿毗曇五法行經一卷。亦云阿毗曇苦惠經。或無「行」字。

後漢安息三藏安世高譯。

阿含口解十二因緣經一卷。亦直云阿含口解經，亦名斷十二因緣經。

後漢安息優婆塞安玄共嚴佛調譯。

小道地經一卷。

後漢西域三藏支曜譯。

文殊師利發願經一卷。或加「偈」字。
東晉天竺三藏佛陀跋陀羅譯。
六菩薩名一卷。長房入藏録云：「六菩薩名亦當誦持。」
後漢失譯。
一百五十讚佛頌一卷。
尊者摩咥利制吒撰，大唐三藏義浄譯。
讚觀世音菩薩頌一卷。
唐天后代佛授記寺沙門釋惠智譯。
上十二集，十六卷，同帙。
計一百九十七紙。
○【獸】
無明羅剎集一卷。亦云無明羅剎經，或二卷。
失譯，今附秦録。
馬鳴菩薩傳一卷。
姚秦鳩摩羅什三藏譯。

龍樹菩薩傳一卷。
姚秦三藏鳩摩羅什譯。
提婆菩薩傳一卷。
姚秦三藏鳩摩羅什譯。
婆藪槃豆法師傳一卷。
陳天竺三藏真諦譯。
龍樹菩薩爲禪陀迦王説法要偈一卷。
宋罽賓三藏求那跋摩譯。出唐舊録。
勸發諸王要偈一卷。
龍樹菩薩撰，宋天竺三藏僧伽跋摩譯。
龍樹菩薩勸誡王頌一經。
大唐三藏義浄譯。
賓頭盧突羅闍爲優陀延王説法經一卷。亦云賓頭盧爲王説法經。
宋天竺三藏求那跋陀羅譯，大勇菩薩分別業報略經在此卷内。
請賓頭盧法一卷。或加「經」字。

宋沙門釋惠簡譯。

分別業報略一卷。

大勇菩薩撰，或加「集」字。宋天竺三藏僧伽跋摩譯。

迦丁比丘説當來變經一卷。

僧祐録中失譯經，今附宋録。

大阿羅漢難提蜜多羅所説法住記一卷。

大唐三藏玄奘譯。出内典録。

金七十論三卷。一名僧佉論。

陳天竺三藏真諦譯。

勝宗十句義論一卷。

大唐三藏玄奘譯。

上十五集，十八卷，同帙。

計二百二十紙。

○【畫】

校勘記

〔一〕七卷：高麗藏、嘉興藏、清藏本誤作「一卷」。
〔二〕十卷：資福藏本作「十七」。
〔三〕行：原無，據高麗藏、嘉興藏、清藏本補。
〔四〕亦：高麗藏、嘉興藏、清藏本作「一」。
〔五〕一百八十八：高麗藏、嘉興藏、清藏本作「一百八十九」。
〔六〕今：原作「奉」，據資福藏本改。
〔七〕因：原無，據高麗藏、嘉興藏、清藏本補。

此方撰述集傳四十部，三百六十八卷〔一〕。

釋迦譜十卷。本異，與此廣略異。
蕭齊建初寺沙門僧祐撰。

釋迦氏略譜一卷。或無「略」字。
大唐西明寺沙門釋道宣撰。

釋迦方志二卷。

大唐西明寺沙門釋道宣撰。

上三集，十三卷，二帙。

計三百七十六紙。

○【綵】【仙】

經律異相五十卷。

梁天監十五年勅沙門寶唱等撰。

自五帙。

計八百五十四紙。

○【靈】【丙】【舍】【傍】【啓】

陀羅尼雜集十卷。

未詳撰者，今附梁録。

自一帙。

計二百七十一紙。

○【甲】

諸經要集二十卷。

大唐西明寺沙門釋玄惲譯。

上、下七卷，中帙六卷〔二〕。

自三帙。

計五百九十紙。

○【帳】【對】【楹】

出三藏記集十五卷。

梁建初寺沙門釋僧祐撰。

衆經目録七卷。

隋開皇十四年勅翻經沙門法經等撰。

上二集，二十二卷，二帙。

計四百三十四紙。

○【肆】【筵】

開皇三寶録十五卷。内題云歷代三寶紀。

隋開皇十七年翻經學士成都費長房撰。

衆經目録五卷。

隋仁壽二年勅翻經沙門及學士等撰。

上二集，二十卷，二〔三〕帙。

計三百五十三紙。

○【設】【席】

大唐内典録十卷。

大唐西明寺沙門釋道宣撰。

自一帙。

計二百九十五紙。

○【鼓】

續大唐内典録一卷。

大唐西崇福寺沙門釋智昇撰。

古今譯經圖紀四卷。

大唐翻經沙門釋靖邁撰。

續古今譯經圖紀一卷。

大唐西崇福寺沙門釋智昇撰。

大周刊定衆經目録十五卷。
大唐天后代勅佛授記寺沙門明佺〔四〕等撰。
上四集，二十一卷，二帙。
計三百五十紙。
○【瑟】【吹】
開元釋教録二十卷。
大唐西崇福寺沙門釋智昇撰。
自二帙。
計五百八十一紙。
○【笙】【升】
一切經音義二十五卷。
大唐翻經沙門玄應撰。出内典録。
新譯大方廣佛華嚴經經〔五〕音義二卷。
大唐浄法寺沙門惠苑撰。
上二集，二十七卷，四帙。

計五百四十一紙。

○【階】【納】【陛】【弁】

大唐西域記十二卷。

大唐三藏玄奘撰。出内典録。

集古今佛道論衡四卷。出内典録。

大唐西明寺沙門釋道宣撰。

續集古今佛道論衡一卷。

大唐西崇福寺沙門釋智昇撰。

上三集，十六卷，二帙。

計三百四十二紙。

○【轉】【疑】

東夏三寶感通録三卷。出内典録。

大唐西明寺沙門釋道宣撰。

集沙門不拜俗儀六卷。出内典録。

大唐弘福寺沙門彦琮撰。

上二集，九卷，同帙。

計二百一紙。

○【星】

大慈恩寺三藏法師傳十卷。

大唐西太原寺沙門惠立撰。

自一帙。

計一百九十三紙。

○【右】

大唐西域求法高僧傳二卷。

大唐三藏義浄撰。

法顯傳一卷。亦云歷遊天竺記傳。

東晉沙門法顯自記遊天竺事。出長房録。

高僧傳十四卷。一卷是目録，出長房録。

梁會稽嘉祥寺沙門惠皎撰。

上三集，十七卷，二帙。

計三百八十一紙。

續高僧傳三十一卷。出内典録。

○【通】【廣】

大唐西明寺沙門釋道宣撰。

上件三十一卷，分爲四帙。

計七百九十二紙。

○【内】【左】【達】【承】

辯正論八卷。出内典録。

大唐終南山龍田寺沙門法琳撰。出内典録。

上一集，八卷，同帙。

計一百八十四紙。

○【明】

破邪論二卷。

大唐終南山龍田寺沙門法琳撰。出内典録。

甄正論三卷。

大唐天后代佛授記寺釋玄嶷撰。

十門辯惑論二卷。

大唐興善寺釋復禮撰。

弘明集十四卷。

梁建初寺釋僧祐撰。出長房録。

上四集，二十一卷，二帙。

計二百七十一紙。

○【既】【集】【墳】

廣弘明集三十卷。出長房録。

大唐西明寺釋道宣撰。

上一〔六〕集，三十七卷，分爲三帙。

計一千二紙。

○【典】【亦】【聚】

集諸經禮懺儀二卷。

大唐西崇福寺釋智昇撰。

大唐南海寄歸内法傳四卷。

大唐三藏義净撰。

比丘尼傳四卷。

梁莊嚴寺釋寶唱撰。

別説罪要行法一卷。或無「別」字。

大唐三藏義净撰〔七〕。

受用三水要法一卷。亦云要行法。

大唐三藏義净撰。

護命放生軌儀一卷。或云軌儀法。

大唐三藏義净撰。

上六集，十三卷，同帙。

計二百三紙。

〇【群】

開元釋教録卷第四〔八〕。

開元釋教録別録。

漢法本内傳五卷。
未詳撰者。
沙門法琳別傳三〔九〕卷。
沙門彦悰撰。
右二部傳，明勅禁斷，不許流行，故不編載，然代代傳寫之。

校勘記

〔一〕卷：原無，據諸校本補。
〔二〕上下七卷中帙六卷：高麗藏、嘉興藏、清藏本無。
〔三〕二：原作「一」，據高麗藏、嘉興藏、清藏本改。
〔四〕佺：原作「詮」，據高麗藏、嘉興藏、清藏本改。
〔五〕經：資福藏本無。
〔六〕上一：原無，據諸校本補。
〔七〕撰：高麗藏、嘉興藏、清藏本作「譯」。
〔八〕卷第四：高麗藏、嘉興藏、清藏本作「四卷」。又，資福藏、高麗藏、嘉興藏、清藏本後有「大唐西崇福寺釋智昇撰」。
〔九〕三：原作「二」，據諸校本改。

開元釋教録第二十末不入藏經等

寄迹金剛力士經七卷。
菩薩夢經二卷。改名浄居天子會。
法界體性無分別經二卷。
十法經一卷。加名大集十法會(一)。
菩薩藏經二十卷。
佛爲難陀説出家入胎經二卷。
文殊師利授記經三卷。
菩薩見實三昧經十六卷。
菩薩藏經三卷。改名富樓(二)那會。
護國菩薩經三卷。
郁伽長者所問經一卷。
迦葉經二卷。有名摩訶迦葉會。
善臂菩薩所問經二卷。

無垢施菩薩分別應辯經一卷。
無畏德女經一卷。
大方等善住意天子問經四卷。
大乘方便經三卷。
移識經二卷。改名賢長者會。
弥勒菩薩所問經一卷。改名弥勒問八法會。
大寶積經一卷。改名普明菩薩會。
寶梁經二卷。
寶髻菩薩所問經二卷。
右〔三〕密迹力士經二十二部，合八十卷，並編入大寶積經藏中，故無別本。
新道行經七卷。
檢諸藏品本，皆與小品文同而題目異，故不別寫。其道行，尋之不獲。
大方等大集經八卷。
即合大集經第六帙，今在別本。初品卷是明度五十校計經，下六卷是無盡意。
阿耨達龍王經二卷。

與藏中弘道廣顯三昧經文全同。

合道神足經三卷。

與藏中道神足無極變化文句全同。

哀泣經三卷。

與藏中方等般泥洹文句全同。

寶思慧印三昧經一卷。

與藏中惠印三昧文句全同。

鹿子經一卷。

與藏中鹿母經文句全同。

小無量壽經一卷。

與藏中阿弥陀經文句全同。

胎藏經一卷。

與藏中無垢質女經文句全同。

聞城十二因緣經一卷。

與藏中貝多樹下思惟十二因緣經文句全同。

大安般經一卷。
與藏中大安般守意經上卷全同。
申日經一卷。
與藏中月光童子經文全同。
轉輪五道罪福報應經一卷。
與藏中罪福報應經文全同。
旃陀越經一卷。
與藏中旃陀越國王經文句全同。
眞僞沙門經一卷。
與藏中迦葉禁經文句全同。
轉法輪經一卷。
檢諸藏中本，並是轉法輪，其轉法輪經與此全同。
賓頭盧爲王説法經一卷。
與藏中賓頭盧突羅闍爲優陀延王説法文句全同。
阿蘭若習禪法經二卷。

與藏中坐禪三昧經文全同。

禪秘要經五卷。

檢諸藏中本，文極交錯。非是本經，不堪流布。其經正本，尋之未獲。

右新道行等一十九部，共四十二卷。或是一經兩名，或可時無正本，故存一經，重者不録。

第一義法勝經一卷。

弥勒菩薩所問本願經一卷。

發菩提心經二卷。亦云論。

法句經二卷。亦云集。

攝大乘釋論十二卷。

右五部，一十八卷，周録入藏重載兩本，今但存一。

虚空藏所問經八卷。

是大集經虚空藏品全一品。

虚空藏菩薩所問持經得幾福經一卷。

即是抄前虚空藏品。

大方廣如來性起微密藏經二卷。
是舊華嚴經寶王如來性起全一品。
隨願往生經一卷。
是灌頂經第一十一卷。
舊藥師經一卷。
佛遊維耶離者，是灌頂經第十二卷。
密迹金剛力士經二卷。
增一阿含經一卷。
出增一阿含經第二十一卷。
行七行現報經一卷。
出增一阿含經第三十四卷。
十二因緣經一卷。
出增一阿含經第四十六卷。
戒相應法經一卷。
出雜阿含經第三十卷。

比丘問佛多優婆塞命終經一卷。

　亦出雜阿含經第三十卷。

獨富長者經一卷。

　出阿含第四十六卷。

有衆生三世作惡經一卷。

　出出曜經第八卷。

出家功德經一卷。

　佛在迦蘭陀竹園者。抄賢愚經出家功德品。

右從虚空藏下〔四〕一十五部二十四卷，既從衆流出，即是别生。准衆經録，别生之經不須抄寫，故入藏録除之不載。

摩竭魚因緣經一卷。

尊者鄔陀夷引導諸人禮佛僧經一卷。

還本國度父王經一卷。

水生太子經一卷。

施物〔五〕法非法經一卷。

教戒羅怙羅經一卷。
五趣生死輪轉經一卷。
善來求苾芻因緣經一卷。
七有事無事福業經一卷。
摩竭魚因緣已下九經，並出根本説一切有部毗柰耶中。
火生長者受報經二卷。
尊者善和好聲經一卷。
五種水羅經一卷。
勝鬘夫人本緣經一卷。
勝光王信佛經一卷。
誅釋種受報經二卷。
大世主苾芻尼入涅槃經一卷。
敬法捨身經一卷。
度二邪見童子得果經一卷。
清淨威儀經一卷。或云「洗淨」。

大目連受報經一卷。
初誕生現大瑞應經一卷。
度迦多衍那經一卷。
醫羅鉢龍王業報因緣經一卷。
安樂夫人因緣經一卷。
增長因緣經一卷。
妙光因緣經一卷。
降伏外道現大神通經一卷。
大藥善巧〔六〕方便經二卷。
佛從天下贍〔七〕部洲經一卷。
度瘦瞿答弥經二卷。
訶利底母因緣經一卷。
法與尼在家得果經一卷。
樹生婆羅門憍慢經一卷。
弟子事師經一卷。

七種不退轉經一卷。
佛爲長者説放逸經一卷。
地動因緣經一卷。
四種黑白法印經一卷。
佛將入涅槃度善賢經二卷。
佛般涅槃兩大臣告王經一卷。
八大國王分舍利經一卷。
火生長者下三十二經，並出根本説一切有部毗柰耶雜事中。從摩竭魚下四十一部四十六卷，並是説一切有部律中緣起，三藏義浄鈔出流行。既類別生，亦不編載。
幻師阿夷鄒呪經一卷。
寶性論四卷。
寶積經論四卷。
幻師下三部，九卷，並是周録入藏見經。今尋本未獲，所以録中不載。其新譯經未得本者，不能繁記。
浄度三昧經三卷。

法社經二卷。
毗羅三昧經二卷。
決定罪福經一卷。
救護身命濟人病苦厄經一卷。
益意經二卷。
最妙勝經一卷。
觀世音三昧經一卷。
清淨法行經一卷。
高王觀世音經一卷。

淨度下一十部經一十五卷，並是古舊録中僞疑之經。周録雖編入正，文理並涉人謀，故此録除之不載。已上都有一百十六部，二百〔八〕四十二卷，多是諸録見入〔九〕藏經，今以皆是繁重，或有尋求未獲，故並不爲定。見之恐不知委，且略述焉。若欲委知根由，並如删繁録中廣述。

校勘記

〔一〕會：高麗藏、嘉興藏、清藏本作「經」。

〔二〕富樓：原作「賢長」，據諸校本改。

〔三〕右：原作「有」，據諸校本改。

〔四〕下：原作「十」，據諸校本改。

〔五〕物：高麗藏、嘉興藏、清藏本誤作「佛」。

〔六〕巧：高麗藏、嘉興藏、清藏本誤作「功」。

〔七〕贍：高麗藏、嘉興藏、清藏本誤作「瞻」。

〔八〕二百：高麗藏、嘉興藏、清藏本作「一百」。

〔九〕入：原作「今」，據資福藏本改。

附録三　宋高僧傳卷五唐京兆西崇福寺智昇傳

釋智昇，未詳何許人也。義理懸通，二乘俱學，然於毗尼，尤善其宗。此外文性愈高，博達今古。每慊聶道真、道安至于明佺、宣律師各著大藏目録，記其翻傳年代人物者，謂之晉録、魏、漢等録，乃於開元十八年歲次庚午，撰開元釋教録二十卷，最爲精要。何耶？諸師於同本異出、舊目新名，多惑其文，真僞相亂，或一經爲兩本，或支品作別翻。一一裁量，少無過者，如其舊録江泌女子誦出經，黜而不留，可謂藻鑑。杜塞妖僞之源，有兹獨斷。後之圓照貞元録也，文體意宗，相岠不知幾百數里哉！麟德中，道宣出内典録十卷，靖邁出圖紀四卷，昇各續一卷。經法之譜，無出昇之右矣。

附録四　歷代主要著録及相關資料

宋志磐佛祖統紀卷四〇

（開元十八年）西京崇福寺沙門智昇進所撰開元釋教録二十卷，以五千四十八卷爲定數。勅附入大藏。（據大正藏本）

高麗義天新編諸宗教藏總録序

漢明夢感之後，葉書繼至。翻譯流通者，無代無之，而及貞觀，經論大備。繇是西聖之教，霈然莫禦也。自聶道真、道安至于明佺、宣律師，各著目録，謂之晉録、魏録等。然於同本異出、舊目新名，多惑異途，真僞相亂，或一經爲兩本，或支品爲別翻，四十餘家，紛然久矣。開元中，始有大法師，厥號智昇，刊落訛謬，删簡重複，總成一書，曰開元釋教録，凡二十卷，最爲精要。議者以爲經法之譜，無出昇之右矣。住持遺教莫大焉。予嘗竊謂，經論雖備，而章疏或廢，則流衍無由矣。輒效昇公護法之志，搜訪教迹以爲己任，孜孜不捨，僅二十載于兹矣。今以所得新舊製撰諸宗義章，不敢私秘，叙而出之。後有所獲，亦欲隨而録之，脱或將來編次函帙，與三藏正文垂之無窮，則吾願畢矣。時後高麗十三葉在宥之八年歲次庚午八月初八日，海東傳華嚴大教沙門義天叙。（據大正藏本）

元念常佛祖歷代通載卷一三

是歲（點校者按：此書中指開元十年，壬戌年。當誤）沙門智昇上釋教經律論目録凡二十卷，銓次大藏經典及聖賢論譔凡五千四十八卷，自是遂爲定數。（據大正藏本）

元清源居士王古撰大藏聖教法寶標目卷第九（庭九）

開元釋教録二十卷【笙】【階】

右釋智昇撰。前十卷總序歷代所譯經律論目，後十卷分大小乘經論集有譯、無譯、闕本、疑僞、別生、異名、重載，亦有增損拾遺。（據大正藏本）

明智旭彙輯閲藏知津卷四四

開元釋教録舊二十卷，南作二十五卷，北作三十卷。南宗至禪，北輕駕肥。

唐西崇福寺沙門智昇撰。

總括群經録上。分爲十卷。别分乘藏録下，更爲七：有譯有本録第一，一千一百四十二部，五千四十八卷；有譯無本録第二；支派别行録第三；删略繁重録第四；補闕拾遺録第五；疑惑再詳録第六；僞妄亂真録第七。有譯有本中，又爲三：一、菩薩三藏録；二、聲聞三藏録；三、聖賢傳記録。已上共爲十一卷。入藏録三卷。

開元釋教録略出四卷，北作五卷。南禪北輕。

撰人同上。

即前入藏録，用千字文編定。

（據大正藏本）

四庫全書總目提要卷一四五子部五五釋家類

開元釋教録二十卷江西按察使王昶家藏本

唐釋智昇撰。

智昇，開元中居長安西崇福寺。是編以三藏經論編爲目録，不分門目，但以譯人時代爲先後，起漢明帝永平十年丁卯，迄開元十八年庚午，凡六百六十四載，中間傳經緇素總一百七十六人，所出大小二乘三藏聖教及聖賢集傳並及失譯，總二千二百七十八部，合七千四十六卷，分爲二録：

一曰總括群經録。皆先列譯人名氏，次列所譯經名、卷數及或存或佚，末列小傳，各詳其人之始末，凡九卷。其第十卷則載列代佛經目録，凡古目録二十五家，僅存其名；新目録十六家，具列其數：首爲古經録一卷，謂爲秦始皇時釋利防等所齎，其説恍惚無徵；次爲舊經録一卷，稱爲劉向校書天禄閣所見，蓋依據向列仙傳序稱七十二人已見佛經之文，至稱爲孔壁所藏，則無庸置辨矣；餘自漢時佛經目録以後，則固皆有實徵者也。

一曰别分乘藏録。凡爲七類，一曰有譯有本，二曰有譯無本，三曰支派别行，四曰删略繁重，五曰拾遺補闕，六曰疑惑再譯，七曰僞邪亂真，則各以經論類從，州列部分，與總録一經一緯，凡八卷。其第十九卷則大乘經律論入藏目録，第二十卷則小乘經律論聖賢集傳入藏目録也。

佛氏舊文，兹爲大備，亦兹爲最古。所列諸傳，尤足爲考證之資。朱彝尊作經義考，號爲善本，而核其體例，多與此符，或爲規仿，或爲闇合，均未可定，然足見其爲緇流之中嫻於著作者矣。考隋書載王儉七志以道佛附見，合爲七門。阮孝緒七録則以佛録第六，道録第七，共爲七門。隋志則於四部之末附載道經、佛經之總數，而不列其目。唐志以下頗載經目，而掛漏實多。今於二氏之書，皆擇體裁猶近儒書者，略存數家，以備參考。至經典敘目，則惟録此書及白雲霽道藏目録，以存梗概，亦猶隋志，但列總數之意云爾。

（據中華書局一九六五年影印本）

梁啓超佛家經録在中國目録學之位置論開元釋教録部分

智昇之開元釋教録二十卷，大體依仿内典録，其特點則在經、論分類之愈加精密，今示其全部組織如下：

（中略）

前此僅以大小乘經律論分類，至智昇則大小乘經論又各分類焉，派别分類自此始也。今將原書有譯有本録之細目列表如下（有譯無本録及支派别行録細目略同）：

（中略）

學術愈發達，則派别愈細分。開元録將大小乘經論更加解剖，此應於時勢要求，自然之運也。其分類以大乘論分釋經、集義兩門爲最合論理，蓋純依原書性質爲分也。自餘大乘經之分五部，而五部外單譯本别自爲類；小乘經分四含，而四含外單譯本别自爲類。此皆因部帙繁簡，姑爲此劃分以便省覽，在學理上非有絶對正確根據。但就目録學的立場言之，則取便查檢，亦正是此學中一重要條件。智昇創此，其功自不可没，而後此製録者，亦竟罕能出其範圍也。

開元録更有一點可稱述者，則子注之詳細是也。經録之有子注，自安録已然，其注蓋如漢書藝文志，簡單數字而已。此後祐録、法經録、長房録、内典録遞有加增，至開元録則有長至數百言，儼然提要之形者。然昇既後起，宗法宣公而用力甚劬，其考證資料之餉遺吾儕者，斯爲最富矣！其叙列古今諸家目録一篇（卷十）於祐、經、房、宣四録皆有頗嚴密之批評，惜皆屬枝節的訂訛，於著作體裁論列蓋鮮。

要之，開元録一書，踵内典録之成規，而組織更加綿密，資料更加充實，在斯學中，兹爲極軌。其後貞元間元照爲貞元新定釋教録，襲録其文，不易一字，惟增實叉難陀、義浄、不空、菩提流志等數譯家而已。附數篇於續録，良愜雅裁；攘全書易新名，太災梨棗矣！

（據上海古籍出版社二〇〇九年版佛學研究十八篇）

姚名達中國目録學史宗教目録篇

至高無上之智昇開元釋教録

及唐玄宗開元十八年，據昇録及佛祖統紀。但佛祖歷代通載作十年，誤。西京崇福寺沙門釋智昇論目録學之意義曰：「夫目録之興也，蓋所以別真僞，明是非，記人代之古今，標卷部之多少，摭拾遺漏，删夷駢贅，欲使正教綸理，金言有緒，提綱舉要，歷然可觀也。」見録卷一。當時佛録，「存者殆六七家」，昇録載有祐録、經録、費録、琮録、宣録、邁紀、佺録七家。然猶未極根源，尚多疏闕」。昇既「久事搜尋」，因「參練異同，指陳臧否」，撰爲開元釋教録二十卷。

其書「開爲總、別」。總録「總括群經」，「從漢至唐，所有翻述，具帝王年代，并譯人本事，所出教等。以人代先後爲倫，不依三藏之次，兼敘目録新舊同異」。別録「別分乘藏」，「曲分爲七：一、有譯有本；二、有譯無本；三、支派別行；四、删略繁重；五、拾遺補闕；六、疑惑再詳；七、僞邪亂本。就七門中，一乘區別，三藏殊科。具悉委由，兼明部屬」。昇録卷一。最後復有入藏録。

總録全仿祐録，費録及宣録之歷代衆經傳譯所從録，其卷十則仿費録之卷十五及宣録之歷代衆經録目録終始録。一切依舊，並無創例。

別録則分目最精，創例頗多，實爲昇録之精華所在。第一爲有譯有本録，條析類目，最爲精詳。列其系統，可如下表：

此録有異於諸録者四端：（一）「尋諸舊録，皆以單譯居先。今此録中以重譯者居首。所以然者，重譯諸經，文義備足，名相楷定，所以標初也。」（二）「舊録中直名重譯，今改名重單合譯者，以大般若經九會單本，七會重譯；大寶積經二十會單本，二十九會重譯。直云重譯，攝義不周，餘經例然，故名重單合譯也。」（三）「舊經之中，編比無次。今此録中，大小乘經，皆以部類編爲次第。小乘諸律，據本末而爲倫次。大乘諸論，以釋經者爲先，集解義者列之於後。小乘諸論，有部次第，發智爲初，六足居次，毗婆沙等枝派編末。聖賢集傳，內外兩分；大夏神州，東西有異。欲使科條各別，覽者易知也。」（四）「自古群録皆將摩得勒伽、善見論等編爲正毗奈耶藏。今者尋思，恐將非當。此等並是分部已後諸聖等依宗贊述，非佛金口所宣，又非千聖結集。今之撰集，分爲二例：初明五部正調伏藏，次明諸論奈耶眷屬。庶根條不雜，本末區分。」並昇録原注。

第二爲有譯無本録。「有譯無本者，謂三藏教文及聖賢集傳名存本闕之類也。」「今者討求諸録，備載遺亡。」其小類系統略如前録：

- 有譯有本録
  - 菩薩三藏録—大乘
    - 菩薩契經藏—經
      - 大乘經單重合譯
        - 般若經新舊譯
        - 寶積經新舊譯
        - 大集經新舊譯
        - 華嚴經新舊譯
        - 涅槃經新舊譯
        - 五大部外諸重譯經
      - 大乘經單譯
    - 菩薩調伏藏—律
    - 菩薩對法藏—論
      - 大乘譯經論
      - 大乘集義譯
  - 聲聞三藏録—小乘
    - 聲聞契經藏—經
      - 小乘經單重合譯
        - 根本四阿含經
        - 長阿含中別譯經
        - 中阿含中別譯經
        - 增壹阿含中別譯經
        - 雜阿含中別譯經
        - 四阿含外諸重譯經
      - 小乘經單譯
    - 聲聞調伏—律
      - 正調伏藏
      - 調伏藏眷屬
    - 聲聞對法藏
      - 有部根本身足論
      - 有部及餘支派論
  - 聖賢傳記録
    - 讚揚佛德
    - 明法真理
    - 述僧行軌
      - 梵本翻譯集傳
      - 北方撰述集傳
    - 摧邪護法
    - 外宗異軌

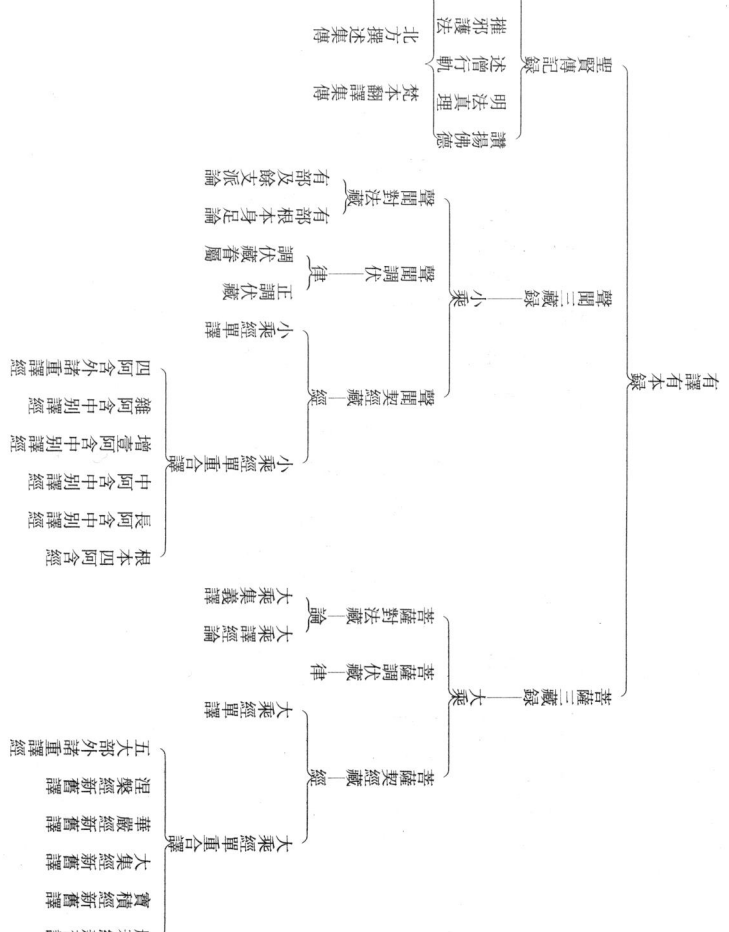

有譯無本録

- 大乘經闕本
  - 大乘經重譯闕本
    - 般若部中闕本
    - 寶積經中闕本
    - 大集部中闕本
    - 華嚴部中闕本
    - 涅槃部中闕本
    - 諸重譯經
  - 大乘經單譯闕本
  - 大乘律闕本
  - 大乘論闕本
  - 大乘譯經論闕本
  - 大乘集義論闕本
- 小乘經闕本
  - 小乘經重譯闕本
    - 根本四阿含闕本
    - 長阿含部分闕本
    - 中阿含部分闕本
    - 增壹含部分闕本
    - 雜壹含部分闕本
    - 諸重譯經闕本
  - 小乘經單譯闕本
  - 小乘律闕本
  - 小乘論闕本
- 聖賢集傳闕本

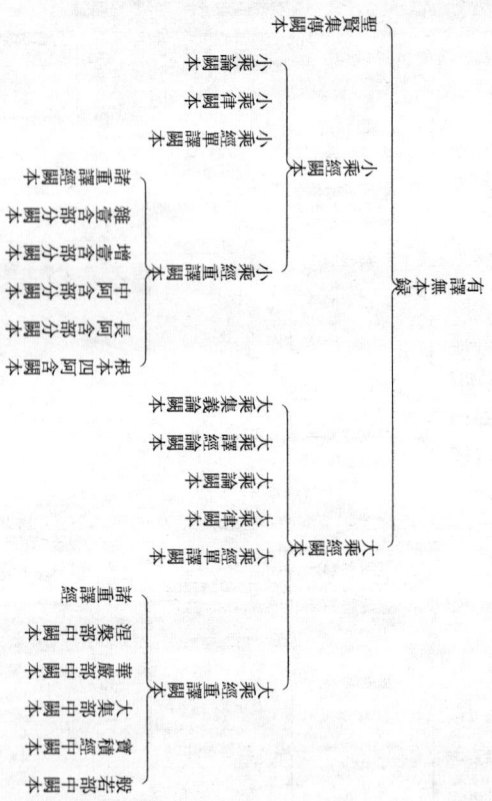

第三爲支派別行録。「支派經者，謂大部之中抄出別行，大般若第二會之類是也。……今統集多端，會歸當部，仍删夷舊録，增減有無，具載名題，備詳差互，庶使將來學者，覽派知源。」此録彙（一）大乘別生經，（二）般若部中別生，（三）寶積部中別生，（四）大集部中別生，（五）華嚴部中別生，（六）諸大乘別生，（七）大乘律別生，（八）大乘論別生，（九）小乘別生經，（十）長阿含部分別生，（十一）中阿含部分別生，（十二）增一阿含部分別生，（十三）雜阿含部分別生，（十四）諸小乘經別生，（十五）小乘律別生，（十六）賢聖集傳別生。

第四爲删略繁重録。「删略録者，謂同本異名，或廣中略出，以爲繁賸，今並删除。但以年歲久淹，共傳訛替，徒盈卷帙，有費功勞。今者詳校異同，甄明得失，具爲條目。」此録列（一）新括出別生經，（二）新括出名異文同經，（三）新括出重上録經，（四）新括出合入大部經。——删繁與別生不同，別生爲從大部中抽出一部單行，並不删節。删繁則將大部書删繁摘要，另爲一書也。以前諸録均未爲辨別，昇始析之。

第五爲補闕拾遺録。「補拾録者，謂舊録闕題、新翻未載之類，今並詳而具之也。」此録又分四類：（一）舊譯大乘經律論，小乘經律及賢聖集傳，「並是舊譯，今見有本，大周入藏中無，今拾遺編入」；（二）新譯大小乘經律論，小乘經律及賢聖集傳，「並是大周刊定録後新譯，所以前録未載，今補闕編入」；（三）小乘律戒羯磨，「並撰述有據，時代盛行，補闕編入」;(四)此方所撰集傳,「皆裨助正教,故並補闕,編入見録」。舊録七種及昇録三種亦在末類。

第六爲疑惑再詳録。「疑惑録者,自梵經東闡,年將七百,教有興廢,時復遷移。先後翻傳,卷將萬計,部帙既廣,尋閲難周,定録之人,隨聞便上,而不細尋宗旨,理或疑焉。今恐真僞交參,是非相涉,故爲別録,以示將來,庶明達高人,重爲詳定。」

第七爲僞妄亂真録。「僞經者,邪見所造,以亂真經者也。……今恐真僞相參,是非一概……今爲件別,真僞可分,庶涇渭殊流,無貽後患。」録中分列(一)開元釋教録新編僞經,(二)苻秦釋道安録中僞經,(三)梁釋僧祐録中僞經,(四)蕭齊釋道備僞撰經,(五)蕭齊僧法尼誦出經,(六)元魏孫敬德夢授經,(七)梁沙門妙光僞造經,(八)隋開皇衆經録中僞經,(九)隋仁壽衆經録中僞經,(十)大唐内典録中僞經,(十一)大周刊定録中僞經,(十二)隋沙門信行三階集録,(十三)諸雜抄經增減聖説。最後一類,「並名濫真經,文句增減;或雜糅異議,別立名題。若從正收,玉石斯濫。若一例爲僞,而推本有憑。進退二途,實難詮定。且依舊録,編之僞末」。最後一類,「承前諸録,皆未曾載」,乃智昇搜集考定者,如鏡照形,無僞不彰。録其要行捨身經辨僞語,以概其他。原文云:「右一經,不知何人所造,邪黨盛行。經初題云『三藏法師玄奘譯』。按法師所譯,無有此經,僞謬之情,昭然可見。且述四件，用曉愚心：一，僞經初云『王舍城靈鷲山』者，靈鷲山名，古譯經有，奘法師譯皆曰鷲峰，今言靈鷲，一僞彰也。一，僞經初又云『靈鷲山尸陀林側』者，按諸傳記，其鷲峰山在摩伽陀國山城之内，宫城東北十四五里。豈有都城之内而安棄屍之處？事既不然，二僞彰也。一，僞經中又云『佛説過去燃燈佛時初願捨身』者，燃燈如來是釋迦牟尼佛第二無數劫滿授記之師，豈有得記當成方能死捨？事與理乖，三僞彰也。一，僞經中又云『若有人殺害有情、遍索訶界、四重五逆、謗方等經，及盜常住、現前僧物如是等罪，合墮地獄，若能捨身，罪必消滅』者，謗經造逆，合墮阿鼻，死捨得除，便無重報。如外道妄計殑伽河浴，罪垢消除，輕命自沉，生天受福也。言死捨除罪，與彼妄計何殊？愚夫造惡，用此除愆。智者審思，勿被欺誑。永淪惡趣，無解脱期。事與理乖，四僞彰也。訛舛極多，不能備記。」

昇録卷十九爲大乘入藏録，卷二十爲小乘入藏録，末附賢聖集，皆「直述經名及標紙數，餘如廣録」。「見入藏者，總一千七十六部，合五千四十八卷。」今存大藏本卷末有「興元年八月一日，於正覺寺新寫入藏」「經法七十六部，一百四卷」之目録，則後五十四年所附加者，非智昇原文也。後世藏經，悉準此入藏録之成法；凡分類、次序及用千字文標號，無不垂爲永式。其魄力可謂大矣。

- 入藏録
  - 大乘入藏録
    - 大乘經
    - 大乘律
    - 大乘論
  - 小乘入藏録
    - 小乘經
    - 小乘律
    - 小乘論
  - 賢聖集

贊寧稱之曰：「釋智昇，義理懸通，二乘俱學，然於毗尼，尤善其宗，此外文性愈高，博達今古。……撰開元釋教録二十卷，最爲精要。何耶？諸師於同本異出、舊目新名，多惑其文，真僞相亂，或一經爲兩本，或支品作別翻。一一裁量，少無過者。如其舊録江泌女子誦出經，黜而不留，可謂藻鑑。杜塞妖僞之源……經法之譜，無出昇之右矣。」寧傳卷五。

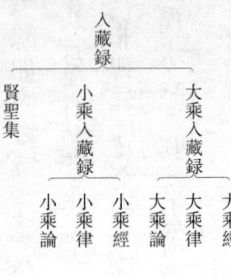

智昇別録三種

大藏又收有智昇開元釋教録略出四卷，係本録卷十一至十三有譯有本録之簡明目録，書名卷數，譯撰人名，及帙數、紙數，皆一一依舊具列，惟删去考證之語，用千字文編次字號。較入藏録則較詳。卷末轉載本録卷二十不入藏經目百八十部。後世刻藏者，悉依此爲準則，罕有悖者。

大藏又收有續大唐内典録一卷，序下注云：「麟德元年於西明寺起首，移總持寺釋氏撰。」元明兩本並云：「大唐西明寺沙門釋道宣撰。」按其文字，前半序目全抄宣録卷一，後半略異，且没其譯人。仔細比較，知此本決非續録，或爲道宣初稿之殘本。大藏存之，殊無謂也。而昇録卷十。載有續大唐内典録一卷，自注「開元庚午歲，西崇福寺沙門智昇撰」。並云即「歷代衆經傳譯所從録」。又注云：「從麟德元年甲子至開元十八年庚午，前録未載，今故續之。」寧傳亦謂昇有此續録。據此實録，則此書爲智昇所撰，並非道宣。而現存之本，亦非昇之舊也。

昇又撰有續古今譯經圖紀一卷，體例全仿邁紀，然頗不自愜，故云：「前紀所載，依舊録編，中間乖殊，未曾删補。若欲題壁，請依開元釋教録，除此方撰集外，餘爲實録矣。」圓照續開元釋教録有般若三藏續古今翻譯經圖紀三卷，未知是智昇之書否。

（據上海書店一九八四年影印本）

陳垣中國佛教史籍概論卷一

開元釋教録二十卷　唐釋智昇撰

宋、元、明南北藏、清藏皆著録，南京刻經處有單行本。晁氏讀書志及明北藏目録作三十卷，書實二十卷，不過中有一卷分爲上下者耳。

舊唐志悉本毋煚古今書録，止於開元，與智昇此録同時，故此録不見於唐志。新唐志載智昇續大唐内典録一卷，而不載此録，通志藝文略因之，皆不知有此録也。清四庫著録釋家類，書目答問亦載之，謂其有關考證。然釋典有關考證者衆矣，豈獨此區區數種。

智昇，宋高僧傳五有傳。録撰於開元十八年庚午，距開皇十七年丁巳撰歷代三寶記之時，凡百三十三年。

本書之内容及體制

本書分兩方式：

甲、總録　以譯人爲主，分十九朝代記之，末附諸家目録，凡十卷。

卷一漢、魏，卷二吴、晉，卷三東晉、苻秦，卷四姚秦、西秦、前涼、北涼，卷五宋，卷六齊、梁、元魏、高齊，卷七周、陳、隋，卷八、卷九唐，卷十諸家目録。

每朝代先記其國姓、都城、幾帝幾年、譯者幾人、所出經幾部幾卷、見存幾部、亡幾部，然後按人記其所出經及本傳，凡一百七十六人。

乙、别録　以經爲主，分七類記之，末爲入藏録，亦十卷。

一、有譯有本録。中又分三：曰菩薩藏，大乘教也；曰聲聞藏，小乘教也；此外曰聖賢傳記。

二、有譯無本録。名存本闕者也。

三、支派别行録。大部之中抄出别行者也。

四、删略繁重録。同本異名，或廣中略出者，並删除之。

五、拾遺補闕録。舊録闕題，新翻未載者，並詳具之。

六、疑惑再詳録。四庫提要誤「再詳」爲「再譯」。

七、僞妄亂真録。大乘入藏録，小乘入藏録。

本書之得失

凡事創者難爲功，因者易爲力，著書亦然。開元録之前，已有諸家目録及僧傳，此書集諸家之成，而補其闕漏，訂其訛誤。有舊録以爲失譯而並未失譯者，有舊録未詳時代而今已知其時代者，有舊録譯人誤而今特正之者，可稱後來居上。

又如總録卷四，於北涼之前，特補前涼一代，爲前此諸録所未載。智昇於所出須賴經後記及首楞嚴經後記發見之，乃補一代，略曰：

前涼張氏，都姑臧。從晉年號。自張軌永寧元年辛酉，至天錫咸安六年丙子，凡經八主七十六年，外國優婆塞一人，譯經四部，合六卷。見存一部，亡三部。……優婆塞支施崙，月支人，博綜衆經……奉經來遊，達於涼土，張公見而重之，請令翻譯。以咸安三年癸酉，於涼州州内正聽堂後湛露軒下，出須賴等經四部。龜兹王世子帛延傳語，常侍西海趙瀟、會水令馬亦、内侍來恭政三人筆受，沙門釋慧常、釋進行同在會證。

張軌者，晉書八十六有傳。永嘉之亂，中原淪陷，涼土與中朝隔絶，張軌父子崎嶇僻壤，世篤忠貞，雖困苦艱難，數十年間，猶奉中朝正朔，此最難能而可貴者也。智昇爲補一朝，殊有意義。近人撰晉書斠注，於張軌孫張駿傳，曾引近出之流沙墜簡，書建興十八年，知張氏迄駿之世，未嘗建元，以證玉海謂駿改元太元之誤。惜其未見開元録此節，張氏不獨始稱西晉湣帝建興年號，其末仍用東晉簡文帝咸安年號，此爲稀有史料，不必於地下求之，特學人未之注意耳。當中原雲擾之日，涼州道俗，翻經不輟，試思湛露軒中，其好整以暇爲何如也。此本書之特點也。

惟本書注重翻譯，而忽略本土著述，以故中土高僧言論，多被删除。如歷代三寶記卷七東晉出經道俗凡二十七人，卷八前後秦出經道俗凡十六人，卷十一、十二齊、梁、周、隋出經道俗凡七十人。今本書東晉只取十六人，二秦只取十一人，齊、梁以後，删削尤多。以至最著名之高僧慧遠所出經論十四部，支道林所出七部，道安所出二十四部，僧肇所出四部，周亡名所出十二部，隋靈裕所出八部，皆遭擯落。甚至唐代最有名而現存之法苑珠林百卷，亦不著録。大唐内典録卷十特有歷代道俗述作一門，專載此土高僧及名人言論，本書總録既删三寶記，别録又不採内典録歷代道俗述作一門，此其失也。

本書在史學上之利用

清人撰後漢書藝文志者五家：

錢大昭、侯康不録釋氏書。

顧懷三於子部佛書，僅據隋志著録五部。

曾樸於卷末附佛經四十部，卷數可考者，一百六十七卷。

姚振宗於卷末附録佛經二百九十五部。

曾書大抵從梁高僧傳漢時譯經諸人傳鈎出所譯經名，而以今本嘉興藏目録考其卷數，觀其所注藏經千文字號可知也。然佛經同名異譯者甚多，今本嘉興藏目録本爲當時售經而作，故又名「經值劃一目録」，每經只注價目，不注撰人，又安能據目即知爲何人所譯？因此，誤收及失收者甚多。如嘉興藏目「龍」字至「字」字，大寶積經一百二十卷，本唐譯，曾氏誤以爲後漢支讖譯。夫後漢之時，安能一人出經一百二十卷？此常識也。曾氏因支讖傳云「阿闍世王、寶積等十餘部，似讖所出」，遂以藏目所載大寶積經爲支讖出。此郢書燕説也。

今嘉興藏目有惟字佛説阿闍世王經二卷，支讖譯也，曾氏反未能採入。且於支讖「阿闍世王寶積經」下注云「藏經寶積部，龍字至字一百二十卷」，不知藏目所謂「龍字至字字」者，「龍師火帝」至「始製文字」十二字號也。今注曰「龍字至字」，蓋未諳藏目千文之用者也。藏目大約每十卷一號，大寶積經百二十卷，故有十二號。姚書則全採開元録卷一之後漢録，有經二百九十五部，與顧、曾二家所得，不啻數倍乃至數十倍，知難行易，信然矣。

清人撰三國藝文志者二家：

侯氏不録釋氏書。

姚氏於卷末附佛書二百零一部，亦用此法。由此推之，則補晉志亦可用此法，然清人補晉志者五家，尚未有用之者，不能不推姚氏爲捷足也。

補晉志五家，謂吴士鑑、丁國鈞、文廷式、秦榮光、黄逢元。丁、黄不録釋氏。

晁氏讀書志正誤

晁氏讀書後志書目類云：「開元釋教録三十卷，唐僧智昇撰。智昇在開元中，纂釋氏諸書入中國歲月及翻譯者姓氏，以楞嚴經爲唐僧懷迪譯。張天覺以懷迪與菩提流支同時，流支，後魏僧，其言殆不可信。」

天覺者，張商英，宋觀文殿大學士，喜談禪，自謂得當時高僧兜率悦之傳，五燈會元十八有傳，媚之者至稱爲「相公禪」，見避暑録話上。曾撰護法論一卷，攻擊儒家，俞文豹吹劍録外集謂此論爲洪覺範假張名所著，是否另一問題。然明南北藏及清藏著録護法論，皆稱張商英撰。商英與洪覺範往來，且見宋史三五一本傳，其於佛教非門外漢可知也。

菩提流支者，北魏僧，見續僧傳一、開元録六；菩提流志及懷迪者，唐僧，均見開元録九、宋僧傳三。兩流支雖同名，然相距三朝，垂二百年，商英乃混而爲一，抑何陋耶！商英謂開元録之言不可信，吾謂商英之禪尤不可信。晁氏既採其説，馬端臨經籍考復採晁氏説，謬説相傳，不容不辯。

四庫提要正誤

四庫提要成書倉卒，謬誤本多。惟釋家類著録十三部，存目十二部，謬誤尚少，此必稍通佛學者所爲。吾嘗考之，四庫館員中以佛學名者無幾，吾頗疑其出於歷城周書昌永年也。

纂輯四庫全書之議，雖發自朱竹君筠，然與周永年之儒藏説亦頗有關係。乾隆三十七年正月，下令徵書。三十八年二月，依朱筠條議，於永樂大典中蒐輯遺籍，命名四庫全書。五月，令將各省進到之書分别應刊、應鈔、應存目三項，彙爲總目，並各撰提要。七月，詔將進士邵晉涵、周永年、余集，舉人戴震、楊昌霖調取來京，同司校勘。邵、周爲劉統勳所保薦，周則統勳鄉人也。

嘗閲王述庵昶春融堂集四十五再書楞嚴經後，有云：「今天下士大夫能深入佛乘者，桐城姚南青範、錢塘張無夜世犖、濟南周永年書昌及余四人，其餘率獵取一二桑門語以爲詞助，於宗教之流别蓋茫如。」此文撰於乾隆三十六年辛卯。昶時在雲南軍營效力；範以是年正月卒；世犖曾撰楞嚴宗旨，乾隆九年舉人，當卒在前；永年則以是年成進士。越二年，即開四庫全書館。

今四庫提要開元釋教録條下注云「江西按察使王昶家藏本」，而存目正宏集條下則注云「編修周永年家藏本」。吾因此頗疑釋家類提要出永年手，故舛誤尚不多也。

提要好採晁氏説，獨開元録條不然，最爲有見。惟謂「佛氏舊文，兹爲大備，亦兹爲最古，所列諸傳，尤足爲考證之資」云云，則殊未盡然。撰者蓋未見出三藏記集及歷代三寶記等，故以此爲最古；又未見慧皎、道宣等高僧傳，故以此爲無上考證之資。而不知開元録諸傳，實採自皎、宣二家之書，智昇所自撰者無幾也。

又謂「朱彝尊作經義考，多與此符」，其説亦不足據。經義考每經録其前序及後跋，蓋取法出三藏記集。撰四庫提要者只見開元録，未見出三藏記，聞人言朱取法釋家目録，遂以爲開元録耳。開元録前十卷以譯人爲主，與經義考之以書爲主者不同；後十卷雖以經爲主，而不録經序及後記，又與經義考不同，正不必强爲附會。至謂「隋書載王儉七志，以道佛附見，合爲七門」，七門當爲九門，王儉七志，道佛固在七志外也。

（據中華書局一九六二年版）

周叔迦佛學論著全集第五册釋家藝文提要卷六

開元釋教録略出四卷北京刻經處本

唐釋智昇撰。昇所著開元釋教録二十卷，已收入四庫全書中。此即其中第十九、二十兩卷入藏録。彼録中因各經譯人、時代已見前諸代録及有譯有本録中，故不重，亦不載藏經千字文號。今既唯録入藏部帙，故兼出譯人、時代，各經詳注卷數、帙數、紙數及千字文號。但紙數之多寡，與開元釋教録所記不符，蓋行式有疏密，字體有大小，當時只就寫經實况而計之，非定數也。唐時經典流通，全憑經生書寫，此録「略出」之意，即爲便於檢討。凡有造寫經藏功德者，所需佈施易於核實也。全藏凡大乘經律論六百三十八部，二千七百四十五卷，二百五十八帙；小乘經律論四百三十八部，二千三百三卷，二百二十二帙；都合一千七十六部，五千三十八卷，四百八十帙。又開元録卷二十末附載當時或尋本未獲、或别生繁重而題删除藏外諸經，今録亦然。就删繁録中撮要出之，皆是當時傳鈔極廣者，故特明之耳。

（據中華書局二〇〇六年版）